युगद्रष्टा भगतसिंह

और उनके मृत्युंजय पुरखे

वीरेन्द्र सिन्धु

राजपाल

अमर शहीद, प्रसिद्ध क्रांतिकारी सरदार भगतसिंह की यह प्रामाणिक जीवनी वर्षों के अध्ययन और रिसर्च का परिणाम है। लेखिका हैं सरदार भगतसिंह के छोटे भाई कुलतारसिंह जी की सुपुत्री वीरेंद्र सिन्धु। परिवार के सभी वरिष्ठ सदस्यों की जुबानी उन्हें जो महत्त्वपूर्ण जानकारियां मिलीं, वे पहली बार इस पुस्तक में समाविष्ट हैं। शहीद शिरोमणि सरदार भगतसिंह के बलिदान के नौ वर्ष बाद उनके छोटे भाई सरदार कुलतारसिंह के घर वीरेन्द्र सिन्धु का जन्म हुआ। पिता जेल में थे और नन्हीं बालिका ने पिता के प्रथम दर्शन जेल में ही किए। परिवार में संग्रहीत दस्तावेज़ों और जीवित स्वतंत्रता सेनानियों से भेंटवार्ताओं के आधार पर 1968 में आपने यह ग्रन्थ लिखा।

प्रस्तुत संस्करण अनेक वर्षों बाद, आकर्षक ढंग से प्रकाशित किया गया है। इसमें सरदार भगतसिंह और उनके पुरखों के जीवन-वृत्त तो हैं ही, साथ ही युवा क्रांतिकारियों द्वारा अंग्रेज़ों से देश की आज़ादी के संघर्ष का रोमांचक वर्णन भी है। यह पुस्तक एक प्रामाणिक, ऐतिहासिक दस्तावेज़ है।

₹ 450

ISBN : 9789350642375

YUGDRASHTA BHAGAT SINGH (Biography)
by Virendra Sindhu
मुद्रक : जी.एस. ऑफसेट, दिल्ली

राजपाल एण्ड सन्ज़
1590, मदरसा रोड, कश्मीरी गेट, दिल्ली-110006
फोन : 011-23869812, 23865483, 23867791
e-mail : sales@rajpalpublishing.com
www.rajpalpublishing.com
www.facebook.com/rajpalandsons

अध्ययन के द्वार पर

"पिस्तौल और बम कभी इन्कलाब नहीं लाते,
बल्कि इन्कलाब की तलवार
विचारों की सान पर तेज़ होती है !"
—भगतसिंह

सरदार अर्जुनसिंह ने साहस कर अन्धविश्वास और परम्परावाद की जड़ता से बन्द अपने घर के द्वार खोल दिए और ऊबड़-खाबड़ मार्ग को साफ कर अपने आंगन में यज्ञवेदी बना दी।

सरदार किशनसिंह ने उस द्वार के आंगन तक के क्षेत्र को लीप-पोत कर उस यज्ञवेदी पर एक विशाल हवन-कुण्ड प्रतिष्ठित कर दिया।

सरदार अजीतसिंह ने उस हवन-कुण्ड में समिधाएं सजा कर एक दहकता अंगारा रख दिया।

सरदार स्वर्णसिंह ने उसे झपटकर लपट में बदल दिया।

बस फिर क्या था, लपटें उठीं और खूब उठीं।

सरदार अजीतसिंह उन लपटों के लिए नए ईंधन की तलाश में दूर चले गए और जल्दी लौट न सके।

वे लपटें बुझ जातीं, पर सरदार किशनसिंह उनके अंग-रक्षक बने रहे, उन्हें बचाए रहे।

भगतसिंह ने इधर-उधर ईंधन की तलाश न कर अपने जीवन को ही ईंधन बना झोंका और लपटों को पूरी तरह उभार कर इस तरह उछाल दिया कि वे देश-भर में फैल गईं, देश का हर आंगल एक हवन-कुण्ड बन गया।

भारत माता के इन पांच पुत्रों की जीवन और कर्मगाथा ही इस ग्रन्थ का विषय है।

सरदार अर्जुनसिंह के बड़े-पुरखे महाराजा रणजीतसिंह की सेना में थे। राजा रणजीतसिंह अंगरेजों की कपट रणनीति के अन्तिम शिकार थे। उनके बाद अंगरेजों ने जो व्यवहार किया, वह अंगरेज राजनीति का एक बहुत ही गन्दा पृष्ठ है। इस सबने उन पुरखों में जो विद्रोही घृणा जगा दी थी, वह पारिवारिक धरोहर के रूप में सरदार अर्जुनसिंह को मिली। यह धरोहर ही थी जो परिवर्तन की प्यास बनकर उन्हें सामाजिक क्रान्ति के यज्ञ-मण्डप में ले आई।

हम कमजोर हैं, अलग-अलग हैं, निहत्थे हैं। इसके विरूद्ध वे शक्तिशाली हैं; संगठित हैं। हम उनका कुछ नहीं कर सकते, कुछ बिगाड़ नहीं सकते। 1857 में प्रयत्न

करके हमने देख तो लिया ! क्या हुआ सिवाय इसके कि हम और पिटे और पिसे और अपमानित हुए ! !

वे अब शासक हैं, हम अब शासित हैं। उन्हें अब शासक रहना है, हमें अब शासित रहना है। गुलामी, गुलामी और गुलामी, बस यही हमारा भाग्य है, यही हमारा भविष्य है।

देश की परिस्थितियों और अंगरेजों की कूटनीतिक चालों से जब सारा देश हीनता के इस अवसाद में डूबा हुआ था, तो देश के पुनरुथान की सब आशाएं समाप्त हो गई थीं। कोई देश गिरकर उठता है स्वदेशाभिमान और जातीय गर्व के प्रकाश में पनपे आत्मगौरव से, पर हीनता की उस घनी आंधी में स्वदेशाभिमान और जातीय गौरव के दीपक कहां जल सकते थे ? ऋषि दयानन्द के आत्मतेज की बलिहारी कि उन्होंने नई पृष्ठभूमि की खोज की और अतीत गौरव की उपजाऊ भूमि में स्वाभिमान और स्वदेशाभिमान के वृक्ष रोपे। शीघ्र ही इन पर जागरण और उद्‌बोधन के पुष्प महके और देश विचार-क्रान्ति से उद्‌बुद्ध हो उठा। सरदार अर्जुनसिंह ने ऋषि दयानन्द को देखा तो आकर्षित हुए, उनका भाषण सुना तो प्रभावित हुए और बातचीत की तो पूरी तरह उनके हो गए। सरदार अर्जुनसिंह इस विशाल देश के पहले सिख नागरिक थे, जो इस विचार क्रान्ति में भागीदार हुए। उनमें धुन थी, देशभक्ति की, आस्था की, कर्मठता थी; वे शीघ्र ही अपने क्षेत्र में इस विचार क्रान्ति का यज्ञ-मण्डप बन गए।

सरदार अर्जुनसिंह के घर तीन पुत्र जन्मे– सरदार किशनसिंह, सरदार अजीतसिंह, सरदार स्वर्णसिंह।

सरदार किशनसिंह का व्यक्तित्व समुद्र की तरह विस्तृत और गहरा था। लोकमान्य तिलक से लेकर महात्मा गांधी तक के सब आन्दोलनों में उन्होंने पूरे जोश से हिस्सा लिया। दूसरी दिशा में जो विद्रोह और क्रान्ति के तूफान उठे, चाहे वह लार्ड हार्डिंग पर फेंके बम का मुकदमा था, चाहे 'पगड़ी संभाल जट्टा' की पहली किसान-क्रान्ति, चाहे जेलों में मानवीय अधिकारों का संघर्ष और चाहे गदर-आन्दोलन, वे उन सब के भी सहयोगी-सलाहकार रहे।

सरदार अजीतसिंह ने अपना सार्वजनिक जीवन आरम्भ तो किया कांग्रेस के आन्दोलन से, पर शीघ्र ही उनका विकास एक नई दिशा में बदल गया। देश में चाफेकर-बन्धुओं के क्षरा पूना में 22 जून 1917 को प्लेग-कमिश्नर रैण्ड और लैफटीनैण्ट मिस्टर आयर्स की हत्या कर सशस्त्र विद्रोह (जिसे बोलचाल की भाषा में आतंकवाद कहा गया है) की नींव रखी गई थी। सरदार अजीतसिंह ने उस धारा से स्वतन्त्र देशव्यापी जन-क्रान्ति (1857 के गदर की पूर्णता) की नींव रखी। उनका व्यक्तित्व इतना प्रचण्ड था कि यह नींव शीघ्र ही एक भवन का रूप लेने लगी।

इस भवन का नक्शा कितना विशाल था, इसका अनुमान इसी से लग सकता है कि सरदार अजीतसिंह ने अपनी क्रान्ति-संस्था 'भारतमाता सोसायटी' के द्वारा प्रथम विश्वयुद्ध का (जब किसी दूसरे के स्वप्न में भी वह न आया था) यथार्थ अनुमान कर अपने सहकर्मी लाला हरदयाल को अमेरिका, सूफी अम्बाप्रसाद को अफगानिस्तान-ईरान, सरदार निरंजनसिंह को ब्राजील और इसी तरह कई दूसरे साथियों को दूसरे देशों

में भेजने का निश्चय किया कि ये लोग विदेशों में सशस्त्रशक्ति का संगठन करें, जो युद्ध के समय भारत के भीतर उभरी शक्ति से आ मिलें। स्वयं सरदार अजीतसिंह भारत में ही रहे और यहीं सेनाओं और राजाओं को साथ लेकर जन-क्रान्ति की तैयारी करें। परिस्थितियां ऐसी हुईं कि सरदार अजीतसिंह को भी विदेश जाना पड़ा। वहां उन्होंने 39 साल तक भारतीय क्रान्ति की ज्वाला जलाई और दोनों विश्वयुद्धों में सबसे पहले आज़ाद हिन्द सेना का संगठन किया।

सरदार स्वर्णसिंह भारतमाता सोसायटी के द्वारा क्रान्ति की रोशनी घर-घर पहुंचाने वाले मशालची थे। वाणी और कलम दोनों उनके अस्त्र थे। जेल की यातननाओं ने उन्हें तोड़ दिया और वे 23 वर्ष की भरी जवानी में शहीद हो गए।

सरदार किशनसिंह के घर जन्मे भगतसिंह। उनकी मृत्यंजयी वीरता का जन-मानस पर ऐसा सिक्का बैठा कि आतंकवादी धारा को अपने चाचा सरदार अजीतसिंह द्वारा स्थापित जन-क्रान्ति की धारा में बदल देने का उनका ऐतिहासिक कार्य सबकी आंखों से ओझल ही रह गया। देश की नई पीढ़ी को यह बताया ही नहीं गया कि भारत का प्रथम संविधान सरदार अजीतसिंह ने ही लिखा था और देश की नई पीढ़ी को यह भी नहीं बताया गया कि सरदार भगतसिंह ही इस देश में समाजवाद के प्रथम उद्घोषक थे।

युग बीत गए सरदार अजीतसिंह के कार्य को और युग बीत गए भगतसिंह के कार्य को, पर उनके कार्यों का पूर्ण चित्र हमारे राष्ट्रीय साहित्य में प्रस्तुत ही नहीं हुआ। यह तब तक संभव नहीं था, जब तक कोई सरदार अर्जुनसिंह से लेकर भगतसिंह तक के युग को अपने में न पचा ले। यह काम आसान नहीं था, पर मुझे औरों की अपेक्षा एक सुविधा थी कि मेरा जन्म इसी क्रान्ति-जनक वंश में हुआ है। मुझे जहां घर में सुरक्षित साहित्य का लाभ उठाने की सुविधा थी, वहां परिवार के सदस्यों की स्मृतियों के अद्‌भुत भण्डार का लाभ उठाने की भी औरों से अधिक सुविधा थी। साहित्य में बिखरे टुकड़ों और खण्डित संकेतों में पहले जो कुछ लिखा गया, वह भी मुझे सुलभ था।

इस सब को मिलाकर मैंने अपने देश की क्रान्ति के इन अग्रदूतों की कहानी इस ग्रन्थ में प्रस्तुत की है। मैंने हर क्षण यह सावधानी रखी है कि ये लोग इन पृष्ठों में अपने जीते-जागते रूप में पाठकों को मिलें; उनकी पाषाण-प्रतिमाएं ही पाठकों के सामने प्रतिष्ठित न हों। मेरा विश्वास है कि आप इन पृष्ठों में क्रान्ति के इन कर्णधारों से बातें करेंगे, उनके कामों में रस लेंगे, उनके साथ हंसेंगे, उनके साथ तपेंगे और इस प्रकार वर्तमान में ही अतीत के उस क्रान्तिकारी संघर्ष में मानसिक रूप से हिस्सेदार होंगे।

सरदार अर्जुनसिंह, सरदार किशनसिंह, सरदार अजीतसिंह, सरदार स्वर्णसिंह और सरदार भगतसिंह; अपने क्षेत्र में, अपने ढंग पर राष्ट्रीय स्वतंत्रता की क्रान्ति-साधना करने वाले इन वीरों की, इनके कार्यों की कहानी कहना ही मेरा उद्देश्य था, पर ज्यों-ज्यों मैं उनके कामों की गहराई में उतरी, मुझे अनुभव हुआ कि श्रीमती जय कौर, श्रीमती विद्यावती, श्रीमती हरनाम कौर और श्रीमती हुकम कौर को इस कहानी से अलग रखना इतिहास के साथ अन्याय होगा ही, अमानवीय भी होगा।

ठीक है कि क्रान्ति की वेदी पर तपे तो ये वीर ही, पर उस वेदी की लपटों से उनकी

सहधर्मिणियों को ही क्या सबसे अधिक झुलसना नहीं पड़ा? ठीक है कि सबको दूर से क्रान्ति की मशाल ही दिखाई देती है और वे हाथ भी, जो मशाल को थामे रहते हैं, पर उस मशाल को रौशन तो रखते हैं तिल-सरसों के वे दाने ही, जो कोल्हू में पिस कर उस मशाल की लौ को प्रदीप्त रखने के लिए अपना तेल दे, अपने को निःसत्व कर लेते हैं ! इसी अनुभूति ने उन्हें भी इस कहानी में प्रतिष्ठित कर दिया है।

इतना तो स्पष्ट है ही कि यह एक ही वंश के लोगों की गाथा होकर भी किसी वंश की गाथा नहीं है; यह तो उन युगों की ही गाथा है। नामों का महत्व तो यही है कि वे प्रतीक हो गए हैं अपने युगों के। इन पृष्ठों में भी जहां मैंने नाम लिए हैं, उनका यह मतलग नहीं कि उस काल के कार्यों के वे ही सर्वेसर्वा थे। कौन कहेगा इस पर हां ? पर हां वे ही प्रमुख थे, प्रेरक थे, निमित्त थे, तो उनके नाम से बात कहनी होती है। उदाहरण के लिए मैंने भगतसिंह को समाजवाद का प्रथम उद्घोषक कहा है। स्पष्ट है कि जिस अध्ययन से वे इस परिणाम पर पहुंचे कि समानता ही समाज के सब रोगों की दवा है, उसमें श्री सुखदेव, श्री भगवती चरण वोहरा, श्री विजय कुमार सिन्हां और श्री शिव वर्मा जैसे साथियों का पूरा योग था। भगतसिंह ने ऊंचे स्वर में, ऊंचे स्थान से, ऊंचे विश्वास के साथ, उसकी घोषणा की, इसलिए वे ही उसका प्रतीक हो गए। साण्डर्स-वध का प्रस्ताव भगतसिंह का था, साण्डर्स-वध भी भगतसिंह ने (राजगुरु के साथ) किया था, पर हम सब जानते हैं कि उसकी व्यूह रचना श्री चन्द्रशेखर आज़ाद ने की थी। असेम्बली में बम फेंकने का प्रस्माव भगतसिंह का था। बम फेंके भी भगतसिंह ने ही थे, पर उसकी व्यूह-रचना में पार्टी के अनेक साथियों ने तर्क-वितर्क किया था और तब वह योजना पूर्ण हुई थी।

सशस्त्र क्रान्ति की चर्चा करते समय कुछ लेखकों ने उन युगों को, जिन की चर्चा ग्रन्थ में है, अजीतसिंह-युग और भगतसिंह-युग कहा है, पर मैंने इसे ग्रहण नहीं किया। मैंने 1947 में बंटवारे के दुख झेले हैं, इसलिए मैं बंटवारे में विश्वास नहीं करती और इतिहास को भी उसके सम्पूर्ण रूप में ही देखती हूं। मेरा मन तो भारत की स्वतन्त्रता के इतिहास को हिंसा-अहिंसा के टुकड़ों में भी बांट कर नहीं देखना चाहता। मैं अपनी जगह स्पष्ट हूं कि राष्ट्र की स्वतन्त्रता में हिंसा ने अपना काम किया है और अहिंसा ने अपना। यही नहीं, दोनों ने एक-दूसरे को काफी हद तक प्रभावित भी किया है। इनमें से एक ही धारा को पकड़कर भारत की स्वतन्त्रता का सच्चा इतिहास लिखा जा सकता है, मुझे इसमें विश्वास नहीं है।

अपनी गाथा को आगे बढ़ाने के लिए मैंने अनेक विश्लेषण किए हैं और अनेक निष्कर्ष निकाले हैं। विद्वानों की आलोचना से वे झूठे या गलत सिद्ध हो जायें, तो सब से पहले और सबसे अधिक प्रसन्नता मुझे होगी। मेरा उद्देश्य अपने निष्कर्ष समाज पर थोपना नहीं, अन्तिम निष्कर्षों की खोज का भाव पैदा करना है। विचार विमर्श से जो नए निष्कर्ष स्थापित होंगे, मैं उन्हें तुरन्त स्वीकार कर लूंगी, मुझे अपनी सीमा का ज्ञान है, और अपने ज्ञान की सीमा का भी।

यह कोई शोध-ग्रन्थ नहीं है, यह तो बोध-ग्रन्थ है, जो भगतसिंह और उनके पुरखों

की जीवन-गाथा पूरे रूप में ही पहली बार देश की नयी पीढ़ी के सामने रख, उनसे कहता है कि देश की स्वतन्त्रता लाने के लिए यह सब हुआ था और उसे बचाने के लिए भी यह सब आवश्यक है। मुझे इतिहास लेखक होने का दावा नहीं है। हां, इतिहास की पवित्रता को पूरी तरह सुरक्षित रखते हुए मैंने तो जीवन ही ग्रहण किया है। इससे नयी-पीढ़ी के युवक-युवती उलझनों से बचेंगे और बलिदान की उस भावना को ग्रहण करेंगे, जो स्वयं इतिहास की रचना करती है, इतिहास को नया मोड़ देती है और एक कमजोर आदमी को भी जुझारू बनाती है।

इन पृष्ठों में जो फूल चुने गए हैं, वे बाग-बाग के हैं। मैं उन फूलों की विधाता होने का श्रेय नहीं ले सकती; क्योंकि उन्हें न मैंने सींचा है, न पनपाया है। मैंने तो उन्हें एक गुलदस्ते में लगा दिया है। स्मृतियों के इन फूलों में सत्य और सत्व इतिहास का है, उन स्मृतियों के संरक्षण का है, शिल्प मेरा है। दूसरे शब्दों में स्वर्ण खान का है, गढ़ाव और कहीं कहीं जड़ाव मेरा है।

नम्रता के साथ इतना अवश्य कह सकती हूं कि राष्ट्र की स्वतंत्रता के इतिहास में सरदार अर्जुनसिंह, सरदार किशनसिंह, सरदार अजीतसिंह और सरदार भगतसिंह का जो दान है, उसे नेताओं ने ही नहीं, इतिहास लेखकों ने भी लगभग भुला दिया है और भगतसिंह पर भी जिन्होंने लिखा है, उनके पास उन के व्यक्तित्व का कोई पूर्ण चित्र न था। इस स्थिति में उनकी पूर्ण प्रतिभा का सर्जन किसी के लिए सम्भव ही न था ! भगतसिंह सशस्त्र क्रान्ति के प्रतीक हो गए और उनका चित्र घर-घर में पहुंच गया। इससे स्पष्ट है कि उनके प्रति जनता के मन में ऊंचा भाव उनके बलिदान के प्रति आदर-मूलक है। मेरा प्रयत्न रहा है कि यह ऊंचा भाव यथार्थ पर आश्रित होकर ठोस बन जाए। दूसरे शब्दों में देश की नयी पीढ़ी उनके नाम से नहीं उनके कामों से प्रेरणा ले और सोचे कि ऐसा हमें भी करना चाहिए, हम भी कर सकते हैं।

देश की नयी पीढ़ी को आदर्श अनुप्राणित करते हैं। वे आदर्श जीवित व्यक्तियों के जीवन में हों या इतिहास के। स्वतन्त्रता के बाद स्वतन्त्रता के अधिकांश सैनिक ऐसे रूप में नयी पीढ़ी के सामने आए कि उसके आदर्श न बन सके। इससे भी बड़ा दुर्भाग्य यह हुआ कि नयी पीढ़ी के सामने स्वतंत्रता के लिए किए गए संघर्षों और बलिदान का इतिहास भी प्रस्तुत न हो सका। परिणाम यह हुआ कि उसकी प्रेरणा के स्रोत ही सूख गए। स्वतंत्र भारत के जीवन का यह एक बहुत कड़वा सत्य है कि हमने अपने इतिहास के साथ गद्दारी की है, अपने शहीदों के साथ गद्दारी की है। इस का ज्ञान तो मुझे था, पर साक्षात्कार हुआ 1963 से 1968 तक के समय में, जब मैं इस ग्रन्थ की तैयारी और लेखन में जुटी रही। विचार और घटना की एक-एक कड़ी जोड़ने में मुझे महीनों लग जाते, पर कड़ी न मिलती। लम्बा पत्र-व्यवहार करना पड़ता और उन लोगों से संपर्क साधना पड़ता, जिनकी स्मृतियां ही उस इतिहास का एक मात्र अभिलेखागार (नेशनल आरकाइव्स) हैं। यह देखकर मन दुःख से भर जाता है कि ये स्मृतियां भी अस्तव्यस्त होती जा रही हैं। इन अस्तव्यस्त कड़ियों को जोड़ने में मुझे उसी तरह सतर्क परिश्रम करना पड़ा है, जैसे टूटी हड्डियों को अपनी जगह बैठाने

में करना पड़ता है। क्रान्तिकारियों को संघर्ष का जो जीवन स्वतंत्रता से पहले और उपेक्षा एवं आत्म हीनता का जो जीवन स्वतंत्रता के बाद जीना पड़ा है, उसमें किसी का मानसिक रुप से पूर्ण स्वस्थ रहना असंभव है। ऐसा मालूम होता है कि इतिहास का भी कुछ महत्व है, राष्ट्र के लिए वह संरक्षणीय है, इसे मानना तो दूर, सोचने से भी हमने इनकार कर दिया है। मेरे कर्तव्य का तकाज़ा है कि मैं अंधेरे जंगल के अकेले दीप की तरह अन्तरात्मा की प्रेरणा से जीवन के 7-8 वर्ष चुपचाप क्रान्तिकारियों के इतिहास की टिप्पणियां तैयार करने में लगाने वाले आदरणीय पत्रकार फूलचन्द जैन (मिलाप भवन, सब्जी मण्डी, दिल्ली) का स्मरणीय नाम यहां लूं। आठ घण्टे रोज़ वे राष्ट्रीय अभिलेखागार में लगाते रहे हैं और क्रान्तिकारियों के संबंध में वहां की दुर्लभ फाइलों में जो उल्लेख हैं, उनकी संक्षिप्त टिप्पणियां और संदर्भ नोट करते रहे हैं। इन टिप्पणियों से उनका घर ही छोटा अभिलेखागार हो गया है। उनके पास 5-7 हजार पृष्ठों की सामग्री है।

जब उन्होंने मुझे बताया कि इन पृष्ठों में 15000 क्रान्तिकारियों के संबंध में जानकारी है, तो मैं स्तब्ध रह गयी। क्या इतने बलिदानी इतिहास की उपेक्षा कर कोई देश महान हो सकता है ? फिर यह उपेक्षा सिर्फ क्रांतिकारी इतिहास की ही तो नहीं हुई ? दादाभाई नौरोजी के कार्यों को हमने कहां संग्रहीत किया है ? बंग-भंग का विवरण कहां है ? छोड़िए इन सबको– संसार की सबसे बड़ी क्रांति – 'अंग्रेजों भारत छोड़ो (1942) का कोई इतिहास हमारे पास है ? क्या इतिहास की यह उपेक्षा राष्ट्र के लिए घातक नहीं है ? बहुत नम्रता के साथ कहूं कि जो कुछ अगले पृष्ठों में है, वह इस समय न लिखा जाता तो फिर कभी लिखा ही नहीं जा सकता था ! मुझे प्रसन्नता है कि इन पृष्ठों में सरदार अजीतसिंह की विस्मृत विशिष्टता, सरदार किशनसिंह की उपेक्षित विशालता और भगतसिंह की बलिदानी चकाचौंध में छिपी युग-प्रवर्तकता आ गई है और आतंक और क्रान्ति की मध्यरेखा भी चिह्नित हो सकी है।

मेरे परिश्रम की सार्थकता इसी में है कि देश की नई पीढ़ी के युवक-युवती देश-भक्ति के रंग में रंग जायें और देश के नव निर्माण में अपना भाग अदा करने के लिए श्री अजीतसिंह सत्यार्थी के शब्दों में सोचें –

"सम वन मस्ट वीप, सो दैट अदर्स मे लाफ,
सम वन मस्ट सफ़र, सो दैट अदर्स मे सेव,
सम वन मस्ट डाई, सो दैट अदर्स मे लिव।"

अर्थात् किसी एक को रोना चाहिए जिससे अनेक दूसरे हंस सकें, किसी एक को यातना भोगनी चाहिए, जिससे अनेक दूसरे सुरक्षित हों, किसी एक को मरना चाहिए, जिससे दूसरे अनेक जीवित रहें।

हमारा संकल्प हो कि वह एक हम होंगे और वे अनेक हमारे देशवासी। इसीमें हमारी तरुणाई की शोभा है, इसी में भारता का उज्ज्वल भविष्य है।

–वीरेन्द्र सिन्धु

समर्पण
उनकी रोमांचक स्मृतियों में

भारतीय क्रान्तिकारियों की प्रथम पंक्ति में एक-से-एक चमकदार व्यक्तित्व हैं। उसमें लोकमान्य तिलक हैं, सावरकर हैं, अरविन्द हैं, रासबिहारी बोस हैं, त्रैलोक्य चक्रवर्ती हैं, मास्टर दा सूर्यसेन हैं, मौलाना महमूद-उल् हसन हैं, श्यामजी कृष्ण वर्मा हैं, राजा महेन्द्र प्रताप हैं, लाला हरदयाल हैं, शचीन्द्र नाथ सान्याल हैं, चन्दशेखर आज़ाद हैं, नेता जी सुभाष चन्द्र बोस हैं, और-और भी बहुत से हैं, पर उनमें सूफी अम्बाप्रसाद अपनी जगह अद्भुत् हैं।

1858 में उत्तर प्रदेश के मुरादाबाद नगर में एक सम्पन्न घर में उनका जन्म हुआ, सिर्फ बायां हाथ, दायां उगा ही नहीं, जन्म से ही अपंग, पर इस अपंग ने संसार की महाशक्ति अंग्रेज़ी साम्राज्य का अंग-भंग कर दिया और इस एक हाथ से कलम भी चलाई, पिस्तौल भी। कलम से जो अक्षर लिखे वे भारतीय विद्रोह का विजयगान बन गए और पिस्तौल से जो धड़ाके किए, वे आज भी इतिहास के खामोश पृष्ठों में सुनाई पड़ते हैं।

पत्रकार ऐसे कि रियासतों के रेजीडेण्टों की गोपनीय फाइलों की नकलें छाप दें, आत्मज्ञानी ऐसे कि ईरान में 1915 में उन्हें गोली मारने के लिए अंगरेज सैनिक उनकी कोठरी में आए तो, पालथी मारे समाधि में लीन उनका शव मिला, प्रतापी ऐसे थे कि डांट दें तो अंग्रेज अफसर दरवाज़े में पैर रखने की हिम्मत न करें, पर इस सब के साथ ऐसे आत्म-निर्लिप्त कि सरदार अजीतसिंह की तेजस्विता देखी, तो अपनी पूर्ण शक्ति उन्हें सौंप दी और बड़े होने पर भी उनके पीछे हो गए।

मैं उन पृष्ठों को, जिनमें उनके प्यारे साथी सरदार अजीतसिंह की भी जीवन गाथा है और बाद में उनके अधूरे कार्य को पूरा करने वाले भगतसिंह की भी, पूज्य सूफी साहब की रोमांचक स्मृतियों के अतिरिक्त और किसे समर्पित करूं ?

—वीरेन्द्र सिन्धु

अनुक्रम

: 1 :

क्रान्ति के स्वप्नद्रष्टा : सरदार अर्जुनसिंह और श्रीमती जय कौर

वे धर्म की बैलगाड़ी से उतरकर क्रान्ति के रथ पर बैठ गए। रथ क्रान्ति का था, पर उस की धुरी धर्म की थी। धर्म अपनी लम्बी यात्रा में थक कर गतिहीन हो गया था, पर उस के पास प्रभाव की पूंजी थी। यह पूंजी उसने क्रान्ति को भेंट कर दी। क्रान्ति भी न ठग थी, न कृतघ्न। उस ने धर्म को गति दे, उद्‌बोधन पताका सौंप दी। दोनों एक-दूसरे का सहारा थे, प्रगति के पथ पर बढ़ चले। इस धर्म-क्रान्ति का नाम था आर्य-समाज।

1857 के स्वतन्त्रता-विप्लव की असफलता के बाद अंगरेज़ों ने पहले तो रणनीति के अनुसार देश में ऐसा दमन-चक्र चलाया कि आंधियां उठ गईं, विरोध की पसलियां टूट गईं और जनता के मन में यह बात बैठ गई कि अब अंगरेज़ों की गुलामी चुपचाप सहने के सिवा अन्य कोई मार्ग नहीं है। यह घोर निराशा का युग था, पर कोई जीवित जाति अधिक दिन तक निराश हो कर बैठी नहीं रह सकती, अंगरेज़ यह बात जानते थे। फिर 1857 के महान् विद्रोह का संगठन भारतवासियों ने जिस गुप्त ढंग से किया था, उस से भी अंगरेज़ बहुत घबरा गए थे। भारत को दमन-चक्र के द्वारा त्रस्त और कानून के द्वारा देश को शस्त्र-विहीन करके भी निश्चिन्त नहीं हो सके और उन्होंने गुप्तचरों के द्वारा भारत के बौद्धिक वर्ग की जो जांच-पड़ताल की, उस से पता चला कि ऊपर से शान्ति दीखने पर भी भीतर अशान्ति है। लोग कुछ-न-कुछ करने की बात सोच रहे हैं, क्योंकि वे सोचते हैं कि यदि इस समय कुछ न किया गया, तो फिर कभी कुछ न किया जा सकेगा।

अंगरेज़ों की कूटनीति अब यह थी कि निराश बौद्धिक वर्ग में आशा पैदा हो, और उसे अपनी महत्वाकांक्षा की पूर्ति के रास्ते अंगरेज़ों की छाया में खुलते दिखाई दें। श्री ओ. ह्यूम के द्वारा सन् 1885 में कांग्रेस की स्थापना में सहयोग देना इसी कूटनीति का फल था। भारत की महानता सचमुच अजेय है। उस ने उस अन्धकार के युग में एक अद्‌भुत् ओजस्वी महापुरुष को जन्म दिया । वे थे ऋषि दयानन्द। उन्होंने निराशा की उस अंधियारी रात में आशा का दीपक ही नहीं जलाया, आत्म-विश्वास का उद्‌बोधन भी दिया। इतिहास का कितना अद्‌भुत् संयोग है कि कांग्रेस की स्थापना के दिनों में ही आर्यसमाज की स्थापना हुई और इस प्रकार देश में नव-जागरण काल का आरम्भ हो गया।

अब देश के बौद्धिक वर्ग के सामने दो निमन्त्रण एक साथ थे : अंगरेज़ों के सहारे से, समाज में अपने विशिष्ट व्यक्तित्व का निर्माण, यह कांग्रेस की राह थी और पूरे

समाज को जाग्रत् करना, उसे उभारना-उठाना यह आर्यसमाज की राह थी। कितनी विचित्र बात है कि एक ही वृक्ष पर एक ही साथ दोनों निमन्त्रणों का प्रभाव पड़ा। यह वृक्ष था हमारा वंश। इस से एक बात तो स्पष्ट है कि इस वंश का रक्त प्रबुद्ध था, क्योंकि प्रबुद्ध रक्त, प्रबुद्ध मानव ही बाहरी प्रभाव को इतनी तेजी और तत्परता से ग्रहण कर सकता है। सरदार खेमसिंह के तीन पुत्र थे : सरदार सुर्जनसिंह, सरदार अर्जुन सिंह और सरदार मेहरसिंह। सबसे छोटे भाई सरदार मेहरसिंह का जीवन एक साधारण किसान का जीवन रहा और वे युग के उफानों से अछूते रहे। सबसे बड़े भाई सरदार सुर्जनसिंह अंगरेज़ो के साथ जा खड़े हुए, पदों पर बैठे और पैसे से खेले। उनके पुत्र सरदार बहादुर दिलबागसिंह ने उस युग की परस्ती का सब से बड़ा तोहफा ओ. बी. ई. (ऑर्डर ऑव ब्रिटिश एम्पायर) का खिताब पाया और सरकार का दायां हाथ बन कर रहे। यह भी एक कहानी है।

लाहौर में कांग्रेस का जो अधिवेशन दादाभाई नौरोजी की अध्यक्षता में हुआ, उस में सरदार सुर्जनसिंह और सरदार अर्जुनसिंह दोनों भाई जालन्धर से प्रतिनिधि बन कर गए। दोनों ने अपने-अपने हाथों में झण्डे ले रखे थे और दोनों ही देहाती वेश में थे। जालन्धर स्टेशन पर जब ट्रेन पहुंची, जिस से दादाभाई लाहौर जा रहे थे और दूसरे प्रतिनिधि भी, तो जालन्धर के प्रसिद्ध वकील रायज़ादा भगतराम ने इन दोनों का परिचय दादाभाई से कराया। सब प्रतिनिधि सूट-बूट में होते थे। उस युग में किसान प्रतिनिधि ये ही दो थे और कांग्रेस में ऐसे प्रतिनिधि पहली बार ही सम्मिलित हो रहे थे। इस लिए दादाभाई इनसे मिलकर बहुत खुश हुए और इन दोनों को उन्होंने अपने ही डिब्बे में बैठा लिया। लाहौर में भी ये दोनों अपने रंग-ढंग के कारण सब का ध्यान आकर्षित किए रहे और दादाभाई बराबर इन की खोज-खबर लेते रहे।

इस से साफ है कि दोनों ही आरम्भ में सार्वजनिक जीवन में साथ थे, पर एक घटना ने दोनों के रास्ते अलग कर दिए। गांव का एक दरजी चीन गया था, वहां से वह लौटा, तो प्लेग को साथ लाया। देखते-देखते यह छुतहा रोग गांव-भर में फैल गया। अंगरेज कलक्टर ने हुक्म दिया कि जिन घरों में प्लेग के केस हैं, उन्हें ढहा दिया जाए। सरदार अर्जुनसिंह इसके विरोधी थे। उन का कहना था कि बाद में उन घरों का बनाना गरीब किसानों के लिए असंभव होगा और इस तरह वे लोग हमेशा के लिए उजड़ जाएंगे। यदि सरकार घर ढहाने का हुक्म देती है, तो यह आश्वासन भी दे कि बाद में वह उन्हें बनवा देगी। कलक्टर इस पर तैयार न था। सरदार सुर्जनसिंह इस मामले में कलक्टर के समर्थक हो गए और फिर ऐसे बहे कि सरकार-परस्ती ही उन का धर्म बन गया।

सरदार अर्जुनसिंह ने ऋषि दयानन्द के दर्शन किए तो मुग्ध हो गये और उन का भाषण सुना तो नव-जागरण की सामाजिक सेना में भरती हो कर आर्यसमाजी बन गए। वे उन थोड़े से लोगों में थे, जिन्हें स्वयं ऋषि दयानन्द ने दीक्षा दी थी, यज्ञोपवीत अपने हाथ से पहनाया था। यह सरदार अर्जुनसिंह का सांस्कृतिक पुनर्जन्म था। मांस खाना उन्होंने छोड़ दिया, शराब की बोतल नाली में फेंक दी, हवन-कुण्ड उनका साथी हो गया और सन्ध्या-प्रार्थना सहचरी। उन का जीवन पूरी तरह बदल गया था और यह बदल

एक क्रान्तिकारी छलांग थी। इस छलांग की शक्ति का सही अन्दाजा वे ही लगा सकते हैं जो उस युग की सामाजिक जकड़न और राजनैतिक शून्यता एवं अवसाद को सही-सही आंक सकते हैं। यह काम सरल नहीं है, क्योंकि हमारी पीढ़ी की वह दुलहिन, जो विवाह के कुछ दिन बाद ही खुले मुंह ही नहीं, खुले सिर अपने पति के साथ हंसते-बोलते सिनेमा देखने जाती है, उस दुलहिन के जीवन का कैसे एहसास कर सकती है, जिस का मुंह तो दूर, उसके पति के अतिरिक्त, परिवार के ही दूसरे पुरुषों के द्वारा आंचल देखना भी पतन माना जाता था और उस की श्रेष्ठता की कसौटी यह थी कि उस की आवाज कोई न सुने, वह किसी की तरफ आंख उठा कर न देखे। सचमुच सरदार अर्जुनसिंह का आर्यसमाजी होना एक बड़ा क्रान्तिकारी कदम था। इसे यों समझा जा सकता है कि किसी हिन्दू का आर्यसमाजी हो जाना ही बड़ी बात थी, फिर सरदार अर्जुनसिंह तो सिख से आर्यसमाजी हुए थे। मन्दिर से ही आर्यसमाज का भवन काफी दूर था, पर वे तो गुरुद्वारे से चलकर आर्यसमाज-भवन पहुंचे थे, जो और भी दूर था।

वे पहले जाट सिख थे, जिन्होंने बड़े और मंझले बेटे किशनसिंह और अजीत सिंह को साईंदास ऐंग्लो-संस्कृत हाई स्कूल जालन्धर में शिक्षा प्राप्त करने भेजा और स्वयं भी वहीं रायज़ादा भगतराम वकील के मुन्शी हो गए। उन्होंने दीक्षा लेकर ही सन्तोष नहीं किया, अपने को इस योग्य भी बनाया कि दूसरों को दीक्षा दे सकें। उन्होंने ऋषि दयानन्द के मिशन को पूरी तरह समझा और अपने विचारों को पूरी तरह उनके सांचे में ढाला। उन्होंने आर्यसमाज के साहित्य का बहुत गहरा अध्ययन किया। इस गहराई का पता इससे चलता है कि सनातनधर्मी पण्डितों के साथ मूर्तिपूजा और श्राद्ध जैसे विषयों पर कई शास्त्रार्थों में ये ही आर्यसमाज के प्रमुख प्रवक्ता रहे और आर्यसमाज के उत्सवों में दूर-दूर भाषण देने के लिए जाते रहे। वे अपने क्षेत्र के प्रमुख आर्यसमाजी नेताओं में गिने जाते थे और हर काम में उनकी सलाह मानी जाती थी।

सरदार अर्जुनसिंह के व्यक्तित्व की दो विशेषताएं थीं। पहली, परिश्रमशीलता और दूसरी, सामाजिक सुधार की दृष्टि। बात को साफ करने के लिए मैं कहना चाहूंगी, क्रान्ति दृष्टि। वे जीवन की जड़ता के घोर विरोधी थे और प्रगति के पूरे समर्थक। यह कितनी बड़ी बात है कि उन्होंने अपने ही परिश्रम से संस्कृत, हिन्दी, उर्दू, फारसी और गुरुमुखी का अच्छा ज्ञान प्राप्त कर लिया था और कचहरी एवं आर्यसमाज का काम करते हुए ही वे यूनानी हिकमत के सफल हकीम बन गए थे। तुरन्त निर्णय करना और फिर पूरी दृढ़ता के साथ उस निर्णय पर जमे रहना उन का स्वभाव था। वे जालन्धर में अच्छी ज़िन्दगी जी रहे थे, पर जब अंगरेज़ी सरकार ने बार (जंगली इलाका) बसाने और वहां जाकर बसने वाले हर परिवार को पचीस एकड़ (एक मुरब्बा) जमीन देने की घोषणा की, तो वे लायलपुर ज़िले के बंगा गांव में जा बसे और खेती के साथ चिकित्सा का काम भी करने लगे। यह लगभग सन् 1900 की बात है।

सरदार अर्जुनसिंह हिकमत जानते थे, इस कथन का कोई अर्थ नहीं। वे एक अच्छे हकीम थे, यह भी साधारण परिचय है। उनकी साधना की गहराई इससे बहुत आगे थी। असल में जुट जाना, काम के साथ पूरी योग्यता, पूरी सामर्थ्य के साथ एकरस हो

जाना ही उन का व्यक्तित्व था, उन का चरित्र था। एक वकील के मुन्शी होते हुए उन्होंने यूनानी चिकित्सा-पद्धति पर किस हद तक काबू पा लिया था और अपनी सिद्धि पर उन्हें कितना भरोसा था, उसका पता एक संस्मरण से लगता है।

महाराजा कपूरथला की चिकित्सा के लिए दिल्ली से हकीम अजमल खां पधारे। सरदार अर्जुनसिंह के मन की जिज्ञासा थी- हकीम जी राजा-महाराजाओं का इलाज करते हैं, इसी लिए उन का इतना नाम है या सचमुच वे एक महान् हकीम हैं और मुझ से ज्यादा जानते हैं ? वे कपूरथला जा पहुंचे और दो दिन तक हकीम अजमल खां से भिन्न-भिन्न रोगों के सम्बन्ध में बातें करते रहे। शास्त्रार्थ करने में उन का नाम था, इसलिए बहुत बार इन बातों ने बहस का रूप ले लिया, पर हकीम जी भी उनकी बातों में गहरी दिलचस्पी ले रहे थे, इसलिए बातें जारी रहीं। तीसरे दिन सरदार अर्जुनसिंह ने कहा, 'सचमुच आप हिकमत के बादशाह हैं, मैं आपको सिर झुकाता हूं।' हकीम साहब ने भी उनके ज्ञान की गहराई पर खुशी ज़ाहिर की। इसके बाद वे बराबर हकीम जी से पत्र-व्यवहार कर अपना ज्ञान बढ़ाते रहे। कैसा अद्भुत व्यक्तित्व था सरदार अर्जुनसिंह का ! वे अन्न-उत्पादक किसान ही नहीं थे, ज्ञान के भी किसान थे।

लायलपुर की ज़मीन सोना उगलने वाली ज़मीन थी। सरदार अर्जुनसिंह के लिए वहां धनपति बनने का पूरा अवसर था। आर्थिक दृष्टि से वे काफी आगे बढ़े भी, पर मिट्टी तब सोना उगलती है, जब कोई सिर्फ उस का ही हो जाए- अपने को उस में खपा दे। उन के लिए यह सम्भव न था। आज यहां जुलूस है, कल वहां जलसा है और परसों वहां कोई शास्त्रार्थ या यज्ञ है। उन का एक पैर खेत में और दूसरा मंच पर रहता था। उनकी मूल वृत्ति परिग्रह की नहीं, त्याग की थी। उन का संकल्प था कि कुछ वर्ष बाद संन्यास लेकर देश-भर में राष्ट्रीय चरित्र के विचारों का प्रचार करने में जीवन लगाएंगे और उनके पुत्र काम को संभाल लेंगे, पर उनके बेटे जवान हुए, तो उन्होंने घर का नहीं, देश का काम संभाला और सरदार अर्जुनसिंह को हाथ में लेना पड़ा परिवार का पालन-पोषण और बेटों के मुकदमों की पैरवी। संन्यास लेने का संकल्प भी उन का था और पुत्रों को देश-भक्ति का पाठ भी उन्होंने ही पढ़ाया था। भविष्य कितना अज्ञेय है- मनुष्य क्या सोचता है, क्या हो जाता है। सरदार अर्जुनसिंह अपने ही बोये खेत को काट रहे थे, अकेले घर की देख-भाल करते हुए।

अंगरेज़ सरकार आर्यसमाज को फूटी आंखों भी देखना पसन्द न करती थी। बात ठीक भी थी। दीन-हीन और अज्ञानी समाज ही किसी का गुलाम रह सकता है, आत्म-विश्वास और अपने उज्ज्वल अतीत के ज्ञान से प्रकाशित समाज गुलाम नहीं रह सकता। दूरदर्शी अंगरेज़ खूब समझते थे कि आर्यसमाज का जागरण कल के उत्थान की भूमिका है, जिसे कुचलना सम्भव नहीं होगा। वे क्रान्ति के इस वृक्ष को अंकुर में ही कुचलना चाहते थे, पर उनकी दिक्कत यह थी कि इस वृक्ष का तना धर्म का था और फूल-पत्ते समाज-सुधार के। धर्म पर आघात होते ही भारत की जनता जिस तरह 1857 में उबल पड़ी थी, उसे अंगरेज़ अभी न भूले थे, न भूल सकते थे इसलिए वे बचकर ही उन पर आक्रमण करते थे।

फ्रांस में जब ईसाई धर्म का बुद्धिवादी प्रोटेस्टैण्ट रूप उभरा तो उसकी स्थिति आर्यसमाज-जैसी थी। वहां के राजा ने, जो कैथोलिक ईसाई था, प्रोटेस्टैण्टों पर ऐसे और इतने अत्याचार किए, जिन का इतिहास में कोई जोड़ नहीं ! फ्रांस के राजा का दृष्टिकोण भी वही था, जो भारत के अंगरेज़ शासकों का कि जनता को समाज-सुधार के काम करने दिए गए, तो कल वह राजनैतिक सुधार भी मांगेगी; पर भारत और फ्रांस की स्थितियां अलग-अलग थीं। फ्रांस का राजा फ्रांसीसी था और धर्म के एक स्वरूप पर आक्रमण करने के लिए उस के हाथ में धर्म के ही दूसरे स्वरूप की तलवार थी। वह तलवार से तलवार को काट सकता था, पर अंगरेज़ विदेशी थे और भारत की धर्मप्राण जनता उनके अत्याचारों से भड़क सकती थी, इसलिए वे कूटनीति से काम लेते थे और फ्रांस के राजा की तरह आर्यसमाज पर सीधा वार न करके धर्म को धर्म से लड़ाने का दांव चलते थे। पटियाला का केस एक प्रयोगात्मक परीक्षण था।

देशी राज्यों के राजा अंगरेज़ गवर्नर-जनरल के सामने बिल्ली थे, तो वहां की जनता के सामने शेर बबर थे। उनकी इच्छा राज्य में ईश्वर की इच्छा थी और उनका वचन कानून। वे खुले-आम जनता पर मन-माने अत्याचार कर सकते थे, किसी में बोलने का दम न था। पटियाला के आर्यसमाजियों पर यह मुकदमा चलाया गया कि वे सिखों के गुरु ग्रन्थ साहब का अपमान करते हैं। अंगरेज़ों का ख्याल था कि इससे दो काम एक साथ होंगे : सिखों और आर्यसमाजियों में दुश्मनी हो जाएगी और रियासतों के क्षेत्र में आर्यसमाज की जागरण-क्रान्ति का दीपक बुझ जाएगा। देश-भर में इस मुकदमे का विरोध हुआ और जम कर इसे लड़ा गया। बचाव कमेटी में सरदार अर्जुनसिंह भी प्रमुख थे। उन्होंने दूसरे पण्डितों के साथ मिलकर हिन्दुओं के कई ग्रन्थों और सिखों के गुरु ग्रन्थ साहब के लगभग 700 श्लोक पेश किए जो एक-जैसे थे और सिद्ध किया कि वेद और ग्रन्थ साहब एक हैं, समान रूप से आदरणीय हैं। इस वक्तव्य ने सरदार अर्जुनसिंह की समाज-निष्ठा पर विद्वता का ऐसा रंग जमाया कि उनका व्यक्तित्व और भी चमक उठा।

लिखना उन की हॉबी भी थी, आवश्यकता भी। काम से ज़रा फुर्सत मिलती और वे कागज़-कलम लेकर बैठ जाते। लिखते और लिखते चले जाते। कौन पास आया, कौन चला गया, कहां कौन क्या बोला- इसका उन्हें भान ही न होता था। गांव के अनपढ़ वातावरण में बहुत बार फुसफुसाहटों में ये शब्द इधर से उधर आते-जाते, जानें बड़े सरदार जी हर वक्त क्या लिखते हैं ? यह सब आर्यसमाज के परिपत्र होते थे और छप कर दूर-दूर तक बंटते थे। कई पुस्तकें भी उन्होंने लिखी थीं। उनका बहुत-सा साहित्य बाद की तलाशियों में पुलिस उठा ले गई, फिर भी बहुत-कुछ सुरक्षित था। दुःख है कि वह सब बंटवारे की भेंट हो गया और इस प्रकार उनके साहित्यिक रूप की कहानी अनलिखी ही रह गई। 'हमारे गुरु साहेबान वेदों के पैरो थे' उनकी एक किताब थी।

अब वे किसान भी थे, हकीम भी थे, आर्यसमाजी नेता भी थे, पर दृष्टि उनकी देश पर ही केन्द्रित थी। कांग्रेस पूर्ण राजभक्ति के गीतों की धुन के साथ छोटी-छोटी मांगों का अध्याय समाप्त कर राजभक्ति प्रकट करते हुए भी अधिकारों की मांग के युग में

प्रवेश कर रही थी। भाषणों की टोन भी गरम हो गई थी, और जनता में आकर्षण भी बढ़ चला था। सरदार अर्जुनसिंह भी उधर झुक गए थे, पर निश्चय ही उस समय उन की आत्मा आर्यसमाज में केन्द्रित थी और वे समाज का जीवन जी रहे थे। बंगा में उन्होंने दो कुएं, एक सराय और एक गुरुद्वारा बनवाए। राज-मिस्त्रियों के साथ लगकर वे स्वयं भी चिनाई का काम करते थे। उन के चरित्र का एक विचित्र और विशिष्ट पहलू यह है कि आर्यसमाजी होने पर भी उन्होंने बहुमत जनता का ध्यान कर गाव में गुरुद्वारा बनाने में पूरा सहयोग दिया, जब कि गुरुद्वारे में जाकर भी वे ग्रन्थ साहब के सामने मत्था नहीं टेकते थे। कहते थे कि यह तो मूर्ति-पूजा की तरह ही पुस्तक-पूजा है। उस समय आर्यसमाज हर प्रकार के अन्धविश्वास का विरोध कर रहा था। उनकी दृष्टि में ग्रन्थ की शिक्षाओं से लाभ उठाना विश्वास और उसकी पूजा अन्धविश्वास था। वे सनातनधर्मी पण्डितों के द्वारा धर्म-पुस्तकों पर चन्दन-चावल चढ़ाने का भी इसी तरह विरोध करते थे।

इसके साथ यह भी स्मरणीय है कि गुरुद्वारों पर से पुराने दकियानूसी महन्तों का प्रभाव हटाने के लिए जो आंदोलन बाद में चला, उस से सहानुभूति और आंदोलन के शहीदों के प्रति आदर प्रकट करने के लिए उन्होंने भी काली पगड़ी पहन ली थी। वे कहीं बंधे हुए न थे, प्रगति की हर धारा के साथ थे।

अपने हाथ से काम करने में उनकी श्रद्धा थी। बड़े परिश्रम से उन्होंने आम का एक बहुत बड़ा बाग लगाया था। गरीबों के लिए वे सहारा थे। उनका इलाज तो मुफ्त करते ही थे, पर आवश्यक हो तो दूध भी अपने घर से देते थे। मुकदमे में फंसे किसी गरीब आदमी के काम से वे शहर जाते, तो अपना खाना साथ ले जाते, जिससे उसपर जरा भी बोझ न पड़े। इसलिए जहां तक सम्भव होता, वे पैदल ही पन्द्रह मील चलकर शहर जाते थे। उस युग में मज़दूरों को मज़दूरी नहीं, सिर्फ रोटी ही दी जाती थी, पर वे रोटी पर मज़दूरी के पैसे रखकर ही देते थे। उन के इन गुणों की चर्चा दूर-दूर तक थी। कहावत-सी फैल गई थी चारों ओर– अरे भाई, बड़े सरदार जी तो पैसों की सब्ज़ी देते हैं रोटियों पर।

छूआछूत में उनका विश्वास नहीं था। अछूतों के साथ वे अपने परिवार वालों-जैसा व्यवहार करते थे। वे लोग भी उन्हें देवता की तरह पूजते थे। एक बार ग्राम बंगा ज़िला लायलपुर से कुछ मेहमान ग्राम खासरिया, जिला लाहौर गए। माता जी उन दिनों वहां थीं नहीं। घर में दस वर्ष की अमर कौर थी। घर का काम तो वह किसी-न-किसी तरह चला लेती थी, पर इतने सारे मेहमानों का खाना बनाना उसके बस से बाहर था, इस लिए उस ने एक हरिजन महिला को बुलाकर खाना बनवा लिया। इस पर उन मेहमानों ने गांव में आकर खूब हल्ला मचाया और उनके घड़े कुएं पर से उठवाने की बात चलाई। उन्हीं दिनों गांव में जोहड़ खुद रहा था। गांवभर के पुरुष श्रमदान में जुटे हुए थे। उन्हें खाना पहुंचाने की जिम्मेदारी सरदार अर्जुनसिंह ने ले ली। खाना जब तैयार हो गया तो उन्होंने भंगी के सिर पर लस्सी का एक मटका रखा, एक चमार के सिर पर दाल का मटका और एक दूसरे चमार के सिर पर रोटियों का टोकरा। जोहड़ के

करीब पहुंच कर एक झाड़ी की आड़ में तीनों से वह खाने का सामान रखवा लिया। सब को उन्होंने रोटी-दाल-लस्सी परसी। जब सब खा चुके तो पूछा—क्यों भाइयो, खाने का स्वाद तो नहीं बिगड़ा ? सबने खाने की तारीफ की तो बताया—यह खाना झगडू भंगी, चेता और छज्जू चमार अपने सिरों पर रख कर लाए थे। अब चाहो तो सारे गांव के घड़े कुएं पर से उठवा दो। इस तरह उन के गांव में एक साथ छुआछूत दूर हो गई।

उन्हें बहुत जल्दी गुस्सा आता था, पर जल्दी ही उतर भी जाता था। ज़िद्दी वे ज़रा भी न थे। एक बार उन्होंने अपने कुछ खेतों में तम्बाकू बो दिया। सिखों ने इसे अधर्म समझा। उन्होंने कहा—तम्बाकू को गधे भी नहीं खाते, सुरक्षित रहता है, लागत कम है और नफा ज़्यादा है, इसी से बोया है। उनकी बात ठीक थी, पर जब उन्होंने देखा कि दूसरे लोग इससे दुःखी हैं, तो मान गए और अमृतपान (प्रायश्चित्त) कर लिया। सिद्धान्त और अनुशासन के मामले में वे बेहद सख्त थे, पर सेवा-सहायता के मामले में बेहद कोमल। वे ऊंचे दरजे के इन्सान थे। हर साल वे एक बड़ा यज्ञ करते थे। उसमें बहुत से भजनोपदेशक और विद्वान् आते थे। खूब धूमधाम रहती थी।

हम सरदार अर्जुनसिंह के जीवन को पूरी तरह समझ ही नहीं सकते, यदि उन्हें सिर्फ एक तरफ से देखें। आर्यसमाज में उनका रोल एक अगुआ का है। अपने पुत्रों को वे राजनीति की दीक्षा देते हैं। 1920 में, जब असहयोग का तूफान उठता है, तो वे 'ॐ' का लाल झण्डा रख देते हैं और चरखे वाला तिरंगा झण्डा उठा लेते हैं। 'जो बोले सो अभय, वैदिक धर्म की जय' के स्थान में उनका नारा हो गया—'जो बोले सो अभय, भारत माता की जय'। अब वे पूरी तरह तूफान के बीच आ गए और एक जत्थेदार के रूप में गांव-गांव घूमने लगे। वे जेल जाने वालों की कतार में तो थे ही, जेल जाने के लिए आतुर भी थे। वे अपना जत्था लेकर जड़ांवाला पहुंचे। उन्होंने शराब एवं विदेशी वस्त्रों की दुकानों पर पिकेटिंग करने की घोषणा कर दी, पर उसी दिन चौरी-चौरा कांड के कारण आन्दोलन वापस ले लिया गया। वे अपना जत्था लेकर वापस लौट आए और कई दिन तक हंस-हंसकर सबसे कहते रहे— गांधी महात्मा, तू उस दिन ठहर जाता, तो क्या तेरी मूंछ नीची हो जाती।

असल बात यह है कि उनकी प्रेरणा देश-भक्ति की थी। देश के लिए जब जो प्रवाह सामने होता, वे उस में कूद पड़ते। संक्षेप में हम कह सकते हैं कि उन्होंने संघर्ष से कभी मुंह नहीं मोड़ा, जब तक उनमें शक्ति रही, वे संघर्ष करते रहे। उनके छोटे भाई सरदार मेहरसिंह के पुत्र सरदार हरिसिंह कांग्रेस के आन्दोलन में जेल गए थे। आन्दोलन की सफलता के बाद वातावरण में साम्प्रदायिकता भड़क उठी थी और देश का वातावरण हिन्दू-मुस्लिम दंगों से कलुषित हो गया था। उन दिनों सरदार अर्जुनसिंह क्या कर रहे थे ? सरदार हरिसिंह और उनके साथियों ने उनकी छत्र-छाया में एक बम बनाया और उसकी परीक्षा की तो इतना बड़ा धड़ाका हुआ कि सब को पता चल गया। किसी ने शिकायत कर दी और पुलिस के अधिकारी गांव में आ बैठे, पर सरदार अर्जुनसिंह का इतना लिहाज था कि गवाही नहीं मिली और उन के निडर तर्कों के सामने अफसरों की एक न चली, अतः उन्हें खाली हाथ लौटना पड़ा।

उनके जीवन की सब से बड़ी उपलब्धि क्या है ? उनके जीवन का सब से बड़ा दान क्या है? इन साफ प्रश्नों में जब मैं उतरती हूं तो उत्तर मिलता है : उनकी सब से बड़ी उपलब्धि यह है कि उन्होंने पूर्वजों के पुराणपन्थी वातावरण से अपने को बाहर निकाला और अपने तीनों पुत्रों को क्रान्ति की दीक्षा दी। किसी एक भावुक युवक का क्रान्तिकारी हो जाना ही साधारण बात नहीं होती, फिर यहां तो स्वयं सामाजिक क्रान्तिकारी बनना और अपने तीनों पुत्रों को सशस्त्र क्रान्ति के पथ पर चलते देखने की बात है, जिसका साधारण स्तर पर मूल्यांकन सम्भव नहीं है। उन्होंने अपने तीनों पुत्रों को नई शिक्षा से शिक्षित किया, फिर क्रान्ति की नई दिशा में प्रशिक्षित किया और जब वे पुत्र उन्हें अकेला छोड़ कर क्रान्ति के बीहड़ वनों की ओर बढ़े, जहां खतरे-ही-खतरे थे, और खतरों की सम्भावना नहीं, निश्चित खतरे, भयानक खतरे, बर्बादी और विध्वंस के खतरे, तो उन्होंने यही नहीं कि बाधा नहीं डाली, खतरों के उस खेल को प्रोत्साहन दिया, उस में सुख माना, उन्हें शान से झेला और उन पर गर्व किया। आ पड़े विध्वंस के बीच बैठकर शान्त रहना ही दुर्लभ है, पर यहां तो निमन्त्रण दे कर बुलाया हुआ विध्वंस था !

एक पुत्र भरी जवानी में ही शहीद हो गया, दूसरा देश से जलावतन हो गया। तीसरा हथकड़ियों की चौसर और बेड़ियों की शतरंज जीवन-भर खेलता रहा, पर जब उनके बड़े पोतों जगतसिंह और भगतसिंह का यज्ञोपवीत संस्कार हुआ, तो उन्होंने एक को अपनी बायीं भुजा में, और दूसरे को दायीं भुजा में भर कर यह संकल्प किया–'मैं अपने दोनों वंशधरों को इस यज्ञवेदी पर खड़े हो, देश की बलि-वेदी के लिए दान करता हूं।' बाद में उन्होंने ही शिष्टाचार और राष्ट्रीय विचार की शिक्षा उन्हें दी। सब कहते थे–अपने बच्चों को सभ्य बनाना कोई सरदार अर्जुनसिंह से सीखे।

कुंजी की बात यह है कि वे स्वयं बहुत सभ्य मनुष्य थे। मैं कहना चाहती हूं कि सभ्यता के सबसे बड़े गुण सहिष्णुता के वे भण्डार थे। वे जन्म से सिख थे, बाद में आर्यसमाजी हो गए थे, पर उनकी पत्नी श्रीमती जयकौर की श्रद्धा सिख धर्म में अखण्ड थी। सरदार अर्जुनसिंह ने उनसे आर्यसमाजी होने की कभी ज़िद नहीं की और उनके धार्मिक कार्यों में सदा आदर से, स्नेह से सहयोग दिया। यह आदर, यह स्नेह किस सीमा तक था ?

जब उनके पोतों का यज्ञोपवीत हुआ, तो दोनों के सिर पर बाल थे। हिन्दू-प्रथा के अनुसार उनका मुण्डन होना था। नाई आकर बैठा, तो श्रीमती जयकौर का सिख संस्कार विह्वल हो गया। केशों के प्रति उनमें सहज धर्म-भावना थी। उन्होंने अपने पति से आग्रह किया–'और चाहो जो करो, पर इनके केश मत कटाओ।' वे मान गए 'अच्छा, रहने दो, असली चीज तो विश्वास है।'

1915-16 की बात है। जगतसिंह को तेज बुखार था। बाद में वह सरसाम (सन्निपात) में बदल गया। डॉक्टर की दवा दी गई तो उन्हें बार-बार पेशाब आने लगा। हकीम तो वे थे ही। उन्होंने सोचा : डॉक्टरी दवा की तेज़ी के कारण ही ऐसा हो रहा है और अपनी दवा दे दी। उसके कुछ समय बाद ही जगतसिंह की मृत्यु हो गई।

सन्निपात उस युग में मृत्यु का रूप ही माना जाता था। यह सम्भव है कि इस मृत्यु में उनकी दवा का कोई हाथ न हो, पर उन के मन में इस का गहरा सदमा हुआ और उन्होंने इस के बाद चिकित्सा का काम छोड़ ही दिया। एक खास परिवर्तन उनमें यह हुआ कि बच्चों के प्रति बहुत कोमल हो गए। यह कोमलता बहुत करुण रूप में तब सामने आई जब भगतसिंह पकड़े गए और उन पर मुकदमा चला। फांसी निश्चित ही थी। इस सम्भावना ने उन्हें तोड़ दिया। वे दीवार की तरफ मुंह किए अपनी चारपाई पर पड़े रहते। उन्हीं दिनों भगतसिंह के किस्से बिकने लगे थे, उस की पंक्तियां गुनगुनाते और अक्सर आंखों में आंसू भर लाते। अपने एक जवान बेटे की मृत्यु पर वे स्थिर रहे थे, दूसरे की जलावतनी पर शान्त, पर भगतसिंह के बिछोह की कल्पना ने ही उन्हें झकझोर दिया था। इसमें उनके बुढ़ापे का प्रभाव भी शामिल था ही।

फांसी से 20-22 दिन पहले जब भगतसिंह से मुलाकात के लिए परिवार के लोग गए, तो वे भी गए थे। वे वहां कोई बात न कर सके और कुछ दूरी पर खड़े हो कर आंसू बहाते रहे।

फांसी के बाद वे अक्सर देश-भक्ति के गीत गाते और कभी-कभी आंखों से आंसू भी पोंछते—क्या वे शोकाश्रु थे ? क्या वे हर्षाश्रु थे ? क्या यह उनके यज्ञ की पूर्णाहुति थी ? क्या वे अपने कार्य पर असन्तुष्ट थे ? क्या वे खिन्न थे ? मैं इन प्रश्नों की डोर पकड़े विचारों के अन्तरिक्ष में जाने कहां से कहां घूम जाती हूं और तब भीने स्वर में अपनी झिमझिमाहट के साथ कोई नक्षत्र मुझ से कहता है—हां, वे शोकाश्रु थे; हां, वे हर्षाश्रु थे; हां, यह उनके यज्ञ की पूर्णाहुति थी; जिसकी समिधाएं उन्होंने अपनी भरी जवानी में अपने भरे हाथों हवन-कुण्ड में रखी थीं; हां, वे अपने कार्य पर सन्तुष्ट थे—हां, वे अपने कार्य पर खिन्न थे।

क्या नक्षत्र की वाणी में कोई विरोध है ? नहीं, कोई विरोध नहीं है, सिर्फ इन्द्रधनुषी विरोधाभास है। एक पक्ष है क्रान्तिकारी व्यक्तित्व का। एक पक्ष है बूढ़ी मानवता का। दोनों एक साथ हैं। यह कोई हीनता नहीं, यह महानता है कि सरदार अर्जुनसिंह अपने जीवन की दोपहरी में बलिदानों की होलियां जलाने और फाग खेलने के बाद जीवन की सन्ध्या में क्रांतिकारी भी थे और मनुष्य भी।

उस दिन, उठकर वे गांव की दुकान पर अखबार पढ़ने गए तो वहीं गिर गए। उन पर फालिज का आक्रमण हो गया था। जीभ तालू से जा सटी थी, चलना-बोलना असम्भव हो गया था। उन्होंने लिखकर समझाया। फौरन सरदार किशनसिंह को सन्देश भेजा गया। वे डॉक्टर बोधराज को लेकर आए, चिकित्सा की तैयारी हुई और उन्होंने दवाई लेने से इन्कार कर दिया। और लिखकर बताया कि इस उम्र में फालिज होने पर आदमी ठीक नहीं होता, और दवा लेने से लटकता रहता है। ज़िन्दगी तभी तक ज़िन्दगी है, जब तक वह किसी काम के करने लायक है, नहीं तो वह बोझ है। उनके ये शब्द मानवता के विश्वकोश में लिखने के लायक हैं : "जो बोझ आसानी से फेंका जा सकता है, उसे ढोते रहना दुनिया की सब से बड़ी बेवकूफी है।"

फालिज से उन का तन टूट गया था, पर मन उनका अब भी अटूट था। उनके पुत्र

सरदार किशनसिंह ने जब उनपर दवाई लेने को ज़ोर डाला और दवा उनके मुंह की तरफ बढ़ाई तो उन्होंने बलपूर्वक सरदार किशनसिंह को पीछे धकेल दिया। वे बात कहना जानते थे, बात पर अड़ना जानते थे। उनकी बात जीवन-भर बात रही थी और अब अन्तिम घड़ियों में भी उनकी बात बात थी, उन का निर्णय निर्णय था।

जुलाई, 1932 में उनकी मृत्यु हो गई और क्रान्ति का वह दीप बुझ गया जिस ने जीवन-भर अपने खून से क्रान्ति के नये-नये दीप जलाए थे। उनकी हड्डियां सचमुच अगर की बत्तियां बनकर इस तरह जलीं कि वे राख हो गईं, पर हमेशा के लिए अपनी महक छोड़ गईं।

सरदार अर्जुनसिंह की कहानी शानदार है और उसकी सबसे बड़ी शान यह है कि वे राष्ट्रीय क्रान्ति के सबसे पहले दीपकों में एक हैं, पर क्या दीपक बिना बाती के जल सकता है? नहीं जल सकता, तो बाती का महत्व स्पष्ट है। उनके जीवन में बाती थीं उन की पत्नी श्रीमती जयकौर । उन्होंने उस युग की नारी होकर भी, जिस में दीवार से बाहर झांकना भी साहस का काम समझा जाता था, अपने को पति के क्रान्तिकारी जीवन के साथ खड़ा किया और संघर्ष की लपटों के लिए भी अपने को तैयार कर लिया। यह परिवर्तन कोई साधारण परिवर्तन नहीं था। एक वीर नारी ही इतने बड़े परिवर्तन के झटके को झेल सकती थी।

देह पतली-दुबली थी, पर मन बेहद तेजस्वी था। काम की उन में बेपनाह ताकत थी। थकना वे जानती ही न थीं। घबराना जीवन की उस पुस्तक में कोई अध्याय ही न था, जिससे वे जी रही थीं। खतरे की सम्भावना उन्हें कंपाती न थी, उत्साहित करती थी। कष्ट और परेशानी उनके लिए अवसाद का नहीं, आह्लाद का ही कारण बनती थी। नई परिस्थितियों में ढल जाने की उनमें अद्भुत क्षमता थी ! इसीलिए बदलती हुई परिस्थितियां उन्हें झकझोरती नहीं थीं, नई चमक देती थीं। व्यक्तित्व की इस विशिष्टता से उन्हें एक सामाजिक क्रान्तिकारी की पत्नी, क्रान्तिकारी पुत्रों की जननी और क्रान्तिकारी पोतों की दादी होने का सौभाग्य प्राप्त हुआ था। वे अपने पति के साथ भारतीय राष्ट्र के उस बेजोड़ वंश की प्रवर्तक हुईं, जिसकी तीन पीढ़ियां गुलामी की जंजीरों को तोड़ने के लिए जान की बाज़ी लगाकर लड़ती रहीं और बाद में भी अन्याय के विरुद्ध न्याय की पताका फहराना जिस का रक्त-धर्म हो गया।

सरदार अर्जुनसिंह वकील के मुन्शी से हकीम हुए तो वे नर्स क्या, अपने क्षेत्र की लेडी डॉक्टर हो गईं। हकीम जी नुस्खा लिखते, वे दवा बनाकर देतीं, एनीमा का काम करतीं, पथ्य बतातीं। यह सब तो था ही, उन्होंने टूटी हड्डियों को जोड़ना भी सीख लिया था। लोग रोते हुए उनके द्वार पर आते, हंसते हुए जाते । दुखती आंखों की चिकित्सा उनका तीसरा काम था। एक कहावत-सी फैल गई थी आसपास : दादी जयकौर को देखते ही दुखती आंखें खुल जाती हैं। उनकी सफलता में उनकी सहानुभूति का भी बड़ा हाथ था। वे सब से अपने बच्चों जैसा व्यवहार करती थीं। उनके काम और व्यवहार ने उन्हें बिना किसी चुनाव के ही गांव की चौधरन बना दिया था। किसी के बेटे की शादी हो या बेटी की, निर्णय होते थे उन्हीं की सलाह से। देने-लेने का

जो नक्शा वे बना देती थीं, उस में ज़रा भी इधर-उधर न हो सकता था। बड़ा दबदबा था गांव के सामाजिक जीवन में उनका।

बरसों उनका घर सामाजिक कार्यकर्ताओं की धर्मशाला रहा। चिकित्सा के साथ उन सबकी आव-भगत का काम उनके ही जिम्मे था। बाद में उनका घर क्रान्तिकारियों का तहखाना बन गया। उन्हें छिपा कर रखना, उनके खाने-पीने की व्यवस्था करना, योजनापूर्वक काम करके हर घड़ी चौकन्ना रहकर ही सम्भव था। एक दिन पूरा गांव घेर लिया गया और हल्की तोपें चारों ओर लगा दी गईं। पुलिस के सिपाही थे, अफसर थे, फौज के सिपाही थे, अफसर थे। ऐसा मालूम होता था, जैसे गांव में कोई युद्ध का मोर्चा लगा हो ! लगता था जैसे गांव बागी हो गया हो ! लेकिन वास्तव में क्रान्तिकारी साहित्य छापने के अपराध में ये सब सरदार अजीतसिंह और सूफी अम्बाप्रसाद को गिरफ्तार करने आए थे।

सरदार अजीतसिंह तो घर में न थे, पर सूफी साहब घर में ही थे। वे कैसे बचें ? उन्हें कौन बचाए ? दादी जयकौर ने इस काम का बीड़ा उठाया और वे द्वार पर गईं। पुलिस अफसर बाहर था–'क्या बात है ? आप क्या चाहते हैं ?' उन्होंने पूछा। लेकिन अफसर ने गिरफ्तारी की बात छिपाई–'हमें घर की तलाशी लेनी है।'

'आपको सरकार ने तलाशी लेने को कहा है, तो आप जरूर तलाशी लें, पर आप भी तो बहू-बेटी वाले खानदानी आदमी हैं, इसलिए पहले परदानशीन औरतों को घर से निकल जाने दें, तब घर में घुसें।'–श्रीमती जयकौर ने बड़ी दृढ़ता से कहा। अफसर तैयार हो गया। अपनी-अपनी चादर में लिपटीं स्त्रियां घर से बाहर निकल गईं। अब पुलिस घर में घुसी, पर कमाल यह कि सूफी साहब वहां न थे, वे भी इसी बीच बाहर हो गए थे। पुलिस को यह मानना पड़ा कि उसकी जानकारी गलत थी। और सात ऊंटों पर लाद कर पुलिस छपा और लिखा साहित्य अपने साथ ले गई।

सतर्कता और सन्नद्धता उनके व्यक्तित्व के चमकदार पहलू थे। इन गुणों ने उन्हें एक सख्त व्यक्तित्व बना दिया था। यह सख्ती स्वभाव की मालूम होती थी, पर थी वह व्यवस्था की। घर में हर चीज उसकी अपनी जगह रहे यह वे चाहती थीं और जरा भी इधर-उधर होने पर वह गरज उठती थीं, बरस पड़ती थीं। बच्चा रोकर रूठकर अपनी मनचाही माता-पिता से मनवाना चाहता है। उनके सामने यह असम्भव था। उनका दृष्टिकोण यह था कि इस तरह माता-पिता बच्चे में रूठने की, रोने की, ज़िद करने की आदत पैदा करते हैं। वे न गिड़गिड़ाने से झुकती थीं, न रोने से। उनकी गरम घुड़की बोध का काम करती थी। बात यह थी कि जो व्यवहार उनका परिवार में बच्चों, बहुओं के साथ था, वही गांव-भर के साथ। वे एक शासक थीं और कौशल एवं ताकत दोनों से शासन करने में विश्वास रखती थीं।

मई 1940 में उनकी मृत्यु बंगा में हुई। इसमें संदेह नहीं कि स. अर्जुनसिंह के साथ ही अपने पति के लिए उनका समर्पित जीवन भी क्रान्ति के इतिहास में स्मरणीय है। स. अर्जुनसिंह यदि सामाजिक क्रान्ति के ध्वज थे, तो वे उस ध्वज का सुदृढ़ दण्ड थीं।

: 2 :

संघर्ष और सन्तुलन के अवतार सरदार किशनसिंह

छब्बीस जनवरी, 1950 को स्वतन्त्र भारत का स्वतन्त्र संविधान लागू हुआ। यह राष्ट्रीय इतिहास के एक अध्याय की पूर्ति थी।

इसके ठीक एक साल चार महीने चार दिन बाद 30 मई, 1951 को सरदार किशनसिंह ने सदा के लिए आंखें मूंद लीं। यह भी राष्ट्रीय इतिहास के एक अध्याय की पूर्ति थी। सरदार किशनसिंह भारत में सशस्त्र क्रान्तिकारी प्रयत्नों का जीवित स्थान ही तो थे।

मैं उनके जीवन को संक्षेप में इस तरह कह सकती हूं कि वे पैदाइशी बागी थे, जन्मजात क्रान्तिकारी थे और जीवन के अन्तिम दिन तक क्रान्तिकारी रहे, पर मैं सोचती हूं कितना कठिन है यह जीवन ! कांटों पर चलना और आग में जलना भी उसकी ठीक उपमा नहीं। हां, शायद जीवनभर अंगारों से खेलना इस ज़िन्दगी का चित्र तो नहीं, रेखाचित्र हो सकता है। अंगारों में जला डालने की शक्ति होती है, ज़रा चूके कि राख की ढेरी हो गए। सोना तो दूर, आंख झपकने की भी यहां गुंजाइश नहीं। सुबह-शाम, शाम-सुबह चौबीस घण्टे संघर्ष ! कितना कठिन है यह, फिर आगे बचे तो पीछे जले, पीछे बचे तो आगे जले। यानी यहां की चूक अचूक सर्वनाश ही है। जीवन का हर क्षण चौकन्ना, जीवन का हर क्षण चौकस; कितना संघर्ष, कैसा अद्‌भुत सन्तुलन ! सचमुच संघर्ष और सन्तुलन के अवतार ही थे सरदार किशनसिंह।

हमारा वंश किसान-वंश था। किसान का जीवन स्व-केन्द्रित होता है। उसका खेत ही उसकी दुनिया है। बड़ों से सुना है कि दिल्ली में शाही तख्त पर शाहों की अदला-बदली होती रहती थी और दिल्ली से तीन मील दूर किसान बिना उस अदला-बदली में कोई दिलचस्पी लिये अपने-अपने खेतों पर हल चलाते रहते थे। ऐसे वंश में सामाजिक क्रांति का पहला दीपक सरदार अर्जुनसिंह ने जलाया था। सरदार किशनसिंह के जीवन की विशेषता यह है कि उन्होंने उस दीपक से रोशनी लेकर अपने को उस समय की मुलायम कांग्रेस-राजनीति के आराम-पसन्द चक्कर से बचा कर उग्र राजनीति की होली जलाने वालों में ला खड़ा किया। आमतौर पर ऐसा होता है कि उत्साही मनुष्य अपने वातावरण से छलांग मार कर अगले वातावरण में जा पहुंचता है, उससे आगे का वातावरण उसे आवाज़ लगाता है, पर वह नई छलांग से बचता है। यही नहीं, अपने बचाव की कमज़ोरी छिपाने के लिए अपनी पहली छलांग को ही सब-कुछ कहने और समझाने लगता है। सरदार किशनसिंह जीवन के अन्त तक इस कमज़ोरी से बचे रहे और छलांग पर छलांग लगाते रहे। यह कोई संयोग नहीं था कि

शहीदों के शहीद सरदार भगतसिंह उनके घर में जन्मे। यह तो उनकी ज्वालामयी जीवन-बेल का सहज पुष्प था। इसी कोने पर खड़े होकर हम सरदार किशनसिंह के जीवन को सही-सही देख सकते हैं, आंक सकते हैं।

उथल-पुथल ही जीवन-भर जिसका काम होना था, उसके नाम से उथल-पुथल हो गई तो क्या आश्चर्य ? सन् 1878 में सरदार किशनसिंह का जन्म हुआ तो नाम रखा गया गोविन्दसिंह। गोविन्दसिंह कुछ बड़ा हुआ तो दूसरे बच्चों में खेलने लगा। सब उसे पुकारते—गोविन्दा। छोटे-बड़े सभी के लिए नाम पड़ गया गोविन्दा। घर में किसी की भावुकता ने ठेस खाई—गुरु गोविन्दसिंह का अपमान है यह गोविन्दा का उच्चारण। गोविन्दसिंह तब अपना आठवां वर्ष आरम्भ कर रहे थे। होली के उत्सव पर परिवार के लोग आनन्दपुर (गुरु गोविन्दसिंह के बचपन का निवास) गए। वहां गोविन्दा ने अमृत छका और किशनसिंह हो गया। उस समय किसी को क्या पता था कि वे जिसका नाम बदल रहे हैं, वह जीवन-भर भारत के इतिहास को बदलने में जुटा रहेगा।

साईंदास ऐंग्लो-संस्कृत हाई स्कूल, जालन्धर में शिक्षा पाने के बाद उनका सार्वजनिक जीवन महात्मा हंसराज के साथ आरम्भ हुआ। उनके जीवन के इस काल को सेवाकाल कह सकते हैं। इस काल ने उन्हें अपने छोटे परिवार से आगे बढ़ाकर देश-व्यापी परिवार का सदस्य बनाया। यह सदस्यता रजिस्टर की नहीं, हृदय की है। कहां जालन्धर और कहां बरार (विदर्भ)। अख़बारों में खबर छपती है कि बरार में भयंकर अकाल पड़ा है और महामारी का प्रकोप भी फैला है। आप लाला बिशम्भर सहाय और लाला शिवराम वकील (फिरोज़पुर निवासी) के साथ मिलकर बरार सहायता-समिति बनाते हैं और स्वयं बरार जा पहुंचते हैं। यहां से सामान जाता रहता है, वहां पीड़ितों में वितरण होता रहता है। अकाल का प्रकोप समाप्त होता है पर सरदार किशनसिंह घर लौटने के लिए अपना खेमा कैसे उखाड़ें ? अपने प्रतीक्षा करते परिवार में कैसे जा पहुंचें ? उनके चारों ओर वे बच्चे हैं, जिनके माता-पिता अकाल में मर गए, जिनका अब कहीं कोई नहीं। सरदार किशनसिंह अकेले गए थे बरार, पर लौटते हैं पचासों बच्चों के साथ। फिरोज़पुर में अनाथालय खुल जाता है और उन बच्चों के पालन-पोषण और शिक्षण की व्यवस्था होती है।

यह 1898 की बात है, पर सन् 1900 के आते ही गुजरात के अकाल का क्रन्दन सुनाई पड़ता है। सरदार किशनसिंह का कैम्प अहमदाबाद में लग जाता है और वहां से सेवा का कार्य निबटाकर जब वह लौटते हैं, तो बहुत-से बालक उनके साथ आते हैं। उनकी व्यवस्था की जाती है। 1904 कांगड़ा के भूकंप की खबर देता है। विध्वंस ही विध्वंस है चारों ओर। सहायता कमेटी बनती है, सरदार किशनसिंह उसके मंत्री चुने जाते हैं। उनका कैम्प वहां भी लग जाता है और सेवा-कार्य आरम्भ होता है। वे गिरे हुओं को उठाते हैं, मरते हुओं को बचाते हैं और तब लौटते हैं, पर लौटकर बैठ कहां पाते हैं ? 1905 में जेहलम में ज़बर्दस्त बाढ़ आ जाती है, श्रीनगर का जीवन अस्त-व्यस्त हो जाता है, काश्मीर की घाटी कराह उठती है। किशनसिंह दौड़कर वहां भी पहुंचते हैं और सेवा का काम आरम्भ करते हैं।

कौन है, जो अपने दुःख के साथी को प्यार न करे, मान न दे ? सरदार किशनसिंह की लोकप्रियता भी आकाश को छूने लगती है, लोग उन्हें देवदूत की तरह आंखों पर बैठाने लगते हैं। क्या किशनसिंह इस सम्मान से फूल उठते हैं और अपने में संतुष्ट होकर बैठ जाते हैं ? नहीं, जन-जन का यह प्यार-भरा सम्मान उन्हें परेशान कर देता है। वे अपने से पूछते हैं–जनता की यह दुर्दशा क्यों है ? आज यह तो कल वह, दुःख उसके द्वार पर क्यों खड़ा रहता है ? क्या इन दुःखों की कोई रोकथाम नहीं हो सकती ? क्या विध्वंस की इन घड़ियों में सरकार का कोई उत्तरदायित्व नहीं है ? और वह अपना उत्तरदायित्व पूरा नहीं करती, तो क्या हम उसे ऐसा करने के लिए विवश नहीं कर सकते ?

इन प्रश्नों ने उन्हें देश की गुलामी का बोध कराया। यह बोध धीरे-धीरे उनके मन का कड़वा बोझ बन गया। यही बोझ उन्हें राजनीति में ले आया। भारत की स्वतन्त्रता को ही वे सब रोगों की दवा मानने लगे। कांग्रेस ही उस युग में एकमात्र राजनैतिक संस्था थी, पर नरम-दलीय–आरामतलब व राजभक्त–राजानीतिज्ञों का उस पर कब्जा था। फिर भी जो कुछ था उसी में था। खासकर लोकमान्य तिलक के व्यक्तित्व ने उन्हें आकर्षित किया और वे कांग्रेस में दिलचस्पी लेने लगे। लेकिन प्यास तो कुएं-भर पानी की थी और पानी यहां गिलास-भर ही था। प्यास भड़क कर भटकती है साधारण जन की, और नया कुआं खोदने-खोजने की हिम्मत देती है–असाधारण जन को।

यह असाधारण जन उनके घर में ही था–उनके छोटे भाई सरदार अजीतसिंह। अजीतसिंह भी सरदार किशनसिंह के साथ ही तिलक के सम्पर्क में थे और विद्रोह की ज्वाला में उफन रहे थे। सरदार किशनसिंह उनके साथ गरम क्रान्तिकारी आन्दोलन में कूद पड़े। कूद क्या पड़े, एक प्रकार से उसे उन्होंने जन्म ही दिया था। सूफी अम्बाप्रसाद इस आन्दोलन की आत्मा थे, सरदार अजीतसिंह, हृदय-प्राण, सरदार किशनसिंह भुजा और लाला हरदयाल मस्तिष्क थे। सरदार स्वर्णसिंह, सरदार करतारसिंह केसरगढ़िया, लाला लालचन्द फलक, महाशय घसीटाराम, मेहता नन्दकिशोर, ज़िआउल हक, केदारनाथ सहगल, लाला पिण्डीदास आदि कई लोग इसमें साथी थे। 'सहायक' नाम से गर्म राजनीति का जो दैनिक पत्र निकाला गया, सरदार किशनसिंह ही उसके सम्पादक थे। भारत माता सोसाइटी के जलसों में अपने भाषणों से आग जलाना सरदार अजीतसिंह का काम था, उसे गांव-गांव में फैलाने लायक बनाना सरदार किशनसिंह का और गांव-गांव फैलाना सरदार स्वर्णसिंह का काम था। तीनों भाई इस क्रान्तियज्ञ के ब्रह्मा, विष्णु और महेश थे। 1907 में अजीतसिंह को माण्डला (बर्मा) में नज़रबन्द किया गया। अंगरेज़ी सरकार की कड़ी निगाह सरदार किशनसिंह पर थी, पर सरदार किशनसिंह की तेज निगाह भी तो अंगरेज़ी सरकार पर थी। और अन्ततः कड़ी निगाह हारी, और तेज़ निगाह जीती। सरदार किशनसिंह नेपाल जा पहुंचे। सूफी अम्बाप्रसाद और मेहता नन्दकिशोर भी उनके साथ थे। नेपाल सरकार से सरदार किशनसिंह का पहले से सम्पर्क था। खानदान के कागज़ों से पता चलता है कि नेपाल के वे शाही मेहमान हुए और उन्हें बर्फ बाग के उस भवन में ठहराया गया, जहां कभी लॉर्ड किचनर

को ठहराया गया था। प्रधानमन्त्री महाराज चन्द्र शमशेर जंग बहादुर राणा उनके व्यक्तित्व से बहुत प्रभावित हुए थे और उन्होंने अपने पुत्र को ज्ञान और प्रेरणा प्राप्त करने के लिए प्रतिदिन उनके पास भेजने का नियम ही बना दिया था।

सरदार किशनसिंह नेपाल सरकार से भारत में क्रान्ति के लिए सेना और शस्त्रों की बात कर रहे थे। अंगरेज़ी सरकार को पता मिल गया। उसने इन लोगों को वापस करने के लिए नेपाल सरकार पर ज़ोर डाला। सरकार कमज़ोर थी, मजबूर होकर उन्हें वापस करने को तैयार हो गई; लेकिन यह मजबूरी कितनी गहरी थी, इसका पता इस बात से चलता है कि नेपाल सरकार ने सम्मान और शान के साथ इन्हें पालकी में बैठाकर नेपाल की सीमा तक भेजा। भारत सरकार ने डी. एस. पी. मिस्टर फिलिप पर आक्रमण करने और सरकार के खिलाफ बगावत फैलाने के आरोप में उन पर मुकदमा चलाया। बाद में ऊपर के स्तर पर अंगरेज़ी सरकार की नीति में नया मोड़ आया। सरदार किशनसिंह को पचास हज़ार की ज़मानत पर छोड़ दिया गया। सरदार अजीतसिंह को माण्डले से रिहा कर दिया गया और चीफ कोर्ट ने सरदार स्वर्णसिंह को छोड़ने का आदेश दे दिया। ये तीनों ही एक साथ जिस दिन छूटे, उसी दिन घर में भगतसिंह ने जन्म लिया।

अंगरेज़ी सरकार सरदार अजीतसिंह को किसी बड़े चक्कर में फांसने की तैयारी कर रही थी। सरदार किशनसिंह ने उन्हें देश से बाहर चले जाने का परामर्श दिया, पर यह काम आसान न था। सरदार अजीतसिंह पर हर घड़ी खुफिया पुलिस की आंख थी और रास्ते का हर पेड़ उस का संवाददाता था। सरदार अजीतसिंह के घर से बाहर निकलते ही सारी मशीनरी हरकत में आ जाती थी। फिर यह तो उनके देश से बाहर जाने का मसला था। सरदार किशनसिंह की संगठन-शक्ति को सौ बार नमन कि खुली सड़कें अजीतसिंह के लिए गुप्त गुफाएं बन गयीं। अंगरेज़ी सरकार के पहरेदार पहरे पर संगीनें लिए जागते रहे और सरदार अजीतसिंह अकेले ही नहीं, सूफी अम्बाप्रसाद, ज़िआउल हक और दूसरे कई साथियों के साथ कराची होकर ईरान पहुंच गए। उस युग की डरावनी परिस्थितियों में सरदार किशनसिंह का यह कारनामा निस्संदेह एक बड़ा चमत्कार कहा-माना जाएगा।

इस तरह के चमत्कारों का प्रदर्शन उन्होंने बहुत बार किया। इसी कारण उनके साथी उन्हें सूझ का बादशाह कहा करते थे और समझते थे कि जो काम कोई न कर सके, उसे सरदार किशनसिंह कर सकते हैं। अनुभव भी इसका समर्थन करता रहता था। लॉर्ड हार्डिंग्ज पर दिल्ली में बम फेंके जाने के बाद बंगाल में क्रान्तिकारी आंदोलन के महान् नेता रासबिहारी बोस पर सरकार की आंख थी। उसकी सर्वोच्च मशीनरी उन्हें गिरफ्तार करने पर जुटी हुई थी। उनका पता देने पर भारी इनाम की घोषणा तो थी ही, उनकी मदद करने पर भयंकर दंड भी निश्चित था। जब दिल्ली की तरफ पुलिस की निगाह से उनका बचना असंभव हो चला, तो वे पंजाब खिसक आए। वहां सरदार किशनसिंह के सिवा कौन था, जो उन्हें अपने साये में छिपा ले ! पहला सवाल मकान का था। अकेले परदेसी को भला कौन गृहस्थ किराए पर मकान देगा ? अकेला मकान

लेने पर पुलिस की निगाह पड़ने का डर था। सरदार किशनसिंह ने कपूरथला के रामशरण दास को प्रभावित किया। वे इस बात पर तैयार हो गए कि उनकी पत्नी रासबिहारी के साथ उनकी पत्नी बन कर रहे। सोचती हूं, कैसा था वह युग, जिस में लोग देश के लिए सब-कुछ करने को तैयार थे ! रामशरण दास तो अभिनन्दनीय हैं ही, उनकी पत्नी भी स्मरणीय है। उसने बात खुलने पर सामाजिक लांछन का खतरा तो उठाया ही, लम्बी कैद का खतरा भी झेला। रासबिहारी का नाम पंजाबी ढंग का रख दिया गया, उन्हें पंजाबी वेश-भूषा पहना दी गई, पंजाबी पत्नी थी ही। पूरा रहन-सहन पंजाबी हो गया। पुलिस की निगाहों के नीचे सब काम होते रहे।

कामागाटा मारू काण्ड के विख्यात बाबा गुरुदत्तसिंह कई वर्ष तक फरार रहे। सरकार की गुप्तचर मशीनरी ने अपना पूरा ज़ोर लगाया, पर उनका कहीं पता नहीं चला। इस विचार से सरकार को कभी-कभी सुख मिलता था कि बाबा जी शायद मर गए हैं। बाबा जी आनन्द से जी रहे थे और पूरी तरह सुरक्षित थे। सरदार किशनसिंह को उनकी हर बात का पता था, क्योंकि सारी व्यवस्था स्वयं सरदार किशनसिंह के ही हाथ में थी। अन्त में जब गुरुद्वारा-आंदोलन चला, तो यह निश्चय हुआ कि बाबा जी ननकाना साहब में गिरफ्तार हों। अवश्य ही यह भी सरदार किशनसिंह की ही सूझ का फल था और बाबा जी के गुप्त रूप से ननकाना साहब पहुंचने की व्यवस्था भी उन्होंने ही की थी। सब ने माना कि यह सूझ गजब की रही, क्योंकि इसने एक फरार बागी के केस को पूरे सिख-समाज का सार्वजनिक प्रश्न बना दिया और सरकार की राक्षसी प्यास पर बहुत-कुछ बंधन लगा दिया।

प्रथम दिल्ली षड्यंत्र केस को सरकार ने बहुत ज़ोर-शोर से लड़ा। उसके विख्यात अभियुक्त (बाद में फांसी से शहीद) मास्टर अमीरचन्द ने गुप्त खबर भेजी कि पुलिस की सरदार किशनसिंह पर सख्त निगाह है, वे दिल्ली न आएं। वे दिल्ली नहीं गए, पर उन्होंने देशबन्धु श्री चित्तरंजन दास को वकील तो कर ही दिया, हर कैदी की ज़रूरतें भी पूरी करते रहे और मुकदमे की दूसरी व्यवस्थाओं में भी सहयोग देते रहे। इन उदाहरणों से साफ ज़ाहिर है कि वे क्रान्ति-उपवन के ऐसे माली थे जिसे हर पेड़ की ज़रूरत का ध्यान रहता है !

किशनसिंह का यह ध्यान इतना चौकस और चौकन्ना था कि अंगरेज़ी सरकार की मशीनरी के पुरज़े अक्सर झल्लाते थे, कुढ़ते थे और हाथ मलते थे, पर कभी-कभी झनझनाकर टूट भी पड़ते थे, उनकी एक गवाही इस पर अच्छी रोशनी डालती है। लाहौर के तिमंज़िले मकान में नीचे की दो मंज़िलों में भारत माता सोसाइटी का किताबों की दुकाननुमा गुप्त दफ्तर था। वहां काम होता कुछ दीखता था और होता कुछ और था। इस मकान की तीसरी मंज़िल में भाई परमानन्द रहते थे। एक दिन पुलिस ने वह मकान घेर लिया और तलाशी ली। भाई जी के कमरे में एक सन्दूक मिला। वह नीचे वालों ने ही कभी रख दिया था। उसमें अजीतसिंह का लिखा भारत का संविधान और अरविन्द घोष का लिखा बम का फॉर्मूला भी निकला। तलाशी की बात किशनसिंह को मालूम न थी, इसलिए वे हमेशा की तरह वहां जा निकले। पुलिस ने उन्हें देख

लिया, तो वे अनजान की तरह पूछने लगे–बात क्या है ? ... क्या बात है ? पुलिस ने उनकी उपस्थिति का लाभ उठाया और उन्हें अपना गवाह बना लिया।

मजिस्ट्रेट ने पूछा–"भाई परमानन्द के मकान में तलाशी हुई ?" सरदार किशनसिंह ने कहा–"जी हां, भाई परमानन्द के मकान में तलाशी हुई।" आप उस समय वहीं थे ?–"जी हां, मैं वहीं था।" मजिस्ट्रेट ने संविधान और बम का फॉर्मूला दिखाकर पूछा–"यह सामान उस तलाशी में एक सन्दूक से निकला ?" बेहद भोलेपन के साथ किशनसिंह बोले–"भला मुझे कैसे मालूम हो सकता है कि यह सामान कहां से निकला ?" मजिस्ट्रेट ने अपने प्रश्न को नई करवट दी–"सरदार साहब, आपने अभी कहा कि आप वहां थे। इसलिए जब यह सामान एक सन्दूक से निकला, तो आपने देखा। बस, यही मतलब है मेरे प्रश्न का और इससे आप सहमत होंगे ही !" प्रश्न उलझाने वाला था, पर सरदार क़िशनसिंह उलझने वाले कहां थे ? उन्होंने कहा–"श्रीमन्, बात यह है कि जब मैं वहां पहुंचा, तो ये कागज़ डिप्टी पुलिस सुपरिण्टेण्डेण्ट मिस्टर वी. टी. के हाथ में थे। अब आप ही बताइए कि मुझे यह कैसे मालूम हो सकता है कि उनके हाथ में यह कहां से आये ?"

सरकारी अफसरों का फौलादी घेरा झन्नाटे के साथ टूट गया था, तोड़ दिया गया था, पर उस समय अफसर किशनसिंह को घूर ही सकते थे, उनका कुछ बिगाड़ न सकते थे।

सरदार किशनसिंह के व्यक्तित्व की एक खास बात यह थी कि वे देखने में बेहद भोले थे। कोई नहीं कह सकता था कि वे कोई बात छिपा सकते हैं, किसी षड्यन्त्र में शामिल हो सकते हैं या कोई चालाकी का काम कर सकते हैं। कोई कहे भी, तो सुनने वाले को विश्वास नहीं आ सकता था। चेहरे का यह प्राकृतिक भोलापन उनके क्रान्तिकारी जीवन का रक्षाकवच था। उनकी संगठन-शक्ति को जो जीवन-भर सफलता मिली, यह भोलापन भी उसका एक प्रमुख अंग रहा। मजिस्ट्रेट ने उनके भोलेपन का लाभ उठाने को ही वह प्रश्न पूछा था। वे उस पर हां के सिवा कुछ और कह सकते हैं, इसकी न मजिस्ट्रेट को सम्भावना थी, न पुलिस-अफसरों को। वे प्रश्न पूछते समय बहुत खुश थे, क्यों कि सरदार किशनसिंह की इस 'हां' का अर्थ था, मुकदमे का मंज़िल पर पहुंच जाना। पर कहा तो मैंने, सरदार किशनसिंह ऐसे भोले कहां थे ?

उनकी सूझ-बूझ और चतुरता का एक महत्त्वपूर्ण पहलू यह था कि वह अपना साहस और सन्तुलन कभी न खोते थे और दूसरा पहलू यह था कि वह मरदुमशनास थे–आदमी को देखकर उसके गुण-अवगुण परख लेते थे। श्री शचीन्द्रनाथ सान्याल का उनसे परिचय 1910-11 में हो गया था। सान्याल जब-तब उनसे सलाह-सहयोग लेने आते-रहते थे। एक बार शचीन्द्रनाथ आए तो उनके साथ विभूति नामक युवक भी था। सरदार किशनसिंह ने गौर से विभूति को देखा और वे शचीन्द्रनाथ के प्रति ऐसे बन गए, जैसे उन्हें जानते-पहचानते ही न हों। जब शचीन्द्रनाथ ने गुप्त आन्दोलन की कोई बात छेड़ी तो नाराज़गी के स्वर में सरदार किशनसिंह ने कहा–"आप गलत जगह आ

गए हैं। मैं तो एक सामाजिक कार्यकर्त्ता हूं। मुझे न राजनीतिक मामलों में पड़ने की रुचि है, न समय है। आप कोई और ठिकाना देखें।''

शचीन्द्रनाथ आश्चर्य से उनकी तरफ देखने लगे। विभूति वहां से उठकर कहीं गया तो सरदार किशनसिंह शचीन्द्रनाथ पर बहुत नाराज़ हुए—''आप इस युवक को लेकर मेरे पास क्यों आए ? यह आदमी विश्वास के योग्य है ही नहीं। आप मेरी बात नोट कर लें कि आप जो कमज़ोर खम्भे खड़े कर रहे हैं, वे एक दिन आप पर ही गिरेंगे।'' शचीन्द्रनाथ ने विभूति की विश्वसनीयता पर बहुत-कुछ कहा, पर सरदार किशनसिंह सहमत नहीं हुए। अन्त में सरदार किशनसिंह की ही बात ठीक निकली, क्योंकि बनारस षड्यन्त्र केस में विभूति सरकारी गवाह हो गया और उससे पार्टी के काम को बहुत धक्का पहुंचा।

आदमी की तरह ही उनमें भावी घटना-चक्र को पहचानने की भी अद्भुत शक्ति थी। इसका बहुत अच्छा प्रदर्शन 1915-16 के गदर पार्टी-आन्दोलन के समय हुआ। गदर पार्टी की अमेरिका में स्थापना लाला हरदयाल की प्रेरणा और प्रयत्नों से हुई थी। यह एक ऐतिहासिक सत्य है कि लाला हरदयाल भारत माता सोसाइटी के प्रमुखों में एक थे और भारत माता सोसाइटी की योजना के अनुसार अमेरिका गए थे। इस परिप्रेक्ष्य में यह महत्त्वपूर्ण प्रश्न है कि सरदार किशनसिंह का गदर पार्टी के भारतीय आन्दोलन से क्या सम्बन्ध रहा ?

भारत माता सोसाइटी और गदर पार्टी का लक्ष्य एक था, पर कार्य-प्रणाली में गहरा अन्तर था। गदर पार्टी अमेरिका में बनी थी, जहां राजनैतिक संगठनों के लिए पूरी स्वतन्त्रता थी और वहां की सरकार का विरोध खुले-आम करना एक साधारण प्रजातन्त्री घटना थी। इसके विरुद्ध भारत गुलाम था। यहां साधारण राजनैतिक चर्चा पर भी पाबन्दी थी। गदर पार्टी के जो हज़ारों लोग और नेता भारत में गदर करने के लिए आए, वे अमेरिका से भारत तक रास्ते के हर बन्दरगाह पर खुलेआम भारत में गदर करने का ऐलान करते चले आए। वे लोग गोपनीयता से इतनी दूर थे कि उन्होंने रास्ते से ही तार देकर दैनिक 'अमृतबाज़ार पत्रिका' से पूछा—''क्या भारत में गदर आरम्भ हो गया है ?''

भारत पहुंचते ही बहुत-से लोग पकड़े गए, जो स्वाभाविक भी था, पर कमाल यह हुआ कि किसी तरह अंगरेज़ों की निगाह से बचकर जो लोग भारत पहुंच गए, उन्होंने भी देश की परिस्थितियों को समझने से इनकार कर दिया। भारत में भी वे गदर पर भाषण देने लगे। करतारसिंह सराबा ने डी. ए. वी. कॉलेज लाहौरि में गदर पर जो भाषण दिया, उसमें तारीख की भी घोषणा कर दी। सरदार किशनसिंह ने गदर आन्दोलन को सहारा दिया और शस्त्र खरीदने के लिए रुपये भी दिए, यह सरकारी रिपोर्टों से भी सिद्ध है, पर उनकी सावधान क्रान्तिकारी बुद्धि इस तरीके का समर्थन कैसे कर सकती थी ? भारता माता सोसाइटी का सारा आन्दोलन गुप्त था और सरदार किशनसिंह उसके प्रमुख विधाता थे। उन्होंने साफ कह दिया कि अंगरेज़ सरकार युद्ध के कारण कितनी भी बुरी हालत में क्यों न हो, यह आन्दोलन सफल नहीं हो सकता। यह प्रथम विश्वयुद्ध के समय की बात है। करतारसिंह इस बात पर नाराज़ हुए और कहा—''आप डरते हैं, इसी

से ऐसी बात कह रहे हैं।" सरदार किशनसिंह सचमुच डर रहे थे, पर अंगरेज़ों से नहीं, अन्धे जोश से।

आखिर वही हुआ, जो उन्होंने कहा था। गदर-आन्दोलन असफल हुआ और 1915-16 में उसके बिखरे नेताओं पर सरकार बुरी तरह टूट पड़ी–गिरफ्तारियों का तांता लग गया । सरकार किशनसिंह ने दूरदर्शिता के भाव से लाहौर छोड़ दिया और बंगा में जाकर रहने लगे । गांव में एक ईसाई पादरी भी रहता था। मैं कह चुकी हूं कि किशनसिंह के चेहरे पर एक असाधारण भोलापन था। इससे पादरी उनकी ओर आकर्षित हुआ। बाद में वह उनके ज्ञान से प्रभावित हुआ। इंस्पेक्टर जनरल पुलिस से उसके सम्बन्ध थे, जैसे कि उस समय होते ही थे। इंस्पेक्टर जनरल पुलिस ने पादरी से सरदार किशनसिंह के बारे में पूछा, टोह ली कि वे गांव में बैठ कर कोई तूफान तो नहीं रच रहे ?

पादरी को सरदार किशनसिंह के राजनैतिक चरित्र का पता नहीं था। उसने उनकी बहुत तारीफ की और शेखी में यह भी कह दिया कि आप जो कहें, मैं किशनसिंह को उस पर तैयार कर सकता हूं। एक दिन पादरी इंस्पेक्टर जनरल के निमन्त्रण पर सरदार किशनसिंह को अपने साथ लाहौर ले गए। इंस्पेक्टर जनरल ने सरदार किशनसिंह की बहुत तारीफ की और उनके सामने तीन बातें रखीं। वे लाहौर में न रहें, प्रेस-प्लेटफॉर्म का झमेला छोड़ दें और हैदराबाद में एक ऊंचे पद पर काम करें। उसका कहना था कि वे चाहते हैं कि उनके गुणों की मुल्क में पूरी कद्र हो और उनका पूरा उपयोग हो, जो कि इसी तरह हो सकता है।

सरदार किशनसिंह ने पहले अपने भोलेपन का कोहरा पूरी तरह उस बड़े अफसर के चारों ओर फैला दिया। तब कहा–'मुझे आपकी गुणग्राहकता से बहुत सुख मिला। आप-जैसे अफसर ही मौजूदा हालात में सही तरह काम कर सकते हैं। मुझे खुशी है कि मैं आपसे मिल सका। लाहौर मैंने छोड़ दिया है, प्रेस-प्लेटफॉर्म तो लाहौर के साथ ही है, गांवों में तो खेत ही सब-कुछ हैं। हैदराबाद की नौकरी के लिए मैं आपका शुक्रगुज़ार हूं, पर मेरा स्वभाव है काम को पूरी ईमानदारी से करना। अपने स्वास्थ्य के कारण मैं ऐसा नहीं कर सकता। इस हालत में आप भी हैदराबाद जाने की राय नहीं देंगे, यह मुझे यकीन है।" इंस्पेक्टर जनरल पूरी तरह मान गया कि सरदार किशनसिंह अब रिटायर्ड लाइफ जी रहे हैं और कतई खतरनाक नहीं हैं, पर उसे क्या मालूम था कि सरदार किशनसिंह आग का गोला नहीं कि छूते ही पहचाना जा सके, एक डायनामाइट हैं, जो लाख छूने में ठण्डा हो, विस्फोट में घोर विध्वंसक होता है। शायद प्रकृति ने क्रान्ति-विधाता बनने के लिए ही उनका विशेष उपकरणों से स्वयं निर्माण किया था। वे बमभोला नहीं थे, भोला बम थे।

क्रान्ति का पथ विध्वंस का पथ है। वह सीमेण्ट की सड़क-सा नहीं, ऊबड़-खाबड़ होता है। हर सांस पर खतरा खड़ा मिलता है, तो संकट अड़ा हुआ। रोम-रोम में बचाव की वृत्ति आ बैठती है और छिपाव की भी। ऐसी परिस्थिति में आदमी व्यवस्थापक कहां बन पाएगा ? व्यवस्था चाहती है, कड़ी-कड़ी की शृंखला और शृंखला बंधती है शान्त

मन से, पर क्रान्तिकारी का तो एक पैर हमेशा जूते में रहता है। ऐसी हालत में क्रान्तिकारी का व्यवस्था-पटु होना बड़ी बात है। सरदार किशनसिंह में यह बड़ी बात बहुत बड़ी मात्रा में थी। बीच में उन्हें एक बार मौका मिला, तो बीमे के काम से उन्होंने इतने रुपये कमाए कि लखपति हो गए बात की बात में। ज़मीन भी खरीद ली और परिवार के जीवन में समृद्धि लहरा उठी।

इससे भी पहले एक बार वे स्टेशन पर यों ही घूमने गए और वहां उन्होंने नमक की एक गाड़ी खरीद ली। हमारे वंश में कभी किसी ने व्यापार नहीं किया। इस दशा में यह एक अद्भुत बात थी कि उन्हें नमक की गाड़ी (वैगन) खरीदने की बात सूझी और उस सूझ से उन्होंने 500 रुपये कमा लिये। सरदार किशनसिंह के चरित्र को यह बात बहुत गहरी चमक के साथ पेश करती है कि उनमें धन कमाने की शक्ति थी, बेपनाह योग्यता थी। उसे वे जानते भी थे और उन्होंने आज़मा कर देख भी लिया था। फिर भी वे धन के लोभ से बचे ही रहे और अपनी उस शक्ति को धन से बचाकर जन-सेवा के काम में लगा सके।

उनकी उंगलियां चिकनी थीं और मुट्ठी कमज़ोर। वे कमा कर जमा करने की बीमारी से सर्वथा मुक्त थे। मैंने एक दिन विद्यावती जी से पूछा–"क्या खर्च के लिए आपको उनसे पैसे मांगने पड़ते थे ?" उन्होंने बताया–"पैसे काहे को मांगने थे। किसी चीज़ की कमी हो, ज़रूरत हो, तभी तो पैसे मांगते। वे तो बिना कहे ही ढेरों चीज़ ले आते थे। उन्हें थोड़ी-सी चीज़ खरीदना अच्छा ही नहीं लगता था। जेब में पैसा हो, तो फिर उन्हें परवाह ही न होती थी कि कल जेब में पैसा न होगा, तो क्या होगा। वे आज के शाह थे, तो कल के फकीर। आज जेब भरी है तो बादशाह हैं, कल खाली है तो सच्चे फकीर की तरह शान्त-प्रसन्न और सन्तुलित।" उनकी जीवन-संगिनी का यह उत्तर किशनसिंह की ज़िंदगी के अन्तर्पट हमारे सामने खोलता है। पहली बात तो यह है कि जो आदमी खूब धन कमा सकता है, वह घोर गरीबी के जीवन का स्वेच्छा से वरण करता है। दूसरी बात यह कि एक बार वह धन कमा कर देखता है, उसमें सफल होता है और उस धन्धे को स्वयं दूसरे को सौंप देता है, फिर गरीबी में लौट आता है। तीसरी बात यह कि एक-एक पैसे की तंगी देखकर, भोगकर, उसके त्रास सहकर, वह थैलियों और तिजोरियों के बीच में मखमली गद्दी पर बैठता है और फिर नंगी चटाई पर लेटता है, पर उसके सन्तुलन में कोई कमी नहीं आती। उसका संघर्ष-व्रत अखण्ड रूप में चलता रहता है। इन सब बातों को, उनके जीवन के इस रूप को जब मैं याद करती हूं, तो मेरे मन में समाया उनके प्रति आदर पूरे ज़ोर से लहराने लगता है।

1915-16 में उनके पिता घर की टूटी हालत से कुढ़कर एक दिन गुस्से में उनसे कहते हैं–"कुछ करते नहीं, तो दोनों समय खाते क्यों हो ?" वे एक समय का खाना छोड़ देते हैं और खेत पर रहने लगते हैं। इसी हालत में उनकी पत्नी अपने मायके से बिना बुलाए आ जाती है। वे गुस्से में भरे उनसे कहते हैं–"तुम क्यों आई यहां ? जब मेरे ही खाने को यहां अन्न नहीं है तो मैं तुम्हारे लिए कहां से लाऊंगा ?"

इसके वर्षों बाद की बात है–ढाबे में एक समय भोजन का एक आना देना पड़ता

था, पर उनके पुत्र उस एक आने को बचाने के लिए भी कई मील चलकर गांव से रोटी ले आते थे–ले आने को मजबूर होते थे।

ऐसा भी बहुत बार होता था कि उनके पीछे लगा हुआ सी. आई. डी. का सिपाही एक-आध रुपये का आटा लाकर देता था, तब घर में खाना पकता था।

भगतसिंह पर मुकदमे के दिनों में बहुत बार ऐसा भी हुआ कि मकान के शहतीर और किवाड़ भी खर्च के लिए बेचने पड़े।

वे जीवन में रंक से राव भी हुए और राव से रंक भी, पर राव हो कर इतराये नहीं और रंक होकर कभी घबराये नहीं–दोनों दशाओं में आदर्श के लिए जूझते रहे, क्या यह उनके समर्पित जीवन का पूजनीय चित्र नहीं है ? 1947 में भारत स्वतन्त्र हुआ और इससे आधी शताब्दी से भी अधिक पहले उन्होंने देश-सेवा की राह में कदम रखा था। यह आधी शताब्दी है दुःख-संकट सहने की, जेल जाने-आने की, गिरफ्तारियों की, मुकदमों की, फरारी की, फांसियों की, विप्लवों की, षड्यन्त्रों की, भूख-प्यास की, मानसिक चोटों की और बीमारियों की। अंगारों की इस भीड़ में तो फौलाद पिघल जाए और चट्टान चटख जाए, पर कैसा व्यक्तित्व था सरदार किशनसिंह का, कि न तो जला, न चटखा, न पिघला। क्यों ? क्या चीज़ थी वह, जिसने उन्हें चटखने-पिघलने से बचाए रखा ? वह उनका अथाह सन्तुलन था। तभी तो मैंने उन्हें 'संघर्ष और सन्तुलन का अवतार' कहा है।

अब विश्लेषण-विवेचन से उठें और उनकी ज़िन्दगी का एलबम खोलें, जिसमें जलते चित्र हैं, चीखते चित्र हैं, हंसते चित्र हैं, रोते चित्र हैं, अमृतवर्षी जीवन-संघर्षी चित्र हैं।

एक केस में दो साल की जेल काट कर सरदार किशनसिंह घर आए। थोड़े दिन बाद ही कई जगह तलाशियों में क्रान्तिकारी साहित्य पकड़ा गया। सरकार के पास पहले से ही उसके गुप्तचरों की यह रिपोर्ट थी कि सूफी अम्बाप्रसाद क्रान्तिकारी साहित्य लिखते हैं और सरदार किशनसिंह उसे छपवाते हैं, घर-घर पहुंचाते हैं। सूफी साहब विदेश चले गए थे और सरदार किशनसिंह जेल में थे। अंगरेज़ी सरकार ने गहरी जांच-पड़ताल के बाद यह राय बनाई थी कि इन दोनों के मैदान में न रहने से क्रान्तिकारी साहित्य का प्रचार बन्द हो गया है। यह राय अब पक्की हो गई, जब सरदार किशनसिंह के जेल से बाहर आते ही क्रान्तिकारी परचे इधर-उधर मिलने लगे। इन परचों से नौजवानों में अंगरेज़ों के खिलाफ गहरी नफरत और कड़वा क्रोध पैदा होता था और वह कहीं-कहीं, किसी-न-किसी रूप में फूट भी पड़ता था।

सरकार अब विश्वस्त थी कि सरदार किशनसिंह ही इन परचों की ज़ड़ में हैं, वे ही यह चक्कर चला रहे हैं, पर सरकार जानती थी कि वे संगठन-शक्ति के माहिर हैं। उन्हें पकड़ना तो आसान है, पर अदालत में उनके खिलाफ सबूत देना आसान नहीं है। सरदार किशनसिंह की संगठन-शक्ति का सूत्र यह था कि वे चारों तरफ ऐसे आदमी बैठा देते थे, जो उनके इशारे पर, निर्देशन पर पूरी चुस्ती और मुस्तैदी के साथ उनका काम करते रहते थे। उसके साथ ही यह भी कि इन आदमियों को वे इस तरह प्रशिक्षित (ट्रेण्ड) करते थे कि यदि पुलिस भेद पाकर हाथ डाले और ये उसके पंजे की जकड़ में आ जाएं, तो डर

कर भेद नहीं खोलते थे। इस हालत में सरदार किशनसिंह को अदालत के कठघरे में लाकर खड़ा करना तो आसान था, पर वहां से उन्हें काल-कोठरी में भेजना मुश्किल था। ऐसा न होता, तो जितनी बार पुलिस ने उन पर हाथ डाला, वह उनके फिक्र में रही, उससे तो वह सारी उम्र जेल में ही रहते–बाहर की हवा उन्हें लगती ही नहीं।

जो भी हो, पुलिस पर ऊपर की लताड़ पड़ रही थी, उसे अब कुछ-न-कुछ करके अपना काला चेहरा सुर्ख करना था। सरदार किशनसिंह को पीस डालने के लिए एक बड़ी योजना बनाई गई। उन्हें गिरफ्तार कर लिया गया। उनके प्रमुख सहायक उनके ही छोटे भाई सरदार स्वर्णसिंह को भी पकड़ कर जेल में बन्द किया गया। लाला लालचन्द फलक भी जेल में पहुंचा दिए गए और इसी तरह उनके दूसरे कुछ और साथी भी। पुलिस ने इस तरह उनके दूर-दूर तक फैले सभी प्रभाव-सूत्र काट दिए। इतने से ही वह सन्तुष्ट नहीं हुई। उसने उन पर एक मुकदमा नहीं चलाया, अनेक मुकदमे उनके खिलाफ एक साथ खड़े कर दिए। योजना यह थी कि मुकदमों की लम्बी प्रक्रिया में सरदार किशनसिंह को बुरी तरह थका दिया जाए और पूरी तरह फंसा दिया जाए।

ये मुकदमे कितने थे, किस तरह के थे, किस तरह गढ़े गए थे, इन सब बातों में उलझने की जरूरत नहीं। इतना जानकर ही हम सब कुछ भांप सकते हैं कि इन मुकदमों में सब मिलाकर एक सौ बीस वर्ष की सख्त कैद हो सकती थी। पुलिस यहां भी न रुकी थी। वह और आगे, बहुत आगे बढ़ गई थी। उसने इन मुकदमों का फैसला करने के लिए साधारण अदालतों का विश्वास नहीं किया था। श्री हेयरसन को इन मुकदमों की सुनवाई के लिए एक स्पेशल कोर्ट का रूप दिया गया था–एक ऐसी अदालत बनाई गई थी, जिसे सिर्फ सरदार किशनसिंह के ही मुकदमे सुनने थे। इतना कहकर भी बात अधूरी है यदि हम उस युग की परिस्थितियों से पूरी तरह परिचित न हों। इन परिस्थितियों का कंपा देने वाला एक रूप यह है कि इतने भंयकर मुकदमों में फंसे-फांसे सरदार किशनसिंह को कोई वकील प्राप्त न था। कैसा आतंक का युग था कि फीस के रुपये देने पर जो वकील चोरों, डाकुओं और हत्यारों को मिल सकता था, वह देश-भक्तों को नहीं ! सोचती हूं, सरदार किशनसिंह को इस बार पुलिस ने वैसी ही हालत में पहुंचा दिया था, जैसी हालत में पुराने राजा-बादशाह किसी को खुले खूंख्वार भूखे शेर से लड़ने के लिए छोड़ कर पहुंचा दिया करते थे। उसे यह आश्वासन दिया जाता था कि तुम शेर को हरा दोगे, तो तुम्हें इनाम मिलेगा। सरदार किशनसिंह को भी एक तरह से–बिना लिखे-कहे–यह आश्वासन प्राप्त था कि तुम अपने को निर्दोष सिद्ध कर दोगे, तो तुम्हें मुक्त कर दिया जाएगा। इन परिस्थितियों का ध्यान करके मेरे मन में अक्सर यह विचार आया है कि उन दिनों मुकदमों का यह अभेद्य जाल बिछाने वाले पुलिस अफसर कितने आश्वस्त, कितने प्रसन्न होंगे। आपस में अवश्य ही हंस-हंस कर वे यह कहते होंगे कि अब यह कांटा हमेशा के लिए टूट जायेगा और हम चैन से सो सकेंगे। उन बेचारों को क्या पता था कि,

नूरे-खुदा है कुफ्र की हालत पै खन्दाज़न,
फूंकों से यह चिराग बुझाया न जाएगा !

ईश्वर की महिमा पाप के लिए खड्गहस्त है, इसलिए फूंक मारने से पुण्य का दीपक नहीं बुझेगा।

इतिहास ने बहुत बार ऐसा मज़ाक किया है कि फूंक मारे बिना ही बड़े-बड़े दीये बुझा दिए हैं और कंकरी मार कर मनसूबों के किले ढहा डाले हैं। पुलिस-अफसरों का किला भी ऐसा ही निकला। इस स्पेशल अदालत के लिए जो जज चुने गए, श्री हेयरसन, वे आयरिश थे। उनका देश आयरलैण्ड भी अंगरेज़ों के विरुद्ध अपनी आज़ादी के लिए लड़ रहा था। वंश और स्वभाव से भी वे सज्जन थे। सरदार किशनसिंह की स्थिति से वे मर्माहत हुए। उनकी स्पष्टता, निर्भीकता, विद्वत्ता और सज्जनता से प्रभावित भी। उन्होंने सरदार किशनसिंह को अपनी निर्दोषिता सिद्ध करने के लिए सब प्रकार की सुविधाएं तो दीं ही, सद्व्यवहार भी दिया। सरदार किशनसिंह ने इनका पूरा लाभ उठाया और आरोपों की खूब धज्जियां उड़ाईं। श्री हेयरसन ने उनकी योग्यता की सदा प्रशंसा की। अन्त में उन्होंने अपने फैसले में कई मामले तो खत्म ही कर दिए, कई में थोड़ी-थोड़ी सज़ा दे दी और कई में सज़ा तो पुलिस के मन की ही दे दी, पर फैसला सन्देह की ऐसी भावना में लिख दिया कि अपील करते ही टुकड़े-टुकड़े हो जाए।

एक दूसरे मौके पर सरदार किशनसिंह ने अपनी क्रान्तिकारी सूझ-बूझ का परिचय दिया। अनारकली लाहौर में बबर अकालियों ने एक थानेदार की हत्या कर दी। पता चला कि सरकार इस मामले में सरदार किशनसिंह को भी पकड़ना चाहती है। उन्होंने उसी दिन कबड्डी खेलने के बहाने अपनी एक बाजू तोड़ ली और अपने ननिहाल (ग्राम खेड़, होशियारपुर) चले गए। लाहौर में अकेली विद्यावती जी रह गईं। जब पुलिस आई, तो उन्होंने कहा—"वे बहुत दिनों से कहीं बाहर गए हुए हैं।" कुछ दिनों बाद सरदार किशनसिंह रात में घर आए। उनके सूत्रों ने खबर दी कि सरकार उन्हें गिरफ्तार करने पर तुली हुई है। बात यह थी कि सरकार सरदार किशनसिंह की योजनापूर्वक जाल बिछाने की योग्यता और शक्ति से बेहद परेशान थी भयभीत थी, आशंकित थी और आतंकित भी। इसलिए उन्हें दबोचने का कोई मौका हाथ से न जाने देती थी। इस अवसर को भी वह क्यों खोती ? सरदार किशनसिंह तैयार हो गए, पर अपनी व्यवस्था के साथ। विद्यावती जी को उन्होंने उनके मायके भेज दिया, घर का सामान बंगा भेज दिया और स्वयं पकड़े गए। उनके ढंग से साफ है कि वे लम्बे समय के लिए तैयार होकर गए। अंगरेज़ी सरकार कभी भी, कहीं भी और कुछ भी कर सकती थी और वे कभी भी, सब-कुछ के लिए तैयार थे।

इस घटना के बहुत वर्षों बाद की घटना है। भगतसिंह पर मुकदमा चल रहा था। सरकार पूरी ताकत से मौत का घेरा डाल रही थी और सरदार किशनसिंह पूरी ताकत से उस घेरे को तोड़े जा रहे थे। ऊपर से कुछ न दीखता था, पर भीतर-ही-भीतर शीत-युद्ध के भयंकर दांव-पेच चल रहे थे। सरदार किशनसिंह की तेज निगाह हर जज और हर गवाह पर ही नहीं, हर कागज़ पर भी थी। सरकार शीत-युद्ध से थकने लगी, तो सीधी लड़ाई पर उतर आई। सरदार किशनसिंह लुधियाना में भाषण देने गए, तो पुलिस ने आगे बढ़कर जलसा भंग कर दिया और सरदार किशनसिंह को फसाद कराने

के अभियोग में फंसाकर जेल भेज दिया।

इस घटना के वर्षों पहले की घटना है, जब उनके छोटे भाई सरदार स्वर्णसिंह पर मुकदमा चला, तो बीमारी के कारण अदालत में मुकदमे की पैरवी करने में वे असमर्थ हो गए थे। इस हालत में वकील अनिवार्य था, पर कोई स्थानीय वकील तैयार नहीं हुआ डर के कारण। तब सरदार किशनसिंह ने इस शहर से उस शहर की यात्रा आरम्भ कर दी कि कहीं-न-कहीं तो कोई वकील मिलेगा ही। सरकार ने सरदार किशनसिंह को पकड़ कर जेल में बन्द कर दिया। सरकार उनकी संगठन-शक्ति से परिचित ही नहीं, आतंकित भी थी। उनकी यह बहुत बड़ी बौद्धिक सफलता थी कि इस हालत में भी सरकार उन पर कोई बड़ा दांव नहीं बांध सकी।

सरदार किशनसिंह की इस संगठन-शक्ति का एक नमूना 1924 में भी सामने आया। अच्छा घुड़सवार जैसे घोड़े को काबू में कर लेता है, वे तूफान को काबू में कर लेते थे। उनमें नेता के, संगठन के दोनों गुण थे। वे स्वयं रात-दिन काम करते थे और दूसरों को काम में जुटाने की और उनसे अपने मन का काम लेने की तरकीब जानते थे। सरकार ने आबियाना (पानी का कर) बढ़ा दिया। एक तो टैक्स देना वैसे ही किसी को अच्छा नहीं लगता था, फिर उन दिनों किसान टूटी हुई ज़िन्दगी जी रहे थे। सब में असन्तोष था, गुस्सा था, पर जनता का असन्तोष और रोष तो बिजली है। कोई तार के द्वारा उसे बल्ब तक न पहुंचाये, तो रोशनी कैसे हो ?

यह काम सरदार किशनसिंह का था। उन्होंने तुरन्त ज़मींदार लीग की स्थापना की आबियाने का विरोध करने के लिए। पंजाब में किसान ही ज़मींदार थे। एक जलसा किया। जलसों के इतिहास में यह जलसा अपने स्वरूप और परिणाम दोनों दृष्टियों से अनुपम था। जलसे के पण्डाल में प्रवेश पाने के लिए एक आना टिकिट रख गया था। इस एक आने से सात हज़ार रुपये इकट्ठे हो गए, या यों कहें कि एक लाख बारह हज़ार लोग इस जलसे में शामिल हुए। इसका परिणाम यह हुआ कि सरकार ने यह टैक्स वापस ले लिया—लगाया ही नहीं। उस समय अंगरेज़ सरकार अपनी हर बात को प्रतिष्ठा का प्रश्न बना लेती थी और जनता की हर मांग को विद्रोह समझती थी। इस स्थिति में उसका बढ़ा कदम, साधारण दवाब से तो पीछे नहीं हट सकता था !

वे लाख की भी ज़िन्दगी बिता सकते थे और राख की भी। असल में वे राजनीति के प्रह्लाद थे, जो शान्तभाव से ही जलते खम्भे से लिपट गया था। अथाह साहस के भण्डार थे वे । एक बार सरदार किशनसिंह पटवारी के पास बैठे बात कर रहे थे। उनका तांगा बाहर खड़ा था। किसी बात से बिदककर घोड़ी तांगा लिये भाग खड़ी हुई। 'बचो-बचो' का हल्ला सुनकर वे सड़क पर आए। उन्होंने देखा, तांगा लिये घोड़ी बेतहाशा भागी जा रही है और कुछ दूरी पर तीन बच्चे खेल रहे हैं। बच्चों का कुचलकर मर जाना निश्चित था। तेज़ दौड़कर उन्होंने घोड़ी की टांगें पकड़कर उसे तांगे समेत उलट दिया। बच्चे बच गए, पर पायदान से टकरा कर उनका सिर फट गया और बहुत दिनों तक वे पड़े रहे। और कोई होता तो अपने इस काम पर सौ डींग हांकता, पर वे खामोश रहे इस पर और कभी बोले भी तो यही, प्रभु का लाख-लाख शुक्र है कि बच्चे बच गए।

वे संघर्ष के पुजारी थे। बाहर रहते भी उनका संघर्ष जारी रहता था और जेल में रहते भी। जेल का नाम सदा ही नरक की याद दिलाने वाला है, पर उस समय तो जेल सचमुच नरक का ही रूप था। अब तो कैदी लम्बी-चौड़ी बैरकों में रहते हैं। मतलब यह कि ताला बैरक के दरवाज़े पर लगता है। कैदी उसके भीतर घूमने-फिरने में स्वतन्त्र हैं। उस युग में यह बात न थी। कैदी की बर्थ (कब्रनुमा चबूतरा) के ऊपर लोहे का कब्र के ही साइज का पिंजरा रहता था। कैदी उसमें लेट तो सकता था, पर बैठते समय उसे सिर इतना झुकाना पड़ता था कि उठे हुए घुटनों से लगा रहे। इतना ही काफी नहीं समझा जाता था। कैदी के पैर में पड़े लोहे के कड़े में डाल कर लोहे की एक जंजीर उस पिंजरे के चौखटे के साथ जुड़ी रहती थी। एक भैंसे को काबू में रखने के लिए भी जिस बांध-जूड़ की ज़रूरत नहीं है, एक साधारण कैदी को उस बांध-जूड़ में रखा जाता था। कैदी का भी कोई अधिकार है, यह कहना तो प्रलय मचाना ही माना जाता, जबकि कुछ मांगना भी उसका अधिकार न था।

उस दिन जेलों के इतिहास में हड़कम्प मच गया, जब सरदार किशनसिंह ने उस जंगले में बद होने से इनकार कर दिया। छोटे जेलरों और उनके साथ प्रबंध में साझीदार कैदी-वार्डरों के घूंसे-डण्डे एक साथे उठे। ऐसा लगा कि कुछ क्षणों में सरदार किशनसिंह की हड्डियां काफी मुलायम हो जाएंगी, पर समझदार जेलर ने उन्हें रोका– "जो अंगरेज़ लाटसाहब से नहीं दबता, तुमसे दब जाएगा ?" उन्हें बैरक से हटाकर कालकोठरी में रख दिया गया, पर क्या संघर्ष समाप्त हुआ ? यह कैसे हो सकता था ? अन्याय के सामने सिर झुकाना सरदार किशनसिंह के स्वभाव के विरुद्ध था और जेल में न्याय के घुसने की मनाही थी। आज इस बात पर, कल उस बात पर, टक्कर होती ही रहती थी। एक जेल-आन्दोलन तो जेलों के इतिहास में स्मरणीय हो गया। इसे उन्होंने धर्म का रंग दे दिया था।

कैदी को सिर पर ओढ़ने के लिए टोपी मिलती थी। सरदार किशनसिंह ने टोपी लेने-ओढ़ने से इनकार कर दिया और पगड़ी की मांग की। यह तो जेल में क्रान्ति ही थी। जो कभी नहीं हुआ, वह करने की मांग कर रहा था एक कैदी। फिर एक ही सिख तो कैदी नहीं था जेलों में। उस समय एक की मांग मांगने का अर्थ था जेलों के सब कैदियों को वही मांग करने के लिए प्रोत्साहित करना। "जेलों का प्रबन्ध कैदियों की इच्छा के अनुसार नहीं, हमारी इच्छा के अनुसार होगा।" यह जेल के अफसरों की गर्व-घोषणा थी, पर सरदार किशनसिंह तो अपनी इच्छा के पीछे से चलने वाले थे, दूसरों की इच्छा पर चलने वाले नहीं। यही नहीं, उनमें तो ऐसी संगठित-शक्ति थी कि वे दूसरों को भी अपनी इच्छा के पीछे चलने को प्रेरित कर देते थे। वे जेल में बन्द थे, उनकी हर बात पर पाबन्दी थी, अंगरेज़ सरकार की उन पर निगाह थी, पर क्रान्तिकारी ही क्या, जो पाबन्दियों के सामने सिर झुकाए। पाबन्दियों की हिमानी चट्टानों के बीच उन्होंने अपने संगठन-कौशल के डायनामाइट से ऐसी सुरंगें बनाईं कि दूरी जेलों में भी पगड़ी की मांग खड़ी हो गई और लाहौर की बोर्स्टल जेल में तो वह एक आन्दोलन ही हो गया।

"इस कैदी की बात, दूसरे कैदियों तक कैसे पहुंची और उस जेल की बात दूसरी जेलों में कैसे गई ? तुम जेल चलाते हो या कोई सराय ?" जेल के अफसरों पर अंगरेज़ इन्स्पेक्टर जनरल की लताड़ पड़ी, तो वे गरमाए। अब उनकी खैर इसी में थी कि वे आन्दोलन को कुचल देने की रिपोर्ट ऊपर भेज सकें। उन्होंने सरदार किशनसिंह को तरह-तरह से समझाया, धमकाया, डराया, पर सरदार किशनसिंह उस धातु के कहां बने थे, जिस पर इस बातों का असर पड़ता है ? अफसर भिन्ना उठे। उन्होंने सरदार किशनसिंह को नंगा करके बेंत लगाने की टिकटिकी पी धूप में बांध दिया। तेज़ गर्मी का मौसम, नंगा शरीर, बंधे हुए हाथ-पैरों से खड़े रहने की टिकटिकी पर लटके रहने की थकान, सब के सामने नंगे होने की झेंप, साथ ही हर घड़ी बढ़ती भूख-प्यास– किसी को भी आत्महीन करने के लिए काफी है। जेल का जो भी कर्मचारी पास से निकला, उसी ने उन्हें झिड़का, धमकाया और जो भी कैदी निकला, उसने हमदर्दी से समझाया– "सरदारजी, यहां के अफसर राक्षस हैं। उन पर किसी बात का असर नहीं पड़ सकता। वे किसी को मारकर भट्टी में झोंक दें और लिख दें कि कैदी निमोनिए से मर गया, तो कौन उनकी पूंछ पकड़ता है। ज़िद छोड़ दो, अपने बीवी-बच्चों का ध्यान करो, जान से मत खेलो।"

बात ठीक थी, पर सरदार किशनसिंह राह से गिराने वाली धमकियों और राह भटकाने वाली हमदर्दियों के दबाव और बहकावे में आने वाले कहां थे ? मौत का दबाव और सुख-समृद्धि भरी ज़िन्दगी का लुभाव जिसे प्रभावित नहीं करता, उसे कौन-सा त्रास है जो डरा दे ? वे खाल जलाती धूप में दिन-भर बंधे खड़े रहे और जब भी उन से पूछा गया–"हुआ दिमाग ठण्डा ? बात मानते हो, तो खोल दें तुम्हें ?" उनका जवाब था– "बात मेरी न्यायपूर्ण है, तुम्हारी नहीं। मैं तुम्हारी बात कैसे मान सकता हूं ?"

मैं जब कल्पना के पंखों पर बैठ जेल के उस जलते आंगन में टिकटिकी पर बंधे सरदार किशनसिंह के पास जा पहुंचती हूं तो देखती हूं उनके तन पर धूप का भी प्रभाव है, भूख-प्यास का भी, पर उनका मन किसी भी प्रभाव से अछूता है–वे अडिग भाव से खड़े हैं, अभय भाव से खड़े हैं, जैसे जीवन-भर यों ही खड़े रहने को तैयार होकर वे घर से निकले हैं। मैं देखती हूं, तो देखती ही रह जाती हूं। मेरा मन आदर से भर जाता है–वे एक अजेय लौह-पुरुष क्रान्तिकारी हैं, जो अकेले ही सारे संसार के अन्याय-अत्याचार के विरुद्ध निहत्था होते हुए भी युद्ध छेड़ने का दम रखता है ! उन परिस्थितियों का ध्यान कर आत्मा कांपने लगती है, पर भूकम्प पृथ्वी को लाख बार हिलाए, क्रान्तिकारी के मन को कहां कंपा सकता है ?

सूरज ने जेल के अफसरों का खूब साथ दिया। उनसे भी ज़्यादा आग सूरज ने सरदार किशनसिंह पर बरसाई, पर उन पर उसका भी कोई असर न पड़ा, तो वह झेंप कर आड़ में जाने को ढल चला। जेल के अफसर उसे साथ छोड़ते देखकर उबल पड़े और उन्होंने सरदार किशनसिंह पर बेंत बरसानी शुरू कीं, पर किशनसिंह वहां कहां थे ? वहां तो भारत बंधा हुआ था। उन्हीं के शब्दों में–"मुझे उस समय अपनी कोई याद न आ रही थी, न कोई परेशानी ही। मैं जानता था कि भारत गुलाम है और उस

गुलामी को तोड़ने के लिए मैं जूझ रहा था, पर जानना और बात है और महसूस करना और बात । इस समय मैं अपने मुल्क की गुलामी को महसूस कर रहा था, क्योंकि मैं देख रहा था कि कोई हैसियत और औकात न रखने वाले टुच्चे जेल-कर्मचारी देश के किसी भी नागरिक को अपमानित और पीड़ित करने का दम रखते हैं। मुल्क के हाथ-पैरों में गुलामी की ज़ंजीरों से जो जकड़न है, उसे मैं अपने हाथ-पैरों में महसूस कर रहा था। मुझे लग रहा था कि उस जकड़न से मैं टूटा जा रहा हूं।"

बेंत की टिकटिकी से खुलकर अक्सर आदमी गिर पड़ता है, क्योंकि जेल की बेंत इस राक्षसी ढंग से मारी जाती है कि नस-नस सुन्न पड़ जाती है। सरदार किशनसिंह भी खुलते ही गिर पड़े, पर यह गिरना कमज़ोरी का नहीं, फालिज के आक्रमण से गिरना था– हां, उन पर फालिज का आक्रमण हो गया था। इससे हम समझ सकते हैं कि उन घड़ियों में उन्होंने क्या कुछ सहा था। पर तन के टूटने पर भी क्या उनका मन टूटा ? नहीं, तन उनका टूटा, पर मन टूटा अंगरेज़ी सरकार का। जेलों में पगड़ी का आन्दोलन पूरे ज़ोर से भड़क उठा, सरकार को झुकना पड़ा और उसने सिख कैदियों को ढ़ाई गज़ का परना देने की बात मान ली। क्या यह एक ऐतिहासिक सत्य नहीं है कि जेल-सुधार का जो आन्दोलन अन्दमान जेल में रामरक्षा और इन्दुभूषण की, रंगून जेल में उत्तमा फुंगी विजय की और लाहौर जेल में यतीन्द्रनाथदास की आहुति लेकर सफल हुआ, उसके आदि प्रवर्तक सरदार किशनसिंह ही थे ! अंगरेज़ी सरकार के शैतानी किले की फौलादी दीवारों पर पहला हथौड़ा उन्होंने ही मारा था ! फालिज होने से वे छोड़ दिए गए। सरकार के डॉक्टरों की रिपोर्ट थी कि अब वे बेकार हो गए हैं, पर दिल्ली रहकर चिकित्सा कराने से वे स्वस्थ हो गए, यह उनकी इच्छाशक्ति का चमत्कार था।

काकोरी का रेल डकैती-काण्ड हो चुका था। देश-भर में तलाशियों और गिरफ्तारियों की धूम थी। भगतसिंह के फिराक में थी पुलिस, पर उनका कहीं पता न था। एक दिन शाम को अचानक वे घर आ गए। थके हुए और अस्त-व्यस्त-से थे। कई दिन से विश्राम न मिला था। आते ही वे नहाए और सिर धोया। वे बाल झटक ही रहे थे कि झपटे-झपटे सरदार किशनसिंह बाहर से आए और इशारे से बुलाकर भगतसिंह को ले गए। रात-ही-रात दरिया के किनारे-किनारे जाने उन्हें कहां छोड़कर तड़के में लौटे, तो सब जाग रहे थे। उनके आते ही सबने पूछा कि क्या बात है, आप कहां चले गए थे ? उन्होंने चुप रहने का इशारा किया। वे ज़रा लेटे ही थे कि घर को पुलिस ने घेर लिया, पर जिसे पकड़ने वह आई थी, वह तो जाने कहां था ? उनकी संगठन-शक्ति का एक रूप यह था कि उठने वाली आंधियों की गन्ध पहले ही पा लेते थे। उनके बारे में कहावत फैल गई थी कि सरदार किशनसिंह हवा सूंघकर खबर पकड़ लेते हैं। यह कोई जादू नहीं था, उनकी संगठन-शक्ति का ही एक चमत्कार था।

उनके जीवन का एक बड़ा ही मार्मिक पहलू था कि वे अपने बच्चों से बेहद प्यार करते थे, पर उन्हें देश के बलिदान-पथ पर बढ़ने के लिए प्रशिक्षित तो उन्होंने ही किया था। भगतसिंह को तैरना, लाठी चलाना, बांसों पर चढ़कर दरिया पार करना, लम्बे सांस खींचना आदि का प्रशिक्षण उन्होंने ही दिया था, कष्ट सहने के लिए उन्हें तैयार किया

था। वे प्रशिक्षण, प्रोत्साहन और सहयोग एक साथ देते थे। वे जीवन और मरण के उपासक थे। उनकी इस उपासना का दर्शन यह था कि वे मरण के लिए नहीं, जीवन के लिए मरण को वरण करना सिखाते थे।

वे एक साथ ही दो किशनसिंह थे। एक क्रान्ति के पोषक पिता किशनसिंह थे और दूसरे अपनी सन्तति के पिता किशनसिंह। वे मोह और द्रोह दोनों के तीर्थराज थे। एक बार एक ही घटना में उनके दोनों रूप साफ-साफ चमक उठे थे। समाचार मिला कि भगतसिंह ने असेम्बली में बम फेंका और वे वहीं पकड़े गए। इस समाचार से उन्हें बहुत धक्का लगा, उनका चेहरा सफेद पड़ गया और वे खोए-खोए एकदम खामोश बैठे रह गए। तीसरे दिन समाचार छपा कि उन पर सैशन जज की अदालत में मुकदमा चलेगा। अखबार पढ़ते ही उनका चेहरा फिर हमेशा की तरह खिल उठा, वे उत्साह से बातें करने लगे, जैसे कुछ गम्भीर हुआ ही नहीं। बहुत दिन बाद इसका रहस्य खुला। पहला चेहरा भगतसिंह के पिता का था। उसकी परेशानी इस आशंका में थी कि सरकार अजीतसिंह की तरह भगतसिंह को भी किसी दूर के टापू में जलावतन कर देगी और मैं उसको अब कभी न देख सकूंगा। दूसरा चेहरा क्रान्ति के पोषक पिता का था। उसकी खुशी इस सम्भावना में थी कि मुकदमा चलेगा, मुकदमा लड़ेंगे, बहसें होंगी, अखबारों में केस छपेगा, देश में नया खून उफनेगा और जिस आदर्श के लिए जीवन समर्पित किया है, उसे नई चमक मिलेगी।

एक और घटना उनके इस द्विविध व्यक्तित्व पर प्रकाश डालती है। उनकी बेटी अमरकौर अपने भाई कुलबीरसिंह को जेल से भगाने का षड्यन्त्र कर रही थी। बीमारी के कारण कुलबीरसिंह जेल से लाहौर-अस्पताल में लाए गए थे। वहीं से उन्हें भगाने का प्रयत्न हो रहा था। छोटी बेटी सुमित्रा को इसका आभास मिल गया। वे तुरन्त खासरियां पहुंची और पिता जी से सब-कुछ कहा। बात साफ थी, यदि अमरकौर अपने मिशन में सफल हो जाए, तो घर पर संकटों की नई बिजलियां गिरेंगी, मुसीबतों के नए पहाड़ टूटेंगे, तलाशियां होंगी, गिरफ्तारियां होंगी, कोई पकड़ा जाएगा, तो कोई फरार होगा और पूरी-की-पूरी घरेलू ज़िन्दगी एकदम उखड़ जाएगी, जो पहले ही गहरे दुःखों में डूबी हुई है।

सरदार किशनसिंह के व्यक्तित्व को यह प्रश्न एक ऐसी तराजू पर रखता है, जिस में ज़रा भी पासंग नहीं है, जो माशा-रत्ती तक सही तौलती है। प्रश्न यह है–बेटी सुमित्रा से भयंकर संकटों की सम्भावना से भरी वह खबर पाकर सरदार किशनसिंह ने क्या कहा, क्या किया ? कहा उन्होंने कुछ भी नहीं, किया यह कि उठकर सीधे लाहौर पहुंचे। एक और प्रश्न उठता है–किसलिए ? सौ-हज़ार मत यही उत्तर देंगे–अमरकौर को रोकने के लिए, समझाने-बुझाने के लिए, पर सरदार किशनसिंह ने यह नहीं किया। वे यही करें, तो सिर्फ अपनी संतान के पिता रह जाएं, पर वे क्रान्ति के पोषक पिता भी तो हैं। उन्होंने किया यह कि अमरकौर से कहा–"मुझे अपनी कोई बात मत बताओ। फालिज ने मुझे कमज़ोर कर दिया है, इसलिए हो सकता है कि पुलिस के तंग करने पर कोई बात मेरे मुंह से निकल जाए। मेरे पास 500 रुपये हैं, इन्हें ले लो और जो

चाहो सो करो।" क्या अर्थ है इस बात का ? इसका अर्थ है कि जलाओ होली, जो तुम्हें फूंक सकती है, परिवार को फूंक सकती है। मैं उससे बच सकता हूं, पर क्यों बचूं, जब मैंने ही तुम्हें उसके जलाने की विद्या पढ़ाई है। जलाओ-जलाओ, तुम भी जलो, मैं भी जलूं, जिससे गुलामी के अंधेरे में डूबा मेरा मुल्क रोशन हो उठे ! सचमुच कैसे विराट् व्यक्तित्व के बादशाह थे सरदार किशनसिंह !

आदमी पर उसका आपा, उसका स्व हर घड़ी सवार रहता है। उसकी पूरी विचार और कर्म-शक्ति इस स्व के–मैं और मेरा के–चारों ओर चक्कर काटती है। कितना कठिन है इस चक्कर से बाहर आना ? फिर कोई साधु नहीं, सन्त नहीं, बाल-बच्चों वाला एक साधारण गृहस्थ। किस साधना से स्व-निर्लिप्त हो गए थे सरदार किशनसिंह ? किस यज्ञ-कुण्ड में जल गया था उनका स्व ? उनकी साधना थी उनकी अथाह देश-भक्ति, उनका यज्ञ-कुण्ड था–गुलामी के अपमान में जला हृदय। मेरा क्या है, मेरा देश इस गुलामी से बाहर निकले ! स्व-विहीनता के इस स्वभाव ने उन्हें एक राजनीतिज्ञ के रूप में तो आदरणीय बनाया ही, एक ऊंचा मनुष्य भी बनाया। यही कारण है कि उनके राजनैतिक विरोधी, यहां तक कि अंगरेज़ और हिन्दुस्तानी सरकारी अफसर भी उनकी इन्सानियत के कायल थे।

पंजाब-असेम्बली के एक उपचुनाव में कांग्रेस ने उन्हें अपने टिकिट पर खड़ा करने की घोषणा की। इस सीट पर गदर पार्टी के बाबा सोहनसिंह भकना आदि श्री तेजासिंह स्वतन्त्र को खड़ा करना चाहते थे। बात यह थी कि सरदार तेजासिंह उस समय जेल में थे। सरदार किशनसिंह ने बिना किसी से सलाह किए अपना नाम वापस ले लिया और तेजासिंह बिना विरोध मेम्बर हो गए। कांग्रेस के नेता डॉक्टर सत्यपाल ने सुना, तो वे नाराज़ हुए। सरदार किशनसिंह ने सरल भाव से ही कहा–"तेजासिंह के चुने जाने का मतलब है अंगरेज़ की नाक पर घूंसा लगना। यह बात हम सबके लिए महत्त्वपूर्ण है।" मतलब यह कि हमारी दृष्टि उद्देश्य पर रहनी चाहिए, व्यक्ति पर नहीं। वही प्रश्न–किस साधना से स्व-निर्लिप्त हो गए थे वे ? किस यज्ञ-कुण्ड में जल गया था उनका स्व ?

इसी शृंखला का एक और संस्मरण है। 1937 के चुनाव का स्वतन्त्रता के इतिहास में महत्त्वपूर्ण स्थान है। उसमें रायबहादुर बसाखासिंह ने अमृतसर में कांग्रेस को हरा दिया, पर चुनाव-पिटीशन में रायबहादुर हार गए। फिर से चुनाव होना था। कांग्रेस की आन दांव पर लगी हुई थी। रायबहादुर दुबारा मैदान में थे। चुनाव के विशेषज्ञों की राय थी कि सरदार किशनसिंह ही इस बाजी को जीत सकते हैं, पर वे उत्सुक न थे। कह-सुनकर उन्हें तैयार किया गया, वे फील्ड में आ गए। अमृतसर-बार-एसोसियेशन के प्रेजीडेण्ट श्री केशवराम सीकरी ने उन्हें एक कार दी, जिससे वे चुनाव क्षेत्र में सुविधा के साथ दौरा कर सकें। चार ही दिन में सरदार किशनसिंह की हवा बंध गई–सबकी ज़बान पर उनका ही नाम नाचने लगा। अन्तिम घड़ी में रायबहादुर की हिम्मत टूट गई। सरदार किशनसिंह बिना मुकाबले के ही मेम्बर चुन लिये गए। यह 1938 की बात है।

कार अब श्री केशवराम सीकरी के द्वार पर खड़ी थी और सरदार किशनसिंह कह

रहे थे–"आपने मौके पर बड़ी मदद की, काम हो गया, यह हाज़िर है आपकी कार !"

"मेरी कार ? मेरी कहां है ? यह तो अब आपकी है।" सीकरी साहब ने कार लेने से इनकार कर दिया–"अब इसकी मुझे नहीं, आपको ज़रूरत है।" सरदार किशनसिंह ले आए कार और पहुंचे लाहौर प्रान्तीय कांग्रेस के दफ्तर में–"यह कार सीकरी साहब ने कांग्रेस के चुनाव में दी थी। अब वे वापस नहीं ले रहे हैं, इसलिए यह कांग्रेस की हो गई।" उन्होंने यह बात कही और कार वहां छोड़ आए। समझदारों ने कहा–"पागल हैं सरदार साहब। मिली थी कार उन्हें , दे दी कांग्रेस को। अब तांगे का भाड़ा भरते फिरेंगे।" बात को समझने वालों ने कहा–"आदमी क्या है, फरिश्ता हैं सरदार किशनसिंह !" पुरानी साइकिल ही उनकी कार थी, चाहे असेम्बली में जा रहे हों, चाहे बाज़ार में, चाहे किसी जलसे में। ठीक भी है, जो आदमी बायें हाथ से कमाकर कार-कोठी बना सकता है, वह दूसरे की कार में क्यों आसक्त हो ? निर्धनता है, पर मजबूरी में तो नहीं, यह तो व्रत का उपवास है, जो श्रद्धा से स्वीकार किया जाता है।

असेम्बली के मेम्बरों को अधिवेशन के दिनों में बाईस रुपये प्रतिदिन मिलते थे। अधिकांश सदस्य उन दिनों में कहीं बाहर जाने से बचते थे, पर सरदार किशनसिंह अक्सर जलसों में जाते रहते थे। एक बार श्रीमती शन्नोदेवी अपने चुनाव के काम में पकड़ ले गईं और वे एक महीना बाहर ही रहे, यहां तक कि घर वालों को भी खबर न थी कि वे कहां हैं। बात वही है कि उन्होंने राजनीति को कभी लाभ का साधन नहीं बनाया, वह सदा उनके लिए त्याग, सहन और बलिदान का निमन्त्रण रही। उनके व्यक्तित्व की बहुत विशेषता उनका विवेक था, जो कभी भूल से भी मैला नहीं हुआ। उनके साथ वह एक ऐसा दीपक था, जो कभी बुझा नहीं, जिसने कभी झपका नहीं खाया। उनके विवेक की सबसे कड़ी अग्नि-परीक्षा उनके लाड़ले बेटे भगतसिंह की फांसी के समय हुई।

फांसी से पहले अन्तिम मुलाकात की बात है। कहने में कुछ नहीं लगता, सुनने में भी कुछ नहीं लगता और लिखने में ही क्या लगता है अन्तिम मुलाकत, सिर्फ दो शब्द हैं, पर इनमें कितनी छुरियां चुभी हैं, कितने अंगारे दहक रहे हैं, इसे वही अनुभव कर सकता है, जिसे पता हो कि अन्तिम मुलाकात होती क्या है। जवान, भले और महत्त्वपूर्ण बेटे का चेहरा यह जानते हुए देखने जाना कि फिर वह कभी देखना नसीब न होगा। पैर पहाड़ हो जाते हैं, रास्ता दिखाई नहीं देता, बोल मुंह से नहीं निकलता, कलेजा मुंह को आने लगता, मन घबराता है, दिल की धड़कन बेहद बढ़ जाती है और हर कदम पर कई-कई बिच्छू डंक मारने लगते हैं। ऐसे में सन्तुलन आदमी में क्या, देवता में नहीं रहता, पर सरदार किशनसिंह किस धातु के बने थे कि 24 मार्च, 1931 को बेटा फांसी पर चढ़ेगा और वे 23 मार्च की दोपहर अपने माता-पिता, आजन्म जलावतन मंझले भाई की पत्नी और जीवनमुक्त छोटे भाई की विधवा और अपनी भग्नहृदय पत्नी के साथ जेल के दरवाज़े पर पहुंचे। उनकी स्थिति उस डॉक्टर-जैसी थी, जिसके आस-पास रोगी-ही-रोगी हों और रोगी भी खतरनाक हालत के। उसकी परेशानी को कौन समझे, कौन देखे, जबकि उसे ही सबकी परेशानी को समझना है,

देखना है, अपने को भूलकर सबको संभालना है।

जेल का दरवाज़ा देखते, लांघते सरदार किशनसिंह का जन्म बीता, पर आज उन्हें यह दरवाज़ा जैसा भयानक दीखा, वैसा कभी नहीं दीखा था। एक विचार ने उन्हें बिजली के झटके की तरह झन्ना दिया। कल इसी दरवाज़े से मेरे प्यारे बेटे भगतसिंह की लाश निकलेगी। उन्हें लगा कि स्वयं उनका ही गला घुट रहा है। तभी एक वाक्य ने उन्हें सावधान कर दिया—"बड़े साहब ने सिर्फ माता-पिता को ही मिलने की मंजूरी दी है, और किसी को नहीं।"

उन्होंने सबकी तरफ देखा—भगतसिंह के दादा-दादी खामोश खड़े थे। दोनों चाचियां बेहाल हो रही थीं। भगतसिंह दादा-दादी की आंख का तारा रहा, चाचियों की दुःख-भरी गोद में पलकर गुलामी के दर्द को समझा और ये ही उससे नहीं मिल सकेंगे। क्यों नहीं मिल सकेंगे ? क्या उनके मिलने से यह जेल टूट जाएगी या अंगरेज़ी सरकार पर प्रलय बरस पड़ेगी ? नहीं, इनमें से कुछ नहीं होगा। नहीं होगा, तो फिर वे सब अपने लाड़ले भगतसिंह से मुलाकात क्यों नहीं कर सकेंगे ?

सरदार किशनसिंह ने सबको सान्त्वना दी, धीरज दिया, जेल के बाहर ठिकाने से बैठाया और इस तरह जेल के दफ्तर में गए, जैसे फांसी पाने वाला बेटा इन लोगों का हो और वे सिर्फ फीस पर काम करने वाले उनके वकील ही हों। दफ्तर ने कहा—"बड़े साहब का फैसला है।" वे झपटकर बड़े साहब के दफ़्तर गए। यहां से वहां, और वहां से वहां, मारे-मारे फिरे। सब का एक ही उत्तर था—"यह कानून की बात है, हम कुछ नहीं कर सकते।" सोचती हूं, ऐसे ही अनुभव के बाद किसी ने कानून को हृदय-हीन कहा होगा। वे लौट आए। एक साथ सबके मुंह से निकला—"मिली इजाज़त ?" सरदार किशनसिंह का उत्तर था—"नहीं !" स्वर ऐसा कि शंख शरमाए। सब दुःखी थे, पर सबका निर्णय था—"तुम दोनों ही मिल आओ।" सरदार किशनसिंह का उत्तर था—"नहीं।" स्वर ऐसा कि भूकम्प थम जाए। क्या कहती है यह 'नहीं' ? यह कहती है कि सरदार किशनसिंह ने सारी उम्र जिस कानून की धज्जियां उड़ाई हैं, पसलियां उखेड़ी हैं, बेटे की सूरत को आखिरी बार देखने के मोह में वे उसके सामने दीन नहीं हो सकते, सिर नहीं झुका सकते। अरबों मनुष्यों की दुनिया में कितने हैं जो इन घड़ियों में ऐसा निर्णय कर सकें, उस पर टिक सकें ? उनके निर्णय की ध्वनि है—'जो इन्हें इनके अधिकार से वंचित करता है, उस कानून को मैं नहीं मानता, उससे मैं कुछ नहीं चाहता।' उन्होंने मुलाकात करने से इनकार कर दिया। सोचती हूं, उनके इस इनकार से, मोह पर धीर विजय से क्या स्वर्ग के देवता भी स्तब्ध नहीं रह गए होंगे ? मोरध्वज ने अपने बेटे की देह स्वयं चीर कर पितृत्व का एक आदर्श प्रस्तुत किया था। बड़ी बात थी वह, पर सरदार किशनसिंह ने अपनी जवानी से लेकर बेटे की आहुति तक जो कुछ किया, क्या वह इससे छोटी बात है ?

फोटोग्राफर थे, अखबार वाले थे, हज़ारों नागरिक थे। यह बात पल-भर में फैल गई। लोग उत्तेजित होकर नारे लगाने लगे, जेल के भीतर कैदी नारे लगा रहे थे। बड़ा ही रोमांचकारी दृश्य था। जोश में सब अन्धे हो रहे थे, होश सिर्फ एक ही आदमी का जाग

रहा था। वह थे अकेले सरदार किशनसिंह। उन्होंने विद्यावती जी से कहा–"दोपहरी ढल रही है, भीड़ को यहां से हटाना चाहिए, नहीं तो गोली चल जाएगी और एक भगतसिंह के साथ न जाने कितने भगतसिंह देने पड़ेंगे।"

फांसी के तख्ते की ओर जिसका बेटा बढ़ रहा है, वह मां उसे बिना देखे, कैसे उठे, कैसे चली जाए ? भावुकता सबको घेर नही है, यथार्थ सिर्फ सरदार किशनसिंह के साथ है–"उठो, जल्दी करो, एक-एक पल कीमती है, पागल मत बनो, समझो कि तुम यहां से चलोगी, तभी कोई यहां से हिलेगा।' भावुकता हारी, यथार्थ जीता। भगतसिंह के दादा-दादी, चाचियां, माता-पिता आगे-आगे चले, पीछे-पीछे भीड़ चली। वे चाहते थे लोग अपने घर जायें, भीड़ तितर-बितर हो, पर भीड़ का एक भी आदमी उनसे अलग न होना चाहता, होने को तैयार न था। जलूस चला जा रहा था। नारे थे, भीड़ थी, जलूस तो था ही, पर किसका जलूस था यह ? यह जलूस था एक महान् पिता के महान् विवेक का, जो इस समय नगर के पुत्रों को बचाने के लिए अपने पुत्र से दूर ले जा रहा था, जिससे उनका बेटा चुपचाप फांसी पर चढ़ाया जा सके और उसकी आहुति की आग और किसी को न जलाए। मैं इतिहास की पण्डित नहीं हूं, पर शायद इतिहास ने किसी पिता का ऐसा जलूस नहीं देखा।

मोरी दरवाज़े पहुंचकर वे रुक गए। यहां जलूस जलसे में बदल गया। सरदार किशनसिंह भाषण देने लगे, पर क्या कोई अंगारों पर खड़े होकर भाषण दे सकता है ? सरदार किशनसिंह जलते, फफकते हृदय के अंगारों पर ही तो खड़े थे। बलिहारी उन के सन्तुलन की। आवाज़ एकदम साफ थी, विचार शृंखला-बद्ध थे। लोग अपने को भूले भाषण सुन रहे थे। 'मिलाप' के दफ्तर में फोन आया–"भगतसिंह और उनके साथियों को फांसी-घर की तरफ ले जाया जा रहा है।" कुलतारसिंह वहीं बैठे थे। वे दौड़कर जलसे में गए और पिताजी को यह समाचार दिया। सरदार किशनसिंह ने उन्हें वहीं बैठा दिया और बिना किसी को बताये भाषण देते रहे। क्या इस सन्तुलन का मूल्यांकन संसार की किसी भाषा का कोई शब्द कर सकता है ? तभी वहां वह ग्वाला आया, जो जेल में दूध देता था। उसकी सूचना थी–"फांसी लग गयी है, जाकर लाश ले आओ।" सरदार किशनसिंह के लिए यह कैसा क्षण था ? उनकी पूरी कल्पना, पूरी कामना उनके जवान बेटे की लाश के पास मंडरा रही थी, पर उनका विवेक दूसरे सैकड़ों नौजवानों की लाश बनने से बचाने में जूझ रहा था। उनकी कड़कती आवाज़ सबके कानों में पड़ी–"खबर मिली है कि भगतसिंह को फांसी दे दी गई है। मैं खबर या लाश लेने जेल पर जा रहा हूं। आप सब अपनी-अपनी जगह बैठे रहें। मैं कहता हूं, कोई जेल की तरफ न जाए। ऐसा न हो कि हम एक भगतसिंह को लेने जायें और सैकड़ों भगतसिंह देकर आयें।"

लोगों में खलबली मच गयी, बहुत कहने पर भी बहुत लोग उनके साथ हो लिये। जेल पर सन्नाटा था। वे दरवाज़े पर पहुंचे। भीतर से अफसरों के कहकहों की आवाज़ सुनाई दे रही थी, वे ताश खेल रहे थे। उन्हें बहुत दिनों बाद चैन की सांस मिली थी। सरदार किशनसिंह ने ज़ोर-ज़ोर से आवाज़ें लगायीं, दरवाज़े को बेहद खड़खड़ाया, पर

कोई नहीं बोला। खबर मिली कि भगतसिंह और उनके साथियों की लाशों को जलाने के लिए कहीं बाहर भेज दिया गया है। लोग उस जगह की खोज में चारों ओर बिखर गए। सोचती हूं, जनरल डायर जलियांवाला हत्याकांड करके अपनी जाति के लिए स्मरणीय हो गए थे, पर क्या नया जलियांवाला हत्याकांड बचा कर सरदार किशनसिंह अपनी जाति के इतिहास में वन्दनीय नहीं हो गए ?

उनके व्यक्तित्व की जड़ें कहां-से-कहां तक फैली हुई हैं, कोई सोचे तो सोचता ही रह जाए। पंजाब में वे क्रान्ति का ऐसा वटवृक्ष थे, जिसकी जड़ें तो दूर तक फैली हुई थीं ही , छाया भी इतनी सघन थी कि सबको उसके नीचे शांति, विश्राम और सहयोग मिलता था। कांग्रेस के सभी आंदोलनों में उन्होंने भाग लिया था, 'पगड़ी संभाल ओ जट्टा' की क्रान्ति के वे एक संयोजक ही थे, पर पंजाब में जिस गदर की तैयारी हुई, उसमें भी उनका परामर्श-सहयोग पूरी तरह था। शचीन्द्रनाथ सान्याल, रास बिहारी बोस और गदर के नेता करतारसिंह सराबा उनके सम्पर्क में थे, बराबर सलाह लेते थे, जैसा कि पिछले कई संस्मरणों से स्पष्ट है। वे उस मज़बूत धागे की तरह थे, जो स्वयं न दीखते हुए भी माला के अलग-अलग दानों को परस्पर पिरोये रखता है।

1939 में उन्हें दूसरी बार फालिज हुआ। उनका एक हिस्सा बेकार हो गया। उनकी इच्छा-शक्ति अद्भुत थी। वे उस भयंकर आक्रमण को भी झेल गए और अपने खुले (बेंत की लम्बी लाठी) के सहारे धीरे-धीरे चलने लायक बने रहे, किसी पर बोझ नहीं हुए। 1940 में मेरा जन्म हुआ और 1943 में से मेरी स्मृतियां उनके साथ निजी रूप से सम्बद्ध हो गयीं। मुझे गर्व है कि मेरी शिक्षा उनके ही द्वारा आरम्भ हुई। सुबह-शाम वे उंगली पकड़ मुझे धीरे-धीरे घुमाने ले जाते। पहले गिनती और फिर पहाड़े सिखाये, घर पर कायदा पढ़ाना आरम्भ किया। बातों-ही-बातों में, खेल-ही-खेल में, उन्होंने मुझे बहुत-कुछ सिखा दिया, बिना मुझ पर ज़रा भी बोझ डाले। मैं नन्हीं-सी बच्ची थी उस समय, पर कभी मेरा नाम लेकर उन्होंने मुझे नहीं बुलाया। हमेशा 'बीबी' कहते थे।

वे अक्षरों का ज्ञान कराने वाले मास्टर जी नहीं थे, वे जीवन का निर्माण करने वाले आचार्य थे। संस्कार बनाने की उनकी अपनी कला थी। बीबी अमरकौर के शब्दों में–"मैं और भगतसिंह दोनों ही बचपन में रात के समय बाहर जाने से डरते थे। वे हमें मकान से बाहर करके उसके चक्कर काटने को कहते। प्यार से बढ़ावा देते, कभी-कभी धमकाते भी। वे हमें कहते कि उधर पहुंच कर आवाज़ लगा देना, फिर डर नहीं लगेगा। आवाज़ लगाने से मतलब यह भी होता कि हम झूठ न बोल दें। वे आरम्भ से ही बच्चों को निर्भीक, बहादुर और देशभक्त बनाने का प्रयत्न करते थे।" क्रान्तिकारी होकर भी वे श्रेष्ठ प्रशिक्षक थे। क्रान्ति के विध्वंस और निर्माण दोनों पहलुओं पर उन का पूरा अधिकार और ध्यान था। यह कहना ठीक होगा कि वे पूर्ण क्रान्तिकारी थे। तभी तो भगतसिंह को उन्होंने 14-15 वर्ष की उमर में ही इस योग्य बना दिया था कि वे पूरी मशीनरी के विरोध में अकाली जत्थे का शानदार[1] स्वागत कर सकें। यह काम सरदार

1. देखिए भगतसिंह की जीवन गाथा

किशनसिंह के सिवा और किसी के बस का न था, पर उन्हीं दिनों उन्हें कहीं बाहर जाना था, इसलिए उन्होंने पूरे आत्मविश्वास के साथ भगतसिंह को लाहौर से बंगा भेज दिया था। अपने प्रशिक्षण पर उन्हें विश्वास न होता, तो यह आत्मविश्वास उनमें कहां से आता ? मैंने कहा कि वे एक सुयोग्य संगठनकर्ता थे, एक श्रेष्ठ प्रशिक्षक थे और पूरी तरह क्रान्तिकारी थे। इन सब योग्यताओं को तभी पाया जा सकता है, जब मनुष्य में अनुशासन की भावना पूर्ण रूप में हो। सरदार किशनसिंह का अनुशासन बड़ा सख्त था। उन्होंने भगतसिंह को बचपन से क्रान्ति की शिक्षा दी थी और अब उन्हें पूरी तरह विश्वास हो गया था कि उनका बेटा भी उनकी तरह ही एक कुशल संगठनकर्ता बन गया है। नौजवान भारत सभा उसका एक उदाहरण थी। उस समय की एक घटना उनकी अनुशासन-वृत्ति पर गहरा प्रकाश डालती है। 1927 में भगतसिंह के लिए डेरी फॉर्म खोल दिया था। वे काम करते, तो जुट कर करते, पर यदा-कदा घर से चले जाते और दो-दो, चार-चार दिन पार्टी के काम से गायब रहते। इसी तरह एक बार वे गए और कुछ दिन लौटकर न आए। पीछे बड़ी परेशानी उठानी पड़ रही थी। उनकी गैरहाज़िरी में ग्राहकों को दूध पहुंचाने के कई वादे गलत हुए और इसी तरह की और भी कई गलत बातें हुईं। यह उनके लिए असह्य था, क्योंकि उनका जीवन-सूत्र था—अपना हरेक उत्तरदायित्व पूरा करो। सरदार किशनसिंह लाहौर गए। बाज़ार में आते हुए भगतसिंह मिल गए। सरदार किशनसिंह गुस्से में थे। वहीं बाज़ार में पीटना शुरू कर दिया। भगतसिंह कहते जा रहे थे—"शांति रखिए पिताजी, शांति रखिए" और पिता जी घूंसे-पर-घूंसा मारते जा रहे थे।

वे कठोर थे, उनका क्रोध प्रचण्ड था। वे अपनी बात में काट-छांट पसन्द न करते थे। यह सब ठीक है, पर मैंने जब उन्हें देखा, उम्र उनकी ढल चुकी थी। बीमारी ने उन्हें अपाहिज कर दिया था। जीवन के अनेक उतार-चढ़ाव उनके स्मृति-पटल पर अंकित थे। वे मुझे बहुत प्यार करते थे, बहुत ध्यान रखते थे। मुझे उनका वह चित्र बहुत ही प्यारा लगता है, जब मेरी स्मृतियां अपने गांव के उस स्कूल में पहुंच जाती हैं, जिसमें जगतसिंह, भगतसिंह, कुलबीरसिंह और कुलतारसिंह ने प्राइमरी तक की शिक्षा प्राप्त की थी और अब उसी स्कूल में मैं पढ़ती थी। मैं स्कूल जाती। वे मेरे लिए खाना लेकर आते और स्कूल के मैदान में पेड़ के नीचे खड़े हो जाते। खाने की छुट्टी होती, मैं दौड़ती हुई उनके पास आती, वे हंसते हुए मुझे लिपटा लेते, फिर घास पर बैठकर मुझे खाना खिलाते और बातें भी करते जाते। छुट्टी खत्म होने का घण्टा बजता। वे डिब्बा लेकर अपने खूले का सहारा लेते हुए चले जाते।

बस, उनकी एक स्मृति और, ऐसी स्मृति, जिसमें उनके लम्बे जीवन की पूरी तपस्या बीज-रूप में समायी हुई है और जिसे जानकर हम उन्हें पूरी तरह जान सकते हैं। बैठे-बैठे, लेटे-लेटे, बातें करते-करते वे गुम-से हो जाते, खो-से जाते और तब लम्बी सांस लेकर कहते– "दीनदयाल भरोसे तेरे, सब परिवार चढ़ाया बेड़े।" हे दीनदयालु प्रभु, तेरे भरोसे पर अपना पूरा कुटुम्ब मैंने बेड़े पर (तख्तों की पट्टी) पर चढ़ा दिया है। वे सब मंझधार में हैं, उनके चारों ओर खतरे हैं, क्योंकि वे सुरक्षित नाव में नहीं,

तख्तों के बेड़े पर हैं–सिर्फ, तेरा, ईश्वर का भरोसा है। यह भरोसा मज़बूत है, क्योंकि ईश्वर दीनदयालु हैं। यह पंक्ति एक होकर भी क्या उनका सम्पूर्ण जीवन-चरित्र नहीं है ? एक पिता, जिसने किसी गलतफहमी में नहीं, सोच-समझ कर अपने पूरे परिवार को क्रान्ति की धारा में छोड़ दिया है, धारा उद्दण्ड है, उसमें खतरनाक भंवरें हैं, छिपी हुई चट्टानें हैं, जो बेड़े को ही नहीं, बड़ी नाव को भी तोड़ सकती हैं। इस पर भी आशा बलवती है, मंज़िल पर पहुंचने का विश्वास अखण्ड है, फिर भी भविष्य अज्ञात है– अंधकार में अवश्य है। ओह, एक अज्ञात-बीहड़ क्रान्ति-पथ के सकुटुम्ब यात्री ही तो थे सरदार किशनसिंह । उनकी हर याद देश के लिए महत्त्वपूर्ण है, उनकी हर याद मेरे लिए मधुर है। सचमुच वे महत्त्वपूर्ण और मधुर पुरखा थे हमारे देश की क्रान्ति के। उन्हें मेरी पीढ़ी के प्रणाम !

: 3 :

वीरता की अमर स्रोतस्विनी माता विद्यावती

पुराने ज़माने में एक कहावत थी कि जहां चार बूढ़ी स्त्रियां मिलकर बैठती हैं, वहां बातचीत घूम-फिर कर बहुओं पर पहुंच जाती है और जहां चार बहुएं मिलकर बैठती हैं, वहां बातचीत घूमकर सासों पर पहुंच जाती है। बाद में ऐसा भी युग आया जब यह कहावत चल पड़ी कि जहां चार राजनैतिक व्यक्ति मिलकर बैठते हैं, वहां बातचीत घूम-फिर जेलों पर पहुंच जाती है। बिलकुल ऐसी ही बात श्रीमती विद्यावती जी की थी। उन्होंने भगतसिंह को जन्म दिया, यह एक साधारण बात है; पर असाधारण बात यह है कि भगतसिंह उनके रोम-रोम में व्याप्त थे। उनसे स्वयं उनके जीवन की बात करो, तो पहले ही चक्कर में वे भगतसिंह पर पहुंच जाती थीं।

उस दिन चमत्कारों की कुछ बात चल रही थी। उनके संस्मरणों का स्रोत खुल गया। उन्होंने बताया– "उन दिनों भगतसिंह का मुकदमा चल रहा था। हमारे गांव के बाहर एक साधु आकर बैठ गया और उसने धूनी जला ली। दो-चार दिन में ही उसकी सिद्धि की चर्चा गांव-भर में होने लगी। किसी ने मुझसे कहा–उस साधु के पास जाओ, तो भगतसिंह बच जाएगा। मुझे ऐसी बातों पर बहुत विश्वास नहीं था, फिर भी मां की ममता ने बहुत ज़ोर मारा और मैं रात के समय कुलबीरसिंह को साथ लेकर उस साधु के पास गई। उसने कुछ पढ़कर एक पुड़िया में राख मुझे दी और कहा कि इसे भगतसिंह के सिर में डाल देना।

जब मुलाकात का दिन आया तो मैं राख साथ ले गई और भगतसिंह के पास बैठकर उनके सिर पर हाथ फेरने की कोशिश करने लगी, जिससे धीरे से राख उनके सिर में डाल सकूं। मेरा हाथ अभी उनके सिर तक न गया था। मैं अभी कमर ही थपथपा रही थी कि वे बोले– "जो राख मेरे सिर में डालना चाहती हो, वह कुलबीर के सिर में डालो, ताकि यह हमेशा आपके पास रहे।"

मेरे लिए यह एक आश्चर्यजनक घटना थी। मैं बहुत दिनों तक यह बात सोचती रही कि इन्हें मेरे मन की बात का कैसे पता चला ? उन्हीं दिनों मैंने इस कामना से अखण्ड पाठ कराया कि मेरे बेटे को फांसी न लगे। अन्त में ग्रन्थी ने अरदास की तो उनके मुंह से निकला–हे प्रभु, माताजी चाहती हैं कि उनका बेटा बच जाए, पर इनका बेटा चाहता है कि उसे ज़रूर फांसी हो जाए। दोनों बातें मैंने आप जी के सामने रख दी हैं, इसलिए हे सच्चे पातशाह, अब आप जी ही न्याय करें। और इस पाठ के बाद जब मैं मुलाकात के लिए गई, तो भगतसिंह ने बड़े गहरे भाव से पूछा–"सच बताइए, अरदास में ग्रन्थी जी ने क्या कहा ?" मैंने बताया, तो बोले–"आपकी बात तो गुरुसाहब

ने भी नहीं मानी, अब मुझे कौन बचा सकता है !" अपने न बचने की बात उन्होंने इतने उत्साह से कही, जैसे किसी के नाम लाटरी खुलने की बात तय हो गई हो।

मुझे किसी ने बताया कि किसी जेठे बच्चे का पहला झगोला लेकर जाना और उसे उन्हें दे देना। वे उसे अपने पास रखें, फैसला ठीक हो जाएगा। मैं झगोला साथ ले गई और उन्हें देने लगी तो पूछा, "क्या है यह ?" मैंने कहा–"यह छोटा झगोला है, इसे अपने पास रखना।" उन्होंने उसे वापस करते हुए कहा, "इसे आप संभाल कर रखिए। अंगरेज़ों की जड़ें काटने के लिए कुछ समय बाद मैं फिर जन्म लूंगा, तब इसे पहनूंगा।" यह कहकर वे इतने ज़ोर से हंसे कि आस-पास के लोग देखने लगे।

एक बार फिर मुलाकात करने गए, तो देखा, उनके खाने वाले लोहे के बरतन में लाल गुलाब के फूल रखे हुए हैं। मैंने पूछा–"भगतसिंह, ये फूल कहां से आए हैं ?" बहुत ही मस्ती की मुद्रा में वे बोले, "दुनिया में मेरे लिए फूल ही फूल हैं।" अब बराबर सोचती हूं, सचमुच उनके लिए दुनिया में फूल ही फूल हो गए। उनके चित्रों पर फूल चढ़ते हैं, उनकी प्रतिमाओं पर फूल चढ़ते हैं और सच तो यह है कि मुझे जो फूल चढ़ते हैं, वे भी तो उनके ही फूल हैं !"

मैंने कहा–"आपने बहुत बातें याद रखीं और इस तरह इतिहास की बड़ी सेवा की।" विद्यावती जी कहने लगीं–"ये बातें तो मेरी हड्डियों में रम गई हैं। जब मैं जल जाऊंगी तब भी ये मेरी हड्डियों पर लिखी रहेंगी" और फिर उनका हृदय पिघल कर उनकी आंखों के मोतियों में झलक आया।

सचमुच माता विद्यावती जी अथाह साहस की देवी थीं। उन्होंने अपनी लम्बी जीवन-यात्रा में क्या नहीं देखा ? जीवन के पहले ही पड़ाव में उन्होंने परिवार को छिन्न-भिन्न होते देखा। उनके एक देवर सरदार अजीतसिंह विदेश चले गए; दूसरे देवर सरदार स्वर्णसिंह जेल के असह्य कष्टों को सहते हुए शहीद हो गए। उनके पति सरदार किशनसिंह जीवन-भर जेलों और अदालतों के चक्कर काटते रहे। दूसरा पड़ाव आया तो जवान बेटा फांसी पर झूल गया। फिर दूसरे दो बेटे जेलों में बन्द रहे और उनके पति को फालिज हो गया। ऐसे ही एक के बाद एक दुःखदायी पड़ाव आए, पर उससे भी परे यह कि उन्होंने स्वयं जीवन और मरण के खेल को खूब खेला। मन उनका बेटे के आसपास घूमता था, तो तन घर के फैले हुए लम्बे-चौड़े कामों में उलझा रहता था। वे कभी लाहौर जातीं, तो कभी खासरियां आतीं। लगता था, उनका जीवन यात्रा के लिए ही बना है। रास्ता झाड़-झंखाड़ों और चोर-डाकुओं से भरा रहता था, फिर भी वे न अंधेरा देखतीं, न सवेरा; चल देतीं तो बस चल ही देतीं। साहस और दृढ़ आत्म-विश्वास ही उनके शस्त्र थे।

जिन दिनों साइमन-कमीशन लाहौर पहुंचा, उन्हीं दिनों की बात है। एक दिन चाची हरनामकौर को खासरियां से बंगा जाना था, पर भगतसिंह से मिलने की उनकी प्रबल इच्छा थी। इसलिए विद्यावती जी उनके साथ शहनशाही कुटिया, लाहौर पहुचीं। भगतसिंह उन दिनों वहीं रहते थे। कमरे में किताबें बिखरी पड़ी थीं। देखते ही वे समझ गईं कि पुलिस ने तलाशी ली है। भगतसिंह वहां थे ही नहीं, पर जैसे ही उन्हें पता चला

कि बेबे जी और चाची जी आई हैं, वे पीछे के रास्ते से आए और मिलकर कुछ ही क्षणों में लौट गए। लाहौर से बाहर निकलकर जल्दी गांब पहुंचने के खयाल से उन्होंने जूता हाथ में उठा लिया, अपने छोटे बेटे राजेन्द्र सिंह को कन्धे पर बैठा लिया और धूल-भरे रास्ते में तेज़ कदम रखती हुई आगे बढ़ने लगीं। कुछ ही कदम चली थीं कि उन्हें पैर में तेज़ चुभन महसूस हुई। सोचा, ततैया होगा। लेकिन सिर घुमाकर देखा तो सांप फन उठाए खड़ा था। उन्होंने धैर्य नहीं छोड़ा, चलती रहीं, चलती रहीं; जैसे-जैसे घर पास आ रहा था, वैसे-ही-वैसे उन्हें मृत्यु पास आती नज़र आ रही थी। घर पहुंचीं कि बेहोश होकर गिर पड़ीं। खून की उलटी आई, दांतों से खून बहने लगा। चार दिन तक झाड़-फूंक होती रही, तब कहीं होश आया। इसी बीच पुलिस की गारद वहां पहुंची, इस अनुमान से कि मां की खबर लेने तो भगतसिंह वहां ज़रूर पहुंचे ही होंगे. पर वे नहीं आए। खबर भगतसिंह ने वहीं मंगा ली थी।

बरसात के दिन थे। छत टपकने लगी। टपकते स्थानों पर मिट्टी लगाने के लिए ऊपर चढ़ीं। मिट्टी का एक ढेला उठाया कि हाथ की एक उंगली पर सांप ने काट लिया और वे दूसरी बार जीवन-मरण के झूले में झूलने लगीं। कौन जाने, कितना ज़हरीला है सांप ? बचेंगी भी या नहीं ? सब के मन अशुभ कल्पना से भर उठे। शंकाएं मन को घेरे हुए थीं। फिर वही झाड़-फूंक की गई और वे ठीक हो गईं।

ईश्वर जैसे उनके तन-मन की परीक्षा एक साथ ही ले रहे थे। परीक्षा तो फिर परीक्षा ही होती है। कौन जाने, कैसे कठिन-से-कठिन सवाल पूछ लिये जाएं और फिर ऐसे सवाल ? ये तो जीवन-मरण के सवाल थे। वे सुबह-ही-सुबह उठीं। भैंस का दूध निकालने के लिए गईं तो भैंस के सामने पड़ी हुई कुट्टी को ठीक करने लगीं। कुट्टी तो क्या ठीक करतीं, उनके दुश्मन ने उन्हें यहां भी आ दबोचा। सांप ने पूरे ज़ोर से फन मार दिया। वे बहादुर बेटे ही बहादुर मां थीं, पहले की तरह ही तीसरी बार भी मृत्यु पर विजय पा गईं।

रावी दरिया ने उफन कर गांव को चारों ओर से घेर लिया। घेर ही नहीं लिया, चढ़ाई भी कर दी—पानी घरों के भीतर तक घुस आया। तमाम लोग छतों पर चढ़ गए। जीवन खतरे में घिर गया। बहुत लोग इकट्ठे होकर बांध लगाने लगे। बहादुर मां ऐसे में बैठी कैसे रह सकती थीं ? फौरन उठीं और पानी में घुस गईं। मिट्टी में हाथ डाला ही था कि सांप ने फिर हाथ पर काट खाया। झट गोबर उठाकर हाथ के अंगूठे पर मल लिया। थोड़ी देर के बाद सबको बताया, पर किसी डॉक्टर या झाड़-फूंक वाले को बुलाएं भी तो कैसे ? चारों ओर पानी-ही-पानी। तभी उस उफनते दरिया में लगा दी छलांग उनके बेटे रणबीर सिंह ने। वे तैरते हुए पार हो लाहौर पहुंचे और वहां से नाव में बैठाकर डॉक्टर को लाए। और मां एक बार फिर मौत के किले का चक्कर काटकर अपने घर आ गईं।

सांप का काटना तो दूर, किसी को काटने का वहम भी हो जाए, तो वहम ही खा जाए। विद्यावती जी को एक बार नहीं, चार-चार बार सांप ने काटा, पर उनकी जीवन-डोर हमेशा सांप के ज़हर से ज़्यादा मजबूत निकली। सांप के ज़हर से चिकित्सा-विज्ञान के अनुसार डॉक्टर किसी को बचा सकता है और लोक-विश्वास

के अनुसार झाड़-फूंक करने वाला तान्त्रिक भी। इसलिए चार बार सांप के काटने पर बच जाने को मैं उतना महत्त्व नहीं देती, जितना मृत्यु के सामने आकर खड़े हो जाने पर भी उनकी स्थिरता को। हालत चाहे जितनी खराब हुई, मृत्यु का पंजा चाहे कितना कस गया, उनके शान्त चेहरे पर घबराहट की कोई रेखा कभी नहीं खिंची। उन्होंने शारीरिक रूप में ही नहीं, मानसिक रूप में भी हर बार अपने को मृत्युंजय भगतसिंह की मां सिद्ध किया और इस तरह वे काले नाग उनके व्यक्तित्व को प्रदीप्त करने वाले प्रमाण-पत्र के काले अक्षर बन गए।

इन चार घटनाओं के बाद भी बुढ़ापे के दिनों में कभी-कभी सांप उनके पास आ जाता था। एक बार वे सोई हुई थीं। उनके पास ही मेज़ पर लालटेन जल रही थी। एक बहुत बड़ा सांप न मालूम कब आया और लिपट कर बैठ गया लालटेन के चारों ओर। ऐसे ही एक बार सन्ध्या के झुटपुटे में वे आंगन में चारपाई पर बैठी थीं कि नीचे बहुत बड़ा सांप घूमने लगा। लेकिन किसी-न-किसी तरह वे हर बार बच जाती रहीं। सुना है कि जिसे कई बार सांप ने काटा हो, उसकी देह से बरसात के दिनों में ऐसी गन्ध आने लगती है कि सांप स्वतः ही उस गन्ध की ओर आ जाता है। कह नहीं सकती, इसमें कितनी वास्तविकता और कितनी कल्पना है, पर ये दृश्य तो हमने भी देखे हैं।

उनकी सहन-शक्ति की बात सोचती हूं तो स्तब्ध रह जाती हूं। उन्होंने मृत्यु के आक्रमण ही नहीं सहे, और भी बहुत-कुछ सहा। जेल जाने वालों ने भी इतने शारीरिक और मानसिक कष्ट न सहे होंगे, जितने कि विद्यावती जी ने अपने जीवन में सहे। अपनी वेदनाओं को सुनाते-सुनाते कभी वे गम्भीर हो जातीं तो कभी उनकी आंखों में अथाह सन्तोष का समुद्र ही लहराने लगता। स्पष्ट था कि अपने कष्टों की चिन्ता उन्होंने कभी नहीं की। हां, उनके मन का एक बहुत ही कोमल कोना था और वह था भगतसिंह की याद। वे उनकी बात करती थीं, तो प्रसंग के अनुसार गौरव, सुख, सन्तोष, दुःख और गम्भीरता–सभी तरह की रेखाएं चेहरे पर खिंचती रहती थीं। वे और अधिक गम्भीर न हो जाएं, इसलिए मैंने उस दिन उनके सामने ऐसा प्रश्न रख दिया, जिसे सुनकर वे खिलखिला कर हंस पड़ीं। मैंने उन्हें इसी रूप में सबसे अधिक आकर्षक पाया। मेरा प्रश्न था–"बेबे जी, आपका विवाह कब हुआ और तब आपको कैसा लगा?"

बड़े ही सादे और मनोरंजक ढंग से उन्होंने कहना शुरू किया–"विवाह के समय सब-कुछ अच्छा-ही-अच्छा लगा। नये कपड़े मिले, अच्छे-अच्छे गहने मिले। उस समय मैं केवल ग्यारह बरस की थी। मेरा नाम इन्दी था। मेरे विवाह के समय की घटना भी अजीब है। यों तो दोनों परिवार सिक्ख थे, पर इधर आर्य-समाज का विशेष प्रभाव होने के कारण विवाह गुरु ग्रन्थ साहब से न होकर आर्यसमाजी ढंग से हुआ। फेरे वेदों से हुए, सरदार जी ने पण्डित के साथ-साथ स्वयं भी सभी मन्त्र पढ़े। उस जमाने को देखते हुए यह घटना बड़ी असाधारण थी। सारे गांव में इस बात की चर्चा हुई कि सरदार बरयामसिंह के घर तो ऐसा दामाद आया है जो मन्त्र भी स्वयं ही पढ़ता है।"

सरदार अर्जुनसिंह उन दिनों जालन्धर में एक वकील के मुन्शी थे, इसलिए वे गांव

में न रहकर परिवार सहित जालन्धर ही रहते थे। आर्यसमाज, पढ़ाई-लिखाई और युग के वातावरण का परिवार पर इतना प्रभाव था कि गांव के आम परिवारों से बहुत भिन्न था यह परिवार। वे एक साधारण परिवार से आई थीं, जहां उनकी पढ़ाई-लिखाई बिलकुल नहीं हुई थी। उस युग के अन्य काम-धन्धों का ही ज्ञान उन्हें दिया गया था—चरखा कातना, कपास चुनना तथा घर के अन्य काम-काज, लेकिन इस घर में आ जाने के बाद यही सब काफी न था। इसलिए उनके ससुर साहब ने विवाह के बाद ही यह तकाज़ा किया कि बहू को उन दिनों की परम्परा के अनुसार मायके में अधिक दिन न छोड़कर हम कुछ दिन बाद ही ले जाएंगे और जालन्धर रखकर शिक्षा की व्यवस्था करेंगे, पर गांव की उस किशोरी के लिए यह बात एकदम असाधारण थी। वह शिक्षा का अर्थ ही न समझती थी और घर से दूर रहना उसे एकदम अस्वाभाविक लगता था।

उन्हीं के शब्दों में—"जब-जब मुझसे यह कहा जाता कि तुम्हें जालन्धर बोर्डिंग में रखकर पढ़ाया जाएगा, मैं अपनी मां के गले से लिपटकर बिलख-बिलखकर रोने लगती और इस कल्पना से ही कि मैं घर से दूर चली जाऊंगी, इतनी सहम जाती कि मुझे बुखार आ जाता। कुछ दिन के बाद सरदार जी मुझे लेने के लिए आए। मेरे माता-पिता मेरी हालत को समझ चुके थे। इनकार का कोई और रास्ता न सूझा, तो कह दिया कि तुम्हारी माता भी तो पढ़ी-लिखी नहीं हैं। इस पर सरदार जी को गुस्सा आ गया और वे नाराज़ होकर लौट आए। उनका लौटना था कि हमारे घर में सबको चिन्ता हुई और पढ़ाई का क्रम आरम्भ करने की बात सोची गई। स्कूल वहां कोई था नहीं। कोई साधु-सन्त आता, तो मेरी मां झट कायदा लेकर मुझे उसके पास बैठा देतीं और विनयपूर्वक कहतीं—'संन्यासी जी, मेरी बेटी को दो-चार अक्षर सिखा दो।' हमारे गांव में एक जुलाहिन थोड़ी पढ़ी-लिखी थी। कभी मुझे उसके पास पढ़ने को भेजा जाता, कभी गुरुद्वारे के ग्रन्थी के पास और कभी गांव के ब्राह्मण के पास। बस, इतनी ही शिक्षा हो सकी मेरी—कि थोड़ी-बहुत हिन्दी-पंजाबी सीख ली।"

विद्यावती जी का विवाह 1898 के लगभग हुआ। दो साल बाद गौना हुआ। तभी ज़िला लायलपुर में ज़मीन मिल जाने के कारण सरदार अर्जुनसिंह अपने परिवार-सहित लायलपुर में जा बसे ! यह सन् 1900 की बात है। तभी वे पहली बार ससुराल गईं और आठ महीने वहां रहीं।

नई ज़मीनें, नये घर, नई आबादी, सब-कुछ नया ही था उस समय लायलपुर में। ज़मीन जमकर मेहनत चाहती है, पर मेहनत तो वही करे जो एकाग्र होकर जूझ जाए मिट्टी के साथ। यहां तो पेट से अधिक चिन्ता थी देश की, इसलिए ज़मीन की तरफ कम, जलसे-जुलूसों और सोसाइटियों में सबका ध्यान अधिक था। कभी सरदार किशनसिंह पर कोई मुकदमा चल पड़ता, कभी उन्हें जेल की सज़ा हो जाती, कभी सरदार अजीतसिंह गिरफ्तार हो जाते और कभी सरदार स्वर्णसिंह। ऐसी ही अस्त-व्यस्त मनःस्थिति और परेशानियों से गुज़र रहा था उनका जीवन। जिस घर की वे बड़ी बहू थीं, वह असल में घर कम और विद्रोहियों का अड्डा अधिक था। जाने कौन, कब

वहां कहीं से आ जाता और कब तक ठहरता। विद्यावती जी आने वाले मेहमान की भावना से लाख कोस दूर थीं, क्योंकि हरेक एक रहस्य बना रहता था और हरेक के आने पर गोपनीयता का वातावरण और घना हो जाता था। वे कभी ससुराल आ जातीं, कभी मायके चली जातीं; पर वे कहीं भी रहें, उनका मन सदा किसी अज्ञात आशंका से भरा रहता, जिसमें 'न जाने कब क्या हो जाए' की अस्थिरता व्याप्त रहती । इन्हीं परिस्थितियों के बीच 1904-5 में उन्होंने अपने ज्येष्ठ पुत्र जगतसिंह को जन्म दिया।

उन्हीं के शब्दों में–"उन दिनों सूफी अम्बाप्रसाद अक्सर हमारे घर आया करते थे और कमरे में बैठे वे कुछ-न-कुछ लिखते ही रहते थे। हमें वे ज़रा भी अच्छे न लगते थे, क्योंकि उनके आने पर सब लोग उनमें ही उलझे रहते थे। एक बार हमने उन्हें खाने को भी नहीं पूछा। जब-जब हमने रोशनदान से उनके कमरे में झांककर देखा, उन्हें कुछ लिखते ही पाया। हमें देख-देखकर आश्चर्य हो रहा था कि यह कैसा आदमी है जिसे अपने खाने-पीने का भी ध्यान नहीं और फिर भी लिखता जा रहा है। दो-तीन दिन के बाद जब सरदार जी आए, तो उन्होंने पूछा–मास्टर जी को खाना खिलाया ? हमने कहा नहीं, तो वे बहुत नाराज़ हुए। फिर जाकर उनसे पूछा, तो मास्टर जी ने बड़ी सादगी और शान्ति से , जैसे कोई बात ही न हुई हो, उत्तर दिया– 'न किसी ने खाना दिया और न मैंने खाया।"

घर तब घर बनता है जब स्त्री और पुरुष पूरी योग्यता और पूरी लगन के साथ अपने पसीने से उसे सींचते हैं, पर घर के सर्वेसर्वा सरदार किशनसिंह, सरदार अजीतसिंह और सरदार स्वर्णसिंह तो देश की बेल को अपने खून से सींचने में लगे हुए थे, फिर घर की बेल को अपने पसीने से कौन सींचता ? स्थिति ऐसी थी कि वह बिखर जाए, पर साहस-धैर्य की प्रतिमा श्रीमती जयकौर उसे अपने सुदृढ़ हाथों से थामे बैठी थीं और इसलिए बिखरने से बचा रहा। विद्यावती जी जिन परिस्थितियों में जी रही थीं, इसका पता इससे चल सकता है कि सितम्बर 1907 में जब उन्होंने अपने पुत्र भगतसिंह को जन्म दिया, तो उसके एक दिन पहले तक सरदार किशनसिंह एक मुकदमे में गिरफ्तार थे। सरदार स्वर्णसिंह जेल काट रहे थे और सरदार अजीतसिंह माण्डले (बर्मा) में जलावतन थे। तीन-तीन भालों से बिंधा उनका मातृत्व क्या हर क्षण कराहता न रहा होगा !

संयोग की बात, जिस दिन भगतसिंह का जन्म हुआ, उसी दिन सब छूटे। इससे घर की ईंट-ईंट पर पहरा देती उदासी की छाया हटी और खुशी की पायलों की झंकार से घर उल्लसित हुआ, पर यह उल्लास धूप-छांही था, इधर आया, उधर गया। 1909 के आरम्भ में सरदार अजीतसिंह भारतीय स्वतन्त्रा-संघर्ष को जारी रखने के लिए चुपचाप विदेश चले गए। उनके जाने के बाद सरदार किशनसिंह को गिरफ्तार कर लिया गया कि इन्हें अपने भाई की पूरी जानकारी होगी। जानकारी तो थी ही, पर वह जानकारी अंगरेज़ी सरकार को देने के लिए तो नहीं थी। यही संघर्ष की पृष्ठभूमि थी। सरदार किशनसिंह के लिए जो संघर्ष था, विद्यावती जी के लिए वही संकट था। यही संकट होता, तब भी कोई बात न थी। एक घाव में कितना भी दर्द हो, आदमी उसे सह लेता है, पर घाव के बाद घाव हो, तो सहनशीलता भी क्या करे ? हथौड़ों की निरन्तर पड़ती

चोटें तो मज़बूत चट्टान को भी चटका देती हैं।

पति संघर्ष में ग्रस्त, एक देवर जलावतन, दूसरा पहले गिरफ्तार, फिर बीमार, फिर स्वर्गवासी। एक देवरानी विधवा, एक न विधवा न सधवा। जीवन की चारों दिशाओं में हाहाकार-ही-हाहाकार। लेकिन कोई दुःख कितना भी बड़ा हो, निरन्तर बना रहे तो सहना आदत बन जाती है और आदत उसे सहने की शक्ति देती है। इस तरह विद्यावतीजी का जीवन पुराने दुःखों के बीच कुछ सहज हो ही रहा था कि पंजाब-भर में गदर पार्टी का आन्दोलन मच गया। अपनी मुसीबत तो थी ही, आज यह आया, कल वह आया आरम्भ हो गया और हर आना-जाना विद्यावती जी के लिए एक नया आतंक था। पूरे आन्दोलन में उनके प्राण धुकधुकी में रहे, जाने कौन-सी प्रलय कब सिर पर टूट पड़े।

गदर का आन्दोलन असफल हो गया, तो अंगरेज़ सरकार प्रत्याक्रमण पर आई। विद्यावती जी को लाहौर से उनके पिता के घर भेज दिया गया और सरदार किशनसिंह अपने गांव बंगा (ज़िला लायलपुर) चले गए। इसका अर्थ था रोज़गार की समाप्ति। बिना कमाये तो भरा-पूरा घर खाली हो जाता है फिर यह तो राजनीति की बिजलियों से उजड़ा हुआ घर था। उसमें अभाव ही एकमात्र भाव था, पर प्रतिदिन की ज़रूरतें तो राजनैतिक नहीं होतीं। वे राजनीतिज्ञ से भी अपनी पूर्ति मांगती हैं, पर बिना कमाये पैसा कहां और बिना पैसे पूर्ति कैसी ?

यह स्थिति मनुष्य को क्रोधी और चिड़चिड़ा बना देती है। फिर सरदार अर्जुनसिंह तो स्वभाव से ही क्रोधी थे। एक दिन वे अपने बेटे सरदार किशनसिंह पर भड़क उठे कि तुम कुछ काम नहीं करते, घर में खाली बैठे रहते हो। दुःखी होकर सरदार किशनसिंह ने खाना एक समय कर दिया और वे खेत पर ही रहने लगे। विद्यावती जी अपने मायके मोरांवाली में थीं, वे उन्हें भी लेने नहीं गए। जो अपना पेट नहीं भर सकता, वह पत्नी का कहां से भरेगा ? और जो पेट नहीं भर सकता , वह उसे लेने कैसे आये ? लाना तो सुगम है, पर दाना तो दुर्गम है।

उन्हीं के शब्दों में–''दीवाली पास आई, तो मेरे पिताजी ने भाई के साथ मुझे भेज दिया। जब मैं बंगा पहुंची तो सरदार जी बाहर खेतों में ही मिल गए और लगे धमकाने कि 'मेरी रोटी की तो व्यवस्था नहीं, तुम क्यों चली आईं।' मैं हैरान थी कि यह क्या हुआ और अब मैं क्या करूं ? वापस चली जाऊं तो मां-बाप और भाई क्या सोचेंगे, और रहूं तो रहूं कैसे जब ये ही रखने को तैयार नहीं ? घर पहुंची तो मांजी मुझे देखकर प्रसन्न हुईं, पर सरदारजी तब भी यही कह रहे थे कि वापस चली जाओ। मैं कुछ निर्णय नहीं कर पा रही थी, पर मांजी ने मुझे रहने को कहा और मैं रह गई।''

सोचती हूं, जो पत्नी बहुत दिनों बाद अपने पति के पास जा रही है और वह भी दीवाली के आनन्द-भरे त्यौहार पर, वह क्या-क्या सोचती आई होगी हर कदम पर, पर जब उसे द्वार पर पहुंचने से पहले ही स्वागत-उपचार के बदले धुआंधार धिक्कार और प्रवेश से इनकार मिला होगा, तो उस पर क्या बीती होगी ? राजनीतिज्ञों को बहुत बार जेल पूरी होने पर जेल से बाहर किया गया है और द्वार पर ही नज़रबन्दी का नोटिस

तामील कर फिर जेल में बन्द कर दिया गया है। वे कुछ ही सांस ले पाए हैं बाहर की हवा में और फिर पहुंच गए हैं अपनी बैरक में । निश्चय ही यह पनपती आशा पर तुषारापात है, पर उनकी हालत तो उन कैदियों से भी बदतर थी उस समय क्योंकि वे राजनीतिज्ञ उस सरकार के दुश्मन होते हैं, पर यहां तो उनका जीवन-साथी ही उन्हें जीवन के द्वार से धक्का दे रहा था। न्याय का तकाज़ा है कि यह भी सोचा जाए कि धक्का देने वाले के लिए यह धक्का कितना त्रासदायक होगा कि उसे सहने में बड़े-से-बड़े वीर का भी छक्का छूट जाए।

लगभग दो वर्ष बाद सरदार किशनसिंह लाहौर गए और वहां जीवन-बीमा का काम आरम्भ कर दिया। काम कुछ जमा तो वे विद्यावती जी को भी वहीं ले आए और अपने तीनों बच्चों जगतसिंह, भगतसिंह और अमरकौर को दादा-दादी और चाचियों के पास बंगा में छोड़ दिया। लाहौर आकर ही कुलबीरसिंह का जन्म हुआ। लाहौर के पास ही खासरियां में ज़मीन खरीद ली गई, बीमे का काम भी चलता रहा। स्थिति अब पहले से बेहतर थी। उन्हीं के शब्दों में–"बीमे का काम अच्छा चल रहा था। खेती का काम भी आरम्भ हो गया था। कुछ पैसे बचे, तो मैंने सोने की दो अंगूठियां और बटन बनवा लिये, पर ज़ेवर हमारे पास कब रहे थे, जो अब रहते ? कुछ दिन बाद घर का एक नौकर उन सब जेवरों को चुराकर भाग गया। बस, जीवन में पहली और अन्तिम बार यही ज़ेवर मैंने बनवाए। कहीं घूमने का मन करता, तो मैं अपनी ज़मीन पर चली जाती या शहर। सिनेमा देखने का तो न शौक था, न उन दिनों रिवाज ही।"

कुछ वर्ष बाद खेती का काम काफी अधिक फैल गया। इसलिए मुख्य रूप से खासरियां में ही रहना आरम्भ किया। मन में शान्ति थी। जीवन में सुख-समृद्धि की भावना। जीवन का बोझ हलका होने लगा था और वह उभरने लगा था। भगतसिंह की शादी की बात चल रही थी। एक जगह से कुछ आदमी उन्हें देखने आए। सबको डर था कि भगतसिंह मना कर देंगे, पर भगतसिंह उस दिन पूरी मस्ती में थे। बराबर उछलते-कूदते रहे, नाचते-गाते रहे। विद्यावती जी से कहा–"बेबे जी, मेरी सगाई होने वाली है, जिसे जो बांटना हो बांट दो। खूब खुशी मना लो।" वे लोग रात में घर पर ही रहे। दूसरे दिन सुबह भगतसिंह ने उस आदमी को खेत पर भेज दिया, जो तांगा चलाता था और स्वयं उन्हें तांगे में बैठाकर लाहौर तक छोड़ने गए। सगाई की तारीख निश्चित हो गई, पर भगतसिंह उससे पहले अपने पिताजी की दराज़ से रुपये लेकर और एक पत्र वहां रखकर अन्तर्धान हो गए। विद्यावती जी के लिए यह वज्रपात ही था। उनके सब सपनों पर पानी फिर गया था और वे तड़प उठी थीं।

वे लाहौर की ग्वालामण्डी में एक प्रसिद्ध ज्योतिषी के पास गईं। उसने भगतसिंह का कोई कपड़ा मांगा। उनकी पगड़ी पेश की गई, तो कुछ पढ़कर ज्योतिषी ने कहा–"तुम्हारा बेटा कुछ दिन बाद आएगा, पर फिर चला जाएगा। इस लड़के का भाग्य अद्‌भुत ढंग का है। या तो यह तख्त पर बैठेगा या फिर तख्त पर झूलेगा।" क्रान्तिकारी परिवार में रहने वाली विद्यावती जी के विचारों में तख्त कहां आता, तख्ता ही घूम गया और उन्हें लगा कि एक साथ बहुत-से बिच्छू देह में डंक मार रहे हैं। यह 1923 की

बात है।

कभी ये डंक कम हो जाते थे, कभी अधिक; पर उस दिन तो रोम-रोम में डंक-ही-डंक हो गए गए जब 1927 के बम केस में भगतसिंह को गिरफ्तार कर लिया गया। उन्होंने अपने पति की गिरफ्तारियां देखी थीं, एक देवर की जलावतनी देखी थी, दूसरे देवर की जेल और फिर मृत्यु देखी थी; पर यह तो उनकी गोद में पनपे पुत्र की गिरफ्तारी थी और गिरफ्तारी भी दफा 144 तोड़ने में नहीं कि कुछ महीनों की जेल हो जाए; गिरफ्तारी बम-केस में, जिसमें आदमी फांसी भी पा सकता है और काले पानी भी जा सकता है। यह गिरफ्तारी उनके लिए कोई बीमारी नहीं, एक महामारी ही थी, जिसमें गांव-के-गांव उजड़ जाते हैं। उनका मन आंधी की इस झंझोड़ में अस्त-व्यस्त हो गया।

उन्हीं के शब्दों में–"मैंने एक-एक पल अंगारों पर काटा। सरदार जी रात-दिन कोशिश कर रहे थे। वे बार-बार मुझे सांत्वना देते थे, पर मेरा मन अशुभ कल्पनाओं से इतना भर गया था कि मुझे उनकी सांत्वना एक बहकावा ही लगती। मुझे लगता था कि मेरी ज़िन्दगी बिखर रही है और अब यह बिखराहट रुकेगी नहीं।' सोचती हूं यह उस नारी के जीवन का भूकम्प था, जिसका बालपन अभावों से घिरे-घिरे दाम्पत्य के सुख की कल्पनाओं में बीता था, पर दाम्पत्य मिला था कांटों से बिंधा हुआ, तब उसने मातृत्व के सुख की कल्पनाओं में अपने को उलझा लिया था, पर अब उस मातृत्व के द्वार पर भी कांटों के पेड़ उग आए थे–ज़हरीले कांटों के पेड़ और उसकी अन्तिम कल्पनाएं भी कण्टकाकीर्ण हो गई थीं। राह-चलते कांटा लग जाता है तो हम परेशान हो जाते हैं लेकिन जिसकी पूरी ज़िन्दगी कांटों में बीत रही हो और उन कांटों के कटने की सम्भावना भी उससे छिन रही हो, उसका क्या हाल होगा ? आराम में जीने वाले इस प्रश्न का उत्तर कहां दे सकते हैं !

बड़ी मुश्किल से साठ हज़ार की जमानत पर भगतसिंह को छुड़ाया गया और सोच-विचार के बाद उन्हें क़ाम में लगाने को एक डेरी फार्म बनाया गया, जो कि कुछ दिन खूब चला। लेकिन भगतसिंह को डेरी का काम तो करना नहीं था। वे तो उस काम से कहीं बड़े कामों के लिए उत्पन्न हुए थे, उनको जन्म देने वाले माता-पिता और आसपास रहने वाले लोग उस समय यह कहां जानते थे कि भगतसिंह क्या हैं !

भगतसिंह तांगे पर दूध लेकर लाहौर जाते और फिर कई बार दो-दो, तीन-तीन दिन वापस न आते। जब कई दिन के बाद लौटते तो विद्यावती जी की भयभीत प्रतीक्षा अन्तिम सांस ले रही होती। भगतसिंह को देखकर उनकी आंखों में आंसू उमड़ पड़ते। भगतसिंह कुछ भी न कहते । वे रोने लगतीं, वे हंसते रहते, नाचने की तरह मटकते रहते या मां को छेड़ते रहते। अन्त में जीत हंसी की ही होती। वे भी हंसने लगतीं और वे झट उनके आंसू पोंछ देते।

कभी-कभी तो विद्यावती की चिन्ता इतनी बढ़ जाती कि भगतसिंह को देखने के लिए स्वयं लाहौर पहुंच जातीं। एक बार इसी तरह वे लाहौर पहुंचीं। भगतसिंह तथा सुखदेव के साथ तांगे में बैठकर वे कहीं जा रही थीं कि सुखदेव की तरफ देखकर

बोलीं–"यही तुम्हें इधर-उधर ले जाता है, इसको मैं आज ज़रूर थप्पड़ लगाऊंगी।" भगतसिंह सुखदेव से बहुत प्यार करते थे। झट बोले–"ना बेबे जी, इसे मत मारना, यह बड़े घर का लाड़ला बेटा है"– और उन्होंने इशारा करके सुखदेव को नीचे उतार दिया। भगतसिंह अपनी बात पर दृढ़ रहते थे। पर मन किसी का न दुखे, इसका पूरा ध्यान रखते थे, फिर बेबे जी के लिए तो उनके मन में अथाह प्यार था।

सुबह और शाम उनके जीवन में साथ-साथ चल रहे थे। भगतसिंह आ जाते, हंसते-हंसते काम में जुटे रहते, उन्हें दीखते रहते, वे खुश रहतीं। भगतसिंह चले जाते, न लौटते तो उनका मन आशंकाओं से भर जाता–पता नहीं मेरा भगत लौटेगा भी या नहीं, सरदार अजीतसिंह की तरह वह भी न लौटा तो ? कितनी विचित्र बात है कि सरदार अजीतसिंह का जीवन जहां भगतसिंह के लिए दीप-शिखा की तरह मार्गदर्शक और प्रेरक था, वहां उनके लिए शूली की तरह आतंककारी भी था। वे चाहती थीं कि भगतसिंह डेरी के काम में लगे रहें, पर वे यह नहीं जानती थीं कि भगतसिंह भैंसों का दूध बेचने के लिए नहीं, माताओं के दूध का नाम ऊंचा करने को जन्मे हैं। मां के दूध की शपथ उनके कार्यों की प्रेरणा है।

मां को अपनी धुन थी और बेटे को अपनी। मां की धुन कामना की थी, बेटे की धुन साधना की। कामना हारी, साधना जीती। साण्डर्स का वध होते ही भगतसिंह लापता हो गए। खोज-खबर की सीमा से दूर, सीमाहीन अज्ञातवासी। उनका मन बिखर गया, जैसे डेरी बिखर गयी थी। उनके व्यक्तित्व की सर्वोत्तम चीज़ हंसी थी, पर तब उनकी हंसी लुट गयी, उनकी हंसी सो गयी, वे उदासी में डूब गयीं, जैसे सांस लेता कोई बुत हो !

एक दिन गांव की बहुत सारी स्त्रियां इकट्ठी होकर शहतूत खाने को चलीं तो बहुत ज़िद्द करके उन्हें भी साथ ले चलीं कि उनका भी मन कुछ बहलेगा। उन्हीं के शब्दों में–"हम अभी जा ही रहे थे कि स्त्री ने आकर कहा–'हाय, भगतसिंह पकड़ा गया !, बस मेरी तो कमर टूट गई, बम का धमाका मेरे कलेजे पर हो गया। मेरी आंखों के सामने घूमने लगा, कभी भगतसिंह का खूबसूरत चेहरा, कभी जेल के मोटे-मोटे सींखचे, फिर भगतसिंह का चेहरा और फिर फांसी का फन्दा। कलेजा बिंध गया। मुझ में चलने की हिम्मत न रही। किसी तरह गिरती-पड़ती घर पहुंची। मुझे हर तरफ अंधेरा-ही-अंधेरा दिखाई दे रहा था।"

कुछ दिन बाद अपने पिता जी के नाम भगतसिंह का पत्र दिल्ली-जेल से आया। उन्होंने मुलाकात के लिए आने को लिखा था। उन्हें खुशी हुई, पर आगे यह भी लिखा था कि "बेबेजी को साथ न लावें, वे ख्वामखाह रो देंगी और मुझे भी दुःख होगा ही।" वे नहीं गईं, दूसरे लोग गए; पर उनका मन कितना तड़पा होगा, इसे कौन जान सकता है ! दिल्ली में उम्र-कैद की सजा के बाद भगतसिंह को मियांवाली जेल में भेजा गया, फिर कुछ दिनों बाद लाहौर दूसरे मुकदमे के लिए लाये गए। जिन दिनों भगतसिंह की भूख-हड़ताल जारी थी, विद्यावती जी के शब्दों में–

"उन दिनों कुछ खाने को मेरा मन नहीं करता था। हर समय ख्याल आता

था—भगतसिंह भूखा है, मैं कैसे खा लूं ? फिर थोड़ा-बहुत खाती थी, यह सोच कर कि हमें तो पैदल चलकर लाहौर पहुंचना है। ... उन दिनों भगत और बटुकेश्वरदत्त (असेम्बली-बमकाण्ड के साथी) केवल कंकाल-मात्र रह गए थे। दोनों को स्ट्रेचर पर डालकर अदालत में लाया जाता था। विद्या नाम की एक लड़की शहीद रामप्रसाद बिस्मिल की बहिन बनकर हमारे साथ अदालत में जाती थी। वह कमर में लम्बी तलवार पहने रहती थी। एक दिन जब उसने भगत और दत्त को स्ट्रेचर पर लाते देखा तो छाती पीट-पीट कर कहने लगी—"हमारे भाई भूखे मार दिए, ओह, इन ज़ालिमों ने हमारे भाई भूखे मार दिए !" उसकी आवाज़ सुनकर अन्य दर्शक भी चिल्लाने लगे और इस तरह अदालत में कोहराम मच गया। अदालत बर्खास्त करनी पड़ी। उस शोर-गुल में कुछ मिनट तक भगत को वे ले जाना ही भूल गए। मजिस्ट्रेट ने कहा—"पकड़ लो, इस लड़की को।" तब भगत ने ज़ोर से चिल्ला कर कहा था—"यहां मेरी मां है, चाचियां हैं, किस-किस को पकड़ेंगे आप ?" जितने क्षण भगत का स्ट्रेचर नहीं उठाया गया, दुर्गा (भाभी नाम से प्रसिद्ध एक क्रान्तिकारिणी) उनसे बातें करती रही। मैं भी पास ही खड़ी थी। भगत उस समय मुझे बच्चा ही लग रहा था और मेरा जी चाह रहा था कि उसे गोद में उठा कर भाग चलूं, लेकिन यह मुमकिन भी कहां था, मैं बेबस थी !"

मुकदमे के दिनों में घर के सब लोगों का ध्यान, भगतसिंह और अदालत की ओर केन्द्रित हो गया था। काम-काज सब बन्द हो गया था। सरदार किशनसिंह मुकदमे और जलसे-जुलूसों में लगे हुए थे। जो कुछ था उसे ही बेचकर खर्च जुटाया जाता था। छत-गिरे मकान की खिड़कियां और दरवाज़े तक उतार कर बेच दिए गए थे। ज़रूरतों की होली जल रही थी, उसके लिए कोई भी चीज़ हो, सिर्फ ईंधन थी। जीवन जलकर राख हो रहा था पर घर का हर आदमी आग झपक रहा था। उस पर पानी नहीं डाल रहा था। परिवार की ज़िन्दगी ज्वालामुखी हो गई थी।...

कई बार कई-कई घण्टे मुलाकात की प्रतीक्षा में जेल के बाहर खड़े रहना पड़ता था। जेल-अधिकारी ध्यान ही न देते थे और दिन-भर की प्रतीक्षा के बाद जब बिना मिले ही लौट जाना पड़ता, तो विद्यावती जी की हालत उस भिखारी से भी बदतर हो जाती जो सुबह खाली झोली लेकर चला हो और सन्ध्या के झुटपुटे में खाली झोली लिये ही लौट रहा हो, निराशा जिसके रोम-रोम में व्याप्त हो, पर उसे आशा में बदलने का कोई चारा न हो।

उन्हीं के शब्दों में—"बापू जी (सरदार अर्जुनसिंह), कुलबीरसिंह और मैं, एक बार मुलाकात को गए। दोपहर को ही जेल के दरवाज़े पर हम पहुंच गए थे, लेकिन सांझ घिर आई, हमें मिलने को नहीं बुलाया गया। हम भगत के बहुत पास थे। बस, एक दीवार ही हमारे बीच में थी, पर जिसे देखने को हमारी आंख तरस रही थी उसे हम न देख सके। प्यासे ही गए, प्यासे ही लौटे। वहां से पैदल चल पड़े। जाते समय हमारे पैरों में जो उत्सुकता थी, लौटते समय वह निराशा का बोझ बन गई थी। मन भी बोझिल हो चुका था। फिर भी मैं किसी तरह मन के बोझ को ढोती हुई चल रही थी। अंधेरा घिर आया था और हम झाड़-झंखाड़ भरे रास्ते में जा रहे थे। मैंने देखा, झाड़ियों के

पीछे कुछ आदमी हैं और वे एक-दूसरे को कुछ इशारा कर रहे हैं। मैं समझ गई कि चोर हैं, इसलिए मैं ज़ोर से बोली– "भगतसिंह का वकील तो कुछ बोलता नहीं, सरकारी वकील बहुत बोलता है, कुलवीर! हमें दूसरा कोई वकील करना चाहिए।" सुनते ही वे पीछे हट गए। भगतसिंह चोरों के भी पूज्य हो गए थे!

मैं जब-जब विद्यावती जी के कंटीले कष्टों और बेपनाह बर्दाश्तों की बात सोचती हूं, मेरा रोम-रोम कांप उठता है। भारतमाता की स्वतन्त्रता के लिए देश के तरुणों ने बहुत-कुछ किया, बहुत-कुछ सहा, पर क्या यह कम महत्त्वपूर्ण है कि माताओं ने सीने पर पत्थर रखकर अपने बेटों को अथाह कष्टों, यातनाओं में से गुज़रते हुए देखा और पल-भर उनको देखने मात्र के लिए भी यों भटकती फिरीं?

इसी तरह एक बार वे मुलाकात को गईं, तो भगतसिंह ने कहा–"बेबे जी, आप भी जेल में आ जाइए, यहां साथ ही रहेंगे, आपको चलकर आना नहीं पड़ेगा।" वे उत्सुकता से बोलीं–"कैसे आ जाऊं बेटा? लेक्चर मुझे देना नहीं आता, पिकेटिंग करके आ जाऊं क्या?" भगतसिंह बोले–"नहीं, वह हमारा काम नहीं है।" वे भूल गईं जेल-फांसी को और उपहास के मूड में बोलीं–"तो किसी को ढेला मार कर आ जाऊं?" सुनकर भगतसिंह खिलखिला कर हंस पड़े और आसपास के दूसरे लोग भी। सोचती हूं–मां-बेटे की ऐसी हंसी इतिहास ने कितनी बार देखी है?

फांसी से कुछ दिन पहले की एक मुलाकात में भगतसिंह ने उनसे कहा था–"फांसी के दिन आप न आना बेबे जी? आप रोएंगी, बेहोश हो जाएंगी, लोग आपको संभालने में लगेंगे या लाशें लेंगे? कुलबीर को भेज देना, अगर जेल वालों ने दी, तो वह लाश ले जाएगा।" भगतसिंह के लिए उनकी मृत्यु निमन्त्रित मृत्यु थी। इसलिए फांसी के बाद की उनकी लाश, उनके लिए सर्वोत्तम उपलब्धि थी, उनके जीवन की कृतार्थता और परिपूर्णता भी। इसीलिए अपनी लाश की बात वे इतनी निर्लिप्तता से कह गए, पर उनकी मां के कलेजे में उस समय काली का जो ताण्डव नृत्य हुआ होगा, उसे तो वे ही जान सकती हैं।

23 मार्च, 1931 को फांसी दे दी गई। उन्हीं के शब्दों में–"सुनते ही मेरा कलेजा टुकड़े-टुकड़े हो गया। भीतर से आंसुओं का समुद्र उमड़ता, पर आंखों तक आते-आते मेरी बुद्धि उसे रोक देती। हंसते-हंसते प्राण न्यौछावर करने वाले मेरे बेटे भगत के कहे अन्तिम शब्द मेरे कानों में बार-बार गूंज रहे थे–'बेबे जी, रोना मत। ऐसा न हो, आप पागलों की तरह रोती फिरें। लोग क्या कहेंगे कि भगतसिंह की मां रो रही है।' कलेजा मुंह को आने लगता, पर मैं भीतर-ही-भीतर घोलती रही उन आंसुओं को।"

सोचती हूं, क्या फांसी के फन्दे को गले में डालने से भी मुश्किल नहीं था यह काम एक मां के लिए? फिर कैसे कर सकीं वे इसे? वे इसे इसीलिए कर सकीं कि उस समय उनकी एक देह में दो माताएं एक साथ आ बैठी थीं–एक थी एक बेटे की मां, एक थी एक शहीद की मां। बेटे की मां रोने को उमड़ रही थी, शहीद की मां रोने को रोक रही थी। कितना करुण, पर कितना अरुण है उनका यह चित्र!

यह अन्तर्द्वन्द्व कुछ धीमा पड़ा, तो उन्हें घर दिखाई दिया। उसमें न वह पुत्र था, न

वह पैसा। वह पूरी तरह जमकर एक बार फिर उखड़ गया था। सैकड़ों मन अनाज पैदा करने वाला यह किसान-परिवार अनाज के दाने-दाने के लिए मोहताज हो गया था। 1931 से 1934 तक के चार वर्षों में घोर आर्थिक संकट का सामना करना पड़ा। यह संकट किस काल-कोठरी के संकट से कम था ?

धीरे-धीरे यह संकट कम हुआ, पर 1930-40 का वर्ष आया कि सब काम बनते-बनते बिगड़ गए। बसते-बसते उखड़ गए। उनके दो बेटे कुलबीरसिंह और कुलतारसिंह जेलों में जा पहुंचे और उनके पति सरदार किशनसिंह फालिज से अपंग हो पलंग पर पड़ गए। अब वे ही सब-कुछ थीं, उनका व्यक्तित्व त्रिविध हो गया था। कभी वे घर को संभालतीं, कभी खेती-बाड़ी को देखतीं, तो कभी जलसों की अध्यक्षता करने जातीं। एक बार मोरी गेट (लाहौर) के बाहर उनकी अध्यक्षता में एक भारी जलसा हो रहा था। भाषण देते हुए उन्होंने बहुत ही सादी भाषा में अंगरेज़ों को लक्ष्य करके कहा—"मेरे एक बेटे को तुम ने फांसी पर लटकाया, मेरे छोटे देवर सरदार स्वर्णसिंह को जेल के अन्दर अत्यधिक शारीरिक कष्ट पहुंचा कर तपेदिक का रोगी बनाया और इस दुनिया से विदा होने के लिए मजबूर किया, मेरे दूसरे देवर सरदार अजीतसिंह को जलावतन होकर विदेशों में भटकना पड़ा और अब मेरे दो बेटों को बिना कोई मुकदमा चलाए गिरफ्तार कर लिया है। क्या मैं इस सबसे डर गई ? नहीं, मैं मिट जाऊंगी, पर झुकूंगी नहीं। मैं ब्रिटिश-साम्राज्य को नई चुनौती देती हूं और दूसरे दो बेटे भी देश-सेवा के लिए पेश करती हूं। आओ ज़ालिमो, अगर तुम्हारी हवस अभी पूरी नहीं हुई, तो इनको भी ले जाओ। "इससे जलसे में बेहद जोश फैल गया और 'शहीदे-आज़म जिन्दाबाद !' के नारों की गूंज से धरती-आकाश एक हो गए। उस समय उनका चेहरा एक रूहानी नूर से दमक उठा था— दिव्य तेज़ से प्रदीप्त हो गया था।

उन्हीं दिनों वे घी और मिठाइयां लेकर माण्टगुमरी जेल में पहुंचीं। उन्हें मालूम न था कि जेल में भूख-हड़ताल चल रही है। माण्टगुमरी जेल में वैसे ही बहुत सख्ती थी। फिर भूख-हड़तालियों से किसी को मुलाकात करने की इजाज़त कैसे मिलती ? वे सुपरिण्टेण्डेंट जेल की कोठी पर गयीं और कहा कि मुझे अपने बेटों से मिलने की इजाज़त दी जाए। सुपरिण्टेण्डेंट जेल बहुत घबराया हुआ था। उसने जवाब दिया—"मेरा नन्हा-सा बच्चा बहुत बीमार है, मैं बहुत परेशान हूं, आप मुझे तंग न करें। वे भूख-हड़ताल छोड़ दें, तभी आप मिल सकती हैं । उन्होंने तमतमाहट से सुपरिण्टेण्डेंट की ओर देखा और जवाब दिया—"आप अपने नन्हें बच्चे के लिए परेशान हैं, तब मेरी क्या हालत होगी, जिसके दो नौजवान शेरों-जैसे बच्चे भूखे हैं ?"

सुपरिण्टेण्डेंट ने अपनी मजबूरी बयान करते हुए मुलाकात कराने से इनकार कर दिया, तब वहां उनकी अध्यक्षता में बड़ा भारी जलसा हुआ। उन्होंने सारे हालात वहां की जनता के सामने रखे, तो लोग जोश से भड़क उठे और वह जनसमूह जुलूस की शक्ल में सुपरिण्टेण्डेंट की कोठी के सामने आ पहुंचा। कोठी जेल के पास ही थी। बाहर से भीड़ ने नारे लगाए, तो उन नारों का जवाब नारों में जेल के अन्दर से कैदी देने लगे। इस पर भीड़ में और जोश फैला। अब सुपरिण्टेण्डेंट बहुत घबराया और

गिड़गिड़ाकर विद्यावती जी से माफी मांगते हुए बोला–"सरदार कुलवीरसिंह (जो उस समय बीमार थे) को फौरन लाहौर के मेयो अस्पताल में भेज दिया जायेगा।" यह उनके व्यक्तित्व की विजय थी। मैं उनके इस रूप की जब कल्पना करती हूं, तो मेरे अन्तःकरण में एक सिंहिनी दहाड़ने लगती है और मैं रोमांचित हो सोचने लगती हूं, सचमुच वे भगतसिंह की मां होने के योग्य थीं और भगतसिंह उनके ही पुत्र होने के योग्य थे।

बेटों की जेल के छह-सात वर्ष, छह-सात युगों की तरह बीते। सुख के दिन बीतते देर नहीं लगती, पर दुःख के, मुसीबत के वर्ष तो क्या, दिन भी भारी हो जाते हैं। काटे नहीं कटते ! इन छह-सात वर्षों में प्राकृतिक और अप्राकृतिक प्रकोप भी अपने प्रचण्ड रूप में उनके द्वार पर घेरा डाले रहे। कभी बाढ़ आ जाने से घर बह गया, तो कभी दुश्मनों के आग लगा देने से फसलों के मोती राख के ढेर बन गए। इन वर्षों में जाने कितनी बार उनका घर बिखर-बिखर कर बसा और बस-बस कर बिखरा। बिखरने-बसने की शतरंज ही तो था विद्यावती का जीवन !

आया अगस्त 1947 और बना पाकिस्तान। सब उखड़े, सबके साथ-ही-साथ यह परिवार भी उखड़ा; उखड़ा ही नहीं, उजड़ा भी। कुलबीरसिंह, कुलतारसिंह जेल से लौट ही आए थे, सरदार अजीतसिंह भी युगों की प्रतीक्षा के बाद आ गए, पर क्षण-भर के मिलन के बाद वे सदा के लिए चले गए। जो कुछ पाया था, वह फिर खो गया। खुशी की जो लहर आयी थी, वह मायूसी की खामोशी में बदल गई।

दो-तीन साल के बीच सबने अपने-अपने ठिकानों की व्यवस्था कर ली। उनके चारों बेटों–सरदार कुलबीरसिंह, सरदार कुलतारसिंह, सरदार रणबीरसिंह और सरदार राजेन्द्रसिंह–ने पंजाब से बाहर ज़मीनें खरीद लीं और अपने-अपने कामों में जुट गए। श्रीमती विद्यावती और सरदार किशनसिंह ने समुद्र के ज्वार-भाटे की तरह जीवन में एक बार नहीं, अनेक बार ज्वार-भाटे देखे थे, पर अब समुद्र एकदम शान्त था। बरसों बाद एक बार फिर वे दोनों उसी तरह अकेले थे, जैसे बरसों पहले विवाह के समय, वही घर, वही गांव, खटकड़कलां। वे जीवन के प्रभात में जहां मिले थे, जीवन की सन्ध्या में फिर वहीं थे। समय की रेखाएं उनके चेहरों पर स्पष्ट दीख रही थीं। एक भरे-पूरे परिवार के स्रष्टा, अब फिर अकेले थे। कुछ तो हमेशा के लिए उनका साथ छोड़ गए थे और जो थे वे अपने नये घरों के बसाने में लग गए थे, ठीक उसी तरह जैसे कभी बंगा और लाहौर में सरदार किशनसिंह और विद्यावती जी ने घर बसाए थे। उनका अब एक ही सुख था, एक ही काम था–सरदार जी की देखभाल करना; पर यह भी बहुत दिन नहीं चला और 1951 में ही अचानक सरदार जी के हृदय की गति रुक गई, वे हमेशा-हमेशा के लिए विदा लेकर चल दिए वहां, जहां से लौटना कभी सम्भव नहीं होता !

वे अब गांव में अकेली थीं और उनके जीवन का अंग बन गयीं सरदारजी और भगतसिंह की यादें ! अक्सर स्वप्न में वे भगतसिंह को देखती थीं। ठीक वही चेहरा, वैसे ही कपड़े और उसी आवाज़ में उन्हें सुनाई पड़ता–'बेबे जी।' वे चौंककर उठ बैठतीं

पर सामने कुछ नहीं होता। सामने होता भी क्या ? भगतसिंह तो उन की आत्मा में समाए हुए थे, आत्मा की ही होती है वह आवाज़, और आत्मा ही उसे सुनती है। न कान उसे सुन सकते हैं, न आंखें उस आवाज़ देने वाले को देख सकती हैं। वे फिर लेट जातीं, पर तब नींद उनसे बहुत दूर जा चुकी होती। उन्हें याद आने लगतीं एक-एक करके पिछली घटनाएं। वे अपनी अन्तरात्मा की फिल्म से देखने लगतीं भगतसिंह को उनके विभिन्न रूपों में। फिल्म चलती रहती है और सवेरा हो जाता है।...

1963 का वर्ष बड़ा उल्लास लेकर आया। 23 मार्च, 1963 को जब भगतसिंह की भव्य मूर्ति का अनावरण खटकड़कलां में हुआ, तो हज़ारों आंखों ने एक साथ उसे इस तरह देखा जैसे उनका भगतसिंह बहुत वर्षों बाद गांव लौटा हो। मूर्ति को सबसे पहला हार विद्यावती जी ने पहनाया और लाड़ से उसका हाथ पकड़ लिया। वे मूर्ति की ओर इस तरह देख रही थीं, जैसे अभी वह उनसे बोलेंगी। उनका चेहरा उस समय दमक उठा था, जैसे कि वह सोच रही हों, कि उन्होंने ऐसे अमर सपूत को जन्म दिया, जो सदा यहीं रहेगा।

एक युग था कि भगतसिंह और बटुकेश्वर दत्त का नाम बच्चे-बच्चे की ज़बान पर (असेम्बली-बमकाण्ड के बाद) आ गया था। यहां तक कि आम जनता यह जानती ही न थी कि भगतसिंह और दत्त दो व्यक्ति हैं। लोग भगतसिंह के साथ दत्त इस तरह लगाते थे जैसे यह उन्हीं का उपनाम हो—भगतसिंह दत्त। भगतसिंह को फांसी की सजा हुई, बटुकेश्वर दत्त को उम्र कैद, पर कैद खत्म होने और स्वतन्त्रता मिल जाने के बाद भी श्री बटुकेश्वर दत्त ने इस परिवार या विद्यावती जी के साथ कोई सम्बन्ध नहीं जोड़ा। सच तो यह कि उनके बारे में किसी को कुछ पता ही नहीं था। 1963 में मूर्ति-स्थापना के समय की जो न्यूज़ रील बनी, उसे दत्त जी ने पटना में देखा और उनके मुख से निकल पड़ा—"मां, अभी ज़िन्दा है !" तब उन्होंने अपने पुराने साथी श्री किरणचन्द्रदास (शहीद यतीन्द्रनाथ दास के छोटे भाई) से सम्पर्क साधा और उनसे पत्र-व्यवहार किया।

9 सितम्बर, 1963 को श्री बटुकेश्वर दत्त पटना से खटकड़कलां पहुंचे। सवेरे से ही सारा गांव दत्त जी की प्रतीक्षा में उमड़ा आ रहा था। लोग सड़क पर आंखें गड़ाए देख रहे थे। बाजे वाले कतार में सुसज्जित हो खड़े थे, मानो उनका लाड़ला भगतसिंह ही आज कहीं दूसरे लोक से लौटकर आ रहा हो। यह सच भी था। 32 साल बाद भगतसिंह अपने अभिन्न साथी की काया में अपने गांव आ रहे थे। घर का मुख्य द्वार सुबह से ही खोल दिया गया था और वे (मां) सुबह से ही द्वार पर अपने लाड़ले की बाट जोह रही थीं। दोपहर के समय जब दत्त जी सरदार कुलतारसिंह के साथ गांव पहुंचे और मां को द्वार पर ही खड़ा देखा तो उनकी आंखें भर आयीं। मां-बेटे ने एक-दूसरे को बांहों में भर लिया। बरसों के बिछड़े मां-बेटे का यह मिलन अपूर्व था। दत्त नीचे झुके और मां-के-चरणों की पावन रज आंखों से लगायी। मां ने बेटे के मस्तक को बार-बार चूमा और बोलीं, "बेटे, तुम वही पहले-जैसे दत्त हो।" दत्त जी ने आंखें पोंछीं और रुंधे स्वर में बोले—"सचमुच तुम मेरी मां हो।"

वे बहुत देर तक उनके चेहरे को एकटक देखती रहीं, फिर बोलीं—'दत्त, मैं तुम्हारे

चेहरे में भगतसिंह को देख रही हूं।" बस, फिर दोनों अनेक स्मृतियों में डूब गए। दत्त जी ने एक बात सुनाई तो मां ने दूसरी। एक संस्मरण ने तो दोनों को ही निहाल कर दिया–भगतसिंह और बटुकेश्वर दत्त दोनों से मां जेल में मुलाकात करने जातीं। अपने एक तरफ बैठातीं भगतसिंह को, दूसरी तरफ बटुकेश्वर दत्त को। तब खोलतीं खाने का डिब्बा, जो वे घर से जेल तक अपने बगल में दबाकर लाती थीं। दोनों चुपचाप देखते रहते। वे टुकड़ा तोड़तीं, सब्जी लगातीं और बटुकेश्वर दत्त के मुंह की तरफ हाथ बढ़ातीं।

अब सीन आरम्भ होता। दत्त कहते–'पहले भगतसिंह को,' और मां अपना हाथ भगतसिंह के मुंह की तरफ बढ़ातीं। भगतसिंह कहते–'पहले बटुकेश्वर को,' तब मां के होंठों पर मीठी बिजली कौंध जाती और वे अपना हाथ बटुकेश्वर दत्त के मुंह की ओर बढ़ातीं। दत्त फिर वही कहते–'पहले भगतसिंह को' और मां के मुंह से झुंझलाहट के शब्द निकलते, पर चेहरे पर खेल जातीं उमंग की लहरें। वे भूल जातीं जेल को, मुकदमे को, फांसी को, वियोग को, संकट को। उनकी स्मृतियों में भर जाते उनके राम-लक्ष्मण और तब वे दो टुकड़े एक साथ तैयार करतीं, दोनों के मुंह तक एक साथ ले जातीं। दोनों मुंह खोलकर टुकड़े ले लेते और तब तीनों के अट्टहास से गूंज जाता जेल का वातावरण जैसे वह जेल न हो, वे अभियुक्त न हों और वह किसी पार्क की पिकनिक हो।

इस मिलन के ठीक एक साल बाद दत्त जी रोग-शय्या पर पड़ गये, लगता है जैसे मां से मिलना ही उनके जीवन की अन्तिम भूमिका थी। पहले तो वे पटना के अस्पताल में रहे, पर जब हालत अधिक बिगड़ने लगी, तब उन्हें दिल्ली के मेडिकल इन्स्टीच्यूट में लाया गया। विद्यावती जी स्वयं लम्बी बीमारी भुगत चुकी थीं और चलने-फिरने में मजबूर थीं। सफर करना उनकी शक्ति के बाहर था, पर बेटे के दुःख में मां को अपना दुःख कब याद रहा है। वे कभी दिल्ली पहुंचतीं तो कभी गांव लौटतीं। उनकी उन दिनों की एक सूक्ति तो मातृत्व के विश्वकोष में सर्वोत्तम स्थान पर लिखने के योग्य हो गयी–"यदि ईश्वर कोई ऐसी सर्वोत्तम व्यवस्था कर देते कि पुत्रों के दुःख माताओं को लग जाया करते तो माताएं संसार में अपने एक भी बेटे को दुःखी न रहने देतीं।" इन शब्दों में कितनी गहरी कचोट है माता विद्यावती के हृदय की !

9 मार्च, 1965 को वे उज्जैन (मध्यप्रदेश) के नागरिकों के निमन्त्रण पर वहां गयीं। वहां उनकी अध्यक्षता में बहुत बड़ा जलसा हुआ, जिसमें भगतसिंह पर लिखी कविताएं और गीत गाए गए । इन सब गीतों से वातावरण इतना मार्मिक हो गया कि लोग फूट-फूट कर रोने लगे। तब उन्होंने अपने उस असीम धैर्य का परिचय दिया, जिसके बल से उन्होंने जीवन में आने वाले अगणित दुःखों को सहन किया था। उन्होंने लाड़ के स्वर में कहा, "तुम लोग रोते क्यों हो ! आज तो भगतसिंह का विवाह हो रहा है। देखो, कितना अच्छा मण्डप है, फूलों की कितनी सुन्दर झालरें लटक रही हैं, बिजली जगमगा रही है, कवि लोग सेहरा पढ़ रहे हैं, घोड़ी गायी जा रही है। इसी से तो कहती हूं, भगतसिंह का विवाह हो रहा है। फिर तुम लोग क्यों रो रहे हो, रोओ मत –सब लोग खुशी मनाओ ..."

कवि श्रीकृष्ण 'सरल' ने लोगों को रोका कि वे दूर से माता जी पर फूल न फेंकें, क्योंकि इस तरह माता जी को चोट लग सकती है। लेकिन विद्यावती जी ने मना कर दिया—"लोगों को मत रोको, इनको अपने दिल की इच्छा पूरी कर लेने दो। ये तो फूल ही बरसा रहे हैं, अगर मेरे बेटे भगतसिंह की जय बोल कर कोई पत्थर भी मेरे ऊपर फेंके तो मुझे वे भी फूल जैसे ही लगेंगे !"

उनके मुख से ऐसे उल्लास-भरे और धैर्यपूर्ण शब्दों को सुनकर लोग गद्गद हो उठे। 'धन्य हो मां, धन्य हो मां !' की ध्वनि के साथ ही 'भगतसिंह ज़िन्दाबाद के नारों से आकाश गूंज उठा, पर उनके संयम का बांध तब टूट ही गया, जब 'सरदार भगतसिंह' महाकाव्य के प्रणेता श्री श्रीकृष्ण 'सरल' ने अपना अंगूठा चाकू से चीर कर पुस्तक पर खून छिड़का और उस खून का टीका माता जी के मस्तक पर लगाया। कवि ने पुस्तक उनके हाथों पर रखकर जब अपना मस्तक उनके चरणों में रखा, तो उनकी आंखों में आंसू की दो बूंदें लुढ़क पड़ीं। स्थानीय माधव महाविद्यालय के छात्रों ने तीन हज़ार तीन सौ इकत्तीस रुपये की बोली लगाकर वह महाकाव्य खरीद लिया। एक दूसरे स्वागत-समारोह में उन्हें ग्यारह सौ रुपये की थैली भेंट की गई। यह सब धन उन्होंने दत्त जी की चिकित्सा के लिए उसी समय दिल्ली भिजवा दिया।

जुलाई, 1965, दत्त जी की हालत अब दिन-प्रतिदिन बिगड़ रही थी। उनकी वाणी मूक थी, आंखें मुंद चली थीं। उसी हालत में उन्होंने पुकारा, 'मां'। तभी कार से विद्यावती जी को लाने का प्रबन्ध किया गया। दत्त जी अब कुछ घण्टों के ही मेहमान थे। मां अब दत्त जी का सिर गोद में लिये बैठी थीं, उन्हें याद आ रहे थे भगतसिंह के वे शब्द जो फांसी से पहले उन्होंने उनसे कहे थे—"मैं तो अब जाऊंगा ही पर अपना एक हिस्सा दत्त के रूप में छोड़े जा रहा हूं।" 20 अगस्त, 1965 को दत्त जी ने संसार से विदाई ली। सबके लिए यह दत्त की विदाई थी, पर उनके लिए तो उस दिन एक और भगतसिंह चला गया था !

दत्त जी की अन्तिम इच्छा थी कि उनके शव को अन्तिम संस्कार के लिए फीरोज़पुर में सतलुज नदी के किनारे पर ले जाया जाए, जहां उनके अभिन्न साथी—शहीद भगतसिंह उनके अन्य दो साथियों शहीद राजगुरु और सुखदेव के साथ दाह-संस्कार किया गया था। दिल्ली से फिरोज़पुर तक विद्यावती जी भी साथ गयीं। चिता में आग देने से पहले उन्होंने एक बार फिर दत्त जी के चेहरे को देखा और शोक-विह्वल हो उनके मुख से ये शब्द निकल पड़े—"तुम चारों तो यहां इकट्ठे हो गये, अब मुझे भी अपने पास बुला लो !" उनके हृदय की इस करुण पुकार को सुनकर सैकड़ों आंखें एक साथ ही बरस पड़ीं।

1 जून, 1975 को मां भी अपने शहीद बेटे भगतसिंह और उनके तीन अभिन्न साथियों के साथ जा मिलीं । उसी स्थान पर उनके पार्थिव शरीर का भी दाह-संस्कार

हुआ जहां उन चारों का हुआ था। दत्त के देहान्त के एक दशक बाद मां अपने वीर बेटों के पुनः मस्तक चूमने के लिए उनके पास पहुंच गयीं।

इस अन्तराल दशक में मेरी भेंट उनसे 1 जनवरी, 1973 को पुनः हुई थी, मेरे विवाह के ठीक चार वर्ष बाद जब सन्, 68 में मैंने अपने पति के साथ उनसे आशीर्वाद लेकर विदा ली थी। इस दिन भगतसिंह के महाबलिदान के लगभग 42 वर्ष उपरांत पंजाब सरकार ने एक अद्वितीय राष्ट्रपुत्र की महान् जननी माता विद्यावती जी को सम्मान देने का उपक्रम किया। धूमधाम हुई, उनका स्वागत हुआ और उन्हें 'पंजाब माता' की उपाधि दी। मैं उस कार्यक्रम में उपस्थित थी। सोचती रही–भगतसिंह पंजाब में जन्मे-पले ज़रूर और क्रान्ति की अलख भी उन्होंने वहीं से जगाई, पर उनका लक्ष्य प्रान्त के घेरे में नहीं बंधा था। लक्ष्य था समूचे भारत की स्वतंत्रता। क्या ऐसे राष्ट्रपुत्र की मां को राष्ट्रमाता की उपाधि अधिक उपयुक्त नहीं थी ?

1 जून को मां गयीं और 26 जून को उसी वर्ष देश में आपातकाल की घोषणा हुई। मानो इतिहास स्वयं को दोहराने जा रहा हो–मानो देश को फिर विद्यावती-जैसी मां की ज़रूरत हो–भगतसिंह-जैसे पुत्र की आवश्यकता हो। लेकिन वह मां और वह पुत्र क्रान्ति के इतिहास के पन्नों की भेंट चढ़ गए–अब नया इतिहास उनकी साधना को उपासना का रूप देकर नया सर्जन करे।

: 4 :

1857 के नये संस्करण : सरदार अजीतसिंह

वायसराय लॉर्ड कर्जन ने 1903 में दिल्ली में एक शानदार दरबार किया। यह अंगरेज़ी हुकूमत को सुदृढ़ करने का मनोवैज्ञानिक प्रयोग था। इसमें देश-भर के प्रायः सभी प्रमुख राजा-नवाब आये थे और उन्होंने वायसराय को उसी अदब और अदा से सिर झुकाया था, जैसे वे कभी दिल्ली के सम्राट् को झुकाया करते थे।

जनता को लॉर्ड कर्जन यह दिखाना चाहते थे कि देश के सब शक्तिशाली सामन्त बरतानिया हुकूमत के साथ हैं। मतलब यह कि अंगरेज़ अजेय हैं और भारत के लोगों का कल्याण इसी में है कि वे अब सिर झुकाकर अपनी गुलामी को ही अपना भाग्य मान लें। किसकी हिम्मत थी जो इस बात का प्रतिवाद करे ? सच यह है कि लॉर्ड कर्जन को प्रतिवाद की सम्भावना ही न थी ; कि प्रतिवाद की कोई चिनगारी कहीं महक सकती है।

कोई चिनगारी नहीं चमकी, पर एक नौजवान इसी दिल्ली में राजा-नवाबों से मिलता फिर रहा था। इसका काम उनके दिमागों में क्रान्ति के ऐसे टाइम-बम रखना था, जो उस समय तो साधारण गोले ही मालूम होते हैं, पर समय पर फटते हैं तो विध्वंस मच जाता है। यह नवयुवक सरदार अजीतसिंह थे। इनका सन्देश था–राजा लोग आपस में मिलकर 1857 की तरह गदर की तैयारी करें।

सोचती हूं तो अक्ल काम करना बन्द कर देती है कि एक नौजवान, जिसकी वेश-भूषा साधारण थी, बात-व्यवहार में साधारणता थी, जिसके पास कोई परिचय-पत्र नहीं था, कैसे राजा-नवाबों के शाही भवनों में घुसा, कैसे उसने उनसे मुलाकात की और कैसे अपनी अनोखी बात उनसे कही, इससे भी बढ़कर यह कि उसमें कितनी आग थी, जिसने उसे भयमुक्त रखा, जिससे अनेक राजा प्रभावित हुए और (विशेष रूप से कश्मीर और बड़ौदा के राजाओं ने) इस कार्य के लिए आर्थिक सहायता दी ?

दीपक-से-दीपक जलाने का, हृदय-से-हृदय जगाने का यह क्रान्ति-कार्य 1906 तक भीतर-ही-भीतर चलता रहा। एक राजा दूसरे राजा से सुगमतापूर्वक मिल नहीं सकता था, इसलिए विचार-क्रान्ति के सूत्रधार राजपण्डित थे। इस राज्य का राजपण्डित उस राज्य के राजपण्डित से मिलता था। इस तरह इस राजा की बात उस राजा तक और उस राजा की बात इस राजा तक पहुंच जाती थी।

इस विचार-क्रान्ति का कहां-से-कहां तक फैलाव हुआ, इसका कोई इतिहास सुलभ नहीं है, पर इतना पता चलता है कि इसकी गन्ध अंगरेज़ी सरकार के गुप्तचर विभाग को मिली थी और इसकी सूचना वायसराय तक पहुंच गयी थी। वायसराय लॉर्ड मिण्टो ने प्रमुख राजाओं को एक पत्र भेजा था कि अपने राज्यों में फैलती हुई अशान्ति

और उठती हुई बगावत को दबायें। राजा-नवाबों ने लम्बे-लम्बे पत्र लिख कर अपनी राजभक्ति के गीत गाए थे। इनके उत्तर में वायसराय ने एक और पत्र भेजा था। इसमें धमकी भी थी और सुझाव भी। राजद्रोही अध्यापकों, समाचारपत्रों और दूसरे प्रचारकों को सख्त सज़ाएं देने की बात इसमें मुख्य थी।

स्पष्ट है कि आतंकवादी कार्य देश में बहुत हो चुके थे। दामोदर चाफेकर और उनके भाई बालकृष्ण चाफेकर ने 22 जून, 1897 को 1857 के गदर के 40 साल 1 महीने और 11 दिन बाद पूना में महारानी विक्टोरिया के 60वें राज्याभिषेक के दिन श्री रैण्ड और लैफ्टिनेण्ट एमहर्स्ट के कलेजे में गोली मार कर भारतीय स्वतंत्रता का पहला जय-घोष किया था। इसके बाद भी आतंककारी धड़ाके होते ही रहे थे, पर सरदार अजीतसिंह ने जो कार्य आरम्भ किया, क्या वह इसी शृंखला की कोई कड़ी था ? नहीं, बड़ी विनम्रता के साथ मैं कहना चाहती हूं कि यह तो 1857 की सशस्त्र क्रान्ति के अपूर्ण यज्ञ की पूर्णाहुति का एक नया शुभारम्भ था।

इतिहास अपने चमत्कारों के लिए प्रसिद्ध है, पर क्या यह चमत्कार उन चमत्कारों का भी चमत्कार नहीं है कि 21-22 साल का वह नवयुवक इस पूर्णाहुति की तैयारी आरम्भ कर रहा था, साधनों के नाम पर जो शून्य था और साथियों के नाम पर आत्माहुति ही जिसकी एकमात्र शक्ति थी। हमारे लोक-कवियों ने लैला और मजनूं, हीर और रांझा के समर्पणों को घर-घर पहुंचा दिया है, पर आत्मार्पण की यह कथा अछूती क्यों रही कि एक उड़ती-सी चर्चा बनकर ही रह गयी ? फिर 21 वर्ष की उमर में सरदार अजीतसिंह ने जिस क्रान्तिधारा का अकेले आरम्भ किया था, उनके भतीजे भगतसिंह ने उसे अपनी 21 वर्ष की ही उम्र में असेम्बली में बम फेंक कर जन-जन के मन से जोड़ने का चमत्कार किया, क्या यह भी इतिहास के आश्चर्यों का आश्चर्य नहीं है ?

23 फरवरी, 1881 को खटकड़कलां (जालन्धर) में सरदार अजीतसिंह का जन्म हुआ। उन्होंने गांव में ही प्राइमरी परीक्षा पास की और मिडिल पास किया बंगा के गवर्नमेण्ट स्कूल से। घर का वातावरण उग्र आर्यसमाजी था और इन दिनों आर्यसमाज का अर्थ था स्वदेशाभिमान ! क्या बालक अजीतसिंह में इसकी झलक मिलती है ? उनके ताया सरदार सुर्जनसिंह पक्के अंगरेज़-परस्त थे। वे अक्सर अंगरेज़ कलक्टर से मिलने जाया करते थे और बातों-बातों में साहब बहादुर की चर्चा भी करते रहते थे। अजीतसिंह के मन में साहब को देखने की इच्छा पैदा हुई। कुछ दिनों में यह इच्छा बहुत तीव्र हो गयी। कह-सुनकर एक बार वे ताया जी के साथ साहब को देखने जालन्धर गए। साहब की टूटी-फूटी हिन्दी सुनकर उन्हें बड़ी नफरत हुई–"यह क्या साहब है, जिसे ठीक बोलना भी नहीं आता ।"

एक बार यही साहब गांव होकर नवांशहर जा रहे थे। कुछ देर वे ताया जी के पास ठहरे और उनसे बातें कीं। उनकी टूटी-फूटी भाषा सुनकर बालक अजीतसिंह के मन की घृणा इतनी बढ़ गयी कि उसने साहब को नमस्ते भी नहीं की और एक पेड़ की छाया में खड़ा रहा। उसकी आंखों में क्रोध साफ झलक रहा था। साहब ने पूछा, यह

लड़का कौन है ? उनके जाने पर ताया जी ने नमस्ते न करने पर डांटा और धमकी भी दी कि वे अब कभी उसे साहब के पास नहीं ले जायेंगे। इस पर अजीतसिंह ने तुनककर उत्तर दिया–"जिन्हें ठीक-ठीक बोलना भी नहीं आता, उन्हें मैं नमस्ते क्यों करूं ?"

1894 में अजीतसिंह ने साईंदास ऐंग्लो संस्कृत हाईस्कूल से मैट्रिक पास किया। उनकी इच्छा अब बनारस में पढ़ने की थी। कारण था संस्कृत में बेहद दिलचस्पी। उन्होंने अपने बड़े भाई सरदार किशनसिंह से सलाह की। माता-पिता से बात छिपाकर सरदार किशनसिंह इनका प्रबन्ध करने बनारस गये, पर बात खुल गयी। माता-पिता सहमत नहीं हुए और कानून की पढ़ाई के लिए उन्होंने अजीतसिंह को बरेली कॉलेज में भेज दिया। उन दिनों मैट्रिक पास करके ही वकालत पढ़ने की स्वीकृति थी--बाद में बी. ए. पास करने का नियम हो गया था।

पढ़ाई कुछ महीनों ही चली थी कि वे बीमार हो गए। लौट आये, पर इन्हीं महीनों इनमें राजनैतिक चेतना की पहली चिनगारी जाग उठी थी। इसका कारण राजनैतिक साहित्य का अध्ययन था। अब वे डी. ए. वी. कॉलेज लाहौर के छात्र थे। यहां पढ़ते हुए उन्होंने सामाजिक कार्यों में खूब दिलचस्पी ली और राजनैतिक अध्ययन का क्रम जारी रखा। अपने राजनैतिक रूप में वे तब उभरे, जब इन्हीं दिनों श्री गोपाल कृष्ण गोखले लाहौर आये। इन्होंने जलसों को संगठित करने में अपनी योग्यता का अच्छा परिचय दिया, पर गोखले के सुन्दर-सरस भाषणों ने इन्हें प्रभावित नहीं किया। इनकी प्रतिक्रिया थी–"चमकदार भाषणों से स्वतंत्रता नहीं मिल सकती। इसके लिए तो कठिन लड़ाई लड़नी पड़ेगी।" लड़ाई का क्षेत्र उन दिनों कांग्रेस ही थी, इसलिए सरदार अजीतसिंह उसके सदस्य बन गये और उसमें अपने विचारों के साथी बनाने लगे।

1896 में इण्टर पास कर वे स्कूल में अध्यापक हो गये। उन्होंने अपना जो परिचय–पत्र उन दिनों छपवाया था, वह इस प्रकार था–

1. पेज़ हिज़ बैस्ट काम्पलीमैण्ट्स एण्ड बैग्स टु अनाउंस सिविल एण्ड मिलीटरी ऑफिसर्स दैट ही अण्डर टेक्स टु टीच उर्दू, हिन्दी, पर्शियन एण्ड पंजाबी ऐट लाहौर एण्ड एब्रॉड।

2. मुन्शी अजीतसिंह्स वर्क हैज़ आलवेज़ रिसीव्ड प्रोबेशन फ्रॉम हिज़ पीपल्स।

3. मुन्शी अजीतसिंह इज़ ऐन ऐक्सपीरियन्स्ड कॉम्पीटेण्ट एण्ड कैपेबल ट्यूटर एण्ड नोज़ द बेस्ट वे टु प्रिपेयर ऐन ऑफिसर फॉर हिज़ एक्ज़ामिनेशन इन द शॉर्टेस्ट पॉसिबिल् टाइम।

4. मुन्शी अजीतसिंह कैन अण्डर टेक टु प्रिपेयर ऑफिसर्स बाई कॉरस्पॉण्डेंस ऑलसो।

5. टर्म्स मॉडरेट, हाइएस्ट रैफरेंसिज़, एक्सीलेण्ट टेस्टीमोनियल्स्।

6. ट्रायल मोस्ट रिस्पैक्ट फुली सॉलीसिटेड।

इस परिचय-पत्र में उन्होंने अपनी योग्यता और पात्रता का बखान जिस ढंग से किया, वह उनकी बुद्धिमत्ता को प्रदर्शित करता है, पर उनका अपने को सरदार

अजीतसिंह न लिखकर मुन्शी अजीतसिंह लिखना उनकी कूटनीतिक दूरदर्शिता का भी प्रदर्शन करता है। मुन्शी का साफ अर्थ अध्यापक (मास्टर) तो है ही, साथ ही यह भी कि कायस्थ लोग अपने को मुन्शी लिखते थे। प्रसिद्ध है कि मुगल बादशाहत का कलमदान हमेशा उनके साथ रहा। उर्दू-पर्शियन के वे माहिर होते ही थे और राजभक्ति उनका सहज संस्कार थी। एक अंगरेज़ अफसर को अपने अध्यापक में और क्या चाहिए ?

अंगरेज़ अफसरों में इस प्रकार प्रवेश पाने का भीतरी उद्देश्य था–"अंगरेज़ों की मनोवृत्ति और जीवन-पद्धति का अध्ययन करना। जिससे यह पता चले कि अंगरेज़ के मन पर किस कार्य की क्या प्रतिक्रिया होती है और उस प्रतिक्रिया में अंगरेज़ क्या और किस तरह आचरण करता है।" इसकी गहराई यह थी कि अंगरेज़ की मनोवृत्ति और कार्य-पद्धति का पूरा ज्ञान होने से हम अपने कार्य (ऐक्शन) की तैयारी के साथ ही उस पर अंगरेज़ की प्रतिक्रिया (रिऐक्शन) का पहले से ही अनुमान कर लेंगे और साथ ही उसका जवाब सोच लेंगे। यह एक बात ही सरदार अजीतसिंह को क्रान्तिकारिता के बहुत ऊंचे सिंहासन पर बैठा देती है, शायद सर्वोच्च सिंहासन पर ही, क्योंकि देश के क्रान्तिकारियों में किसी भी दूसरे आदमी ने मनोवैज्ञानिक अध्ययन की इस ऊंचाई को नहीं छुआ।

उनके क्रान्तिकारी व्यक्तित्व की यह ऊंचाई कितनी थी, इसका पता एक और बात से भी लगता है कि उन्होंने कलक्टरों, कमिश्नरो-जैसे अफसरों के चपरासियों का संघ बना लिया था। 1906-7 के युग में यूनियन की बात सोचना भी किसी के लिए सम्भव न था। फिर यह यूनियन भी कैसी ? चपरासी लोग गुप्त फाइलें अफसरों के सामने पेश करने से पहले सरदार अजीतसिंहि के सामने पेश करते थे। सरदारजी अनेक मसलों पर अखबारों में बयान दे देते थे। सरकार परेशान हो जाती थी कि उसके गुप्त रहस्य हमारी जानकारी से पहले अखबारों के पास कैसे पहुंच जाते हैं।

आर्यसमाज के लिए उन्होंने बहुत-से पैम्फलेट और ट्रैक्ट लिखे। इनमें 'विधवा की पुकार' बहुत प्रसिद्ध हुआ। उनके बड़े भाई सरदार किशनसिंह हिन्दू अनाथालय के सुपरिण्टेण्डेण्ट थे। सरदार अजीतसिंह की अनाथों में दिलचस्पी थी कि इन्हें इस ढंग पर पाला-पोसा जाए कि ये देश की सेना के सैनिक सिद्ध हों । एक बार सरदार किशनसिंह को मध्यप्रदेश-दुर्भिक्ष के बाद अनाथों को लेने वहां जाना था, पर वे बीमार पड़ गए। इसलिए सरदार अजीतसिंह को यह काम सौंपा गया। इसी काम से वे बंगाल भी गए। वहां उनका सम्पर्क कुछ क्रान्तिकारियों से भी हुआ।

सहारनपुर के निवासी श्री जतीन्द्र मोहन चटर्जी ने (अपने संस्मरणों के अनुसार) 1904 में कुछ मित्रों के साथ एक गुप्त समिति बनाई थी और ढमोला नदी के किनारे बैठकर अपने जीवन को देश के काम में लगाने का व्रत लिया था। सरदार अजीतसिंह इनके भी सम्पर्क में आए। क्रान्तिकारी साहित्य में श्री चटर्जी का ही नाम नीलाम्बर बाबा है। बाद में श्री चटर्जी बैरिस्टरी पढ़ने विलायत चले गए। लाला रामशरणदास कपूरथला वालों ने अपने विवरण में लिखा है कि जब वे लाला हरदयाल से मिले, तो

जतीन्द्र मोहन चटर्जी उनके शिष्य की तरह उनके पास रह रहे थे। कुछ लोगों का कहना है कि सरदार अजीतसिंह को श्री चटर्जी ने ही क्रान्तिकारी बनाया, पर इसमें कुछ तत्त्व नहीं हैं, क्योंकि श्री चटर्जी द्वारा गुप्त समिति बनाने से पहले ही सरदार अजीतसिंह राजाओं के साथ बगावत की बातें कर चुके थे। फिर सरदार अजीतसिंह का लक्ष्य तो 1857 था और उनका कार्य खुली बगावत का गुप्त संगठन था, जैसाकि आगे के पृष्ठों में हम देखेंगे । गुप्त आतंकवादी वे कभी हुए ही नहीं ।

उनके सामाजिक क्रान्तिकारी विचारों का पूर्ण प्रदर्शन हुआ उनके विवाह में। उन्होंने श्री धनपतराय की पालिता पुत्री हरनाम कौर से विवाह किया, जिसकी वंशावली अज्ञात थी। उस युग में यह कोई साधारण कदम न था। वे रूढ़ियों के घोर विरोधी थे, अस्पृश्यता और जाति-बन्धन के विरोधी थे और यह सब उन्हें पैतृक रूप में प्राप्त था।

1905-6 में अंगरेज़ी कूटनीति ने हिन्दुस्तान के बंटवारे की गहरी नींव खोदनी आरम्भ की और बंगाल के दो टुकड़े कर उसे दो प्रान्तों में बांट दिया। इससे वहां का सार्वजनिक जीवन उबल पड़ा और स्वदेशी-प्रचार के साथ विदेशी बहिष्कार का खुला सार्वजनिक आन्दोलन खड़ा हो गया। कलकत्ता में श्री दादाभाई नौरोजी की अध्यक्षता में कांग्रेस का जो अधिवेशन हुआ, उसमें सरदार अजीतसिंह भी अपने बड़े भाई सरदार किशनसिंह के साथ सम्मिलित हुए। कांग्रेस के नरम-गरम दल वहां साफ-साफ अलग-अलग कैम्पों में बंट गए थे। गरम दल का नेतृत्व लोकमान्य तिलक के हाथ में था। सरदार अजीतसिंह पूरी तरह उनके साथ हो गए। उल्लेखनीय बात यह है, कि तिलक महाराज इनके व्यक्तित्व और विचारों से प्रभावित हुए और उन्होंने इनकी शक्ति को पहचाना।

कलकत्ता से सरदार अजीतसिंह यह संकल्प लेकर लौटे कि पंजाब में भी यह खुला आन्दोलन चलाना है और किसानों को संगठित करना है। भाग्य ने ऐसा संयोग किया कि चिनगारियां लपटों में बदल गईं। महान् क्रान्तिकारी सूफी अम्बाप्रसाद अपने अखबार 'जमी उल वतन' में लिखे एक लेख पर पांच साल की जेल काटकर तभी छूटे और सरदार अजीतसिंह से आ मिले। भारतमाता सोसाइटी की स्थापना हुई। इसके प्रमुख कर्ता-धर्ता थे सरदार अजीतसिंह, सूफी अम्बाप्रसाद, सरदार किशनसिंह, सरदार स्वर्णसिंह, लाला हरदयाल, लाला लालचन्द फलक, मेहता नन्दकिशोर, महाशय घसीटाराम, केदारनाथ सहगल आदि।

इस सोसाइटी के दो शस्त्र थे : पहला भाषण और दूसरा प्रकाशन। प्रकाशन के लिए 'भारतमाता बुक एजेन्सी' स्थापित की गई, जो राजद्रोहात्मक साहित्य का प्रकाशन और प्रचार करती थी। इसकी आत्मा सूफी अम्बाप्रसाद थे। भारतमाता (पहले मासिक, फिर साप्ताहिक), इण्डिया (अंगरेज़ी), पेशवा (उर्दू) और पंजाबी (अंगरेज़ी) देश में आन्दोलन के समर्थक पत्र थे। इन सबमें क्रान्ति की आग ही शब्दों के रूप में संचित होती थी। '1857 की बगावत', 'उंगली पकड़ते पहुंचा पकड़ा', 'देसी फौज' 'बन्दर बांट', 'जफर सेना' और 'बागी मसीह' आदि पुस्तकों ने जनता के मन को उद्वेलित और उत्तेजित करके रख दिया। ये सभी पुस्तकें, परचे और ट्रस्ट सरकार ने ज़ब्त कर लिये,

पर ज़ब्ती से इनका प्रचार जनता में और भी बढ़ गया।

'बागी मसीह' नाम की पुस्तक तो सूफी अम्बाप्रसाद का भयानक बम ही सिद्ध हुई। सरकार सरदारजी को बागी कहती थी। सूफी साहब ने उन्हें बागी मसीह कहा। मसीह का मोटा अर्थ है बीमारियां दूर करने वाला। सूफी साहब ने सरदारजी को जनता के सामने एक ऐसे चिकित्सक के रूप में प्रस्तुत किया, जो अपनी बगावत की औषधि से उसकी सब बीमारियों को दूर कर सकता है। इस पुस्तक ने सरदारजी को बेहद लोकप्रियता दी और उन्हें जनता के हृदयों में प्रतिष्ठित कर दिया। जनता के साथ ही सेनाओं पर भी इस साहित्य का प्रभाव पड़ा। भारतमाता सोसाइटी के जलसों में आने के लिए सेना की छावनियों में भी निमन्त्रण पत्र भेजे जाते थे और सैनिक सरदार अजीतसिंह का भाषण सुनने आते भी थे। इसी आधार पर पंजाब-सरकार के क्षेत्रों में भारतमाता सोसाइटी के आन्दोलन को 'छोटा सन सत्तावन' कहा जाने लगा।

भाषणों का काम सरदार अजीतसिंह के हाथ में था। वे ज्वालामुखी प्रवक्ता थे। घण्टों बोलते थे और इस तरह बोलते थे, जैसे आग का झरना बह रहा हो। वे उबल पड़ते थे, श्रोता उफन पड़ते थे। बरतानवी अत्याचारों का वर्णन वे करते तो आग हो जाते और देश की दुर्दशा का वर्णन करते, तो आंसुओं का दरिया हो जाते। वे खुद जलते और श्रोताओं को जलाते। वे खुद बहते और श्रोताओं को बहाते। वे बोलते रहते और वर्षा आ भी जाती तो एक श्रोता तक न हिलता। वे बोलते रहते और धूप फैल जाती, पर एक भी श्रोता टस-से-मस न होता। ऐसा भी दृश्य होता कि सारा जलसा दहाड़ता और ऐसा भी होता कि सारा जलसा अपने आंसुओं में डूब-डूब जाता। उनका आकर्षण अथाह था, प्रभाव बेपनाह था। वे उस आकर्षण और प्रभाव के घेरे में किसानों को लाने की योजना बना ही रहे थे कि स्वयं सरकार ने और परिस्थितियों ने किसानों को भारतमाता सोसाइटी के आंगन में ला खड़ा किया। इसका किस्सा किसी जासूसी उपन्यास से कम नहीं। यहां पेश है भगतसिंह की कलम से—

"एक दिन लाहौर और अमृतसर क्षेत्र में जाट कृषकों ने लगान बढ़ाए जाने के विरुद्ध एक सभा करने का निश्चय किया। आलमी दरवाज़े के बाहर ला. रतनचन्द की सराय में यह सभा आयोजित की गई थी, किन्तु जब जाट लोग जमा हो गए तो डिप्टी कमिश्नर ने रतनचन्द के लड़के को बुलाकर ज़ायदाद ज़ब्त कर लेने की धमकी दी। इस पर रतनचन्द के लड़के ने वहां एकत्रित हुए किसानों को अपनी सराय से बाहर निकाल दिया। तब किसानों ने नगर के नेता माने जाने वाले सज्जनों से सम्पर्क स्थापित किया, किन्तु वहां से भी उनको साफ जवाब मिला। हर तरफ से मायूस होकर वे बेचारे म्युनिसिपल गार्डन में जा बैठे। इसी बीच भारतमाता सोसाइटी के सदस्यों को इसकी सूचना मिली और वे इन लोगों को अपने स्थान पर ले आए। सोसाइटी के पास एक कमरे के अतिरिक्त एक विशाल मैदान भी था। इस मैदान में दरियां बिछाकर शामियाना लगवा दिया गया और एक तरफ उन किसानों के भोजन हेतु लंगर का प्रबन्ध कर दिया गया। किसानों का उत्साह इससे अत्यधिक बढ़ गया और फिर पूरे एक सप्ताह वहीं प्रतिदिन सभाएं हुईं, जिनमें बड़े ही निर्भीक भाषण दिए गए। इस सभा में जाट किसानों

का उत्साह देखकर भारतमाता सोसाइटी के सदस्यों का हौसला और भी बढ़ गया।

इसके पश्चात् देहातों के दौरे का कार्यक्रम बनाया गया, जिससे किसानों को लगान-बन्दी के लिए तैयार किया जा सके। यह सरकार के विरुद्ध युद्ध-घोषणा थी और जनता में जोश इतना था कि इस संघर्ष में वह अपना सर्वस्व दांव पर लगा देने के लिए तत्पर मालूम होती थी।"[1]

किसानों के इस जोश का आधार क्या था ? इसका विवरण भी भगतसिंह की ही कलम से—"बंगाल-विभाजन के विरुद्ध जो शक्तिशाली आन्दोलन उठ खड़ा हुआ और स्वदेशी के प्रचार तथा विदेशी के बहिष्कार की जो हलचल प्रारम्भ हुई थी, उसका पंजाब के औद्योगिक जीवन तथा साधारण जनता पर बड़ा भारी प्रभाव पड़ा था। उन दिनों यहां भी (पंजाब में) स्वदेशी वस्तुएं विशेषतः खांड तैयार करने का खयाल पैदा हुआ और देखते-देखते एक-दो मिलें खुल भी गईं। यद्यपि सूबे (प्रान्त) के राजनैतिक जीवन पर इसका कोई प्रत्यक्ष प्रभाव नहीं पड़ा, किन्तु सरकार ने इस उद्योग को नष्ट करने के लिए गन्ने की खेती का लगान तीन गुना कर दिया । पहले एक बीघे का लगान ढाई रुपया था, वहीं अब साढ़े सात रुपये देने पड़ते थे । इससे किसानों पर एक भारी बोझ आ पड़ा और वे एकदम हतबुद्धि-से रह गए।

नया कॉलोनी एक्ट—दूसरी ओर लायलपुर इत्यादि में सरकार ने नई नहर खुदवा कर जालन्धर, अमृतसर, होशयारपुर इत्यादि के निवासियों को बहुत-सी सुविधाओं का लालच देकर इस क्षेत्र में बुला लिया था। ये लोग अपनी पुरानी ज़मीन-ज़ायदाद छोड़कर आए और कई वर्ष तक अपना खून-पसीना एक करके इन लोगों ने इस जंगल को गुलज़ार बना दिया, लेकिन अभी यह चैन भी न लेने पाए थे कि नया कॉलोनी एक्ट (न्यू कॉलोनाइजेशन ऐक्ट) इनके सिर पर आ खड़ा हुआ । यह ऐक्ट क्या था, कृषकों का अस्तित्व ही मिटा देने का एक तरीका था। इस ऐक्ट के अनुसार प्रत्येक व्यक्ति की निजी सम्पत्ति का अधिकारी केवल उसका बड़ा लड़का ही हो सकता था। छोटे पुत्रों का कोई हिस्सा नहीं रखा गया था। बड़े लड़के के मरने पर भी वह ज़मीन व अन्य ज़ायदाद छोटे लड़कों को नहीं मिल सकती थी, बल्कि उस पर सरकार का अधिकार हो जाता।

कोई व्यक्ति अपनी ज़मीन पर खड़े वृक्षों को नहीं काट सकता था। उनसे वह एक दातून तक नहीं तोड़ सकता था । जो ज़मीनें उनको मिली थीं, उन पर वे केवल खेती कर सकते थे। किसी प्रकार का मकान या झोंपड़ा, यहां तक कि पशुओं को चारा डालने के लिए खुडली (खोर) तक नहीं बना सकते थे । कानून का थोड़ा-सा भी उल्लंघन करने पर चौबीस घण्टे का नोटिस देकर तथाकथित अपराधी की ज़मीन ज़ब्त की जा सकती थी । कहा जाता है कि ऐसा कानून बनाकर सरकार चाहती थी कि थोड़े-से विदेशियों को तमाम ज़मीन का मालिक (ज़मींदार) बना दिया जाए और ज़मीन

---

1. काल-कोठरी में रहते समय भगतसिंह द्वारा लिखित 'स्वाधीनता की लड़ाई में पंजाब का पहला उभार' के अंश।

के हिन्दुस्तानी काश्तकार उनके सहारे (दबाव) पर रहें। इसके अतिरिक्त सरकार यह भी चाहती थी कि अन्य प्रान्तों की भांति पंजाब में थोड़े-से बड़े-बड़े ज़मींदार हों और शेष निहायत गरीब काश्तकार हों। इस प्रकार जनता दो वर्गों में विभक्त हो जाए। मालदार कभी भी और किसी भी हालत में सरकार-विरोधियों का साथ देने का साहस नहीं कर सकेंगे और निर्धन कृषकों को, जो दिन-रात मेहनत करके भी पेट नहीं भर सकेंगे, इसका अवसर ही नहीं मिलेगा। इस प्रकार सरकार खुले हाथों जो चाहेगी, करेगी।''

शहरों से देहातों तक और बाबुओं से किसानों तक सरदार अजीतसिंह के ज्वालामुखी भाषणों को फैलता देखकर पंजाब के गवर्नर ने सब ज़िलों को एक सरकुलर भेजा कि जनता को चेतावनी दी जाए कि वह सरदार अजीतसिंह का भाषण न सुने। अंगरेज़ कलक्टरों ने अपने-अपने ज़िलों के देहातों और नगरों में इस आदेश का प्रचार किया, पर इससे सरदार अजीतसिंह का आकर्षण और भी बढ़ गया–उनके जलसों में लोग टूट पड़ने लगे। एक पत्रकार के शब्दों में–''सरदार अजीतसिंह ने जिस तरह उन दिनों जनता का मन जीत लिया था, उसका अब कोई विश्वास ही न करेगा।''

सरदार अजीतसिंह के जलसों का जाल सारे पंजाब में फैल गया। वे उन दिनों किस तेजी से काम कर रहे थे, इसका परिचय जलसों की इस अधूरी सूची से लगता है–

14 मार्च, 1907 को सरदार अजीतसिंह का लाहौर में भाषण हुआ। विषय था–'हिन्दुस्तान हमारा है' और उपस्थिति तीन हज़ार थी।

17 मार्च को लाहौर में ही स्वदेशी पर उन्होंने भाषण दिया।

तीसरा जलसा आर्य सेवक होटल के मैदान में हुआ। सरदार अजीतसिंह ने भाषण में कहा–''भाइयो, जानते हो आज हम यहां क्यों इकट्ठे हुए हैं ? इसलिए कि फिरंगी को बता दें कि हमारी पहली तहरीके आज़ादी को पूरे पचास साल गुज़र गए हैं। बेशक कुछ गद्दारों की गद्दारी की वजह से सत्तावन में हम असफल हुए, मगर अब आपको यहां से जाना होगा। हमने पहली जंगे-आज़ादी की सफलता से जो सबक सीखा, वह यह है कि हम तलवार नहीं उठाएंगे। आपने यहां बैठे एक हाथ-कटे और फिरंगियों की कैद से आज़ाद होकर आने वाले सूफी अम्बाप्रसाद को देखा है। उन्होंने आते ही 'इण्डिया' में एक मज़मून लिखा है, जिसका शीर्षक है–'हम पागल नहीं कि तलवार पकड़ें।' हमने फिरंगी को आज ही इस प्लेटफार्म से जो चैलेंज देना है, इसके लिए माजा और मालबा के ताकतवर सरदारों की मंजूरी हमारे पास है। आपकी मर्जी और इजाज़त से हम फिरंगी को यह चेतावनी दे रहे हैं कि वे अपना रास्ता लें। हमारी पहली मांग यह है कि वे फौरन यह काला कानून न्यू कॉलोनी लायलपुर और मिण्टगुमरी खत्म कर दें। दो माह के अन्दर ऐसा न हुआ, तो हम कोई टैक्स न देंगे। इस देश की लूट-खसोट को अब बरदाश्त नहीं किया जाएगा। हम में से हरेक सिर पर कफन बांधे तैयार खड़ा है।''

सोचती हूं, इस भाषण को पढ़कर कि बारडोली में जिस लगानबन्दी आन्दोलन के विजेता होकर वल्लभभाई पटेल देश में सरदार कहलाए, उसके आदि प्रवर्तक सरदार

अजीतसिंह ही तो थे।

इस जलसे में 1500 छह-फुटे लट्ठबन्द किसान उपस्थित थे। इन सबने अपना-अपना अंगूठा लगाकर प्रस्ताव पास किया और पंजाब सरकार की मार्फत भारत-मन्त्री को इंग्लैण्ड में यह समुद्री तार भेजा–"अंगरेज़ हिन्दुस्तान छोड़ जाएं, तो बेहतर है, वरना अहिंसात्मक और शान्त ढंग से कर-बन्दी आन्दोलन बड़े ज़ोरों से शुरू कर दिया जाएगा। साथ ही यह भी नोटिस दिया गया कि सरकार अपनी नहरों को बन्द कर दे, वरना हम आबियाना (जल-कर) नहीं देंगे।"

जब सरदार अजीतसिंह बोल रहे थे, तो कई सौ शस्त्रधारी पुलिसमैनों और अफसरों ने मैदान को घेर लिया। उन्होंने जलसा बरखास्त करने का हुक्म दिया। तभी सूफी अम्बाप्रसाद दरवाज़े में कुरसी डालकर बैठ गए और उन्होंने दृढ़ता से कहा कि "मैं देखूंगा, कौन कम्बख्त जलसा बन्द करता है। किसी (एक गोली) को इधर आने तो दो।" बन्दूक-संगीनधारी पुलिस खड़ी थी, पर किसी की भी यह हिम्मत नहीं हुई कि भीतर घुसने की कोशिश करे।

'इण्डिया' के सम्पादक लाला पिण्डीदास उस जलसे में उपस्थित थे। उन्हीं के शब्दों में–"जलसे में एक भी आदमी ऐसा न था, जो सरदार अजीतसिंह का भाषण सुनकर रो न रहा हो। सब रूमाल या दुपट्टे से आंसू पोंछ रहे थे। सरदार जी सरकार के अत्याचारों की कहानी कुछ इस अन्दाज से कहते थे कि लोग दहाड़ें मार-मार कर रोने लगते थे। 'वन्दे मातरम्' की गूंज के साथ जलसा समाप्त हुआ, तो पुलिस ने भीड़ पर घोड़े दौड़ा दिए। मना करने पर भी वे नहीं माने तो सरदार किशनसिंह और महाशय घसीटाराम ने अंगरेज़ पुलिस अफ्सर मिस्टर बीटी को पकड़ लिया और खूब पीटा। सरदार किशनसिंह, सरदार स्वर्णसिंह, लाला लालचन्द फलक, लाला गोवर्धनदास, महाशय घसीटाराम और पण्डित रामचन्द्र पेशावरी को गिरफ्तार कर लिया गया।"

तीन रंगों का एक डण्डा, जो ढाई हाथ लम्बा होता था, इस आन्दोलन का झण्डा था, जो हरेक के हाथ में रहता था। सरदार अजीतसिंह ने अपने भाषण में कहा था–"हम इन डण्डों से ही मार-मारकर अंगरेज़ों को भगाएंगे।" इस जलसे की रिपोर्ट के रूप में अजीतसिंह के इस आन्दोलन की गूंज लन्दन की पार्लियामेण्ट में भी खूब गूंजी और इस तरह यह आन्दोलन अन्तर्राष्ट्रीय हो गया।

22 मार्च को लायलपुर में भारतमाता सोसाइटी का जो विराट् जलसा हुआ, उसके संयोजक चौधरी शहाबुद्दीन (बाद में सर शहाबुद्दीन के रूप में पंजाब कौंसिल के सरकार-परस्त अध्यक्ष) थे। इसमें 8000 से भी अधिक लोग उपस्थित थे। खास बात यह थी कि इसमें लाला लाजपतराय को भी बुलाया गया था। लाला जी की गाड़ी कुछ लेट थी और कुछ देर इसलिए भी उन्हें लगी कि उत्साह में भरी जनता ने स्टेशन पर उन्हें जिस घोड़ा-गाड़ी में बैठाकर जुलूस निकाला, उसके घोड़े खोल दिए और उसे अपने हाथों से खींचकर जलसे तक लाए। जलसा समय पर आरम्भ हुआ, तो भारतमाता सोसाइटी के कार्यकर्त्ता श्री बांकेदयाल ने अपनी कविता 'पगड़ी संभाल जट्टा, पगड़ी संभाल ओए !' पहली बार पढ़ी। लोग झूम उठे और बाद में ऐसा समां बंध कि कवि

और श्रोता दोनों ही आंसुओं में बह गए। इसके बाद तो यह तहरीक 'पगड़ी संभाल जट्टा' के नाम से ही प्रसिद्ध हो गई। जब लाला लाजपतराय जलसे में आए, तो सरदार अजीतसिंह बोल रहे थे। तिरंगा झण्डा उनके हाथ में था और दूसरे बहुत-से लोगों के हाथ में भी। भाषण क्या था, अंगारों की जयमाला थी। उनकी एक-एक बात पर जनता तालियां बजा रही थी।

अपने भाषणों में जनता की तालियां लाला लाजपतराय की सबसे बड़ी कमजोरी थी। इसे वे अपने जीवन की सबसे बड़ी उपलब्धि मानते थे। भारत में इन तालियों पर उनका अभी तक अखण्ड राज्य था, पर आज उन्होंने पहली बार देखा कि उनका प्रतिद्वन्द्वी उनके सामने है–सरदार अजीतसिंह का हर वाक्य तालियों की गूंज से घिरता जा रहा था। लाला जी शानदार जुलूस से लौटे थे, एक उत्साहित भरपूर जलसा उनके सामने था। वे बोले और खूब जमकर बोले। तालियां उन्हें खूब मिलीं, पर वे एक वहम का शिकार हो गए। सरकारी क्षेत्रों में यह वहम फैल गया कि लाला लाजपतराय गुरु हैं और अजीतसिंह शिष्य। वे जो कुछ कर रहे हैं, सब लाला जी के इशारे पर–और वास्तविक नेता लाला जी ही हैं। इस वहम का आधार यह था कि लाला जी उस समय आर्यसमाज और कांग्रेस में नेतृत्व के सर्वोच्च शिखर पर थे और सरदार अजीतसिंह एक नौजवान ही थे। दो महीने बाद ही लाला ज़ी को इस वहम की कीमत चुकानी पड़ी ।

27 मार्च को फिर लायलपुर में सरदार अजीतसिंह बोले और 29 मार्च को अमृतसर में। विषय था–भारत में राजनीतिक स्थिति। ये शहरों के जलसे थे। इनके साथ ही देहातों में जो जलसे हुए वे अलग थे। इस प्रकार मार्च के जलसों ने पंजाब की हवा गरम कर दी।

1 अप्रैल को लाहौर के शाह आलमी दरवाज़े पर सरदार अजीतसिंह पूरे जोश से गरजे और उन्होंने अंगरेज़ों के वध को उचित बताया और खुलेआम आतंकवादियों का समर्थन किया। इससे इतना जोश फैला कि उसी दिन लाहौर में ही एक और जलसे में उनका भाषण कराया गया। इसे छात्रों ने आयोजित किया था। इसका कोई खुला ऐलान नहीं हुआ था, बल्कि साइकिलों पर घर-घर घूमकर छात्रों ने इसकी सूचना दी थी।

6 और 7 अप्रैल 1907 को लाहौर की सभाओं में उनके भाषण हुए। भीड़ खचाखच थी। भाषणों में मुख्य विषय था, टैक्सों को बढ़ाने का विरोध। 9 अप्रैल को गुजरांवाला की सभा में 6000 से भी अधिक उपस्थिति थी। विषय था, राजनीतिक स्थिति ; उपाय था अंगरेज़ों को मार भगाना।

14 अप्रैल को लाहौर में सभा हुई। हज़ारों आदमी उपस्थित थे। मुख्य विषय था समाचार-पत्रों का दमन। लाला जसवन्त राय के पत्र 'पंजाबी' पर सरकार ने मुकदमा चला दिया था और लाला जी को गिरफ्तार कर लिया था। 16 अप्रैल को फिर सभा हुई लाहौर में ही। 17 और 18 मार्च को मुलतान में भाषणों की धूम रही। सभाओं में सैनिक आते तो सदा ही थे, पर 18 अप्रैल को मीटिंग में 200 सिख सैनिक उपस्थित हुए। इस घटना ने पंजाब सरकार को सनसनी में डाल दिया। उसके गुप्तचरों की रिपोर्ट थी कि 10 मई, 1907 को गदर की पचासवीं वर्षगांठ पर सरदार अजीतसिंह और

उनकी पार्टी नये विप्लव की तैयारियां कर रही है।

26 अप्रैल को बटाला में और 28 अप्रैल को गुरुदासपुर में सभाएं हुईं, जिनमें सरदार अजीतसिंह ने 1857 के गदर की हिमायत की। देहातों में भी बराबर जलसे हो रहे थे और इस तरह वातावरण सनसनी से भरपूर था। सनसनी जनता में थी, आतंक अंगरेज़ों में था।

भारतमाता सोसाइटी के गरम कार्यकर्ता और 'इण्डिया' के सम्पादक लाला पिण्डीदास पर सरकार ने इधर-उधर से ज़ोर डलवाया कि वे अजीतसिंह का साथ छोड़ दें, लेकिन उनके यह न मानने पर उनका अखबार बन्द कर दिया। इस पर भी वे बाज़ न आए, तो उनकी गिरफ्तारी का वारण्ट निकाला गया। एक निहत्थे आदमी की गिरफ्तारी क्या थी, पारसी थियेट्रिकल कम्पनी का सनसनीखेज ड्रामा था। इस ड्रामे के हीरो मिस्टर बीटी और मिस्टर बारबर नाम के दो अंगरेज़ पुलिस अफसर थे। 400 सशस्त्र सिपाही इनके साथ थे और बड़ी अकड़-फूं के साथ गुजरांवाला पहुंचे थे, पर इनकी हालत अभिमन्यु नाटक के रायबहादुर-जैसी थी। पण्डित राधेश्याम कथावाचक ने अपने प्रसिद्ध नाटक 'अभिमन्यु' के प्रहसन में एक 'रायबहादुर' का चरित्र दिया है। रायबहादुर महाराजा दुर्योधन की तरफ से युद्ध में लड़ने गए थे और शाम को अकड़ते हुए घर लौटे थे। जब पत्नी ने पूछा कि युद्ध में आज आपने क्या-क्या वीरता दिखाई, तो रायबहादुर बोले—मैंने पचासों बहादुरों के पैर काट दिए। पत्नी ने पूछा—सिर क्यों नहीं काटे ? रायबहादुर बोले—क्या वाहियात बात करती हो, सिर तो मेरे पहुंचने से पहले ही कोई और काट ले गया था।

मतलब यह कि रायबहादुर ने मुरदों के पैर काट दिए थे, पर मिस्टर बीटी और मिस्टर बारबर ने वीरता में रायबहादुर को भी मात दे दी। रायबहादुर मोरचे पर गए तो थे, पर ये गुजरांवाला के स्टेशन पर ही रह गए और दफा 124 का वारण्ट गुजरांवाला के पुलिस सुपरिण्टेण्डेण्ट को भेज दिया कि वह लाला पिण्डीदास को गिरफ्तार कर स्टेशन ले आए। यही नहीं, इन दोनों वीरों ने स्टेशन-मास्टर से कहा कि वह उन्हें किसी सुरक्षित कमरे में बैठा कर बाहर से ताला बन्द कर दे और किसी को उनके यहां होने की खबर न दे।

गुजरांवाला का पुलिस-सुपरिण्टेण्डेण्ट भी आखिर अंगरेज़ था। उसका भी कलेजा घड़ी का पेण्डुलम हो गया। 400 सशस्त्र सिपाहियों ने यद्यपि लाला पिण्डीदास का मकान घेर रखा था, पर उनके कमरे में तो इस बेचारे को ही घुसना था ! उस समय तक एटम बम तो ईजाद हुआ नहीं था, पर जाने लाला पिण्डीदास क्या कर बैठें और उनका कमरा ही बेचारे साहब बहादुर का कब्रिस्तान बन जाए। ठीक तो है, जीते-जी कब्र में कौन समझदार घुसेगा ? साहब बहादुर ने लाला अमीरचन्द मजिस्ट्रेट ('वन्देमातरम्' और 'पीपुल' के सम्पादक श्री फीरोजचन्द के दादा) से मदद मांगी। बात ही क्या थी, वे लाला पिण्डीदास के पास गए, हंसते-हंसते कहा—"आप मेरे साथ चलें।" किस्सा सुनकर वे भी खूब हंसे और साथ चल दिये। संगीनों के पहरे में उन्हें ट्रेन से लाहौर लाया गया। स्टेशन पर घुड़सवार दस्ता पहले से तैनात था। उसके पहरे में उन्हें जेल भेजा गया। यह सब सरदार अजीतसिंह के खुले आंदोलन का आतंक था। इस

आन्दोलन को अंगरेज़ 1857 के नये गदर का पेश-खेमा समझते थे और भय से अधमरे हो रहे थे।

भारतमाता सोसाइटी के कार्यकर्ताओं की धड़ाधड़ गिरफ्तारियां हो रही थीं। इनमें प्रतिष्ठित वकील, पत्रकार, विद्यार्थी और इसी तरह के दूसरे प्रतिष्ठित लोग थे। इनका मुकदमा करने के लिए पटियाला से अंगरेज़ मजिस्ट्रेट मि. बारबटन को बुलाया गया था।

एक दिन एक सिख सार्जेण्ट लाला पिण्डीदास, महाशय घसीटाराम और लाला दीनानाथ (सम्पादक 'देश') को जेल से अदालत में लाया, पर बारबटन साहब तब तक आए नहीं थे। आगे का किस्सा लाला पिण्डीदास के शब्दों में– "हम तीनों एक ही जंजीर में बंधे एक बरामदे में बैठे थे। सिख सार्जेण्ट ने पूछा–'आप किस अखबार के एडीटर हैं ?' मैंने 'इण्डिया' और लाला दीनानाथ ने 'देश' का नाम बताया। जब उसने महाशय जी से पूछा तो वे बोले–'आपको नहीं मालूम, मैं 'मुक्कामार' अखबार का एडीटर हूं।' सारा बरामदा कहकहों से भर गया। सार्जेण्ट अब खुल गया था। उसने बताया कि जब आपको गुजरांवाला से गिरफ्तार करके अंगरेज़ अफसर लाए, तो रेलवे स्टेशन से जेल के दरवाजे तक दस-दस कदम पर सिपाही तैनात किए गए थे।' प्रबन्ध यह था कि उसमें किसी एक ही फिरके के सिपाही नहीं थे। एक हिन्दू था, दूसरा सिख था, तीसरा मुसलमान था। यह एहतियात भी की गई कि फौजी गोरखे घुड़सवार शहर की सड़कों पर गश्त लगा रहे थे। जब हम हिन्दुस्तानी सिपाहियों ने यह सुना कि अंगरेज़ों ने घबरा कर अपने स्त्री-बच्चों को किले में या स्पेशल ट्रेन में भेज दिया है, तो हम लोग खूब हंसे थे।"

इसके बाद सिख सार्जेण्ट ने एक बहुत ही मज़ेदार किस्सा सुनाया कि "एक दिन हमारे अंगरेज़ पुलिस-सुपरिण्टेण्डेण्ट ने अपने दफ्तर में गारद मंगाई, तो हमने समझा कि किसी खास जगह उन्हें जाना है, साहब बहादुर आगे-आगे चले और हम पीछे-पीछे। सोच रहे थे, न जाने कहां जाना है, पर साहब बहादुर अपने बंगले के दरवाज़े पर पहुंच गए और बोले–आप सब जा सकते हैं। हम सैल्यूट देकर लाइन में वापस आ गए और देर तक हंसते रहे।"

इस तरह सरदार अजीतसिंह ने अपने 'पगड़ी संभाल जट्टा' के किसान-आंदोलन को अपनी वाणी की तेजस्विता से राजनीतिक क्रान्ति के रूप में बदल दिया था। लाला लाजपतराय ने अपने एक भाषण में कहा था–"सरदार अजीतसिंह का असली उद्देश्य इस किसान-आन्दोलन को पूरी तरह भड़का कर इसे ब्रिटिश साम्राज्यवाद के खिलाफ उग्र क्रान्तिकारी आन्दोलन बना देना था। सरदार जी कोई समझौता नहीं चाहते थे, बल्कि वे तो अंगरेज़ी राज्य का मुकम्मल खात्मा चाहते थे।"

सरदार अजीतसिंह का उद्देश्य इस बात से स्पष्ट है कि उन्होंने अंगरेज़ों के जाने के बाद भारत में किस तरह का शासन होगा, इसके लिए एक संविधान की रचना की थी। यह संविधान अंगरेज़ अफसरों के हाथ लग गया था, साथ ही सूफी साहब एवं सरदार जी का बहुत-सा साहित्य भी। बरसों की जांच-पड़ताल के बाद पता चला है कि यह संविधान और साहित्य भारत-सरकार के इतिहास-विभाग में सुरक्षित है पर

अभी तक जनता के लिए इस विभाग के द्वार बन्द हैं।

गुप्तचर-विभाग बहुत सतर्कता से सरदार अजीतसिंह के कामों पर नज़र रख रहा था, पर सरदार अजीतसिंह के भाषणों की भाषा धड़ाकेदार होते हुए भी कानूनी दांव-पेंचों से भरपूर थी। इसलिए उन पर मुकदमा चलाए, तो सफलता का निश्चित विश्वास न था। मुकदमा चला और वे छूट गए, तो उनका प्रभाव और भी बढ़ जाना निश्चित था। इन्हीं दिनों तिलक प्रेस होश्यारपुर की तलाशी में एक परचा मिला, जिसका शीर्षक था– 'अंगरेज़ों का वध करो।' गुप्तचर विभाग ने सरदार अजीतसिंह के भाषणों और लेखों से उद्धरण देकर रिपोर्ट में लिखा–"अजीतसिंह के पाठक उसके विचारों को क्रियान्वित करने में देर न लगाएंगे।" एक दूसरी रिपोर्ट में कहा गया–"इन्हें (सूफी अम्बाप्रसाद और सरदार अजीतसिंह को) पांच साल के लिए बन्द कर दें तो शान्ति होगी।"

5 मई, 1907 को एक विस्तृत रिपोर्ट में कहा गया–"दो महीनों से ये लगातार मीटिंगें कर रहे हैं और खुले तौर पर राजद्रोह फैला रहे हैं। बड़े-बड़े शहरों के जलसों में सरदार अजीतसिंह ने अंगरेज़ों के और ऊंचे अफसरों के वध का और अंगरेज़ों पर आक्रमण करके आज़ादी पाने का प्रचार किया है। फौजों में भरती होने वाले क्षेत्रों में और समाज में बगावत फैलाई जा रही है। सिख-समाज, सिख-फौज और पेन्शन पाने वाले सिपाहियों में प्रचार का विशेष ध्यान है। सिखों के गांवों में राजद्रोह के परचे बराबर बांटे जा रहे हैं। राजद्रोहात्मक भाषण में सिख-सैनिकों को बराबर बुलाया जाता है और वे आते भी हैं। अफसरों के दौरों पर गाड़ी वगैरह न देने का भी प्रचार जनता में किया जा रहा है। भारतीय सैनिकों और पुलिसमैनों को नौकरी छोड़ने का या नौकरी करते-करते गद्दारी करने का प्रोत्साहन दिया जा रहा है। अजीतसिंह ही इस सबके नेता हैं। वह अग्निमुख वक्ता है और किसानों एवं सैनिकों को एक साथ भड़का रहा है।"

यह रिपोर्ट पंजाब के लेफ्टीनेण्ट गवर्नर के पास भेजी गई और इसे अत्यन्त आवश्यक कार्य मानने की प्रार्थना की गई, क्योंकि स्थिति भयानकता की ओर तेज़ी से जा रही है।

पंजाब के गवर्नर मि. इबट्सन ने वायसराय लॉर्ड हार्डिंग्ज को लिखा–"पंजाब में गदर होने वाला है और उसका नेतृत्व सरदार अजीतसिंह और उनकी पार्टी करेगी। बगावत को रोकने का प्रबन्ध करें।"

अब यह फोड़ा पक गया था, पर इसका उभार बहुत दिन पहले से आरम्भ हो रहा था। इसका पता वायसराय लॉर्ड मिण्टो के उस पत्र से लगता है, जो उन्होंने 29 अगस्त, 1906 को भारत-मन्त्री लॉर्ड मौर्ले को लिखा था–"गदर पैदा करने के लिए फौजों में खूब काम किया जा रहा है। फौजों में इस समय जो साहित्य बांटा जा रहा है, उसका अगला कदम यही है कि वहां गदर पैदा हो।"

7 मई, 1907 को सरदार अजीतसिंह और लाला लाजपतराय के वारण्ट निकाल दिए गए। इन पर भारत-सरकार के गृह-सचिव श्री एच. एच. रिजले के हस्ताक्षर थे। लाला लाजपत राय तो 9 मई को ही गिरफ्तार हो गए और बर्मा के माण्डले किले में भेज दिए गए, पर सरदार अजीतसिंह इतनी तेज़ी से घूम रहे थे कि तुरन्त हाथ नहीं

आए। वे 2 जून, सन् 1907 को अमृतसर में आधी रात के समय बहुत धूमधाम से मिस्टर डब्ल्यू. एच. चैडविल पुलिस-सुपरिण्टेण्डेण्ट के द्वारा रेगूलेशन तीन 1818 के मातहत पकड़े गए। डिप्टी सुपरिण्टेण्डेण्ट मिस्टर पी.डब्ल्यू. जीकिंस उन्हें साधरण पैसेंजर ट्रेन से लाहौर छावनी लाए। रात की बात निभ गई, पर लाहौर में उन्हें में 3 जून शाम को 5 बजे भेजा और आगे 'गाइड' नाम के स्पेशल स्टीमर में उन्हें भेजा गया। रिपोर्ट थी कि यदि उन्हें साधारण ट्रेन से भेजा गया तो बहुत गरम प्रदर्शन होंगे और इसी भय से रास्ते में किसी स्टेशन पर गाड़ी नहीं रुकी। अगर कहीं रुकी भी तो चारों ओर जंगल ही नज़र आया। 1 अंगरेज़ इंस्पेक्टर, 1 हिंदुस्तानी सब इंस्पेक्टर, 6 भारतीय सिपाही, 1 अंगरेज़ सार्जेण्ट और 2 हिन्दुस्तानी कान्स्टेबल उनके साथ थे।

भारत के वायसराय ने कहा–"हम भूल नहीं सकते कि लाहौर में अंगरेज़ लोग बिना कारण बेइज़्जत किए गए और रावलपिंडी में दंगे हुए। इस पर पंजाब के गवर्नर ने जो गम्भीर रिपोर्ट दी, उसे भी हम भुला नहीं सकते। इसी रिपोर्ट पर लाला लाजपतराय और सरदार अजीतसिंह को जनता के हित के लिए गिरफ्तार कर नज़रबन्द किया गया और राजद्रोह फैलाने वाली सभाओं पर पाबन्दी के लिए आर्डीनेन्स जारी किया गया।"

भारत-मन्त्री मि. मौर्ले ने पार्लियामेंट में कहा–"पहली मार्च, 1907 से पहली मई तक पंजाब के प्रसिद्ध क्रान्तिकारियों ने 27 सभाएं कीं। इनमें सिर्फ पांच का ही सम्बन्ध किसानों के कष्टों से था, बाकी सबमें राजद्रोह का प्रचार किया गया।"

माण्डला के किले में लाला जी और सरदार जी को एक-दूसरे से नहीं मिलने दिया जाता था। सरदार जी के आने का पता भी लाला जी को बहुत दिन बाद लगा। लाला जी के भाषण तो ज़रूर धड़ाकेदार होते थे, पर मानसिक रूप से वे नरम दल के आदमी थे। सरदार अजीतसिंह का निर्वासन तो लोगों की समझ में आता था, पर प्रश्न था कि बेचारे लाला जी क्यों पकड़े गए ? मैं इसी अध्याय में पहले कह आई हूं कि भारतमाता सोसाइटी की एक सभा में परिस्थितिवश लाला जी के जोश में आ जाने के कारण सरकारी क्षेत्रों में यह वहम फैल गया था कि इस आन्दोलन के वास्तविक नेता लाला जी ही हैं, पर यह सिर्फ एक वहम ही था।

नरम दल के कांग्रेसी नेता श्री गोपालकृष्ण गोखले ने 10 जून, 1907 को वायसराय के प्राइवेट सेक्रेटरी को एक पत्र में लिखा–"लाला लाजपतराय के सम्बन्ध में देश के प्रभावपूर्ण लोगों की ओर से उनके हस्ताक्षरों से युक्त एक प्रार्थना-पत्र तैयार हो रहा है। उसे लेकर मैं जुलाई के अन्त तक स्वयं शिमला आऊंगा। इस पर वायसराय की कौंसिल के सभी गैर-सरकारी और भूतपूर्व सदस्यों के हस्ताक्षर होंगे, साथ ही प्रान्तीय कौंसिलों के सदस्यों, कांग्रेस के भूतपूर्व अध्यक्षों और प्रान्तीय कॉन्फ्रेन्सों के भूतपूर्व अध्यक्षों के भी हस्ताक्षर होंगे।

स. अजीतसिंह को ला. लाजपतराय के साथ जोड़ना लालाजी के साथ बहुत बड़ा अन्याय है। पिछली फरवरी में जब मैं लाहौर में था, अजीतसिंह ने लाला जी को कायर और सरकार-परस्त आदमी कहकर लांछित किया था। यह उन्होंने इसलिए किया था कि लाला जी ने उनके आन्दोलन में कोई भाग नहीं लिया था।"

इस पत्र पर भीतर-ही-भीतर जांच हुई। 16 जुलाई, 1907 को सी.आई.डी. के स्थानापन्न डाइरेक्टर मि. जे. स्टीवेन्सन ने अपनी रिपोर्ट में लिखा–"मेरा लाहौर का एजेण्ट कहता है कि अजीतसिंह 100 रुपये माहवार लाला जी से लेते रहे और लाला जी अपने राजनीतिक फण्ड से उनका खर्च देते रहे। लाला जी अजीतसिंह को उनके भाषणों के नोट्स बनाकर भी दिया करते थे।"

यह रिपोर्ट एक गप्प थी, और चारों ओर फैले वहम पर आधारित थी। लाला लाजपतराय ने अपनी 'आत्मकथा' के पृष्ठ 119 पर स्वयं कहा है–"1906 में कलकत्ता-कांग्रेस के समय गरम लोगों की जो मीटिंग हुई थी, उसमें मैं जान गया था कि अजीतसिंह ने सूफी अम्बाप्रसाद की मदद से भारतमाता सोसाइटी की स्थापना की है और यह सोसाइटी गरम पक्ष के सिद्धान्तों का प्रचार करती है। इस समय तक अजीतसिंह कई बार मेरे पास आर्थिक सहायता के लिए आए थे, पर मैंने इसके लिए बहुत-सी शर्तें लगाई थीं, जिन्हें उन्होंने पूरा नहीं किया।"

असल में सरदार अजीतसिंह की शक्ति का स्रोत लाला लाजपतराय जी न थे, न ही हो सकते थे। उनकी शक्ति का स्रोत जनता थी। इसके बाद माजे और मालवा क्षेत्र के सरदार और कुछ राजा लोग थे। वे जलसों में एक पद बड़ी मस्ती से गाया करते थे–"माजे दे जोर नाल, मालवे दे शोर नाल, असी नहीं हारना।" इतिहास का सत्य यह है कि अपने क्षेत्र में सरदार अजीतसिंह ने ही क्रान्तिकारी आन्दोलन को जन्म दिया, चलाया और उसे अन्तर्राष्ट्रीय रूप दिया । वे किसी की शाखा नहीं थे, एक स्वतंत्र वृक्ष थे। वे किसी सूर्य से प्रकाश लेकर चमकने वाले चांद नहीं थे, वे स्वयं सूर्य थे, जो प्राकृतिक नियमों के अनुसार अपने आकाश में स्वयं उभरे थे।

यह 15 जून, 1907 थी। सरदार अजीतसिंह अब माण्डले के किले में बंद थे। बर्मा तब भारत का एक प्रान्त था। उसे अंगरेज़ों ने बाद में अपनी कूटनीति के अनुसार 1935 के शासन-सुधारों के समय भारत से अलग कर दिया था। 1857 में बादशाह बहादुरशाह जफर को बर्मा में ही नज़रबन्द रखा गया था। उसके बाद 1882 में कूका-विद्रोह के नेता गुरु रामसिंह को भी बर्मा में ही निर्वासन भोगना पड़ा था। बादशाह बहादुरशाह और गुरु रामसिंह ने आखिरी सांस बर्मा में ही ली थी। बहुत बरस बाद लोकमान्य तिलक और नेताजी सुभाषचन्द्र बोस के निवास से भी माण्डले पवित्र हुआ था।

सरदार अजीतसिंह माण्डले के उसी किले में थे। लाला लाजपत राय उनसे कुछ दिन पहले ही आ गए थे और उन्हें पुलिस के पहरे में सुबह-शाम घूमने की भी इज़ाज़त थी, पर सरदार जी के वहां आते ही किले में, और किले के चारों ओर बाहर सड़कों पर भी पहरा सख्त कर दिया गया और सिपाही-ही-सिपाही दिखाई देने लगे। सरदार अजीतसिंह के खर्च के लिए सरकार ने 120 रुपये मासिक स्वीकृत किए थे और श्रीमती अजीतसिंह के लिए 10 रुपये मासिक, पर परिवार के लोगों ने ये 10 रुपये स्वीकार नहीं किये और लेने से इनकार कर दिया।

माण्डले के किले में एक साफ-सुथरे बंगले में उन्हें रखा गया था। वे वहां दोनों समय व्यायाम करते थे और मस्त रहते थे। उनका अधिकांश समय संसार की क्रान्तियों

में नेतृत्व करने वाले वीरों के जीवन-चरित्र पढ़ने में बीतता था। ये जीवन-चरित्र बहुत प्रेरक थे। उनके मन में आया कि इन्हें अपनी भाषा के द्वारा देश की जनता तक पहुंचाना चाहिए, जिससे वह समझ सके कि आज़ादी के लिए क्या-क्या करना पड़ता है। इन सबको उन्होंने अपनी भाषा में लिखा और जेल से छूटने के बाद 'मुहिब्बाने वतन' के नाम से पुस्तक-रूप में प्रकाशित किया। इसकी शानदार भूमिका सूफी अम्बाप्रसाद ने लिखी थी। यह पुस्तक लोकप्रिय हुई, पर सरकार ने इसे ज़ब्त कर लिया। अपनी दिलचस्प शैली और ज्वालामुखी घटनाओं के कारण ज़ब्त होने पर भी यह पुस्तक घर-घर पढ़ी गयी और बाद में जब सरदारजी ईरान में थे, तो पर्शियन भाषा में इसका अनुवाद हुआ—वहां भी यह घर-घर पढ़ी गई। माण्डले-जेल का सुपरिण्टेण्डेण्ट एक मूडी आदमी था। वह आप-ही-आप चढ़ जाता था और आप-ही-आप उतर भी जाता था। चढ़ता था तो छोटी-से-छोटी बात नहीं मानता और उतरता था, तो हंस-हंसकर बातें करने लगता था।

सरदार अजीतसिंह का बाहरी दुनिया से अब कोई सम्पर्क न था। किसी से भी उन्हें मिलने की इजाज़त न थी। वे घर पत्र भेज सकते थे, पर वह भी सेंसर कराकर, घर से जो पत्र आते थे, वे जांच-पड़ताल के बाद भी उन्हें नहीं मिलते थे। सरदारजी ने जेल के अधिकारियों से कभी कोई मांग नहीं की। उन्हें कोई समाचारपत्र नहीं मिलता था। जेल-अफसरों के अलावा कोई जेल-वार्डर भी उनके पास आता था, तो उसकी तलाशी ली जाती थी। जब वह काम करके उनके पास से लौटता था, तब फिर दुबारा तलाशी होती थी।

पुलिस के पहरे में उन्हें घूमने जाने की स्वीकृति थी। एक-दो बार वे गए भी, पर भारतीय लोग उन्हें देखकर झुक-झुककर नमस्कार करते थे। पुलिस उन नमस्कार करने वालों के साथ मार-पीट करती थी, इसलिए वे बाहर जाते ही न थे। भारतवासी भी पुलिस में थे, पर सरदार जो के किसी काम में उन्हें नहीं लगाया जाता था। बर्मी पुलिस के लोग ही उनके काम में लगाए जाते थे। पंजाब-सरकार ने तो उनको 'भयंकर आदमी' माना ही था, सरकार-परस्त और अंगरेज़ों के अखबारों में भी उनके और उनके आन्दोलन पर बहुत ज़हर उगला जाता था। इससे माण्डले के जेल-अधिकारी उनसे सदा भयभीत रहते थे, पर सरदार जी का व्यवहार बहुत सन्तुलित था। वे शान्त-भाव से अपनी दिनचर्या चलाते थे।

एक दिन जब वे गहरी नींद में सो रहे थे, उन्हें सपने में उनके कसूर-वासी मित्र सरदार करतारसिंह दिखाई दिए। उन्होंने कहा—"सरदार जी, आप 11 नवम्बर को छूट जाएंगे।" हमारे वंश में चमत्कारी सपनों की शृंखला रही है। सरदारजी को भी इस सपने के सच होने का विश्वास हो गया। 11 नवम्बर, 1907 को दिन में 11 बजे माण्डले के कमिश्नर ने सरदारजी को जेल के दफ्तर में बुलाया, तो आते ही वे बोले—"मुझे मालूम है कि आपने मुझे छोड़ने के लिए बुलाया है।" इस पर कमिश्नर चुपचाप आश्चर्य से उनकी तरफ देखता रह गया। तब सरदार जी ने कहा—"सार्जेण्ट को बुलाकर पूछिए। मैंने बहुत दिन पहले उससे कह दिया था कि हमें 11 नवम्बर को छोड़ा जाएगा।"

कमिश्नर भौचक रह गए। सरदारजी को बाद में यह जानकर बहुत आश्चर्य हुआ कि उस सपने के कुछ दिन बाद ही करतारसिंह जी की मृत्यु हो गयी थी।

सरकारी कागज़ों के अनुसार 7 नवम्बर, 1907 को भारत-सरकार ने सरदार अजीतसिंह और लाला लाजपत राय को जल्दी-से-जल्दी छोड़ने का निर्णय किया। 11 नवम्बर को उन्हें छोड़ दिया गया, 12 नवम्बर को वही गाइड स्टीमर उन्हें प्रातः 7 बजे माण्डले से लेकर चला और 18 नवम्बर, 1907 को स्पेशल ट्रेन से वे लाहौर पहुंचे। सब भाषाओं के समाचारपत्रों की मोटी लाइनें उनके सुनहरे अक्षरों से भर गईं। जनता में जोश का उफान आ गया। पंजाब-भर में उनके स्वागत में खुशियां मनाई गईं। सरदार अजीतसिंह पहले से भी अधिक प्रसिद्धि और ख्याति लेकर लौटे। अब वे देश के हीरा हो गए, हीरो बन गए।

प्रश्न है कि खतरनाक कामों का रेकॉर्ड होते हुए भी भारत सरकार ने सरदार अजीतसिंह को छोड़ने का निर्णय क्यों किया ? परिस्थितियों पर गहरी नज़र डालते हुए मैं सोचती हूं कि लाला जी की निर्दोषिता तो गोखले जी के प्रार्थना-पत्र से सिद्ध हो ही गई थी। इसलिए लाला जी को रिहा करना तो अब अनिवार्य था, पर इस हालत में अकेले सरदार अजीतसिंह को नज़रबन्द रखने का अर्थ होता, उन्हें और भी अधिक प्रभावशाली बनाना, क्रान्तिकारी आन्दोलन का एक-छत्र सम्राट् सिद्ध करना। यह सरकार के लिए महंगा सौदा था, इसलिए उसने उन्हें लाला जी के साथ छोड़ देना ही उचित समझा। इसका एक गहरा राजनीतिक और मनोवैज्ञानिक कारण भी था। सरदार अजीतसिंह के किसान-आन्दोलन के सामने सरकार झुक गई थी। क्योंकि किसानों में फैली बगावत की लपटें सेनाओं में भी जा पहुंची थीं और वहां बगावत का धुआं उठने लगा था। झुकने के सिवा सरकार के पास कोई चारा न था। उसने सरदार अजीतसिंह को किसानों से दूर किया और किसानों को ज़मीन पर मालिकाना अधिकार (मिल्कियत) देना स्वीकार कर लिया। इस तरह सरदार अजीतसिंह का आन्दोलन सफल हो गया और सरदार जी उस सफलता के समारोहों से दूर रहे। इस अवसर पर सरकार के विशेषज्ञों ने पूरी नीति पर दुबारा विचार किया और नया ऐक्ट ज्यों-का-त्यों वापस ले लिया। अब किसान पूरी तरह सन्तुष्ट थे और किसी आन्दोलन में पड़ने की उन्हें जरूरत न थी। इस प्रकार सरदार अजीतसिंह को अपने वातावरण में अकेले रह जाना चाहिए। वे इस स्थिति में भी किसानों को अपने साथ ले सकते हैं या नहीं, इसकी परीक्षा उन्हें छोड़कर ही हो सकती थी। सरकार ने अपनी विज्ञप्ति में कहा कि—पंचम जार्ज के राज्याभिषेक की खुशी में उन्हें छोड़ा गया है। जो भी हो, उनकी रिहाई से पंजाब उफन पड़ा। उसने उन्हें सिर-आंखों पर लिया और ऐसे शानदार प्रदर्शन हुए कि अंगरेज़ी सरकार सन्नाटे में आ गई और उसके क्षेत्रों में एक प्रश्न खड़ा हो गया कि क्या उन्हें छोड़ना उचित था ?

दिसम्बर 1907 के अन्त में कांग्रेस का अधिवेशन सूरत में हो रहा था। लोकमान्य तिलक के विशेष निमन्त्रण पर वे सरदार किशनसिंह के साथ सूरत गए। सूरत का यह अधिवेशन बड़ी विचित्र परिस्थितियों में हो रहा था। कांग्रेस नरम और गरम दलों में गहरी

दरार तो कलकत्ता-अधिवेशन (1906) में ही पड़ गई थी, पर वहां अधिवेशन के सभापति दादाभाई नौरोजी के सर्वपूज्य व्यक्तित्व के कारण बात निभ गई थी। दोनों दल कांग्रेस पर कब्ज़ा करना चाहते थे, पर बहुमत नरम दल का था, नरम दल ने अपने को और भी शक्तिशाली बनाने के लिए अधिवेशन को नागपुर से सूरत में बदल दिया था। गरम दल तिलक को सभापति बनाना चाहता था, पर गोखले के नरम दल वालों ने डॉ. रासबिहारी घोष को चुन लिया। गरम दल वालों ने यह सोचकर कि लाला लाजपत राय अभी देश-निकाले से लौटे हैं, इसलिए उनका नाम सर्वसम्मति से चुना जा सकेगा, उनका नाम पेश किया था, पर लाला जी तैयार नहीं हुए।

लोकमान्य तिलक ने गरम दल वालों की एक बैठक बुलायी और परिस्थितियों पर सलाह की। सरदार अजीतसिंह भी शामिल हुए। उनकी राय थी कि प्रतिक्रियावादियों से दबना या उन्हें राह देना ठीक नहीं है, उनसे भिड़ना चाहिए। उनकी दलील यह थी कि हम पंजाब में गरम आन्दोलन चलाकर देख चुके हैं, जनता हमारे साथ है इसलिए हम नरम लोगों से खुली टक्कर लेंगे, तो जनता हमारे साथ होगी। तिलक इससे बहुत प्रभावित हुए। सच्चाई यह है कि अपने ढंग का आदमी उन्हें सार्वजनिक जीवन में पहली बार मिला था। वे सरदार अजीतसिंह पर मुग्ध हो गए, क्योंकि वे उनकी आत्मा के साथी सिद्ध हुए। 'कांग्रेस का इतिहास' के लेखक डॉक्टर पट्टाभि सीतारमैया ने तिलक और गोखले के विचारों की यह तुलना की है–"गोखले शासन और उसके सुधार की ओर मुख्य ध्यान देते थे, तिलक राष्ट्र और उसके निर्णय को सबसे मुख्य समझते थे। गोखले का आदर्श था प्रेम और सेवा, तिलक का आदर्श था सेवा और कष्ट-सहन। गोखले विदेशियों को प्रेम से जीतने का उपाय करते थे, तिलक उनको हटाना चाहते थे। गोखले उच्च वर्ग और बुद्धिजीवियों की तरफ देखते थे, तिलक सर्वसाधरण और करोड़ों की ओर। गोखले का अखाड़ा था कौंसिल भवन, तिलक को अदालत थी गांव की चौपाल। गोखले अंगरेज़ी में लिखते थे, तिलक मराठी में । गोखले का उद्देश्य था स्व-शासन, जिसके योग्य भारतीय अपने को अंगरेज़ों की कसौटियों पर कसकर बनाए, तिलक का उद्देश्य था स्वराज्य, जो कि प्रत्येक भारतवासी का जन्मसिद्ध अधिकार है और जिसे वह विदेशियों की सहायता या बाधा की परवाह न करते हुए प्राप्त करे।"

लोकमान्य तिलक के पास राजनीतिक जीवन का जो सूत्र था, सरदार अजीतसिंह उसी के भाष्यकार थे। तिलक और सरदार अजीतसिंह ने गरम दलवालों से निपटने के लिए सरदार किशनसिंह के साथ मिलकर योजना बनायी। दूसरे दिन सभापति का चुनाव होने पर तिलक ने बोलने का समय मांगा। वे अधिवेशन को स्थगित करने की बात कहना चाहते थे, पर उन्हें समय नहीं दिया गया। तब वे अपने भाषण के अधिकार का उपयोग करने के लिए उठे और मंच की तरफ बढ़े। उन्हें रोकना था कि गुल-गपाड़ा मच गया और डॉक्टर पट्टाभि सीतारमैया के ही शब्दों में, "प्रतिनिधियों में से किसी ने एक जूता उठाकर फेंका, जो सुरेन्द्रनाथ बैनर्जी को छूता हुआ सर फिरोज़शाह मेहता को लगा। तब मानो एक लड़ाई शुरू हो गई। कुर्सियां फेंकी गयीं, डण्डे चलने लगे, जिससे कांग्रेस उस दिन के लिए स्थगित हो गयी।"

इस वाक्य में 'डण्डे' शब्द महत्त्वपूर्ण है और उसकी जिज्ञासा है–क्या यह भारतमाता सोसाइटी के चिह्न वाले डण्डे ही तो नहीं थे ? इस प्रश्न का उत्तर अब कौन दे सकता है, पर दूसरे दिन गरम दल की सभा में भावविभोर होकर तिलक महाराज ने कहा–"सरदार अजीतसिंह एक विलक्षण व्यक्ति हैं। वे इस लायक हैं कि उन्हें स्वतन्त्र-भारत का प्रथम राष्ट्रपति बनाया जाए। हमारे पास उन-जैसा सुयोग्य कोई दूसरा आदमी नहीं है।" तिलक महाराज ने केवल यह कहा ही नहीं, इस भावना को साकार रूप देने के लिए एक ताज भी अपने हाथ से सरदार अजीतसिंह के सिर पर रखा। यह ताज अब भी हमारे परिवार में सुरक्षित है।

सरदार अजीतसिंह भी तिलक महाराज के व्यक्तित्व से बेहद प्रभावित हुए और जब 1908 में तिलक गिरफ्तार हो गए, तो सरदारजी ने सूफी अम्बाप्रसाद के साथ साधुओं– जैसे वस्त्र पहन लिये–इस प्रतिज्ञा के साथ कि जब तक तिलक नहीं छूटेंगे, हम इसी वेश में घर-घर आज़ादी की अलख जगाते रहेंगे।

माण्डले से लौटते ही सरदार अजीतसिंह भारतमाता सोसाइटी के काम में जुट गए। भारतमाता बुक एजेन्सी लाहौर से फिर धड़ाधड़ साहित्य प्रकाशित होने लगा। 'पेशवा' नामक दैनिक पत्र दिन दुगुनी रात चौगुनी उन्नति करने लगा। सरकारी रिपोर्ट में इसे पंजाब का सबसे अधिक राजद्रोह फैलाने वाला पत्र कहा गया था, क्योंकि यह बौद्धिक वर्ग की मानसिक खुराक बन गया था। उस समय यह 1500 प्रति दिन छपता था और इसकी मांग प्रतिदिन बढ़ रही थी।

इस काल का एक महत्त्वपूर्ण कार्य था सरदार जी के द्वारा एक सर्वांगपूर्ण कोड की रचना। इसके द्वारा ही पत्रों को समाचार और मित्रों को सन्देश भेजे जाते थे। यह एक परिपूर्ण भाषा ही थी, पर इसे जानने वाले ही समझ सकते थे। यह कोड इतना परिपूर्ण था कि जब सरदार जी विदेश चले गए, तो इसके द्वारा उन्होंने भारत के क्रान्तिकारियों के साथ तो सम्पर्क रखा ही, अपने-अपने देश में संसार के जो लोग क्रान्तियां कर रहे थे, उनके साथ भी सम्बन्ध रखा और इस प्रकार यह संसार-भर की क्रान्तियों के बीच सम्पर्क का सुरक्षित सूत्र बन गया। सौभाग्य से यह कोड हमारे परिवार में आज भी सुरक्षित है।

माण्डला जाने से पहले उन्होंने किसानों के दुःखों का लाभ उठाकर अपने गुप्त कार्य को खुले आन्दोलन (किसान-आन्दोलन) का रूप देकर जनता के जागरण का काफी काम कर लिया था। अब उस तरह की परिस्थितियां नहीं थीं। उन्होंने लाला हरदयाल और सूफी अम्बाप्रसाद आदि के साथ सलाह कर एक दूरदर्शी और विराट् योजना बनायी। भारत की स्वतन्त्रता के लिए इससे पहले और इसके बाद भी कोई ऐसी व्यापक योजना एक ही व्यक्ति या पार्टी या संस्था के द्वारा कभी कहीं बनी है, यह कहना सम्भव नहीं है।

यह योजना देश से विदेश तक फैली हुई थी। इसका मूल आधार यह विश्वास था कि विश्वयुद्ध अवश्य होगा और भारत को स्वतन्त्र कराने के लिए वही सर्वोत्तम समय होगा। योजना का मोटा रूप यह था कि देश के भीतर और विदेशों में एक साथ संगठन

हो और विश्वयुद्ध आरम्भ होने पर जब अंगरेज़ उसमें बुरी तरह परेशान हों, देश-भर में क्रान्ति कर दी जाए और विदेशों से भी उसे मदद मिले। इसलिए निश्चय हुआ कि लाला हरदयाल अमेरिका जायें, सूफी अम्बाप्रसाद अफगानिस्तान-ईरान जायें, निरंजनसिंह ब्राजील में जमें और सरदार अजीतसिंह को माण्डला जाने से जो प्रसिद्धि मिली है, साथ ही तिलक महाराज से उनके जो सम्बन्ध बन गए हैं, वे उनका उपयोग देश के विभिन्न क्रान्ति-संगठनों को एकता में बांधकर उस समय भारत में क्रान्ति का संगठन करने में करें।

भारतमाता सोसाइटी आन्दोलन की गूंज सारे देश में पहुंच गई थी। उसे सुनकर बंगाल के क्रान्तिकारी श्री चन्द्र कुमार चक्रवर्ती सरदार अजीतसिंह के पास पंजाब आये और उन्हें उनके गुप्त संगठन में सहयोग देने लगे। सरदार जी ने उनका नाम रख दिया फरिश्ता जी। सहारनपुर के श्री जतीन्द्र मोहन चटर्जी (नीलाम्ब्रर बाबा) लाला हरदयालजी की विद्वत्ता से बहुत प्रभावित थे और उनके शिष्य के रूप में उनके साथ काम कर रहे थे, पर लाला जी के विदेश जाने पर वे भी बैरिस्टरी पास करने इंग्लैण्ड चले गए। फरिश्ता जी के आने पर सरदार जी को एक अच्छा सहयोगी मिल गया और गुप्त संगठन फैलने लगा। जगह-जगह खुले जलसे करने का अपना काम भी सरदार अजीतसिंह ने जारी रखा।

एक दिन फरिश्ता जी का भी मन भाषण देने को हुआ। उसकी कहानी श्री रामशरण दास के शब्दों में इस प्रकार है–"लाहौर-भर में ढिंढोरा पीटा गया कि ब्रेडला हाल में सरदार अजीतसिंह का भाषण होगा। वे लोकप्रिय वक्ता थे। उनका भाषण सुनने को लोग उत्सुक रहते थे। सरदार अजीतसिंह भी इन दिनों अपने भाषणों में सब-कुछ कहते थे, पर इस सफाई से कि सी. आई. डी. वाले देखते रह जाते थे। उस दिन सरदार अजीतसिंह ही वक्ता थे और वे ही सभापति। उनके भाषण के बाद फरिश्ता जी एक अपरिचित की तरह सभापति के बिना बुलाये ही भीड़ में से उठकर मंच पर आ गए और सरदारजी से बिना पूछे ही अंगरेज़ी का धुआंधार भाषण देने लगे। खूब तालियां बजीं, पर उनके एक वाक्य पर तो तालियों की गड़गड़ाहट से आकाश ही गूंज गया। वह वाक्य था–दि डॉग ऑफ इण्डिया इज़ बेटर दैन दॉ गॉड ऑफ इंग्लैण्ड– हिन्दुस्तान का कुत्ता इंग्लैण्ड के ईश्वर से श्रेष्ठ है।

फरिश्ता जी का भाषण सुनते-सुनते ही पुलिस-अफसर बेचैन हो गए और उन्होंने उन्हें पकड़ लेने का फैसला किया, पर भाषण पूरा होते ही वे कूदकर भीड़ में गुम हो गए। लायलपुर के डॉ. दीनानाथ ने उन्हें एक गिन्नी दी कि वे लाहौर से तुरन्त बाहर चले जाएं और वे गुजरांवाला चले गए। सरदार अजीतसिंह ने जनता से एक अनजान आदमी की तरह कहा–"अजीब आदमी था यह कि न मुझसे इजाज़त ली, न पूछा और जो जी में आया कह गया। मेरा इनसे और इनके विचारों से कोई सम्बन्ध नहीं है, पर क्या कोई बता सकता है कि ये हज़रत कौन थे ?"

किसी ने कोई उत्तर नहीं दिया, पुलिस अपना ही मुंह ताकती रह गयी, पर फरिश्ता जी का वारण्ट निकाल दिया गया कि मिलते ही गिरफ्तार कर लिये जायं। सरदार

अजीतसिंह के कहने पर मैं (रामशरण दास गुजरांवाला गया और सरदारजी के आदेशानुसार वहां से फरिश्ता जी को साथ लेकर श्री अमरदास वकील के पास स्यालकोट छोड़ आया।"

इस तरह सरदार अजीतसिंह भाषणों, 'पेशवा' अखबार के लेखों, ट्रैक्टों और पुस्तकों के द्वारा जनता को खुले आम संगठित कर रहे थे, तो गुप्त रूप से क्रान्तिदल का संगठन भी बढ़ा रहे थे। गुप्तचर विभाग ने बहुत गरम रिपोर्ट पंज़ाब-सरकार को भेजी। सरकार ने इस तरह केस तैयार किया कि सरदार अजीतसिंह को फांसी पर लटकाया जा सके और उनके नाम वारण्ट निकाल दिए। उनके बड़े भाई सरदार किशनसिंह सरकार की सेक्रेटरियेट की ही नहीं, गवर्नर के पेट की भी खबर रखते थे। उन्होंने सरदार अजीतसिंह को तुरन्त विदेश चले जाने की राय दी और तैयारी में जुट गए। सरदार अजीतसिंह अपनी पत्नी को लेकर लाहौर से बंगा आ गए और तीन-चार दिन गांव में रहे।

उन्हीं दिनों की एक घटना भगतसिंह की माता श्रीमती विद्यावती के शब्दों में, "भगतसिंह छोटा-सा था और अजीतसिंह उसे बहुत प्यार करते थे। वह भी उन्हें बहुत चाहता था। हमारे घर में एक झरोखेदार दीवार थी। भगत उसके पीछे छिप जाता और झरोखे में से अजीतससिंह को झांक कर किलकारी मारता। वे बहुत देर तक भगत के साथ यही आंख-मिचौनी खेलते रहे। भगत की और उनकी यही आखिरी मुलाकात थी (भगतसिंह उस समय दो साल के भी नहीं थे)।" दूसरे ही दिन वे सूफो अम्बाप्रसाद आदि के साथ अपनी मातृभूमि को छोड़कर विदेश की ओर चल दिए। यह विदाई रंग-बिरंगी थी। इसमें करुणा के रंग भी थे और उत्साह का रंग भी। सरदार अजीतसिंह के भारत से चले जाने के बाद श्री रासबिहारी बोस क्रान्तिकारी आन्दोलन के नेता चुने गए। क्रान्तिकारी आन्दोलन के इतिहास में यह पहला अवसर था, जब पूरे देश का नेतृत्व एक व्यक्ति के हाथ में आया। इसकी पृष्ठभूमि सरदार अजीतसिंह अपने देशव्यापी सम्पर्क और सद्भाव से तैयार कर गए थे।

आन्दोलन अब गुप्तरूप में (अण्डर-ग्राउण्ड) संगठित हो रहा था और बाहर शान्ति दिखाई देती थी। अंगरेज़ी शासन की हमेशा यह नीति रही कि वह आन्दोलन के उतार के समय उस पर पूरे ज़ोर से धावा बोलती थी। भारतमाता सोसाइटी पर भी यह धावा आरम्भ हुआ।

प्रकाशित साहित्य के नाम पर 22 मुकदमे भारतमाता सोसाइटी के नेताओं पर चालाए गए। इनमें सब मिलाकर सरदार किशनसिंह को एक साल पांच महीने की सख्त कैद, दो सौ रुपये जुर्माना या न देने पर आठ महीने की और कैद ; लाला लालचन्द फलक को चार साल छह महीने की सख्त कैद, पांच सौ रुपये जुर्माना, न देने पर दस महीने की कैद ; और जिआउल हक (एडीटर पेशवा) को पांच वर्ष की सख्त कैद ; नन्दगोपाल को पांच वर्ष सख्त कैद ; डॉ. ईश्वरीप्रसाद को तीन वर्ष की सख्त कैद ; मुंशीराम को सात वर्ष की सख्त कैद की सज़ा दी गयी। बूटासिंह, गणेशीलाल खस्ता पर चलाए केस वापस ले लिये गए।

: 5 :

सरदार अजीतसिंह : स्वतन्त्रता की खोज में

आदमी चार दिन के लिए घर से बाहर जाता है तो सौ प्रबन्ध, हज़ार बातें सोचता है। उसको पता होता है कि वहा कहां जा रहा है, कहां ठहरेगा, क्या करेगा और कब लौटेगा। फिर भी एक झमेला-सा मालूम होता है सफर पर जो इस तरह घर से जा रहा है कि भविष्य अज्ञात है, अवधि यात्रा की है नहीं और जिसके लिए सफर का अर्थ है भटकना—वह भी जाने कब तक और कहां-से-कहां तक—उसके मन की कैसी गति होगी ?

जब सरदार अजीतसिंह अपने साथी सूफी अम्बाप्रसाद आदि के साथ उस रात घर से बाहर निकले होंगे तो उनके मन में कैसा तूफान रहा होगा ! सोचती हूं तो कलेजा मुंह को आने लगता है और दम घुटने लगता है, पर तभी मन में आता है कि ऊंचा आदर्श और पवित्र लक्ष्य मनुष्य को इतना बल देते हैं कि बीहड़ वन भी चमन बन जाते हैं और गहरे समुद्र कागज़ की किश्तियों से पार करने लायक !

ऐसे सफर का पहला प्रश्न होता है—किधर से चलें, कौन-सी राह पकड़ें ? एक राह थी पेशावर होते हुए खैबर का दर्रा पार करके अफगानिस्तान पहुंचना, पर इसमें बहुत खतरे थे। दूसरी राह थी कराची से पानी के जहाज़ द्वारा ईरान जा निकालना। उन्होंने यही राह चुनी, पर इस राह में भी तो धन की ज़रूरत थी, पास-पोर्ट आदि उपकरण आवश्यक थे। साथियों की संगठन-शक्ति अभिनन्दनीय है कि साधन जुट गए, उपकरण मिल गए। सरदार अजीतसिंह और उनके साथी ऐसे शानदार ढंग से कराची में जहाज़ पर चढ़े कि अंगरेज़ी सरकार के गुप्तचरों की नज़रें मुंदी-की-मुंदी ही रह गईं। सरदार अजीतसिंह अब मिर्ज़ा हसन खां थे।

समुद्र की छाती को चीरता हुआ जहाज़ ईरान के बन्दरगाह बुशेर जा पहुंचा और हमारे क्रान्ति-यात्री शान्ति के साथ ईरान पहुंच गए। ईरानी क्रान्तिकारी पार्टी के नेता सैयद असदुल्ला मुजतबिक ने उनका दिल से खैरमकदम (स्वागत) किया । वहां से वे तुर्किस्तान पहुंचे, जहां खान जूरीखिजां ने स्वागत किया और खान जमीलखां ने कबीला सरदार समाउद्दौला से मिलाया। इसका अर्थ था इस प्रदेश की सबसे बड़ी—शक्ति से परिचय ! वहां से पहुंचे शीराज़। लूट भी एक धन्धा है और उस ज़माने में उस क्षेत्र का यह एक बड़ा धन्धा था ; जैसे आजकल सरहदों पर तस्करी व्यापार है। ये कई जगह लूटे गए और उससे कई गुनी जगहों पर पीटे गए। ठग इन्हें पीटते, तो यह खिलखिलाकर हंसते। सरदार अजीतसिंह की प्रतिक्रिया थी—"यारो, पिटाई का स्वाद जीवन में पहली बार चख रहे हैं।" ये उस जीवट के प्रतिनिधि थे, जिसका अनुभव उर्दू की इन दो पंक्तियों में गूंथा गया है—

"यों तो ऐ सैयाद, आज़ादी के हैं लाखों मज़े।
दाम के नीचे तड़पने का मज़ा कुछ और है !"

अब समाउद्दौला को यह खबर मिली, तो उन्होंने गांव के जत्थेदार को खबर भेजी कि इन मेहमानों का सामान वापस दिलाया जाए और सामान वापस मिल गया। शीराज़ में वे इमामे-जुमा से मिले और इस्फहान होते हुए ईरान की राजधानी तेहरान पहुंच ग़ए। इस सफर में कोई ग्यारह बार लुटाई हुई। इस सफर का एक बेहद मनोरंजक संस्मरण सरदार अजीतसिंह के ही शब्दों में इस प्रकार है : "इस सफर में एक शहज़ादा भी हमारे साथ था। वह कुछ बिस्किट लेकर चला था। वे लूट लिये गए और पिटाई भी हुई। वह बार-बार कहता था—मारपीट की कोई बात नहीं दोस्तो, पर तुम किसी तरह मेरे बिस्किट दिला दो। उसकी यह बात सुनकर हम खूब हंसते थे।..."

तुर्किस्तान से चलते समय सरदार अजीतसिंह और हृषीकेश एक टोली में हो गए थे और सूफी साहब और दूसरे साथी दूसरी टोली में । तेहरान में इमामे-जुमा के बेटे ने सरदार जी को डेमोक्रेटिक पार्टी के सचिव मिर्ज़ा मुहम्मद पहलवी से मिलाया और वहीं इनकी मुलाकात हुई सैयद जमालुद्दीन तबखतीबी से, जो ईरान के प्रधानमन्त्री रह चुके थे। 'वर्क' के सम्पादक और ईरानी क्रान्तिकारियों के नेता श्री जियाउद्दीन (बाद में प्रधानमन्त्री) से भी सरदार जी की मित्रता हो गई, जो तुरन्त ही बड़े काम की सिद्ध हुई और बाद के जीवन में भी। वहीं ईरान के विदेश-मन्त्री (बाद में बादशाह) श्री रज़ाशाह पहलवी से सरदारजी की निकटता हो गई।

ईरान उन दिनों अजीब संकट से गुज़र रहा था। उसके उत्तरी भाग पर रूस के ज़ार का प्रभाव था और दक्षिणी भाग पर अंगरेज़ों का। बादशाह कमज़ोर था, जो न रूस को कुछ कह सकता था, न ब्रिटेन को , पर क्रान्तिकारी लोग दोनों के विरुद्ध संघर्ष कर रहे थे। सरदार जी ने फारसी में 'हयात' नाम का पत्र निकाला। इस पत्र ने हिन्दुस्तान की आज़ादी के संघर्ष की हिमायत की और ईरान के हितों को भी बल दिया।

एक बार अंगरेज़ी पुलिस के किसी अधिकारी ने सरदार अजीतसिंह को पकड़ लिया, पुलिस के सर्वोच्च अधिकारी येपरन खां साइबेरिया के रूसी क्रान्तिकारी थे। श्री जियाउद्दीन ने उनसे कहा– "एक क्रान्तिकारी के द्वारा दूसरे क्रान्तिकारी को कष्ट नहीं मिलना चाहिए।" इस पर सरदार जी तुरंत छोड़ दिये गए, पर वे अब अंगरेज़ों की निगाह में चढ़ गए थे, इसलिए उनका ईरान में रहना हर घड़ी खतरे में पड़ना था। वे ज़ियाउद्दीन के साथ ही ईरान से बाहर हो गए।

रस्तौव होकर वे बाकू पहुंचे। वहां से सरदार अजीतसिंह टर्की पहुंचे और उभरती हुई शक्ति कमाल पाशा से मिले। ईरान के क्रान्तिकारी तुकीर ज़ैदा से उनके अच्छे सम्बन्ध हो गए। पांच सप्ताह वहां रहकर वे वियेना गए और तब जर्मनी जा पहुंचे। प्रथम विश्वयुद्ध का वातावरण बन रहा था, पर सरदार अजीतसिंह समझ गए कि उसमें अभी देर है। जर्मनी से वे पेरिस गए। वहां अध्यापन का काम करते रहे और भारतीय क्रान्तिकारी संघ की स्थापना भी उन्होंने वहां की।

पेरिस से वे स्विट्जरलैण्ड पहुंचे। वहां का लुसेन स्थान उन्हें बहुत पसन्द आया और 1912 तक वहीं रहे। काम था भारत की आज़ादी की टोह और रोज़ी थी श्री सैयदी असद नामक मिनिस्टर के बच्चों को पढ़ाना। लुसेन उन दिनों संसार-भर के क्रान्तिकारियों का अड्डा हो रहा था। सरदार जी ने बहुतों से मेल कर लिया। ज्यूरिच में वे लेनिन से भी मिले। मुसोलिनी से भी उनकी मुलाकात हुई, जो उस समय विद्यार्थी ही थे।

ईरान के एक मिनिस्टर स्विट्जरलैण्ड आए। सरदार जी से वे परिचित थे। वे जर्मनी जा रहे थे। सरदारजी उनके दुभाषिया बनकर जर्मनी चले गए। जर्मनी के सर्वेसर्वा कैसर से उनकी भावी युद्ध के सम्बन्ध में गहरी बातें हुईं। सरदार जी ने युद्ध के समय कैसर से एशिया की आज़ादी के लिए मदद करने की मांग की। कैसर का उत्तर था–"हम एशिया की मदद करेंगे, पर हमारी लड़ाई तो सिर्फ फ्रांस से है।" सरदार जी ने कहा–"यह कैसे हो सकता है कि आप यूरोप को रौंद दें और ब्रिटेन चुपचाप तमाशा देखता रहे। इस प्रकार आपकी और ब्रिटेन की तो ठनेगी ही। इसलिए ब्रिटेन हमारा-आपका एक-समान दुश्मन है। आप हमारी मदद करेंगे तो अपने दुश्मन को शिकस्त देंगे और इस प्रकार हमारी मदद आपकी भी मदद होगी।" कैसर पर उनकी बात का गहरा असर पड़ा और वह उनके साथ बातचीत की गहराइयों में उतर गया।

सरदार जी ने कैसर के सामने अपनी पूरी योजना रखी कि जब युद्ध होगा, तो निश्चित रूप से अंगरेज़ों के झण्डे के नीचे लड़ने वाले हज़ारों भारतीय सिपाही आपकी सेना के द्वारा बन्दी बनाए जाएंगे । हम उन सिपाहियों से आज़ाद हिन्द सेना का संगठन करेंगे। आपकी सेना द्वारा टर्की का पतन होते ही हमारी सेना का रास्ता हिन्दुस्तान की ओर बढ़ने के लिए खुल जाएगा और वह हिन्दुस्तान की सरहद पर जा पहुंचेगी। सरहदों पर हमारे साथी संगठन का जो काम कर रहे हैं, उसके कारण सरहदी लोग हमारा स्वागत करेंगे। इस प्रकार सहसा प्रहार करके युद्ध में काफी टूटी अंगरेज़ी फौज को हम पूरी तरह खदेड़ देंगे।"

कैसर ने सरदार जी के उत्साह की प्रशंसा की और यह भी माना कि उनमें एक सेनापति की तरह व्यूह-रचना की अद्भुत शक्ति है, पर उन्हें इस बात में विश्वास नहीं हुआ कि भारतीय सेना किसी भी परिस्थिति में अंगरेज़ों के विरुद्ध युद्ध कर सकती है। इतना निश्चित है कि कैसर सरदार अजीतसिंह के काफी निकट आ गए और उन्होंने पूरी तरह मदद देने का वचन दिया। कैसर का जो मन्त्री सरदार अजीतसिंह को विदा करने आया, उसने कहा–"हमारा कैसर माने न माने, मैं आपकी बात में शत-प्रतिशत विश्वास करता हूं।"

सरदार अजीतसिंह बर्लिन में कैसर से साठ-गांठ पक्की करके पेरिस आ गए। उन्हीं दिनों इंग्लैण्ड के राजा पंचम जार्ज फ्रांस आने वाले थे। इंग्लैण्ड की विख्यात पुलिस ने रिपोर्ट की कि पेरिस में राजा जार्ज की हत्या के षड्यन्त्र की गन्ध महसूस हो रही है। विशेषज्ञों का ध्यान सरदार अजीतसिंह पर केन्द्रित हो गया। पेरिस से तंग करके भारतीयों को खदेड़ा गया और सरदार जी को नज़रबन्द करने की बात पर भी विचार

हुआ, पर वे वहां से स्विट्ज़रलैण्ड चले गए। श्री श्याम जी कृष्ण वर्मा भी उन दिनों सरदार जी के साथ थे।

उन्हीं दिनों (मार्च 1912) सरदारजी ने अपने श्वसुर श्री धनपतरायजी को जो पत्र लिखा, वह उनकी मनोवृत्ति और दृष्टि दोनों पर अच्छी रोशनी डालता है। उसके कुछ अंश इस प्रकार हैं–

"प्यारे बाबा जी महाराज, मौज बहार !

आपके चन्द मुबारिक कलमात बन्दा तक पहुंचे। उनको पढ़कर निहायत खुशहाल हुआ। खुदा आपका वजूद सलामत रखे। पेश अज ये कि मैं हिन्दुस्तान में आने की फिक्र करूं, आप हिन्दुस्तान से बाहर दीगर मुमालिक भी देखें। आप अपनी बशीर आंखों से खुद मुलाहिज़ा फरमाएंगे कि दुनिया कहां जा रही है। मैंने यूरुप के चन्द मुमालिक देखे हैं और अब यहां की वज़ ज़िन्दगी से वाक़िफ हूं। अव्वल-अव्वल हरेक चीज़ आदमी के लिए गरां नज़र आती है और इसमें ज़रा भी शक नहीं कि असबाबे-ज़िन्दगी यूरुप में शस हफ्त मुकाबिल गरां है। सद् रुपया माहवार से वाकिफ आदमी यूरुप के हर शहर में ज़िन्दगी बसर कर सकता है। इससे कम बद गुज़रती है। ज़्यादा जिस कदर किसी का दिल चाहे, खर्च कर सकता है।

यहां दुनिया बिलकुल निराली है। अगरचे मेरे लिए कोई गैरमामूली चीज़ नहीं, लेकिन मुकाबला करने से मालूम होता है कि यहां की ज़िन्दगी और मशरिकी ज़िन्दगी में बहुत फर्क है। कुदरत और सनअत दोनों के दस्त-बदस्त काम करने से यहां की जिन्दगी अच्छी गुज़रती है। आबोहवा बहुत अच्छी, हिफ्जे सेहत के लिए हर किस्म के सामान मुहय्या हैं। तालीमोतदरीस व मुल्क की ज़रूरियात के मुताबिक हर चीज़ बाकायदा मुनज्ज़म है। हुब्बे-वतन की तालीम देने की अब यहां ज़रूरत नहीं। लोगों की रगों-रेशों में यह सिफ्त दाखिल है, मगर मशरिकी फराखदिली या रूहानियत यहां देखने में नहीं आती। मर्दम रोज़ो-शब रुपया पैदा करने के सिवा और किसी फिक्र में नहीं । अपने-अपने घर के लिए सबसे अच्छे हैं।

ये लोग सिर्फ मगरिब ज़मीनी लोगों को ही आदम खयाल करते हैं। मशरिक ज़मीनी को इसके काबिल नहीं मानते। इसके बाबत उनके दिल को चोट लगे, बल्कि उनकी मुसायब सुनकर खुशहाल होते हैं और अपनी खुशहाली के बेश्तर कायल होकर उनके दिल को इत्मीनान हासिल होता है। नोह-परस्ती अल्फ़ाज़ में है, ऐमाल में फक्त खुद-परस्ती देखी जाती है, लेकिन बावजूद इन तमाम सिफात के तरक्की मादी काबिलेंदीद है और आज़ादी की खूबियां इंसान यहां देखता है।

कुदरत के मंजर निहायत खुशगवार हैं और रेलवे के सबब हर पहाड़ पर जाना आसान है। चूंकि लोग यहां बेशतर सफर करते हैं। सफर में राहत के असबाब भी बेशतर व बेहतर मुहय्या हैं। इंसानी ज़िन्दगी फक्त इसलिए नहीं कि एक जगह तमामन बसर हो, उसे देना चाहिए। एक चक्कर दुनिया में लगाइए। मेरे ख्याल में आप इस मुसाफरत से बहुत महजूज होंगे।"

1914 में पहला विश्वयुद्ध आरम्भ हो गया। सरदार जी अपनी योजना में जुट गए। अंगरेज़ों की तरफ से भारतीयों की जो सेना मोरचों पर लड़ रही थी, उसमें बगावत के भाव फैलाते रहे और भारत के क्रान्तिकारियों से अपना सम्पर्क जोड़ते रहे। कैसर के साथ उनका सम्बन्ध हरदम ताजा बना रहा । अमेरिका में सरदार अजीतसिंह के साथी लाला हरदयाल ने गदर-पार्टी की स्थापना की थी और वहां कई हज़ार सिख-बन्धु भारत पहुंचकर गदर करने की तैयारी कर चुके थे। लाला जी ने बहुत चाहा कि इस समय सरदार अजीतसिंह अमेरिका आ जाएं और गदर-पार्टी का नेतृत्व करने के लिए गुप्त रूप से भारत जाएं। उन्हें अमेरिका लाने के लिए चन्दा भी किया गया, इसका उल्लेख भी गदर-पार्टी के इतिहास में मिलता है, पर घटनाओं का अध्ययन करने से ऐसा मालूम पड़ता है कि सरदार जी अमेरिका जाने से अधिक अपना यूरुप में रहना आवश्यक और महत्त्वपूर्ण समझते थे। एक बार लाला हरदयाल ने कुछ झुंझलाहट के साथ कहा था–"अजीतसिंह वहां बैठकर अपना समय खराब कर रहे हैं।"

बात ऐसी नहीं थी, असल बात यह थी कि प्रथम विश्व-युद्ध में भारत में क्रान्ति अपने तीन रूपों में एक साथ आगे बढ़ रही थी। अमेरिका में संगठित गदर-पार्टी के वीर जोश में अन्धे हुए भारत पहुंचकर यहां की फौजों को अपने साथ मिलाकर आन्तरिक तूफान उठाने की कोशश कर रहे थे। काबुल में राजा महेन्द्रप्रताप के राष्ट्रपतित्व में आज़ाद हिन्द सरकार कायम हो गई थी। वह अपनी तैयारियों में जुटी थी। सरदार अजीतसिंह उन भारतीय सैनिकों को लेकर जो अंगरेज़ों से बागी होकर उनसे आ मिले थे, या फिर जर्मन-सेनाओं के द्वारा गिरफ्तार होकर कैम्पों में रह रहे थे–एक आज़ाद हिन्द सेना का संगठन कर रहे थे। उन्हें आशा थी कि वे टर्की के रास्ते अपनी सेना लेकर काबुल सरकार से जा मिलेंगे। इस हालत में अंगरेज़ों के छक्के छूट जाएंगे और हिन्दुस्तान आज़ाद हो जाएगा।

1916 के आरम्भ में ही सरदार अजीतसिंह ने भांप लिया कि युद्ध का पासा अमरीका के मैदान में आते ही पलट जाएगा और जर्मनी की हार हो जाएगी। वे ब्राजील पहुंचकर वहीं बस गए और एक गुमनाम ज़िन्दगी जीने लगे। उनके लिए यह एक बहुत बड़ा धक्का था, पर धक्का देना और धक्का सहना ही तो क्रान्तिकारी का भाग्य है। यह वह समय है जब भारत के पत्रों में अक्सर उनके मर जाने की खबरें फैल जाया करती थीं। एक बार जब ऐसी ही खबर फैल रही थी, ईरान-निवासी एक अंगरेज़ महिला ने सरदार अजीतसिंह पर एक लेख किसी पत्र में लिखा। भगतसिंह ने बड़ी बुद्धिमानी से पता चलाकर उस महिला को बी.एस. सन्धु के नाम से एक पत्र लिखा और उससे सरदार जी का पता पूछा। उसने उत्तर दिया, मुझे उनका ठीक पता तो मालूम नहीं है, पर सम्भवतः वे राय डी जेनेरो (ब्राज़ील) में हैं। बहुत दिनों बाद उनका पत्र मिला और उससे उनका देश से और परिवार से टूटा हुआ सम्पर्क फिर जुड़ गया।

कोई 16 वर्ष वे ब्राज़ील में रहे। वे कुछ समय वहां प्रोफेसर रहे, कुछ समय एक कपड़े की फर्म के मैनेजर रहे और कुछ समय टूथ-पेस्ट बनाने वाली एक फैक्टरी में भी संचालक रहे। इन वर्षों में उन्होंने उस क्षेत्र के तीन क्रान्तिकारी तूफानों में भाग

लिया और भारतीय क्रान्तिकारियों को भी संगठित करते रहे। अब फिर दुनिया के नक्शे में नई उथल-पुथल पैदा हो रही थी। यह कैसे सम्भव था कि दुनिया में नई ऊष्मा पैदा हो और एक महान् क्रान्तिकारी के दिल की धड़कनों में उफान न आए ? वे ब्राज़ील से चले और फ्रांस आए। यह 1932 की बात है।

फ्रांस में कुछ दिन रहकर वे स्विट्ज़रलैंड चले गए, पर पेरिस की कला और स्विट्ज़रलैंड की सुन्दरता से उन्हें क्या लेना था, वे तो लोहे की तलाश में निकले थे। उन्हें जर्मनी की ओर से हथौड़ों की ठुक-ठुक सुनाई दी। वे जर्मनी पहुंच गए। चिकित्सा के लिए वहां श्री सुभाषचन्द्र बोस ठहरे हुए थे। दोनों मिले। यह दो गरम हृदयों का शान्त मिलन था ! फिर जर्मनी में वे काफी दिन रहे और तब स्विट्जरलैंड लौट गए। उन्हें अपने भीतर नई गुनगुनाहट सुनाई दे रही थी। वे उन छन्दों की तलाश में थे, जो उस गुनगुनाहट को नए गीतों में उतार दें। स्विट्ज़रलैंड से वे इटली जा पहुंचे। यह वह युग था, जब जर्मनी में हिटलर का और इटली में मुसोलिनी का सितारा दिन और रात ऊपर चढ़ता जा रहा था। मुसोलिनी से वे परिचित थे। मुसोलिनी ने उनका बहुत शानदार स्वागत किया। वे रोम में रहने लगे और नेपल्स में फारसी के प्रोफेसर हो गए।

संसार की राजनीति का गहरा अध्ययन करके सरदार अजीतसिंह ने 1939 में एक लेख लिखा, जिसका शीर्षक था, 'स्ट्रेटेजी ऑव प्रेजेण्ट वार' । इसका विषय यह था कि संसार में आज जो उथल-पुथल मची हुई है, उसकी आग किधर फैलेगी। बहुत-से आलोचकों ने उस समय इस लेख की हंसी उड़ाई थी, पर बाद में उनकी भविष्यवाणी सच निकली और यह लेख उनकी गहरी राजनीतिज्ञता का प्रमाण-पत्र हो गया। सरदार जी की प्रतिभा का एक बहुत बड़ा गुण था, किसी अपरिचित भाषा को जल्दी-से-जल्दी सीख लेना। उन्होंने विदेशों में घूमते-घूमते ही लगभग चालीस भाषाएं सीख ली थीं। इस भाषा-ज्ञान के कारण उनका अध्ययन बहुत व्यापक हो गया था और वे संसार-भर के राजनीतिक चिन्तकों के सम्पर्क में रह पाते थे। उनके चिन्तन की परिपूर्णता का यही रहस्य था, छह भाषाओं के तो वे स्वयं लेखक ही थे।

जिन दिनों दूसरे विश्वयुद्ध की गरम गन्ध दूर से आ रही थी, सरदार जी संसार की नई परिस्थितियों के अध्ययन में जुटे हुए थे। हिटलर और मुसोलिनी तपता सूर्य हो गए थे, जापान उनके साथ था, फ्रांस में बेचैनी थी, इंग्लैंड चौंक रहा था। यह 1934-35 की बात है। अबीसीनिया के साथ लड़ाई और अबीसीनिया की हार ने मुसोलिनी को, सार प्रदेश को जर्मनी में मिला लेने की सफलता ने हिटलर को, और चीन पर चढ़ाई और इन सब बातों पर संसार की चुप्पी ने जापान को नई तेजस्विता दे दी थी। सरदार अजीतसिंह यह सब देख ही रहे थे कि 3 सितम्बर, 1939 को दूसरा महायुद्ध आरम्भ हो गया । सरदार जी ने मुसोलिनी को सुझाव दिया कि रोम रेडियो से हिन्दुस्तानी में एक प्रोग्राम प्रतिदिन प्रसारित करने की योजना बनाई जाए। मुसोलिनी ने इसे सहर्ष स्वीकार कर लिया और उन्हें ही उसका प्रवक्ता और संचालक नियुक्त कर दिया। एक दिन भारत के लोगों ने सुना—"मैं आपका पुराना साथी अजीतसिंह रोम-रेडियो से बोल रहा हूं।" यह आवाज़ इतनी जोशीली और कड़कदार थी कि पांच-सात दिन में ही

लोकप्रिय हो गई।

सरदार अजीतसिंह ने इस प्रकार अपने को भारतीयों के साथ खड़ा करने के बाद अपना पुराना प्रोग्राम हाथ में लिया—अंगरेज़ों के झण्डे के नीचे लड़ने वाली भारतीय सेनाओं को साथ लेकर भारत से अंगरेज़ों को भगाना। भारतीय क्रान्तिकारी श्री इकबाल शैदायी उनके साथ थे। दूसरा विश्वयुद्ध अपने घमासान रूप में लड़ा जा रहा था। अंगरेज़ रेत की दीवार सिद्ध हो रहे थे और हिटलर अजेय चट्टान। मुसोलिनी खामोश था, पर 15 जुलाई, 1940 को उसकी फौजों ने उत्तरी अफ्रीका पर आक्रमण कर दिया। ब्रिटिश केनिया अब उसके कब्जे में था। 6 अगस्त को उसकी सेनाएं ब्रिटिश सोमालीलैंड पर चढ़ दौड़ीं। अंगरेज़ों के लिए यह मुसीबत थी, सरदारजी के लिए बरकत। इटली के मुकाबले के लिए अंगरेज़ अपनी हिन्दुस्तानी फौजों को उत्तरी अफ्रीका में लाने के लिए विवश हो गए। लार्ड वेवल की कमान में फौजों ने शुरू में इटैलियन फौजों को खूब पछाड़ा, पर बाद में जर्मन सेनापति रामेल की सेना के सामने आत्मसमर्पण करना ही इसका मुख्य कार्य हो गया।

वीरता की कमी इन आत्मसमर्पणों का मुख्य कारण न थी। पहला कारण था कि ये सिपाही गरीबी और भुखमरी के कारण फौज में शामिल हुए थे। मजबूरी का यह अहसास उन्हें भावनाहीन कर देता था। फिर अफसरों का व्यवहार इनके साथ ठीक न था—अंगरेज़ तो इन्हें कुछ समझते ही न थे। ये सिपाही ईराक होकर मिस्र आए थे। ईराक की जनता ने इन्हें खूब धिक्कारा कि ये बेवकूफ आदमी अपनी गुलामी को मज़बूत करने का काम कर रहे हैं। एक प्रश्न बार-बार इनसे पूछा गया—"तुम ऐसे ही बहादुर हो तो अपने देश से अंगरेज़ों को क्यों नहीं मार भगाते ?" गिरफ्तारी के बाद ये लोग अनुभव करते थे कि जिन्हें दुश्मन मानकर हम लड़ने आए हैं, वे कैद में हम से ऐसा व्यवहार करते हैं, जो इस आज़ादी के व्यवहार से अच्छा है।

सरदार अजीतसिंह इन भारतीय सिपाहियों के लिए रेडियो से अलग कार्यक्रम प्रसारित करते थे। चोरी-चोरी सिपाही उसे सुनते थे और उनमें यह आत्म-ग्लानि पैदा होती थी कि हम अपने देश के दुश्मनों को मज़बूत करने के लिए उनसे लड़ रहे हैं जो हमारे देश की आज़ादी के काम में हमारे नेताओं की मदद कर रहे हैं। खास बात यह थी कि अंगरेज़ लोग हिन्दुस्तानी सिपाहियों के साथ बहुत हीन व्यवहार करते थे, पर गिरफ्तारी के बाद जर्मन सेना अंगरेज़ी और हिन्दुस्तानियों के साथ समान दरजे का व्यवहार करती थी। अंगरेज़ गिरफ्तारी के बाद भी हिन्दुस्तानियों के साथ अपना व्यवहार हीनता से पूर्ण ही रखते थे। इस सबसे यह वातावरण बन गया था कि लड़ने से गिरफ्तार होना श्रेयस्कर है और सिपाही मौका मिलते ही आत्मसमर्पण कर देते थे।

इन्हीं दिनों नेता जी सुभाषचन्द्र बोस काबुल से सरदार जी के पास आए। सरदार जी के इटली और जर्मनी में ऊंचे सम्पर्क थे और सरदार जी के पास काम की पूरी योजना थी। दोनों में गहरा विचार-विमर्श हुआ और सरदार जी ने मुसोलिनी और हिटलर के साथ नेता जी का सम्पर्क-सूत्र जोड़ा तब नेता जी जर्मनी गए। सरदार अजीतसिंह ने लगभग एक लाख रुपया भी उन्हें काम के लिए दिया। सरदारजी के पास अनुभव

और योजना का भण्डार था, नेता जी के पास उत्साह और संगठन-शक्ति का अजेय समुद्र । अब दोनों एक हो गए थे।

जुलाई, 1942 की बात है। बेनगाज़ी के युद्धबन्दी कैम्प में यह खबर उड़ी कि नेता जो सुभाषचन्द्र बोस आ रहे हैं। लोगों में उत्साह फैल गया, पर नेता जी वहां नहीं पहुंचे और सरदार अजीतसिंह के साथी भारतीय क्रान्तिकारी श्री इकबाल शैदाई वहां पहुंच गए। सब भारतीय युद्धबन्दियों को एक जगह इकट्ठा किया गया। श्री शैदाई ने उनके सामने देशभक्ति से भरपूर एक ओजस्वी भाषण दिया और देश की आज़ादी के लिए उनसे सरदार अजीतसिंह द्वारा स्थापित 'आज़ाद हिन्द लश्कर' में भरती होने की अपील की। परिणामस्वरूप अधिकांश भारतीय सैनिक लश्कर में शामिल होने के लिए तैयार हो गए।

एक-एक से पूछकर सब सिपाहियों को दो हिस्सों में बांट दिया गया। एक तरफ वे जिन्होंने लश्कर में शामिल होना स्वीकार किया था और दूसरी तरफ वे, जिन्होंने स्वीकार नहीं किया। दोनों को अब अलग-अलग कैम्पों में बांट दिया गया। इटली ले जाने के लिए भी एक जहाज़ पर अंगरेज़ कैदियों और लश्कर में भरती होने से इनकार करने वालों को चढ़ाया गया, दूसरे में लश्कर में भरती होने वालों को । पहले जहाज़ में रंगभेद से काम लिया गया। अंगरेज़ अफसरों और सिपाहियों को जहाज़ की ऊपरी मंज़िल में जगह दी गई और हिन्दुस्तानी अफसरों और सिपाहियों को नीचे की मंज़िल में। नीचे वाला तहखाना तो नरक ही था।

बेनगाज़ी से दोनों जहाज़ एक साथ चले। दूसरे दिन अंगरेज़ी पनडुब्बी ने दोनों जहाज़ों पर तारपीडो का निशाना लगाया। समय की बात कि निशाना उसी जहाज़ पर बैठा, जिसमें अंगरेज़ सवार थे। भाग्य का और भी तमाशा हुआ कि उस जहाज़ का ऊपर का हिस्सा ही उड़ गया। उसमें कई सौ गोरे थे, जिनमें केवल दो ही बचे। हिन्दुस्तानी सब बच गये। लश्कर में भरती होनेवालों ने इसका यह अर्थ लगाया कि भगवान ने देश की सेवा के लिए ही हमें बचाया है। लश्कर के सैनिकों को रोम ले जाया गया, जहां लश्कर की छावनी थी। बड़ा रोमांचकारी दृश्य था। लश्कर के फौजियों ने इन नए आने वाले भाइयों का स्वागत किया। उन सबकी टोपियों पर तिरंगे राष्ट्रीय बिल्ले लगे हुए थे और लश्कर की छावनी में चारों तरफ झण्डे-ही-झण्डे फहरा रहे थे। लश्कर के सैनिक ज़ोर से पुकारते–'हिन्दुस्तान,' नये सैनिक दूसरी ओर से गुंजारते –'ज़िन्दाबाद !' इस तरह बहुत देर तक 'हिन्दुस्तान ज़िन्दाबाद' के नारे गूंजते रहे।

सरदार अजीतसिंह ने आकर इस जोश को प्यार की चाशनी में पाग दिया। उन्होंने न तो सेल्यूट पर ध्यान दिया न नमस्ते पर। वे एक-एक सैनिक से भुजाओं में भरकर गले मिले और इतने भाव-विभोर हो गए कि उनका गला रुंध गया और आंखें डबडबा आईं। छावनी परिवार के वातावरण में बदल गई। न कोई सिपाही रहा, न अफसर, न हाई-कमाण्ड। इसी स्थिति में उनके मुंह से निकल पड़ा–"मेरे बच्चो मैं तुमसे मिलकर इतना खुश हूं, जितना इस समय भगतसिंह से मिलकर हुआ होता। मेरे लिए तो तुम सभी भगतसिंह हो। मुझे विश्वास हो गया है कि अंगरेज़ या कोई भी अब न हिन्दुस्तान

को गुलाम रख सकता है, न उसका शोषण कर सकता है।" इसके बाद वे खामोश हो गए।

जर्मनी में नेताजी ने 'प्राइज़ इंडियन लिजो'–आज़ाद हिन्द सेना-की स्थापना की थी। उन्हें सैनिकों की ज़रूरत थी। सरदार अजीतसिंह ने पांच सौ सैनिक अपने पास रख लिये और बाकी को नेता जी के पास भेज दिया। इन पांच सौ को नई वर्दियां दी गईं और परेड के बाद सबने यह शपथ ली।

"मैं ईश्वर के नाम पर यह शपथ लेता हूं कि मैं स्वयंसेवक के रूप में 'आज़ाद हिन्दुस्तान लश्कर' में शामिल हो रहा हूं। मैं देश की स्वतन्त्रता के लिए अपना तन-मन और धन सब कुछ न्यौछावर कर दूंगा और अपने देश की शान बढ़ाने के लिए अपने सर्वश्रेष्ठ प्रयत्न करूंगा। जो कोई भी मेरे प्यारे देश पर कब्ज़ा करने के मनसूबे बांधेगा, उसका विरोध करने में यदि मुझे अपनी जान की बाजी भी लगानी पड़ेगी, तो मैं परवाने की तरह हंसते-हंसते अपने प्राण न्योछावर कर दूंगा। देश के प्रति वफादारी मेरे जीवन का आभूषण होगा और देश के प्रति गद्दारी के अपराध में मुझे जो दण्ड दिया जायेगा, उस पर मुझे कोई आपत्ति न होगी।"

सरदार अजीतसिंह ने बारी रेडियो का नाम 'आज़ाद हिन्दुस्तान रेडियो' रख दिया था और वे उस पर प्रतिदिन ज़ोरदार भाषण देते थे। देश-भर में फैली भारतीय जनता और दुनिया में फैले भारतीय सैनिक उसे चाव से सुनते थे। नेता जी भी इस बीच इटली आए। 'आज़ाद हिन्द लश्कर' के काम से वे प्रसन्न भी हुए और प्रभावित भी। सरदार अजीतसिंह से उनकी लम्बी बात-चीत हुई, वे जल्दी ही जर्मनी लौट गए।

सब काम ठीक चल रहा था कि युद्ध का पासा पलट गया। इटली की सेना के पैर उखड़ने लगे। उसने चाहा कि आज़ाद हिन्द लश्कर का वह अपने हित में उपयोग करे, पर सरदार अजीतसिंह और उनके साथियों की साफ राय थी कि भारतीय सैनिक भारत के लिए ही लड़ेंगे, अन्य किसी के लिए नहीं। इटली वालों का खिलौना बनने से साफ इनकार कर दिया गया और अन्त में तो इसे भंग ही कर दिया गया और सब सैनिकों को उदेना के नज़रबन्दी के कैम्प में भेज दिया गया। 8 अक्तूबर, 1943 को इटली का पतन हो गया। अब इनके लिए फिर से अंगरेज़ों के हाथों में पड़ने का डर था, पर 11 अक्तूबर को जर्मन सेना ने कैम्प को घेरकर कैदी बना दिया और जर्मनी भेज दिया। 'आज़ाद हिन्द लश्कर' के सैनिक नेता जी की आज़ाद हिन्द सेना में जा मिले और इस तरह उस समय अंगरेज़ों के हाथ पड़ने से बच गए, पर सरदार अजीतसिंह क्या करें ? वे इधर-उधर हुए पर अन्त में 2 मई, 1945 को अंगरेज़ों ने उन्हें पकड़ लिया। सभी जानते थे कि उनके लिए वह घटना मौत के मुंह में चले जाने के समान है। गिरफ्तारी के साथ ही उनका सब-कुछ ज़ब्त कर लिया गया। जिस देश के लिए उन्होंने जीवन-भर तप किया था, अपनी बरबादी के खेल खेले थे, उसके ही कुछ निवासी अब चांदी के चन्द टुकड़ों के लिए उन्हें तिल-तिल जला रहे थे, सता रहे थे, और बिना गला काटे मौत की तरफ धकेल रहे थे। सरदार जी ने अपने एक मित्र से कहा था–"मैं मर जाऊं, तो पत्रों में छपा देना कि मेरे दुःख झेलने और मरने का कारण इण्डियन मिलीटरी मिशन है।"

: 6 :

सरदार अजीतसिंह स्वतन्त्रता के द्वार पर

अंगरेज़ जा रहे थे हिन्दुस्तान आज़ाद हो रहा है, ज्यों ही देश की हवा में यह गन्ध आई, समाचारपत्रों में सरदार अजीतसिंह की चर्चा आरम्भ हो गई और ज्यों ही पण्डित जवाहरलाल नेहरू के नेतृत्व में अन्तरिम सरकार स्थापित हुई, सरदारजी को वापस बुलाने का आन्दोलन आरम्भ हो गया। यहीं उन प्रयत्नों की कहानी भी कहना आवश्यक है जो भारत आने के लिए स्वयं सरदारजी ने समय-समय पर किए थे। भारत सरकार के गृह विभाग की फाइलों से श्री फूलचन्द जैन द्वारा तैयार की गई टिप्पणियों के अनुसार–"1938 में जब सरदार अजीतसिंह स्विट्ज़रलैण्ड में पण्डित जवाहरलाल नेहरू से मिले, तो उन्होंने अपनी भारत आने की बैचेनी प्रकट की। स्विट्ज़रलैण्ड से सरदारजी नेपल्स गए और वहां से उन्होंने ब्रिटिश सरकार से उसके (नेपल्स के) राजदूत द्वारा भारत जाने के लिए पासपोर्ट देने की प्रार्थना की। व्यवस्था के अनुसार इंग्लैण्ड की सरकार ने भारत सरकार के गृह-विभाग को लिखा कि सरदार अजीतसिंह को पासपोर्ट नहीं, भारत के लिए विज़ा (प्रवेश-पत्र) दिया जा सकता है ; यदि उनके ब्राज़ील वाले पासपोर्ट की मियाद कम-से-कम दो वर्ष बाकी हो। यदि पासपोर्ट की मियाद समाप्त हो रही हो, तो विज़ा भी समाप्त समझी जाए, तब तक, जब तक की ब्राजील सरकार उनके पासपोर्ट को फिर से नया न कर दे।"

सरदार अजीतसिंह और उनके भारतीय सलाहकारों ने ब्राजील के पासपोर्ट पर विज़ा लेकर भारत में आना स्वीकार नहीं किया, क्योंकि इसका अर्थ था यह स्वीकार करना कि सरदार अजीतसिंह एक विदेशी हैं और भारत सरकार जब चाहे उनका विज़ा कैन्सिल कर सकती है।

20 सितम्बर, 1938 में स्विट्ज़रलैण्ड में रहते हुए सरदारजी ने अपने नाम से भारत के लिए ब्रिटिश पासपोर्ट देने की प्रार्थना की। इसमें उन्होंने यह भी लिखा कि 1909 के बाद अपने असली नाम का प्रयोग उन्होंने नहीं किया और उनके सब प्रमाणपत्र आदि हसन खां के नाम से ही हैं। उन्होंने यह सिद्ध करने की भी कोशिश की कि वे ब्रिटिश नागरिक रहे हैं। वे स्वयं जानते हैं कि वे ब्राजील के पासपोर्ट पर ब्रिटिश विज़ा ले सकते हैं, पर वे भारत में एक विदेशी के रूप में जाना पसन्द नहीं करते।

11 अक्तूबर, 1938 को इण्डिया-ऑफिस ने उनसे उन परिस्थितियों की विस्तृत जानकारी मांगी, जिनके आधार पर उन्हें ब्राजील का पासपोर्ट मिला था। उन्होंने बताया कि 1914 में वे हसन खां के नाम से पर्शिया के पासपोर्ट पर ब्राजील आए और 1932 में जब उन्होंने युरॅप जाना चाहा, तो वह अपना रद्द हुआ पासपोर्ट दुबारा नहीं बनवा

सके। इसका कारण यह था कि उस समय ब्राजील में पर्शिया का राजदूत नहीं था। तब उन्होंने ब्राजील की सरकार से वहां की राष्ट्रीयता का प्रमाणपत्र देने की प्रार्थना की। वह उन्हें उसी परिचय पर मिल गया, जो उनका पर्शिया (ईरान) के पासपोर्ट में दिया गया था कि उनका जन्म पर्शिया में हुआ है और उनके माता-पिता पर्शियन हैं।

1 अगस्त, 1939 को इण्डिया-ऑफिस ने उन्हें सूचित किया कि ब्रिटेन की राष्ट्रीयता और विदेशी सम्पर्क कानून के अनुसार ब्रिटेन का कोई नागरिक किसी दूसरे देश में जाकर वहां की नागरिकता के अधिकार प्राप्त कर लेता है, तो ब्रिटेन की नागरिकता का अधिकार समाप्त हो जाता है। आप इस स्थिति में हैं, इसलिए भारत आने का विज़ा सिर्फ ब्राजील के पासपोर्ट पर ही दिया जा सकता है, बशर्ते कि वह दो बरस के लिए मान्य हो।

सरदार अजीतसिंह ने दूसरे देशों की मार्फत पासपोर्ट ले लिया, जो भारत और दूसरे देशों में आने के लिए 20 मार्च, 1941 तक के लिए प्रमाणित था। नवम्बर, 1939 में सूचना मिली कि उनका विजा जो ब्राजील के पासपोर्ट पर भारत जाने के लिए स्वीकृत था, कैन्सिल कर दिया गया है। कारण यह बताया गया कि सरदार अजीतसिंह ने अपने जाने की तारीख और वे किस जहाज़ से जाना चाहते हैं, यह बताने से इनकार कर दिया।

सरकार जिस परिणाम पर पहुंची वह इस प्रकार है—हमें सरदार अजीतसिंह के साथ एक विदेशी-जैसा व्यवहार करना चाहिए और उन्हें भारत में प्रवेश की तमाम सुविधाएं देने से इनकार कर देना चाहिए।

भारत सरकार ने अप्रैल, 1946 में आखिरी बार सरदार अजीतसिंह के भारत प्रवेश पर विचार किया। उस समय वे गिरफ्तार हो चुके थे और जर्मनी के एक कैम्प में नज़रबन्द थे। वह इसी परिणाम पर पहुंची कि उन्हें एक अवांछनीय विदेशी माना जाए और उनके भारत-प्रवेश को किसी भी हालत में स्वीकार न किया जाए।

अंगरेज़ सारी राजनीति का संचालन कर रहे थे। उन्हें मालूम था कि हम जा रहे हैं और इस दशा में सरदार अजीतसिंह को वापस करना पड़ेगा, पर वे उनके प्रति इतना कुढ़े और चिढ़े हुए थे कि वे उन्हें अपनी ही चक्की में पीस डालना चाहते थे। कूटनीति अंगरेज़ का चरित्र है। उन्होंने जब देखा कि सरदार अजीतसिंह कैम्पों के त्रासों से नहीं मरे, तो उन्होंने सरदारजी को टी.बी. के अस्पताल में रख दिया। उनका उद्देश्य स्वास्थ्य नहीं था, मृत्यु थी कि उन्हें भी टी. बी. हो जाए और हम बिना हत्या किए ही इनसे बदला ले सकें। रोम रेडियो से दिए गए सरदारजी के भाषण अंगरेज़ों के कानों में अब भी गूंज रहे थे।

लोकमत भारत में उग्र होता जा रहा था, पंडित जवाहरलाल नेहरू पर समाचारपत्रों का ज़ोर तो पड़ ही रहा था, व्यक्तिगत ज़ोर भी पड़ रहा था—सरदारजी के भतीजे कुलबीरसिंह और कुलतारसिंह रोज़ उनका दरवाज़ा धमधमाते थे। अन्तरिम सरकार की ओर से ब्रिटेन की सरकार को लिखा गया कि सरदार अजीतसिंह को तुरंत रिहा कर दिया जाये। सितम्बर, 1946 की बात है। पेरिस में विदेशमंत्रियों का सम्मेलन हो रहा

था। उसमें भारत का प्रतिनिधित्व कर रहे थे श्री बी. के. कृष्ण मेनन। मेनन जब रूस के विदेश मन्त्री श्री मोलोतोव से मिलने गए, तो वहीं उनसे आई. एन. ए. के नेता श्री गिरिजा मुखर्जी मिले। वे भी गिरफ्तार हुए थे और तभी हाल ही में जेल से छूट कर आए थे। उन्होंने भारत के नज़रबन्दों की हालत बतायी कि कैसे उन्हें 300 ग्राम रोटी और बिना दूध-चीनी के एक प्याले कॉफी पर 24 घंटे गुज़ारने पड़ रहे हैं। सरदार अजीतसिंह के बारे में उन्होंने बहुत आग्रह से कहा कि उनकी हालत इतनी खराब है कि उन्हें जल्दी ही न छुड़ाया गया, तो उनकी मृत्यु हो जायेगी। मेनन ने नेहरूजी पर ज़ोर डाला और नेहरूजी ने वायसराय पर । देश में भी उनके लिए आन्दोलन ने ज़ोर पकड़ा। अंगरेज़ परिस्थितियों से मजबूर हुए और सरदार अजीतसिंह राक्षसी कष्ट भोगने के बाद छोड़ दिए गए—यह उनकी इच्छा-शक्ति का ही फौलाद था, जो अथाह घृणा, ज्वालामुखी क्रोध, नरक के त्रास और शारीरिक-मानसिक कष्टों के भयंकर आघात सह कर भी जीवित रहे।

सरदार अजीतसिंह अब मुक्त नागरिक थे। जर्मनी से वे सीधे इंग्लैण्ड पहुंचे। वहां जितने भी भारतीय थे, उन सबने ही स्टेशन पर उनका शाही स्वागत किया। इंग्लैंड के अखबार उनकी चर्चा से भर गए। वे तुरन्त भारत आना चाहते थे, पर वहां रहने वाले भारतीयों ने उन्हें नहीं आने दिया, क्योंकि वे बेहद कमज़ोर हो गये थे। दो महीने वे इंग्लैंड ही रहे। वे जहां भी जाते, एक कार में वे होते, उनकी रक्षा के लिए एक-एक कार उनकी कार के आगे-पीछे होती कि कोई दुर्घटना न हो जाए।

मार्च, 1947 में वे कराची पहुंचे। डॉक्टर सत्यपाल, लाला केदारनाथ सहगल आदि चाहते थे कि वे सीधे लाहौर आयें, पर नेहरूजी चाहते थे कि वे पहले दिल्ली आएं। कराची में उनकी तबीयत खराब हो गई। वे कुछ दिन वहीं रहकर तब दिल्ली आए। उन दिनों वहां एशियाटिक कान्फ्रेन्स हो रही थी। सरदारजी भी प्रतिनिधि के रूप में उसमें शामिल हुए। क्रान्ति का एक जीवित सूर्य 39 साल बाद अपने देश में लौटा था और अब वह देख रहा था आज़ादी के उस सूर्य को, जो अरुणोदय के रूप में भारत के क्षितिज पर उग रहा है। उन्होंने 1 अप्रैल, 1947 को देश के नवयुवकों के नाम अपना यह सन्देश प्रसारित किया—

"नौजवानाने वतन,

40 साल के दराज़ अरसा के बाद हिन्दुस्तान में आकर आपको मुखातिब करने का मौका मिला है। दुनिया-भर के मुमालिक में नौजवान अपनी कौमी आज़ादी के हसूल और बरकरारी के लिए अपनी जानें कुरबान करते चले आए हैं। ऐसी कुरबानियों से अवाम में ज़िन्दगी पैदा हुआ करती है और उनका नाम रोशन हुआ करता है। हिन्दुस्तान में समाजी और सियासी इनकलाबात की सख्त ज़रूरत है और यह मुश्किल काम हम लोगों ने इस सदी के आगाज़ में शुरू किया, जिसकी तकमील का इनहसार आप लोगों पर है।

आज़ादी हासिल करने और उसे बरकरार रखने के लिए जांबाज़ और बहादुर

नौजवानों की ज़रूरत है। मेरी यह ख्वाहिश है कि हिन्दुस्तान के नौजवान शहीद भगतसिंह और उसके साथियों की तरह कुरबानी के पुतले बनें, जो इनकलाब-ज़िन्दाबाद के नारे बुलन्द करते हुए अपनी अजीज़ जानें इनकलाब की खातिर निसार करें।

ऐ हिन्दी नौजवानो ! अपने मुल्क की ज़हालत और फाकाकशी को दूर करने का इज़्म-बलजिज़्म (इरादा और मजबूत इरादा) करो। हर वक्त हर जगह अपने अजीज़ वतन की इज़्ज़त व ऐहतराम (पवित्रता) को मद्देनजर रखो। हसूले-इल्म (ज्ञान-प्राप्ति) में इस कदर कोशिश करो कि माहिर (विशेषज्ञ) बनो और मुकम्मल इनसान बनकर अपनी कौम का नाम रोशन करो। अपने मुल्क के उन शहीदों को कभी मत भूलो, जिन्होंने वतन की शान की खातिर देश के अंदर और बाहर भारत माता के नाम पर अपनी जानें कुर्बान कीं। उनके नक्शे-कदम पर चलो, क्योंकि शहीदों की अमवाल (मौतें) कौमी हयात (जातीय जीवन) का वायस (कारण) हुआ करती हैं।

फिरकेदाराने झगड़ों से बचो, जो मुल्क की तरक्की के रास्ते में रोड़े बन रहे हैं। अपने वक्त को कौम के लिए मुफीद और ठोस कामों में शर्फ (खर्च) करो। मजाहब (सम्प्रदाय) और इखलाक (नैतिकता) की हकीकत को समझते हुए नोहेबशर (प्राणीमात्र) की खिदमत को अपना मकसदे हयात (जीवन का लक्ष्य) बनाओ। तमाम दुनिया एक नए दौर से गुज़र रही है। अगर हमारी तरफ से इस वक्त सुस्ती और गफलत का इज़हार हुआ तो कई मंज़िलें पीछे रह जाने का एहतमाल (खतरा) है।

वक्त मुतवातर (लगातार) गुज़रता जाता है और वह किसी का इंतज़ार नहीं करता। हमारे मुल्क को एक सुनहरी मौका मिला है। आज़ादी हासिल करने की सहूलियतें मुयस्सर (प्राप्त) हैं। ज़माने के हालात मुआफिक हैं। इस अहम मौके पर आप लोग यह अहद (प्रतिज्ञा) करें कि शख्शी ऐहजान (व्यक्तिगत दृष्टिकोण) और मुंफाद (लाभ) को वतने-अजीज़ (प्यारे देश) के लिए कुरबान किया जायेगा। हर काम में खुद मिसाल बनने की कोशिश करो। जब तक हिंदुस्तान से जहालत (अज्ञान) नादारी (अभाव) और भूख दूर न हो, अपनी ज़द्दोज़हद मत तर्क करो।

अपने फरायज़ को अदा करते हुए हयातेशब्दी (अमर जीवन) हासिल करो।

इनकलाब ज़िन्दाबाद"

क्या लगता है कि यह एक बूढ़े, बीमार और पस्त आदमी की आवाज़ है ? इस पर कौन हां कहेगा ? यह तो एक उफनते हुए युवक की ही वाणी है। ठीक भी तो है, जिसकी आत्मा हर क्षण नए संघर्ष के लिए तैयार है, वह बूढ़ा क्यों और कहां होगा ? सरदार अजीतसिंह जब 1909 में देश से गए, एक योद्धा थे और 1947 में जब लौटे, तो भी एक योद्धा ही थे।

इसी दिल्ली का, इन्हीं दिनों का यह चित्र क्या इससे कम मर्मस्पर्शी है– तीन पूरी दशाब्दियों और आठ वर्षों की जलावतनी के बाद सरदार अजीतसिंह भारत लौटे थे और पंडित जवाहरलाल नेहरू के मेहमान थे। सरदारनीजी (श्रीमती हरनाम कौर) भी उस दिन पंजाब से चलकर दिल्ली आ गई थीं। हमारे देश के इतिहास का सबसे लंबा और कड़वा वियोग संयोग में बदल रहा था। दोनों आमने-सामने थे। परिवार के लोग

सरदारजी को चाचाजी-चाचाजी पुकार रहे थे, पर चाचीजी अजनबी की तरह उन्हें देख रही थीं– कौन हैं ये ? वे ही हैं ये ? लगते तो नहीं ? सब कह रहे हैं ये वे ही हैं, पर मन में विश्वास तो नहीं होता ? घर वाले किसी धोखे में तो नहीं फंस गए ? अंगरेज़ों की धूर्तता का यह कोई मायाजाल तो नहीं? ये वे ही हैं, तो वैसे क्यों नहीं लगते ? मैं क्या करूं ? हे भगवान् !

उनका मन अविश्वास, सन्देह और विश्वास की धूप-छांह हो रहा था और उनके भाव उनके चेहरे पर नाच रहे थे, आ-जा रहे थे। पढ़कर, सुनकर हंसी आती है, और सरदारजी हंस ही पड़े–"देखो लड़को तुम्हारी चाची मुझे पहचानती ही नहीं।" पर अविश्वास की जड़ कहां है ? विदाई के समय श्रीमती हरनाम कौर ने सरदार अजीतसिंह का जो स्वरूप देखा था, चालीस साल तक रात-दिन वे उसी का ध्यान करती रही थीं, वह स्वरूप चित्र बनकर उनके रोम-रोम में खुद गया था, और अब जो स्वरूप उनके सामने था, वह उस चित्र से दूर पार भी मेल नहीं खा रहा था। सन्देह का उपाय है परीक्षा। वे परीक्षा पर उतर आयीं। उन्होंने पुराने रिश्तेदारों के नाम पूछे, घटनाओं की जांच-पड़ताल की। सरदारजी ने हंस-हंस कर सबका जवाब दिया। अविश्वास के लिए अब गुंजायश न थी, पर विश्वास का पौधा भी जड़ न पकड़ रहा था। मन का यह अन्तर्द्वन्द्व एक छोटे वाक्य में समा गया–"ठीक है, वही होंगे।" मतलब यह कि आज का चित्र चालीस साल वाले चित्र के मुकाबले फीका ही रहा, चमकदार न हो सका। वे चार-पांच दिन दिल्ली रहकर घर लौट गयीं। जर्जर संयोग से वह अजर वियोग अधिक शक्तिशाली निकला !

हम तुम मिले न थे, तो जुदाई का था ख्याल,
अब यह मलाल है कि तमन्ना निकल गई !

मैंने जब से ज़रा-ज़रा-सी होश संभाली थी, तभी से बापूजी (सरदार अजीतसिंह) का नाम बार-बार सुना था। परिवार में अक्सर उनकी चर्चा होती थी। चर्चा की इस माला में उनकी वीरता के पुष्प गुंथे रहते थे। वीरता का बखान करते समय मनुष्य की वाणी में एक खास तरह का जोश उमड़ आता है। वह जोश इस वीर के भावना-चित्र को और भी अधिक चमका देता है। मेरे बालमन पर घर में उनकी चर्चा सुनकर जो भाव-चित्र बना था, वह भी अनेक रंगों से चित्रित था और यह रंग खूब चमकदार था।

यह चमक कितनी गहरी थी, इसका पता तब लगता था जब कभी-कभी उनकी मृत्यु की अफवाह उड़ जाती थी। घर का वातावरण इससे दुःख में डूब जाता था, रोना-धोना मच जाता था। मैंने उन्हें कभी देखा न था। देखती ही कहां। उनके विदेश चले जाने के एक दशाब्दी बाद मेरे पापाजी का जन्म हुआ था। फिर भी मेरा नन्हा मन दुःख से भर जाता था। इस भावना ने मेरे मन को पारिवारिक सम्बन्ध से अधिक एक विशेष अनुरक्ति के साथ उनसे बांध दिया था।

उस दिन परिवार में एक विशेष चहल-पहल थी, खुशी का रंगीन वातावरण था, उत्सुकता और उत्साह की गन्ध सब जगह फैली थी। सरदार अजीतसिंह दिल्ली से लाहौर आ रहे थे और हम सब भी लाहौर पहुंच गए थे। उस समय का जो पहला चित्र

मेरे मन पर अंकित है, वह लाहौर स्टेशन का है। वहां इतनी भीड़ थी कि तिल-भर भी जगह खाली न थी। मेरी उस नन्ही-मुन्नी ज़िन्दगी ने स्टेशन तो बार-बार देखे थे, क्योंकि मैंने पापाजी के प्रथम दर्शन जेल में ही किये थे। बाद में भी उनसे मिलने को जेल जाने के लिए रेल-यात्रा का क्रम बन रहा था, पर स्टेशन पर ऐसी भीड़ तो मैं पहली बार ही देख रही थी। भगतसिंह के शहीदी दिवस की भीड़ मैंने देखी थी, पर आज भीड़ तो उमड़ी पड़ रही थी।

तभी गाड़ी धड़धड़ाती हुई प्लेटफार्म पर आ गयी। दुबले-पतले, सफेद चिट्टे एक बूढ़े इन्सान को सबने एक डिब्बे के दरवाज़े पर खड़े देखा। वही थे वीरों के वीर, राष्ट्र के प्रथम क्रान्तिकारी, लगभग चार दशाब्दियों की जलावतनी भोगने वाले और दोनों विश्वयुद्धों में अंगरेज़ों के विरुद्ध युद्ध करने वाले अजीतसिंह। प्लेटफार्म 'सरदार अजीतसिंह ज़िन्दाबाद' और 'सरदार भगतसिंह ज़िन्दाबाद' के नारों से गूंज उठा और लोगों ने उन्हें हारों से लाद दिया। वे उस समय कितने सुन्दर लग रहे थे।

तब तो मैं क्या सोचती, पर बाद में मैंने बहुत बार सोचा है कि जनता उनकी जय बोल रही थी, यह तो स्वाभाविक था, पर उनके साथ वह सरदार भगतसिंह का नाम क्यों जोड़ रही थी ? क्या इसलिए कि सरदार भगतसिंह उनके भतीजे थे ? इस पर हां कहने में कोई तुक नहीं है। फिर जनता के मानस में उनके साथ भगतसिंह का जोड़ कैसे बैठ गया था ? हमारे इतिहास का यह सत्य है कि सरदार अजीतसिंह जब राष्ट्र के सार्वजनिक जीवन में प्रविष्ट हुए, देश में एक तरफ कांग्रेस का आन्दोलन था, तो दूसरी तरफ क्रान्तिकारी धड़ाके थे, पर न उन्होंने उस आन्दोलन का ही झण्डा उठाया, न पिस्तौल के घोड़े पर ही उंगली रखी। इन दोनों से अलग उन्होंने क्रान्ति का एक नया पौधा रोपा, सींचा, पनपनाया। इसके साथ ही हमारे इतिहास का यह एक आश्चर्य है कि वह आन्दोलन बराबर सबल होता गया और क्रान्ति के धड़ाके भी ताकत पकड़ते रहे, पर उनके भतीजे भगतसिंह ने उस आन्दोलन के प्रवाह को एक बार छूकर ही छोड़ दिया और उन धड़ाकों को अपने व्यक्तित्व का बल दे, क्रान्ति की धारा में बदल दिया। इतिहास के इसी चौराहे पर सरदार अजीतसिंह और भगतसिंह एक हैं, एक चित्र के दो पहलू हैं। क्या जनता सरदार अजीतसिंह और भगतसिंह को एक साथ जोड़ते समय दोनों की इस एकता को जान रही थी ? जनता में एक और एक दो की स्पष्टता भले ही न हो, पर उसकी सहज चेतना बहुत प्रबल होती है। यह उसकी सहज चेतना ही थी, जो उससे 'सरदार अजीतसिंह ज़िन्दाबाद' के साथ 'सरदार भगतसिंह ज़िन्दाबाद' का नारा लगवा रही थी। कितनी गहरी और सूक्ष्मदर्शी होती है जन-चेतना ? तभी तो लोकमत के रूप में यह प्रजातन्त्र का आधार बन पाती है।

फिर तो लाहौर में जलसे-जुलूसों की बाढ़ आ गयी। कितना सम्मान बरसा रहे थे लोग सरदारजी पर ? बलिदान और वीरता जन-मानस के सबसे बड़े आकर्षण हैं। जनता को उसका खोया बलिदानी वीर फिर से मिला, तो वह उमंग से भर गयी। वे बड़े जोश से बोलते थे, उनके भाषण तो मैं तब क्या समझती, पर लाहौर के एक जलसे में श्वेत वस्त्रों से सुसज्जित चुस्त लड़कियों ने उनके स्वागत में जो गीत गाया था, उसकी ये

पंक्तियां मुझे आज भी याद हैं–

जय हिन्द, जय हिन्द, जय हिन्द,
शूरवीर वीर बन, देश को आज़ाद कर,
जान को कुरबान कर, देश को बचाये जा,
गाये जा-जय हिन्द, जय हिन्द, जय हिन्द

उन्हीं दिनों का एक संस्मरण लाला जसवन्त राय जी (सम्पादक 'पंजाबी' के रूप में जिन्हें एक लेख पर जेल हुई थी और बाद में जिन्होंने व्यापार-व्यवसाय में बहुत उन्नति की) के शब्दों में–"लाहौर के उस जलसे में बहुत भारी हाज़िरी थी। सरदार अजीतसिंह के स्वागत में जुड़ा था यह जलसा। इत्तफाक से उन दिनों मैं भी लाहौर में था। मैं भी जलसे में पहुंचा, पर मैं मंच की तरफ बढ़ ही रहा था कि सरदारजी भाषण देने को उठ खड़े हुए। मैं अपनी जगह ही ठहर गया। खड़े होते ही सरदारजी की निगाह मुझ पर पड़ी। कमाल है उनकी याद और कमाल है उनकी इंसानियत कि उन्होंने देखते ही मुझे पहचान लिया और बिना एक शब्द कहे मंच से सीधे मेरे पास आकर मुझे गले लगा लिया। मुझे इस जलसे की भीड़ देखकर भारतमाता सोसायटी के जलसे की भीड़ की याद हो आयी। मेरा सौभाग्य है कि उस ज़माने में मुझे भी देश का थोड़ा बहुत काम करने का मौका मिला। मैं लाला लाजपतराय का साथी था, जो नरम थे और देखभालकर काम करते थे, पर सरदारजी तो खुद आग से ही खेलते थे, इसलिए उनके जलूसों में बहुत भीड़ रहती थी।"

चार-पांच दिन दिल्ली रहकर श्रीमती हरनाम कौर बंगा चली गई थीं। सरदारजी लायलपुर गये, तो वे आकर मिलीं और फिर गांव लौट गयीं कि वहीं सरदारजी का स्वागत करेंगी। बाजे थे, भीड़ थी, बन्दनवारें थीं, सारा गांव सजाया गया था पर गरमी की अधिकता के कारण तबीयत खराब हो जाने से सरदारजी गांव न पहुंच सके। श्रीमती हरनामकौर के मन को इससे ठेस पहुंची, वे नाराज़ हो गयीं। सरदार अजीतसिंह स्वास्थ्य लाभ के लिए डलहौजी पहुंच गए। सबके बहुत बार कहने और उनके बार-बार लिखने पर वे डलहौज़ी आ गयीं। लगभग 40 साल तक क्रान्ति का बनजारा रहने के बाद सरदारजी अब अपनी गृहस्थी में थे और चालीस साल का एकाकीपन भोगने के बाद श्रीमती हरनाम कौर अब भरपूर जीवन जी रही थीं, पर मैंने अक्सर सोचा है–कैसा-कैसा लग रहा होगा दोनों को ? जो जीवन लगभग आधी शताब्दी तक नहीं मिला था, वह अब प्राप्त था, जो इतने दिनों खोया रहा था, वह उनका अब अपना था ; पर क्या वे सुखी अनुभव कर रहे होंगे अपने को ? मैं मर्माहत हो जाती हूं, मेरी अनुभूतियां कटे हुए जानवर की तरह तड़पने लगती हैं, यह सोचकर कि–ना, परिपूर्णता नहीं, उन दोनों को अपना यह जीवन कुछ अजीब-सा, कुछ लदा हुआ-सा लगता होगा। इतने दिनों अपने खास ढंग में जीते-जीते वही ढंग उनका अपना जीवन बन गया था, वही अब उनके लिए स्वाभाविक था और अब वे जो जीवन जी रहे थे, वह अस्वाभाविक था। मेरे कलेजे में कांटा-सा चुभ जाता है, जब मैं सोचती हूं कि सच्चाई यह है कि आधी

शताब्दी की चोटों से उनकी जीवन-मशीन में लगा सुख की अनुभूति का यन्त्र ही टूट गया था–भरपूर जीवन के आनन्द का अनुभव करना उनके लिए सम्भव ही न था। पुराने भवन की मरम्मत हो सकती है, पर टूट कर गिर पड़ा भवन मरम्मत से फिर कहां खड़ा हो सकता है ? विश्व की क्रान्ति के इतिहास में उस रक्त का लेखा बड़ी सावधानी से रखा गया है, जो क्रान्ति के लिए बलिदान हुआ, पर उसने भावनाओं के बलिदान का लेखा-जोखा कहां रखा है ?

यह सब हो ही रहा था कि राष्ट्रीय मंच का परदा बदल गया, नया दृश्य सामने आ गया। सरकार ने घोषणा कर दी–15 अगस्त, 1947 को अंगरेज़ी राज्य भारत के बंटवारे के साथ समाप्त हो जाएगा और भारत स्वतन्त्रता प्राप्त करेगा। इस घोषणा का सरदारजी पर क्या प्रभाव पड़ा ? वे गम्भीर हो गए, बेहद गम्भीर। दो-तीन दिन के चिन्तन के बाद एक वाक्य उनका मुहावरा हो गया–"न जवाहरलाल देख रहा है, न जिन्ना, दोनों तरफ खून की नदियां बह जायेंगी। मैं भला उसे कैसे देख सकता हूं ? ना, मैं उसे नहीं देखूंगा। मैं चला जाऊंगा।"

औरों ने सुना तो समझा कि ये फिर विदेश जाने की बात सोच रहे हैं, पर श्रीमती हरनाम कौर ने सुना तो एक बिजली-सी खिंच गयी उनके रोम-रोम में–'ये फिर चले जाएंगे,' इस विचार ने उनके टूटे अनुभूति यन्त्र को जोड़ दिया और उन्होंने संयुक्त जीवन के आनन्द की फुहार महसूस की। उनकी सूखी खाल जैसे पहली बार चिकनी हो गयी, उनका रूखा मन जैसे लहलहा उठा–"नहीं जी, अब कहां जाना है।"

सरदारजी का मुहावरा दो-तीन दिन में बदल गया–"जिस आज़ादी के लिए मैं ज़िन्दगी भर जूझता रहा, उसे बिना देखे मैं कैसे जा सकता हूं ?" श्रीमती हरनाम कौर ने सुना, तो उन्हें लगा कि यह मेरी विजय है, सरदारजी अब कहीं नहीं जा सकते। उन्हें लगा कि आज उनका जीवन कृतार्थ हुआ है। सीता के तप को राम ने आज पहली बार स्वीकृति दी है। उन्हें जीवन की परिपूर्णता का ऐसा बोध हुआ, जैसा पहले कभी नहीं हुआ था। उनका बोल मीठा हो गया, हृदय मीठा हो गया, दृष्टिकोण आशावादी हो गया, उन्हें लगा उनकी उम्र बढ़ी नहीं घट रही है।

यह आ गया 14 अगस्त, 1947 । सरदारजी बहुत खुश थे, सरदारनी भी बहुत खुश थीं। उस घर में उस दिन जैसे एक नए दाम्पत्य का उदय हुआ था। दोनों ने उस दिन नए कपड़े बदले, नया रूप लिया। सरदारजी में उस दिन बेहद स्फूर्ति थी, सरदारनी भी प्रसन्न थीं। उनका ही नहीं, उस दिन उस कोठी का ही काया-कल्प हो गया था। दिन-भर मिलने वालों की चहल रही, खुशियां अठखेलियां करती रहीं। सरदारजी अतीत की स्मृतियों के पन्ने पलटते रहे, सरदारनीजी अतीत की स्मृतियों को विस्मृति के गर्त में फेंकती रहीं। उनके सामने अब अंधकार भरा अतीत नहीं, प्रकाशपूर्ण भविष्य था सोचती हूं, जीवन-भर कल्पना ही उनका जीवन रहा ! ...

14 अगस्त, 1947 की शाम आयी। सरदार अजीतसिंह पाकिस्तान की स्वतन्त्रता के समाचार वहां के रेडियो पर सुनते रहे। रात हुई, पर वे सोये नहीं, 12 बज गये, उनका रेडियो खुला था। वे भारत की स्वतन्त्रता के समारोह का आंखों-देखा हाल सुनते रहे। लॉर्ड

माउण्टबेटन का भाषण उन्होंने बहुत ध्यान से सुना। भारत अब स्वतंत्र था। उनका यज्ञ पूर्ण हो गया था। वे पूर्ण प्रसन्न थे, पूर्ण स्वस्थ थे, जैसे बीमारी उन्होंने कभी देखी ही न हो।

खुशी-खुशी वे सो गए। अभी चार भी नहीं बजे थे कि वे जाग गए और उन्होंने सबको जगाया। बोले–"मेरी ज़िन्दगी का मकसद पूरा हो गया, अब मैं जा रहा हूं।"

"कहां ?" सरदारनी ने हंसकर पूछा। सरदारजी ने अपनी बात किसी और से कही–"लो, मेरा आखिरी बयान लिख लो। दुनिया-भर में मेरे दोस्त फैले हुए हैं। वे शिकायत करेंगे कि बिना हमसे कुछ कहे ही चला गया।"

सुनकर वातावरण गम्भीर हो गया। उनके डॉक्टर को बुलाया गया। देखकर उन्होंने कहा–"सरदारजी एकदम ठीक हैं।" अलग बुलाकर उन्होंने कहा–"सरदारजी बूढ़े हो चुके हैं, कमज़ोर भी काफी हैं, जीवन-भर इन्होंने बहुत मुसीबतें झेली हैं। ऐसी हालत में किसी वहम का हो जाना स्वाभाविक है। बयान न लिखना। इनके मन में मरने की बात जम गयी तो हार्ट फेल हो सकता है।"

डॉक्टर साहब यह कहकर चले गए, टालमटोल की गई, बयान नहीं लिखा गया। वे बोले–"तुम लोगों की नज़र में मेरी राय गलत है और डॉक्टर की राय ठीक है। खैर मत लिखो, दुनिया के लोग तुम्हारी ही शिकायत करेंगे।"

उन्होंने सरदारनी को बुलाया। वे सोफे पर पैर लटकाये बैठे थे। सरदारनी सामने आ खड़ी हुईं। हाथ जोड़कर सहज स्वर में बोले–"मैंने तुम से शादी की थी। तुम्हारी सेवा करना मेरा फर्ज़ था, पर मैं भारतमाता की सेवा में लगा रहा। कुछ भी हो , कसूर तो हुआ ही।" उनका स्वर गम्भीर हो गया। बोले–"सरदारनी, मुझे माफ कर देना।" और उन्होंने झुककर दोनों हाथ से श्रीमती हरनाम कौर के दोनों पैर छू लिये।

वे चौंककर पीछे हटीं। सरदारजी ने अपने दोनों पैर ऊपर किये, एक ओर तकिये से लगे, पैर फैलाये, ज़ोर से पुकारा 'जय हिन्द' और वे जीवन-मुक्त हो गए।

स्वतन्त्र भारत की पहली उषा ने सूर्य के आगमन की पहली घण्टी बजायी, तो उस आवाज़ के साथ ही सरदारजी की मृत्यु की खबर चारों ओर फैल गई और डलहौजी के वे सब लोग जो स्वतन्त्र भारत में सरदारजी का भाषण सुनने के लिए एकत्र होने वाले थे, दुःख के आंसुओं में डूबे उनकी अर्थी के पीछे चले।

सोचती हूं ऐसी स्वेच्छा-मृत्यु पौराणिक वीर भीष्म के बाद क्या इतिहास में कहीं और भी किसी को प्राप्त हुई ? सचमुच सरदार अजीतसिंह हमारे राष्ट्र की क्रान्ति के भीष्म ही तो थे।

: 7 :

आशा–निराशा की धूप–छांह : श्रीमती हरनाम कौर

वे अकेली थीं, एकदम अकेली, पर उनके साथ हरदम एक दिव्य-पुरुष रहता था। उनके जीवन के सब दीप बुझ गए थे, पर उनके अंधेरे घुप्प जीवन में एक ज्योति सदा जलती रहती थी।

यह दिव्य पुरुष था उनका निर्वासित क्रान्तिकारी पति सरदार अजीतसिंह, जो उनसे हज़ारों मील दूर था।

अंधेरे जीवन की यह थोथी प्रतीक्षा, वे आयेंगे, कब आयेंगे ?

वर्षों की गांठ लगाते-लगाते उनका तन बूढ़ा हो गया था–उसने दुनिया देख ली थी, पर उनके मन ने देखा था विवाह, विवाह का सुख न भोगा था, इसलिए वह विवाह के वातावरण में ही ठिठक गया था, आगे न बढ़ा था, अभी उसी उम्र में जी रहा था, आकांक्षा से परिपूर्ण होकर।

वे अपने क्रान्तिकारी पति के विश्वव्यापी यश-साम्राज्य की साम्राज्ञी थीं, देश-भर के लिए वन्दनीय, पर अपने वातावरण में एक अभागी ही।

वे एक साथ कैलाश का प्रकाशमान शिखर भी थीं, पृथ्वी का अंधेरा खण्ड भी : क्या ज़िन्दगी थी श्रीमती हरनाम कौर की कि स्मरण कर सबका सिर झुके, पर वैसी ज़िन्दगी जीने की कोई आकांक्षा न करे।

वह पागलपन का युग था। खूब पागल पैदा हुए उस युग में। पागल अपने हित की कोई बात नहीं सोचता, और अपने सिवा किसी की ओर ध्यान नहीं देता। वह अपनी बातों में इतना डूब जाता है कि उसे अपना भी ध्यान नहीं रहता। उसे न किसी की प्रशंसा प्रभावित करती है, न निंदा । वह अपनी ही राह चलता है, अपनी ही नींद सोता है, अपनी ही जाग जागता है। कोई उसे समझदारी का पाठ पढ़ाना चाहता है, तो उसका उत्तर होता है–

"इन्हीं बिगड़े दिमागों में घनी खुशियों के लच्छे हैं,
हमें पागल ही रहने दो, कि हम पागल ही अच्छे हैं।"

उसकी कोई व्यक्तिगत चाह नहीं होती और एकमात्र चाह होती है यह कि सब पागल हो जाएं, कोई समझदार न रहे। श्रीमती हरनाम कौर के पिता भी एक पागल थे और उनके पागलपन का ही एक नमूना है, यह, कि उन्होंने अपनी बेटी, 'हरि' के लिए एक पागल ही पति चुन लिया था। वे गोरक्षा के दीवाने थे और उनका दामाद देश-रक्षा का दीवाना। दोनों अपनी धुन के धुनी थे।

वे थे कसूर के प्रसिद्ध वकील श्री धनपतराय। गाय की रक्षा कैसे हो, यही उन का

मिशन था। वे विद्वान् थे और यह बात समझ गए थे कि गाय की रक्षा गोमाता की जय बोलने से नहीं होगी। गाय की उपयोगिता बढ़ाने से होगी। सोचती हूं विशाल देश के वे पहले आदमी थे, जिन्होंने गाय के प्रश्न को धार्मिकता की दलदल से निकाल कर वैज्ञानिक उपयोगिता की साफ ज़मीन पर रखा था, परखा था। बरसों के चिन्तन के बाद वे इस परिणाम पर पहुंचे थे कि नयी गायों की नस्ल सुधारी जाए, जिससे वे अधिक दूध दें और दूध न देनी वाली गायों को बैलों की तरह हल में और गाड़ियों में जोड़ा जाए। हमारे देश की जनता परिवर्तन को सुगमता से स्वीकार नहीं करती । उनकी बात से भी लोग भड़क उठे थे। महीनों तक धार्मिक और सामाजिक पत्रों में उनके विरुद्ध मोटे-मोटे शीर्षक लगाए गए थे और उन्हें बुरा-भला कहा गया था, पर कहा तो मैंने कि वे तो पागल पीढ़ी के पुत्र थे, जो निन्दा-स्तुति से ऊपर रहती है। धार्मिक पण्डितों ने उन्हें धर्म-सभाओं के उत्सवों में अधार्मिक घोषित किया था और क्या गाय का हल में जोड़ना धर्मानुकूल है ? इस प्रश्न पर शास्त्रार्थ के लिए ललकारा था। उन्होंने मुस्करा कर सब-कुछ सुना था, पर कहा कुछ नहीं थी। वे स्वयं सामाजिक क्रान्ति की प्रचण्ड हुंकार थे, धर्मान्धता की ललकार वे भला क्या सुनते ?

उनके जीवन-चरित्र की सामग्री परिस्थितियों ने लूट ली है, पर उनके चरित्र का यह चित्र तो इतिहास के पृष्ठों में सुरक्षित रहेगा ही कि हिन्दू होते हुए भी उन्होंने अपनी बेटी का विवाह एक ऐसे सिख युवक से किया जो देश-भक्ति में उफन रहा था। यह भी स्पष्ट ही था कि यह उफान उसे ऐश-आराम के उपवन की ओर नहीं, लम्बी जलन की ओर ही ले जाएगा। फिर यह विवाह भी कैसे हुआ। क्या बारात चढ़ी ? घर-द्वार सजे ? बाजे बजे ? धूम-धाम मची ? धर्म-कर्म हुए ? नहीं, वह सब कुछ नहीं हुआ और हुआ सिर्फ यह कि श्री धनपतराय ने अपनी बेटी को अजीतसिंह के पास बैठाया और यह कहते हुए बेटी का हाथ वर के हाथ में दे दिया–"संसार की हर वस्तु तभी आगे बढ़ती है, एक शक्ति का रूप ग्रहण करती है, जब दूसरी के साथ मिल जाती है। जीवन में आगे बढ़ने के लिए, उन्नति के पथ पर चढ़ने के लिए मैं तुम दोनों को मिलाता हूं।" जब-जब यह विवाह मुझे याद आता है, मैं सोचने लगती हूं कि क्या संस्कार था, दो जीवनों की एकता का क्या यह सूत्र हमारे समाज के लिए श्री धनपतराय का एक अमर उपहार नहीं है ?

बरसात पानी का मौसम है, सरदी ठण्डक का, गरमी लू-झुलस का और बसन्त फूलों का, पर विवाह सपनों का मौसम है। इस विवाह में सपनों की भीड़ नहीं थी, क्योंकि वे एक-तरफा थे। सरदार अजीतसिंह के दिल-दिमाग में घरेलू जीवन का कोई सपना था, मुझे इसका विश्वास नहीं होता, क्योंकि उनकी नस-नस में भारत में सशस्त्र क्रान्ति का एक ऐसा विराट् सपना समाया हुआ था कि किसी और छोटे सपने की वहां गुंजायश ही न थी। जो विनाश की होली जला रहा हो, खून का फाग खेल रहा हो, वह विकास की दीपावली में तेल के नन्हें दीपक कहां जला सकता है ? कवि के शब्दों में उनका भाव है–

"तुम समाये हुए हो नज़रों में,
अपनी आंखों में आए नींद कहां ?"

ठीक है उनकी आंखों में किसी सपने की गुंजायश न थी और उनके लिए विवाह बड़ों की खुशी के लिए और परिस्थितियों के कारण किया गया एक कर्त्तव्य था, पर हरनामकौर की आंखों में तो एक सौ आठ सपने थे, और हर सपना अजीतसिंह के धागे में पिरोया हुआ था। उन सपनों का क्या हुआ ? विवाह के कुछ समय बाद गौना हुआ, तो सपने और रंगीन हो गए। अब दोनों साथ थे, पर साथ कैसा था ? ऐसा साथ जैसी पुरानी छपरिया, जिनमें जगह-जगह छेद। दो दिन साथ रहते तो मन के बन्द द्वार खुलते लगते, पर अजीतसिंह शाम तक लौटने की बात कहकर चले जाते और राजनति के चक्कर पर ऐसे चढ़ते कि कई दिन शाम ही न होती। फिर आते और दूसरे ही दिन चले जाते, तो सप्ताह-भर में लौटते। कभी-कभी पूरा महीना बीत जाता। हरनाम कौर घर को झाड़-बुहार कर, लीप-पोत कर साफ करतीं, पलंग की चादर बदलतीं, सजतीं, संवरतीं, पर उनका यह उत्साह एक मानसिक आघात बनकर रह जाता, जब वे न आते। हंसी से खिलते प्रभात आते, उदासी से बुझती सन्ध्या आती और रात उनकी प्रतीक्षा में कांटे उगा देती। ये कांटे उस दिन ज़हर-बुझे शूल हो गए, जिस दिन अजीतसिंह गिरफ्तार हुए और माण्डले के किले में जलावतन कर दिए गए।

प्रतीक्षा पहले भी थी, अब भी , पर पहली प्रतीक्षा में एक स्वाद था, अब की प्रतीक्षा में एक विषाद। पहले देर-सवेर लौटना अजीतसिंह के अपने वश में था, उस पर आग्रह किया जा सकता था, किया जाता था और कभी-कभी वह सफल भी हो जाता था। अब आना-न-आना अजीतसिंह के वश में न था। सरकार की इच्छा पर था और इस इच्छा की सीमा का पता किसी को न था। न इसे प्रभावित करना ही किसी के हाथ में न था। पहले अपनी बीमारी की झूठी-सच्ची खबर भेज कर अजीतसिंह की इच्छा को प्रभावित करना सम्भव था, पर अब सरकार की इच्छा तो किसी की मृत्यु पर भी कोमल होने को तैयार न थी। हरनाम कौर का हृदय-द्वार पहले भी बन्द रहता था, अब भी, पर पहले वह द्वार एक सांकल से बन्द था, जो खुल सकती थी, खुल जाती थी। अब उस पर ताला लग गया था और उसकी ताली एक ऐसी जेब में थी, जिसमें हाथ डालना हरनाम कौर के वश में न था। ज़िन्दगी सुनसान हो गई थी, इतनी सुनसान कि भविष्य की आशा के चांद-सूरज तो दूर, कोई जुगनू भी कभी उसमें न चमकता था, अंधेरा ही उनका वर्तमान था, अंधेरा ही भविष्य !

इस अंधेरे में एक दिन अचानक प्रकाश भर गया और प्रकाश भी सूर्य का। हरेक समाचारपत्र का पहला पृष्ठ सरदार अजीतसिंह के नाम से सुनहरे अक्षरों में चमक उठा। सरकार ने उनके निर्वासन का आदेश वापस ले लिया था और वे माण्डले से वापस आ रहे थे। हरनाम कौर के कपड़े चमक उठे, चेहरे पर रौनक चमकी, सिर के रूखे बाल चिकने होकर चमक उठे और चमक उठा घर। सरदार अजीतसिंह आ गए और हरनाम कौर का जीवन सुगम हो गया, पर भाग्य को यह सुगमता अधिक दिन सहन न हुई।

उस दिन हरनाम कौर की देह बुखार से गरम तवा हो रही थी। उठना तो दूर, बैठना भी सम्भव न था। अजीतसिंह इसी हालत में उन्हें लाहौर से बंगा लाए और हरनाम कौर के 'कब आएंगे', प्रश्न पर 'परसों आ जाऊंगा', कहकर चले गए।

जाने कितनी परसों आईं और चली गईं, पर उनका कोई पता नहीं था। दिन के बाद दिन, सप्ताह के बाद सप्ताह, महीने के बाद महीने और साल के बाद साल गुज़रते चले गए, पर वे नहीं लौटे, न कोई खबर ही दी। सरदार अजीतसिंह सरकार की आंख बचाकर देश छोड़ विदेश चले गए थे। राम के वनवास की सीमा चौदह बरस थी और पाण्डवों के अज्ञातवास की एक बरस, पर सरदार अजीतसिंह उस अज्ञातवास के लिए चले गए थे, जिसकी कोई सीमा न थी। यह सब विवाह के चार वर्ष बीतते-न-बीतते ही हो गया था और हरनाम कौर श्रृंगार-सेज स्पर्श कर अंगार-सेज पर आ बैठी थीं।

सास-ससुर ने इस अंगार-सेज को सहन योग्य बनाने के लिए अपने होनहार पौत्र जगतसिंह और भगतसिंह को अपने पास गांव में ही रख लिया और उनके पालन-पोषण की ज़िम्मेदारी और देख-भाल का काम दोनों चाचियों को सौंप दिया। उनका कलेजा अब भी खोखला था, पर गोद भर गई थी। उनकी शैया अब भी जल रही थी, पर होनहार बेटों की समीपता के कारण उसकी जलन कम हो गई थी। अन्तःकरण अब भी शून्य था, पर वातावरण बेटों की बातचीत से मुखर था। उनकी भुजाएं अब उमंग से फैलती थीं, तो कोई-न-कोई बेटा उनमें सिमट आता था। वे उसे अपने पास सुलातीं, अपने हाथ से खिलातीं-पिलातीं और तैयार कर मदरसे भेजतीं। लौटने का समय उन्हें मालूम था, पर प्यार की उत्सुकता ने कब घड़ी का विश्वास किया है ? वे समय से पहले ही द्वार पर पहुंच जातीं और दूर-दूर तक ताकती रहतीं। कोई बालक या किशोर उधर से आता दिखता, तो पूछती—जगतसिंह आ रहे हैं क्या ? कभी-कभी यह प्रश्न बार-बार दोहराया जाता, तो उनकी सास झल्ला कर कहतीं—एक तेरे ही बेटे तो मदरसे में नहीं गए, फिर आएंगे तो तेरे पास ही आएंगे, वहां खड़ी क्यों बेकार ताक-झांक करती है, जब कि काम करने को पड़ा है।

वे सुनतीं तो कभी-कभी अनसुना कर देतीं और कभी द्वार से लौट आतीं, पर उन्हें चैन न पड़ती और फिर द्वार पर जा लगतीं। उनके चेहरे पर बहुत तेज़ी से भाव आते-जाते रहते, जैसे उनके भीतर कोई फ़िल्म चल रही हो और उसके दृश्य बदल रहे हों। अचानक जगतसिंह दिखाई दे जाते, फिल्म रुक जाती, उनके हृदय की धड़कन बढ़ जाती और उत्सुकता फट-सी पड़ती। वे जगतसिंह को गोद में उठा लेतीं और धीरे-से पूछतीं—"तुम्हारे चाचाजी का पत्र आया है ?" गांव का डाकखाना स्कूल में ही था, पर डाकखाना किसी को अपनी तरफ से पत्र नहीं भेजता। जगतसिंह कहता, "ना" और बस उनकी उत्सुकता का ज्वार एकदम उतर जाता और आंखों के कोरों में आंसू झलक आते। जगतसिंह उनका भाव समझ लेता। घर में हर समय देश की गुलामी अंगरेज़ों के अत्याचार और क्रान्ति की ही बातें होती रहती थीं। जगतसिंह अपनी छाती पर हाथ मारता और कहता—"चाचीजी, मैं बड़ा होकर अंगरेज़ों को देश से निकालूंगा और चाचाजी को वापस लाऊंगा।" छोटा भाई भगतसिंह भी पास ही होता।

वह जन्म से ही बेहद भावुक और सहृदय था। यह सब देखकर वह हैरान-सा होता और फिर बहुत-से प्रश्न एक साथ पूछता, जिनमें कुछ अंगरेज़ों के सम्बन्ध में होते, तो कुछ चाचाजी के और फिर अपने छोटे-छोटे हाथों से चाची के आंसू पोंछते हुए कहता–"चाचीजी, मैं जरूर चाचाजी को वापस लाऊंगा।" आश्वासन का तार कितना ही कमज़ोर क्यों न हो, वह टूटे मन को एक बार ज़रूर सहारा देता है। हरनामकौर संभल जातीं, घर के काम में जुट जातीं और फिर दूसरे दिन उसी तरह अपना प्रश्न दोहरातीं–"तुम्हारे चाचाजी का पत्र आया है ?" उत्तर भी वही होता और परिणाम भी, फिर भी इसमें जीवन का चक्र घूमता तो था ही। इसी तरह बीत गए लगभग आठ साल और फिर एक दिन यह चक्र अचानक टूट गया और भविष्य का नक्षत्र जगतसिंह भगवान् की गोद में जा सोया।

यह एक बड़ा धड़ाका था, पर इसने हरनाम कौर को भड़भड़ाया नहीं, एकदम गुम कर दिया, न आंखों में आंसू, न मुंह में विलाप, बस चुपचाप वे जहां बैठतीं, बैठी ही रह जातीं। उनके भीतर इतने चित्र थे कि वे कुछ और कह न पातीं। अपना ही अतीत उनके सामने बिखरा पड़ा था, कुछ इस तरह जैसे आंधी में पत्ते कि एक को पकड़ो तो दूसरा उड़ जाए और एक की तरफ हाथ बढ़ाओ तो दूसरा सामने आ जाए। उनका जन्म कहां हुआ था, उनके माता-पिता कौन थे, कैसे थे, वे कुछ नहीं जानतीं। बस वे इतना ही जानती हैं कि अपने माता-पिता के घर वे दो-तीन वर्ष की उम्र तक रहीं और फिर उनसे बिछुड़ गईं। कहां, कैसे यह दुर्घटना हुई, वे कुछ नहीं जानतीं। उनकी आरम्भिक स्मृतियां धनपत राय के आंगन में ही खेलती हैं। उन्होंने 16 वर्ष की उम्र तक वहां रहके, वहां के जन-जन की ही नहीं, कण-कण की समानता अनुभव की और उनकी आत्मीयता का भी वह परिवार पूरी तरह केन्द्र रहा। उनके वहां से चलते वहां की हर आंख रोई और स्वयं उनकी आंखें भी पानी-पानी हुईं। हरनाम कौर को ज़रा-सा भी कभी किसी ने आभास नहीं होने दिया कि वे इस घर में नहीं जन्मीं। सोचती हूं कितने विशिष्ट थे श्री धनपत राय और कितना शिष्ट था उनका परिवार ; पर सत्य सत्य ही था और वह सत्य सूत्ररूप में ही सही, हरनाम कौर के अन्तःकरण में स्पष्ट था कि धनपत राय की इकलौती बेटी विख्यात होकर भी मैं उनके घर में जन्मी नहीं हूं।

वह पहले अपने जन्मदाताओं के साथ बसीं-बिखरीं, फिर धनपत राय के पुण्य परिवार में बसीं-उखड़ीं, फिर सरदार अजीतसिंह के साथ बसीं-उजड़ीं और तब बेटे जगतसिंह के साथ उन्होंने अपने मन की बेल को रोपा, सींचा, पनपाया, बांधा और टूटते देखा। सोचती हूं, परिवर्तन के ऐसे धड़ाकों में तो एक कर्कश-कठोर पुरुष भी पागल हो जाए, फिर वे तो एक ममतालु महिला थीं। यही नहीं कि वे पागल या अस्त-व्यस्त नहीं हुईं, जीवन में व्यवस्थित और प्रशान्त रहीं। उनके भीतर लाख विष उमड़ा हो, उसे उन्होंने जीभ पर कभी नहीं आने दिया। उनकी उपमा उस वृक्ष से दी जा सकती है, जो सांप-बिच्छुओं से भरे खण्डहर में खड़ा होकर भी सदा फूल बरसाता रहता है।

मनोविज्ञान के अध्ययन से पता चलता है कि कठोर और क्रूर माता-पिताओं के

बच्चे अक्सर डाकू और हत्यारे हो जाते हैं। जीता-जागता अनुभव है कि सिंचाई-नुलाई और खाद से खेत और उपवन फल-फूल देते हैं और इनके अभाव में सूख जाते हैं। प्यार, ममता, सहानुभूति, समवेदना, सद्व्यवहार, सदाचार मनुष्यता की खुराक हैं। इनके बिना वह रूखा हो जाता है, हताश हो जाता है, उनमें 'फ्रस्ट्रेशन' आ जाता है; वह मनुष्य-द्रोही हो जाता है, उसे अपने सिवा सब बुरे लगने लगते हैं। हरनाम कौर उस युग के गांव में रह रही थीं, जो गुलामी और सामाजिक कुरीतियों से जकड़ा हुआ था और जहां समर्थ को ही सम्मान पाने का अधिकारी माना जाता था। समर्थ शासक थे तो असमर्थ शासित। शासितों पर ममता कब किसने बखेरी है? सदा स्मरणीय विनायक दामोदर सावरकर ने अपनी अण्डमान-यात्रा का वर्णन किया है। उन्हें बैलों की तरह कोल्हू में जोड़कर तेल निकलवाया जाता था, नारियल का छिलका कूटकर उसके तार निकालने को दिए जाते थे। हरनाम कौर भी ऐसे ही कठोर परिश्रम का जीवन जी रही थीं। उनकी देवरानी श्रीमती हुकम कौर भी इस जीवन में उनके साथ थीं, उन पर मैंने इसी पुस्तक में अलग लिखा है, पर दोनों में स्वभाव का चौड़ा अलगाव था। नतीजा यह कि दोनों एक जुए के नीचे थीं, पर एक-दूसरे को सरसता न दे पाती थीं।

अनुभवी बड़ी-बूढ़ियों का कहना है कि कोई पूरे समय पूरी मेहनत करे, तो पावभर सूत प्रतिदिन कात सकता है। फिर कातना ही तो एक काम न था। उनका दिन तड़के चार बजे आरम्भ हो जाता था। जब वे चार-पांच सेर अनाज की टोकरी लेकर अपनी देवरानी के साथ चक्की पर आ बैठती थीं। फिर दूध दुहना और चौके-बरतन के काम के बाद चरखे पर बैठना। उनके चरखे के चलने से ही परिवार का चरखा चलता था। कपास के चुनने से लेकर सूत बुनने का सारा काम उन्हीं के हाथों से होता था तब बनते थे सबके कपड़े। उस कपड़े में से कई थान खद्दर रंग कर फुलकारियां बनाई जाती थीं। जिन दिनों कातने का काम न होता, उन दिनों फुलकारियों पर कशीदाकारी आरम्भ हो जाती। दिन-भर एक क्षण के लिए भी न बैठने के बाद, उनके सिर पर होता रात का काम। सोचती हूं, वे दोनों जीवित मनुष्य होकर भी जड़ लोहे की मशीन हो गई थीं, जिसका हर पुरज़ा अपनी जगह कसा हुआ था, जिसकी रफ्तार बांध दी गई थी और जिसे इधर-उधर होने की ज़रा भी गुंज़ायश न थी। बीस वर्ष की भरी जवानी से छप्पन वर्ष के ढलाव तक श्रीमती हरनाम कौर ने यही जीवन जिया। उनकी ज़िन्दगी एक ऐसे किले में बीती, जिसकी दीवारें ऊंची भी थीं, मज़बूत भी और जिसमें कहीं कोई खिड़की न थी, जिससे बाहर के फूलों की महक भीतर आ सके। हां, एक खिड़की ऐसी अवश्य थी, जिससे बाहर के कांटे कभी-कभी उन तक अवश्य आ जाते थे। वे कांटे थे, अफवाहों के, वे कांटे थे चर्चाओं के—कीकर और करौंदे ही नहीं, नागफन के ज़हरीले कांटे से तेज़ और पैने। ये कांटे शरीर में चुभते हैं, वे कांटे कलेजे में चुभते थे।

वे कातती होतीं और पास-पड़ोस की कोई महिला उनके पास आ बैठती। दैनिक पत्रों में भी खबरें छपती हैं, पर हमारे देश में तो हर आदमी ही बिना छपा दैनिक पत्र है। यह महिला भी ऐसा ही दैनिक पत्र सिद्ध होती और खबर देती—"तू यहां बैठी उसके नाम का चरखा चला रही है और अजीतसिंह ने तो विलायत में मेम से शादी भी कर

ली है, तभी तो चिट्ठी तक भी नहीं भेजता।" वह तो इतना कह कुछ देर बाद चली जाती, पर हरनाम कौर के कलेजे की झोंपड़ी में ऐसी चिनगारी रख जाती जो उन्हें जलाती भी और रुलाती भी। कल्पना के सहारे आशा के पत्तों का जो महल हरनाम कौर हफ्तों-महीनों में बनातीं, वह एक ही झोंके में ढह जाता। जो दूर होकर, अज्ञातवासी होकर भी उनका अपना बना रहता था, किसी और का हो जाता और उसके लौटने की राह ही बन्द हो जाती। वे तड़प उठतीं, तड़पती रहतीं। इस तड़प में उनके सूत का तार टूट जाता, तो जाने कब तक टूटा रहता और वह पूनी का टुकड़ा हाथ में लिये बैठी-की-बैठी रह जातीं। सच तो यह कि वे उस समय पीढ़े पर होते हुए भी पीढ़े पर न होतीं और इससे बड़ा सच यह कि वे कहीं भी न होतीं, अपने आंसुओं में डूबी रहतीं। हम दूसरों के सम्बन्ध में कुछ कहते समय कितने हृदयहीन हो जाते हैं ?

बचपन से ही भगतसिंह के हृदय पर चाचियों के आंसुओं की छाप पड़ चुकी थी। वहीं से उन्होंने गुलामी के दर्द को अपने दिल में पाल लिया था। भारत की स्वतन्त्रता और चाचाजी की वापसी, दो ही प्रबल इच्छाएं थीं उनकी। इसके लिए उन्होंने कोई सम्भव प्रयत्न न छोड़ा था। इसी से अब अजीतसिंह का पता मालूम हो गया था और कभी-कभार उनका गुमनाम पत्र किसी-किसी के पते पर आने लगा था। सन् 1929 में जब भगतसिंह पर मुकदमा चल रहा था, वे उन दिनों ब्राजील में थे। कुलतारसिंह उस समय पांचवीं कक्षा के विद्यार्थी थे। हरनाम कौर ने कुलतार सिंह से पत्र लिखाया—"आप तो परसों लौटने का वायदा कर गए थे, अभी तक आए क्यों नहीं ?" उत्तर मिला—"अजीज, परसों और बरसों में दो ही नुक्तों (उर्दू लिपि के अनुसार अनुस्वार) का फ़र्क है !"

कभी-कभार के पत्र से यह तो निश्चित हो ही गया था कि वे जीवित हैं। कई बार रोम-रेडियो से उनके भाषण भी प्रसारित होते थे, पर कुछ महीनों यदि उनकी कोई खबर न मिलती तो कभी-कभी बिना छपा दैनिक यह खबर भी लाता कि अजीतसिंह की मृत्यु हो गई है। इस खबर में हरनाम कौर को अपने भविष्य की ही मृत्यु दिखती और वे बेहाल हो जातीं। हर खबर इस तरह दी जाती कि जैसे खबर देने वाला स्वयं अजीतसिंह की शव-यात्रा में शरीक होकर लौटा है। हर खबर एक झूठ थी, पर यह झूठ उस दुखिया मन में इस तरह चुभता, इस तरह चुभता कि सच भी मात मान लेता। सोचती हूं, हम अपने घर का कूड़ा गली में फेंककर, केले का छिलका सड़क में डालकर, मल-मूत्र के लिए बच्चे को जहां-तहां बैठाकर और पान की पीक थूककर ही वातावरण को गन्दा नहीं करते, अप्रामाणिक सुने-सुनाए या गढ़े-गढ़ाए विचार बिखेरकर भी उसे सड़ाते हैं और भूल जाते हैं कि हम इस तरह उस वातावरण को खराब कर रहे हैं, जिसमें दूसरों के साथ हम भी रहते हैं। हम रामलीला बार-बार देखते हैं, मन्थरा के कारनामों पर उसे कोसते हैं, पर हमारी आत्म-निरीक्षण और आत्म-चिन्तन की वृत्ति इतनी निर्बल हो गई है कि यह अनभूति हमारे अन्तःकरण को नहीं मथती कि स्वयं हमारा स्वभाव इतना हीन और दोष-दर्शी हो गया है कि मन्थरा हमारे सामने छोटी रह गई है। भूकम्प पृथ्वी को हिला देते हैं, हरनाम कौर भी हिल जातीं, पर उनका

यह विश्वास कभी खण्डित नहीं हुआ कि उनके पति जीवित हैं और वे एक दिन ज़रूर लौटेंगे। यह विश्वास ही उनके जीवन की धुरी थी।

इस वातावरण में, इन परिस्थितियों में रहते हुए भी हरनाम कौर का हृदय मानव के प्रति बेहद सहानुभूतिपूर्ण और संवेदनशील था। वे शिक्षित थीं और गांव की लड़कियों को शिक्षित करती रहती थीं। पढ़ने वाली लड़कियों की भीड़ उनके पास जुड़ी ही रहती थी। एक बार तो उन्होंने छोटा-सा स्कूल ही खोल लिया था, जिसमें हिन्दी और पंजाबी की शिक्षा वे स्वयं देती थीं। टूटी हड्डियों को जोड़ना, मोच निकालना, दुखती आंखें ठीक करना और इसी तरह के दूसरे काम भी उन्होंने अपनी सास श्रीमती जय कौर से सीख लिये थे। इस तरह वे अपने गांव की मास्टरनी और डॉक्टरनी एक साथ थीं, पर न उनके नर्सिंगहोम की कोई फीस थी, न स्कूल की। वे लड़कियों को पढ़ाती ही न थीं, उन्हें जीवन के सत्यों और तथ्यों की शिक्षा भी देती थीं, जिससे उनका व्यक्तित्व निखर उठता था। उनका आत्मा में कितनी तेजस्विता थी, इसका पता इस बात से चलता है कि एक बार उनकी पढ़ाई एक लड़की को उसके पति ने किसी मतभेद पर अपने घर ले जाने से इनकार कर दिया। सबके-सब प्रयत्न जब बेकार हो गए, तो उन्होंने उस युवक को एक पत्र लिखा। उनकी आत्मा की तेजस्विता का उस युवक पर ऐसा प्रभाव पड़ा कि वह आकर उस लड़की को ले गया और उन दोनों में फिर कभी कड़वाहट नहीं आई। उनके जीवन का यह पहलू उनके व्यक्तित्व की विशिष्टता को समझने के लिए साफ आईना है कि अपने बिगड़े जीवन को भूल वे दूसरों के बिगड़े जीवनों को बनाने-संवारने में लगी रहीं। जिन्हें जीवनशास्त्र का ज्ञान और जीवन की मनोवैज्ञानिक प्रवृत्तियों का परिचय है, वे मानेंगे कि यह कोई साधारण बात नहीं है।

स्वप्न प्रकृति के निर्माण का एक अद्भुत तन्त्र है। इसी की शक्ति से रावण के राक्षसी पहरे में समुद्र पार रहते भी सीता राम से प्रतिदिन मिल सकती थीं और राधा गोकुल में रहकर भी द्वारकावासी कृष्ण से। वियोग में स्वप्न रंक का भी उतना ही सहारा है, जितना राव का। स्वप्न के सम्बन्ध में विभिन्न दृष्टिकोणों से विभिन्न बातें कही गई हैं पर जन-सामान्य के जीवन में तो स्वप्न एक रहस्य ही है। हमारे परिवार में स्वप्नों के अनेक चमत्कार हैं। उस दिन भी एक चमत्कार ही हुआ था, जब हरनाम कौर ने सुबह उठकर सबको बताया था कि "सरदारजी बहुत बड़ी फौज के जनरल हो गए हैं और मैंने उन्हें फौजी वर्दी में देखा है, अब वे फौज लेकर ही यहां आएंगे।" उस दिन सबने एक दर्द के साथ उनका स्वप्न सुना था, पर बाद में सबने आश्चर्य के साथ सुना कि उन दिनों सरदार अजीतसिंह सचमुच आज़ाद हिन्द लश्कर का इटली में निर्माण करते हुए पूरी तरह फौजी मूड़ में थे।

हरनाम कौर निरन्तर भीतर-ही-भीतर उनकी बात सोचती थीं, उनके मन की एक लहर कहती थी–वे आ जायें, पर भगतसिंह की फांसी की बात सोच कर उनका मन थर्रा जाता था–ना, वे यहां न आएं, वहीं रहें। महाकवि 'हरिऔध' की राधा के शब्दों में उनका अन्तर्द्वन्द्व कुछ इस प्रकार था–

"प्यारे आवें, मम दुख हरें, प्यार से गोद लेवें,
ठण्डे होवें नयन, दुख हों दूर, मैं मोद पाऊं ।
यह भी है भार उर के और ये भाव भी है,
प्यारे जीवें, सुख से रहें, गेह चाहे न आवें ।"

विवाह के बाद उनके पति ने पाठ का एक गुटका उन्हें दिया था। वे रात में सोने से पहले कभी उसका और कभी गीता का पाठ किया करती थीं। यह गुटका अन्त तक उनके पास रहा और उनकी पति-निष्ठा को विश्वास का बल देता रहा। उनका विश्वास सफल हुआ और स्वतन्त्रता के अरुणोदय (मार्च 1947) में सरदार अजीतसिंह भारत लौटे। कुछ दिन दोनों साथ रहे, पर स्वतन्त्रता के सूर्योदय की पहली किरण के साथ ही वे स्वर्ग सिधार गए। वे पहले भी अकेली थीं, फिर भी अकेली रह गईं, पर दोनों स्थितियों में बड़ा अन्तर था। पहले अकेलेपन में आशा की एक ऊष्मा थी, प्रतीक्षा का साथ था, पर बाद का अकेलापन बर्फ की तरह ठण्डा था और उसमें फिर कभी ऊष्मा आने की आशा तो दूर सम्भावना भी न थी। इस धक्के ने उन्हें अन्तर्मुख कर दिया था, बाहर से एकदम चुपचाप। उनमें अथाह जीवन-शक्ति थी। वे तिड़क कर भी टूटीं नहीं और अपने को नई परिस्थितियों के साथ मिलाकर चलती रहीं।

उनकी इच्छा थी कि मरने के बाद उनका दाह-संस्कार भगतसिंह की समाधि पर किया जावे। संयोग की बात कि फरवरी, 1962 में वे फिरोज़पुर में थीं। वहीं उनका देहान्त हुआ और उनकी इच्छानुसार शहीद भगतसिंह की समाधि के पास ही उनका दाह-संस्कार किया गया।

मेरा मन जलती हुई दीपशिखा की तरह उनके जीवन का चिन्तन कर अपने से पूछता है—क्या उनका जीवन एक सफल जीवन था ? क्या उन्हें उनकी तपस्या का फल मिला ? इससे भी आगे बढ़कर क्या उनकी तपस्या को समाज ने, राष्ट्र ने पहचाना, पूजा ? मेरा मन एक बार घने गहरे अंधकार से भर जाता है, क्योंकि न गुलाम भारत ने उनकी खोज-खबर ली, न आज़ाद भारत ने। वे गुमनाम जीवित रहीं, गुमनाम मर गईं। मैं अवसाद में डूबने लगती हूं, पर तभी मेरी आंखों में घूम जाता है, वह दृश्य, जहां भारत में सशस्त्र क्रान्ति के एक प्रमुख प्रणेता सरदार अजीतसिंह अपनी मृत्यु से कुछ देर पहले स्वतन्त्रता के पहले दिन 15 अगस्त, 1947 की ब्रह्मवेला में उनके पैर छूकर उनकी तपस्या का अभिनन्दन करते हैं। उनके जीवन की यह सर्वोत्तम उपलब्धि थी, निश्चित ही ऐसी उपलब्धि जिसने जीवन-भर भूख की अधमरी ज़िन्दगी जीने वाली उनकी आत्मा को छत्तीस भोग, छत्तीसों व्यंजन से भरे भण्डार में ला बैठाया था। यह एक भारतीय नारी की महान् उपलब्धि थी, जिसने हरनाम कौर को सीता, दमयन्ती और सावित्री की परम्परा में लाकर खड़ा कर दिया।

: 8 :

क्रान्ति की किरण : सरदार स्वर्णसिंह

बाप जागरण क्रान्ति का अगुआ, बड़ा भाई लोकमान्य तिलक की राजद्रोही राजनीति का पोषक और मंझला भाई 'पगड़ी संभाल ओ जट्टा' के रूप में उत्तर भारत जनक्रान्ति का प्रवर्तक, घर में हर समय राजनीति की चर्चा, गदर मचाने के जोड़-तोड़ अंगरेज़ों को खत्म करने के मनसूबे। इस स्थिति में छोटा भाई स्वर्णसिंह 16-17 वर्ष की उम्र में उफनती बगावत के सपने लेने लगा, तो क्या आश्चर्य ?

1904-5 में राजपूताना में ज़बर्दस्त अकाल पड़ा। माताओं ने बेटियां दूसरों को सौंप दीं, बापों ने बेटे, यह तो साधारण बात थी, पर इस अफवाह ने देश का दिल दहला दिया कि मां ने अपने बेटे को उसी तरह खा लिया, जैसे भेड़िया हिरन के बच्चे को खा लेता है। सरदार किशनसिंह उस अकाल के बीचों बीच खड़े थे, एक देवदूत की तरह और सेवा का काम कर रहे थे। वे अनाज, रोटी और कपड़े का वितरण करते, बीमारों को दवा-दारू देते और जिन बच्चों के मां-बाप जाते, उन्हें कैम्प के संरक्षण में ले लेते।

अकाल समाप्त हुआ, तो कैम्प में काफी बच्चे थे। उनका क्या हो ? वहां ऐसा कौन था, जिसे सौंप देते उन अनाथों को ? उन्होंने लाला लाजपतराय से सलाह की और उन्हें अपने साथ ले आए। लाहौर के मोरी दरवाज़ा पर एक अनाथालय खोला गया और उसमें उन बच्चों को रखा गया ; इस मिशनरी भावना के साथ कि ये देश के बच्चे हैं और इन्हें देश के लिए तैयार करना है। यह पालन-पोषण का नहीं, जीवन-निर्माण का, जीवन को ज्वालामुखी बनाने का प्रयत्न था। उसकी सफलता के लिए एक दहकते हुए व्यक्तित्व की आवश्कता थी। सबकी निगाह सरदार स्वर्णसिंह पर टिक गई। वे अनाथालय के सुपरिण्टेण्डेण्ट बना दिये गए। उनका जन्म खटकड़ कलां, ज़िला जालन्धर में सन् 1887 में हुआ था और अनाथालय का संचालन संभालते समय उनके चेहरे के रोओं ने मूंछ-दाढ़ी का साफ रूप नहीं लिया था, पर कलेजे की ज्वाला ने उम्र के दिन कब गिने हैं ?

वे बच्चों को दाना-पानी के साथ देशभक्ति की चिनगारियां देने लगे और किताबी अक्षरों के साथ देश की गुलामी के ज्ञान का फूस बिछाने लगे। उन बच्चों के साथ और बच्चे भी आते गए, काम बढ़ता गया। अनाथालय लाहौर की सफल संस्थाओं में गिनती पाने लगा और उसे जल्दी ही हवेली राजा हरबंस सिंह में बदल दिया गया । क्या उनकी सफलता यही थी कि अनाथालय में बच्चे और फर्नीचर बढ़ रहे थे ? नहीं, उनकी सफलता यह थी कि बच्चों में अनाथ होने की हीन-भावना नहीं थी और वे

देश के तरुण बनने को पनप रहे थे। उनके चेहरों पर और विचारों-व्यवहारों पर देश-भक्ति के तेज की छाप थी। यह छाप 6 अप्रैल, 1949 में इतिहास के पन्नों पर खून के छींटे बनकर इस तरह चमकी कि फिर कभी धुंधली न हो सकी।

उस दिन रौलेट एक्ट के विरोध में लाहौर की बादशाही मस्जिद में एक बड़ा जलसा हुआ। लाला हरकिशन लाल सभापति थे। शहर में उस दिन हड़ताल थी, जलसा खचाखच भरा हुआ था। सरकार के कानून का विरोध सरकार का विरोध था ही, पर सब शान्त थे। जलसे के बाद जब लोग अपने-अपने घरों को लौट रहे थे, हीरामण्डी में नौगजे पीर के पास पुलिस ने अन्धाधुन्ध गोलियां चलानी आरम्भ कीं। वे भी थे, जो भाग खड़े हुए, वे भी थे, जो दुबक गये और वे भी थे जो गिर पड़े, पर नौजवान खुशीराम भी उन्हीं में था, जो गोली खाता रहा और पुलिस को अपने नारों से ललकारता रहा। इतिहास का एक अजब क्षण था कि धड़ाम की आवाज़ से बन्दूक चिंघाड़ती, गोली मारने वाला भौंचक होकर देखता कि खुशीराम गिरा नहीं है, दीवाने जोश में भरा ललकार रहा है। तब दूसरी बन्दूक उठती, धड़ाम से चिंघाड़ती, गोली धांय से दौड़ती, खुशीराम और घायल हो जाता, खून और ज़्यादा बहने लगता, दूसरी गोली मारने वाला भी भौंचक होकर देखता कि खुशीराम गिरा नहीं, खड़ा है और खामोश नहीं, जोश से ललकार रहा है। फिर नयी बन्दूक उठती, फिर नया धड़ाका होता, फिर नयी गोली दौड़ती, फिर नया घाव होता, नया खून बहता और नया नारा गूंजता। इस तरह बारह गोली खाकर खुशीराम शहीद हुआ। गोली मारने वाले जोश में थे तो अंगरेज़ी सरकार की मशीनरी के पुर्ज़े-भर थे, पर खुशीराम के गिरने पर होश में आए, तो जीते-जागते इन्सान हो गये। वे खुशीराम के चारों ओर घिर आये और बहुत देर आदर-भरी पीड़ा के भाव से, खामोश पड़े खुशीराम को देखते रहे। हत्यारों की नज़रों के साये का आंचल ही शहीद का कफन हो गया। खुशीराम के साथी फकीरचन्द ने भी शान से गोली खाई और बुरी तरह घायल हो गए। अनाथालय के दूसरे बहुत-से बालक भी देश के ही काम में लगे। स्पष्ट है कि यह सरदार स्वर्णसिंह की ही देश-भक्ति का प्रभाव था कि अनाथों का निवास क्रान्ति का प्रकाशगृह हो गया था।

क्या स्वर्ण सिंह का यही कैरियर है कि उन्होंने एक अनाथालय को क्रान्ति का मन्दिर बना दिया ? मैं मानती हूं कि यह भी कोई छोटा काम नहीं है, क्योंकि निष्ठा से किया छोटे-से-छोटा काम भी महत्त्वपूर्ण हो जाता है, पर उनके कदम यहीं नहीं रुके। वे तो 'चल-चल रे नौजवान' का नमूना थे, रुकना जिसका काम नहीं होता, चलना ही शान मानी जाती है। अनाथालय उनके लिए एक पाठ था। वे अनुभव से यह जान गए थे कि इस तरह का सेवा-कार्य अस्थायी तसल्ली (टैम्पोरेरी रिलीफ) है, रोगनाशक चिकित्सा नहीं। प्रश्न उनके सामने यह था कि सब दुःखों की जड़ देश की गुलामी है और उसे दूर करके ही हम देश को नया रूप दे सकते हैं । इस पाठ ने अनाथालय को उनका बचाव केन्द्र बना दिया था, जहां पुलिस की निगाहों से बचकर वे सूफी अम्बाप्रसाद और करतार सिंह केसगढ़िया आदि के साथ क्रान्ति-यज्ञ की वेदी सजाया करते थे।

1905-6 में एक साथ क्रान्ति के दो वृक्ष पनप उठे। बंगाल में बंग-भंग के विरोध में स्वदेशी प्रचार, विदेशी बहिष्कार का आन्दोलन और पंजाब में 'पगड़ी संभाल ओ जट्टा' की तहरीक। दोनों एक-दूसरे से स्वतन्त्र थे, दोनों की विचारधारा भिन्न थी। बंग-भंग का आन्दोलन अहिंसात्मक जन-आन्दोलन था, तो पंजाब में खुलेआम विद्रोह करने की हिंसात्मक आग बरसाई जा रही थी। पहले आन्दोलन का नेतृत्व कांग्रेस के हाथ में था, तो दूसरे के प्रवर्तक सरदार अजीतसिंह थे। सरदार स्वर्णसिंह ने इस तहरीक को व्यापक रूप देने के लिए चुपचाप गांव-गांव के चक्कर काटे थे, इसे संगठित करने में रात-दिन एक कर दिया था। असल में वे भारतमाता सोसायटी के प्रचार-मन्त्री थे। यह एक ऐतिहासिक सचाई है कि स्वर्णसिंह प्रचार-कला के आचार्य थे। कान-से-कान बात फैलाना तो वे जानते ही थे, कनस्तर पीट-पीटकर भीड़ जोड़ना भी वे जानते थे ; और उर्दू की पत्रकारिता को खुली चिट्ठियों का प्रकाशन भी उनकी ही दान है। उनकी चिट्ठियों में करारापन होता था, जो पाठकों के मन को पकड़ लेता था, लेकिन भाषा की ऐसी कारीगरी भी होती थी कि पुलिस वाले पढ़कर गुर्राते थे, पर कानून की जकड़ में उन्हें या सम्पादकों को फंसा न पाते थे।

एक घटना ने उन्हें गांव की गलियों से निकालकर शहर के चौराहे पर खड़ा कर दिया। उनके एक बड़े भाई सरदार अजीतसिंह माण्डले में जलावतन (निर्वासित) कर दिये गए थे और दूसरे बड़े भाई सरदार किशनसिंह फरार होकर नेपाल जा पहुंचे थे। सरदार स्वर्णसिंह ने सरदार अजीतसिंह की जलावतनी पर गरमागरम लेख लिखे और गुप्त रूप से छपाकर जनता में बांटे। एक मामूली घटना उन्हीं दिनों सार्वजनिक जीवन में उभरकर ऊपर आ गई। एक अंगरेज़ पुलिस सुपरिण्टेण्डेण्ट ने सूअर का शिकार किया और अपने मुसलमान बैरा से कहा कि उठाओ इसे। इस्लाम के अनुसार यह जानवर हराम है। अतः बैरे ने इनकार किया, तो अंगरेज़ ऑफिसर ने उसे गोली मार दी। बैरा की मृत्यु किसी तरह समाचार बनकर पत्रों में छप गई। 'पंजाबी' नामक अंगरेज़ी अखबार के मालिक श्री जसवन्त राय और सम्पादक श्री के. के. उथावले पर मुकदमे चले और दोनों को दो-दो साल के लिए सख्त जेल की सज़ा दी गई। अपील करने पर हाईकोर्ट ने भी सज़ा बहाल रखी। इससे जनता में गरमी आई और जगह-जगह जुलूस निकले, जलसे हुए। लाहौर में जो शानदार जुलूस निकला, उसका नेतृत्व सरदार स्वर्णसिंह कर रहे थे।

अंगरेज़ सरकार इसे कहां सहने वाली थी, सरदार स्वर्णसिंह और उनके साथी गिरफ्तार कर लिये गए और न्याय का नाटक होने के बाद 20 जुलाई, 1907 को सर्वश्री स्वर्णसिंह, करतारसिंह, बहालीराम, रामसिंह, घसीटाराम और गोबर्धनदास को डेढ़-डेढ़ साल की, लाला लालचन्द 'फलक' को नौ महीने की और गन्धर्वसेन को 30 बेंत की सज़ा दी गयी। सरदार स्वर्णसिंह को बोर्स्टल जेल लाहौर में रखा गया और उन्हें सताने का एक अजीब तरीका बरता गया। उन्हें महाशय घसीटाराम के साथ रहट में बैल की तरह जोड़ा गया, पर कमाल यह था कि उस रहट की सब डोलचियां फटी हुई थीं और पूरा घुमाने पर भी एक बूंद पानी न निकलता था। जब स. स्वर्णसिंह ने

यह देखा, तो वे वहां से हट गए और उन्होंने रहट चलाने से इनकार कर दिया। कैदी की स्थिति हमेशा ही बन्धन की होती है, पर उस युग में तो गुलाम की थी। कैदी को यह हिम्मत कि वह हुकूम मानने से इनकार करे ! जेल-अफसरों ने उन्हें रोब में लेने की कोशिश की, तो उन्होंने कहा–"कैदी मशक्कत करने को बाध्य है, पर यह रहट मशक्कत नहीं है, यह तो बदला लेने का गैर-कानूनी यन्त्र है। मैं मर जाऊंगा, पर इसे नहीं चलाऊंगा, इतना ही नहीं वे कैदियों के सामने भाषण देने लगे कि कैदी भी इनसान हैं और उन्हें गैर-कानूनी बातों के सामने सिर नहीं झुकाना चाहिए। उनके भाषण से कैदी भड़क उठे और जेल वालों को पगली घण्टी (एक तरह का कर्फ्यू) बजाकर कैदियों को बैरकों में बन्द करना पड़ा। बाद में अपील करने पर चीफ कोर्ट ने उन्हें ज़मानत पर रिहा कर दिया। छूटते ही वे फिर भारतमाता सोसाइटी के काम में लग गए।

सरकार की मुख्य निगाह सरदार अजीतसिंह पर थी और वह उनके चारों ओर अपना जाल बुन रही थी। वे आंख बचाकर देश के बाहर चले गए, तो सरदार स्वर्णसिंह उनके सामने थे, पर स्वर्णसिंह क्रान्ति के नेता नहीं, राजदूत थे। सरकार विश्वस्त थी कि क्रान्तिकारी गुप्त साहित्य इसी आदमी के द्वारा छपवाया और गांव-गांव तक पहुंचाया गया है, लेकिन पुलिस के छापों में जो कुछ मिला था। उसमें सरदार स्वर्णसिंह का कहीं भी अता-पता न था। उन पर हाथ कैसे डालती ? तब विशेषज्ञों को उनका मामला सौंपा गया, जो मुकदमा चलाने में नहीं, मुकदमा बनाने में माहिर थे। सरदार स्वर्णसिंह और उनके साथी लालचन्द 'फलक' पर कई मुकदमे एक साथ चलाये गए–इसमें नहीं, तो उसमें और उसमें नहीं तो इसमें, कहीं तो फंसेगा ही।

मुकदमा सत्य पर नहीं, सबूत पर खड़ा होता है और सबूत मिलते नहीं, बनाये जाते हैं। सरकार के पक्ष में सबूत बनाने वाले पुलिस अधिकारी थे और बने हुए सबूतों को जमाने वाले वकील थे। ज़रूरत ऐसे वकीलों की थी, जो उन बनाये सबूतों के महल को उलझाने वाली ज़िरहों और सुलझाने वाली बहसों से धराशायी कर दें ; पर उस युग में ऐसे साहसी वकील कहां थे, जो सरकार के मुकाबले चोगा गले में डालने की हिम्मत करें ? तो एक तरफ वकीलों और सबूतों से लैस सरकार थी, दूसरी तरफ कचहरी के दांवपेंचों से अनभिज्ञ सरदार स्वर्णसिंह। फिर मजिस्ट्रेट उनका था, जो दावेदार थे। उसके पास सरकारी पक्ष के लिए भरपूर समय था, पर सरदार स्वर्णसिंह की हर बात उसके लिए फालतू थी और फालतू बात सुनने की उसे फुर्सत क्यों होती ?

जब यह मुकदमा चल रहा था और वे जेल में थे, तो उन्हें उतना खराब खाना मिलता था कि वे उसे खा नहीं सकते थे और भूखे रहते थे। एक पेशी पर लाला लालचन्द 'फलक' ने (जो इस मुकदमे में भी उनके साथी थे) अदालत में जेल की एक रोटी पेश की। जो पकड़ते ही टूट गई, क्योंकि उसमें बेहद मिट्टी मिली हुई थी। दूसरी पेशी पर सरदार किशनसिंह घर से खाना लेकर गए। सरदार स्वर्णसिंह ने मजिस्ट्रेट से कहा–"मैं भूखा हूं, पहले मुझे खाना खाने दो, बाद में मुकदमे की बात होगी।" सरकारी वकील पिटमैन ने गुर्राकर कहा–"पहले मुकदमे की कार्यवाही होगी, बाद में तुम खाना खा सकते हो।" सरदार स्वर्णसिंह अड़ गए अपनी बात पर और सरदार किशनसिंह से लेकर

खाना खाने लगे। खाना खाते जाते थे और पिटमैन की तरफ देखकर मुस्कराते जाते थे। पिटमैन बहुत नाराज़ था, पर वह कर ही क्या सकता था ?

सरदार स्वर्णसिंह को डेढ़ साल की सख्त सज़ा दी गई। जो आदमी क्रान्ति के पथ पर पैर रखता है, जेल की सड़क पर ही तो चलता है। कैद का ऐलान लाख नया हो, उसके लिए तो पुरानी बात ही होती है, वे जेल जाने से चिन्तित क्यों होते ? फिर जेल कोई नई बात तो न थी। वे जेल देख आए थे, उनके दोनों बड़े भाइयों की जीवन-सहचरी थी जेल, पर हां, वे चिन्तित थे श्रीमती हुकम कौर के लिए, जो परिवार की एक विशेष परिस्थिति में उनकी जीवन-सहचरी बना दी गई थीं। जब जेल जाने के लिए उन्हें हथकड़ियां पहनायी गईं, तो उन्हें हुकम कौर की चूड़ियां खनखनाती सुनाई दीं और बिजली का झन्नाटा उनकी नसों में खिंच गया। वे एक सहृदय मनुष्य थे, सेवाशील और सुख-दुःख में काम आने वाले साथी थे, पर वे उसकी कोई सेवा न कर सकते थे, जो सिर्फ उनकी थी और जो इसलिए अपने अरमानों की चिता पर जीते-जी जलने को मज़बूर थी कि वह उनकी पत्नी है। क्रान्तिकारी होते हुए भी उन्हें उसके उन सपनों का पूरा अहसास था, जो हुकम कौर ने बचपन से विवाह के दिन तक संजोये होंगे, पर उनकी आंखों में एक इतना बड़ा सपना छा गया था, जो थोड़ी देर में सब सपनों को ढंक देता था।

अब वे जेल में थे। जेल में अपराधी रहते हैं, पर अपराधी भी मनुष्य होते हैं। इसलिए जेल के भी कुछ नियम होते हैं। जो अपराधियों के अधिकारों की घोषणा करते हैं, पर पुलिस दीवान से गर्वनर तक उनके विरुद्ध था। जेल अधिकारियों को इनाम इसमें मिलने वाला न था कि उन्होंने इस कैदी को हिफाज़त से रखा। उनका श्रेय इसमें था कि उन्होंने इसे बेकार कर दिया। उनकी पारखी आंखों ने सरदार स्वणसिंह को देखते ही परख लिया कि उनका मन लाख पत्थर का हो, तन बहुत कोमल है। उन्होंने उन्हें लम्बी मुद्दत के लिए काल-कोठरी में डाल दिया, जहां का अंधेरा एकान्त मनुष्य को तोड़ डालता है। इसके बाद उन्हें चक्की और कोल्हू में लगाया गया। काला सूनापन, पशुओं को भी थका देने वाली मेहनत, गन्दी और कम खुराक और नव-विवाहिता पत्नी का, उसके शापित भविष्य की चिन्ता से ग्रस्त वियोग।

पहले कमज़ोरी आई, फिर बीमारी। हर जेल में हस्पताल होता है, चिकित्सा की जाती है। उन्हें भी डॉक्टर देखता रहा, पर रोग बढ़ता रहा, मृत्यु की जकड़न सख्त होती रही । बुखार रहने लगा, खांसी आने लगी और तब थूक के साथ खून। रिपोर्ट मिली कि तपेदिक हो गया है, सेकेण्ड स्टेज पर है, बचना असम्भव है। उन पर कई कचहरियों में चल रहे कई मुकदमे वापस ले लिये गए, उन्हें पूरी तरह मुक्त कर दिया गया।

अब वे अपने घर में थे। डॉक्टर भी थे, पत्नी भी थी, चिकित्सा भी थी, खुराक थी, सेवा भी थी। चिकित्सा अपना काम कर रही थी, सेवा अपना, पर मौत ने जो इरादा बांध लिया था, अंगरेज़ी सरकार को उसने जो आश्वासन दिया था, उसपर वह अडिग थी। जो जेल में होना था, वही घर में हो रहा था। सरकार अपना काम कर चुकी थी, मौत अपना काम कर रही थी और सरदार स्वर्णसिंह ? वे भी अपना काम कर चुके

थे। उन्होंने सरकार के काम में बाधा नहीं डाली थी और वे मौत के काम में भी बाधा नहीं डाल रहे थे। मृत्यु के प्रति वे निश्चिन्त थे। ठीक भी है, जो सोच-समझकर फांसी की राह चला हो कि एक और झटका और बस सब-कुछ समाप्त, वह धीरे-धीरे पास आ रही मृत्यु की पगचाप से क्यों घबराएगा ?

लगभग डेढ़ साल वे सीखचों से मुक्त हो रोग-शैया पर पड़े रहे। और 1910 में 23 वर्ष की भरी जवानी में देशानुरागी और गृहस्थ बैरागी का आदर्श छोड़, वे शहादत की नींद सो गए। कैसा मार्मिक संयोग है कि इस बलिदान के इक्कीस साल बाद उनके भतीजे भगतसिंह भी 23 वर्ष की भरी जवानी में ही शहीद हुए। श्रीमती हुकम कौर उनके जीते भी अकेली थीं, उनके मरने के बाद भी । उनके जीते उन्हें प्रतीक्षा का सहारा था, उनके मरे स्मृतियों का सहारा मिल गया। जिन्हें प्रत्यक्ष सहारे मिले हैं, वे इन अप्रत्यक्ष सहारों के मीठे दर्द का रस क्या जानें ? सोचती हूं, क्रान्ति के इतिहास में मरने वालों ने जो कुछ सहा है, क्या उससे अधिक असह्य नहीं है वह, जो उनके पीछे जीने वालों ने सहा ? एक वे हैं, जो मौत की कीमत में बहुत-कुछ पा गए, और एक वे हैं जो ज़िन्दगी की कीमत में सब-कुछ दे गए । बोलते इतिहास की अपेक्षा खामोश इतिहास कितना मार्मिक है, कितना करुण !!

: 9 :

निराशा की जीवित निशा : श्रीमती हुकम कौर

उनका सौभाग्य-सूर्य 1910 में डूब गया था और 1966 में बुझा उनका जीवन-प्रदीप। 1910 और 1966 । खून जमने लगता है मेरा इस आंकड़े को याद करके और मैं उस जमते खून को हरकत देने के लिए उंगलियों पर गिनने लगती हूं: 10, 20, 30, 40, 50, 60 और 6 जोड़ बैठता है छप्पन। बुद्धि ज़रा दौड़ती है एक जिज्ञासा से पचास वर्ष की आधी शताब्दी और उससे भी छह वर्ष अधिक ? जानता मन अनजान बनना चाहता है उस कबूतर की तरह, जो बिल्ली को देखकर आंखें मूंद लेता है और सोचता है यह कि भाग गई बिल्ली—कहां है यहां बिल्ली ? कहीं भी नहीं। अनजान बनता मन कहता है—नहीं जी, छप्पन तो नहीं हो सकते, छप्पन बहुत होते हैं। मैं फिर गिनने लगती हूं उंगलियों पर 10, 20, 30, 40, 50, 60 और 6 जोड़ बैठता है वही छप्पन, आधी शताब्दी और छह वर्ष, कई बार यही उलट-पुलट होती है, पर गणित तो गणित होता है। मैं एक बार गिनूं या एक सौ एक बार—एक और एक दो ही रहेंगे। हुकम कौर तपी थीं, पूरे छप्पन वर्ष तक, बिना किसी आशा के, बिना किसी प्रतीक्षा के, बिना किसी मानसिक सहारे के। उनका आज जैसा सूना था, उनका कल और परसों भी वैसा ही सूना होना था। न उनके जीवन में आज कोई खुशी थी, न कल कोई खुशी होनी थी। उनके जीवन के लिए परिवर्तन सिर्फ कोश में लिखा शब्द था, व्यवहार में उसकी कीमत न थी एक कहावत निराश-से-निराश मनुष्य को भी आशा का वरदान देती है—बारह साल में तो कुररी के भी भाग जागते हैं—पर बारह चौक अड़तालिस और आठ छप्पन वर्ष में भी उनके भाग नहीं जागे। वे सोये ही इस तरह थे उन्हें फिर कभी जागना न था। वे निराशा की ऐसी जीवित निशा थीं, जिसका चांद लुट गया था और सूर्य इस तरह डूब गया था कि फिर कभी उसे उगना ही न था। इस कहावत की तरह ही कहावत है, 'दसोटा नल का भी कट गया था'—ठीक है नल और दमयन्ती का हाथ छूट गया था, पर हुकम कौर का हाथ छूट नहीं टूट गया था, जिसे अब किसी के द्वारा पकड़े जाने की सम्भावना ही न थी। नल-दमयन्ती का जीवन बिछड़ गया था, जिसकी खोज एक दिन पूर्ण हो गई, पर हुकम कौर का जीवन तो बिखर गया था, रेत में तेल की तरह, जिसे बटोरना अब सम्भव ही न था।

सोचती हूं, तो सोचती ही रह जाती हूं कि कितना शक्तिशाली था उनका व्यक्तित्व कि इस हालत में भी वे छप्पन साल जीवित रहीं और जीवन के इन लम्बे बरसों में कितने बरस ऐसे थे, जब सुबह चार बजे से रात के दस बजे तक उन्होंने काम किया। कितना मज़बूत था उनका देह-दुर्ग कि टूटा नहीं, वे पागल नहीं हुईं, मुरझाई—सूखी नहीं

नहीं और फालिज उनके पास आते डरता रहा। हिटलर बड़ा बहादुर था, जो खिड़कियों पर रंग करने वाले मामूली पेण्टर से बढ़कर जर्मनी का फयूहरर हो गया । उसका देश उसे ईश्वर मान कर पूजने लगा, दुनिया की राजनीति उसके इशारों पर अपनी चाल को ताल देने लगी, पर निराशा के पहले झोंके में ही ज़हर खा कर मर गया बेचारा। नेपोलियन उससे महान् था। वह सैनिक से सेनापति और सेनापति के फ्रांस का सम्राट् हो गया था और उसने यूरोप को अपने बूटों से रौंद दिया था पर बाद में एक कैदी के रूप में उसे सेण्ट हेलेना में रहना पड़ा। वह मरा नहीं, आत्महत्या उसने नहीं की, पर पांच वर्ष में ही उसका जीवन तत्व खोखला हो गया।

इसके विरुद्ध हुकम कौर उस निराशा में, जिसका अन्त सम्भव ही नहीं था, अखण्ड कर्ममय जीवन 56 वर्ष तक जीती रहीं, आधी शताब्दी और छह वर्ष। करुणा का स्रोत उमड़ने लगता है छप्पन वर्ष की बात सोचकर, पर उस करुणा में कांटे उग आते हैं, जब मैं सोचती हूं उन छप्पन वर्षों से पहले वर्षों की बात। पति का वियोग होने से पहले क्या वे जीवन की परिपूर्णता का उपभोग कर रही थीं ? यह प्रश्न साधारण नहीं है, क्योंकि मनुष्य परिपूर्णता के शिखर पर चढ़ने के बाद अपूर्णता के गड्ढे में गिर पड़ता है, तो कसक होती ही है, पर तब उस भोगी हुई परिपूर्णता की स्मृतियों का सम्बल साथी हो जाता है–"अरे, देख ली एक बार दुनिया। जैसा एक बार ऐसा सौ बार। आज कुछ नहीं है तो क्या, कल तो सब-कुछ था।" कल का गर्व आज की हीनता से उबारे रहता है मनुष्य को।

हुकम कौर की बात सोचते-सोचते मेरा ध्यान अपने देश पर चला जाता है। हमारा देश वैभव और विकास के कैलाश तक पहुंचा और धड़ाम से गिरकर बिखर गया। उठने की कोई आशा न रही, पर उठा और खूब उठा। प्रश्न है कि सम्बल के सहारे उठा ? उत्तर है–अतीत के गौरव का सहारा लेकर। ऋषि दयानन्द ने देश को पुकारा अतीत के गौरव के नाम पर। और सन्त विवेकानन्द ने ललकारा अतीत गौरव के नाम पर, विश्वकवि रवीन्द्रनाथ की दृष्टि अन्त तक देश के अतीत पर लगी रही और राष्ट्रकवि मैथिलीशरण गुप्त ने भी अपनी आवाज़ यहीं से आरम्भ की–"हम कौन थे, क्या हो गए हैं और क्या होंगे अभी।" उज्ज्वल अतीत मनुष्य के लिए एक बहुत बड़ा सहारा है, जो उसे उठने की प्रेरणा देता है, उठ सकने का विश्वास दिलाता है।

करुणा की साक्षात् प्रतिमा श्रीमती हुकम कौर के साथ ऐसा अतीत कहां था ? मृत्यु से पहले डेढ़ वर्ष तक उनके पति सरदार स्वर्णसिंह तपेदिक से ग्रस्त थे। उन दिनों में आशा की कोई किरण नहीं थी, डॉक्टर-हकीम-वैद्य– सभी ने उनके रोग को असाध्य कह दिया था। इसका अर्थ है कि इस डेढ़ वर्ष में हर घड़ी मृत्यु हुकम कौर के पास थी। किसी घर में सांप के रहने का वहम हो जाए, तो उसे चैन नहीं पड़ती, पर हुकम कौर के तो घर में नहीं, पलंग पर ही मौत नाच रही थी। उन्हें कैसे चैन पड़ती। मृत्यु की चिन्ता, मृत्यु की आशंका, बस यही था उनका जीवन। एक दिन मृत्यु ने उस जीवन को चबा लिया, जो उसके पंजे में था और हुकम कौर का जीवन अंधियारा हो गया।

उन्हें अब न कभी सजना था, न संवरना था, न किलकना था। न उनके हाथों में

चूड़ियां खनकनी थीं, न मांग में सिन्दूर दमकना था। उनके जीवन का दशहरा और दीवाली पलक मारते होली में समा गए थे और ज़िन्दगी को पनपाने और पुलकाने वाले अरमान राख की एक ढेरी बनकर रह गए थे। इस ढेरी का क्या उपयोग था ? यही कि कभी-कभी आंधी-तूफ़ान में यह राख उड़ती थी और उनकी आंखों के सामने अंधेरा घुप्प छा जाता था।

गुरुद्वारे में मनौती, मन्दिर में मनौती, पीर और थान पर मनौती मानी जाती है–मेरा यह काम सिद्ध हो जाएगा, तो मैं यह भेंट चढ़ाऊंगी। मनौती मन का सपना है, मुझे मानने में कोई आपत्ति नहीं कि यह अन्धविश्वास है ; पर यह भी तो मानना पड़ेगा कि मनौती माताओं और पत्नियों की डगमगाती आशा-नौका की पतवार है। मां सन्तान के संकट में और पत्नी पति की परेशानी में मनौतियों का सहारा लेती है, पर वे न मां थी, न पत्नी । वे तो सन्त कवि कबीर की भाषा में उस धौंकनी की तरह थीं जो सांस लेते हुए भी निर्जीव होती है। रमज़ान शरीफ़ की तपस्या कठिन है–हर इच्छा पर नियन्त्रण रखना पड़ता है, पर उसके अन्त में ईद का चांद तो निकलता है, उस तपस्या का आबे-जमजम इण्डक तो देता रहता है। हुकम कौर का जीवन तो ऐसा रमजान हो गया था, जिसमें ईद होती ही नहीं, एक ऐसी अमावस, जिसके बाद दोयज के माथे पर चांद का टीका सजता ही नहीं।

फल की आशा से पूजा-पाठ-प्रार्थना करने को धर्म ने घटिया बात बताया है, पर संसार में बढ़िया आदमी कितने हैं ? जीवन की रेल में तृतीय और द्वितीय श्रेणी के ही अधिक डिब्बे होते हैं, प्रथम श्रेणी के कम। फल की कामना ने ही धर्म और ईश्वर की भावना को जीवित रखा है, पर जिसके वृक्ष की जड़ कट गई, वह फल कहां से पाएगा, फल की कामना क्या करेगा ? हुकम कौर भी ऐसी ही स्थिति में थीं। संस्कारवश वे भी पूजा-पाठ करती थीं पर अक्सर ऊब कर यह भी कह देती थीं–"मुझे क्या दिया है भगवान ने, जो मैं उसकी पूजा करूं।" सिर पर पति नहीं, गोद में सन्तान नहीं, यौवन निरर्थक, वर्तमान दुःख-भरा और निराशा में डूबा हुआ। ज़िन्दगी ही मौत तो मौत से क्या भय ? फिर भी वे लम्बे वर्षों तक जीवित रहीं। सोचती हूं कितनी शक्ति थी उनमें और सोचती हूं समाज ने उस शक्ति का उपयोग नहीं किया, यह कैसा दारुण चित्र है समाज की निर्जीवता का ! साथ ही यह समाज की हृदय-हीनता का भी कैसा दयनीय चित्र है कि समाज ने उस हृदय को अपनी पूजा-प्रतिष्ठा देकर सींचने की ज़रा भी कोशिश नहीं की, जिसका सारा रक्त समाज को शक्ति देने में ही निचुड़ गया था।

डेढ़ साल तक मौत के साथ रहने से पहले हुकम कौर के जीवन में क्या कोई फुलवारी महक रही थी ? करुणा में डूबा मन पूछता है, पर स्मृति का दूत कहता है–नहीं बीमार और मरणासन्न पति की समीपता पाने से पहले डेढ़ साल तक उनके पति जेल में थे और वहां से उनकी बीमारी की खबरें चिनगारी बनकर आतीं और हुकम कौर को जलाती थीं। और उससे पहले ? उससे पहले विवाह की चार दिन की चांदनी, छोटी उम्र के कारण जिसमें चाव तो था, पर कोई गहरा भाव नहीं था, और उससे पहले साधारण परिवार के अभावों में पलने के कष्ट। सोचती हूं जन्म से मरण तक एक

मर्मान्तक निराशा का ही नाम है हुकमकौर, पर मर्मान्तक निराशा की लम्बी निशा में अडिग अकम्प भाव से चलते रहने की क्षमता से युक्त एक व्यक्तित्व का ही नाम क्या नहीं है हुकम कौर ?

जब आकाश का आखिरी सितारा डूबता है तो रात वैसी ही खोई-खोई हो जाती है, जैसे वह विधवा, पति की लाश के पास बैठाकर जिसकी आखिरी चूड़ी तोड़ी जा रही हो। उनके जीवन का अंकुर जब उगा तो वहां सुख की एक किरण चमक रही थी। हुकम कौर कई भाइयों की इकलौती बहन थीं। संविधान लाख चिल्लाए और घोषणा करे, भारतोय माता-पिता के मन में बेटे-बेटी का भेद नये युग क्रे प्रकाश में भी अंधकार की तरह छाया हुआ है। फिर वह तो अंधकार का युग ही था, जिसमें माता-पिता और भाई लड़की को जन्म लेते ही गला घोंट कर मार देना खटमल मारने की तरह उचित और सहज समझते थे। बेटी के लिए परिवार में सम्मान पाने की एक ही रेखा थी कि वह कई भाइयों की इकलौती बहन हो। हुकम कौर को यह सम्मान-सुख प्राप्त हुआ था अपने जन्म के समय, पर अभागों के लिए फूल भी अंगार हो जाते हैं। महाकवि कालिदास ने ठीक ही कहा है–"कभी-कभी अमृत भी विष हो जाता है।"

विधवा होने के बाद दूर बैठे भाइयों का स्मरण हुकम कौर के टूटे जीवन का वैसा ही सहारा था, जैसे रात के थके बटोही के पैरों के लिए कहीं दूर पर जलते दीपक की रोशनी। रोशनी से हुकम कौर के भाग्य को चिढ़ थी, एक-एक करके उनके सब भाई मर गए और भाभियां भी। जगतसिंह की मृत्यु ने उनके अकेलेपन को और भी रूखा कर दिया था। तब सारी ममता उन्होंने भगतसिंह पर उंड़ेल दी। उन्हें जब फांसी हुई तो उनका सूना जीवन नये भूकम्प से अधमरा हो गया। इसमें उनका कोई दोष न था, पर भाग्यवाद के वृक्ष का सबसे महत्त्वपूर्ण फल ही यह है कि आदमी किसी को दोष नहीं देता बल्कि दूसरों के भी दोषों को अपने ही खाते में लिख लेता है। उसकी भाषा होती है–मेरी, किस्मत ही फूटी थी, तो दूसरों का क्या दोष ? वे अब अकेली रह गई थीं ममता की राह में और उनका अकेलापन कभी-कभी बड़े ही करुण शब्दों में मुखरित हो उठता था–'अकेला तो पेड़ भी सूख जाता है, फिर मैं तो इन्सान हूं।' सोचकर मन तड़प उठता है–कितनी प्यास थी उनके भीतर कि कोई मेरा अपना हो, सिर्फ मेरा-ही-मेरा, पर उनका अपना कौन था ? यों तो सब अपने ही थे, पर अपना तो अपना ही होता है। सड़क पर चलते कौन अकेला रहा है, लेकिन सड़क की भीड़ से किसका हृदय गुंजार हुआ है ? सड़क पर चलते सब अपनी धुन में होते हैं, सबके मन में अपना घर होता है, पर जिसका घर ही सूना हो, उसकी कल्पना तो सड़क पर चलते भी सूनी ही रहेगी। वे सड़क की भीड़ में भी अकेली थीं। क्या यह स्थिति जीवन को तोड़ डालने वाली नहीं है ? और क्या इस स्थिति में भी लम्बी ज़िन्दगी जीना सरल है ?

श्रीमती हरनाम कौर उनकी जेठानी भी पति-विहीन थीं और श्रीमती हुकम कौर भी, पर एक का पति विदेश में जीवित था, दूसरी का स्वर्ग में। विदेश में लाख दुःख हों, वहां से आदमी कभी-न-कभी लौट सकता है, पर स्वर्ग में लाख सुख हों वहां न

पासपोर्ट है, न पोस्ट ऑफिस। हरनाम कौर बड़े घर की बेटी थीं, हुकम कौर साधारण घर की। इससे उन दोनों के प्रति दूसरों से मिलने वाले सम्मान में अन्तर पड़ता था। हरनाम कौर ने टूटी हड्डी जोड़ने, दुःखती आंख ठीक करने, मोच निकालने और लड़कियों को पढ़ाने का काम सीख रखा था और इन सबके कारण वे गांव में अधिक सम्मानित थीं, उन्हे सब आदर के साथ मिलते थे, घर में भी उनके साथ अपेक्षाकृत अच्छा व्यवहार होता था। इन सब बातों ने हुकम कौर को उपेक्षित कर दिया और उपेक्षा मनुष्य को भावहीन कर देती है। वे भी चिड़चिड़ी हो गई थीं। जो मन में हो मुंह पर आ जाता था। हरनाम कौर इस मामले में चतुर थीं। मन की बात मन में रखती थीं, जीभ पर न आने देती थीं। कूटनीति प्रशंसा पाती थी, स्पष्टनीति निन्दा। यह निन्दा उन्हें कडुवा कर देती थी, यह कड़वाहट उन्हें और निन्दा में डुबाती थी। हमारा सत्य दर्शन का यन्त्र कितना कमज़ोर है? उनका स्वभाव सभी देखते थे, भाव कोई नहीं। उपेक्षित और निन्दित होकर भी उनमें कर्तव्य का अथाह भाव था। सुबह चार बजे वे चक्की पर होती थीं, सात बजे चूल्हे पर, दस-ग्यारह बजे चौके पर उसके बाद चरखे पर–काम-ही-काम, काम ही उनका धर्म था और काम ही उनका मर्म। घर अक्सर उनके ही हाथ की रोटी खाता था, उनके ही काते सूत के वस्त्र पहनता था, फिर भी वे सबसे अधिक उपेक्षित थीं।

बिना मोबिल आयल के तो मोटर का इंजिन भी घरघराहट करने लगता है। क्या वे कोई यन्त्र थीं, जड़-यन्त्र जो काम करता है, जिसमें हृदय नहीं होता? सब शायद ऐसा ही समझते थे, पर जब भी उनका ध्यान करती हूं माण्टगुमरी जेल की काली ड्योढ़ी मेरे सामने उनके धवल हृदय का ऐसा चित्र पेश कर देती है कि मेरा मन उनके प्रति आदर से ओतप्रोत हो जाता है। हुकम कौर ने कुलतारसिंह को जन्म नहीं दिया था, बाकी पालन-पोषण उन्होंने ही किया था। उनके सूखे जीवन में मातृत्व की जो कुछ भी हरियाली थी, वह कुलतारसिंह के प्यार से ही सिंचित थी। कुलतारसिंह माण्टगुमरी जेल में नज़रबन्द थे। बहुत दिनों बाद मुलाकात की मंजूरी मिली थी और भविष्य अज्ञात था। माता-पिता, पत्नी और भाई-बहन ही मिल सकते थे। कानूनी रूप में हुकम कौर न माता थीं, न बहन, पर मिलने के लिए उनका रोम-रोम हाहाकार कर रहा था। बहुत सोच-विचार के बाद उन्हें बहन बनाया गया और रास्ते-भर पढ़ाया गया कि वे पूछने पर अपना नाम सुमित्रा या शकुन्तला बताएं, पर जेल का द्वार देखकर वे दुःख से इतनी कातर हुईं कि यह भूल गईं और पूछने पर उन्होंने नाम बताया हुकम कौर। अब वे कैसे मिल सकती थीं, सब भीतर गए, वे बाहर रह गयीं, जैसे जीवन में जीवन के द्वार पर ही भाग्य-द्वारा रोक दी गई थीं, जेल के द्वारा पर भी उन्हें रोक दिया गया। वे तड़प उठीं और द्वार को लगकर ज़ोर-ज़ोर से विलाप करने लगीं। उनके हाथ में घी का डिब्बा था, जो वे अपने कुलतार के लिए ले गई थीं, उनकी आंखों में आसुंओं की धारा थी, जिससे उनके हाथ और डिब्बा–दोनों भींग-भींग जा रहे थे। रोते-रोते वे बार-बार कह रही थीं–काका, कुलतारसिंह, मैं बाहर हूं। मैंने तुम्हें जन्म ही तो नहीं दिया, पाल-पोसकर बड़ा तो किया है, अरे, फिर मैं गैर कैसे हो गई।

उनका विलाप ऐसा कि सुनो तो छाती फटे। दूसरे कैदियों की माताएं भी, जो अपने-अपने बेटों से मिलने के लिए आई हुई थीं, अपना दुःख भूलकर उनके दुःख में डूब गईं। उनकी आंखें ही नहीं, उनकी बुद्धि, उनकी आत्मा, उनकी पूरी जीवन-चेतना ही विलाप कर रही थी—मैंने तुम्हें जन्म ही तो नहीं दिया, पाल-पोसकर बड़ा तो किया है, अरे फिर मैं गैर कैसे हो गई ?

सोचती हूं दशरथ ने भी विलाप किया था, नल ने भी और अज ने भी, सीता ने भी विलाप किया था, दमयन्ती ने भी, पर दशरथ और अज थे महाराज और सीता दमयन्ती महारानियां। उनके विलाप को वाल्मीकि, तुलसी और कालिदास ने साहित्य में सुरक्षित रख दिया। हमारे युग के कवियों ने प्राचीन कवियों द्वारा विस्मृत उर्मिला, यशोधरा और रत्नावली को उनकी चिताओं की राख से उठाकर लाख-लाख देशवासियों के लिए स्मरणीय बना दिया, पर मैं सोचकर हैरान रह जाती हूं कि उनकी आंखों के सामने, उनकी ही छाया में उनके ही युग के दशरथ, अज, नल और सीता, दमयन्ती, उर्मिला, यशोधरा और रत्नावली विलाप करते रहे, पर उनके कान हुकम कौर के विलाप न सुन सके, उनकी कलम कहां उठती ?

क्या हुकम कौर का दर्द यही था कि वे अपने पाले-पोसे बेटे के लिए गैर हो गईं। किसी के लिए भी यह बड़ा गहरा दर्द है, पर क्या इसी दर्द से छटपटा रही थीं हुकम कौर ? हां, ऐसा ही लगता है, पर हां एकदम ना में बदल गई, जब उनके विलाप से व्यथित हो, जेल वालों ने कुलतारसिंह को जेल की ड्योढ़ी में जाकर उनसे मिल लेने की सुविधा दे दी। वे कुलतारसिंह से लिपट गईं और एकदम उनके मुंह से निकला—कुलतार मेरी ज़िन्दगी तो कट गई किसी तरह, पर सतीन्द्र कौर (श्रीमती कुलतारसिंह) का क्या होगा ? यह कहां रहेगी ? मतलब यह कि वे अपने लिए नहीं, सतीन्द्र कौर के लिए तड़प रही थीं, उन्हें अपने भविष्य की नहीं, सतीन्द्र कौर के भविष्य की चिन्ता उद्विग्न कर रही थी। इससे साफ बात यह कि उनके लिए सतीन्द्र कौर का उनकी ही तरह जीना असह्य था। वे नहीं चाहती थीं कि उन्होंने जो त्रास सहे हैं, वे सतीन्द्र कौर को भी सहने पड़े, 'जो किसी के दिल में भी चोट हो, तो जिगर मेरा तड़प उठे।' मानवीय सहानुभूति, मानवीय समवेदना का क्या यह क्लाईमेक्स नहीं है और जीवन की कौन-सी कहानी है, जो इस क्लाईमेक्स को पाकर 'क्लैसिकल' न हो उठे।

हुकम कौर खण्डहर में खड़ा वृक्ष थीं, जहां न कोई मालिक न कोई माली, पर वे चाहती थीं कि सतीन्द्र कौर सुरक्षित और पोषित चमन की महकती चमेली का जीवन जिए। यह उनके व्यक्तित्व का कोई साधारण पहलू नहीं है। हुकम कौर कितनी उदार कितनी सहनशील, कितनी कोमल थीं कि अपना दुःख भूलकर दूसरों के सुख में रस ले पाती थीं, पर हमारा समाज कितना सड़ गया है कि नारियल के छिलके को तो देखता है और उसके भीतर के पोषक रस और मधुर फल को नहीं। इससे भी आगे यह कि वह पहले घोर उपेक्षा से मनुष्य को चिड़चिड़ा बनाता है फिर उसके बुरे स्वभाव की निन्दा में जुटा रहता है। हुकमकौर इसका जीवित उदाहरण थीं। उनके भाव को कोई न देखता था, उनके स्वभाव की सब निन्दा करते थे। सिराजुद्दौला के चरित्र को

धूर्त अंगरेज़ इतिहासकारों ने योजनापूर्वक खूब काला किया, पर बाद में कर्नल अलकट ने ईमानदारी से खोज करके जब सिराजुद्दौला का जीवन-चरित्र लिखा, तो उसके प्रथम पृष्ठ पर एक सूत्र अंकित किया—"सिराजुद्दौला बद नहीं, बदनसीब था।" सोचती हूं क्या यही सूत्र हुकम कौर के जीवन-चरित्र का सार-सूत्र नहीं है।

यह बात है 1910 की कि वह बीस वर्ष की उमर में विधवा हो गईं और यह बात है 14 जनवरी, 1966 की कि वे स्वर्ग सिधार गईं । उनकी मृत्यु एक दुःखिया औरत की मृत्यु थी ; लेकिन एक बात इस मृत्यु पर महत्त्व की वार्निश कर देती है। उनका जीवन मृत्यु के धक्के सहते बीता था, पर उनके जीवन पर सबसे गहरा प्रभाव जिस मृत्यु का पड़ा, वह थी प्रधानमन्त्री श्री लालबहादुर शास्त्री की 11 जनवरी, 1966 को मृत्यु।

क्या शास्त्रीजी से उनका व्यक्तिगत सम्पर्क-सम्बन्ध था ? सम्बन्ध क्या होता, जब उन्होंने उन्हें कभी देखा भी न था। फिर ? 'हाय पाकिस्तान के राजा ने हमारे राजा को मार दिया !'—ये शब्द थे, जो हर घड़ी उनके मुंह से निकलते रहे। तो शास्त्रीजी उनके राजा थे, उनके देश के राजा थे ! क्या कहते हैं उनके दुःख-भरे शब्द ? यही न कि उनके मूक जीवन का अन्तःस्रोत राष्ट्र के साथ जुड़ा था और एक शहीद की पत्नी की भावना ही उनमें न थी, राष्ट्र की जाग्रत् चेतना भी उनमें थी। ठीक भी है, समाज और परिवार में उन्होंने जो कुछ सहा था, वह देश के कारण और देश के लिए ही तो सहा था। उनका सहज प्रह्लाद के गरम खम्भे से लिपटने-जैसा ही दारुण तो था। उनकी जलन को भगतसिंह ने ठीक-ठीक आंका था—जब वे जेल में थे, चाचीजी ने उनसे कहा था—बेटा, सरकार बड़ी सख्त है, तुम्हें सताती होगी। उन्होंने उत्तर दिया था—"चाचीजी, यह सरकार तुम्हारी सरकार से कम सख्त है और कम सताती है।"

: 10 :

शहीदों के शहीद भगतसिंह : जीवन–झांकी

क्या होते हैं भला सात वर्ष !

उस युग में सात वर्ष का बालक मुश्किल से तख्ती लेकर स्कूल जाने लायक होता था।

1924 से 1931 सात ही वर्ष होते हैं।

हिसाब में पाई से पाई मिलानी हो तो इनमें तीन महीने और जुड़ते हैं–जनवरी, फरवरी, मार्च।

मार्च भी पूरा नहीं, उसके सिर्फ 23 दिन !

इस तरह कुल सात वर्ष दो महीने और तेईस दिन।

कुछ भी नहीं, कुछ भी तो नहीं।

हम सबके जीवन में सात वर्ष और तीन महीने देखते-देखते गुज़र जाते हैं, तो सचमुच कुछ भी तो नहीं होते सात वर्ष और तीन महीने।

हां, कुछ नहीं होते, पर वह इतने ही दिनों में तूफान भी हो गया और निर्माण भी।

संसार की सबसे बड़ी शक्ति की नींव भी हिला गया और राष्ट्र को नई समाज-व्यवस्था का सूत्र भी दे गया।

हम वे दिन भी गिन लें, जो बेहोशी में बीते और वे दिन भी गिन लें जो बेखुदी में बीते तो तेईस वर्ष होते हैं।

क्या होते हैं तेईस वर्ष। किसी भी कॉलेज में इस उम्र के नवयुवक बी. ए. या एम.ए. की कक्षाओं में बैठे मिलेंगे।

पर वह तेईस वर्ष की उम्र में ही दुश्मन को बेहाल और देश को निहाल कर गया, इतिहास का एक पृष्ठ लिख गया, इतिहास का एक पृष्ठ हो गया !

स्वामी विवेकानन्द उनतालीस वर्ष की उम्र में अपना काम कर गए थे, महामानव ईसा तैंतीस वर्ष की उम्र में और महापुरुष शंकराचार्य तीस वर्ष की उम्र में, पर उसने तेज़ी से ये रेकॉर्ड भी तोड़ दिये और तेईस वर्ष की उम्र में ही अपने तमाशे का तम्बू फैला भी दिया और समेट भी लिया।

ये थे भगतसिंह, शहीदों के शहीद भगतसिंह !

कौन-सा दिन होता है और कौन-सी तारीख, जिसमें बालकों के जन्म नहीं होते, पर इन जन्म लेने वाले बालकों में कोई-कोई ऐसा भी होता है, जिसके जन्म के कारण उसे जन्म देने वाली तिथि इतिहास में स्मरणीय हो जाती है–स्वयं इतिहास बन जाती है। 25 दिसम्बर ईसा को जन्म देकर, बैसाख की पूर्णिमा बुद्ध को जन्म देकर और 2 अक्तूबर गांधी को जन्म देकर जो पद पा गई थी, वही पद 28 सितम्बर, 1907 आश्विन

शुक्ला त्रयोदशी संवत् 1964 विक्रमी शनिवार प्रातः लगभग 9 बजे भगतसिंह को जन्म देकर पा गई। यह घटना ग्राम बंगा, ज़िला लायलपुर (अब पाकिस्तान) में हुई।

प्राचीन साहित्य में संस्कृत के कवियों ने महापुरुषों के जन्म पर प्रकृति को प्रभावित होते–बादलों का घिर आना, या छंट जाना, पुष्पों का असाधारण रूप से खिल उठना इत्यादि–दिखाया है। भगतसिंह के जन्म पर प्रकृति पूरी तरह प्रभावित हुई, पर राष्ट्र की राजनीति के रूप में, जैसे उसने अपने इशारों में साफ कहा हो कि आज राजनीति का एक भावी कर्णधार जन्मा है। उस दिन उनके चाचा सरदार अजीतसिंह के निर्वासन समाप्त होने की सूचना मिली और उसी दिन उनके पिता सरदार किशनसिंह और उनके छोटे चाचा सरदार स्वर्णसिंह जेल से रिहा हुए। सबने उन्हें भागों वाला–भाग्यवान्– कहा, और इसी से उनकी दादी श्रीमती जय कौर ने उनका नाम रख दिया भगतसिंह।

उन्होंने अपने माता-पिता से रूपवान् और बलिष्ठ व्यक्तित्व पाया था। आकर्षण उनके उस व्यक्तित्व की जन्मजात विशेषता थी। जीवन का पहला वर्ष पूरा करते-करते वे सबकी गोद के लाडले हो गए थे। दादियां, माताएं और बहू-बेटियां ही नहीं, छोटी उम्र के बालक भी उन्हें गोद लेने को उत्सुक रहते थे। उनकी जो बातें सबको प्रभावित करती थीं, वह थीं, उनका दूसरों को देखने और मुस्कराने का निराला ढंग। बड़े-बूढ़े उन्हें देखकर उनके उज्जवल भविष्य की बातें किया करते थे–"बड़ा होनहार बेटा पैदा हुआ है सरदार किशनसिंह के घर।" और यह भी कि "खानदान की इज़्ज़त में यह चार-चांद लगाएगा।"

और अब वे हो गए थे ढाई-तीन साल के। उन दिनों खेतों में नया बाग लग रहा था। ज़मीन तैयार हो चुकी थी और उसमें आम के पौधे रोपे जा रहे थे। सरदार किशनसिंह अपने मित्र श्री मेहता नन्दकिशोर के साथ अपना बाग देखने के लिए खेतों पर गए। भगतसिंह भी साथ थे। पिता की उंगली छोड़ वे खेत में बैठ गए और पौधों की तरह छोटे-छोटे तिनके ज़मीन में रोपने लगे। आश्चर्य से मेहताजी ने कहा–"आपका बेटा तो अभी से किसान बन गया है और पौधे रोप रहा है।"

पिता ने लाड़ से कहा–"क्या कर रहे हो भगतसिंह ?" उनके उत्तर ने दोनों को स्तब्ध भी कर दिया और मुग्ध भी–"बन्दूकें बो रहा हूं।" स्वर ऐसा था कि जैसे कृषि का कोई विशेषज्ञ हो।

सोचती हूं जो बालक 'बन्दूक' शब्द का उच्चारण भी नहीं कर सकता और जो नहीं जानता कि बन्दूक का उपयोग क्या है, वह अपने खेत में बन्दूक बो रहा था, अपने उन हाथों से, जिनमें चलाना तो दूर, अभी बन्दूक थामने की भी ताकत न थी। बचपन भविष्य की भूमिका है। भूमिका को पढ़कर हम ग्रन्थ का स्वरूप और विषय-विकास जान लेते हैं। बचपन में भी भविष्य के बीज और अंकुर मिल जाते हैं। उस दिन यह कौन सोच सकता था कि जो बालक तुतलाते-तुतलाते ही खेत में बन्दूक बोने लगा है, आगे चलकर उसका व्यक्तित्व स्वयं ही बन्दूकों का ऐसा खेत हो जाएगा जिसमें उसके बलिदान के बाद भी बन्दूकें उपजेंगी और जब तक भारत का इतिहास जीवित रहेगा, बन्दूकें उपजती रहेंगी।

भगतसिंह के चाचा सरदार अजीतसिंह भारत से फरार होकर विदेश चले गए थे। उनकी पत्नी श्रीमती हरनाम कौर भगतसिंह को गोद में लिटा लेतीं और वात्सल्य की गहरी अनुभूति में डूब जातीं। वात्सल्य और दाम्पत्य की भावनाएं जन्म-जात सहचरी हैं। वे दाम्पत्य की स्मृतियों में घिर जातीं और उनकी आंखों की बदलियां बरसने लगतीं। भगतसिंह देखते, तो विह्वल हो जाते । वे आंसुओं का कारण तो तब क्या समझते, पर उनका चेतना-यन्त्र इतना समर्थ था कि वे उनके दुःख को गहराई के साथ महसूस करते और गोद में लेटे-ही-लेटे आंसू पोंछते। कौन सोच सकता था उस दिन कि जो बालक आज अपनी चाची के आंसू पोंछ रहा है, वह भारतमाता के आंसू पोंछने के लिए जन्मा है। चाची बालक की निश्छल सहानुभूति पाकर और भी द्रवित हो जातीं, तो भगतसिंह गोद से उतरकर दोनों बांहें चाची के गले में डाल देते। उन्हें अपने में कसकर मूक सहारा देते और कभी-कभी स्वयं भी रो पड़ते।

भगतसिंह की शिक्षा गांव के प्राइमरी स्कूल में आरम्भ हुई तो वे श्रेष्ठ विद्यार्थी सिद्ध हुए। पाठ याद करने में वे सावधान रहते थे, तो लिखाई को सुन्दर बनाने में सतर्क। जमा-जमाकर पढ़ते, बना-बनाकर लिखते। अध्यापकों के प्रति वे बहुत शालीन थे, तो सभी विद्यार्थियों के प्रति हमदर्द। स्कूल उनके व्यवहार से उनके लिए परिवार हो गया। छुट्टी होती तो बड़ी कक्षाओं के बालक उनको कन्धों पर बैठाकर घर छोड़ जाते।

उनका यह समय अपने दादा सरदार अर्जुनसिंह के संरक्षण में बीता। दादाजी धर्म-पुरुष भी थे, कर्म-पुरुष भी । निश्चय ही उनका धर्म और कर्म दोनों ही राष्ट्रीयता से ओत-प्रोत थे, फिर भी भगतसिंह किस धातु के बने थे, इसका पता इस बात से भी साफ झलकता है कि उन्होंने अपने दादा के धर्म का नहीं, कर्म का ही प्रभाव ग्रहण किया। गांव के सीधे-सादे जीवन में रहते और हवन, वेदपाठ, प्रभु प्रार्थना और गुण-कीर्तन के गहरे घने वातावरण में पलते हुए भी भगतसिंह का धर्म के प्रति विरक्त रह जाना उनके उस लौह व्यक्तित्व का चित्र प्रस्तुत करता है जो जन्मजात होता है और विरोधी आंधियों में भी अपनी दिशा में आगे बढ़ता है!

उनकी जो वृत्तियां बचपन से ही झलकने लगी थीं, उनमें एक थी मित्रता की वृत्ति। साथ पढ़ने वाले बालक तो उनके मित्र थे ही, पर बड़ों-बड़ों से भी वे मित्रता जोड़ते थे। इसकी भी एक निराली अदा थी। एक दिन गांव का बूढ़ा दर्ज़ी उनकी कमीज़ सिलकर उन्हें दे गया। कमीज़ देखकर बोले–"दर्ज़ी मेरा दोस्त है। वह मेरे लिए कमीज़ लाया है।" कोई उन्हें कुछ चीज़ दे देता, तो घर आकर कहते थे–"वह मेरा दोस्त है, देखो, मुझे ये दे गया है।"

एक बार ऐसा हुआ कि उन्होंने एक ही दिन में कई बार यह घोषणा की–"यह मेरा दोस्त है, वह मेरा दोस्त है।" घर में ही किसी ने कहा–"यह और वह क्या, तुम्हारा तो सारा गांव ही दोस्त है।" छाती पर हाथ रखकर एक समझदार आदमी की तरह बोले–"हां, सारे मेरे दोस्त हैं।" उनके दावे का ढंग देखकर सब हंस पड़े, पर उस दिन उन हंसने वालों को क्या पता था कि यह बालक सोलह-सत्रह वर्ष बाद ही अपनी मौत का सिक्का फेंककर करोड़ों स्त्री-पुरुषों की दोस्ती खरीद लेगा और उसके ये बोल

उसके ही नहीं, इतिहास के बोल हैं।

तीसरी कक्षा में पहुंचते-पहुंचते वे उस क्रान्ति को झिलमिल रूप में समझने लगे थे, जिसके कारण उनके एक चाचा विदेशों में भटक रहे थे, घर न आ सकते थे, चाची को रोना पड़ता था, दूसरे चाचा जेल के अत्याचारों से शहीद हो गए थे और पिता का एक पैर जेल में रहता था। अब भगतसिंह चाचियों के दुःखी होने पर उनके पास बैठ जाते, इस तरह देखते कि जैसे उनके दुःख को ठीक-ठीक महसूस कर रहे हों, वे दोनों चाचियों को धीरज बंधाते, पर बाल-प्रतिभा का यह एक चमत्कार ही है कि वे श्रीमती हरनामकौर को कहते–"चाचीजी, आप दुःखी न हों, अंगरेज़ों को यहां से भगा दूंगा और चाचाजी को वापस लाऊंगा।" दूसरी चाची श्रीमती हुकमकौर से कहते–"चाचीजी, आप दुःखी न हों। मैं अंगरेज़ों से अच्छी तरह बदला लूंगा।" कहते समय उनका बाल-स्वर ऐसा सन्नद्ध होता, जैसे किसी देश का सेनापति आक्रमणकारियों को भगाने के सम्बन्ध में प्रधानमन्त्री को आश्वासन दे रहा हो। सुनते-सुनते चाचियां अपना दुःख भूलकर बालक को अपने में समेट लेतीं और रोते-रोते भी मुस्करा पड़तीं।

चौथी कक्षा में पहुंचने पर वे सभी विद्यार्थियों से पूछा करते थे–"तुम बड़े होकर क्या करोगे।" कोई कहता–नौकरी करूंगा, कोई खेती की बात करता, कोई दुकानदारी की। वे सुनते रहते, पर जब कोई कहता–"मैं शादी करूंगा, तो वे जोश से कहते–शादी करना भी कोई बड़ा काम है। मैं हरगिज़ शादी नहीं करूंगा। मैं तो अंगरेज़ों को देश से बाहर निकालूंगा।"

पढ़ने में इतने तेज़ थे कि चौथी कक्षा की पढ़ाई के साथ ही उन्होंने घर में रखी सरदार अजीतसिंह, सूफ़ी अम्बाप्रसाद और लाला हरदयाल की लिखी पचास से अधिक छोटी-बड़ी पुस्तकें पढ़ डालीं। घर में पुराने अखबारों की फाइलें भी थीं। उनमें सरदार अजीतसिंह और लाला लाजपतराय के निर्वासन तथा दूसरे राजनैतिक काण्डों के समाचार थे। इन सबको भी उन्होंने पढ़ डाला। इस अध्ययन ने चाचियों के आंसुओं की छाया में बोयी गई अंगरेज़-विरोधी प्रवृत्ति को अंकुरों का रूप दे दिया। उम्र के विचार से वे अभी बालक ही थे, पर बात-चीत, विचार-विमर्श और चाल-ढाल में अपनी उम्र से बहुत आगे थे–बहुत आगे कि उनके अध्यापपक उनका आदर करते थे और दूसरे छात्रों को वैसा बनने की प्रेरणा देते थे। पढ़ाई, अनुशासन, सफाई, स्वच्छता और सहयोग के लिए ताड़ना तो दूर रहा, उन्हें कभी कहना भी न पड़ता था। लोकप्रियता के जिस शिखर पर वे अपने जीवन के अन्त में पहुंचे, उसका शिलान्यास उन्होंने बचपन में कर दिया था। उनका बचपन सचमुच उनके भविष्य की भूमिका थी।

: 11 :

किशोरावस्था

गांव में प्राइमरी पास कर भगतसिंह अपने माता-पिता के पास नवाकोट लाहौर चले गए। उन दिनों सिखों के बालक सिख जाति-द्वारा स्थापित और संचालित खालसा स्कूलों में ही पढ़ा करते थे। सबके आग्रह करने पर भी सरदार किशनसिंह ने उन्हें खालसा स्कूल के बजाय डी.ए.वी. स्कूल में भर्ती किया। दादाजी सरदार अर्जुनसिंह का प्रभाव तो इसमें था ही, पर खास बात यह थी कि खालसा स्कूलों का प्रबन्ध सरकारपरस्त आदमियों के हाथ में था और वहां 'गॉड सेव द किंग'—ईश्वर राजा की रक्षा करे—का गीत प्रार्थना में गाया जाता था। भगतसिंह के जन्म के पीछे क्रान्तिवीरपुत्र की कामना थी। वे उन्हें राजभक्ति के वातावरण में कैसे रख सकते थे।

भगतसिंह पांचवीं क्लास में पढ़ने लगे। गांव के स्कूल और शहर के स्कूल दोनों के वातावरण और स्तर में अन्तर है, यह सोचकर पिताजी ने उनके लिए ट्यूशन का प्रबन्ध कर दिया। कुछ दिन बाद जब एक दिन सरदार किशनसिंह अध्यापाक से मिले तो पूछा—"आपका शिष्य ठीक पढ़ रहा है।" अध्यापक का उत्तर था—"वह तो शिष्य क्या, स्वयं गुरु है। मैं उसे क्या पढ़ाऊं, वह तो लगता है, पहले ही सब-कुछ पढ़ा हुआ है।" स्कूल की पुस्तकें तो वह पढ़ते ही थे, बाहर की जो पुस्तक या समाचारपत्र उन्हें मिल जाता, उसे भी वे याद कर डालते थे। उन्हीं दिनों राष्ट्रीय प्रश्नों पर उनका ज्ञान अपनी कक्षा और उम्र दोनों से काफी आगे था। यह 1917 की बात है। प्रथम विश्वयुद्ध चल रहा था। उसके बीच में गदरपार्टी ने भारत में अंगरेज़ों के विरुद्ध 19 फरवरी, 1915 को गदर करने की योजना बनाई थी, वह अनेक कारणों से असफल हो गई थी। उनके नेता गिरफ्तार कर लिये गए थे और मुकदमा चलाकर फांसी-काले पानी आदि की सज़ाएं दी जा चुकी थीं। मुकदमा जेल के भीतर हुआ था और उसकी खबरें भी सेंसर होकर अखबारों में छपती थीं। फिर भी युद्ध की खबरों के बाद जनता के लिए सबसे सनसनीदार खबरें वे ही थीं। भगतसिंह ने उन्हें बहुत ध्यान से पढ़ा था और उनका मन उनसे बहुत आन्दोलित हुआ था। कहना चाहिए, कि सरदार अजीतसिंह, सूफी अम्बाप्रसाद और लाला हरदयाल का साहित्य पढ़कर उनके मन पर अंगरेज़ों के विरोध की जो रेखाएं खिंची थीं, वे इन खबरों से और गहरी हो गई थीं। एक समझदार बालक का मन ऐसी खबरों से जितना प्रभावित हो सकता है, भगतसिंह का मन उससे अधिक प्रभावित हुआ था। उसका एक कारण तो भगतसिंह का जन्मजात संस्कार था, दूसरा यह कि उनके पिता सरदार किशनसिंह देश के क्रान्ति-आन्दोलन के एक प्रमुख पुरुष थे। भगतसिंह जब-तब उनसे इस बारे में पूछते रहते थे और गहरी जानकारी पाते रहते थे।

22 जुलाई, 1918 को उन्होंने अपने दादा सरदार अर्जुनसिंह को उर्दू में यह कार्ड लिखा था–

ओम्

श्रीमान् पूज्य बाबाजी, नमस्ते।

अर्ज यह है कि खत आपका मिला। पढ़कर दिल को खुशी हासिल हुई। इम्तहान की बाबत यह है कि मैंने पहले इस वास्ते नहीं लिखा था, हमें बताया नहीं था। अब हमें अंगरेज़ी और संस्कृत का बताया है। उसमें मैं पास हूं। संस्कृत में मेरे 150 नम्बरों में से 110 नम्बर हैं, अंगरेज़ी में 150 में से 68 नम्बर हैं। जो 150 नम्बरों में से 50 नम्बर ले जाए, वह पास होता है। नम्बर 68 लेकर अच्छा पास हो गया हूं। किसी किस्म का फिकर न करें। बाकी नहीं बताया और छुट्टियां, 8 अगस्त को पहली छुट्टी होगी। आप कब आयेंगे, तहरीर फरमावें।

आपका ताबेदार
भगतसिंह

संस्कृत में भगतसिंह ने 150 में 110 नम्बर लिये, पर अंगरेज़ी में 150 में 68 ही, उन्होंने सोचा कि इसका दादाजी के मन पर बुरा प्रभाव न पड़े, इसीलिए बताया कि पास होने के लिए तो 50 नम्बर ही काफी थे, मैं 68 नम्बरों से 'अच्छा पास' हो गया हूं। कार्ड के ऊपर लिखा ओम् और संस्कृत में दिलचस्पी दादा सरदार अर्जुनसिंह का प्रभाव दर्शाते हैं और बात कहने का ढंग, उनके स्वभाव में भोलेपन और चातुर्य का जो संगम था, उसे स्पष्ट करते हैं। पढ़ाई के साथ-साथ हमेशा उनकी रुचि खेलों में भी समान रही। वे उनमें रस लेते थे और परिपूर्णता प्राप्त करने का प्रयत्न करते थे।

1919 में जब महात्मा गांधी ने भारत की राजनीति के द्वार पर अपने कोमल बलिष्ट हाथों से एक ज़ोरदार दस्तक दी, भगतसिंह सातवीं क्लास में थे। असहयोग की आंधी ज्यों-ज्यों बढ़ती आ रही थी, उनकी स्फूर्ति उभरती जा रही थी। असहयोग के पंच-बहिष्कारों में स्कूलों का बहिष्कार भी था। भाषणों में सरकारी अदालतों और नौकरियों के बहिष्कार के साथ जोशोख़रोश से स्कूल छोड़ देने की भी बात कही जाती थी। भगतसिंह जलसों में जाते थे और अपने भीतर उस आवाज़ को गम्भीर घोष के स्वर में गूंजता पाते थे। उनके ही घर में जब भारतमाता सोसायटी का आन्दोलन उठा था, वे नन्हें शिशु थे, जब गदर-पार्टी का आन्दोलन हुआ था, वे चौकन्ने, पर दूर बैठे दर्शक थे; लेकिन अब जो आन्दोलन उमड़ रहा था, उसके तो वे ठीक बीच में थे। वह उन्हें एकदम पास से स्पर्श कर रहा था। यह स्पर्श कितना यथार्थ था।

13 अप्रैल, 1919 को अमृतसर में जलियांवाला काण्ड हो गया। भगतसिंह तब अपनी उम्र के बारहवें साल में थे। दूसरे दिन ठीक समय पर वे घर से स्कूल चले गए, पर ठीक समय पर लौटे नहीं। वातावरण में अशान्ति फैली हुई थी, सबको चिन्ता हुई—क्यों नहीं आया भगतसिंह। चिन्ता ठीक थी, पर छुट्टी के समय तो वह आए जो

स्कूल जाए। वे स्कूल गए ही कहां थे ? सुबह घर से निकले तो सीधे अमृतसर जा पहुंचे और जलियांवाला बाग जाकर जनता के खून से लथपथ मिट्टी उठायी, माथे से लगाई और थोड़ी-सी एक शीशी में भरकर लौट पड़े। सोचती हूं तो हृदय की धड़कन बढ़ जाती है। अमृतसर में आतंक की आंधियां चल रही थीं, दमन का नगाड़ा बज रहा था। फौजी लोग नमस्ते की जगह भी गोली का उपयोग करते थे। पिटाई, गिरफ्तारी, खून और लाश ही वहां के दृश्य थे। उस हालत में कैसे वे जलियांवाला बाग पहुंचे होंगे, कैसे वहां से मिट्टी लेकर लौटे होंगे और स्वयं उनके खून में कैसे-कैसे उफान आए होंगे।

देर से वे घर पहुंचे, तो छोटी बहन अमरकौर अपने स्वभाव के अनुसार उछलती-कूदती उनके पास आई–"वीराजी, आज इतनी देर क्यों कर दी ? मैंने आपके हिस्से के फल रखे हुए हैं। चलो खा लो।" आज भगतसिंह अपने स्वभाव के अनुसार चहकते हुए नहीं आए थे, उदास और क्षुब्ध थे। घबराकर बहन ने पूछा–"क्यों, क्या बात है, तबीयत तो ठीक है ?" गम्भीरता से भगतसिंह ने कहा–"खाने की बात मुझसे मत करो। आओ तुम्हें एक चीज़ दिखाऊँ।" खून से रंगी मिट्टी की वह शीशी दिखाकर बोले–"अंगरेज़ों ने हमारे बेहद आदमी मार दिए हैं।" सारी बातें बहन को बताने के बाद फूल तोड़ कर लाए और शीशी के चारों ओर रख दिए, बाद में भी बहुत दिनों तक यह फूल चढ़ाने का क्रम चलता रहा। यह बलिदान की वन्दना थी, खून-खून को पहचान रहा था और खून-खून को पुकार रहा था।

सोचती हूं, उस दिन किसी को और स्वयं उन्हें भी क्या पता था कि उनका बलिदान एक दिन राष्ट्रीय बलिदानों का प्रतीक हो जाएगा और वे शहीदों के शहीद, शहीदे-आज़म कहलाएंगे। भविष्य को कौन जानता है, पर इतना स्पष्ट है कि उनका निर्माण जिन कणों से हुआ था, वह शहादत-बलिदान के ही कण थे, जिस हवा में उन्होंने सांस लिये थे, उसमें क्रान्ति की ही महक थी। वे क्रान्तिकारी शहीद के सिवा और कुछ हो ही नहीं सकते थे, क्योंकि वे उस वंश का अमृत-फल थे–परिवर्तन, उथल-पुथल, बगावत, संघर्ष, बेचैनी, विध्वंस और क्रान्ति ही जिसके सपनों का शृंगार थे।

विचार आए, विचार गए, भगतसिंह उनमें तैर रहे थे। आन्दोनल देश में उभर रहा था, उनकी आत्मा में तो उफन ही रहा था। यह सन् 1921 था और नौवीं क्लास थी। उन्होंने निश्चय कर लिया कि उन्हें डी.ए.वी. स्कूल में नहीं पढ़ना है, आन्दोलन में कूदना है। इसकी सूचना पिताजी को देनी आवश्यक थी, पर तब तक वे बहुत शर्मीले थे। इसलिए उन्होंने अपने साथी श्री जयदेव गुप्ता से कहा–"तुम कह दो पिता से।" उन्होंने सरदार किशनसिंह से कहा, तो वे तैयार ही थे। जो होली के हुड़दंग में खुद कूदा हुआ हो, वह बेटे को गुलाल से दूर रहने की बात कैसे कहेगा ?

भगतसिंह ने स्कूल छोड़ दिया और इस तरह वे आन्दोलन की पहली सीढ़ी पर चढ़ गए। आन्दोलन की दूसरी सीढ़ी थी स्वदेशी का प्रचार और विदेशी का बहिष्कार। दोनों ही कार्यों का सम्बन्ध वस्त्रों से था। भगतसिंह के घर में धुनाई-कताई की परम्परा

थी। पहले से ही घर के सब लोग खद्दर के वस्त्र पहनते थे। इसलिए स्वदेशी में उनके लिए कोई खास आकर्षण न था, हां विदेशी वस्त्रों की होली जलाने में उन्हें रस आता था। इसमें उनकी पूरी दिलचस्पी थी। वे लड़कों की टोली बना लेते, घर-घर से विदेशी वस्त्र मांगकर लाते, फिर उनका धूम-धाम से जुलूस निकालते और किसी चौराहे पर उनकी होली जलाते।

होली में रोशनी होती, लपटें उठतीं, गरमी फैलती। भगतसिंह के मन में भी रोशनी होती, लपटें उठतीं, गरमी फैल जाती । इन होलियों ने ही विद्रोह की ओर बढ़ते उनके पहले कदम देखे और उनकी संगठन-शक्ति, तेजस्विता और व्यवहार-पटुता के पहले स्पर्श उनके साथियों को मिले। जो परिवार दूसरी टोलियों को एक भी विदेशी वस्त्र देने से साफ इनकार कर देते थे, वे भगतसिंह को कई-कई वस्त्र देते थे। जो लोग दूसरों की बातों से चिढ़ जाते थे, गुस्सा करते थे, भगतसिंह की बातों से खिल उठते थे। श्री अजय घोष ने भगतसिंह की शहादत के बाद कहा था–"जो व्यक्ति भी कभी उनसे मिला, उस पर उनकी असाधारण प्रतिभा तथा बड़प्पन का गहरा प्रभाव पड़ा। इसका कारण यह नहीं था कि वे बहुत अच्छे वक्ता थे, वरन् यह कि उनकी बातों में इतना जोश, इतना बल और ऐसी शालीनता होती थी कि कोई भी व्यक्ति उनसे मिलने पर उनसे प्रभावित हुए बिना रह ही नहीं सकता था।" प्रभावशाली वार्तालाप की यह वृत्ति उनमें बचपन से ही थी, पर इसने पहली सार्वजनिक अंगड़ाई ली थी, विदेशी वस्त्रों की होली के संगठन में ही। अपनी टोली के जुलूस के नारों में ही उनकी आवाज़ सबसे ऊपर सुनाई देती और उनके चलने में भी ऐसी नाटकीयता रहती, जैसे वे किसी ऐतिहासिक फिल्म के हीरो हों।

आन्दोलन अपनी पूरी रफ्तार पर आ गया था और अपनी उम्र के हिसाब से वे भी अपनी पूरी रफ्तार पर थे। तभी एक धड़ाका हुआ और उसने सारा सीन ही बदल दिया। 5 फरवरी, 1922 को गोरखपुर ज़िले के चौरीचौरा स्थान पर कांग्रेस का एक जुलूस निकल रहा था। भीड़ ने पुलिस के इक्कीस सिपाहियों और एक थानेदार को खदेड़ कर थाने में बन्द कर दिया और थाने की इमारत में आग लगा दी। वे सब जल कर मर गए। 17 नवम्बर, 1921 को बम्बई में भी ऐसा ही काण्ड हो चुका था और 13 जनवरी, 1922 को मद्रास में। इन घटनाओं से प्रभावित होकर 12 फरवरी, 1922 को कांग्रेस की कार्य समिति ने अपनी बारडोली की बैठक में, जो आन्दोलन को नई तेज़ी देने के लिए बुलाई गई थी, असहयोग आन्दोलन स्थगित कर दिया और कांग्रेस के एक करोड़ सदस्य बनाने, मरने का प्रचार करने, राष्ट्रीय विद्यालयों को खोलने, मादक द्रव्य निषेध का प्रचार करने और पंचायतें संगठित करने का कार्यक्रम देश के सामने रखा।

पण्डित मोतीलाल नेहरू और लाला लाजपतराय ने, जो उस समय इसी आन्दोलन के कारण जेल में थे, इस प्रस्ताव को बहुत नापसन्द किया और गांधीजी को बहुत सख्त पत्र लिखे। महाराष्ट्र और बंगाल में भी इसके विरुद्ध बहुत गरम प्रतिक्रिया हुई। इस प्रस्ताव का समर्थन करने के लिए 24-25 फरवरी, 1922 को दिल्ली में महासमिति

की जो बैठक बुलाई गई, उसमें डॉ. मुंजे ने गांधीजी की निन्दा का प्रस्ताव रखा और कई सदस्यों ने इस प्रस्ताव के समर्थन में भाषण दिए।

देशव्यापी विरोध की यह स्वाभाविक प्रतिक्रिया भगतसिंह के मन में एक तूफान बनकर उतरी। वे इस बात से परेशान हो गए कि इतने बड़े देश के आन्दोलन में दो-चार जगह बेकाबू भीड़ का उपद्रव कर बैठना इतनी बड़ी बात कैसे हो सकती है कि पूरे देश का आन्दोलन ही स्थगित कर दिया जाए। इस चिन्तन से उनके मन के सामने एक प्रश्न खड़ा हो गया–हिंसा श्रेष्ठ है या अहिंसा, इस पर हम वाद-विवाद कर रहे थे या देश की आज़ादी के लिए लड़ रहे थे। आखिर हमारे आन्दोलन का उद्देश्य क्या था ?

हिंसा और अहिंसा के इस अन्तर्द्वन्द्व में उनके अन्तःकरण में एक बहुत खूबसूरत चेहरा चमक उठा। यह 19 वर्षीय युवक सरदार करतारसिंह सराबा का था, जो देश में अंगरेज़ों के खिलाफ सशस्त्र गदर मचाने की तैयारी में पकड़ा गया और हंसते-हंसते शहीद हो गया। यह चेहरा भगतसिंह के कलेजे में, स्मृतियों में धड़कते सब चेहरों से ऊपर था। भगतसिंह उसे प्यार करते थे। उसके रोम-रोम में लहराते मृत्यु के चाव पर न्योछावर थे।

वे देवताओं के स्तोत्रों की तरह उनके संस्मरणों का मन-ही-मन जाप किया करते थे। 15 सितम्बर, 1915 को जब जजों ने उन्हें फांसी की सज़ा सुनाई, तो उन्होंने कहा–"थैंक्यू, आपको धन्यवाद।" उनके एक साथी को आजन्म कारावास की सज़ा सुनाई गई थी, तो उसने कहा था–"कालापानी नहीं, मैं फांसी चाहता हूं।" जज झुंझला पड़ा था और झल्लाहट में उसने कहा था–"इसके लिए अपील करो।"

भगतसिंह ने अपने मन से पूछा–क्या चौरीचौरा सत्य है और करतारसिंह एवं उनके साथियों का कार्य असत्य है ? दूसरे प्रश्न ने उन्हें झकझोर दिया– यदि करतारसिंह का कार्य असत्य है, अनुचित है, तो सरदार अजीतसिंह, सूफ़ी अम्बाप्रसाद, वीर सावरकर और श्री रासबिहारी बोस का हमारे देश के इतिहास में कोई स्थान नहीं। ये सब क्या उपद्रवकारी ही हैं ? उनके मन ने इस पर हां नहीं की, ज़ोर से ना की और इस ना ने उन्हें गांधीजी से, अहिंसा से दूर खड़ा कर दिया।

15 वर्षीय भगतसिंह के मन में यह सब तूफान उठ रहे थे, जैसे वे राष्ट्र के कोई प्रमुख विचारक हों : हम कह सकते हैं कि उनकी उर्म यह सब सोचने लायक नहीं थी, पर उनके सामने तो 19 वर्षीय सरदार करतारसिंह सराबा थे, जिनके बारे में जजों ने अपने फैसले में लिखा था–"ही इज़ वन ऑफ द मोस्ट इम्पॉरटेण्ट ऑफ दीज़ सिक्स्टी वन एक्यूज़्ड एण्ड हैज़ द लार्जेस्ट ऑफ देम ऑल।" –वह इन 61 अभियुक्तों में सबसे अधिक महत्त्वपूर्ण आदमी है। इसके बारे में हमारे पास सबसे अधिक सबूत हैं। अमेरिका, समुद्री रास्ते और हिन्दुस्तान में होने वाले इस षड्यन्त्र का कोई ऐसा हिस्सा नहीं, जिसमें इसने अपना पार्ट अदा न किया हो।"

सोचती हूं आगे चलकर सशस्त्र विरोध कार्यक्रम को मानसिक रूप में एक जनआन्दोलन और नई समाज-व्यवस्था का सुदृढ़ सूत्र होने वाली क्रान्ति का रूप देने

में भगतसिंह को जो ऐतिहासिक सफलता मिली, उसके बीज उसके जीवन के इसी मोड़ पर बोए गए थे।

यह सच है, पर यह भी सच है कि यह भविष्य की बात है। इस समय तो भगतसिंह निर्णय की नहीं, जिज्ञासा की ही स्थिति में थे—अहिंसा का यह मार्ग ठीक नहीं है, यह देश को उसके लक्ष्य आज़ादी तक नहीं पहुंचा सकता, यह उनका मन कहता था, पर इसमें जनता के मन को आन्दोलित करने की अद्‌भुत क्षमता है, यह भी उनका मन कहता था। फिर मार्ग क्या है ?

असहयोग की असफलता ने भगतसिंह को मानसिक अन्तर्द्वन्द्व के उस स्थल पर खड़ा किया था, जहां हिटलर उस समय था—जब वह आस्ट्रिया में खिड़कियां-दरवाज़े रंगने वाला एक मज़दूर ही था, पर राष्ट्र के अतीत, वर्तमान और भविष्य की कड़ियां मन-ही-मन बैठा रहा था। यह अन्तर्द्वन्द्व, यह जिज्ञासा, मार्ग की यह खोज ही असहयोग में भगतसिंह की सबसे बड़ी उपलब्धि थी।

इस उपलब्धि के बीजों की भूमि उनमें चौरीचौरा काण्ड से पहले ही तैयार हो रही थी। इसका पता उनके उस कार्ड से लगता है जो डाक मुहर ने अनुसार उन्होंने 14 नवम्बर, 1921 को अपने दादाजी के नाम लिखा था—

ओम्

लाहौर

मेरे पूज्य दादा साहब जी, नमस्ते।

अर्ज़ यह है कि इस जगह खैरियत है और आपकी खैरियत श्री परमात्माजी से नेक मतलूब हूं। अहवाल ये है कि मुद्दत से आपका कृपा पत्र नहीं मिला। क्या सबब है। कुलबीरसिंह, कुलतारसिंह की खैरियत से जल्दी मुत्तला फरमाएं। बेबे साहब अभी मोरांवाली से नहीं आईं। बाकी सब खैरियत है।

आपका ताबेदार
भगतसिंह

इस कार्ड की लाइनों के बीच उलटे रुख (जिससे पुलिस आदि का ध्यान न जाए) लिखा है—"आजकल रेलवे वाले हड़ताल की तैयारी कर रहे हैं। उम्मीद है कि अगले हफ्ते के बाद जल्द ही शुरू हो जावेगी।" 1928 में इतिहास जिसे भारत में समाजवाद का उद्‌घोषक सिद्ध करने वाला था, वह 1921 में ही देश में अपने ढंग की पहली हड़ताल के प्रति इतना सचेष्ट था, उसे इतना महत्त्वपूर्ण मानता था, कि कार्ड में छिपाकर उसकी खबर दादाजी को भेजनी आवश्यक समझता था—होनहार बिरवान के होत चीकने पात !

: 12 :

नेशनल कॉलेज

नेशनल कॉलेज की स्थापना पंजाब कांग्रेस के नेताओं का, जिनमें श्री लाला लाजपतराय प्रमुख थे, एक श्रेष्ठतम रचनात्मक कार्य था। इसमें अधिकतर वे ही विद्यार्थी प्रविष्ट हुए थे, जिन्होंने असहयोग आन्दोलन में स्कूल-कॉलेज छोड़ दिया था और किसी-न-किसी रूप में उसमें भाग लिया था। स्वाभाविक है कि उनके मन राजनीतिक उत्तेजना और राष्ट्रीय चेतना से पूर्ण थे।

दूसरी विशेषता यह थी कि इस कॉलेज में ऐसे अध्यापक रखे गए थे, जिनका उद्देश्य विद्यार्थियों को परीक्षा पास कराना या सरकारी नौकरी के लिए तैयार करना नहीं था। राष्ट्रीय नेतृत्व के लिए तैयार करना था।

तीसरी विशेषता यह थी इस कॉलेज में कि अंगरेज़ी कॉलेजों के ढंग का घिसा-पिटा पाठ्य-क्रम नहीं था, वरन वह एक सरस, सजीव, राजनीतिक ज्ञान-वर्धक और उद्बोधक पाठ्य-क्रम था। भारतीय इतिहास की जानकारी तो दी ही जाती थी, विश्व इतिहास की जानकारी भी दी जाती थी। इसमें भी बादशाहों का ही लेखा-जोखा नहीं पढ़ाया जाता था, फ्रांस, इटली और रूस की राज्यक्रान्तियों का इतिहास भी पढ़ाया जाता था। भारत में स्वतन्त्रता-प्राप्ति के लिए जो प्रयत्न हुए, उनकी पूरी जानकारी दी जाती थी और संसार के जो दूसरे देश अपनी स्वतन्त्रता के लिए लड़ रहे थे, उनके आन्दोलनों का परिचय भी दिया जाता था।

इस अध्ययन के साथ समय-समय पर राष्ट्रीय नेताओं के भाषण भी होते थे। इनसे वातावरण में गर्मी आती थी, प्रेरणा मिलती थी और रुचि बढ़ती थी। इस प्रकार लाहौर का नेशनल कॉलेज राष्ट्रीयता का महान् स्रोत बन गया था।

आचार्य श्री जुगलकिशोर विलायत से अपनी शिक्षा समाप्त कर तब आए ही थे और स्वतन्त्र देश की मानसिक उन्मुक्तता से ओतप्रोत थे। उन्होंने नेशनल कॉलेज के वातावरण को सहज बना दिया और हर प्रकार की कट्टरता से दूर रखा। वे उस माली की तरह थे जो पेड़-पौधों के लिए ठीक तरह ज़मीन तैयार कर देता है, उन्हें रोप देता है, खाद देता है, और सिंचाई की व्यवस्था करने के बाद अपने ढंग पर बढ़ने के लिए उन्मुक्त छोड़ देता है। वे उस माली की तरह नहीं थे, जो वृक्षों को काट-छांटकर बम्बई के हैगिंग गार्डन की तरह अपनी मनपसन्द सजावट का उपकरण-मात्र बनाकर छोड़ता है। उनकी दृष्टि इस बात पर थी कि उनके उपवन में उत्तम वृक्ष रोपे जाएं, उन्हें पूरी खुराक मिले, वातावरण ठीक मिले और उसमें वे अपने रुझान के अनुसार बढ़ें। सोचती हूं, नेशनल कॉलेज का भाग्य था कि उसे आचार्य जुगलकिशोर जी प्रिंसिपल के रूप में मिले। वे कॉलेज की आत्मा थे।

भाई परमानन्द राजनीतिक विद्रोह के अपराध में कालेपानी की सज़ा भोगकर आए थे। अपनी सुन्दर आकृति, मधुर स्वर, सादा रहन-सहन और सौम्य स्वभाव के कारण जनता में देवता-स्वरूप भाई परमानन्द के नाम से प्रसिद्ध थे। वे नेशनल कॉलेज में प्रोफेसर तो थे ही, सर्वेसर्वा लाला लाजपतरायजी के व्यवस्था-प्रतिनिधि भी थे। उनके जीवन के साथ एक विद्रोह की कहानी नत्थी थी और वे विद्यार्थियों के लिए विद्रोह की जीती-जागती मशाल ही थे। वे पढ़ते-पढ़ाते अन्दमान की आप-बीती सुनाने लगते थे और इस प्रकार भावुक विद्यार्थी उन कष्टों की अनुभूति में भाव-विभोर हो जाते थे, जो देश की स्वतन्त्रता के लिए देशभक्तों ने सहे। भाईजी नेशनल कॉलेज के प्राण थे, जो सदा कर्म-प्रेरणा जगाते रहते थे।

भारत की प्रथम राष्ट्रीय शिक्षा-संस्था गुरुकुल कांगड़ी के स्नातक और भारतीय इतिहास के मौलिक एवं गहरे विद्वान् श्री जयचन्द्र विद्यालंकार तीसरे प्रोफेसर थे, जो नेशनल कॉलेज के वातावरण में राजनीतिक ज्योति जगाए रखते थे। उनके अध्यापन की यह विशेषता थी कि वे विद्यार्थियों में जिज्ञासा जगाते थे और तथ्यों, सत्यों और निष्कर्षों को बोझ या आदेश की तरह ग्रहण न कर, तर्क की कसौटी पर खरा-खोटा परख कर ही स्वीकार करने की प्रवृत्ति पैदा करते थे। वे नेशनल कॉलेज की भुजा थे! और भी कई श्रेष्ठ प्रोफेसर थे जिनमें श्री छबीलदास का नाम उल्लेखनीय है।

भगतसिंह को सरदार किशनसिंह ने इसी नेशनल कॉलेज में भरती कर दिया। भगतसिंह मैट्रिक पास नहीं थे, नौवीं क्लास में उन्होंने असहयोग में स्कूल छोड़ दिया था। इस स्थिति में उन्हें कॉलेज के प्रथम वर्ष में कैसे प्रविष्ट कर लिया गया। भाई परमानन्द ने उनके ज्ञान की जांच की। अंगरेज़ी में भगतसिंह कमज़ोर थे, पर उन्हें स्कूल की पुस्तकों के अतिरिक्त ऐतिहासिक और राजनीतिक पुस्तकें पढ़ने का बेहद शौक था। इसलिए इन विषयों में भगतसिंह का ज्ञान ही नहीं, चेतना भी अपनी शिक्षा से बहुत आगे थी। फिर भाईजी उनके व्यक्तित्व से, वार्तालाप से, बुद्धिमत्ता और आदर्शवादी दृष्टिकोण से बहुत प्रभावित हुए। भाईजी ने उन्हें दो महीनों का समय विशेष तैयारी के लिए दिया और कॉलेज में ले लिया। कुछ दिन निश्चय ही भगतसिंह पर बोझ पड़ा, पर परिश्रम उनका स्वभाव था। चैलेंज़ को स्वीकार करना और होड़ में जूझना उनका संस्कार था, इसलिए जल्दी ही वे अपने साथियों के साथ हो गए और पढ़ाई का काम ठीक-ठीक चल निकला।

भगतसिंह स्वतन्त्रता के असहयोग आन्दोलन में भाग ले चुके थे। उसके स्थगन से उनके मन में जिज्ञासाएं जागी थीं, कॉलेज के पाठ्य-क्रम में रौलेट कमेटी की रिपोर्ट भी थी। इसमें भारत की स्वतन्त्रता के सशस्त्र प्रयत्नों का ब्यौरेवार वर्णन था। इस अध्ययन ने उन्हें अहिंसा के विचार से और दूर कर दिया। दूरी की इस खाई को चौड़ा करने में बहुत बड़ा भाग लिया प्रोफेसर जयचन्द्र विद्यालंकार ने। गदर-योजना के 1915- 16 में असफल हो जाने के बाद पंजाब में सशस्त्र प्रयत्नों की शृंखला टूट गयी थी और सिर्फ जयचन्द्र जी ही एक मात्र ऐसे आदमी थे, जिनका सम्पर्क बंगाल के क्रान्तिकारियों से था। जिन विद्यार्थियों में अपेक्षाकृत राजनीतिक बेचैनी अधिक होती

थी, वे जयचन्द्र जी के आस-पास हो जाते थे। भगतसिंह का व्यक्तित्व तेजस्वी था, विचार तेजस्वी थे, वे थोड़े ही दिनों में उनके बहुत निकट हो गये। इस निकटता ने भगतसिंह की अध्ययन-पिपासा को नियमबद्ध कर दिया। 'जो पुस्तक मिली पढ़ डाली की जगह अब हो गया–'इसके बाद वह, उसके बाद यह'–इससे ज्ञान विस्तृत और पोपला की जगह विकसित और गहरा होने लगा।

नेशनल कॉलेज के साथ ही लाला लाजपतराय ने द्वारकादास पुस्तकालय की भी स्थापना की थी। श्री राजाराम शास्त्री (बाद में उत्तरप्रदेश के मज़दूर नेता और कौन्सिल के सदस्य) उस पुस्तकालय के अध्यक्ष थे। भगतसिंह अपने स्वभाव के कारण उनके अच्छे मित्र हो गये थे। वे उनसे पुस्तकें तो लाते ही थे, उनकी खाने-पीने की चीज़ें भी छीन लेते थे। सी.आई.डी. की भी निगाह पुस्तकालय पर रहती थी, क्योंकि पुस्तकालय युवकों का केन्द्र था। वहां खूब राजनीतिक बहसें होती थीं। श्री राजाराम शास्त्री के शब्दों में–"इस बहस में सरदार भगतसिंह आतंकवाद और समाजवाद दोनों का समर्थन करते थे। जहां भगतसिंह को एक ओर कार्लमार्क्स प्रभावित करते थे, वहां दूसरी ओर प्रसिद्ध रूसी अराजकतावादी बाकूनिन की भगतसिंह भूरि-भूरि प्रशंसा करते थे। रूस में कुछ क्रान्तिकारी अपनी जान न्योछावर करके अपने सिद्धान्तों के प्रचार में विश्वास रखते थे। इसे 'आत्म-बलिदान-द्वारा प्रचार' कहा जाता था (प्रोपेगण्डा बाई डेथ) भगतसिंह को ऐसे क्रान्तिकारियों ने सबसे अधिक प्रभावित किया था, जो अपना बलिदान करके अपने सिद्धान्तों का प्रचार दुश्मन की अदालत में खड़े होकर किया करते थे।

एक दिन मैंने एक 'अराजकतावादी' पुस्तक पढ़ी। सम्भवतः उसका नाम था 'अराजकतावाद और अन्य निबन्ध' (अनारकिज़्म एण्ड अदर एसेज़) इसमें एक अध्याय था 'हिंसा का मनोविज्ञान' (साइकोलॉजी ऑफ वायलेन्स) इसमें फ्रांस के अराजकतावादी नवयुवक वेलां का वह तमाम बयान दिया गया था, जिसे उसने गिरफ्तार होने पर अदालत के सामने दिया था। उसमें उसने बताया था कि किस प्रकार पहले ट्रेड यूनियनों को संगठित किया, सार्वजनिक सभाओं में व्याख्यान दिए और शान्तिमय प्रदर्शन किये, पर श्रमजीवियों तथा अन्य मेहनतकशों के शोषण पर कायम इस पूंजीवादी समाज के कर्णधारों पर प्रभाव नहीं पड़ा। तब मेरे मन में यह विचार उत्पन्न हुआ कि क्यों न फ्रांस की असेम्बली में बम का धमाका किया जाये, जिससे बहरे शासक जग जायें। बहरों को सुनाने के लिए ऊंची आवाज़ की आवश्यकता होती है, यही सोचकर मैंने असेम्बली में बम फेंका था। मेरा उद्देश्य बिल्कुल स्पष्ट था–सोते हुए शासकों को खूनी क्रान्ति से सावधान कर देना। अब मैजिस्ट्रेट मुझे जो भी सजा दें, मैं उसे सहर्ष शिरोधार्य करूंगा।

वेलां का बयान काफी लम्बा और जोशीला था। उसे पढ़कर मैं बहुत प्रभावित हुआ। कितने ही नवयुवकों को मैंने उसे पढ़ने को दिया, पर जब भगतसिंह ने उसे पढ़ा तो मारे खुशी के उछल पड़े। उस पुस्तक को उन्होंने कई बार पुस्तकालय से अपने नाम पर लिया। वेलां के बयान को उन्होंने याद कर डाला, कॉपी पर नोट कर लिया। मुझसे रोज आकर पूछते थे कि किस नवयुवक ने इसे पढ़ा है और उस पर इसका क्या प्रभाव पड़ा ?"

निश्चय ही वेलां के उदाहरण ने उनके मन में यह संकल्प जगाया कि आगे चल कर मैं भी ऐसा ही करूंगा। और जब सचमुच उन्होंने ऐसा किया तो वे वेलां को भूले नहीं और बम फेंकने के बाद असेम्बली में फेंके परचे में उन्होंने वेलां के नाम का सादर स्मरण किया।

इन्हीं दिनों जब गम्भीर राजनीतिक अध्ययन और प्रोफेसर जयचन्द्र विद्यालंकार के सम्पर्क से उनके मन में एक विद्रोही विकसित हो रहा था, एक दिन जयचन्द्रजी के मकान पर ही विख्यात क्रान्तिकारी शचीन्द्रनाथ सान्याल से उनकी मुलाकात हुई। इस परिचय और बातचीत से भगतसिंह के सामने क्रान्तिकारी दल के नये क्षितिज खुल गये।

भगतसिंह क्रान्तिकारियों के घर में जन्मे थे। देश से जलावतन उनके चाचा सरदार अजीतसिंह पास न होकर भी हर समय एक प्रेरक-शक्ति और आदर्श के रूप में उनके सामने थे। देश की स्वतन्त्रता के लिए जीवन-भर जूझने वाले पिता सरदार किशनसिंह उनके पास ही थे। इसलिए उनका मन दो तेज तरंगों से लहरा रहा था। पहली तरंग थी 'मैं कुछ करूंगा' और दूसरी लहर थी–'मैं ऐसा क्या करूं कि कुछ बेजोड़ बात बने'। इसी बात को यों कहना ठीक होगा कि वे उमंग और जिज्ञासा के झूले में झूल रहे थे और हर उठती लहर को पकड़ने की कोशिश में रहते थे।

असहयोग आन्दोलन के समाप्त होते-न-होते ही अकाली आन्दोलन उठ खड़ा हुआ था। इसका उद्देश्य सरकार-परस्त और स्वार्थी महन्तों के क़ब्ज़े से निकालकर गुरुद्वारों की सम्पत्ति को सिख-समाज के सार्वजनिक नियन्त्रण में लाना था। इस आन्दोलन के कार्यकर्त्ताओं का बाहरी चिह्न था काली पगड़ी। भगतसिंह भी उन दिनों बड़े ठाठ से काली पगड़ी पहनते थे और कृपाण रखते थे।

उस छोटी-सी उम्र में ही उनमें इतनी तेजस्विता थी कि हर उठता आन्दोलन उन्हें अपने साथ लेने को उत्सुक था और हर आन्दोलन के प्रति वे सचेष्ट थे। श्री शचीन्द्रनाथ सान्याल ने अपने 'बन्दी जीवन' (पृ. 300) में लिखा है–"मुझे पता लग गया था कि सरदार गुरुमुखसिंह इत्यादि, जो अपना अलग संगठन कर रहे थे, यह नहीं चाहते थे कि अबकी बार सिख लोग गैर सिख-संस्थाओं के साथ मिलकर भारतीय विप्लववादी आन्दोलन में भाग लें। यहां तक सरदार गुरुमुखसिंहजी ने चाहा कि हमारे सच्चे साथी सरदार भगतसिंह को हम लोगों से तोड़कर अपनी संस्था में मिला लें। इस कारण गुरुमुखसिंह जी ने भगतसिंह को बहुतेरा समझाया कि तुम बंगालियों के फेर में मत पड़ो। इनके फेर में पड़ोगे तो फांसी पर लटक जाओगे, काम कुछ भी नहीं कर पाओगे। इस प्रकार से गुरुमुखसिंहजी भगतसिंहजी से कितनी बातें कहते थे, वे हम लोगों से सब कह देते थे। बहुत बहकाने पर भी श्री भगतसिंहजी ने हम लोगों का साथ नहीं छोड़ा।'

भगतसिंह अब क्रान्तिकारी-दल के बाकायदा सदस्य थे और नेशनल कॉलेज के परिश्रमी विद्यार्थी भी। एक और प्रवृत्ति में भी वे भाग ले रहे थे। वह थी अभिनय की प्रवृत्ति। उद्देश्य था जनता में गुलामी की पीर और आज़ादी की बेचैनी पैदा करना। नेशनल

कॉलेज में एक नेशनल नाटक क्लब की स्थापना की गयी। 'राणा प्रताप', 'भारत-दुर्दशा' और 'सम्राट चन्द्रगुप्त' नाटकों में भगतसिंह अपनी भूमिकाओं में पूरी तरह सफल रहे। 'सम्राट् चन्द्रगुप्त' के अभिनय से अभिभूत हो उनके प्राध्यापक भाई परमानन्द ने उन्हें मंच पर ही हृदय से लगा लिया और लाड़ से कहा—''मेरा भगतसिंह—सचमुच भविष्य में चन्द्रगुप्त सिद्ध होगा।'' इस क्लब के नाटकों की सफलता इससे सिद्ध है कि अंगरेज़ी सरकार ने इस पर पाबन्दी लगा दी—इसे बन्द कर दिया। सोचती हूं, क्या व्यक्तित्व था उनका कि नेता भी, अभिनेता भी, प्रणेता भी ! वे वर्तमान के उद्‌बोधक और भविष्य के उद्‌घोषक होने को ही जन्मे थे। वे युग की आकांक्षा के वीर-पुत्र थे।

1923 में भगतसिंह एफ.ए. पास कर बी.ए. के प्रथम वर्ष में प्रविष्ट हुए, पर तभी परिस्थितियों ने उन्हें कॉलेज की क्लास से उठकर लम्बी राह पर ला खड़ा किया। वे दादी जय कौर के लाड़ले थे। उनके बड़े भाई जगतसिंह की असमय मृत्यु ने इस लाड़ को मोह में बदल दिया। उन्होंने अपने पुत्र सरदार किशनसिंह से आग्रह किया कि अब भगतसिंह का विवाह कर दिया जाये। वे डिक्टेटर थीं स्वभाव में—जो कह दिया, सो हो। भगतसिंह के मन में मृत्यु-सुन्दरी घूम रही थी। वे विवाह के लिए कैसे तैयार हो सकते थे ? उनके पिता सरदार किशनसिंह एक अजीब शिकंजे में फंसे थे। एक तरफ माता का आग्रह था, दूसरी तरफ पुत्र का अटल निर्णय। स्वयं वे आग्रही न होकर भी विवाह के पक्ष में थे।

एक बात मैं यहीं साफ कर दूं कि सरदार किशनसिंह के मन में अपने पुत्र के भविष्य की क्या कल्पना थी ? कुछ लोगों ने उनके मन को बिना पहचाने उनके बाहरी व्यवहार को देखकर उनकी ऐसी तस्वीर खींच मारी है, जैसे वे घोर प्रगति-विरोधी थे और भगतसिंह को घर में ही केन्द्रित रखना चाहते थे। मुझे दुःख होता है कि इन लोगों ने सरदार किशनसिंह की एक कमज़ोरी को भी सहनुभूति से नहीं देखा। फिर कमज़ोरी भी कैसी कमज़ोरी ? उनके चरित्र का गम्भीर अध्ययन कर विश्लेषण से मैं इस परिणाम पर पहुंची हूं कि भगतसिंह का विवाह करने में उत्सुकता उनकी कमज़ोरी नहीं, दृष्टिकोण की भिन्नता ही थी।

वे अपने पुत्र भगतसिंह की शक्तियों को जानते थे और उनके मन में भावना थी कि वह नरम लाजपतराय की जगह नया गरम लाजपतराय बनें। साफ-साफ यह कि उनके मन में नये लोकमान्य तिलक का नक्शा था, जो कांग्रेस को, यानी आज़ादी के सार्वजनिक आन्दोलन को प्रगतिशील गरमी देकर आज़ादी को भारत के आंगन में उतारे। और भी साफ शब्दों में मैं कहूंगी कि नेताजी सुभाषचन्द्र बोस के व्यक्तित्व ने जो तेजस्वी रूप आगे चलकर लिया, अपने पुत्र का वही रूप उनकी आंखों में समाया हुआ था। कोई छिपाने की बात नहीं कि फांसी पर झूलते भगतसिंह का चित्र उनकी आंखों में नहीं था, उन्हें प्रिय नहीं था। वे अपने छोटे भाई सरदार अजीतसिंह, अपने मित्र महान् रासबिहारी बोस और अपने पुत्रवत् प्रिय शहीद करतारसिंह सराबा के कार्यों का परिणाम देख चुके थे। उनके दृष्टिकोण को समझने के लिए यह आवश्यक है कि हम यह बात न भूलें कि उन्होंने गदर-पार्टी के काम में आर्थिक सहायता दी थी, पर सराबा से साफ

कह दिया था कि तुम्हारा गदर-आन्दोलन जिस खुले रूप में संगठित किया जा रहा है, वह भारत में सफल नहीं हो सकता, क्योंकि यह 'अमेरिका' नहीं है। सरदार किशनसिंह के जीवन का एक-एक क्षण भारत की स्वतन्त्रता के काम में लगा है। उनकी कमज़ोरी और ताकत की तुलना करने से पहले हमें यह घटना ध्यान में रखनी होगी कि आर्यसमाज के महान् नेता और डी.ए.वी. कॉलेज के संस्थापक महात्मा हंसराज के पुत्र श्री बलराज जब 1914 के षड्यन्त्र केस में कालेपानी की सज़ा पा गये, तो उन्होंने अपने पुत्र से सब तरह सम्बन्ध विच्छेद करने की खुले-आम घोषणा कर दी थी। इसके विरुद्ध सरदार किशनसिंह कदम-ब-कदम क्रान्तिकारियों के साथ रहे, निश्चय ही क्रान्तिकारियों के जीवन-सूत्र के साथ कि जियें अनजाने और मर जायें अनजाने। उनकी कमज़ोरी यह नहीं थी कि वे क्रान्ति-विरोधी थे। हां, उनकी कमज़ोरी यह थी कि पैत्रृक रूप में बहुत गुस्सा था, गुस्से में वे बौखला जाते थे और गालियां तो देते ही थे, कभी-कभी मारने भी लगते थे।

विवाह के सम्बन्ध में या विवाह के उपाय से भगतसिंह को घर-गृहस्थी का साधारण आदमी बनाने के लगाव में वे आग्रही होते, तो 1923 से 1929 तक जब भगतसिंह उनके निकट रहे, क्या वो एक बार भी आग्रह न करते ? क्या इस प्रश्न पर दोनों में कभी एक बार भी कहा-सुनी या मन-मुटाव न होता ? ज़रूर होता, पर हम सब जानते हैं कि ऐसा नहीं हुआ और वे उनकी फांसी के दिन तक उसके प्रति गहरे वात्सल्य से ओतप्रोत रहे।

इसी पृष्ठभूमि में ये शब्द हैं–वे भगतसिंह के विवाह के लिए आग्रही नहीं थे, हां पूरी तरह उत्सुक थे। एक दिन उसी इलाके के एक बहुत अमीर आदमी भगतसिंह को अपनी बहन के लिए देखने आए। भगतसिंह उस दिन बहुत प्रसन्न रहे, उछलते-कूदते रहे और अपने तांगे में स्वयं घोड़ी हांककर उन्हें लाहौर तक छोड़ने गए। भगतसिंह उन्हें पसन्द आ गए और सगाई के लिए तारीख तय कर गए।

सगाई की इस बात-चीत से भगतसिंह के द्वार खुल गए। तैयारी पहले से थी ही। इस तैयारी को समझने के लिए श्री शचीन्द्र नाथ सान्याल के ये शब्द मार्गदर्शक हैं–"मेरा यह एक नियम था कि दल के आदमी की परीक्षा करने की गरज़ से मैं यह देखना चाहता था कि अपने दल का व्यक्ति त्याग करने के लिए कहां तक तैयार है। हम लोग तो उसी को अपने दल का व्यक्ति समझते थे, जो व्यक्ति हर घड़ी इस बात के लिए तैयार हो कि जब कभी कहा जाए तभी घर-बार छोड़कर काम करने के लिए तैयार मैदान में उतर पड़े। इस नीति के अनुसार मैंने भगतसिंह से कहा कि क्या तुम घर-बार छोड़ने के लिए तैयार हो ? यदि तुम शादी कर लोगे, तो आगे चलकर अधिक काम करने की आशा तुमसे नहीं रहेगी और यदि तुम घर में रहते हो तो तुम्हें शादी करनी पड़ेगी। मैं नहीं चाहता कि तुम शादी करो। इसलिए मेरी इच्छा है कि तुम घर छोड़कर, मैं जहां कहूं, वहां रहने लग जाओ। भगतसिंह घर छोड़ने के लिए तैयार हो गए।"[1]

1. 'बन्दी जीवन' पृ. 277।

मैंने अपने एक लेख में क्रान्तिकारियों की फरारी का विश्लेषण करते हुए लिखा था–"क्रान्तिकारियों ने स्वतन्त्रता के लिए बड़े-बड़े कार्य किए, बलिदान दिए उनका शत-शत अभिनन्दन, पर इन बलिदानों में घरों के मोह से निकलकर क्रान्ति के पथ पर आने का काम कितना मार्मिक है ? फिर घर का मोह ही तो नहीं होता उसके वातावरण की एक जकड़न भी तो होती है और ज्यों ही इस जकड़न पर परिवार का कोई सदस्य ज़रा-सा ज़ोर देता है, परिवार के अणु और विराट् की शक्ति मिलकर उस ज़ोर को तोड़ देने में जुट जाते हैं। शिकार साहित्य में पढ़ा है कि अजगर भागना तो दूर, तेज़ी से हिल-डुल भी नहीं सकता, वह अपने शिकार को पास पाते ही अपनी कुण्डली में जकड़ लेता है और पूरी ताकत से दबाकर उसकी नस-नस तोड़ देता है, जिससे वह खाने लायक मुलायम ग्रास बन जाए। क्या घर की जकड़न, किसी अजगर की जकड़न से कम ताकतवर होती है और भागने वाले को कम ताकत से दबोचती और तोड़ती ? ठीक है, न कम ताकत दबोचती है, न कम ताकत से तोड़ती है, पर अधिकतर क्रान्तिकारियों को इस दबोच और तोड़ को छलांग कर ही बाहर आना पड़ा है। महात्मा बुद्ध के महाभिनिष्क्रमण की गाथा हमारे साहित्य में रत्न-जड़े अक्षरों में लिखी है, पर सशस्त्र क्रान्ति के इतिहास का तो हर पन्ना ही किसी-न-किसी महाभिनिष्क्रमण से रंगा हुआ है। फिर महात्मा बुद्ध के महाभिनिष्क्रमण में तो परिवार के प्यार ने ही चोट खायी थी, पर क्रान्ति के इन महाभिनिष्क्रमणों में तो बिलखते परिवारों के अभावों और भावों के दारुण घाव भरे पड़े हैं।"

सगाई की निश्चित तिथि से कुछ दिन पहले भगतसिंह घर से लाहौर गए और वहां से जाने कहां फरार हो गए। उनके पिता को अपनी मेज़ की दराज़ में रखा यह पत्र मिला–

पूज्य पिताजी, नमस्ते।

मेरी ज़िन्दगी मकसदे-आला यानी आज़ादी-ए-हिन्द के असूल के लिए वक्फ़ हो चुकी है। इसलिए मेरी ज़िन्दगी में आराम और दुनियाबी खाहशात बायसे कशिश नहीं है।

आपको याद होगा कि जब मैं छोटा था तो बापूजी ने मेरे यज्ञोपवीत के वक्त एलान किया था कि मुझे खिदमते-वतन के लिए वक्फ़ कर दिया गया है। लिहाज़ा मैं उस वक्त की प्रतिज्ञा पूरी कर रहा हूं।

उम्मीद है आप मुझे माफ फरमायेंगे।

आपका ताबेदार

भगतसिंह

इस फरारी के साथ ही नेशनल कॉलेज का अध्याय समाप्त हो गया। यह 1923 के उत्तरार्द्ध की बात है।

: 13 :

पहली फरारी

घर से बाहर पैर रखने का अर्थ था कि क्रान्ति-यात्रा आरम्भ हो गयी। भगतसिंह अपने पिता के नाम जो पत्र छोड़ गए थे, उसमें साफ लिखा था कि वे देश-सेवा के लिए समर्पित हैं और उसी काम से आगे बढ़ रहे हैं। सगाई की बात तो बहाना थी। देहाती कहावत है–'रोने को जी चाह रहा था, घिसर पड़ी।' सगाई की बात न उठती तो क्या वे घर के धन्धे में लगे ही रहते। वे लाहौर से चले और सीधे जा पहुंचे कानपुर। श्री शचीन्द्रनाथ सान्याल के शब्दों में–"मेरे कहने से भगतसिंह घर छोड़कर कानपुर चले गए थे। पहले-पहल कानपुर में मन्नीलालजी अवस्थी के मकान पर उनके रहने का इन्तज़ाम किया गया था।

कानपुर क्षेत्र का काम उन दिनों योगेशचन्द्र चटर्जी देख रहे थे। भगतसिंह ने उनके साथ काम आरम्भ किया। श्री सुरेशचन्द्र भट्टाचार्य (बाद में 'प्रताप' के सम्पादक) श्री बटुकेश्वर दत्त, श्री अजय घोष (बाद में भारतीय कम्युनिस्ट पार्टी के जनरल सेक्रेट्री) और श्री विजयकुमार सिन्हा जैसे क्रान्तिकारियों से उनका परिचय वहीं हुआ। ये सब बंगाली थे और इनके बीच एक सिख युवक का रहना सी.आई.डी. को सन्देह का निमन्त्रण देना था। श्री गणेशशंकर 'विद्यार्थी' ने अपने 'प्रताप' के सम्पादन विभाग में भगतसिंह को स्थान देकर इस मसले को हल कर दिया। अब भगतसिंह भगतसिंह न रहकर बलवन्तसिंह हो गए थे और 'प्रताप' में वह इसी नाम से लिखते थे। इस व्यवस्था के होने से पहले कुछ दिन अखबार बेचकर अपने खाने-पीने का काम उन्होंने चलाया।

अब भगतसिंह क्रान्तिकार दल के आदमी थे और दल का काम ही उनका काम था। काम को समझना और उसे पूरी तरह अपनी मुट्ठी में ले लेना उनका स्वभाव था। वे काम को समझ रहे थे, पर जो काम उनके मन में उधेड़-बुन मचाता था, वह डकैती डालकर, पार्टी के लिए रुपया लाना था। पार्टी को रुपये की जरूरत थी, रुपया पाने का कोई रास्ता न था, यह डकैती का एक पहलू था, पर डकैती तो किसी नागरिक के घर ही डालनी थी। इसलिए डकैती पार्टी को जनता से दूर करती थी। जनता में उसे अलोकप्रिय बनाती थी, यह उसका दूसरा पहलू था। भगतसिंह ने संसार की क्रान्तियों के इतिहास का गहरा अध्ययन किया था और उन्हें विश्वास हो गया था कि चौंका देने वाले कुछ काण्डों से देश में क्रान्ति नहीं हो सकती। उसके लिए जनता को साथ लेना होगा, लेना ही होगा ; पर डकैती तो उसे और भी दूर करती है। उन्होंने निश्चय कर लिया था कि वे इस स्थिति को बदलेंगे और अपने जीवन को ही उसका साधन बनायेंगे।

कानपुर पुलिस की निगाहों में चढ़ गया था। एक बड़े काण्ड की तैयारी आरम्भ हो गयी थी, इसलिए पार्टी के सदस्य बेहद सतर्कता बरत रहे थे और इधर-उधर हो

गए थे। भगतसिंह को श्री गणेशशंकर विद्यार्थी ने ग्राम शादीपुर, तहसील खैर, ज़िला अलीगढ़ के नेशनल स्कूल में हेडमास्टर बनवा दिया था। वे ठाकुर टोडरसिंह (बाद में कांग्रेसी एम.एल.ए.) के घर पर रहते थे और स्कूल का काम देखते थे। स्कूल थोड़े ही दिनों में चमक उठा था। किसी ने लेनिन महान् के लिए कहा था–"वे क्रान्तिकारी न बन जाते तो प्रोफेसर होते।" भगतसिंह की अध्ययनशीलता और अध्यापकी को देखकर कह सकते हैं कि वे क्रान्तिकारी न होते तो एक सफल प्रिंसिपल होते।

वे कदम-कदम आगे बढ़े जा रहे थे, पर घर के लोग कदम-कदम परेशान हो रहे थे–कहां गया भगतसिंह। उन्हीं दिनों भगतसिंह ने अपने मित्र श्री रामचन्द्र को एक पत्र लिखा। उसमें अपना पता भी दिया। हिदायत थी वह किसी को पता न बतायें; लेकिन परिवार की परेशानी रामचन्द्र के सामने थी। उन्होंने श्री जयदेव गुप्ता से पत्र का ज़िक्र किया, पर पता नहीं बताया। बहुत आग्रह हुआ तो उन्होंने कहा–"पता बताने की तो कसम है। उसे मैं तोड़ नहीं सकता, पर तुम्हारे साथ उस पते पर चल सकता हूं।"

दादी श्रीमती जय कौर सख्त बीमार थीं और भगतसिंह को एक बार देखने के लिए तड़प रही थीं। सोचती हूं उनके हृदय में यह कचोट अवश्य होगी कि विवाह का आग्रह मेरा ही था, जिसके कारण भगतसिंह को घर छोड़ना पड़ा। सरदार किशनसिंह ने 'वन्दे मातरम्' में विज्ञापन छपवाया था कि 'भगतसिंह' जहां भी हों लौट आयें, उनकी दादी सख्त बीमार हैं।' समय की बात यह विज्ञापन श्री गणेशशंकर 'विद्यार्थी' ने पढ़ा था, पर तब उन्हें क्या पता था कि उनका लाड़ला बलवन्तसिंह ही भगतसिंह है और विख्यात क्रान्तिकारी सरदार किशनसिंह और सरदार अजीतसिंह का वंश-पुष्प है।

श्री जयदेव गुप्ता और श्री रामचन्द्र जब 'विद्यार्थी' जी के पास पहुंचे तब यह भेद खुला। पत्र में सम्भवतः पता 'विद्यार्थी' जी का ही था। वहांसे ये लोग शादीपुर गये। भगतसिंह ने उन्हें दूर से देख लिया और विद्यार्थियों को मेहमानों की खातिर करने और अपने बारे में कुछ न बताने की बात कह इधर-उधर हो गये। ये लोग फिर 'विद्यार्थी' जी के पास आये और उनका आश्वासन पा घर लौटे। सब समाचार सुन सरदार किशनसिंह ने कानपुर के कांग्रेसी नेता मौलाना हसरत मोहानी (बाद में लीग के नेता) को पत्र लिखा कि वे 'विद्यार्थी' जी के द्वारा भगतसिंह से मिलें और उन्हें घर लौटने को कहें। भगतसिंह के नाम भी एक पत्र उसी लिफाफे में भेजा, जिससे वे विश्वास कर सकें। पत्र में विवाह के लिए आग्रह न करने का वचन था और दादीजी के बीमार होने की बात कही गयी थी। 'विद्यार्थी' जी और मौलाना साहब ने ज़ोर डाला और दादी की बीमारी ने उन्हें मर्माहत किया। भगतसिंह कोई छह महीने बाद घर लौटे। घर का उदास वातावरण उनके आने से खिल उठा और किसी ने भी उनसे विवाह की बात नहीं की। वे पूरी तल्लीनता से दादी की सेवा में जुट गये। अच्छी-से-अच्छी नर्स जो सेवा नहीं कर सकती थी, वह उन्होंने की। दवा और खुराक का ध्यान तो रखा ही, उन्हें खूब हंसाया भी। वे कुछ दिन में स्वस्थ हो गयीं : अब स्थिति यह हो गयी कि भगतसिंह कभी दादी के पास बंगा में रहते थे तो कभी लाहौर चले जाते, कभी दूसरे दिन ही लौट आते, कभी कई-कई दिन न लौटते। उत्तर-भारत क्रान्ति संगठन में जो

नया ताना-बाना पूरा जा रहा था, उसी में वे लगे हुए थे।

उन्हीं दिनों एक घटना ने सिद्ध कर दिया कि भगतसिंह में कितनी संगठन-शक्ति है और वे किसी मौके पर पिस्तौल का घोड़ा दबाकर धमाका कर देने वाले जोशीले जवान ही नहीं, किसी पार्टी का नेतृत्व कर सकने के योग्य नेता हैं। यह 1924 के मार्च के महीने की बात है।

अकाली आन्दोलन का मोर्चा ननकाना साहब से हटकर जैतों में जम गया था। ननकाना साहब के गोलीकाण्ड और राक्षसी लाठी चार्ज से हुए शहीदों को श्रद्धांजलि देने के लिए शोक-दिवस मनाया गया । उसमें भुजा पर काली पट्टी बांधकर सब शामिल हुए। आशा के विरुद्ध नाभा के महाराज रिपुदमनसिंह काली पट्टी बांधकर जुलूस और जलसे में शामिल हुए। वे स्वतन्त्र विचारों के नरेश हैं, यह तो सुना था सबने, पर वे इतना साहस कर बैठेंगे, यह किसी को आशा न थी, क्योंकि यह तो खुले आम अंगरेज़ी सरकार का विरोध था। वायसराय उनसे सख्त नाराज़ हुआ और वे गद्दी से उतारकर देहरादून में नज़रबन्द कर दिये गए। इस पर अकालियों के जत्थे जैतों (नाभा) जाने लगे और बड़ा खूंखार मोर्चा वहां जम गया।

जैतों जाने वाला एक जत्था सरदार किशनसिंह के गांव बंगा होकर गुज़रने वाला था। सरकार और सरकार-परस्त लोग इन जत्थों को महत्त्वहीन सिद्ध करने में लगे थे पर राष्ट्रीय लोग इनका धूमधाम से स्वागत करते थे। जत्थेदार सरदार करतारसिंह और सरदार ज्वालासिंह लाहौर जाकर सरदार किशनसिंह से मिले कि बंगा में जत्थे के स्वागत का प्रबन्ध करने के लिए वे आयें, वे ज़रूर आते, पर उनका बीमे के काम से बम्बई जाना तय हो चुका था। फिर भी उन्होंने स्वागत की ज़िम्मेदारी ले ली और व्यवस्था करने के लिए भगतसिंह को गांव भेज दिया। स्वागत क्या, यह तो एक मोर्चा था, क्योंकि सरदार किशनसिंह के कुटुम्ब भाई सरदार बहादुर दिलबागसिंह, फर्स्ट क्लास ऑनरेरी मजिस्ट्रेट ऐलान कर चुके थे कि इस इलाके में खाना-पीना तो क्या, जत्थे वालों को पेड़ का सूखा पत्ता भी नहीं मिलेगा। वे जत्थेदार इसी कारण लाहौर गये थे। ऐसे मोरचे पर पिता द्वारा भगतसिंह को पूरी ज़िम्मेदारी सौंपना क्या स्पष्ट नहीं करता कि उन्हें अपने पुत्र पर पूरा भरोसा था। भगतसिंह उस समय केवल सत्रह वर्ष के नवयुवक थे। वे मोरचे पर पहुंच गये।

अब एक तरफ थे सरदार बहादुर दिलबागसिंह, दूसरी तरफ था सत्रह वर्ष का एक नवयुवक।

सरदार बहादुर का सारे इलाके में रोब और दबदबा था। वे अंगरेज़ सरकार का दाहिना हाथ समझे जाते थे और कहा जाता था कि उनकी मर्ज़ी के बिना इलाके में पत्ता भी नहीं खड़क सकता। उस नवयुवक को तब लोग अच्छी तरह जानते भी न थे, क्योंकि गांव से दूर लाहौर में वह अभी तक पढ़ता रहा था और छुट्टियों में ही कभी घर आता था।

हां, दोनों में कोई जोड़ न था, कोई तुलना न थी, पर दोनों में एक तरह का शीत-युद्ध छिड़ गया था। हारने पर सरदार बहादुर की प्रतिष्ठा का वृक्ष कुम्हला सकता

था और जीतने पर नवयुवक की प्रतिष्ठा का पहला अंकुर उग आने वाला था।

दोनों दो दुश्मनों की तरह जूझ रहे थे, पर दुश्मन न थे। रिश्तेदार ही नहीं, एक ही वंश-वृक्ष के दो टहने थे। दोनों की देह में एक ही पुरखे का रक्त था, पर दोनों के कदम भिन्न दिशाओं की ओर थे ! सरदार बहादुर अंगरेज़ सरकार के जमे रहने में अपनी वृद्धि के सपने देखते थे, तो नवयुवक अँगरेज़ सरकार को उखाड़ फेंकने में ही देश की समृद्धि के सपने संजोता था।

एक के पास धन का बल था, तो दूसरे के पास मन का। एक के साथ पुलिस की शक्ति थी, तो दूसरे के साथ देश-भक्ति की। सफलता की कसौटी यह थी कि जनता किसके साथ होगी। पहले ने भय का गर्जन किया, "जो मेरा साथ नहीं देगा, उसे उखाड़ फेंका जायेगा।" दूसरे ने प्यार का निमन्त्रण दिया–"यह हमारे गांव के सम्मान का प्रश्न है।"

मोर्चा यही था कि अकालियों का तेरहवां शहीदी जत्था जैतों जा रहा था। सरकार इन जत्थों के विरोध में थी। इसलिए गांवों में यह आदेश भिजवाया गया था कि किसी गांव में कोई जत्था आकर रुके, तो उसके लिए खाने-पीने का कोई सामान न पहुंचाया जाये। जनता इन जत्थों के पक्ष में थी, पर जनता का शरीर भय से जकड़ा हुआ था और उसमें सामने आने का दम न था। बंगा गांव में भी सब चाहते थे कि जत्थे का स्वागत किया जाये, पर सरदार बहादुर दिलबागसिंह चाहते थे कि सिवाय दुत्कार के जत्थे वालों को यहां कुछ न मिले, यहां तक कि गांव में ढिंढोरा पिटवा दिया गया कि कुओं पर से डोल उठा लिये जायें, ताकि जत्थे वाले खुद खींचकर भी पानी न पी सकें।

व्यवस्था और भय का जो जाल सरदार बहादुर ने बिछाया था, उसे चारों ओर घूमती पुलिस ने और भी मज़बूत कर दिया, पर संगठन-शक्ति और योजना-चातुर्य की बलिहारी कि बिना सरदार बहादुर को चौंकाए वह नवयुवक उस जाल के भीतर ही शान्त भाव से अपना काम कर रहा था, इस तरह कि जैसे वह कुछ नहीं कर रहा है-"धीमे-धीमे, गहरे-गहरे, चौकस-चौकन्ने भाव से। सरदार बहादुर पूरी व्यवस्था करन के बाद अब निश्चिन्त थे। उन्हें विश्वास हो गया था कि वे गवर्नर के सामने अपने कारनामे का बखान खुशामद में लिपटी शान से कर सकेंगे, जिसकी भाषा होगी यह कि हुजूर यह आपका इकबाल है, पर जिसका मतलब यह होगा कि हुजूर देखा आपने मेरा इकबाल।"

निश्चित तारीख पर जत्था आया और गांव के बाहर ठहरा, तो जत्थे के स्वागत में उस नवयुवक ने ज़ोरदार भाषण दिया। उसकी खास बात यह थी कि उसमें गोपीनाथ साहा (बंगाल के शहीद) और दूसरे क्रान्तिकारियों की साफ शब्दों में प्रशंसा की गई थी। गांव के कुछ लोग पास आ गए थे और कुछ दूर से भाषण सुनते रहे थे। उसी समय जत्थे के स्वागत में आतिशबाज़ी भी छोड़ी गई, जो उस नवयुवक ने पहले से ही खरीदकर रखी थी। लोगों ने जब एक नवयुवक की यह हिम्मत देखी, तो उनके मन पर से आतंक की वह काली चादर हट गई, जिसे सरदार बहादुर ने यत्नपूर्वक फैलाया था। फिर भी झिझक अभी बाकी थी। रातों-रात मनों दूध, टोकरों रोटियां, घड़ों

सब्ज़ियां, सब-कुछ घरों-घरों से तैयार होकर उस नवयुवक के घर पहुंच जाता और दिन निकलने से पहले ही वह नवयुवक और उसके हम-उम्र साथी, उसे सिरों पर उठाकर ले जाते और जत्थे के पास पहुंचा देते। इतना ही नहीं, दूसरे गांवों से भी लोग रोटियां लाते, गन्ने के खेत में निश्चित जगह पर रख जाते और जत्थे वाले उठा लेते। यह सब उस नवयुवक के संगठन-कौशल का ही चमत्कार था। जत्था एक दिन के बजाय तीन दिन ठहरा और खूब धूम-धाम रही। जब जत्था चला तो जत्थे वाले गा रहे थे–

"लाज रख ली, लाज रख ली, भगतसिंह प्यारे ने लाज रख ली।"

हां, वह नवयुवक भगतसिंह ही थे। भगतसिंह, जिसने इस घटना के सात वर्ष बाद हंसते-हंसते अपने जीवन की बलि देकर इतिहास में शहीदे-आजम भगतसिंह का अमर नाम पाया।

सरदार बहादुर की शान टुकड़े-टुकड़े हो गई थी। वे प्रतिशोध की भावना से भर उठे और उन्होंने सरकार पर ज़ोर डाला कि भगतसिंह को जेल में बन्द किया जाए, पर वे नाबालिग थे, सरकार झिझक रही थी। सरदार बहादुर ने इसे अपनी प्रतिष्ठा का प्रश्न बना लिया, तो गिरफ्तारी का वारण्ट निकाला गया। भले ही भगतसिंह नाबालिग थे, पर उनकी बुद्धि तो बालिग थी। वे कन्नी काट गए और हाथ नहीं आए।

भगतसिंह अब दिल्ली में थे और 'दैनिक अर्जुन' के सम्पादन विभाग में काम कर रहे थे। नाम वही–बलवन्तसिंह। कुछ दिन बाद फिर कानपुर पहुंचे। गंगा में बाढ़ आई हुई थी। ऐसे अवसरों पर स्वयंसेवकी करना उनका पैत्रृक गुण था। लोगों को बचाने और बसाने में जुट गए। अनेक क्रान्तिकारी वहां थे। पार्टी को रुपये की बेहद ज़रूरत थी, एक-एक रुपया अशर्फी हो रहा था। उपाय यही था कि कहीं डकैती डाली जाए। डाली गई और कई में भगतसिंह भी शामिल हुए। पहली बार जब वे डकैती में गए थे, तो उस कार्य की कुरूपता उन पर इस हद तक छा गई थी कि उन्हें कै हो गई थी। अब वे कुरूपता को बर्दाश्त कर लेते थे, पर इसमें उन पर इतना ज़ोर पड़ता था कि उनके चेहरे का रंग बदल जाता था और सफलतापूर्वक लौटने पर भी वे घण्टों परेशान रहते थे। वह सफलता भी बहुत साधारण होती थी। उनकी निगाह आज के आतंक पर नहीं, कल की जन-क्रान्ति पर केन्द्रित थी।

भगतसिंह अब लाहौर में थे और पूरी शक्ति से नौजवान भारत सभा की स्थापना में जुट गए थे। उसका प्रगतिशील संविधान बनाने में श्रेष्ठ मनुष्य, श्रेष्ठ साथी और श्रेष्ठ क्रान्तिकारी श्री भगवती चरण कदम-ब-कदम उनके साथ थे। इस स्थापना के पीछे उनका यह सहज चिन्तन था कि जन-मानस से जोड़े बिना सशस्त्र क्रान्ति का प्रयत्न केवल आतंकवाद के सहारे सफल नहीं हो सकता था। इसके साथ ही वह चिन्तन भी जो डकैतियों की कुरूपता से उनके मन में जन्मा था उन्हें प्रेरित कर रहा था। इन दोनों के साथ एक अनुभव भी था, जो उन्हें 1924 में केन्द्रीय असेम्बली के चुनाव के समय हुआ था। लाला लाजपतराय जी ने महामना मालवीयजी के साथ मिलकर 'इन्डीपेण्डेण्ट कांग्रेस' पार्टी के नाम से कांग्रेस के मुकाबले पर चुनाव लड़ने की नई

पार्टी बना ली थी। साफ-साफ बात यह थी कि लालाजी उस साम्प्रदायिक वातावरण में बह गए थे, जो हिन्दू-मुस्लिम दंगों के रूप में सारे देश में उन दिनों फैला हुआ था। भगतसिंह के पिता सरदार किशनसिंह कांग्रेस के साथ थे और उन्होंने लालाजी से जमकर टक्कर ली थी। इस टक्कर में भगतसिंह ने पूरे जोश के साथ उन्हें सहयोग दिया था। जलसे किए थे। भाषण दिए थे, धुआंधार नारे लगाए थे, पोस्टर चिपकाए थे, हैण्डबिल बांटे थे, भाग-दौड़ की थी और इन सबके बीच एक सार्वजनिक आन्दोलन का रोमांचकारी उल्लास अनुभव किया था। इस सार्वजनिक आन्दोलन के इस रोमांचकारी उल्लास को वे गुप्त सशस्त्र क्रान्ति आन्दोलन के साथ जोड़ना चाहते थे। नौजवान भारत सभा उसी का एक उपकरण थी।

श्री रामकिशन बी.ए. (कौमी) सभा के प्रेसीडेण्ट बने, भगतसिंह जनरल सेक्रेटरी और भगवतीचरण प्रचार मन्त्री। कांग्रेस में हमेशा दो ग्रुप रहे हैं, एक नरम, एक गरम। समाजवादी ग्रुप का विकास तो कांग्रेस में 1935 के बाद हुआ, उस समय तो व्यक्तियों के रूप में ही कुछ प्रगतिशील लोग थे। उन सब लोगों ने भारत नौजवान सभा का साथ दिया। ऐसे लोगों में सर्व श्री केदारनाथ सहगल, डॉक्टर सैफुद्दीन किचलू, लाला पिण्डीदास, लाला लालचन्द 'फलक' और डॉक्टर सत्यपाल आदि थे। क्रान्तिकारी साथियों का सहयोग तो था ही—यह संस्था ही उनकी थी। कुछ ही दिनों में नौजवान भारत सभा की शाखाएं दूर-दूर तक फैल गईं। जब सभा ने गदर-पार्टी के शहीद युवक शिरोमणि करतारसिंह सराबा का बलिदान दिवस एक खुले उत्सव के रूप में मनाया तो सनसनी फैल गई। उत्सव में सराबा का एक बड़ा चित्र (जो इसी अवसर के लिए बनवाया था, सफेद खद्दर से ढंककर रखा गया। जब महान् क्रान्तिकारिणी श्रीमती दुर्गा भाभी और सुशीला दीदी ने अपनी-अपनी उंगली काटकर उस खद्दर पर खून के छींटों का अभिषेक किया तो उपस्थित जनता देश-भक्ति और बलिदान की भावना से अभिभूत हो उठी। एक शहीद क्रान्तिकारी का बलिदान दिवस इस तरह मनाना एक ऐतिहासिक घटना थी और सराबा के चित्र का अनावरण गुप्त आन्दोलन का जनता के मानस-क्षेत्र में प्रथम उद्घाटन ही था।

भारतीय भाषाओं और संस्कृति की रक्षा, शारीरिक, मानसिक स्वास्थ्य को बढ़ाना और कुरीतियों को दूर करना भी सभा का उद्देश्य था, पर यह सब किले ही दीवार की तरह थे। असली उद्देश्य था इनके सहारे जनता में पहुंच कर राजनीतिक लक्ष्य की सिद्धि करना । सभा का सदस्य बनते समय हरेक को शपथ लेनी पड़ती थी कि वह अपने हित से देश के हित को श्रेष्ठ समझेगा। नौजवान भारत सभा के उद्देश्य इस प्रकार थे—

1. समस्त भारत के मज़दूरों और किसानों का एक पूर्ण स्वतन्त्र गणराज्य स्थापित करना।

2. एक अखण्ड भारत-राष्ट्र के निर्माण के लिए देश के नौजवानों में देश-भक्ति की भावना उत्पन्न करना।

3. उन आर्थिक, सामाजिक और औद्योगिक आन्दोलनों के साथ हमदर्दी रखना, सहायता करना, जो साम्प्रदायिकता-विरोधी हों और किसान-मजदूरों के आदर्श

गणतान्त्रिक राज्य की प्राप्ति में सहायक हों।

4. किसान और मज़दूरों को संगठित करना।

इस संविधान का अत्यन्त महत्त्वपूर्ण पहलू यह है कि नौजवान भारत सभा ने पूर्ण स्वतन्त्रता की यह घोषणा 1926 के आरम्भ में की, जब कि देश के सबसे बड़े राजनीतिक दल कांग्रेस ने ऐसी घोषणा 1927 को मद्रास कांग्रेस अधिवेशन में की, जिसके सभापति डॉक्टर अन्सारी थे। मज़ेदार बात यह है कि यह प्रस्ताव कांग्रेस के कई अधिवेशनों में पेश होकर फेल हो चुका था और इस बार भी उसके पास होने का कारण श्रीमती एनी बेसेण्ट की खामोशी और उन्हीं दिनों यूरोप से लौटे पण्डित जवाहरलाल नेहरू की गर्मी थी।

क्रान्तिकारी दल के लिए जोशीले सदस्यों को छांटना भी सभा का एक उद्देश्य था। इसी काम के लिए भगतसिंह ने लाहौर के विद्यार्थियों की भी एक यूनियन संगठित की थी जो नौजवान भारत सभा की सह-संस्था थी। एक बात स्पष्ट है कि भगतसिंह के इन सब प्रयत्नों का उद्देश्य था–जनता में राजनीतिक जागरण पैदा करना और उस जागरण का समय पर उपयोग करने के लिए क्रान्तिकारी दल को मजबूत बनाना।

समय-समय पर नौजवान भारत सभा अपने जलसे करती थी। उनमें जो भाषण होते थे उनकी टोन दूसरे सार्वजनिक भाषणों से भिन्न होती थी। जनता उन्हें पसन्द करती थे, उनमें दिलचस्पी लेती थी। सामाजिक क्रान्ति को समर्थन देने वाले आयोजन भी सभा करती थी, जिससे अन्धविश्वासों और कुरीतियों पर चोट पड़े, समाज के लोग एक-दूसरे के नज़दीक आएं, भेदभावों की दीवारें टूटें। सभा का नारा था–हिन्दुस्तान ज़िन्दाबाद। श्री मुज़फ्फर अहमद ने अपने एक लेख में लिखा है कि भगतसिंह बाद में सभा की तरफ से उदासीन हो गए थे, क्योंकि वह एक सार्वजनिक संगठन बन कर रह गई थी और क्रान्ति के काम को आगे बढ़ाने में असफल रही थी। मैं समझती हूं यह कथन ठीक नहीं है। सभा ने अपने समय पर अपना काम बखूबी किया और भगतसिंह की पूरी दिलचस्पी जीवन के अन्त तक नौजवान भारत सभा के साथ रही और वे जेल से भी सभा का मार्गदर्शन करते रहे और 1930 के सत्याग्रह आन्दोलन को उससे बहुत लाभ पहुंचा। इससे भी बढ़कर यह कि 1925 के साम्प्रदायिक अंधेरे में एक राजनीतिक संगठन की स्थापना करने की सूझ और उसे जमाकर खड़ाकर देने की शक्ति भगतसिंह के उस समय के व्यक्तित्व को हमारे सामने एक चमकदार रूप में प्रस्तुत करती है। एक और चीज़ भी इस बात की गवाह है कि भगतसिंह विचार की दृष्टि से उस समय पूर्णता तक पहुंच गए थे। यह चीज़ है–हिन्दी साहित्य सम्मेलन, पंजाब की खुली होड़ (कम्पीटीशन) में लिखा पंजाब की भाषा-समस्या पर लेख। भाषा-शैली और विवेचन की दृष्टि से यह उनकी पक्की प्रौढ़ता का प्रमाण है।[1]

इस बीच काकोरी केस में भगतसिंह बराबर दिलचस्पी लेते रहे और जेल में बन्द उसके अभियुक्तों से भी सम्पर्क बनाए रहे। एक-दो बार शानदार वेश-भूषा में मुकदमा

1. यह लेख सुरक्षित है। 'हिन्दी सन्देश' के 28 फरवरी 1933 के अंक में श्री भीमसेन विद्यालंकार ने इसे छापा था। बाद में लेखिका द्वारा 'संजीवनी' वार्षिकी के दूसरे अंक में भी यह छापा गया।

सुनने भी गए। श्री योगेशचन्द्र चटर्जी के शब्दों में–'सरदार भगतसिंह खाकी रंग के ब्रीचेज़ (ब्रिजिस) कोट तथा सिर पर कसीदा की हुई पगड़ी पहने अदालत में आए। वे हमारे बहुत निकट एक अगली ही सीट पर बैठ गए और उन्होंने ज़रा भी इस बात की चिन्ता नहीं की कि वहां अनेक सी.आई.डी. अधिकारी उपस्थित थे, जिन्होंने अदालत को घेर रखा था वे महान् और निर्भीक क्रान्तिकारी थे।' श्री चन्द्रशेखर आज़ाद इस मुकदमे के विख्यात फरार थे। श्री विजय कुमार सिन्हा भी बाहर थे और दूसरे कई सुयोग्य सदस्य भी। सब लोग पार्टी के संगठन को मज़बूत बनाने में लगे हुए थे। केन्द्रीय समिति का दफ्तर आगरे में ही था। इस बीच काकोरी केस के अभियुक्त श्री योगेशचन्द्र चटर्जी को जेल से छुड़ाने की योजनाएं बनीं (वे सफल नहीं हुईं) उनमें भगतसिंह पूरी तरह शामिल थे। दल में उस समय उनका स्थान उनके अध्ययन, स्वभाव और तेजस्विता के कारण बहुत ऊंचा हो गया था–वे बिना चुनाव ही दल के नेता माने जाने लगे थे।

उनका व्यक्तित्व तेज़ी से अपने लक्ष्य तक पहुंच रहा था। उनके राष्ट्रीय व्यक्तित्व के सम्बन्ध में एक उल्लेख यहीं उचित होगा। भारत के कम्युनिस्ट नेता श्री शौकत उस्मानी जब मास्को से भारत लौटते समय स्टालिन महान् से मिले, तो उन्होंने यह सन्देश दिया–'भगतसिंह से कहना, वे मास्को आएं।' उस्मानी साहब यहां आने पर मेरठ षड्यन्त्र केस में गिरफ्तार हो गए और वह सन्देश भगतसिंह को नहीं दे सके। यह बात उस्मानी साहब ने अपने लेख में कही है। एक प्रश्न यह उठता है कि स्टालिन महान् भगतसिंह से कैसे परिचित हुए। सम्भव है उस्मानी साहब ने उनसे भगतसिंह के सम्बन्ध में कुछ कहा हो, पर एक सूत्र और भी है। रूसी नेतृत्व के सीधे तत्त्वावधान में सरदार गुरमुखसिंह और सरदार सन्तोखसिंह जो संगठन बना रहे थे वे भगतसिंह को उनमें लेने में असफल हो गए थे। बहुत सम्भव है उन्होंने रूस में यह खबर भेजी हो कि हमारे आन्दोलन को भगतसिंह भारतीय रूप दे सकते हैं और उसी आधार पर स्टालिन ने उनसे मिलना चाहा हो। जो हो, भगतसिंह का राष्ट्रीय व्यक्तित्व अब पूरे निखार पर आ रहा था और उनका साधनाकाल पूर्ण हो गया था।

: 14 :

पहली गिरफ्तारी

यह थी सन् 1927 की 29 जुलाई। भगतसिंह अपने काम का ताना-बाना पूरा कर बाहर से लौटे और अमृतसर के स्टेशन पर उतरे। अपनी आदत के अनुसार इधर-उधर भांपने की कोशिश की कि कोई पीछा तो नहीं कर रहा है और बहुत चौकन्ने भाव से स्टेशन से बाहर आए। कुछ आगे बढ़े तो एक पुलिस वाला उनकी तरफ बढ़ता नज़र आया। वे झपटे, वह और भी तेज़ झपटा, वे दौड़े, वह भी उनके पीछे दौड़ने लगा, भरा हुआ पिस्तौल उनकी जेब में था, पर उन्होंने सन्तुलन बनाए रखा। अब आंख-मिचौनी आरम्भ हुई। वे एक गली में घुसते दूसरी में जा निकलते। पीछा करने वाला भी तेज़ था। वह भी उस गली में जा पहुंचता, वे और आगे बढ़ जाते।

श्री रणबीरसिंह के शब्दों में–"यूं ही दौड़ते-बचते एक मकान के बोर्ड पर उनकी निगाह पड़ी। लिखा था–सरदार शार्दूलीसिंह एडवोकेट। वे आंख बचाकर मकान के भीतर चले गए। एडवोकेट साहब मेज़ पर बैठे फाइलें देख रहे थे। भगतसिंह ने स्थिर और शान्त भाव से सब बातें उनसे कह दीं और पिस्तौल उनकी मेज पर रख दिया। एडवोकेट साहब ने पिस्तौल मेज़ की दराज़ में रखा, भगतसिंह को नाश्ता कराने का आदेश नौकर को दिया और द्वार पर जा टहलने लगे। कुछ देर बाद पुलिस वाला भी जा पहुंचा।

"वकील साहव, इधर एक सिख नौजवान आया है ?" सिपाही ने पूछा।

"हां आया तो था, दौड़ा-दौड़ा एक नौजवान । कोट, पाजामा पहने था, वही तो नहीं ?"

"जी हां, वही तो है। बहुत मशहूर चोर है, किधर गया ?"

वकील साहब के मकान से कुछ आगे क्रान्तिकारी विचारों के पंजाबी मासिक 'किर्ती' का दफ्तर था। वकील साहब ने उधर इशारा करते हुए कहा–"उस दफ्तर की तरफ गया है।" बात ठीक थी, क्रान्तिकारी भगतसिंह 'किर्ती' की तरफ नहीं जाएगा तो कहां शरण पाएगा। भगतसिंह जब नाश्ता कर रहे थे तब 'किर्ती' का दफ्तर पुलिस से घिरा हुआ था।'

सोचती हूं, तो सोचती ही रह जाती हूं कि कौन-सी भावना थी वह, जिसके वशीभूत होकर एक वकील सब-कुछ जानते-बूझते भी भयंकर खतरे से खेल रहा था। बात खुल जाती तो वकालत का लायसेंस ज़ब्त होता, जेल में चक्की पीसनी पड़ती और परिवार संकट में फंसता। फिर भगतसिंह उनके कौन थे, जिनके लिए वे इतने बड़े खतरे से जूझ रहे थे ? यह देश-भक्ति का भाव था, यह वीर-पूजा का भाव था। मानना पड़ेगा कि सरदार शार्दूलसिंह उस राष्ट्रीय-भावना के श्रेष्ठ प्रतिनिधि थे, जो उस युग में जन-साधारण की सहज मनोवृत्ति बन गई थी।

दिन-भर भगतसिंह घर के भीतर रहे और रात में पिस्तौल वकील साहब के पास छोड़, छहराटा स्टेशन से रेल में बैठ गए। लाहौर स्टेशन पर उतरकर वे कुछ देर प्लेटफॉर्म पर खड़े रहे। पिस्तौल उनके पास नहीं था, इसलिए वे काफी निश्चिन्त थे। जब कोई उनके पास नहीं आया तो वे स्टेशन से बाहर निकले और तांगे में बैठकर चल पड़े। कुछ दूर जाने पर तांगा पुलिस ने घेर लिया और उनके हाथों में हथकड़ियां डाल दी। पुलिस उन्हें थाने ले जा रही थी, कोई परिचित मिल गया तो उन्होंने अपने पिता को गिरफ्तारी की सूचना भिजवा दी।

इस गिरफ्तारी का आधार कुछ था, पर नाम कुछ था। लाहौर में दशहरे का जो मेला होता था, उसकी भीड़ पर किसी ने बम फेंक दिया था। दस-बारह आदमी मर गए थे और पचास से ज़्यादा घायल हुए थे। इसे दशहरा बम-काण्ड कहा गया। आम जनता क्रान्तिकारियों को बम-पार्टी कहती थी। यह बात सारा देश जानता था कि क्रान्तिकारी लोग बम-पिस्तौल से अंगरेज़ों को डराना चाहते थे। चांदनी चौक में लॉर्ड हार्डिंग्ज़ पर 23 दिसम्बर, 1912 में बम फेंका जा चुका था। काकोरी केस तो 1925 में ही हुआ था, जिसमें चलती ट्रेन रोककर सरकारी खजाना लूट लिया गया था।

इस पृष्ठभूमि में जब 1926 के दशहरे पर वह बम फटा तो सबके ध्यान में क्रान्तिकारी कौंध गए। अंगरेज़ी सरकार की खुफिया पुलिस ने इस अवसर का पूरा फायदा उठाया, और यह बम क्रान्तिकारियों ने फेंका है, सन्देह की इस चिनगारी को खूब हवा दी। इससे उसे दो फायदे थे। पहला यह कि जनता में क्रान्तिकारियों के प्रति नफरत फैलती थे ; दूसरा यह कि सन्दिग्ध क्रान्तिकारियों को फंसाने में पुलिस को सुविधा प्राप्त होती थी।

ऊपर से देखने से ऐसा लगता था और कहा भी यही जाता था कि भगतसिंह की गिरफ्तारी दशहरा बम-काण्ड के सिलसिले में हुई है ; पर इस बात में कोई तुक न थी। चन्नणदीन नाम के आदमी ने बम फेंका था। जानकार लोग उसे पुलिस का ही आदमी कहते हैं। वह पुलिस के इशारे पर ही साम्प्रदायिक तनाव पैदा करने के लिए यह सब करता था। बाद में वह दुष्टात्मा सांप के काटने से मर गया। भगतसिंह को गिरफ्तार करके पुलिस काकोरी केस के फरारों और दूसरे सम्बन्धित क्रान्तिकारियों की खोज-खबर लेना चाहती थी। काकोरी काण्ड को अन्तिम रूप देने के लिए क्रान्तिकारियों की जो बैठक मेरठ में हुई थी, उसमें भगतसिंह निमन्त्रित थे।—वे उसमें जा न सके थे—इसकी सूचना पुलिस के पास थी। यह बात इससे भी सिद्ध है कि काकोरी केस के निर्माता पुलिस अधिकारी खान बहादुर तसदुकहुसेन स्वयं लाहौर आए थे और उन्होंने भगतसिंह से पूछताछ की थी।

भगतसिंह ने इस बन्दी-जीवन में अद्भुत क्रान्तिकारी व्यक्तित्व का परिचय दिया। पुलिस के त्रास सहने में वे चट्टान सिद्ध हुए और अपने रहस्यों को छिपाए रखने में भोलेपन का उन्होंने ऐसा अभिनय किया कि चालाक अफ़सर भी दुविधा के चक्कर में पड़ गए। पुलिस की हवालात अब भी गांव की चौपाल नहीं है कि आदमी वहां आराम से बैठा बातें करता रहे, फिर यह तो अंगरेज़ी राज की बात है। छान-बीन भी

एक ऐसे क्रान्तिकारी की हो रही थी, जिस पर पुलिस की निगाह तो बहुत दिनों से थी– (1924 से), पर अपनी होशियारी की वजह से जो पुलिस के हाथ नहीं आ रहा था और अब लाहौर के किले में एकदम उसकी मुट्ठी में था।

दशहरा बम-काण्ड तो बहाना था। पूछताछ का निशाना तो दल और काकोरी के फरार अभियुक्त थे। पुलिस अफसर अपनी बातों पर आते, तो भगतसिंह दशहरा बम-काण्ड की गैर इन्सानी हरकत की निन्दा करने लगते। यह सब वे इतने निश्चिन्त भाव से करते कि उनका चेहरा एकदम शान्त रहता। अफसरों के कागज़ कुछ कहते, भगतसिंह के बोल कुछ। अफसर सब-कुछ कर सकते थे। उनके गुस्से पर किसी की रोक न थी। उन्होंने क्या-क्या किया और भगतसिंह ने क्या-क्या सहा, इस बारे में उन्होंने कभी किसी से ज़्यादा नहीं कहा। उनके प्रिय सखा श्री जयदेव गुप्ता से जब मैंने पूछा कि क्या आपके साथ भगतसिंहजी की इस मामले में कोई बातचीत हुई ? तो कुछ देर सोचने के बाद वे बोले, "ऐसी कोई बात उन्होंने मुझे नहीं बताई।" इस न बताने का कारण यह है कि 'वे दूसरे के कष्ट को सवाया देखते थे और अपने कष्ट को बिलकुल न कहते थे। यह उनके चरित्र की खास बात थी।' पर हां, हमारे खानदान के कागज़ों में एक लाइन मिलती है–"आपको शाही किला लाहौर में तरह-तरह की अज़ीतें दी गईं।" सिर्फ चाची हरनाम कौर को ही उन्होंने इस सम्बन्ध में कुछ संकेत दिए थे।

1942 की जनक्रान्ति में देश के विख्यात नेता श्री जयप्रकाश नारायण और श्री राममनोहर लोहिया लाहौर के इसी किले में रहे थे और तब उन पर वहां होने वाले अत्याचारों की कहानियां पत्रों में छपी थीं। 1967 में प्रकाशित और श्री ओंकार शरद द्वारा लिखित डॉ. राममनोहर लोहिया की जीवनी में लोहियाजी पर लाहौर किले में हुए अत्याचारों की लम्बी कहानी देने के बाद पृष्ठ 143 पर लिखा है–"बड़ा अफसर जो लोहिया को यातना देने के लिए खास तौर पर मुकर्रर किया गया था, वह वही था, जो चौदह वर्ष पूर्व[1] भगतसिंह के लिए मुकर्रर हुआ था। उस अफसर ने लोहिया जी से कहा था कि भगतसिंह ने भी बाद में भेद बता दिया था। ...चौदह वर्ष पहले भारत के लाडले भगतसिंह को तो इसी किले में...'

भगतसिंह के भेद बताने की बात गप्प है। पुलिस अफसरों का यह खास नुस्खा था कि वे हरेक अभियुक्त को अलग-अलग रखकर धोखा दिया करते थे कि उन्हें दूसरे साथी से पूरा भेद मिल गया है। यह सब अभियुक्त को हताश–(डिमॉरेलाइज़) करने की मनोवैज्ञानिक प्रक्रिया थी। वे अभियुक्त के मन पर यह असर डालने का प्रयत्न करते थे कि बच तो मैं अब सकता नहीं, फिर बेकार कष्ट क्यों सहूं, सब रहस्य कह क्यों न दूं। अफसरों की निरन्तर पूछ-ताछ और दूसरी सख्तियां इस हिसाब से एक के बाद एक होती थीं कि अभियुक्त रहस्यों को छिपाये रखने की शक्ति और चेतना

1. भगतसिंह 29 जुलाई, 1927 को गिरफ्तार हुए थे और लोहियाजी पकड़े गये थे २० मई, 1944। इस तरह दोनों के किले में रहने का अन्तर 14 का नहीं 16 वर्ष का है।

से वंचित हो जाये और जो वह कहना नहीं चाहता, उसे कह दे। भगतसिंह 15 दिन लाहौर के किले में रहे और बाद में बोर्स्टल जेल में भेज दिये गये। उनके पिता सरदार किशनसिंह के प्रभाव और कानूनी कार्यवाहियों के कारण पुलिस भगतसिंह को मजिस्ट्रेट के सामने पेश करने को बाध्य हुई। वह उनसे कोई बात कहलवा न सकी थी, इसलिए कुछ ही सप्ताह बाद भगतसिंह जेल से मुक्त हो गये। मुक्ति का कारण था हाईकोर्ट द्वारा जमानत की स्वीकृति। यह जमानत उस युग की पत्रकारिता के लिए एक विशेष समाचार बन गयी थी, क्योंकि यह जमानत 60 हजार रुपये की थी। इससे स्पष्ट है पुलिस ने उनके भंयकर मनुष्य होने के बारे में कैसी रिपोर्ट दी होगी। फिर भी हाईकोर्ट के जज जमानत मानने को मजबूर थे, क्योंकि उस रिपोर्ट में भगतसिंह के विरुद्ध सन्देह चाहे लाख थे, पर भगतसिंह की स्वीकृति का कोई शब्द तो न था और न कोई ऐसा प्रमाण ही, जो अदालत में टिक सके।

60 हज़ार रुपये उस युग में बहुत थे। फिर एक सरकार-विरोधी आदमी की जमानत के लिए तो वे बहुत से भी ज़्यादा थे। सरकार किशनसिंह के मित्र बैरिस्टर दुनीचन्द (लाहौर वाले) ने 30 हज़ार की जमानत दी, श्री दौलतराम ने 30 हज़ार की। दौलतराम आदमी तो सरकार-परस्त थे, पर किसी की ज़मानत करना उनका कुछ धार्मिक जैसा विश्वास था। सोचती हूं भगतसिंह सींखचों के उस पार तप कर रहे थे, तो सरदार किशनसिंह सींखचों के इस पार क्रान्ति-यज्ञ की वेदी सजा रहे थे। कहने की बात इतनी है कि भगतसिंह की जमानत हो गयी, पर इन तीन शब्दों को सत्य बनाने में सरदार किशनसिंह को कितनी परेशानियां उठानी पड़ी होंगी। भगतसिंह ने अपनी साधना में रक्त की अंजलि दी, पर सरदार किशनसिंह ने उस साधना में पसीने की जो अंजलि दी, वह क्या इतिहास के भण्डार की कोई कम कीमती धरोहर है ?

पिता-पुत्र में मतभेद था, पर जीवन के आदर्श का नहीं, उस आदर्श के लिए जीवन के आचरण का ही यह मतभेद था। सरदार किशनसिंह का सिद्धान्त था, 'दुश्मन पर चोट करो, पर चोट खाओ मत। अपने को बचाओ, जिससे बार-बार चोट कर सको।' यह गुप्त क्रान्तिवादी दृष्टिकोण था। भगतसिंह का दृष्टिकोण दूसरा था। वे उस गुप्त दृष्टिकोण को क्रान्ति का जनआन्दोलन बनाने की दिशा में बढ़ रहे थे। उनका जीवन-दर्शन था–'इस तरह चोट खाओ, इस तरह अपनी आहुति दो कि चोट मारने का काम कुछ लोगों का न रहे और उसे जनता अपने हाथ में ले ले।' अपने आदर्श के लिए भगतसिंह ने ऐसा कर्म किया कि देश के इतिहास में उसका कोई जोड़ नहीं, पर उस कर्म के लिए उनके पिता ने इतना सहा कि वह भी बेजोड़ है।

: 15 :

डेरी और डायरी

भगतसिंह में बगावत और अनुशासन का अजब मिलाप था। वे इस बात को खूब अच्छी तरह समझते थे कि जिन्होंने 60 हज़ार रुपये की जमानत दी है, उनके प्रति उनका क्या उत्तरदायित्व है। वे ऐसा कोई काम नहीं कर सकते थे, जिससे उनके जमानती किसी तरह के खतरे में पड़ें। लाहौर के पास खासरियां में उनके पिता ने एक डेरी खुलवा दी। भगतसिंह डेरी का काम देखने लगे। उन्होंने इन दिनों अपनी व्यापारिक प्रतिभा का बहुत अच्छा परिचय दिया। वे स्वयं पिताजी के साथ जाकर भैंसें खरीदकर लाए और दूसरे प्रबन्धों में भी उन्होंने दिलचस्पी ली।

सुबह चार बजे से उठकर भैंसों का दूध निकालना, दिन निकलने के साथ ही तांगे में दूध के बर्तन लादकर लाहौर ले जाना, अपने ग्राहकों को उसे देना, उनका हिसाब रखना, उनसे पैसा लेना और ज़रूरत की चीज़ें खरीदना। यह सब काम वे एक समझदार व्यापारी की तरह करते थे। किसी दिन नौकर न हो तो गोबर भी अपनी हाथ से उठाते थे। उनका सौन्दर्यबोध बहुत ऊंचे दर्ज़े का था क्या वे अपने जीवन के मूल कार्य–क्रान्ति से इन दिनों दूर हो गए थे ? प्रश्न का उत्तर है यह प्रश्न कि क्या आत्मा और शरीर कभी जीवन में अलग हो सकते हैं ? डेरी दिन में डेरी रहती थी, रात मे क्रान्तिकारियों की धर्मशाला बन जाती थी। भगतसिंह एक बड़ा भिगौना (टोपिया) और एक स्टोव खरीद लाए थे। गर्म दूध साथियों को ठाठ से मिलता था। वहीं सलाह-मशविरे होते थे, योजनाएं बनती थीं, गपशप भी होती थी।

फिर भी भगतसिंह जमानत में जकड़े हुए थे और इस जकड़न को तोड़ने में लगे हुए थे। वे स्वयं सरकार को जमानतियों की तरह से लिखते रहते थे कि या तो भगतसिंह पर मुकदमा चलाओ, या फिर जमानत समाप्त करो। पत्रों में भी इस सम्बन्ध में चर्चा होती रहती थी। सरकार के लिए यह एक प्रश्नचिह्न था। तभी श्री बोधराज ने पंजाब कौन्सिल में सवाल उठाया कि सरकार के पास सबूत है तो वह भगतसिंह के खिलाफ मुकदमा क्यों नहीं चलाती ? बाद में डॉ. गोपीचन्द भार्गव ने भी ऐसे ही प्रश्न का नोटिस दिया। सरकार ने जमानत समाप्त होने की घोषणा कर दी और भगतसिंह मुक्त होकर अपने काम में लग गए।

इसी बीच भगतसिंह को जो डेरी एकान्त मिला, उसका उपयोग उन्होंने कलम की साधना में लगाया। अपने अधूरे लेखों को पूरा किया और नए लेख लिखे। सबका सम्बन्ध क्रान्तिकारियों से था। भगतसिंह ने बहुत परिश्रम से क्रान्तिकारियों के चित्र और चरित्र खोज निकाले थे। उन चित्रों की उन्होंने स्लाइडें बनवायीं। नौजवान भारत सभा के मंच पर मैजिक लालटेन के द्वारा ब्रेडला हॉल (लाहौर) में समय-समय पर उनका प्रदर्शन होता था और उनकी वीरगाथा सुनायी जाती थी। काकोरी के शहीदों

की स्मृति में 'काकोरी डे' मनाया गया। उसी जलसे में मैजिक लालटेन से काकोरी के शहीदों का परिचय दिया जा रहा था कि लालटेन खराब हो गई। बिना रोशनी तस्वीर पर्दे पर कैसे आए। किसी को कुछ सूझा नहीं, पर भगतसिंह ने तुरंत एक मोटी मोमबत्ती जलाकर एक हाथ में ले ली और दूसरे से उसे हवा से बचाते रहे। कभी-कभी हवा का ज़रा तेज़ झोंका आता, मोमबत्ती की लपट हाथ को छू जाती, हाथ को जलन महसूस होती, तब भी हाथ वहीं-का-वहीं रहता।

प्रगतिशील विचारों की पत्रिका 'किर्ती' (अमृतसर) से उनका सम्पादक मंडल के सदस्य-जैसा ही सम्बन्ध जुड़ गया था। वे उसमें पंजाबी में लिखते थे। साथ ही वे उर्दू में भी लिखते थे। 'अकाली' पत्र से तो उनका सम्बन्ध 1924 से ही था। वे बेलगांव कांग्रेस (1924) में उसके प्रतिनिधि होकर गए थे। 'चांद' का 'फांसी अंक' जो नवम्बर, 1928 में प्रकाशित हुआ, उसके अन्त में 'विप्लव यज्ञ की आहुतियां' के नाम से 80 पृष्ठों में क्रान्तिकारियों के जो जीवन-चित्र छपे हैं, (कुछ को छोड़कर) भगतसिंह के ही लिखे हैं। कुछ उन्होंने हिन्दी में लिखे थे और कुछ पंजाबी-उर्दू से भगतसिंह के अनन्य साथी और विख्यात क्रान्तिकारी श्री शिव वर्मा द्वारा हिन्दी में रूपान्तरित किए गए थे।

जमानत हटते ही डेरी से भगतसिंह का ध्यान हट गया। ग्राहकों को समय पर दूध नहीं पहुंचा, तो ग्राहक टूटे, और ग्राहक क्या टूटे डेरी ही टूट गयी। इस टूट का बोझ भी सरदार किशनसिंह पर ही पड़ा। अप्रैल-मई, 1928 तक भगतसिंह का घर से कुछ-न-कुछ सम्बन्ध बना रहा। इसके बाद वे पूरी तरह अन्तर्ध्यान हो गए। अपने जीवन की पूर्णाहुति में जुट गए। इसके बाद की उल्लेखनीय घटना 8-9 सितम्बर, 1928 को दिल्ली के पुराने किले में फिरोज़शाह के खण्डहरों में हुई क्रान्तिकारी दल की बैठक है। इस बैठक का भगतसिंह के जीवन में उत्तर भारत के क्रान्तिकारी संगठन के जीवन में और भारत के राष्ट्रीय जीवन में एक अविस्मरणीय ऐतिहासिक महत्त्व है।

इस बैठक में पंजाब, युक्तप्रान्त (अब उत्तर प्रदेश), बिहार और राजपूताना के क्रान्तिकारी आये थे। श्री चन्द्रशेखर आज़ाद इसमें नहीं आ सके थे। उन्होंने अपना सन्देश भेज दिया था कि जो सब तय करेंगे, मुझे स्वीकार होगा। इस प्रकार पूरे दल का सर्वोच्च नेतृत्व इस बैठक में भगतसिंह के हाथों में ही था। इसमें दल की केन्द्रीय समिति का निर्माण कर भगतसिंह ने दल को नया रूप दिया और उन्होंने क्रान्तिकारी संगठन का नाम हिन्दुस्तान रिपब्लिकन एसोशियेशन (हिन्दुस्तान प्रजातन्त्र संघ) से बदलकर हिन्दुस्तान सोशलिस्ट रिपब्लिकन एसोशियेशन (हिन्दुस्तान समाजवादी प्रजातन्त्र संघ) कर दिया। इसका साफ अर्थ था क्रान्ति के उद्देश्य की पहली बार स्पष्ट घोषणा। निश्चय ही उसमें रूस की क्रान्ति का प्रभाव था और इस विचार को पूर्ण रूप से ग्रहण करने में श्री विजय कुमार सिन्हा, श्री शिव वर्मा और श्री सुखदेव-जैसे कई साथी भगतसिंह के सहायक थे। इस बैठक में एक विशेषता यह थी कि उत्तर भारत के क्रान्तिकारी संगठन ने पहली बार बंगाल के दादाशाही नेतृत्व की अधिनायकता मानने से इनकार कर दिया। साथ ही उत्तर भारत के क्रान्तिकारी संगठन पर शिथिलता

के जो बूढ़े साये बुरी तरह छाये हुए थे, उन्हें भी पूरी तरह दूर कर दिया। अब यह संगठन पद ताज़ादम संगठन था। भगतसिंह की जीवन-साधना के पथ में दिल्ली की बैठक एक मील का पत्थर है, इसमें सन्देह नहीं।

इस बैठक में विभिन्न साथी विभिन्न प्रान्तों के इन्चार्ज नियुक्त किये गये और भगतसिंह एंव श्री विजय कुमार सिन्हा को प्रान्तों के बीच कड़ियां जोड़ने का काम दिया गया। इस रूप में निश्चित था कि भगतसिंह को देश-भर में घूमना पड़ेगा। इस घूमने में उनके दाढ़ी और केश बाधक थे। इसलिए पार्टी ने फैसला किया कि भगतसिंह बाल कटा दें। कुछ ही दिन बाद फिरोज़पुर जाकर बाल काटवा दिए गये, पर बाल काटवाने से पहले वे काटे गये। पहले साथियों ने उन बालों पर कैंची की कारीगरी दिखाई। बाद में नाई को बुलाया गया, जिससे सन्देह पैदा न हो। अब भगतसिंह सिखवीर की जगह राष्ट्रवीर हो गये और उनके गुणों के अनुरूप ही उन्हें पार्टी नाम मिला रणजीत।

उन्हीं दिनों का एक महत्त्वपूर्ण और इतिहास की कड़ियों को जोड़ने वाला संस्मरण श्री कमलनाथ तिवारी (लाहौर षड्यन्त्र केस के अभियुक्त और बाद में संसद-सदस्य) के शब्दों में–"साण्डर्स हत्याकाण्ड से कुछ दिन पहले भगतसिंह देशी बम बनाने के लिए कुछ आवश्यक केमिकल्स खरीदने के उद्देश्य से कलकत्ता आये। यह काम मुझे सौंपा गया। उनका बाज़ार में जाना सन्देहास्पद हो सकता था। मैं बहुत-सी दुकानों पर गया। अधिकतर दुकानदारों ने सरकारी प्रतिबन्ध के कारण केमिकल्स देने से इनकार कर दिया। बाद में क्रान्तिकारी दल से सहानुभूति रखने वाले दुकानदारों के यहां मैं भाई बैजनाथ सिंह 'विनोद' (बाद में 'जायसवाल युवक' और 'विश्ववाणी' के संपादक) के साथ गया। उनसे आवश्यक केमिकल्स मिल गए। उनमें बी. पाल का नाम मुझे आज भी याद है।

उन केमिकल्स को एक भूटिया मज़दूर के सिर पर रखवा हम दोनों आर्यसमाज (उस समय क्रान्तिकारियों का केन्द्र) लौट रहे थे कि भूटिया की टोकरी उसके सिर से गिरने को हुई। हमने उसको ऐसे डाँट-डपट करनी शुरू कर दी जैसे कि हमारा उस से कोई सम्बन्ध ही न हो। बात यह थी कि सामने ही एक सार्जेंट खड़ा था। हमें भय हुआ कि यदि कहीं उसको केमिकल्स के बारे में सन्देह हो गया, तो हम दोनों उस चंगुल से न बच सकेंगे। हमारी डाँट-डपट काम आ गयी। भूटिया संभलकर आगे बढ़ गया और सार्जंट का ध्यान उसकी ओर से हटकर हम पर लग गया। उसने हमको समझाया कि उस मामूली-सी बात पर गरीब भूटिया को डाँटने की क्या ज़रूरत थी। थोड़ी दूर जाकर सामान रिक्शा पर रख दिया गया और हम दोनों सकुशल सामान के साथ आर्यसमाज पहुंचे।

दूसरे दिन सवेरे भगतसिंह, फणीन्द्र नाथ घोष (बाद में सरकारी गवाह) और यतीन्द्र नाथ दास (बाद में शहीद) एक साथ आर्यसमाज में आये। तीनों ने मिलकर देसी बम में काम आने वाली 'गन कॉटन' तैयार की। शेष केमिकल्स और 'गन कॉटन' लेकर भगतसिंह आगरा के लिए रवाना हो गये।'

असल में इसी यात्रा में भगतसिंह का यतीन्द्रनाथ दास से परिचय हुआ था।

भगतसिंह को आगरा के लिए ऐसे आदमी की ज़रूरत थी, जो बम बनाना सिखा सके। बाद में यतीन्द्रनाथ ने ही आगरा आकर बम बनाने की शिक्षा दी। 'गन कॉटन' कलकत्ता में ही इसलिए बनायी गयी थी कि उसे बनाने में बर्फ की ज़रूरत थी और सर्दियों में उतनी बर्फ आगरे में मिल नहीं सकती थी। जो बम बाद में असेम्बली में फेंका गया, वह आगरा से ही दिल्ली लाया गया था। भगतसिंह तेज़ी और मुस्तैदी से अपने काम में लगे थे। सचमुच उनमें अथाह संगठन-शक्ति थी।

लाहौर से दिल्ली, दिल्ली से कानपुर, कानपुर से आगरा, आगरा से कलकत्ता और कलकत्ता से फिर लाहौर। आज यहां तो कल वहां, कल वहां तो परसों न जाने कहां। भाग-दौड़ के ये साल भगतसिंह ने कैसे बिताए। निश्चय ही ये वर्ष भीषण संघर्ष के रहे। मन में बड़े भारी मनसूबे थे और जेब में एक पैसा नहीं था, दिमाग स्वप्नों से भरा था, पर पेट खाली था, इरादे शहंशाही थे और देह पर ठीक कपड़े भी नहीं थे। कभी अखबार बेचकर रोटी के पैसे इकट्ठे किए, तो कभी चने चबाकर और कभी पानी पीकर ही सो रहे। घर से गये तो देह पर कमीज़-कोट और पाज़ामा थे, पर लौटे तो कमीज़ नहीं थी, कोट से ही देह ढंकी हुई थी और कोट को कोट बनाये रखने के लिए पाज़ामे के पाँवचे, आस्तीनों की जगह उसमें सिले हुए थे। सोचती हूं, कैसे लगते रहे होंगे उस वेश में भगतसिंह। रेल के मुसाफिरों ने उन्हें क्या समझा होगा–भिखारी या आधा पागल। कंगाल समझना तो स्वाभाविक था ही। कलेजा मुंह को आने लगता है यह सोचते-सोचते कि जीवित इतिहास सबके बीच था, पर कोई भी उसे पहचान न पा रहा था।

: 16 :

साण्डर्स–वध

भगतसिंह को पढ़ना था, पढ़ चुके थे, जो सोचना था, सोच चुके थे और जो निर्णय करना था, निर्णय भी कर चुके थे। यह निर्णय था मरना, पर इस तरह मरना कि मृत्यु सस्ती नहीं, महंगी हो जाए और उससे देश की आज़ादी के लिए देशव्यापी क्रान्ति का वातावरण खरीदा जा सके। वे अब मौके की तलाश में थे। वह मौका स्वयं उन्हें अंगरेज़ी सरकार ने दे दिया।

भारत के शासन-सुधारों की जांच करके इंग्लैण्ड की सरकार को अपनी रिपोर्ट देने के लिए लॉर्ड साइमन की अध्यक्षता में एक कमीशन भारत आयेगा, इसकी घोषणा वायसराय 8 नवम्बर, 1927 को कर चुके थे। 3 फरवरी, 1928 को यह कमीशन बम्बई भी पहुंच गया। भारत का जन-जीवन 1924 से ही सांप्रदायिक दंगों के जाल में फंसा हुआ था, पर साइमन साहब भारत क्या आए, भारत का सोयापन ही एकदम से जाग उठा। उस दिन सारे देश में हड़ताल मनायी गयी और बम्बई में 'साइमन गो बैक' (साइमन लौट जाओ) के नारों के साथ ऐसा गर्म प्रदर्शन हुआ कि अंगरेज़ी सरकार भौंचक रह गई। बम्बई के बाद दिल्ली में काले झण्डे दिखाए गए, मद्रास में पुलिस ने गोली चलाई, जिससे तीन प्रदर्शनकारी मारे गए। कलकत्ता में भी तगड़ी मुठभेड़ हुई। कुछ लिबरल राजनीतिज्ञों को छोड़कर सारा देश कमीशन के बहिष्कार में उठ खड़ा हुआ।

पण्डित जवाहरलाल नेहरू के शब्दों में–"जहां-जहां कमीशन गया, वहां-वहां विरोधी जनसमूहों ने 'साइमन गो बैक' के नारे लगाकर उसका स्वागत किया और इस तरह भारत के तमाम लोगों की बहुत बड़ी तादाद न सिर्फ सर जॉन साइमन का नाम ही जान गई, बल्कि अंगरेज़ी के 'गो बैक' ये दो शब्द भी उसे मालूम हो गए। ऐसा मालूम पड़ता है कि इन शब्दों से कमीशन के मेम्बरों के कान भड़कते थे और अपनी उसी भड़क की वजह से वे चौंक पड़ते थे। कहते हैं कि एक मर्तबा जब वे नई दिल्ली के बेस्टर्न होटल में ठहरे हुए थे, तब उन्हें रात के अंधेरे में 'साइमन गो बैक' का नारा सुनाई देने लगा। इस तरह रात में पीछा किए जाने पर मेम्बर लोग बहुत चिढ़े, जबकि असल बात यह थी कि वह आवाज़ उन गीदड़ों की थी, जो शाही राजधानी के ऊजड़ प्रदेशों में रहते हैं।"

उत्तर भारत में क्रान्तिकारी दल इस समय पूरी तरह संगठित हो चुका था और भगतसिंह कोई-न-कोई चमत्कार करने को बेचैन थे। दल के साथी भी उनसे सहमत थे। उन्होंने दल के सामने प्रस्ताव रखा कि साइमन कमीशन पर बम फेंका जाये और इस तरह उसे खत्म करके जनता को जागृत किया जाये। प्रस्ताव शानदार था और दिल्ली के चाँदनी चौक में लॉर्ड हार्डिंग्ज़ पर जो बम 23 सितम्बर, 1912 को फेंका

गया था, उसकी कहानी को चरमोत्कर्ष (क्लाइमेक्स) तक पहुंचाने वाला था। क्रान्तिकारी दल की केन्द्रीय समिति ने उसे स्वीकार कर लिया, पर इसे पूरा करने के लिए जिन साधनों की आवश्यकता थी, वे न जुट सके। दल घोर आर्थिक संकट में गुज़र रहा था। प्रस्ताव कार्यरूप में परिणत न किया जा सका।

इन्हीं परिस्थितयों में अक्तूबर, 1928 के अन्तिम सप्ताह में साइमन कमीशन लाहौर आ रहा था और लाहौर की जनता उसके बहिष्कार के लिए उफन उठी थी। स्टेशन पर उतरते ही साइमन कमीशन को काले झंडे दिखाने और पूरी भीड़ के साथ 'वापस जाओ' कहने की योजना थी। इस प्रदर्शन में सभी संगठन शामिल थे, पर इस आयोजन का नेतृत्व 'नौजवान भारत सभा' के हाथों में था। उसके क्रान्तिकारी सदस्यों की टोली स्टेशन पर उस जगह आ अड़ी थी, जहां से गुज़रने के सिवा साइमन कमीशन के सदस्यों के लिए और कोई चारा न था। भगतसिंह स्वयं लाला लाजपतराय के पास गए थे और उन्हें भीड़ के आगे रहने को राजी कर आए थे। लालाजी को क्रान्तिकारियों की टोली ने अपने में घेर लिया था ओर एक युवक ने उन पर छतरी भी तान ली थी।

भीड़ अथाह थी और लाहौर से पुलिस सुपरिण्टेण्डेण्ट मिस्टर स्कॉट अपने दूसरे अफसरों के साथ स्वयं स्टेशन पर थे। उन्होंने मौके का निरीक्षण कर तुरंत ताड़ लिया कि जब तक लालाजी और नौजवानों की यह टोली यहां से न हटे, साइमन कमीशन के सदस्यों को प्रदर्शन की तेज़ बौछारों से नहीं बचाया जा सकता। इसलिए उन्होंने अपने विश्वसनीय असिस्टेण्ट पुलिस सुपरिण्टेण्डेण्ट मिस्टर साण्डर्स को रास्ता साफ करने का काम सौंपा और ज़रूरत पड़े तो लाठीचार्ज करने बात भी कही। पहले जनता की भीड़ पर लाठी चलायी गयी। समारोह में जोश के साथ इकट्ठे हो जाना एक बात है और विद्रोह में होश के साथ जमे रहना दूसरी बात है। जनता पहली स्थिति में थी। लाठी चार्ज से वह पीछे हटी, लौटी, बिखरी, इधर-उधर हटकर जमी और रास्ता काफी खुला, पर लाला लाजपतराय अभी अपनी जगह थे और नौजवानों की टोली अपनी जगह। इसका अर्थ है कि प्रदर्शन का मोर्चा अभी ज्यों-का-ज्यों कायम था और सरदार किशनसिंह एवं भगतसिंह उसे अपना बल दे रहे थे।

स्कॉट से सलाह कर साण्डर्स इस टोली के सामने आए और पुलिस के सिपाहियों को भीड़ धकेलने का आदेश दिया, पर यह रेत की दीवार न थी, यह तो फौलादी चट्टान थी। तब साण्डर्स बड़ा डण्डा लेकर आगे आए और बहुत तेज़ी से बाज़ की तरह टूट पड़े। जिधर भी उनका हाथ उठा, उन्होंने डण्डा चलाया। बहुतों को चोट आयी ही, पर उन्होंने लालाजी को भी बख्शा नहीं। भगतसिंह और उनके साथियों की कोशिश के बावजूद लालाजी का छाता टूट गया और उनके कंधे और छाती में भी चोट आयी। शाम को मोरी दरवाज़े के मैदान में कांग्रेस के आह्वान पर जो सार्वजनिक सभा हुई, उसमें आदमी-ही-आदमी थे। लाला लाजपतराय भाषण-कला के बादशाह थे, पर उस दिन तो वे और गरमाकर बोले। पुलिस के अंगरेज़ अफसर भी जलसे में थे, इसलिए उन्होंने अंगरेज़ी में कहा–"आई डिक्लेयर दैट द ब्लोज स्ट्रक ऐट मी विल बी द लास्ट नेल्स इन द काफिन ऑफ द ब्रिटिश रूल इन इण्डिया–मैं घोषणा करता हूं कि मुझ

पर जो चोट पड़ी है, वह भारत में अंगरेज़ी राज के कफ़न की आखिरी कील साबित होगी।''

चोट शारीरिक भी थी और मानसिक भी। शायद मानसिक अधिक थी। उनके स्वाभिमान को इस चोट से बहुत ठेस पहुंची थी। एक पुलिस अफसर लाहौर में पंजाब-केसरी पर खुले-आम डण्डा चलाये, यह उनकी कल्पना से बाहर की बात थी। वे अब भी घूमते-फिरते थे, कांग्रेस की मीटिंग में दिल्ली गए थे, वहां पण्डित जवाहर लाल नेहरू से टकराये थे, लौटकर उन्होंने अपने अंगरेज़ी साप्ताहिक 'पीपुल' में नेहरू के विचारों के विरोध में एक लेखमाला लिखनी आरम्भ की थी। इस लेखमाला का एक लेख छप भी गया था, पर जब वे दूसरा लिख रहे थे तब 17 नवम्बर, 1928 को उनकी मृत्यु हो गई। उनकी मृत्यु से देश की जनता में उनके प्रति अपार श्रद्धा और अंगरेज़ी सरकार के प्रति अपार क्रोध उफन पड़ा।

भगतसिंह की दूरदर्शी आंखों ने परिस्थिति की इस अनुकूलता को भांप लिया और दल के सामने प्रस्ताव रखा कि लालाजी पर आघात के रूप में जो राष्ट्र का अपमान किया गया है, उसका बदला लिया जाए। साइमन कमीशन को बम से उड़ाने की योजना साधनों की कमी के कारण सफल न हो सकी थी। इस प्रस्ताव की खूबी यह थी कि वह जनता के क्रोध को तृप्त करके जनता की आदर भावना को क्रान्तिकारियों से जोड़ता था और दल को उस सफलता के भाव से बचाता था। 9-10 दिसम्बर को लाहौर में दल की मीटिंग हुई, जिसमें गहरे चिन्तन और विचार के बाद प्रस्ताव स्वीकार कर लिया गया।

लालाजी का अपमान पुलिस ने किया था, पुलिस अध्यक्ष थे मिस्टर स्कॉट। लाठी उन्हीं के हुक्म से चलायी गयी थी। इसलिए उन्हें ही निशाना बनाना तय हुआ, पर हत्या हो गई साण्डर्स की। मुकदमे में जो बयान जयगोपाल ने दिया, उससे स्पष्ट है कि वह साण्डर्स को ही स्कॉट समझता रहा। सच्चाई यह थी कि स्कॉट उन दिनों लाहौर में था ही नहीं। भारतीय सशस्त्र क्रान्ति इतिहास में ऐसा और मौकों पर भी हुआ है कि हुलिए या वातावरण की समानता के कारण किसी के बदले कोई मारा गया।[1]

जो हो यह निशाना बहुत योजना के साथ लगाया गया था। क्रान्तिकारी दल की जो स्थिति थी, जो साधन थे, उन्हें देखें तो पूरी ईमानदारी के साथ इस योजना की तुलना दूसरे महायुद्ध की कई विश्वविख्यात रचनाओं से कर सकते हैं। इस योजना के तीन भाग थे। पहला यह कि जयगोपाल स्कॉट के आने-जाने की ठीक जानकारी और उनकी पहचान करें। दूसरा यह कि भगतसिंह और राजगुरु ठीक समय पर गोली चलायें, एक

---

1. सिंहावलोकन में श्री यशपाल का मानना है कि जयगोपाल की गवाही भ्रमपूर्ण थी, पार्टी में साण्डर्स की हत्या का निर्णय हुआ था स्कॉट अपने बंगले पर रहते थे और कभी-कभी दफ्तर आते थे उनकी नीली मोटर साइकल थी, साण्डर्स मोटर साइकल पर आते थे और मोटर साइकल हमेशा एक ही जगह खड़ी करते थे। मैंने इस संबंध में बहुत छानबीन, पूछताछ की पर इस बात का कोई जवाब नहीं मिला कि यदि हत्या साण्डर्स की करनी थी तो पोस्टरों पर स्कॉट का नाम क्यों लिखा गया, जिसे बाद में काटना पड़ा।

की गोली चूके तो दूसरे की गोली चले। तब भी यदि वे अपनी मोटर साइकल से भाग चलें, तो साइकिल से तैयार रहे और भगतसिंह उस पर चढ़ भागते हुए स्कॉट का वध करें । तीसरी यह कि पुलिस दफ्तर का कोई आदमी इन दोनों का पीछा करे, तो श्री चन्द्रशेखर आज़ाद उसे अपने निशाने से रोकें और दोनों को भागने में मदद दें। पुलिस दफ्तर के सामने ही डी.ए.वी. कॉलेज था और योजना यह थी कि भगतसिंह और राजगुरु स्कॉट का जीवन समाप्त कर कॉलेज के अहाते को पार करते हुए उसके छात्रावास में और वहां से अपने ठिकाने चले जायें। एक-एक बात सोच ली गयी थी। विद्यार्थी जैसे पाठ याद करता है, ऐसे ही योजना का पाठ पूरी तरह तैयार कर लिया गया था।

उस दिन 17 दिसम्बर, 1928 थी और लालाजी को मरे एक महीना पूरा हो रहा था। दोपहर बाद जयगोपाल (बाद में सरकारी गवाह) खबर लेने गये कि स्कॉट पुलिस दफ्तर में आ गये हैं या नहीं। राजगुरु जेब में भरी हुई पिस्तौल डाले पैदल ही चल निकले और भगतसिंह एवं चन्द्रशेखर आज़ाद साइकिलों पर चले, जैसे दो सैलानी पिकनिक को जा रहे हों। किसी ने इनकी ओर ध्यान नहीं दिया, सिवा इतिहास के जो आकाश में मुस्कराते हुए अपने नये अध्याय के इन लेखकों को देख रहा था।

लेखन आरम्भ हो गया, इतिहास की घड़ी की सुइयां तेज़ी से घूमने लगीं। साइकिल ठीक करने के बहाने से पुलिस दफ्तर के ठीक सामने खड़े जयगोपाल ने लाल मोटर साइकिल देखी, पल-भर में उस पर बैठे स्कॉट दिखाई दिए। हां, अपनी समझ के अनुसार वे स्कॉट ही समझ रहे थे। यद्यपि थे वे असिस्टेण्ट सुपरिण्टेण्डेण्ट मिस्टर साण्डर्स। दफ्तर से बाहर ज़रा बचकर खड़े हुए भगतसिंह और राजगुरु को उन्होंने (जयगोपाल ने) इशारा दिया। साण्डर्स अब फाटक पर आ गए थे, पर इस समय यह उनके दफ्तर का नहीं यमराज का फाटक था। वे हैण्डिल को घूमने का इशारा अपनी उंगलियों से दे रहे थे कि राजगुरु झपट कर मृत्यु और अमरता के दूत की तरह सामने आ गए। उन्होंने पिस्तौल उठाई, उनकी उंगलियों ने साण्डर्स की उंगलियों से पहले अपना काम किया–मोटर साइकिल घूमने से पहले ही पिस्तौल का घोड़ा दब गया। साण्डर्स और मोटर साइकिल दोनों लुढ़के, भगतसिंह आगे बढ़े, पिस्तौल चली, पांच धड़ाके हुए और साण्डर्स का सिर ही नहीं, कन्धे तक छिद गए। इतिहास का नया अध्याय लिखा गया, दिन-दहाड़े खुले आम ब्रिटिश सिंह का एक मज़बूत दांत तोड़ दिया गया।

भगतसिंह और राजगुरु तेज़ी से डी.ए.वी. कॉलेज की ओर बढ़े, जहां नरसिंह आज़ाद अपना माउज़र साधे जंगल के पीछे खड़े थे। ट्रैफिक इंस्पेक्टर मिस्टर फर्न और दो सिपाही इन दोनों के पीछे दौड़े। भगतसिंह के चौकन्ने दिमाग ने उनके पैरों की आहट पहचानी, पिस्तौल फिर सधा, और मुड़कर गोली दाग दी। निशाना फर्न पर था। बचने की कोशिश में वह लुढ़क गया। उनके गिरते ही सिपाही ठहर गए। भगतसिंह ने फर्न को खत्म करने के लिए फिर पिस्तौल उठायी थी कि चन्द्रशेखर की ललकार आयी–"चलो।" इस ललकार में कितनी मीठी पुचकार थी। भगतसिंह की पिस्तौल रुक

गयी, दोनों तेज़ी से बढ़े।

पुलिस का हेड कांस्टेबल चन्दन सिंह उन दोनों के पीछे भागा। वह गुस्से में इतना अन्धा हो रहा था कि भागते-भागते गालियां भी दे रहा था। भगतसिंह और राजगुरु जंगले के पार हो गये थे और आज़ाद स्वयं रास्ता रोके खड़े थे। आज़ाद ने अपना माउजर उठाया, चन्दन सिंह को तेज़ी से घूरा और ललकारा–"ऐ, पीछे हटो, भागो।" मगर चन्दन सिंह जोश में था, वह नहीं रुका और आगे बढ़ा। आज़ाद की उंगलियां हिलीं, माउज़र से गोली छूटी, चन्दन सिंह धड़ाम से धूल में लेट गया। वह क्या धूल में लोटा, पुलिस का साहस ही धूल में लोट गया–फिर किसी ने पीछा नहीं किया, हरेक के सामने अपनी मौत खड़ी थी। डी.ए.वी. कॉलेज के छात्रावास से दो साइकिलें चलीं। एक पर आज़ाद और राजगुरु थे और दूसरी पर भगतसिंह। सब अपने-अपने काम में लगे थे, केवल इतिहास उन्हें देख रहा था, मुस्करा रहा था। कुछ ही क्षणों में सब साथी मौजंग हाऊस (लाहौर में क्रान्तिकारियों के निवास) पहुंच गए। लाहौर का सरकारी क्षेत्र सन्नाटे में था और जनता का क्षेत्र एक मानसिक रोमांच से पुलकित था। भगतसिंह उस सन्ध्या को बेहद उत्फुल्ल थे।

ठीक है, सरकारी क्षेत्र में सन्नाटा था और जनता के क्षेत्र में पुलकित रोमांच था, पर बोध तो कहीं भी नहीं था। सरकार के विख्यात गुप्तचर विभाग को लकवा मार गया था–इतनी बड़ी घटना हो गयी और हमें सुरसुराहट भी न मिली। खुली सड़क पर योजना का पूर्वाभ्यास हुआ होगा और खुली सड़क पर पुलिस दफ्तर के सामने एक अंगरेज़ अफसर दिन-दहाड़े मार डाला गया। यह किसने किया , क्यों किया ? इसके पीछे कौन है ? जनता के लिए यह चमत्कारी धड़ाका था। उसके पीछे क्या आदर्श है, या क्या योजना है, इससे वह भी अपरिचित थी, पर दूसरे दिन सुबह सूरज निकलने से पहले ही सरकारी पक्ष और जनता पक्ष दोनों के सामने बात साफ हो गई। दीवारों पर जगह-जगह अंगरेज़ी के छोटे पोस्टर चिपकाये गये थे। इन पोस्टरों का कागज़ गुलाबी था और स्याही लाल थी। उन पर लिखा था–

हिन्दुस्तान समाजवादी प्रजातन्त्र सेना

नोटिस

नौकरशाही सावधान

जे.पी. साण्डर्स की मृत्यु से लाला लाजपतराय की हत्या का बदला ले लिया गया।

यह सोचकर कितना दुःख होता है कि जे.पी. साण्डर्स-जैसे एक मामूली अफसर के कमीने हाथों देश की तीस करोड़ जनता द्वारा सम्मानित एक नेता पर हमला करके उनके प्राण ले लिये गए। राष्ट्र का यह अपमान हिन्दुस्तानी नवयुवकों और मर्दों को चुनौती थी।

आज संसार ने देख लिया है कि हिन्दुस्तान की जनता निष्प्राण नहीं हो गयी है। हिन्दुस्तानियों का खून जम नहीं गया, वे अपने राष्ट्र के सम्मान के लिए प्राणों की बाजी लगा सकते हैं। यह प्रमाण देश के उन युवकों ने दिया है जिनकी इस देश के नेता,

निन्दा और अपमान करते हैं।

अत्याचारी सरकार सावधान

इस देश की दलित और पीड़ित जनता की भावनाओं को ठेस मत लगाओ। अपनी शैतान हरकतें बन्द करो। हिन्दुस्तानियों को हथियार न रखने देने के लिए बनाये तुम्हारे सब कानूनों और चौकसी के बाद पिस्तौल और रिवॉल्वर इस देश की जनता के हाथ में आते ही रहेंगे। यदि ये हथियार सशस्त्र क्रान्ति के लिए पर्याप्त न भी हुए तो भी राष्ट्रीय अपमान का बदला लेते रहने के लिए तो काफी रहेंगे ही । हमारे अपने लोग हमारी निन्दा और अपमान करें, विदेशी सरकार चाहे हमारा कितना भी दमन कर ले, परन्तु हम राष्ट्रीय सम्मान की रक्षा के लिए और विदेशी अत्याचारियों को सबक सिखाने के लिए सदा तत्पर रहेंगे, हम सब विरोध और दमन के बावजूद क्रान्ति की पुकार को बुलन्द रखेंगे और फांसी के तख़्तों से भी पुकारते रहेंगे–

'इन्कलाब ज़िन्दाबाद'

हमें एक व्यक्ति ही हत्या का खेद है, परन्तु यह व्यक्ति उस निर्दयी, नीच और अन्यायपूर्ण व्यवस्था का एक अंग था, जिसे समाप्त कर देना आवश्यक है। इस व्यक्ति की हत्या हिन्दुस्तान में ब्रिटिश शासन के कारिन्दे के रूप में की गयी है। यह सरकार संसार की सबसे अत्याचारी सरकार है।

मनुष्य का रक्त बहाने के लिए हमें खेद है, परन्तु क्रान्ति की वेदी पर रक्त बहाना अनिवार्य हो जाता है। हमारा उद्देश्य ऐसी क्रान्ति से है, जो मनुष्य द्वारा मनुष्य के शोषण का अन्त कर देगी।

इन्कलाब ज़िन्दाबाद।'

ह. बलराज

18 दिसम्बर, 1928 — सेनापति पंजाब हिसप्रस

उन पोस्टरों पर जो हत्या से पहले ही तैयार हो गये थे स्कॉट का नाम लिखा था, उसे काट कर साण्डर्स लिख दिया गया था। जो पोस्टर हत्या के बाद रात में तैयार किये गये थे, उन पर साण्डर्स का ही नाम था।

इन छोटे पोस्टरों ने एक साथ दो काम किये। पुलिस को स्तम्भित कर दिया और जनता को पुलकित कर दिया। पुलिस यानी पूरी सरकारी मशीनरी अपमान से अधमरी हो गई और जनता गर्व से हरी हो उठी। लालाजी के अपमान और मरण का जो कांटा उसके कलेजे में चुभ रहा था, वह पल भर में निकल गया। उस कांटे ने जो छेद पैदा किया था, उसमें क्रान्तिकारियों का प्यार भर गया। इस प्यार में भरोसे की रोशनी थी, बदले की ताज़गी थी, सन्तोष का सुख था। साफ-साफ बात यह कि क्रान्तिकारी युवक अब जनता के मन से जुड़ गये थे, जनता के मन में बस गये थे। इस भावना की मनोवैज्ञानिक गहराई में उतरने की ज़रूरत है। 1920 में जनता का मन जलियांवाला बाग की असहायता झेलने के बाद महात्मा गांधी के खुले नेतृत्व से जुड़ गया था, उसे सहारा मिला था कि अब उसके दुःख दूर होंगे, पर असहयोग की असफलता ने उस

मन को अविश्वास के अंधेरे में डुबाया था और बाद के साम्प्रदायिक दंगों में त्रस्त बहुमत जनता ने जो असहायता सही, उसने उसे तोड़ दिया था। यह टूटा हुआ मन साण्डर्स-वध और उसके वार इन पोस्टरों से लहलहा उठा था–"नहीं, अब भी कोई हैं, जो हमारे दुश्मन को ललकार सकते हैं। और मनुष्य के द्वारा मनुष्य के शोषण का अन्त कर सकते हैं।" जनता की यह नई भावना ही साण्डर्स-वध की सबसे बड़ी उपलब्धि थी और क्रान्तिकारी दल के लिए भगतसिंह का एक ऐतिहासिक उपहार।

अंगरेज़ी सरकार इसे समझ रही थी और उसके अफसर दांत किटकिटा रहे थे पर उनके सामने, उनकी पहुंच में कोई न था जिसे वे मसल दें। चबा डालें। वे अंधेरे में भटक रहे थे। नौजवान भारत सभा और स्टुडेण्ट्स युनियन के खुले कार्यकर्ता उनके सामने थे। पुलिस अन्धाधुन्ध उन्हें पकड़ रही थी, उनके घरों की तलाशियां ले रही थी, पर उनमें से किसी को जब सचमुच ही कुछ पता न था, तो पुलिस उनसे क्या पता पाती।

अंगरेज़ी सरकार 17 दिसम्बर की दोपहर को हिल गई थी, पर उसी शाम को वे सब भूखे थे, उनके पास खाने को रूखी रोटी भी न थी, जिन्होंने उसे हिलाया था। जयगोपाल मुखबिर ने बाद में कहा था–"मैं आज़ाद के कहने पर जब अपने मित्र वंशीलाल से मांग कर दस रुपये लाया, तो खाने-पीने की व्यवस्था हुई।"

: 17 :

लाहौर से कलकत्ता

भारत की सशस्त्र क्रान्ति के इतिहास में सूरज और चांद की तरह चमकते सब चेहरे यहां आकर बुरके में छिप जाते हैं। वे अपने पूरे महत्त्व के साथ उपस्थित हैं, पर दिखाई नहीं देते। क्या पण्डित चन्द्रशेखर आज़ाद, क्या सरदार भगतसिंह और क्या राजगुरु, किसी का चेहरा सामने नहीं है। बस दो भोली, सुन्दर और युवती स्त्रियों के चेहरे ही इतिहास के दर्पण में दिखाई दे रहे हैं। इनमें पहला चेहरा है श्रीमती दुर्गा भाभी का और दूसरा चेहरा है सुशीला दीदी का। ये दोनों इस तरह जगमगा रहे हैं, जैसे मन्दिर की नई प्रतिमाएं। एक और भी चेहरा यहां है, जो दिखाई नहीं देता, पर जिसकी एक हलकी झलक दिखाई देती है। यह श्रीमती दुर्गा भांभी के पति श्री भगवतीचरण का चेहरा है। कुछ लोग इसलिए मुंह छिपाते हैं कि उन्हें नज़र न लग जाये ; कुछ लोग इसलिए मुंह छिपाते हैं कि उनका मुंह दिखाने लायक नहीं होता ; और कुछ लोग इसलिए मुंह छिपाते हैं कि उनमें मुंह दिखाने की हिम्मत नहीं होती। इन सबके विरुद्ध भगवतीचरण अपना मुंह इसलिए छिपाते रहे हैं कि उनके साथी का मुंह दुनिया को पूरी तरह दिखाई दे।

साण्डर्स-वध के समय क्रान्तिकारी दल के सभी प्रमुख सदस्य लाहौर में थे। साण्डर्स-वध के बाद उनमें से अधिकांश इधर-उधर चले गए, पर मुख्य प्रश्न तो भगतसिंह को निकालने का था, वे बहुत दिन से फरार थे, पुलिस उनकी फिराक में थी। पुलिस में उन्हें पहचानने वाले लोग थे। दशहरा बम-काण्ड के समय चुपचाप लिया गया उनका फोटो भी पुलिस के पास था। साण्डर्स-वध के समय एक सिख नौजवान को पुलिस ने देखा था (बाल कटवा देने के बावजूद भगतसिंह उस दिन सिर पर पगड़ी बांधे थे। मुखबिर जयगोपाल ने अपने बयान में यह बताया है) फिर लाहौर के चप्पे-चप्पे पर पुलिस का पहरा और सी.आई.डी. की नज़र थी। मौत की दाढ़ से कभी कोई निकल भी आये, पर लाहौर से निकलना असम्भव था, पर असम्भव को सम्भव बनाने वाले ही तो क्रान्तिकारी होते हैं।

श्री भगवतीचरण की सूझ पर बलिहारी। वे स्वयं मेरठ षड्यन्त्र में फरार थे। फिर भी एक दिन चुपचाप घर आकर दुर्गा भाभी को 1000 रुपया पास रखने को दे गये थे, बिना कुछ बताये । वे रुपये घर में थे। एक नकली नाम से फर्स्ट क्लास का छोटा डिब्बा (कूपे) लाहौर से कलकत्ता के लिए रिज़र्व था। तारे आसमान में हल्के-हल्के झमझमा रहे थे। सुबह पांच बजे की बात है। एक नौजवान साहब बहादुर सिर पर तिरछा फैल्ट हैट लगाये, ऊंचे उठे कालर का ओवर कोट पहने, बायीं तरफ अपने बेटे को इस तरह गोद में संभाले कि उधर से चेहरा ढंक जाये, दायां हाथ ओवर कोट की जेब में डाल पिस्तौल के घोड़े पर उंगली टिकाये और अपनी बायीं तरफ अपनी सुन्दर पत्नी

में डाल पिस्तौल के घोड़े पर उंगली टिकाये और अपनी बायीं तरफ अपनी सुन्दर पत्नी को लिये शान्त धीर-गति से प्लेटफॉर्म पार कर अपने रिज़र्व डिब्बे में आ बैठे। साथ में शानदार बिस्तर अटैची थी और पीछे-पीछे पुरानी दरी में लिपटा बिस्तर लिये नौकर था। ये साहब बहादुर भगतसिंह थे, उनकी पत्नी बनी दुर्गा भाभी थीं, भगतसिंह की गोद में भाभी का बेटा शची था और ये नौकर राजगुरु थे।

पुलिस की रिपोर्ट में भगतसिंह दाढ़ी-केश वाले थे, कुंआरे थे। फिर वह सपत्नीक और पिता बने भगतसिंह को कैसे पहचानती। और वह पहचानती तो भाग्य का चक्र कैसे घूमता ? कलकत्ता मेल उस दिन लाहौर से क्या चली, इतिहास-पुरुष का रथ ही चला—महान् विजय के पथ पर। अब यह कहने में क्या लगता है कि लाहौर से कलकत्ता मेल चली, पर उस दिन कलकत्ता मेल का चलना कितनी बड़ी बात थी। भगतसिंह तो मौत से खेल ही रहे थे, पर दुर्गा भाभी के लिए क्या कहा जाये, जिनके पति स्वेच्छा से मृत्यु के साथ पंजा लड़ाते हुए अज्ञातवास कर रहे थे और जो अपने अकेले पुत्र को लेकर उस दिन जलती हुई होली के बीच खड़ी हो गयीं। श्री चन्द्रशेखर आज़ाद भी रामनामी दुपट्टा ओढ़े, माथे पर चंदन लगाये, हरिओम् के साथ डकार लेते मथुरा का पण्डा बने इसी ट्रेन के किसी डिब्बे में बैठे जा रहे थे। एक रहस्यवादी कविता ही बन गयी थी उस दिन कलकत्ता मेल।

लखनऊ स्टेशन आ गया। राजगुरु, आज़ाद पहले ही उतर चुके थे। साहब बहादुर भगतसिंह और मधुनिका दुर्गा भाभी शान से प्लेटफॉर्म पर उतरे, वेटिंग रूम में भी कुछ देर बैठे और कलकत्ता तार दिया—"भाई साहब के साथ आ रही हूं।" यह तार सुशीला दीदी को दिया गया था। वे उन दिनों कलकत्ता में सर सेठ छज्जूराम की बेटी की शिक्षक अभिभावक थीं और उन्हीं की तिमंजिली कोठी में रहती थीं।

कलकत्ता मेल रोज़ ही लाहौर से कलकत्ता जाती थी, उस दिन भी वह अपने सदा के रास्ते पर सदा की तरह कलकत्ता पहुंची पर उसकी उस यात्रा के वे लगभग चालीस घण्टे उसके एक डिब्बे में कैसे बीते, सोचकर ही दिल की धड़कन बेकाबू होने लगती है। डिब्बे की तरफ देखने वाली हर आंख डिब्बे में बैठे दो मुसाफिरों को यमराज की आंख दिखाई देती होगी। डिब्बे की तरफ बढ़ते हर आदमी का कदम आदमी का कदम होकर भी मौत का कदम दिखाई देता होगा। बुद्धि तकाज़ा करती होगी—तुम्हें हर क्षण स्वाभाविक मुद्रा में रहना होगा, चेहरे पर भावों का उतार-चढ़ाव आना वर्जित है, पर चेहरा तो हृदय के भावों का दर्पण है। जब हृदय में तूफान है तो चेहरा फिर शान्त कैसे रहे ? ठीक है, पर जो हृदय के तूफान और बुद्धि के उफान पर नियन्त्रण रख सकते हैं, वे ही तो संसार की डगमगाती नाव को पार लगाते हैं। फिर भी युगों बाद मेरा मन मुझसे पूछता है—"रास्ते में वे कैसे रहे होंगे ? उन्होंने कैसे अपना सन्तुलन बनाये रखा होगा ? कैसे भोजन किया होगा? रात आने पर वे कैसे सोये होंगे। शायद एक सोया होगा और दूसरा पिस्तौल पर हाथ रखे बैठा रहा होगा। सम्भवतः यह चालीस घण्टे चालीस युगों की तरह बीते होंगे और कलकत्ता पहुंचना जीते-जागते स्वर्ग पहुंचने जैसा लगा होगा। हम सभी सफर करते हैं, उसका सुख पाते हैं, पर ऐसे सफर का सौभाग्य

तो इतिहास पुरुषों के भाग्य की ही विभूति है। धन्य हैं लाहौर से कलकत्ता तक के वे चालीस घण्टे, जिन्होंने राष्ट्र के प्रवाह की धारा ही मोड़ दी।

भगतसिंह और दुर्गा भाभी कलकत्ता स्टेशन पर उतरे, तो सुशीला दीदी तथा भगवती चरण भी वहां उपस्थित थे। अपनी फरारी में वे दीदी के पास रह रहे थे। दुर्गा को उन्होंने इस रूप में देखा तो आश्चर्य-मुग्ध रह गये। असल में दुर्गाजी की शक्ति का उनके लिए भी यह नया प्रदर्शन था। उनके मुंह से निकल पड़ा–"वाह, मैंने तुम्हें आज पहचाना !" क्रान्तिकारियों में एक-से-एक विशिष्ट व्यक्तित्व हुए हैं, पर भगवती अपनी जगह अनुपम हैं, अकेले हैं। अपनी पत्नी को इस रूप में देखकर किसी के भी मन में क्षोभ हो सकता है, पर कितना विशाल मन था उनका कि हल्की बात वे सोच ही नहीं सकते थे। सचमुच वे क्रान्तिकारी और लक्ष्यदर्शी मानव थे। भगवतीचरण और दुर्गा भाभी की क्रान्ति-जोड़ी को प्रणााम ! ...

भगतसिंह और दुर्गा भाभी एक होटल में रहे, दूसरे दिन सर सेठ छज्जूराम की कोठी में चले गये और एक सप्ताह से अधिक वहीं रहे। सर सेठ का भवन होने के कारण वह स्थान सी.आई.डी. के सन्देह से सुरक्षित था, पर क्या सर सेठ विश्वसनीय थे। इस प्रश्न का उत्तर मन को मानवीयता के अमृत से भर देता है। भगतसिंह को वहां रखने की और निश्चिन्त रहने की स्वीकृति सर सेठ की पत्नी श्रीमती लक्ष्मीदेवी ने ही सुशीला दीदी को दी थी। इन लोगों को ऊपर की मंज़िल में ठहराया गया था और भोजन आदि की व्यवस्था स्वयं लक्ष्मीदेवी ही करती थीं, उन दो के अतिरिक्त भगतसिंह का सही परिचय किसी को भी न था। यह सुशीला दीदी का चरित्र है कि उन्होंने माता लक्ष्मीदेवी से सब-कुछ कह दिया, यह माता लक्ष्मीदेवी का चरित्र है कि सुशीला दीदी उनसे सब-कुछ कह सकीं और यह इतिहास का चरित्र है कि उसने एक सप्ताह के आतिथ्य के बदले में माता लक्ष्मीदेवी और उनके पति सर सेठ छज्जूराम के नाम को सदा के लिए अपना अतिथि बना लिया।

भगतसिंह जब कलकत्ता पहुंचे तो वहां कांग्रेस का वार्षिक अधिवेशन हो रहा था। राजनीतिक दृष्टि से वातावरण बहुत उत्तेजनात्मक था। कांग्रेस में विचार का मुख्य विषय था। अंगरेज़ी सरकार को यह अल्टीमेटम देना कि यदि एक वर्ष के भीतर नेहरू कमेटी की रिपोर्ट (लगभग औपनिवेशिक स्वराज्य) को स्वीकार न करेगी, तो फिर कांग्रेस कभी भी पूर्ण स्वराज्य से कम पर राज़ी न होगी। नौजवानों के नेता पण्डित जवाहरलाल नेहरू और श्री सुभाषचन्द्र बोस सरकार को समय देने के विरुद्ध थे और इस प्रकार पुरानी और नयी पीढ़ी में गहरी कशमकश थी। वातावरण उत्तेजना का था और साण्डर्स-वध की घटना ने उसे और भी गर्म कर दिया था। पण्डित मोतीलाल नेहरू कांग्रेस के अध्यक्ष थे।

देश-भर के राजनीतिक नेता कलकता आये हुए थे और सरकार के गुप्तचर भी। भगतसिंह बंगाली ढंग की धोती-कुर्ता पहने और ऊपर शाल ओढ़े उत्तेजना और उल्लास के इस वातावरण में घूम रहे थे, पर क्या एक निष्क्रिय सैलानी दर्शक की तरह ? भगतसिंह युगद्रष्टा थे, वे तमाशे के दर्शक कहां हो सकते थे ? उनकी दृष्टि

लक्ष्यवेधी थी और वह इस बात पर टिकी हुई थी कि कांग्रेस अपने मद्रास निर्णय (पूर्ण स्वराज्य) से पीछे हटकर औपनिवेशिक स्वराज्य से भी कम पर आ गयी थी। उनकी आत्मा ने कहा, यह तो प्रगति नहीं है, यह तो पीछे हटना है, अगति है। वे बेचैन ही उठे कि इस समय कुछ ऐसा काम करना चाहिए कि पीछे हटने की इस मनोवृत्ति पर एक तगड़ी मनोवैज्ञानिक चोट पड़े।

सोचती हूं कलकत्ते का यह सप्ताह ही भगतसिंह के जीवन का सर्वोत्तम काल है, क्योंकि उन्होंने अपने जीवन का सर्वोत्तम निर्णय इसी सप्ताह लिया था और वे अपने ऐतिहासिक व्यक्तित्व के सर्वोच्च ऐतिहासिक शिखर पर इसी सप्ताह पहुंचे । सोचकर अक्ल हैरान हो जाती है कि देश का परिपक्व नेतृत्व जब समझौते के पैबन्द लगाने की बात सोचने में लगा हुआ था, तब एक इक्कीस साल का युवक जो अभी-अभी विद्रोह का धड़ाका कर चुका था, क्रान्ति का नया तूफान उठाने के मनसूबे बांध रहा था।

भगतसिंह के मन में नेशनल कॉलेज के समय से ही फ्रान्सीसी अराजकतावादी वेलां का (जिसने फ्रान्स की असेम्बली में बम फेंका था) चित्र सजा हुआ था। उनकी अनुपम मृत्यु साधना का प्रेरक यह चित्र ही था। संकल्प की स्वर्णकिरण उनके मन में चमक उठी–"यही समय है, यही समय है।" उनकी बुद्धि ने कहा–"अब नहीं तो फिर कभी नहीं।" किरण ने निर्णय का रूप ले लिया और उन्हें महसूस हुआ कि उनका हाड़-मांस का शरीर अब फौलाद का हो गया है। यह संकल्प का, निर्णय का, दृढ़ता का, अटलता का अनुभव था। यह उनके जीवन का दिव्य क्षण था उन्होंने दिल्ली केन्द्रीय असेम्बली में बम फेंकने का निर्णय कर लिया और वे अपनी महंगी और भारी मृत्यु के द्वार पर आ खड़े हुए थे।

श्री योगेशचन्द्र चटर्जी शब्दों में–"भगतसिंह ने असेम्बली भवन में बम फेंकने की योजना के बारे में अनुशीलन समिति नामक गुप्त संगठन के एक उच्च कोटि के नेता स्व. प्रतुलचन्द्र गांगुली के साथ चर्चा की। श्री गांगुली ने भगतसिंह की योजना को पसन्द किया। असेम्बली में बम फेंकने के बाद गिरफ्तार होने पर जो रिवॉल्वर उनके पास पकड़ा गया था वह भगतसिंह को श्री गांगुली ने ही दिया था। कुछ बम भी कलकत्ता से ही दे दिये गये थे। भगतसिंह का जो प्रसिद्ध चित्र फैल्ट हैट पहने हुए मिलता है, वह भी कलकत्ता में ही लिया गया था।'

ईशावास्य उपनिषद् में एक बहुत सुन्दर मन्त्र आता है। उसका भाव यह है कि सत्य स्वर्ण के प्याले से ढंका हुआ है और आवश्यकता है कि वह प्याला हटे, जिससे हम सत्य का दर्शन कर सकें। कलकत्ता प्रवास के इस एक सप्ताह में भी ऐसा ही हुआ। वहां दो अल्टीमेटम तैयार हुए। पहला कांग्रेस के प्रस्ताव के रूप में और दूसरा भगतसिंह के निर्णय के रूप में। कांग्रेस का प्रस्ताव स्वर्ण का प्याला था, उसे संसार ने देखा, पर भगतसिंह का निर्णय तो ढंका हुआ था, उसे किसी ने नहीं देखा। उस निर्णय का, भगतसिंह का, क्रान्तिकारी दल का और देश का हित भी इसी में था कि उसे अभी कोई न देखे, कोई न जाने। दल के सदस्य इस बात से सहमत थे कि कांग्रेस का नर्म

पड़ना, पीछे हटना, देश के लिए अहितकर होगा, इसलिए कोई ऐसा कार्य इस समय किया जाना चाहिए, जिससे प्रगति की धारा में नयी तेज़ी आये। भगतसिंह और दूसरे साथियों के लिए बाद में दूसरे सुरक्षित मकान का प्रबन्ध हो गया और वे सर सेठ की कोठी से वहां बदल दिये गए। कुछ दिन वे उसमें रहे और तब आगरा चले गए।

हरि (कलकत्ते में भगतसिंह का नाम) जब कलकत्ते से चले तो सुशीला दीदी ने अपने खून से उनके मस्तक पर तिलक किया और उन्हें ऐसे ही विदा किया जैसे राजपूतनियां युद्ध में जाते समय अपने भाइयों को विदा किया करती थीं। जो लोग एक दूसरे से हमेशा के लिए विदा हो रहे थे, वे कितने खुश थे, कितने गौरवान्वित।

अब भगतसिंह आगरा में थे और दूसरे अनेक क्रान्तिकारी भी। हींग की मण्डी और नमक की मण्डी में दो मकान ले लिये गये थे और बम बनाने और बनाना सिखाने का काम ज़ोरों से चल रहा था। साण्डर्स-वध के बाद दल को साधनों की पहले-जैसी कमी न रही थी और सब काम बड़े पैमाने पर हो रहे थे। सहारनपुर और लाहौर में भी बम-फैक्टरियां खोल दी गयी थीं। इस संगठन के साथ असेम्बली में बम फेंकने की भगतसिंह की योजना केन्द्रीय समिति ने स्वीकार कर ली थी। दिल्ली के बाज़ार सीता राम में एक मकान ले लिया गया था और श्री जयदेव कपूर परिस्थितियों की जांच करने के लिए वहां बैठ गये थे। भगतसिंह आगरा से दिल्ली आते-जाते रहते थे और योजना की बारीकियों का अध्ययन कर रहे थे। देश में सरकार के गुप्तचर अपना जाल फैला रहे थे, पर उन्हें साण्डर्स के वध का कोई सूत्र नहीं मिल रहा था जब कि वायसराय के सामने ही उससे बड़े काण्ड की तैयारी हो रही थी।

: 18 :

असेम्बली बम-कांड

असेम्बली में बम फेंकने की बात भगतसिंह के मन में नेशनल कॉलेज में ही पक्की हो गई थी, जब उन्होंने फ्रांसीसी अराजकतावादी श्री वेलां का फ्रांस की असेम्बली में बम फेंकने के बाद दिया गया बयान पढ़ा था, पर अब वे और उनके विचारक साथी अनुभव करते थे कि उसका समय आ गया है। कलकत्ता से जब भगतसिंह आगरा के लिए चले, तो उनके मन में कार्य की पूरी रूपरेखा थी, जिसकी मनोवैज्ञानिक पृष्ठ भूमि मैं ऊपर दे चुकी हूं।

श्री चन्द्रशेखर आज़ाद भी इससे सहमत हो गये थे और दूसरे साथी भी। बात यह थी कि सभी अनुभव करते थे कि दल को इस समय कुछ ऐसा काम करना चाहिए जो अद्भुत हो। काकोरी काण्ड के अभियुक्तों को जेल से छुड़ाने में जो असफलता मिली थी, उसपर भगतसिंह रो पड़े थे, पर दूसरे लोग भी क्षुब्ध थे। साइमन कमीशन पर बम न फेंक सकने की खिन्नता भी तकाज़ा कर रही थी। साण्डर्स-वध की सफलता ने उबाल उठा दिया था और आगरा में जो बम इन दिनों बने थे, वे अपने उपयोग के लिए ज़िद कर रहे थे। असेम्बली में बम फेंकना इन सब बातों का समाधान था। श्री जयदेव कपूर दिल्ली में उसका ताना-बाना पूर रहे थे। उन्होंने असेम्बली के सदस्यों में ऐसा विश्वसनीय सम्पर्क जोड़ लिया था कि जब वे चाहें उन्हें असेम्बली में जाने के लिए पास मिल जायें। इन पासों से भगतसिंह, आज़ाद और दूसरे कई साथी भी असेम्बली में हो आये थे। सब परिस्थितियों और स्थान देख आये थे कि कहां से बम फेंका जाये और कहां जा कर वह गिरे, नक्शा अब पूरी तरह तैयार था।

अब तीन प्रश्न विचारणीय थे : पहला यह कि बम फेंकने असेम्बली में कौन जाये; दूसरा यह कि बम फेंकने के बाद गिरफ्तार हुआ जाये या भाग आया जाये और तीसरा यह कि बम कब फेंका जाये ?

व्यूह-रचना के महापण्डित श्री चन्द्रशेखर आज़ाद इस बात पर दृढ़ थे कि बम फेंककर भाग आया जाये। असेम्बली में जाकर और सब रास्तों को देखकर वे मानते थे कि बम फेंककर सुरक्षित लौटा जा सकता है। उनकी योजना थी कि वे बाहर मोटर में रहेंगे और बम फेंकने वालों को उड़ा ले जायेंगे। मोटर की व्यवस्था भी सम्भव थी, पर भगतसिंह के मन में तो वेलां का नक्शा था। वे तो गुप्त आन्दोलन को जनता का आन्दोलन बनाने की बात पर दृढ़ थे। इसलिए उनका कहना था कि भागना ठीक नहीं। वहीं गिरफ्तार होकर मुकदमे को दल के विचारों के प्रचार का मोर्चा बनाया जाये, क्योंकि जो बातें वैसे नहीं कही जा सकतीं वे अदालत में खुले-आम कही जा सकती हैं, जो खबरें बनकर पत्रों में छपकर जनता तक पहुंच सकती हैं। असेम्बली में बम फेंकने की योजना भगतसिंह की थी और यह भी सब जानते थे कि बम फेंकने भी

वही जायेंगे, इसलिए उनकी बात को महत्त्व मिल रहा था। श्री विजयकुमार सिन्हा के समर्थन से यह महत्त्व और भी बढ़ गया। बाद में दो आदमियों के जाने की बात तय हुई और भगतसिंह के साथ जयदेव कपूर और राजगुरु के नाम पर चर्चा हुई।

यह छानबीन हो रही थी कि एक शानदार समाचार मिला–होली के दिन सेक्रेटेरियेट (सचिवालय) के सचिवों और असेम्बली के सरकार-परस्त सदस्यों की दावत में वायसराय ने आना स्वीकार कर लिया है। दल के सदस्य कुछ-न-कुछ करने को बेचैन थे, इसलिए खुली सड़क पर उनकी मोटर को बम से उड़ाने की योजना बनायी गयी। यह योजना सफल न हुई, क्योंकि वायसराय उस रास्ते से आये ही नहीं। तब फिर पूरा ध्यान असेम्बली पर केन्द्रित हो गया।

संयोग की बात, अवसर भी अच्छा मिल गया। केन्द्रीय असेम्बली में दो बिल पेश थे। एक पब्लिक सेफ्टी बिल (जन-सुरक्षा बिल) और दूसरा ट्रेड डिस्प्यूट्स बिल (औद्योगिक विवाद बिल)। पहले का भीतरी मकसद देश में उठते युवक आन्दोलन को कुचलना था और दूसरे का मज़दूरों को हड़ताल के अधिकार से वंचित रखना। भगतसिंह का बेहद चौकन्ना और राजनीतिक प्रश्नों पर सदा जागरूक ध्यान इस बात पर गया था। केन्द्रीय असेम्बली के कांग्रेसी सदस्य कुछ दूसरे प्रगतिशील सदस्यों के साथ मिलकर इन कानूनों को पास नहीं होने देंगे। उस हालत में अंगरेज़ी सरकार उन्हें अपनी प्रतिष्ठा का प्रश्न बना लेगी और वायसराय इन्हें अपने विशेषाधिकार (वीटो पावर) से पास कर देंगे।

उन्होंने पार्टी की मीटिंग में प्रस्ताव किया कि जब वायसराय की इन बिलों को पास करने की घोषणा असेम्बली में हो, उसी समय बम फेंका जाये और अपने उद्देश्य को स्पष्ट करने वाले पर्चे भी। बम कौन फेंके ? इस प्रश्न पर मतभेद था। प्रस्ताव भगतसिंह का था । वे मुकदमे को सर्वोत्तम ढंग से लड़ सकते थे और पार्टी के नाम और लक्ष्य को जनता तक पहुंचा सकते थे, पर दल के कई सदस्यों की राय में दल की उन्नति और संगठन के लिए उनका और आज़ाद का बचे रहना बहुत आवश्यक था। इसलिए वे भगतसिंह की आहुति देने को तैयार न थे। अब यह मान ही लिया गया था कि जो जायेगा, लौटेगा नहीं, वहीं गिरफ्तार होगा। इसलिए दल की केन्द्रीय समिति में भगतसिंह की जगह श्री बटुकेशवरदत्त और श्री विजयकुमार सिन्हा का नाम निश्चित हुआ।

श्री सुखदेव को यह खबर मिली, तो वे बौखलाये हुए भगतसिंह के पास आये और उन्हें बहुत देर तक जाने क्या-क्या कहते रहे, जब भगतसिंह ने अनुशासन के कारण साथियों का निर्णय मानने की बात कही तो गुस्से में भरकर सुखदेव ने कहा–"इस निर्णय के लिए इतिहास तुम्हें कायर कहेगा।" उस समय भगतसिंह ने उन्हें झिड़क दिया पर दूसरे ही दिन केन्द्रीय समिति की बैठक फिर बुलवायी और ज़िद करके असेम्बली में बम फेंकने के लिए अपना और बटुकेश्वरदत्त का नाम निश्चित कराया। इसके बाद उन दोनों ने एक दिन दिल्ली में ही अपना फोटो खिंचवाया। संगठन की खूबी यह थी कि बम-काण्ड के बाद यही चित्र बहुत-से पत्रों में छपे। उसी समय का एक कोमल शब्द-चित्र श्री शिव वर्मा के शब्दों में–"दिल्ली में जब निश्चित रूप से

यह फैसला हो गया कि भगतसिंह और बटुकेश्वरदत्त ही असेम्बली में बम फेंकने जायेंगे, तो मुझे और जयदेव को छोड़कर सब साथियों को आदेश दिया गया कि वे दिल्ली से बाहर चले जायें। आज़ाद को झांसी जाना था। जब वे चलने लगे तो मैं स्टेशन तक उनके साथ हो लिया। रास्ते में बोले–"प्रभात (श्री शिव वर्मा का पार्टी नाम), अब कुछ ही दिनों में ये दोनों (उनका मतलब भगतसिंह और दत्त से था) देश की सम्पत्ति हो जायेंगे, तब हमारे पास इनकी याद रह जायेगी। तब तक के लिए मेहमान समझकर इनकी आराम-तकलीफ का ध्यान रखना।" उस दिन रात-भर वे भगतसिंह और दत्त की बातें करते रहे। वे भगतसिंह को इस काम के लिए भेजने के पक्ष में नहीं थे। भगतसिंह और सुखदेव की ज़िद के सामने सिर झुकाकर ही उन्होंने वह फैसला स्वीकार किया था, लेकिन अन्दर से भगतसिंह को खोने के विचार से वे दुःखी थे।

असेम्बली ने दोनों बिलों को फेल कर दिया था और वायसराय ने उन दोनों को अपने विशेषाधिकार से पास कर दिया। 8 अप्रैल, 1929 को वायसराय की घोषणा असेम्बली में सुनाई जाने वाली थी। निर्णय हुआ कि उसी दिन बम फेंका जाये। जयदेव कपूर ने भगतसिंह और बटुकेश्वरदत्त को असेम्बली में ले जाकर उस जगह बैठा दिया, जहां से बिना किसी सदस्य को नुकसान पहुंचाये बम फेंका जा सकता था। भगतसिंह और बटुकेश्वरदत्त खाकी कमीज़ और निकर पहने हुए थे। ज्यों ही विशेषाधिकार से बिलों को वायसराय द्वारा पास करने की घोषणा होने को हुई, भगतसिंह और बटुकेश्वरदत्त अपने स्थान पर खड़े हो गये। फुर्ती के साथ अखबार में लिपटा हुआ बम भगतसिंह ने अपने हाथ में लिया और सरकारी बेंचों के पीछे वाली खाली जगह पर लकड़ी की दीवार के पास फेंक दिया। धड़ाका इतनी ज़ोर से हुआ कि कानों के पर्दे हिल गये और दिल की धड़कनें बढ़ने लगीं। लोग संभल भी न पाये थे, एक सपाटे के साथ भगतसिंह ने दूसरा बम फेंका। उसके धड़ाके ने लोगों के रहे-सहे होश भी गुम कर दिये। तभी उन्होंने छत की ओर हाथ उठाकर पिस्तौल से दो गोलियां छोड़ीं। साइमन साहब भी वायसराय की गैलरी में बैठे असेम्बली देख रहे थे। सबसे पहले वे भागे, सर जॉर्ज शुस्टर अपने डेस्क के नीचे छिप गये। कुछ सदस्य भाग कर बाहर आ गये, कुछ गैलरी में चले गये और कुछ बाथरूमों में जा छिपे। बमों के फटने से जो नीला धुआं पूरे हाउस में भर गया था, जब वह साफ हुआ तो हाउस खाली था। सदस्यों में पण्डित मोतीलाल नेहरू, श्री मुहम्मद अली जिन्ना, पण्डित मदन मोहन मालवीय अपनी जगह पर ज्यों-के-त्यों बैठे थे। दर्शक गैलरियां भी बिलकुल खाली थीं। उनमें अपनी जगह सन्नद्ध भाव से खड़े थे भगतसिंह और दत्त। उन्होंने पूरे ज़ोर से नारा लगाया–'इन्कलाब ज़िन्दाबाद', साथ ही दूसरा नारा गूंजा–'साम्राज्यवाद का नाश हो।' उसी समय बटुकेश्वरदत्त ने कुछ पर्चे हाउस में फेंके। उनमें अंगरेज़ी में लिखा था–

हिन्दुस्तान समाजवादी प्रजातन्त्र सेना

बहरों को सुनाने के लिए ऊंची आवाज़ की ज़रूरत होती है। फ्रांस के अराजकतावादी शहीद वेलां के ऐसे ही अवसर पर कहे गये इन अमर शब्दों से क्या हम अपने काम का औचित्य सिद्ध कर सकते हैं ?

शासन सुधारों के नाम पर ब्रिटिश हुकूमत द्वारा पिछले दस वर्षों में हमारे देश का जो अपमान किया गया है, उस निन्दनीय कहानी को हम दोहराना नहीं चाहते। हम भारतीय राष्ट्र के नेताओं के साथ किये गये अपमानों का भी उल्लेख नहीं करना चाहते, जो इस असेम्बली द्वारा किये गये हैं, जिसे भारत की पार्लियामेण्ट कहा जाता है।

हम यह स्पष्ट कर देना चाहते हैं कि कुछ लोग साइमन कमीशन के द्वारा सुधारों के नाम से जो जूठे टुकड़े मिलने की सम्भावना है, उसकी आशा लगाये हुए हैं और मिलने वाली ताज़ी हड्डियों के बंटवारे के लिए झगड़ा तक कर रहे हैं। इसी समय सरकार भी भारतीय जनता पर दमनकारी कानून लादती जा रही है, जैसे कि 'पब्लिक सेफ्टी बिल, ट्रेड डिस्प्यूट्स बिल' इन्हीं के साथ उसने 'प्रेस-डिसीशन' बिल को असेम्बली के अगले अधिवेशन के लिए सुरक्षित रख लिया है। मज़दूर नेता जो खुले रूप में अपना कार्य कर रहे थे, उनकी अन्धाधुन्ध गिरफ्तारियों से यह स्पष्ट हो जाता है कि सरकार का रुख क्या है ?

इन बेहद उत्तेजक परिस्थितियों में 'हिन्दुस्तान समाजवादी प्रजातन्त्र संघ' ने पूर्ण गम्भीरता के साथ अपना उत्तरदायित्व अनुभव करते हुए अपनी सेना को यह कार्य करने का आदेश दिया है, जिससे कानून का यह अपमानजनक मजाक बन्द हो। विदेशी सरकार की शोषक नौकरशाही चाहे जो करे, परन्तु उसका नग्न रूप तो जनता के सामने लाना बहुत आवश्यक है।

जनता के चुने हुए प्रतिनिधि अपने निर्वाचन क्षेत्रों में लौट जायें और जनता को आने वाली क्रान्ति के लिए तैयार करें। सरकार को यह जान लेना चाहिए कि सेफ्टी बिल और ट्रेड डिस्प्यूट्स बिल और लालाजी की नृशंस हत्या का असहाय भारतीय जनता की ओर से विरोध करते हुए हम इस पाठ पर ज़ोर देना चाहते हैं, जिसे कि बहुत बार इतिहास ने दोहराया है कि व्यक्तियों की हत्या कर डालना आसान है, लेकिन तुम विचारों की हत्या नहीं कर सकते। बड़े-बड़े साम्राज्य नष्ट हो गए, जबकि विचार जीवित रहे। (फ्रांस के) ब्रूवां और (रूस के) ज़ार समाप्त हो गए, जबकि क्रान्तिकारी विजय की सफलता के साथ आगे बढ़ गये।

हम मनुष्य के जीवन को पवित्र समझते हैं। हम ऐसे उज्ज्वल भविष्य में विश्वास रखते हैं जिसमें प्रत्येक व्यक्ति पूर्ण शान्ति और स्वतन्त्रता का उपभोग करेगा। हम मानव रक्त बहाने के लिए अपनी विवशता पर दुःखी हैं, परन्तु क्रान्ति द्वारा सबको समान स्वतन्त्रता देने और मनुष्य द्वारा मनुष्य के शोषण को समाप्त कर देने के लिए क्रान्ति में कुछ व्यक्तियों का बलिदान अनिवार्य है।

इन्कलाब ज़िन्दाबाद !

ह. बलराज

कमाण्डर-इन-चीफ

इस समय का एक और अत्यन्त मर्मस्पर्शी शब्द-चित्र भी श्री शिव वर्मा के शब्दों में–"असेम्बली बमकाण्ड के कुछ दिनों बाद मैं आज़ाद से झांसी में फिर मिला। उस

समय हमारे सामने दो योजनाएं थीं : पहली, जब देहरादून में वायसराय शिकार खेलने आये तो उस पर बम फेंकने की ; और दूसरी, दिल्ली से लाहौर ले जाते समय रास्ते में भगतसिंह और दत्त को छुड़ाने की। इन्हीं योजनाओं पर आज़ाद से बात करनी थी। इस समय हमारा केन्द्रीय हेडक्वार्टर सहारनपुर में था और वहां से इन दोनों योजनाओं का संचालन आसानी से किया जा सकता था।

झांसी केन्द्र पर उस दिन काफी भीड़ थी। सभी लोग दिल्ली के बारे में अधिक-से-अधिक जानने के लिए उत्सुक थे, खास कर दत्त और भगतसिंह के बारे में। भगतसिंह और दत्त के चित्र देखकर सभी साथियों की आंखों में आंसू आ गए, लेकिन आज़ाद अपने ऊपर काबू किये बैठे रहे। इसी बीच एक साथी किसी काम से उठकर कमरे के बाहर जाने लगा, तो उसका पैर सामने पड़े अखबार पर पड़ गया, जिसे मैं अपने साथ ले गया था। उसमें हमारे दोनों साथियों के चित्र छपे थे। हम लोग बात में काफी भूले हुए थे, पर आज़ाद ने चित्रों पर पैर पड़ते देख लिया। वे गरज उठे। शीघ्र ही अपने पर काबू पाकर उन्होंने उस साथी का हाथ पकड़कर अपने पास बिठा लिया। उनकी आंखों में आंसू छलछला आये थे। बोले–'ये लोग अब देश की सम्पत्ति हैं, शहीद हैं, देश इनको पूजेगा। अब इनका दर्ज़ा हम लोगों से बहुत ऊंचा है। इनके चित्रों पर पैर रखना देश की आत्मा को रौंदने के बराबर है।' कहते-कहते उनका गला भर आया।

स्वर्गीय बैरिस्टर और कांग्रेस नेता श्री आसफअली ने असेम्बली में बम फेंकने का आंखों देखा हाल इस प्रकार वर्णन किया है–"जब मैं असेम्बली भवन में पहुंचा, तो मुझे बैठने का स्थान न मिल सका। मैं आगे बढ़ता गया और दर्शकों की गैलरी में उस स्थान पर खड़ा हो गया, जहां मेरे ठीक सामने भगतसिंह बैठे थे। मैंने देखा कि श्री बृजलाल नेहरू भी वहीं खड़े हैं और हम दोनों खड़े-खड़े ही असेम्बली की कार्यवाही देखने लगे। ज्यों ही प्रेसीडेण्ट श्री वी.जे. पटेल, ट्रेड डिस्प्यूट्स बिल पर अपनी रूलिंग देने के लिए उठने वाले थे, त्यों ही पं. बृजलाल नेहरू ने मुझसे कहा कि अब श्री पटेल अपना बम फेंकने वाले हैं।

उनकी बात पूरी हुई ही थी कि मैंने पहली और दूसरी सरकारी बेंचों के बीच एक चमक देखी। क्षण-भर के लिए मैंने सोचा क्या हमारा ध्यान बंटाने के लिए सरकार ने आतिशबाज़ी शुरू की है। तभी दूसरा बम फेंका गया। वह बड़ी आवाज़ के साथ फटा और सारा भवन धुएं से भर गया। इसके बाद कुछ गोलियां छोड़ी गयीं। सदन में चीख-पुकार मच गयी और बाहर जाने लगे। प्रेसीडेण्ट पटेल ने दो बार 'ऑर्डर-ऑर्डर' कहकर सदन को शान्त करने की चेष्टा की और वे अपनी कुर्सी छोड़कर चले गये। दर्शक-गैलरी कुछ ही क्षणों में खाली हो गई और लोग दरवाज़ों के शीशे तोड़-तोड़कर भागे। मैं, बृजलाल नेहरू तथा एक और सज्जन वहां रह गए, क्योंकि हमारी पत्नियां महिला गैलरी में थीं और हम उन्हें साथ लेना चाहते थे।

अपनी पत्नी को खोज कर मैं फिर पुरुषों की गैलरी में आ गया। भगतसिंह के चेहरे पर गहरा तनाव था और वे इंस्पेक्टर मिस्टर जॉनसन से कह रहे थे–"चिन्ता मत करो, हम सारे संसार को बता देंगे कि यह हमने किया है।"

श्री आसफअली बटुकेश्वरदत्त के वकील थे। उन्होंने इस रहस्य पर से भी पर्दा उठा दिया है कि इन दोनों ने एक-एक बम फेंका या दोनों बम भगतसिंह ने ही फेंके। उन्हीं के शब्दों में–"बहुत कम लोग इस तथ्य से परिचित हैं कि बी.के. दत्त ने बम नहीं फेंका था। जब अदालत में वक्तव्य देने का समय आया, तो उन्होंने यह स्वीकार करने का आग्रह किया कि एक बम उन्होंने भी फेंका था।" जब मैंने इस झूठी स्वीकारोक्ति से रोकना चाहा, तो वे बहुत गम्भीर मुद्रा में मुझसे बोले–"मैं और भगतसिंह लम्बे समय के साथ रहे हैं। मुझे विश्वास है कि आपके द्वारा पैरवी किए जाने के बावजूद उन्हें लम्बी कैद की सज़ा दी जाएगी। मान लीजिए कि मुझे छोड़ दिया गया, तो मैं भगतसिंह के बिना क्या करूंगा, कैसे रहूंगा ? मुझे उनके साथ ही रहना चाहिए।" मैं उनके निश्चय में कोई हस्तक्षेप नहीं कर सकता था, उन्होंने मेरी एक नहीं सुनी। अपनी प्रथम भेंट में ही भगतसिंह ने मेरे सामने यह बात स्पष्ट कर दी थी कि वे अपने काम से इन्कार नहीं करेंगे और न अपने बचाव के लिए अपने को निरपराध सिद्ध करने का प्रयत्न करेंगे।

असेम्बली भवन में अपनी जगह काफी देर खड़े रहने बाद सार्जेण्ट टेरी उनके पास आये और बाद में इंस्पेक्टर मि. जॉनसन। दोनों घबराहट में थे, भगतसिंह ने पिस्तौल, जिसमें उस समय भी कई गोलियां थीं, सामने के डेस्क पर रख दिया। उनके इस व्यवहार से वे शान्त हुए। सार्जेण्ट टेरी के शब्दों में–"भगतसिंह बच्चों की तरह अपनी उंगलियों के सहारे पिस्तौल से खेल रहे थे।" जो पर्चे इन लोगों ने फेंके थे, वे उनके उद्देश्य को एक जोशीली घटना से हटाकर एक महान् राष्ट्रीय कार्यक्रम का रूप देते थे। इसलिए वे सब बटोर लिये गए और पूरा प्रयत्न हुआ कि उनकी गन्ध भी बाहर न जाये, पर दिल्ली के अंगरेज़ी दैनिक 'हिन्दुस्तान टाइम्स' के संवाददाता ने अपनी होशियारी और फुर्ती से एक पर्चा उड़ा लिया और वह शाम के संस्करण में छप भी गया।

सरकार ने तार-फोन द्वारा असेम्बली बम-काण्ड की खबर बाहर भेजने पर रोक लगा दी थी–सब साधन उसके लिए सुरक्षित ही थे, पर उस समय दिल्ली में 'स्टेट्समैन' के संवाददाता लाला दुर्गादास थे। उन्होंने उसी समय असेम्बली बम-काण्ड का समाचार फोन या तार द्वारा कलकत्ता भेजना चाहा, परन्तु समाचार भेजने के सभी साधन सरकारी काम के लिए रिज़र्व थे। लाला दुर्गादास ने इस समय पत्रकार की विशेष सूझ दिखाई। उन्होंने यह समाचार, 'स्टेट्समैन' के लन्दन दफ्तर को भेज दिया। लन्दन से यह समाचार वायरलैस द्वारा कलकत्ता को भेज दिया गया। जिस समय एसोशियेटेड प्रेस ऑफ इण्डिया द्वारा इस घटना का समाचार कलकत्ता के दूसरे पत्रों को मिला,'स्टेट्समैन' का विशेषांक भी बाज़ार में पहुंच चुका था।[1]

भगतसिंह और बटुकेश्वरदत्त को जब पुलिस कोतवाली ले चली तो उन्होंने फिर नारा लगाया : 'इन्कलाब ज़िन्दाबाद'। यह नारा सॉण्डर्स-वध के बाद लाहौर में जो पोस्टर दीवारों पर लगाया था, उसमें भी था, पर वास्तव में समूचे देश ने असेम्बली बम-काण्ड

1. 'सिंहावलोकन' भाग 1, पृष्ठ 188

के समय ही यह सुना। यह नारा सशस्त्र क्रान्ति के इतिहास को भगतसिंह का विशेष उपहार है। सुविज्ञ क्रांतिकारी श्री विजयकुमार सिनहा के शब्दों में–"भगतसिंह को एक महान् देशभक्त मात्र समझना भूल होगी, क्योंकि वे हमारे राष्ट्रीय संघर्ष में एक नवीन युग के (जिसने हमारे राजनीतिक आन्दोलन में नवीन आदर्शों तथा विचारों का समावेश किया) आदर्श प्रतिनिधि के रूप में महानतर थे। उनका शानदार क्रान्तिकारी जीवन, संघर्षरत भारतीय जनता की उद्दाम भावना का प्रतीक था। इसका सर्वश्रेष्ठ प्रमाण यह है कि सरदार भगतसिंह द्वारा राष्ट्र को दिया हुआ 'इन्कलाब ज़िंदाबाद' का नारा जनता ने आश्चर्यजनक तेज़ी से स्वीकार कर लिया। 1905 से असेम्बली बम-काण्ड तक 'वन्दे मातरम्' ही हमारा प्रिय राष्ट्रीय नारा था। भगतसिंह के इस नारे ने जनता का ध्यान आकृष्ट कर लिया, क्योंकि इसमें बिना समझौता किये लड़ते रहने के दृढ़ संकल्प तथा दरिद्रता एवं कष्ट को सदा के लिए दूर करने वाली एक नवीन सामाजिक व्यवस्था को स्थापित करने की आशा इसके द्वारा समुचित व्यक्त होती थी।"

कोतवाली में जब पुलिस ने उनसे अपना बयान देने को कहा तो उन्होंने जवाब दिया कि हमें पुलिस के सामने कोई बयान नहीं देना है। जो कुछ भी हमें कहना है हम अदालत के सामने ही कहेंगे। पुलिस ने उन्हें दिल्ली जेल भेज दिया। वहां से उन्होंने अपने पिता को यह पत्र लिखा–

पूज्य पिताजी महाराज, दिल्ली जेल

वन्दे मातरम् 26-4-29

अर्ज़ है कि हम लोग 22 अप्रैल को पुलिस की हवालात से दिल्ली जेल में मुन्तकिल (तबदील) कर दिये गये थे और इस वक्त दिल्ली जेल में ही हैं। मुकदमा 7 मई को जेल के अन्दर ही शुरू होगा। गालिबन (सम्भवतः) एक माह में सारा ड्रामा खत्म हो जायेगा । ज़्यादा फिक्र करने की ज़रूरत नहीं है। मुझे मालूम हुआ कि आप यहां तशरीफ लाये थे और किसी वकील वगैरह से बातचीत की थी और मुझसे मिलने की कोशिश भी की थी, मगर तब सब इन्तज़ाम न हो सका। कपड़े मुझे परसों मिले। मुलाकात आप जिस दिन तशरीफ लायें, हो सकेगी। वकील वगैरह की कोई खास ज़रूरत नहीं है। दो-एक आमूद पर थोड़ा-सा मशवरा लेना चाहता हूं मगर वह कोई खास अहमियत नहीं रखते । आप ख्वामखाह ज़्यादा तकलीफ न कीजिएगा। अगर आप मिलने के लिए आयें तो अकेले ही आइयेगा। वाल्दा साहिबा (माताजी) को साथ न लाइयेगा। ख्वामखाह वोह रो देंगी और मुझे भी कुछ तकलीफ ज़रूर होगी । घर के सब हालात आपसे मिलने पर ही मालूम हो सकेंगे।

हां, अगर हो सके तो गीता रहस्य, नैपोलियन की मोटी सुआने-उमरी (जीवन चरित्र) जं। आपको मेरी कुतुब में मिल जायेगी, अंगरेज़ी के कुछ आला नॉवेल लेते आइएगा। द्वारकादास लायब्रेरी वालों से शायद कुछ नॉवेल मिल सकें। खैर, देख लीजिएगा। वाल्दा साहिबा, मामो साहिबा, माताजी (दादीजी) और चाची साहिबा के चरणों में नमस्कार। रणवीरसिंह और कुलतारसिंह को नमस्ते। बापूजी (दादाजी) के चरणों में नमस्ते अर्ज़

कर दीजिएगा। इस वक्त पुलिस हवालात और जेल में हमारे साथ निहायत अच्छा सलूक हो रहा है। आप किसी किस्म की फिक्र न कीजिएगा। मुझे आपका एड्रेस मालूम नहीं है, इसलिए इस पते (कांग्रेस दफ्तर) पर लिख रहा हूं।

आपका ताबेदार
भगतसिंह

3 मई, 1929 को सरदार किशनसिंह दिल्ली जेल में भगतसिंह से मिले। बैरिस्टर आसफअली भी उनके साथ थे। बातचीत का जो विवरण हमारे परिवार में प्राप्त है, उसके अनुसार सरदार किशनसिंह पूरी ताकत और ढंग से मुकदमा लड़ने के पक्ष में थे पर भगतसिंह बचाव की दृष्टि से मुकदमा लड़ने के विरुद्ध थे। उनके लिए तो वह सिद्धान्तों के प्रचार का एक मोर्चा था। श्री आसफअली से उन्होंने कुछ कानूनी प्वाइण्ट पूछे और बातचीत समाप्त हो गई।

: 19 :

सेशन जज की अदालत में

7 मई, 1929 को एडीशनल मजिस्ट्रेट मिस्टर पूल की अदालत में जेल में ही सुनवाई आरम्भ हुई। चुने हुए पत्र-प्रतिनिधि और अभियुक्तों के निकट संबंधियों और वकीलों के अतिरिक्त और किसी को अदालत में आने नहीं दिया गया। सरकार ने अपना पक्ष प्रस्तुत किया, पर भगतसिंह ने कहा–"हम लोग अपना बयान सेशन जज की अदालत में ही देंगे।" इसलिए केस भारतीय दण्ड विधान की धारा 3 के अधीन सेशन जज मिस्टर मिडलटन की अदालत में भेज दिया गया। दिल्ली जेल में 4 जून, 1929 को मुकदमे की सुनवाई शुरू हुई। सरकारी गवाहों के बयान के बाद भगतसिंह ने अपने और बटुकेश्वरदत्त को 6 जून, 1929 को यह ऐतिहासिक बयान दिया :

बयान–

"हमारे विरुद्ध गम्भीर अपराधों के आरोप लगाये गए हैं, हम इस समय अपने आचरण का स्पष्टीकरण करना चाहते हैं।

इस सम्बन्ध में निम्न प्रश्न उठते हैं–

1. क्या सदन में बम फेंके गए थे ? यदि ऐसा हुआ तो इसका क्या कारण था ?
2. निम्न न्यायालय ने जिस प्रकार आरोप लगाया है, वह सही है अथवा नहीं ?

प्रथम प्रश्न के पूर्वार्द्ध के लिए हमारा उत्तर स्वीकारात्मक है, परन्तु कुछ साक्षियों ने घटना का असत्य विवरण प्रस्तुत किया है। हम बम फेंकने का दायित्व स्वीकार करते हैं अतः हम यह अपेक्षा करते हैं कि हमारे इस वक्तव्य का सही मूल्याँकन किया जा सकेगा। उदहरणार्थ हम इस बात की ओर संकेत करना चाहते हैं कि सार्जेंट टैरी का यह कथन कि उन्होंने हम में से एक के हाथ से पिस्तौल छीन ली, जान-बूझकर बोला गया असत्य है। वस्तुतः जिस समय हमने आत्म-समर्पण किया, उस समय हम दोनों में से किसी के पास पिस्तौल नहीं थी। जिन साक्षियों ने यह कहा कि उन्होंने हमें बम फेंकते हुए देखा, उन्हें भी बे-सिर-पैर का झूठ बोलने में कोई झिझक नहीं आई। हमें आशा है कि जिन लोगों का ध्येय न्यायिक शुद्धता तथा निष्पक्षता की रक्षा करना है वे इन तथ्यों से स्वयं निष्कर्ष निकालेंगे। साथ ही हम स्वीकार करते हैं कि अभी तक सरकारी पक्ष ने औचित्य की रक्षा की है तथा न्यायालय ने न्यायपूर्ण रवैया अपनाए रखा है।

प्रथम प्रश्न के उत्तरार्द्ध का उत्तर कुछ विस्तार से देना होगा, जिससे कि हम उन प्रयोजनों और परिस्थितियों को एक पूर्ण और खुले रूप में स्पष्ट कर सकें, जिनके परिणामस्वरूप वह घटना हुई है, जिसने अब ऐतिहासिक स्वरूप ले लिया है। जेल में हमारे साथ पुलिस-अधिकारियों ने भेंट की, उनमें से कुछ ने जब हमें यह बताया कि विचाराधीन घटना के पश्चात् दोनों सदनों के संयुक्त अधिवेशन को सम्बोधित करते

हुए लॉर्ड इरविन ने यह कहा कि हम लोगों ने बम फेंककर किसी व्यक्ति पर नहीं, वरन् स्वयं एक संविधान पर आक्रमण किया है, उस समय हमें तुरन्त यह आभास हुआ कि उस घटना के वास्तविक महत्त्व का सही मूल्यांकन नहीं किया गया है।

मानव-मात्र के प्रति हमारा प्रेम किसी से भी कम नहीं है अतः किसी व्यक्ति के प्रति विद्वेष रखने का प्रश्न ही नहीं उठता। इसके विपरीत हमारी दृष्टि में मानव-जीवन इतना अधिक पवित्र है कि उस पवित्रता का वर्णन शब्दों में नहीं किया जा सकता। छद्म समाजवादी दीवान चमनलाल ने हमें जघन्य आक्रमणकारी और देश के लिए अपमानकारक बताया है, साथ ही लाहौर के समाचार-पत्र 'ट्रिब्यून' ने तथा कुछ अन्य लोगों की यह धारणा भी असत्य है कि हम उन्मत्त हैं।

हम नम्रतापूर्वक यह दावा करते हैं कि हमने इतिहास, अपने देश की परिस्थिति तथा मानवीय आकांक्षाओं का गम्भीरतापूर्वक अध्ययन किया है एवं हम पाखण्ड से घृणा करते हैं।

हमारा ध्येय उस संस्था के विरुद्ध अपना व्यावहारिक प्रतिरोध प्रकट करना था, जिसने अपने आरम्भ से केवल अपनी निरुपयोगिता का ही नहीं, वरन् हानि पहुंचाने की दूरगामी शक्ति का भी नग्न प्रदर्शन किया है। हमने जितना अधिक चिन्तन किया है, हम उतने ही अधिक इस परिणाम पर पहुंचे हैं कि इस संस्था–(विधान मण्डल) के अस्तित्व का प्रयोजन संसार के समक्ष भारतीय दीनता और असहायता का प्रदर्शन करना है तथा यह एक अनुत्तरदायी एवं स्वेच्छाचारी शासन की दमनकारी सत्ता की प्रतीक बन गई है।

जनता के प्रतिनिधियों की राष्ट्रीय मांग को बार-बार रद्दी की टोकरी में फेंक दिया जा रहा है। सदन द्वारा पारित प्रस्तावों को तथाकथित भारतीय संसद के फर्श पर निरादरपूर्वक पांवों तले कुचला जाता रहा है। दमनकारी एवं स्वेच्छाचारी कानूनों के निवारण से सम्बन्धित प्रस्तावों की सबसे अधिक अपमानपूर्वक उपेक्षा की गई तथा निर्वाचित प्रतिनिधियों ने जिन सरकारी कानूनों और प्रस्तावों को अस्वीकार कर दिया, उनको भी सरकार द्वारा स्वेच्छाचारितापूर्वक स्वीकृति प्रदान की जा रही है।

संक्षेप में, ईमानदारी के साथ प्रयत्न करने पर भी हमारी समझ में यह नहीं आ रहा कि एक ऐसी संस्था का अस्तित्व किस प्रकार न्यायसंगत माना जा सकता है, जिसकी शान-शौकत बनाए रखने के लिए भारत के करोड़ों लोगों के गाढ़े पसीने की कमाई व्यय की जाती है तथापि जो सारहीन अभिनय और शैतानी से भरा षड्यन्त्र-मात्र बन कर रह गई है।

इसी प्रकार हम उन नेताओं की मनोवृत्ति के औचित्य को समझ नहीं पा रहे हैं जो भारत की इस असहाय-पराधीनता के पूर्व-नियोजित प्रदर्शन पर सार्वजनिक समय और धन नष्ट कर रहे हैं। हम इस विषय में तथा ट्रेड डिस्प्यूट विधेयक प्रस्तुत किए जाने के समय श्रमिक आन्दोलन के नेताओं की व्यापक गिरफ्तारियों पर गम्भीरता से चिन्तन करते रहे हैं और जब इस विषय पर होने वाले विवाद की आँखों देखी जानकारी प्राप्त करने के लिए हम असेम्बली में आए तो हमारी यह धारणा और भी पुष्ट हो गई

कि भारत के करोड़ों मेहनतकशों को एक ऐसी संस्था से कुछ भी प्राप्त नहीं हो सकता जो शोषकों की दम घोंटने वाली सत्ता और असहाय श्रमिकों की पराधीनता का एक खतरनाक स्मरण मात्र बनकर रह गई है।

अन्ततः समूचे देश के प्रतिनिधियों को इस प्रकार अपमानित किया गया है, जिसे हम अमानवीय और बर्बर कहते हैं। साथ ही देश के करोड़ों भूखे तथा दरिद्र लोगों को उनके मौलिक अधिकारों तथा आर्थिक हित के एकमात्र साधन से वंचित कर दिया है।

कोई भी ऐसा व्यक्ति जिसके हृदय में मूक और पराधीन श्रमिकों की दुर्दशा के प्रति हमारे-जैसी सहानुभूति है, इस दृश्य को शान्तिपूर्वक नहीं देख सकता तथा जिसके हृदय में उन श्रमिकों के लिए करुणा है, जिन्होंने उन शोषकों के आर्थिक ढांचे के निर्माण के लिए मौन रहकर अपना जीवन-रक्त गिराया है, जिनकी यह सरकार अधिक समर्थक है, निर्दय, निर्दलन के फलस्वरूप उठने वाले आत्मा के क्रन्दन को दबा नहीं सकता। परिणामतया हमने गवर्नर जनरल की कार्यकारी परिषद् के भूतपूर्व विधि सदस्य स्वर्गीय श्री सी. आर. दास के उन शब्दों से प्रेरणा ग्रहण की, जो उन्होंने अपने पुत्र के नाम एक पत्र में लिखे थे और जिनका तात्पर्य यह था कि इंग्लैंड को उनके दुःस्वप्न से जगाने के लिए बम आवश्यक है और हमने उन लोगों की ओर से प्रतिरोध प्रकट करने के लिए असेम्बली के फर्श पर बम फेंका, जिनके पास अपनी हृदय-विदारक व्यथा की अभिव्यक्ति का कोई दूसरा मार्ग नहीं रह गया है। हमारा एकमात्र उद्देश्य यह था कि हम बहरों को अपनी आवाज़ सुनाएं और समय की चेतावनी उन लोगों तक पहुंचाएं जो उसकी उपेक्षा कर रहे हैं। दूसरे लोग भी हमारी ही तरह सोच रहे हैं और यद्यपि भारतीय जाति ऊपर से एक शान्त समुद्र की भांति दिखाई दे रही है तथापि भीतर-ही-भीतर एक भयंकर तूफान उफन रहा है। हमने उन लोगों को खतरे की चेतावनी दी है जो सामने आने वाली गम्भीर परिस्थितियों की चिन्ता किए बिना सरपट दौड़े जा रहे हैं। हमने उस काल्पनिक अहिंसा की समाप्ति की घोषणा की है जिसकी निरुपयोगिता के बारे में नई पीढ़ी के मन में किसी प्रकार का सन्देह नहीं बचा है। हमने ईमानदारीपूर्ण, सद्भावना तथा मानव-जाति के प्रति अपने प्रेम के कारण उन भयंकर खतरों के विरुद्ध चेतावनी देने के लिए यह मार्ग चुना है जिनका पूर्वाभास हमें भी देश के करोड़ों लोगों की भांति स्पष्ट रूप से हुआ है।

हमने पिछले पैरों में काल्पनिक अहिंसा शब्द का प्रयोग किया है, हम उसकी व्याख्या करना चाहते हैं। हमारी दृष्टि से बलप्रयोग उस समय अन्यायपूर्ण होता है, जब वह आक्रामक रीति से किया जाए और यह हमारी दृष्टि में हिंसा है, परन्तु जब शक्ति का उपयोग किसी विशिष्ट उद्देश्य की पूति के लिए किया जाए तो वह नैतिक दृष्टि से न्यायसंगत हो जाता है। बलप्रयोग का पूर्ण बहिष्कार कोरी काल्पनिक भ्रान्ति है। इस देश में एक नया आन्दोलन उठ खड़ा हुआ है, जिसकी पूर्व सूचना हम दे चुके हैं। यह आन्दोलन गुरु गोविन्द सिंह और शिवाजी, कमालपाशा और रिजाखां, वाशिंगटन और गैरी बाल्डी तथा लाफायेते और लेनिन के कार्यों से प्रेरणा ग्रहण करता है।

हमें ऐसा लगा कि विदेशी सरकार और भारत के सार्वजनिक नेताओं ने इस

आन्दोलन की ओर से आंखें मूंद ली हैं तथा उनके कानों में इसकी आवाज़ नहीं पड़ी है। अतः हमें यह कर्त्तव्य प्रतीत हुआ है कि हम ऐसे स्थानों पर चेतावनी दें जहां हमारी आवाज़ अनसुनी न रह सके।

हमने अभी तक विचाराधीन घटना के पीछे निहित प्रयोजनों की चर्चा की है, अब हम अपने प्रयोजनों की मर्यादा के बारे में भी कुछ कहना चाहते हैं।

हमारे मन में उन लोगों के प्रति कोई व्यक्तिगत द्वेष अथवा बैर नहीं था, जिनको इस घटना के दौरान मामूली चोटें आई हैं। इतना ही नहीं, असेम्बली में उपस्थित किसी भी व्यक्ति के विरुद्ध हमें कोई व्यक्तिगत द्वेष नहीं था। हम तो यहां तक कह सकते हैं कि हम मानवीय जीवन को शब्दातीत रूप में पवित्र मानते हैं तथा किसी को चोट पहुंचाने के बजाय मानव-जाति की सेवा के लिए हम अपने प्राण देने को तत्पर हैं। हम साम्राज्यवादी सेनाओं के उन भड़ैत सैनिकों की भांति नहीं हैं जो हत्या करने में रस लेते हैं। इनके विपरीत हम मानव-जीवन की रक्षा का प्रयत्न करेंगे। इसके बावजूद हम यह स्वीकार करते हैं कि हमने जान-बूझकर असेम्बली भवन में बम फेंके। तथ्य स्वयं मुखर हैं तथा हमारा अनुरोध है कि हमारे प्रयोजनों को हमारे कार्य के परिणाम से आंका जाना चाहिए, न कि काल्पनिक परिस्थितियों तथा पूर्व मान्यताओं के आधार पर। सरकारी विशेषज्ञ द्वारा किए गए प्रमाणों के बावजूद सत्य यह है कि हमने असेम्बली भवन में जो बम फेंके, उनसे एक खाली बेंच को मामूली क्षति पहुंची और आधा दर्जन से भी कम लोगों को मामूली खरोंचें आईं। सरकार के वैज्ञानिकों ने इसे एक चमत्कार कहा है परन्तु हमारी दृष्टि में यह पूर्णतया एक वैज्ञानिक प्रक्रिया है। पहली बात तो यह कि दो बम डेस्कों और बेंचों के बीच खाली जगह में फटे, दूसरी यह कि जो लोग विस्फोट से केवल दो फुट दूर पर थे–जैसे श्री राऊ, श्री शंकर राव तथा श्री जार्ज शुस्टर, उन लोगों को या तो बिलकुल चोट नहीं आई या केवल कुछ खरोंचें आईं। यदि बमों के भीतर पोटैशियम क्लोरेट और पिकरेट के प्रभावशाली तत्व भरे होते तो उन्होंने अवरोधों को खण्डित कर दिया होता तथा विस्फोट स्थल से कई गज़ की दूरी पर बैठे बहुत-से लोग आहत हो गए होते, एवं यदि उनके भीतर उससे भी अधिक प्रभावशाली विस्फोटक तथा विनाशकारी तत्त्व भरे होते तो वे विधान सभा के अधिकांश सदस्यों की जीवन-लीला को समाप्त कर सकते थे। हम यह भी कर सकते थे कि हम उन्हें सरकारी बॉक्स में फेंकते, जहां महत्वपूर्ण लोग बैठे थे और आखिरकार हम यह कर सकते थे कि उस समय अध्यक्ष-दीर्घा में बैठे हुए सर जॉन साइमन पर चोट करते, जिसके दुर्भाग्यपूर्ण कमीशन को देश के सभी विवेकवान् लोग घृणा करते हैं, परन्तु हमारा प्रयोजन यह सब नहीं था और बमों का जिस प्रयोजन के लिए निर्माण किया गया था, उन्होंने उससे अधिक काम नहीं किया। इसमें कोई चमत्कार नहीं था, हमने जान-बूझकर यह ध्येय निश्चित किया था कि सभी लोगों का जीवन सुरक्षित रहे।

इसके पश्चात् हमने अपने कार्य के परिणामस्वरूप दण्ड प्राप्त करने के लिए स्वेच्छा से अपने-आपको प्रस्तुत कर दिया और साम्राज्यवादी शोषकों को यह बता दिया

कि वे व्यक्तियों को कुचल सकते हैं, विचारों की हत्या नहीं कर सकते। दो महत्त्वहीन इकाइयों को कुचल देने से राष्ट्र नहीं कुचला जा सकता । हम इस ऐतिहासिक निष्कर्ष पर बल देना चाहते हैं कि फ्रांस में लैटर्स डे कैटचैट तथा बैस्टाइल्स की घटनाओं से क्रान्तिकारी आन्दोलन को कुचला नहीं जा सका। फांसी की रस्सी और साइबेरिया में बिछायी गयी माइन् रूसी क्रान्ति की ज्वाला को नहीं बुझा सकी। इसी प्रकार यह भी असम्भव है कि अध्यादेश और सुरक्षा विधेयक भारतीय स्वाधीनता की लपटों को बुझा सकें। षड्यन्त्रों का भेद खोजने, उनकी ज़ोरदार शब्दों में निन्दा करने तथा महत्तर आदर्शों का स्वप्न देखने वाले सभी नौजवानों को फांसी के तख्ते पर चढ़ा देने से क्रान्ति की गति अवरुद्ध नहीं की जा सकती। यदि हमारी इस चेतावनी की उपेक्षा नहीं की गयी तो यह जीवन की हानि और व्यापक उत्पीड़न को रोकने में सहायक सिद्ध हो सकती है। यह चेतावनी देने का भार हमने स्वयं अपने कन्धों पर लिया और कर्त्तव्य का पालन किया।"

निम्न न्यायालयों में भगतसिंह से पूछा गया था कि क्रान्ति से वे क्या समझते हैं? प्रश्न के उत्तर में उन्होंने कहा था कि–"क्रान्ति में घातक संघर्षों का अनिवार्य स्थान नहीं है, न उसमें व्यक्तिगत रूप से प्रतिशोध लेने की ही गुंजाइश है। क्रान्ति बम और पिस्तौल की संस्कृति नहीं है। क्रान्ति से हमारा प्रयोजन यह है कि अन्याय पर आधारित वर्तमान व्यवस्था में परिवर्तन होना चाहिए। उत्पादक अथवा श्रमिक समाज के अत्यन्त आवश्यक तत्त्व हैं तथापि शोषक लोग उन्हें श्रम के फलों और मौलिक अधिकारों से वंचित कर देते हैं। एक ओर सबके लिए अन्न उगाने वाले कृषक सपरिवार भूखों मर रहे हैं, सारी दुनिया के बाज़ारों में कपड़े की पूर्ति करने वाले बुनकर अपने और अपने बच्चों के शरीर को ढांपने के लिए पूरे वस्त्र प्राप्त नहीं कर पाते, भवन-निर्माण, लोहारी और बढ़ईगिरी के कामों में लगे लोग शानदार महलों का निर्माण करके भी गन्दी बस्तियों में रहते और मर जाते हैं, दूसरी ओर पूंजीपति, शोषक और समाज पर घुन की तरह जीने वाले लोग अपनी सनक पूरी करने के लिए करोड़ों रुपया पानी की तरह बहा रहे हैं। यह भयंकर विषमताएं और विकास के अवसरों की कृत्रिम समानताएं समाज को अराजकता की ओर ले जा रही हैं। यह परिस्थिति सदा तक नहीं रह सकती तथा यह स्पष्ट है कि वर्तमान समाज-व्यवस्था एक ज्वालामुखी के मुख पर बैठी हुई आनन्द मना रही है और शोषकों के अबोध बच्चों की भांति हम एक खतरनाक दरार के कगार पर खड़े हैं। यदि सभ्यता के ढांचे को समय रहते नहीं बचाया गया तो वह नष्ट-भ्रष्ट हो जायेगा, अतः क्रान्तिकारी परिवर्तन की आवश्यकता है और जो लोग इस आवश्यकता को अनुभव करते हैं, उनका यह कर्त्तव्य है कि वे समाज को समाजवादी आधारों पर पुनर्गठित करें। जब तक यह नहीं होगा और एक मनुष्य के द्वारा दूसरे मनुष्य का तथा एक राष्ट्र के द्वारा दूसरे राष्ट्र का शोषण होता रहेगा, जिसे साम्राज्यवादी कहा जा सकता है तब तक उससे उत्पन्न होने वाली पीड़ाओं और अपमानों से मानव-जाति को नहीं बचाया जा सकता एवं युद्ध मिटाने तथा सार्वभौमिक शान्ति के युग का सूत्रपात करने के बारे में की जाने वाली समस्त चर्चाएं कोरा पाखण्ड

हैं। क्रान्ति से हमारा प्रयोजन अन्ततः एक ऐसी सामाजिक व्यवस्था की स्थापना करना है जिसको इस प्रकार के घातक खतरे का सामना न करना पड़े और जिसमें सर्वहारा वर्ग की प्रभुता को मान्यता दी जाये। इसका परिणाम यह होगा कि विश्वसंघ मानव-जाति को पूंजीवाद के बन्धन तथा युद्ध से उत्पन्न होने वाली बरबादी और मुसीबतों से बचा सकेगा।

हमारा आदर्श यह है और इस आदर्श से प्रेरणा ग्रहण करके हमने एक समुचित और काफी ज़ोरदार चेतावनी दी है। यदि इसकी भी उपेक्षा कर दी जाती है तथा वर्तमान शासन-व्यवस्था नवोदित प्राकृतिक शक्तियों के मार्ग को अवरुद्ध करने का क्रम जारी रखती है तो एक भीषण संघर्ष उत्पन्न होना निश्चित है जिसके परिणामस्वरूप समस्त बाधक तत्त्वों को उठा कर फेंक दिया जायेगा तथा सर्वहारा वर्ग का आधिपत्य होगा, जिससे क्रान्ति के लक्ष्य की उपलब्धि की जा सके। क्रान्ति मानव-जाति का जन्मजात अधिकार है। स्वतन्त्रता सभी मनुष्यों का एक ऐसा जन्म-सिद्ध अधिकार है जिसे किसी भी स्थिति में छीना नहीं जा सकता। श्रमिक वर्ग समाज का वास्तविक आधार है। लोकप्रभुता की स्थापना श्रमिकों का अन्तिम ध्येय है। इन आदर्शों तथा इस आस्था के लिए हम उन सब कष्टों का स्वागत करेंगे जो हमें न्यायालय द्वारा दिये जायेंगे। क्रान्ति की इस वेदी पर हम अपना यौवन धूपबत्ती की भांति जलाने के लिए सन्नद्ध हुए हैं। इतने महान् ध्येय के लिए कोई भी बलिदान बड़ा नहीं माना जा सकता । हम क्रान्ति के उत्कर्ष की सन्तोषपूर्वक प्रतीक्षा करेंगे। इन्कलाब जिन्दाबाद !''

इस वक्तव्य का ऐतिहासिक महत्त्व है। इस महत्त्व को समझने के लिए विस्तृत विवेचन की आवश्यकता है। उसके लिए यहां अवसर नहीं है, इसलिए कुछ संकेत ही प्रस्तुत कर रही हूं। इस शताब्दी के आरम्भ में स्वामी विवेकानन्द ने भारत की गुलामी और पीड़ित मानव-आकांक्षा को अमेरिका के साथ जोड़ा था। अमेरिका उस समय संसार में प्रगति का सर्वोत्तम प्रतीक था और भारत के जीवन में अगति का अंधेरा भरा हुआ था। स्वामी विवेकानन्द भारत के लिए ऐतिहासिक उपहार हैं कि इस स्थिति में भी उन्होंने भारत को एक दीन भिखारी के रूप में परिचित नहीं कराया। बराबरी के स्तर पर ही रखा। उन्होंने कहा–अमेरिका वैभव और विज्ञान में भारत को बहुत-कुछ दे सकता है, पर भारत भी अपने अध्यात्म और दर्शन के रूप में अमेरिका को बहुत-कुछ देने की स्थिति में है। इस प्रकार भारत की आकांक्षा का दृष्टि-बिन्दु अमेरिकी समाज बना।

इसके बाद आयरलैण्ड स्वतन्त्रता का आन्दोलन उसके लिए प्रेरक हुआ, पर 1917 की रूसी क्रान्ति का सारे संसार के साथ भारत पर भी प्रभाव पड़ा। उस क्रान्ति को भारत ने पूरी तरह तुरन्त ही नहीं समझ लिया, पर यह सूत्र हमारे जागरण का मूलसूत्र ज़रूर बन गया कि रूस में शहनशाहियत खत्म कर दी गयी है और उस शहनशाहियत को अपने कन्धों पर ढोने वाले ज़मींदार जैसे वर्ग भी समाप्त कर दिये गये हैं। अमेरिका की प्रेरणा प्रजातन्त्र की थी, रूस की प्रेरणा समानता की थी, नये जीवन की ओर बढ़ते भारत ने इन दोनों को ही ग्रहण किया।

सशस्त्र क्रान्तिकारी आन्दोलन के इतिहास में इस प्रभाव का पहल स्पर्श हमें श्री शचीन्द्रनाथ सान्याल के विचारों में मिलता है। उन्होंने उत्तर भारत के अपने क्रान्तिकारी दल का नाम असहयोग आन्दोलन की असफलता के बाद ही बदला 'द हिन्दुस्तान रिपब्लिकन एसोशियेशन' और उसके उद्देश्य में कहा-"सार्वजनिक मताधिकार की नींव पर इस प्रजातन्त्र का संगठन होगा और इसमें उन सब व्यवस्थाओं का अन्त कर दिया जायेगा, जिनसे एक मनुष्य द्वारा दूसरे के शोषण का अवसर मिल सकता है।" यह सब सामग्री जनता तो दूर दल के सदस्यों तक भी नहीं पहुंच सकी और पुलिस के हाथ पड़ गयी।

सरदार सन्तोखसिंह और सरदार गुरुमुखसिंह ने जो संगठन बनाया, उसका आधार शुद्ध रूप से कम्युनिज़्म था, पर यह संगठन शुद्ध सिख संगठन था। इस प्रकार अमेरिका और रूस की प्रगति की किरणें इस देश में आयीं, पर वह किरणें धूप-छांही थीं। भगतसिंह के इस वक्तव्य ने प्रगति की इन किरणों को साफ-साफ एक नयी समाज-व्यवस्था के संकल्प के रूप में देश के सामने रखा और इसी कारण वे इस देश में समाजवाद के उद्घोषक माने गये। यह वक्तत्व जब पत्रों में छपा और यह छपना खुद अपने में भगतसिंह और उनके साथियों के प्रचार कौशल का एक बड़ा प्रमाण था, तो देश के विचारों में एक नयी चमक पैदा हुई और विचारकों को लगा कि उन्हें आज एक नया मानसिक भोजन मिला है।

इस घटना के ढाई साल बाद कराची कांग्रेस ने मानव-अधिकारों का प्रस्ताव पास किया और कांग्रेस में समाजवाद ग्रुप की स्थापना तो 1935 के बाद ही हुई।

इस वक्तव्य के बाद देशवासियों का ध्यान और भी गहरे रूप में भगतसिंह पर केन्द्रित हो गया । उनकी ओजस्वी भाषा और नवीन विचारपद्धति ने सबका ध्यान आकृष्ट किया। एक और भी बात थी जिस पर सबका ध्यान गया । वह थी भगतसिंह की मस्ती और बचाव के प्रति निर्लिप्तता । 10 जून, 1929 को केस की सुनवाई समाप्त हो गयी और 12 जून को अपने 41 पृष्ठ के फैसले में सेशन जज ने दोनों अभियुक्तों को आजन्म कारावास का दण्ड सुना दिया। इसके तुरन्त बाद भगतसिंह को मियांवाली जेल में और बटुकेश्वरदत्त को लाहौर सेण्ट्रल जेल में भेज दिया गया।

: 20 :

हाईकोर्ट के कटघरे में

असेम्बली बम-काण्ड में बचाव का प्रयत्न बिलकुल नहीं किया गया था, फिर भी हाईकोर्ट में सेशन जज के फैसले की अपील कर दी गयी। यह सब-कुछ योजनापूर्वक हो रहा था। उस योजना का सार था—गुप्त सशस्त्र प्रयत्नों को सार्वजनिक क्रान्ति आन्दोलन का रूप देना और इस प्रकार उसे जनता के मानस से जोड़ना।

जस्टिस फोर्ड और जस्टिस एडीसन के सामने हाईकोर्ट (लाहौर) में अपील पेश हुई। भगतसिंह ने दिल्ली की अदालत में बयान देने में जिस तेजस्विता का परिचय दिया था यहां उसमें चार-चांद लग गए। बहस, प्रश्न-उत्तर और व्यवहार सब में उद्भुत सजीवता थी। नीचे की अदालत में उन्होंने अपने उद्देश्य को कार्य की अपेक्षा अधिक महत्व दिया था, पर सेशन जज ने उद्देश्य को महत्त्व न देकर कार्य को ही महत्त्व दिया था। इसका स्पष्टीकरण करते हुए जिस तेजस्विता के साथ भगतसिंह ने अपना दूसरा बयान दिया उस पर कोई भी कानून-विशारद गर्व कर सकता है। वह बयान इस प्रकार है—

"माई लॉर्ड,

हम न वकील हैं न अंगरेज़ी के विशेषज्ञ और न हमारे पास डिग्रियां ही हैं, इसलिए हमसे शानदार भाषणों की आशा न की जाये। हमारी प्रार्थना है कि हमारे बयान को भाषा-सम्बन्धी त्रुटियों पर ध्यान न देते हुए उसके वास्तविक अर्थ को समझने का प्रयत्न किया जाये! दूसरे तमाम मुद्दों (प्वाइण्ट्स) को अपने वकीलों पर छोड़ते हुए मैं स्वयं एक मुद्दे पर अपने विचार प्रकट करूंगा। यह मुद्दा इस मुकदमे में बहुत महत्त्वपूर्ण है। मुद्दा यह है कि हमारी नीयत क्या थी और हम किस हद तक अपराधी हैं।

यह बड़ा पेचीदा मामला है, इसलिए कोई व्यक्ति भी आपकी सेवा में विचारों के विकास की वह ऊंचाई प्रस्तुत नहीं कर सकता, जिसके प्रभाव में हम एक खास ढंग से सोचने और व्यवहार करने लगे थे। हम चाहते हैं कि इसे दृष्टि में रखते हुए ही हमारी नीयत और अपराध का अनुमान लगाया जाये। प्रसिद्ध कानून-विशारद सालोमन के अनुसार किसी भी व्यक्ति को, उसके अपराधी उद्देश्यों को जाने बिना उस समय सज़ा नहीं मिलनी चाहिए, जब तक वे कानून-विरोधी आचरण सिद्ध न हों।

सेशन जज की अदालत में हमने जो लिखित बयान दिया था, वह हमारे उद्देश्य की व्याख्या करता था और इस रूप में हमारी नीयत की व्याख्या करता था, लेकिन सेशन जज महोदय ने कलम की एक ही नोंक से यह कहकर कि 'आम तौर पर अपराध को व्यवहार में लाने वाली बात कानून के कार्य को प्रभावित नहीं करती और इस देश में कानूनी व्याख्याओं में कभी-कभार उद्देश्य और नीयत की चर्चा होती है'—हमारी सब कोशिशें बेकार कर दीं।

माई लॉर्ड, इन परिस्थितियों में सुयोग्य सेशन जज के लिए उचित था कि या तो अपराध का अनुमान परिणाम से लगाते या हमारे बयान की मदद से मनोवैज्ञानिक पहलू का फैसला करते, पर उन्होंने इन दोनों में से एक भी काम न किया।

पहली बात यह है कि असेम्बली में हमने जो दो बम फेंके, उनसे किसी भी व्यक्ति की शारीरिक या आर्थिक हानि नहीं हुई। इस दृष्टिकोण से जो हमें सज़ा दी गयी है, वह कठोरतम ही नहीं है, बदला लेने की भावना वाली भी है। यदि दूसरे दृष्टिकोण से देखा जाये तो जब तक अभियुक्त की मनोभावना का पता न लगाया जाये, उसके असली उद्देश्य का पता ही नहीं चल सकता। यदि उद्देश्य को पूरी तरह भुला दिया जाए, तो किसी भी व्यक्ति के साथ न्याय नहीं हो सकता, क्योंकि उद्देश्य को नज़रों में न रखने पर संसार के बड़े-बड़े सेनापति साधारण हत्यारे नज़र आयेंगे, सरकारी कर वसूल करने वाले अधिकारी चोर-जालसाज़ दिखाई देंगे और न्यायाधीशों पर भी कत्ल करने का अभियोग लगेगा। इस तरह तो समाज-व्यवस्था और सभ्यता, खून-खराबा, चोरी और जालसाज़ी बनकर रह जायेगी। यदि उद्देश्य की उपेक्षा की जाए, तो किसी हुकूमत को क्या अधिकार है कि समाज के व्यक्तियों से न्याय करने को कहे ? उद्देश्य की उपेक्षा की जाए, तो हर धर्म-प्रचारक झूठ का प्रचारक दिखाई देगा और हरेक पैगम्बर पर अभियोग लगेगा कि उसने करोड़ों भोले और अनजान लोगों को गुमराह किया । यदि उद्देश्य को भुला दिया जाए तो हज़रत ईसामसीह गड़बड़ कराने वाले, शान्ति भंग कराने वाले और विद्रोह का प्रचार करने वाले दिखाई देंगे और कानून के शब्दों में : 'खतरनाक व्यक्तित्व' माने जायेंगे।

लेकिन हम उनकी पूजा करते हैं, उनका हमारे दिलों में बेहद आदर है, उनकी मूर्ति हमारे दिलों में अध्यात्मिकता का स्पन्दन करती है। यह क्यों ? यह इसलिए कि उनके प्रयत्नों को प्रेरक एक ऊंचे दर्जे को उद्देश्य था। उस युग के शासकों ने उनके उद्देश्य को नहीं पहचाना, उन्होंने उनके बाहरी व्यवहार को ही देखा, लेकिन उस समय से लेकर इस समय तक उन्नीस शताब्दियां बीत चुकी हैं। क्या हमने तब से लेकर अब तक कोई तरक्की नहीं की ? क्या हम ऐसी गलतियां दोहरायेंगे ? अगर ऐसा हो, तो इन्सानियत की कुर्बानियां, महान् शहीदों के प्रयत्न बेकार रहे और आज भी हम उसी स्थान पर हैं, जहां आज से बीस शताब्दियां पहले थे।

कानूनी दृष्टि से उद्देश्य का प्रश्न खास महत्त्व रखता है। जनरल डायर का उदाहरण लीजिए, उन्होंने गोली चलायी और सैकड़ों निरपराध और शस्त्रहीन व्यक्तियों को मार डाला, लेकिन फौजी अदालत ने उन्हें गोली का निशाना बनाने के हुक्म की जगह लाखों रुपये इनाम दिये। एक और उदाहरण पर ध्यान दीजिए—श्री खड्गबहादुर सिंह ने जो एक नौजवान गोरखा हैं, कलकत्ता में एक अमीर मारवाड़ी को छुरे से मार डाला। यदि उद्देश्य को एक तरफ रख दिया जाए, तो खड्गसिंह को मौत की सज़ा मिलनी चाहिए थी, लेकिन उन्हें कुछ वर्षों की सज़ा दी गयी और अवधि से बहुत पहले ही मुक्त कर दिया गया। क्या कानून में कोई दरार रखनी थी, जो उसे मौत की सज़ा न दी गयी ? या उसके विरुद्ध हत्या का अभियोग सिद्ध न हुआ ? उसने हमारी ही तरह अपना

अपराध स्वीकार किया था, लेकिन उसका जीवन बच गया और वह स्वतन्त्र है। मैं पूछता हूं उसे फांसी की सज़ा क्यों न दी गयी ? उसका कार्य नपा-तुला था। उसने पेचीदा ढंग की तैयारी की थी। उद्देश्य की दृष्टि से उसका कार्य (ऐक्शन) हमारे कार्य की अपेक्षा ज़्यादा घातक और संगीन था। उसे इसलिए बहुत ही नर्म सज़ा मिली क्योंकि उसका मकसद नेक था। उसने समाज को एक ऐसी जोंक से छुटकारा दिलाया, जिसने कई एक सुन्दर लड़कियों का खून चूस लिया था। श्री खड्गसिंह को महज कानून की प्रतिष्ठा बचाये रखने के लिए कुछ वर्षों की सज़ा दी गयी। यह सिद्धान्तों का विरोध है, जो कि यह है–'कानून आदमियों के लिए है, आदमी कानून के लिए नहीं है।' इन दशाओं में क्या कारण है कि हमें भी वे रियायतें न दी जायें जो श्री खड्गबहादुर को मिली थीं, क्योंकि उसे नर्म सज़ा देते समय उसका उद्देश्य दृष्टि में रखा गया था, अन्यथा कोई भी व्यक्ति जो किसी दूसरे को कत्ल करता है, फांसी की सज़ा से नहीं बच सकता। क्या इसलिए हमें आम कानूनी अधिकार नहीं मिल रहा कि हमारा कार्य हुकूमत के विरुद्ध था या इसलिए कि इस कार्य का राजनीतिक महत्त्व है।

माई लॉर्ड, इन दशाओं में मुझे यह कहने की आज्ञा दी जाये कि जो हुकूमत इन कमीनी हरकतों में आश्रय खोजती है, जो हुकूमत व्यक्ति के कुदरती अधिकार छीनता है, तो उसे जीवित रहने का कोई अधिकार प्राप्त नहीं। अगर यह कायम है तो आरज़ी तौर पर और हज़ारों बेगुनाहों का खून इसकी गर्दन पर है। यदि कानून उद्देश्य नहीं देखता, तो न्याय नहीं हो सकता और न ही स्थायी शान्ति स्थापित हो सकती है।

आटे में संखिया (ज़हर) मिलाना जुर्म नहीं, बशर्ते कि इसका उद्देश्य चूहों को मारना हो, लेकिन यदि इससे किसी आदमी को मार दिया जाये, तो यह कत्ल का अपराध बन जाता है। लिहाज़ा ऐसे कानूनों पर जो युक्ति (दलील) पर आधारित नहीं और न्याय के सिद्धान्त के विरुद्ध हैं उन्हें समाप्त कर देना चाहिए। ऐसे ही न्याय-विरोधी कानूनों के बड़े-बड़े श्रेष्ठ बौद्धिक लोगों ने बगावत के कार्य किये हैं।

हमारे मुकदमे के तथ्य बिलकुल सादा हैं। 8 अप्रैल, 1929 को हमने सेण्ट्रल असेम्बली में दो बम फेंके। उनके धमाके से चन्द लोगों को खरोंचें आयीं। चैम्बर में हंगामा हुआ, सैकड़ों दर्शक और सदस्य बाहर निकल गये। कुछ देर बाद खामोशी छा गयी। मैं और साथी बी. के. दत्त खामोशी के साथ दर्शक-गैलरी में बैठे रहे और हमने स्वयं अपने को प्रस्तुत किया कि हमें गिरफ्तार कर लिया जाये। हमें गिरफ्तार कर लिया गया। अभियोग लगाए और हत्या करने के अपराध में सज़ा दी गयी, लेकिन बमों से चार-पांच आदमियों को मामूली-सा नुकसान पहुंचा और जिन्होंने यह अपराध किया, उन्होंने बिना किसी किस्म के हस्तक्षेप के अपने-आपको गिरफ्तारी के लिए पेश कर दिया। सेशन जज ने स्वीकार किया कि यदि हम भागना चाहते तो हम भागने में सफल हो सकते थे। हमने अपना अपराध स्वीकार किया और अपनी स्थिति स्पष्ट करने के लिए बयान दिया। हमें सज़ा का भय नहीं है, लेकिन हम यह नहीं चाहते कि हमें गलत तौर पर समझा जाए। हमारे बयान से कुछ पैराग्राफ काट दिए गए हैं। यह वास्तविक स्थिति की दृष्टि से हानिकारक है।

समग्र रूप से हमारे वक्तव्य के अध्ययन से साफ प्रकट होता है कि हमारे दृष्टिकोण से हमारा देश एक नाज़ुक दौर से गुज़र रहा है। इस दशा में काफी ऊंची आवाज़ में चेतावनी देने की ज़रूरत थी और हमने अपने विचार के अनुसार चेतावनी दी है। सम्भव है कि हम गलती पर हों, हमारा सोचने का ढंग जज महोदय के सोचने के ढंग से भिन्न हो, लेकिन इसका अर्थ यह नहीं कि हमें अपने विचार प्रकट करने की स्वीकृति न दी जाए और गलत बातें हमारे साथ जोड़ी जायें।

'इन्कलाब जिन्दाबाद' और साम्राज्यवाद मुर्दाबाद' के सम्बन्ध में हमने जो व्याख्या अपने बयान में दी है, उसे उड़ा दिया गया है, हालांकि यह हमारे उद्देश्य का खास भाग है। 'इन्कलाब ज़िन्दाबाद' से हमारा वह उद्देश्य नहीं था जो आम तौर पर गलत अर्थ में समझा जाता है। पिस्तौल और बम इन्कलाब नहीं लाते, बल्कि इन्कलाब की तलवार विचारों की सान पर तेज़ होती है; और यही चीज़ थी जिसे हम प्रकट करना चाहते थे। हमारे इन्कलाब का अर्थ पूंजीवाद और पूंजीवादी युद्धों की मुसीबतों का अन्त करना है। मुख्य उद्देश्य और उसे प्राप्त करने की प्रक्रिया को समझे बिना किसी के सम्बन्ध में निर्णय देना उचित नहीं है। गलत बातें हमारे साथ जोड़ना साफ-साफ अन्याय है।

इसकी चेतावनी देना बहुत आवश्यक था। बेचैनी रोज़-रोज़ बढ़ रही है। यदि उचित इलाज न किया गया, तो रोग खतरनाक रूप ले लेगा। कोई भी मानवीय शक्ति इसकी रोकथाम न कर सकेगी। अब हमने इस तूफान का रुख बदलने के लिए यह कार्यवाही की हम इतिहास के गम्भीर अध्येता हैं। हमारा विश्वास है कि यदि सत्ताधारी शक्तियां ठीक समय पर सही कार्यवाही करतीं, तो फ्रांस और रूस की खूनी क्रान्तियां न बरस पड़तीं। दुनिया की कई बड़ी-बड़ी हुकूमतें विचारों के तूफान को रोकते हुए खून-खराबी के वातावरण में डूब गयीं। सत्ताधारी लोग परिस्थितियों के प्रवाह को बदल सकते हैं। हम पहली चेतावनी देना चाहते थे और यदि हम कुछ व्यक्तियों की हत्या करने के इच्छुक होते, तो हम अपने मुख्य उद्देश्य में असफल हो जाते।

माई लॉर्ड, इस नीयत (भावना) और उद्देश्य को दृष्टि में रखते हुए हमने कार्यवाही की और इस कार्यवाही के परिणाम हमारे बयान का समर्थन करते हैं। एक और नुक्ता (प्वाइण्ट) स्पष्ट करना आवश्यक है, यदि हमें बमों की ताकत के सम्बन्ध में कोई ज्ञान न होता, तो हम पण्डित मोतीलाल नेहरू, श्री केसकर, श्री जयकर, श्री जिन्ना जैसे सम्माननीय राष्ट्रीय व्यक्तित्वों की उपस्थिति में क्यों बम फेंकते ? हम नेताओं के जीवन को किस तरह खतरे में डाल सकते थे ? हम पागल तो नहीं हैं और अगर पागल होते, तो जेल में बन्द करने के बजाय हमें पागलखाने में बन्द किया जाता। बमों के सम्बन्ध में हमें निश्चित जानकारी थी। उसी के कारण ऐसा साहस किया। जिन बेंचों पर लोग बैठे थे, उन पर बम फेंकना कहीं आसान काम था, लेकिन खाली जगहों पर बम फेंकना निहायत मुश्किल काम था। अगर बम फेंकने वाले सही दिमाग के न होते, या वे परेशान (असन्तुलित) होते, तो बम खाली जगह की बजाय बेंचों पर गिरते। मैं तो कहूंगा कि खाली जगह के चुनाव के लिए जो हिम्मत हमने दिखाई, उसके लिए हमें इनाम मिलना चाहिए। इन हालातों में माई लॉर्ड, हम सोचते हैं हमें ठीक तरह

समझा नहीं गया। आपकी सेवा में हम सज़ाओं की कमी कराने नहीं आये, बल्कि अपनी स्थिति स्पष्ट करने के लिए आये हैं। हम तो चाहते हैं कि न तो हमसे अनुचित व्यवहार किया जाये और न ही हमारे सम्बन्ध में अनुचित राय दी जाये। सज़ा का सवाल हमारे लिए गौण है।

संसार के इतिहास की बात मैं नहीं जानती, हमारे देश के विशिष्ट मुकदमों के इतिहास में यह बयान अपनी जगह अद्भुत है, अनुपम है। हमारे नये युग के राजनीतिक इतिहास में पहला बयान 1857 की सशस्त्र क्रान्ति के बाद बादशाह बहादुरशाह ज़फर ने दिया था। उसमें अपने निर्दोष होने की बात नम्र शब्दावली में कही गई थी। जीवन की थकान और निराशा से भरा था यह बयान। इसके बाद लोकमान्य तिलक का बयान आता है। इसमें विद्वत्ता है, व्यक्तित्व है, राजनीतिक प्रौढ़ता है, और वकालत है। इसके बाद मौलाना अबुलकलाम आज़ाद का बयान है, इसमें विद्वत्ता है, व्यक्तित्व है, राजनीतिक चैतन्य है और आस्था है। इसके बाद महात्मा गांधी का बयान है—जिसमें सन्तुलन है, शालीनता है, स्वीकृति है। इसके बाद भगतसिंह का यह बयान है। सेशन जज की अदालत में और हाईकोर्ट में उन्होंने जो बयान दिये हैं, मैं उन्हें एक ही बयान के दो भाग मानती हूं। हम यह भी कह सकते हैं कि हाईकोर्ट का बयान सेशन जज के सामने दिये बयान का स्पष्टीकरण या व्याख्या था। यह बयान भगतसिंह के विराट् व्यक्तित्व का पूर्ण प्रतिनिधित्व करते हैं और उनके जीवन की विविधताओं, अध्ययन-शीलता, लेखक-वृत्ति, बहस-वृत्ति, तर्क-शक्ति, ओजस्विता, निर्भयता, मृत्यु के प्रति निर्लिप्तता, क्रान्ति दार्शनिकता, स्पष्ट दृष्टि आदि का ऐसा समग्र चित्र प्रस्तुत करता है कि हम उन्हें एक ही स्थान में पूर्णतया पा लेते हैं। असल में यह नई पीढ़ियों के नाम उनकी वसीयत है और इस रूप में राष्ट्र की कीमती धरोहर है।

बयान महत्त्वपूर्ण था, महत्त्वपूर्ण आदमी का था पर यह महत्त्वपूर्ण आदमी एक गुलाम देश का निवासी था और उसकी बात एक गुलाम बात थी। इसलिए सत्ता के मद में अन्धे लोगों ने उसे स्वीकार नहीं किया और सेशन जज के फैसले को बहाल रखते हुए 13 जनवरी, 1930 को भगतसिंह और बटुकेश्वरदत्त को आजन्म कारावास दण्ड सुना दिया।

भगतसिंह तो मृत्यु की साधना में लगे हुए थे, उन पर सजा बहाल होने का क्या प्रभाव पड़ता। उन्होंने 'इन्कलाब ज़िन्दाबाद' के रूप में न्यायधीशों को धन्यवाद दिया। फैसले में जस्टिस एफ. फोर्ड ने लिखा—'यह बयान कोई गलती न होगी कि ये लोग दिल की गहराई और पूरे आवेग के साथ वर्तमान समाज के ढांचे को बदलने की इच्छा से प्रेरित थे। भगतसिंह एक ईमानदार और सच्चे क्रान्तिकारी हैं। मुझे यह कहने में कोई झिझक नहीं है कि वे इस स्वप्न को लेकर पूरी सच्चाई से खड़े हैं कि दुनिया का सुधार वर्तमान सामाजिक ढांचे को तोड़कर ही हो सकता है। वे कानून के ढांचे की जगह मनुष्य की स्वतन्त्र इच्छा को स्थापित करना चाहते हैं। अराजकतावादियों की सदा यही मान्यता रही है, परन्तु जो अपराध इनके और इनके साथी पर लगा है, उसकी यह कोई सफाई नहीं है।'

यह प्रशंसा क्या है ? जिसे हम कलम की एक फांक से अपराध घोषित करते हैं, कलम की दूसरी फांक से उसकी प्रशंसा करते हैं। एक हाथ से जिन्हें हम मिटाते हैं, मिटा देते हैं, दूसरे हाथ से उनकी मूर्ति को माला पहनाते हैं। यह सब क्या है ? यह वीरता की पूजा है, यह सत्य की पूजा है, यह हुतात्माओं की नैतिक विजय की घोषणा है। जस्टिस फोर्ड की प्रशंसा उस परम्परा की माला का एक मनका है, जिसका एक मनका यह था कि बादशाह अकबर ने ही साथ लड़ते-लड़ते शहीद हुए वीरवर जयमल फत्ता का स्मारक स्वयं स्थापित किया था, सेनापति ह्यूरोज़ ने अपने साथ लड़ते-लड़ते शहीद हुई महारानी झांसी की प्रशंसा में अनमोल बोल कहे थे और अपने साथ लड़ते-लड़ते शहीद जनरल थापा का स्मारक अंगरेज़ सेनापति जिलेपी ने स्थापित किया था। एक विचारक के शब्दों में–"वीरता की कसौटी ही यह है कि अपने विरोधी को भी वह प्रशंसा के लिए विवश कर दें।" भगतसिंह ऐसे ही वीर थे।

: 21 :

भूख-हड़ताल की अग्नि-शय्या पर

असेम्बली बम-काण्ड का जो मुकदमा दिल्ली में चला, उसमें भगतसिंह और बटुकेश्वरदत्त को युरोपियन क्लास में रखा गया था और उनके साथ बहुत अच्छा व्यवहार किया गया था। एक तो यह घटना ही निराली थी। दूसरे उस घटना से भगतसिंह का नाम अन्तर्राष्ट्रीय हो गया था पर क्या भगतसिंह कोई व्यक्ति थे जो व्यक्तिगत दृष्टिकोण से जीवन के प्रश्नों पर विचार करते । व्यक्ति की सबसे बड़ी आकांक्षा जीवित रहने की है, पर भगतसिंह तो मृत्यु की साधना कर रहे थे। व्यक्ति की दूसरी सबसे बड़ी आकांक्षा है आराम से रहने की, पर भगतसिंह ने तो अपनी जीवन-सेज पर अपने हाथों से कांटे बिछाए थे। वे व्यक्ति कहां थे। वे तो समाज-जीवी, समाज-दर्शी, समाज-निर्माता महापुरुष थे, जो समाजमय होकर जिया करते हैं। इसलिए युरोपियन क्लास में आराम से रहते हुए भी उन्होंने इस मुकदमे के तुरन्त बाद भूख-हड़ताल की अग्नि-शय्या पर सोने का, प्रह्लाद की तरह अग्नि के स्तम्भ से लिपटने का निश्चय किया तो क्या आश्चर्य।

भूख-हड़ताल के निर्णय की पृष्ठभूमि क्या थी ? यह गम्भीर प्रश्न है कि उनके मन में इस भयंकर निश्चय का जन्म कैसे हुआ ? कहीं कोई विशेष उल्लेख नहीं मिलता। ऐसी स्थिति में मन से ही मन में उतरना पड़ता है। स्थूल प्रमाण जहां काम नहीं करते, वहां सूक्ष्म अनुमान ही इतिहास-लेखक और जीवन-चिन्तक की गति है। वे अपनी मृत्यु को महंगी और भारी बनाने की योजना को लेकर चल रहे थे। यह स्पष्ट है। इस भारी महंगी मृत्यु से वे अंगरेज़ी हुकूमत को, भारत की गुलामी को खील-खील करना चाहते थे, यह भी स्पष्ट है। अंगरेज़ी हुकूमत की और भारत की गुलामी का सबसे कड़वा और कुरूप प्रदर्शन जेलों में होता है, यह वे 1919 जलियांवाला काण्ड के मुकदमों में पढ़ चुके थे। लाला लालचन्द फलक, डॉ. सत्यपाल चौधरी, रामभजदत्त, डॉ. सैफुद्दीन किचलू, दीवान मंगलसेन, लाला हरकिशन लाल और अच्युत राव कोल्हटकर–जैसे लोगों के जेल की नरक यातनाओं के सम्बन्ध में संस्मरण पढ़ चुके थे।

फिर वे स्वयं भुक्त-भोगी भी तो थे। दशहरा बम-काण्ड के नाम पर जब 1927 में भगतसिंह को गिरफ्तार कर पन्द्रह दिन तक नाज़ी कैम्पों की तरह बदनाम लाहौर किले में रखा गया, तो कौन-सा अत्याचार है, जो उन पर नहीं हुआ, कौन-सी मुसीबत है जो उन पर नहीं टूटी। लगातार जिरह और प्रश्न, नींद न लेने देना, घण्टों खड़े रखना और इन सबसे भी भयंकर यह कि तारकोल का तोबरा मुंह पर बांध देना, नीचे से उसे सेंकना, जिससे उसकी गर्म झौ सांस में भर जाये और शरीर के तार-तार को परेशान कर दे। क्या नहीं सहा था उन्होंने ! और क्रान्तिकारी की तो भावना नम्बर एक ही यह होती है कि अगली पीढ़ी को वह सब न सहना पड़े, जो हमने सहा है। यह भावना

ही तो नयी समाज-व्यवस्था को जन्म देती है।

अण्डमान के किले में भारत के क्रान्तिकारियों के साथ जो राक्षसी अत्याचार हुए थे उनकी कहानियां भी भगतसिंह पढ़ चुके थे और नेशनल कॉलेज की क्लासों में अपने प्रोफेसर भाई परमानन्द जी से दिल थामकर सुन चुके थे। फिर वे यह भी जानते थे कि जेलें ही वे कारखाने हैं जो क्रान्तिकारी मुकदमों को खराब करने के लिए मुखबिर–(सरकारी गवाह) तैयार करती हैं। भगतसिंह यह कैसे सह सकते थे कि इन कारखानों की चिमनियां घमण्ड के साथ धुआं फेंककर साफ आकाश को गंदा करती रहें और वे उस घमण्ड की गरदन न मरोड़ें। सोचती हूं इन्हीं सब पृष्ठभूमियों में दिल्ली जेल छोड़ने से पहले ही भगतसिंह ने भूख-हड़ताल का निश्चय कर लिया था और बटुकेश्वरदत्त एक समर्पित मित्र की तरह उनके साथ थे निश्चय ही 63 दिन जेल में अनशन कर शहीद होने वाले मैक्स्विनी की वीरगाथा भी इनके लिए प्रेरक थी और अण्डमान में यज्ञोपवीत के लिए भूख-हड़ताल कर शहीद होने वाले पण्डित रामरखा की मार्मिक कहानी भी।

क्या इस भूख-हड़ताल का उद्देश्य कुछ दिन भूखे रहकर सरकार पर एक सस्ते किस्म का दवाब डालना था। नहीं, इसका उद्देश्य था अपनी आहुति देकर जेलों की दशा को बदलना। भूख-हड़ताल करने के बाद भी जीवन बच सकता है या सरकार उसे नष्ट होने से बचा सकती है। भूख-हड़ताल आरम्भ करते समय भगतसिंह को इसका ज्ञान ही नहीं था। श्री सुखदेव के नाम लिखे अपने पत्र में उन्होंने लिखा था–"बन्दी होने के पश्चात हमारी संस्था के राजनीतिक बन्दियों की दशा अत्यन्त दयनीय थी। हमने प्रयास आरम्भ कर दिया। मैं आपको पूरी गम्भीरता से बताता हूं कि हमें यह विश्वास था कि हम बहुत कम समय के भीतर ही मर जायेंगे। हमें उपवास के दिनों में कृत्रिम रीति से भोजन (फोर्सफुल फीडिंग) दिये जाने का न तो कोई अनुभव ही था, न यह विचार ही हमें सूझा था। हम तो मृत्यु के लिए तैयार थे।"

8 सितम्बर को जब श्री बटुकेश्वर दत्त पहली बार हमारे घर आये, तो उन्होंने कहा था–"12 जून, 1929 को हम दोनों को–असेम्बली बम-काण्ड में आजीवन कारावास का दण्ड सुनाया गया। हम दोनों को दिल्ली से एक ही ट्रेन के अलग-अलग डिब्बों में ले जाया गया। मुझे लाहौर जेल में और भगतसिंह को मियांवाली जेल में रखा गया। रास्ते में पुलिस का अंगरेज़ सार्जेण्ट हमसे बहुत प्रसन्न रहा और लाहौर पहुंचने से कुछ स्टेशन पहले ही वह सरदार को मेरे डिब्बे में ले आया। मुझे इसकी आशा तनिक भी न थी। हम दोनों मिले तो भगतसिंह ने मुझे फिर यह बात याद दिलायी कि हमें जेल पहुंचते ही भूख-हड़ताल आरम्भ कर देनी है। इस प्रकार 14 जून, 1929 से हमारी भूख-हड़ताल आरम्भ हो गयी जो अक्तूबर, 1929 के प्रथम सप्ताह तक चली।"

मैंने उनसे पूछा था–अलग-अलग जेलों में रहते हुए आपके मन में यह आशंका नहीं आयी कि शायद आपके साथी ने भूख-हड़ताल समाप्त कर दी हो या जेल में पहुंच कर आरम्भ ही न की हो।

उनका उत्तर था–"हमें एक-दूसरे पर अटूट विश्वास था। अविश्वास की भावना

कभी मन में नहीं आयी। जब मेरे सामने भोजन लाया जाता, तो मुझे ध्यान आता कि भगतसिंह भूखा है और मैं भोजन की ओर आंख उठाकर भी न देखता। बस यही हाल उनका भी था।"

हमारे परिवार में एक और संस्मरण भी सुरक्षित है। जिस ट्रेन के दो डिब्बों में बैठे भगतसिंह और बटुकेश्वरदत्त दिल्ली से लाहौर जा रहे थे, उसी ट्रेन के एक डिब्बे में सरदार किशनसिंह भी यात्रा कर रहे थे। वे बीच-बीच में स्टेशनों पर उतरकर भगतसिंह से मिल लेते थे। जब-जब मैंने यह बात सुनी है या मुझे याद आयी है, मेरे मन में प्रश्न उठा है–कैसे पिता थे सरदार किशनसिंह ! उन्होंने अपने को अपने महान् पुत्र का रक्षा-कवच बना लिया था। वे छाया की तरह हर समय उनके साथ थे । पुत्र का जीवन ही उनका जीवन था, पुत्र का सुख-दुःख ही उनका सुख-दुःख था। वे पुत्रमय होकर जी रहे थे। भारत के क्रान्तिकारियों में ऐसा प्रेमी-सहयोगी पिता क्या किसी और भी क्रान्तिकारी को मिला ? मेरी स्मृतियां और अलमारियां इस प्रश्न पर मौन हैं और यह मौन मेरे मस्तक को बार-बार उस महान् ममतालु पिता के प्रति झुका देता है।

जब वे घर लौटे, तो उनसे पूछा गया–"आपने भगतसिंह को कुछ खिला-पिला भी दिया था ?" उनका उत्तर था–"भूख-हड़ताल आरम्भ कर देने की वजह से उन्होंने रास्ते में कुछ नहीं खाया।" इसका अर्थ है कि जिस ऐतिहासिक भूख-हड़ताल की घोषणा 15 जून, 1929 को समाचारपत्रों में छपी, वह दिल्ली से चलते समय ही आरम्भ हो चुकी थी। यह बात तो है ही कि भगतसिंह के दिल्ली जेल में रहते-रहते ही उनकी मांगों की चर्चा पत्रों में आ गयी थी। प्रहार और प्रचार के दोनों पक्ष भगतसिंह में कितने पुष्ट और कितने परिपूर्ण थे।

17 जून, 1929 को भगतसिंह ने मियांवली जेल से यह पत्र लिखा–

सेवा में,
इन्स्पेक्टर जनरल जेल,
पंजाब जेल्स, लाहौर
प्रिय महोदय,

इस सच्चाई के बावजूद कि साण्डर्स शूटिंग केस में गिरफ्तार दूसरे नौजवानों के साथ ही मुझ पर भी मुकदमा चलेगा, मुझे दिल्ली से मियांवली बदल दिया गया है। उस केस की सुनवाई 26 जून, 1929 से शुरू होने वाली है। मैं यह समझने में सर्वथा असमर्थ रहा हूं कि मुझे यहां तबदील करने के पीछे क्या भावना काम कर रही है ?

जो भी हो, न्याय की मांग है कि हरेक अभियुक्त–(अण्डर ट्रायल) को वे सब सुविधाएं मिलनी चाहिए, जिनसे वह अपने मुकदमे की तैयारी कर सके और मुकदमा लड़ सके। लेकिन मैं यहां रहते कैसे अपना वकील नियुक्त कर सकता हूं, क्योंकि यहां रहते हुए मुझे अपने पिता या दूसरे रिश्तेदारों से सम्पर्क रखना कठिन है। यह स्थान काफी अलग-थलग है, रास्ता कठिन है और लाहौर से काफी दूर है।

मैं प्रार्थना करता हूं कि आप मुझे तुरन्त लाहौर सेण्ट्रल जेल में बदलने का आदेश

दें, जिससे कि मुझे अपना केस लड़ने की तैयारी करने का उचित अवसर मिले। आशा है शीघ्र ध्यान दिया जायेगा।

आपका इत्यादि
भगतसिंह
आजन्म कैदी, मियांवली जेल
17-6-1929

बात में बल था, कानून उनकी मांग का समर्थक था, इसलिए जन के अन्तिम सप्ताह में उन्हें लाहौर सेण्ट्रल जेल में बदल दिया गया। हालत यह थी कि उन्हें कोठरी तक पहुंचाने के लिए स्ट्रेचर का प्रयोग करना पड़ा। 10 जुलाई, 1929 को लाहौर के मजिस्ट्रेट श्री श्रीकृष्ण की अदालत में साण्डर्स-हत्या केस आरम्भिक कार्यवाही के लिए शुरू हो गया।

जब भगतसिंह और बटुकेश्वरदत्त को स्ट्रेचर पर अदालत में लाया गया तो दर्शकों में हाहाकार मच गया। देश-भर के समाचारपत्र भूख-हड़ताल के समाचारों से भर गये–'रंग लायेगी हमारी फाकामस्ती एक दिन।' सचमुच फाकामस्ती रंग लाने लगी। उसी दिन बोर्स्टल जेल के उन साथी अभियुक्तों ने भी उनकी सहानुभूति में अनशन आरम्भ करने की घोषणा मजिस्ट्रेट की अदालत में ही कर दी। यतीन्द्रनाथ दास चार दिन बाद भूख-हड़ताल में शामिल हुए।

14 जुलाई, 1929 को भगतसिंह ने भारत सरकार के होम मैम्बर–(गृह सदस्य) को जो पत्र भेजा, उसमें निम्नलिखित मांगें थीं–

1. राजनीतिक कैदी होने के नाते हमें अच्छा खाना दिया जाना चाहिए, इसलिए हमारे भोजन का स्तर युरोपियन कैदियों-जैसा होना चाहिए। हम उसी तरह की खुराक की मांग नहीं करते बल्कि खुराक का स्तर वैसा चाहते हैं।

2. हमें मशक्कत[1] के नाम पर जेलों में सम्मानहीन काम करने के लिए बाध्य नहीं किया जाना चाहिए।

3. बिना किसी रोक-टोक के पूर्व स्वीकृत (जिन्हें जेल अधिकारी स्वीकृत कर लें) पुस्तकें और लिखने का सामान लेने की सुविधा मिलनी चाहिए।

4. कम-से-कम एक दैनिक पत्र हरेक राजनीतिक कैदी को मिलना चाहिए।

5. हरेक जेल में राजनीतिक कैदियों का एक विशेष वार्ड होना चाहिए, जिसमें उन सभी आवश्यकताओं की पूर्ति की सुविधा होनी चाहिए, जो युरोपियनों के लिए होती हैं। और एक जेल में रहने वाले सभी राजनीतिक कैदी उस वार्ड में इकट्ठे रहने चाहिए।

6. स्नान के लिए सुविधाएं मिलनी चाहिए।

---

1. दो तरह की कैद होती है : एक सादी, दूसरी सख्त। सख्त कैद में कैदी को काम करना पड़ता है, सादी में नहीं। मूंज काटना, बान बटना, चक्की चलाना और कोल्हू में बैल की तरह जुतकर तेल निकालना आदि काम होते हैं।

7. अच्छे कपड़े मिलने चाहिए।

8. यू.पी. जेल-सुधार कमेटी में श्री जगतनारायण और खान बहादुर हाफिज़ हिदायत हुसैन की इस सिफारिश को कि राजनीतिक कैदियों के साथ अच्छी क्लास के कैदियों-जैसा व्यवहार होना चाहिए, हम पर भी लागू किया जाये।

यह प्रार्थना-पत्र भेजने के दूसरे दिन ही पंजाब सरकार ने (भूख-हड़ताल शुरू होने के एक महीने बाद) स्वास्थ्य के आधार भोजन में कुछ सुधार किये, पर वे इतने मामूली थे कि भगतसिंह ने उन पर विचार भी नहीं किया। उनकी मांग का उनसे या स्वास्थ्य से क्या सम्बन्ध था ? अगले ही दिन सुधारों को यह आदेश सरकार ने पत्रों में छपाया तो उसमें से मेडिकल ग्राउण्ड शब्द हटा दिये और बहुत अच्छा खाना पेश किया। भगतसिंह ने कहा–"ये सुधार सरकारी गज़ट में छपें और सब राजनीतिक कैदियों के लिए स्थायी रूप से हों तो हम इन पर विचार करेंगे।"

सरकार के लिए यह भूख-हड़ताल प्रतिष्ठा का प्रश्न बन गयी। भगतसिंह का वज़न 30 जुलाई, 1929 तक लगभग 5 पौण्ड प्रति सप्ताह के हिसाब से घटता रहा। बाद में वज़न ठहर गया था। भूख-हड़ताल आरम्भ करते समय उनका वज़न 133 पौण्ड था। यतीन्द्रनाथ दास को जब पहली बार बलपूर्वक नली से दूध दिया गया, तो वह सांस की नली में पहुंच गया और वे बेहोश हो गये। असल में उन्होंने मरण के लिए ही अनशन किया था। वे एक भावुकतावादी तरुण थे, जब कि भगतसिंह यथार्थवादी। भगतसिंह संघर्ष कर रहे थे, यतीन्द्रनाथ दास जीवन का हवन कर रहे थे। देश-भर के समाचार पत्र भूख-हड़ताल की खबरों से युद्ध की खबरों की तरह भर रहे थे। नगर-नगर में जुलूसों-जलसों का तांता बंध गया था। भगतसिंह अपने लक्ष्य में सफलता पा रहे थे, जनता जाग उठी थी। मानसिक रूप से सशस्त्र आन्दोलन के साथ आ खड़ी हुई थी, उसकी चेतना रोष का रूप ले रही थी। देश-भर की दूसरी जेलों के अनेक राजनीतिक कैदियों ने भी उनकी सहानूभूति में अनशन आरम्भ कर दिया था।

ये लोग अपनी जान से खेल रहे थे और सरकार इनसे खेल रही थी। भूख-हड़ताल में भोजन का त्याग होता है, पर पानी लिया जाता है। सच्चाई यह है कि पानी लेना भूख-हड़ताल का आवश्यक अंग है। ये लोग भी पानी लेते थे, पर जेल-अधिकारियों ने पानी के घड़ों में दूध भर कर रख दिया, जिससे ये लोग प्यास से विवश हो कर पानी की जगह दूध पी लें। इन लोगों ने इसका प्रतिवाद किया, लेकिन कोई सुनवाई नहीं हुई। तब इन्होंने घड़े फोड़ने आरम्भ किये। दूध का जो घड़ा जेल-अधिकारी रखते, ये लोग उसे ही फोड़ डालते । यह बड़ी कड़ी परीक्षा थी ; पर इसमें सफल हुए भूख-हड़ताल करने वाले युवक ही। जेल-अधिकारियों को हार माननी पड़ी और फिर कोठरियों में पानी रखवाया गया।

तब उन्होंने दूसरा दांव चलाया कि वे कैदियों के आस-पास फल-मिठाई आदि खाने की चीज़ें रख देते थे और स्वयं हट जाते थे। पहरे पर एक मामूली आदमी रहता था। उद्देश्य यह था कि यदि इनमें से किसी एक में भी कमज़ोरी आ जाये तो ये लोग इन सभी को बदनाम करें और भूख-हड़ताल के समाप्त होने की घोषणा भी कर दें।

बलपूर्वक दूध देने का एक खुला उद्देश्य तो यह था ही कि भूख-हड़ताल करने वाले मृत्यु से बचे रहें, पर दूसरा कूटनीतिक रूप यह भी था कि चार-पांच दिन बाद बलपूर्वक पेट में दूध पड़ने से भूख बहुत ज़ोर से उभरती थी। अब भूख-हड़ताल करने वाला दो खुले हुए मुखों के बीच आ जाता था। एक तरफ भूख की ज्वाला, दूसरी तरफ खाने की चीज़ें। कितना कठिन है ऐसे में स्थिर रहना, सन्तुलित रहना, अडिग रहना। पुराणों में तपस्वियों का तप भंग करने के लिए इन्द्र के प्रलोभनों का वर्णन मिलता है। सोचती हूं क्या अंगरेज़ी सरकार के प्रलोभन इन्द्र के प्रलोभनों से कम आकर्षक थे ?

ये कौन थे जो इन चुम्बकीय आकर्षणों के बीच सहज भाव से खड़े थे। श्री अजय घोष लिखते हैं कि किशोरीलाल ने तेज़ गरम पानी से अपना गला जलाकर लाल मिर्चें खा ली थीं। इससे गला इतना खराब हो गया था कि नली अन्दर डालते ही उन्हें तेज़ खांसी उठ जाती थी और डॉक्टर नली तुरन्त न निकाले, तो मृत्यु हो सकती थी। और ये अजय घोष साहब–उन्होंने ऐसा आविष्कार किया कि दुनिया के आविष्कारक मात खा गये। डॉक्टर और दूसरे लोग दूध पिलाकर हटे कि इन्होंने पकड़कर दो मक्खियां निगल लीं–सब दूध बाहर आ पड़ा। इस तरह ये वीर मौत से खेल रहे थे और अंगरेज़ी सरकार इनसे खेल रही थी।

28 जुलाई, 1929 को यतीन्द्रनाथ दास की हालत बिगड़ी तो भगतसिंह ने बोर्स्टल जेल सन्देशा भेजा कि वहां के सब अभियुक्त भूख-हड़ताल छोड़ दें, यह लड़ाई मैं और बटुकेश्वरदत्त ही लड़ेंगे, पर मरण के दीवाने ऐसी बातें कहां सुनते हैं ? यतीन्द्रनाथ दास की हालत और बिगड़ी तो जेल-अधिकारियों ने प्रयत्न किये कि वे एनिमा लें पर वे किसी तरह तैयार नहीं हुए। तब गवर्नर से स्वीकृति लेकर लाहौर सेण्ट्रल जेल से भगतसिंह को बोर्स्टल जेल में ले आये। भगतसिंह के कहने पर यतीन्द्रनाथ ने बिना आग्रह एनिमा लेना स्वीकार कर लिया। भगतसिंह की जीवनी के लेखक श्री जतीन्द्रनाथ सान्याल के शब्दों में–"बोर्स्टल जेल के डिप्टी सुपरिण्टेण्डेण्ट खान साहब खैरदीन ने हैरान होकर यतीन्द्रनाथ से कहा–"आपने भगतसिंह की बात बिना ज़िद मान ली।" यतीन्द्रनाथ ने कहा–'खान साहब, आप नहीं जानते भगतसिंह एक वीर पुरुष हैं। मैं उनके शब्दों का असम्मान नहीं कर सकता।'

2 सितम्बर, 1929 को, जब भूख-हड़ताल के सम्बन्ध में देश की जनता का मन पूरे उफान पर था, सरकार ने जेल इन्क्वायरी कमेटी की स्थापना की। कमेटी के कुछ सदस्य जेल में आये, भगतसिंह भी बातचीत में शरीक हुए । उनके सामने इस समय मुख्य बात यतीन्द्रनाथ दास को बचाना था। कमेटी के सदस्य इस बात पर आ गये कि सब लोग भूख-हड़ताल तोड़ दें, तो सरकार यतीन्द्रनाथ दास को छोड़ देगी। भगतसिंह लक्ष्यदर्शी मानव थे। वे चट्टान की तरह अड़ना जानते थे तो पानी की तरह बहना भी। उनके परामर्श पर सबने भूख-हड़ताल तोड़ दी। यह भगतसिंह के क्रान्तिकारी का नहीं, उनके मानव का निर्णय था। इस समय सब-कुछ एक पलड़े पर था और यतीन्द्रनाथ दास का जीवन दूसरे पर। इस समय वे एक मनुष्य थे, एक मित्र थे। कितना कोमल है उनका यह रूप! कितना

भावपूर्ण ! और कितना सहृदय-सलोना, जैसे सिंह पलक झपकते ही मृग-छौना बन गया !

यतीन्द्रनाथ दास ने भूख-हड़ताल जारी रखी और सरकार अपनी बात से हट गयी, तो दो दिन बाद ही 4 सितम्बर से फिर भूख-हड़ताल आरम्भ हो गयी । 2 सितम्बर को भगतसिंह-बटुकेश्वर दत्त की भूख-हड़ताल का 81वां दिन था और दूसरे साथियों का 53वां। भूख-हड़ताल चल रही थी, पर मुकदमे का क्या हुआ ?

10 जुलाई, 1929 को मुकदमा आरम्भ हुआ था। भूख-हड़ताल की स्थिति में भी अभियुक्तों को हथकड़ी लगाकर अदालत में लाया जाता था। 17 जुलाई, 1929 को भगतसिंह ने हथकड़ी लगाने का विरोध किया। हथकड़ी लगाने का तरीका यह था कि एक हाथ पुलिस कांस्टेबिल का होता, एक क्रान्तिकारी अभियुक्त का। मजिस्ट्रेट श्री कृष्ण ने अवज्ञा-उपेक्षा का भाव प्रकट किया, उनकी बात पर ध्यान नहीं दिया। भगतसिंह स्ट्रेचर पर थे। उनका थका-सा चेहरा स्फूर्ति से भर उठा। वे सहसा खड़े हो गये और उनमें नया जीवन आ गया था। उन्होंने मजिस्ट्रेट को ललकारा–''यह हमारे सम्मान के विरुद्ध है कि मामूली पुलिस सिपाही के साथ बांधा जाये और यह न्याय के भी विरुद्ध है, क्योंकि हम अदालत में आवश्यक बातें नोट नहीं कर पाते। आप पुलिस के हाथों में खेल रहे हैं, यह बहुत अनुचित बात है। मैं पूछता हूं, मजिस्ट्रेट आप हैं या पुलिस अधिकारी मिस्टर अब्दुल अजीज़ ! ऐसा ही है तो न्याय का तमाशा क्यों कर रहे हैं ? इसे बन्द कर दीजिए और पुलिस को अपना काम करने दीजिए।''

पूरे भगतसिंह-काण्ड में सबसे घृणित चेहरा इसी मजिस्ट्रेट श्री कृष्ण का है। यह तन, मन और आत्मा तक से गुलाम था। उसने भगतसिंह की बात का कोई उत्तर नहीं दिया और जेल सुपरिण्टेण्डेण्ट के नाम आदेश दिया कि ये लोग अदालत में ठीक व्यवहार नहीं करते, इनके विरुद्ध अनुशासन की कार्यवाही की जाये। सुनकर सब लोग इतने ज़ोर से हंसे कि मजिस्ट्रेट स्वयं ही झेंप गया। मुकदमा स्थगित हो गया, भूख-हड़ताल जारी रही। असल में भूख-हड़ताल उन दिनों स्वयं एक देशव्यापी मुकदमा बन गयी थी और भगतसिंह की रणनीति का रंग दिखा रही थी। इस बार की भूख-हड़ताल में यतीन्द्रनाथ दास के अतिरिक्त भगतसिंह, बटुकेश्वरदत्त, अजय घोष, विजय कुमार सिन्हा, शिव वर्मा और जितेन्द्रनाथ सान्याल थे।

13 सितम्बर, 1929 को देश का वातावरण एक साथ आंसुओं और चिन्गारियों से भर उठा–यतीन्द्रनाथ दास शहीद हो गये।

भगतसिंह और उनके साथियों की भूख-हड़ताल जारी थी। डॉक्टर चन्द्रा जब भगतसिंह के पास पहुंचे, तो भगतसिंह बहुत कमज़ोर थे और मूंज के सख्त पट्टे पर लेटे हुए थे। डॉक्टर से उन्होंने दरी लाने के लिए कहा और डॉक्टर उन सबको 'मेडिकल ग्राउण्ड' पर दरी दिलाने में सफल हो गये।

उन्हीं दिनों एक घटना और हो गयी। भगतसिंह ने एक प्रार्थना-पत्र सरकार को भेजने के लिए जेल सुपरिण्टेण्डेण्ट मिस्टर ब्रिग्स को दिया। ब्रिग्स ने कहा–''इसमें कुछ लाइनें आपत्तिजनक हैं, इन्हें आप निकाल दें तो मैं इसे ऊपर भेज दूंगा।'' भगतसिंह तैयार नहीं हुए और उन्होंने आग्रह किया कि इसे ज्यों-का-त्यों भेज दिया जाये, पर इसके लिए मिस्टर ब्रिग्स

तैयार नहीं हुए। दूसरे दिन सुबह-ही-सुबह दैनिक 'ट्रिब्यून' का जो अंक प्रकाशित होकर आया, उसमें यह सब छपा था। यह भगतसिंह के प्रचारतन्त्र का ही एक चमत्कार था।

पत्रों में भूख-हड़ताल का तूफान उमड़ रहा था। यतीन्द्रनाथ की शहादत ने अंगरेज़ी सरकार को परेशान कर दिया था, तो जनता को उत्तेजित । इस प्रकार सरकार भी भूख-हड़ताल की समाप्ति चाहती और देश के नेता भी। दोनों अपने-अपने ढंग पर भगतसिंह को प्रभावित करने के प्रयत्न कर रहे थे। तभी सरकार-द्वारा नियुक्त जेल कमेटी ने अपनी सिफारिशें सरकार के पास भेज दीं : वे अब नेताओं के भी सामने थीं और भगतसिंह के भी। भगतसिंह भावना के समुद्र में तैरते हुए भी यथार्थ के तट को झट पहचान लेते थे। उनका दृष्टिकोण और चिन्तन-पद्धति कवि नहीं, वैज्ञानिक की थी। उन्होंने अपने साथियों को कहा-"बस इस बार इतना ही काफी है। अब हमें देखना चाहिए कि सरकार इन सिफारिशों के बारे में क्या करती है।" और वे भूख-हड़ताल छोड़ने को तैयार हो गये।

जेल-अधिकारियों के लिए यह वरदान था, उनके भंयकर सिर-दर्द की दवा थी। वे खुश हुए, पर भगतसिंह ने खुशी की कीमत मांग ली-"हम इस शर्त पर भूख-हड़ताल तोड़ने को तैयार हैं कि हम सब को एक साथ ऐसा करने का अवसर दिया जाये।" बात मान ली गयी। फलों के रस के गिलास तैयार किये गये, पर भगतसिंह ने अपने लिए दाल-फुलका चाहा। डॉक्टर की राय में इतनी लम्बी भूख-हड़ताल के बाद एकदम ऐसी खुराक लेना स्वास्थ्य-नियमों के विरुद्ध था, पर भगतसिंह अपनी बात पर अड़े रहे, तब दाल, फुलका और चावल मंगाया गया।

अब भगतसिंह का आग्रह था कि पहले साथी आरम्भ करें और साथियों का आग्रह था कि पहले भगतसिंह, क्योंकि वे नेता हैं। जेल-अधिकारी इस दृश्य से स्तब्ध थे कि किसी को भी भूख-हड़ताल तोड़ने की जल्दी नहीं है। बन्धुत्व और मनुष्यता का एक अनुपम प्रदर्शन था। डॉ. चन्द्रा ने सुझाव दिया कि भगतसिंह नेता होने के नाते प्रतीक रूप में थोड़ा-सा कुछ चखं लें, बाद में दूसरे भी उनका अनुसरण करें।

यह बात मान ली गयी और भगतसिंह ने एक सौ चौदहवें दिन, 5 अक्टूबर, 1929 को आनन्दपूर्वक दाल-फुलके का भोजन किया। पत्रों में यह समाचार छपा तो जनता के मन को शान्ति और सान्त्वना मिली। हम एक समय खाना नहीं खाते, तो अजीब-सा लगता है और दूसरे समय तो बेचैन हो जाते हैं। पुराणों की कथा है कि भूख से परेशान होकर महर्षि विश्वामित्र ने कुत्ते का मांस खा लिया था, पर भगतसिंह और उनके साथी किस धातु के बने थे कि उन्होंने इतने लम्बे समय भूख के साथ मल्लयुद्ध किया और विजयी हुए। सच्चाई यह है कि उनमें शक्ति और देश-भक्ति का इतना बड़ा अक्षय भण्डार न होता, तो वे इतिहास का नया अध्याय कैसे लिखते ?

: 22 :

स्पेशल मजिस्ट्रेट की अदालत में

स्पेशल मजिस्ट्रेट की अदालत में लाहौर षड्यन्त्र केस के अभियुक्त आकर खड़े हुए, तो महान् भारत की एकता का गुलदस्ता ही बन गयी वह अदालत। अनेक प्रान्तों के फूल थे इस गुलदस्ते में। भगतसिंह थे, बटुकेश्वर दत्त थे, सुखदेव थे, राजगुरु थे, विजय कुमार सिन्हा थे, जितेन्द्र सान्याल थे, जयदेव कपूर थे, आज्ञाराम थे, महाबीरसिंह थे, कमलनाथ तिवारी थे, किशोरीलाल थे, शिव वर्मा थे, गया प्रसाद थे, सुरेन्द्र पाण्डे थे, अजय घोष थे, कुन्दनलाल थे, देशराज थे और प्रेमदत्त थे।

साण्डर्स-हत्याकाण्ड यदि चन्द्रशेखर आज़ाद की सैनिक व्यूह-रचना का एक महान् प्रदर्शन था, तो लाहौर षड्यन्त्र केस भगतसिंह की बौद्धिक ब्यूह-रचना का एक अनुपम प्रदर्शन था। एक तरफ संसार की सबसे बड़ी शक्ति अंगरेज़ी हुकूमत थी, उसके विशेषज्ञ थे, उसकी पुलिस थी, उसके साधन थे, दूसरी तरफ इक्कीस-बाईस साल का एक युवक था, जिसका नाम कुछ दिन पहले ही एक नये सूर्य की तरह भारत के आकाश में उगा था और ऐसे ही उसके कुछ साथी थे। आश्चर्य है कि दोनों में बाहर से कोई जोड़ नहीं था। सरकार उसे मसल सकती थी, पर वह मस्त था और सरकार परेशान थी। हर दांव पर वह पिट रही थी और वह पीट रहा था।....

भगतसिंह की प्रतिभा और संगठन-शक्ति अपने पूरे उभार पर थी, इस समय हर क्षण इतिहास का था और इतिहास के हर क्षण पर उनका नियन्त्रण था। ये क्षण उनके सामने इसी तरह फैले हुए थे, जैसे जौहरी के सामने हीरे-मोती फैले रहते हैं और अपनी योजना के अनुसार वह जिसे जहां चाहता है उठाकर जड़ देता है। लाहौर षड्यन्त्र केस भगतसिंह की प्रतिभा का जड़ाऊ अलंकार ही तो है। मुकदमा बचाव के लिए लड़ा जाता है, पर यहां तो मृत्यु का चाव युद्धनीति का दांव बनकर खेल रहा था। भगतसिंह ने मुकदमे का पूरा उपयोग करने के लिए एक अपना ट्रिब्यूनल बनाया था, जिसमें वे थे, सुखदेव थे, विजय कुमार सिन्हा थे और योजनापूर्वक अपने उद्देश्यों का जन-जीवन में प्रचार करने का प्रयत्न किया था।

पहला मोर्चा भूख-हड़ताल का था और वह जीता जा चुका था। उससे देश के इतिहास में पहली बार राजनीतिक कैदी का व्यक्तित्व स्वीकार किया गया था। अब उन लोगों के पास आराम-कुर्सियां थीं, खाना खाने के ट्रेण्ट थे, दूसरे सामान थे, सुविधाएं थीं और सबसे बड़ी बात यह कि यह मान लिया गया था कि वे देश-भक्त हैं, और उनका उद्देश्य एक नई समाज व्यवस्था के लिए पुराने ढांचे को तोड़ना है।

अब दूसरा मोर्चा आया, जो यह था कि अदालत में मुकदमे की कार्यवाही देखने और सुनने के लिए अधिक-से-अधिक दर्शक आएं, जिससे जनता की चर्चाओं में मुकदमा समाए, प्रचार हो और क्रान्ति का वातावरण बने। सरकार इसमें बाधा डालती

थी, क्योंकि वह तो कुल्हिया में गुड़ फोड़ना चाहती थी, इन लोगों का नाम भी जनता के कानों से दूर रखना चाहती थी, पर वह देख रही थी कि ये तो उसके हृदयों में देवप्रतिमाओं की तरह प्रतिष्ठित होते जा रहे हैं, हीरो बन रहे हैं। इसके बाद भी वह मजबूर थी। सब-कुछ उसके हाथ में था, पर हो वह रहा था, जो भगतसिंह चाहते थे। अब अदालत में दर्शकों की भारी भीड़ जमने लगी थी और वह एक राजनीतिक महफिल बनती जा रही थी।

फ्री स्टाइल कुश्ती के अखाड़े में जैसे झूमते हुए पहलवान आते हैं, ऐसे ही देश के दीवाने और मृत्यु-दीप के परवाने लोग आते। बिलकुल उन पहलवानों की तरह गर्व-भरी मुद्राओं और मस्तानी निगाहों से एक बार चारों ओर देखते । इसके बाद नारे लगाते—इन्कलाब ज़िन्दाबाद। ऐसे शब्द और स्वर भी होते हैं, जो जीभ से उठते हैं और ऐसे भी जो कण्ठ से आते हैं या फेफड़ों से, पर ऐसे भी शब्द और स्वर होते हैं जो देह, मन और आत्मा के कण-कण का मन्थन कर उठते हैं। इन नारों के शब्द भी, स्वर भी ऐसे ही होते। अदालत क्या गूंजती, भारत का आकाश ही गूंज उठता—इन्कलाब ज़िन्दाबाद ! तब राष्ट्रीय गान आरम्भ होता—वन्दे मातरम् ... ! और फिर वन्दना के इन पावन और मांगलिक स्वरों में बलिदान की कामना ही साकार हो उठती—

"सर-फरोशी की तमन्ना अब हमारे दिल में है !
देखना है ज़ोर कितना बाजुए कातिल में है ! !
वक्त आने दे बता देंगे तुझे ऐ आसमां,
हम अभी से क्या बताएं क्या हमारे दिल में है ।
ऐ शहीदे मुल्कों मिल्लत, मैं तेरे ऊपर निसार,
अब तेरी हिम्मत की चर्चा गैर की महफिल में है,
सर-फरोशी की तमन्ना अब हमारे दिल में है ! !"

फिर नारा गूंज उठता—इन्कलाब ज़िन्दाबाद ! वन्दे मातरम् देश-भक्ति का भाव पैदा करता, तो 'सर-फरोशी की तमन्ना' तथा इसी तरह के बहुत-से दूसरे गीत देश के लिए सर्वस्व त्याग की भावना पैदा करते और 'इन्कलाब ज़िन्दाबाद' नई समाज व्यवस्था के निर्माण का चाव जगाता । सर्व-सत्ता-सम्पन्न सरकार का प्रतिनिधि आप-ही-आप अपनी आंखों में छोटा हो जाता और कैदी महान् हो जाते । उस दृश्य की कल्पना करती हूं, तो मुझे याद हो जाती है वह अदालत, जिसमें बाकूनिन को ज़िन्दा जलाया गया था। वह अदालत जिसमें ईसा को क्रॉस पर टांगने का दण्ड दिया गया था, वह अदालत जिसने प्रह्लाद को जलते खम्भे से लिपटने का निर्णय दिया था। ऐसी ही तो थी यह अदालत भी और उन अदालतों की तरह, नहीं जानती थी कि इतिहास की अदालत में वह युग-युगों तक फांसी पाती रहेगी। अब न भगतसिंह हैं, न मजिस्ट्रेट श्रीकृष्ण, पर भगतसिंह के चेहरे की चमक प्रतिदिन बढ़ रही है, तो श्रीकृष्ण का नाम अपने चेहरे की कालिमा ही रोज़ बढ़ा रहा है। हम आज में इतने खो जाते हैं कि इतिहास के कल का ध्यान नहीं कर पाते और अतीत के कल से पाठ नहीं पढ़ते, इसी से हमारा आने वाला कल काला हो जाता है।

'मॉडर्न रिव्यू' के सम्पादक श्री रामानन्द चट्टोपाध्याय ने 'इन्कलाब ज़िन्दाबाद' के शीर्षक से एक टिप्पणी लिखी। इसमें इस नारे को अराजकता और खून-खराबी का प्रतीक बताया और निरर्थक भी। भगतसिंह मुकदमे में व्यस्त रहते भी इस पर चुप कहां रह सकते थे ? उन्होंने अपनी और दत्त की ओर से एक पत्र में "आप सरीखे परिपक्व विचारक, अनुभवी, यशस्वी सम्पादक, जिनका सारा देश सम्मान करता है–की रचना का प्रतिवाद करना धृष्टता" मानते हुए लिखा–"इस नारे की रचना हमने नहीं की। यही नारा रूस के क्रान्तिकारी आन्दोलन में प्रयोग किया गया है और प्रसिद्ध समाजवादी लेखक ऑप्टन सिंकलेयर ने अपने उपन्यासों 'बोस्टन' और 'आइल' में यही नारा कुछ अराजकतावादी क्रान्तिकारी पात्रों के मुख से कहलाया है।"

हिंसा और विप्लव को क्रान्ति का पर्याय मानने से इन्कार करते हुए भगतसिंह ने आगे लिखा–"हम यतीन्द्रनाथ ज़िन्दाबाद का नारा लगाते हैं। इससे हमारा अभिप्राय यह होता है कि उनके जीवन के महान् आदर्शों तथा उस अथक उत्साह को सदा-सदा के लिए बनाए रखें, जिसने इस महानतम बलिदानी को उस आदर्श के लिए अकथनीय कष्ट झेलने एवं असीम बलिदान करने की प्रेरणा दी। यह नारा लगाने से हमारी यह लालसा प्रकट होती है कि हम भी अपने आदर्शों के लिए ऐसे ही अचूक उत्साह को अपनाएं और यही वह भावना है, जिसकी हम प्रशंसा करते हैं। इसी प्रकार हमें 'इन्कलाब' शब्द का अर्थ भी कोरे शाब्दिक रूप में नहीं लगाना चाहिए।" इसके बाद इन्कलाब-क्रान्ति की व्याख्या करते हुए लिखा–"क्रान्ति शब्द का अर्थ प्रगति के लिए परिवर्तन की भावना एवं आकांक्षा है। लोग साधारणतया जीवन की परम्परागत दशाओं के साथ चिपक जाते हैं और परिवर्तन के विचार-मात्र ही से कांपने लगते हैं। यही वह अकर्मण्यता की भावना है, जिसके स्थान पर क्रान्तिकारी भावना जाग्रत् करने की आवश्यकता है। दूसरे शब्दों में कहा जा सकता है कि अकर्मण्यता का वातावरण निर्मित हो जाता है और रूढ़िवादी शक्तियां मानव-समाज को कुमार्ग पर ले जाती हैं। ये परिस्थितियां मानव-समाज की उन्नति में गतिरोध का कारण बन जाती हैं। क्रान्ति की इस भावना से मनुष्य-जाति की आत्मा स्थायी तौर पर ओत-प्रोत रहनी चाहिए, जिससे कि रूढ़िवादी शक्तियां मानव-समाज की प्रगति की दौड़ में बाधा डालने को संगठित न हो सकें। यह आवश्यक है कि पुरानी व्यवस्था सदैव बदलती रहे और वह नई व्यवस्था के लिए स्थान रिक्त करती रहे, जिससे कि यह आदर्श व्यवस्था संसार को बिगड़ने से रोक सके। यह है हमारा वह अभिप्राय जिसको हृदय में रखकर हम 'इन्कलाब ज़िन्दाबाद' का नारा ऊंचा करते हैं।"

अपनी कमज़ोरी और सरकारी अत्याचारों की शहज़ोरी से इस केस में सरकारी गवाहों की एक पूरी टोली तैयार हो गई थी। उनसे जिरह करना और इस प्रकार उनकी बातों का प्रचार कर क्रान्तिकारी वातावरण तैयार करना भगतसिंह की प्रचार-योजना का ही एक अंग था। इस योजना का चमत्कार सिद्ध हुए सरकारी गवाहों के बयान । पुलिस के बड़े अफसरों ने अपनी पूरी कारीगरी से उन्हें इस तरह तैयार कराया था कि सरकार जनता से यह कह सके कि इन खूनी और सिर-फिरे लोगों ने उपद्रव मचाने

की जो कोशिश की थी, उसी से सरकार को दमन करना पड़ा। भगतसिंह ने इन बयानों का एक उपयोग तो यह किया कि नए क्रान्तिकारी इनसे काम करना सीखें और दूसरा यह कि जनता यह जाने कि हमारे क्रान्तिकारी कितने साहसी हैं। यही नहीं कि समय पर वे किसी अंगरेज़ को गोली मार देते हैं, बल्कि उनके पास एक विशाल योजना और गम्भीर उद्देश्य है।

जब सरकारी गवाह फणीन्द्रनाथ घोष कटघरे में आए और दल के रहस्य खोलने लगे, तो शिव वर्मा ने उन पर जिरह करने में कमाल कर दिया। उन्होंने इस तरह प्रश्न पूछे कि फणीन्द्र घोष धीरे-धीरे यह बताने के लिए विवश हो गए कि बम कैसे बनता है। अदालत की कार्यवाही तब तक प्रतिदिन पत्रों में छपा करती। इस प्रकार नई पीढ़ी के क्रान्तिकारियों को शिव वर्मा की कारीगरी से बम बनाने की तरकीब प्राप्त हो गई।

इस प्रकार योजना का एक बहुत ही कूटनीतिक, पर बहुत ही सूक्ष्म पहलू था अदालत में काकोरी-दिवस, लेनिन डे, पहली मई, लाजपतराय-दिवस आदि मनाना। पुराने क्रान्तिकारी श्री श्यामजी कृष्ण वर्मा की जर्मनी में मृत्यु हो जाने पर भी अदालत में शोक-सभा हुई और हिन्दुस्तान एसोसियेशन ऑफ सेण्ट्रल युरोप, बर्लिन के नाम 5 अप्रैल, 1930 को निम्नलिखित सम्वेदना तार भेजा–

"प्लीज़ कन्वे प्रॉपर क्वार्टर्स ऑवर सिंसियर सारोजऐट सैड डिमाइस ऑव कॉमरेड श्यामजी कृष्ण वर्मा वन ऑव द पायनियर्स सोशलिस्ट-रेवोल्यूशनरीज़ मूवमेण्ट इन इण्डिया। हिज़ लाइफ लांग फाइट इन काज़ ऑफ इण्डियाज़ इमेंसिपेशन इज़ ए नेशनल एसैट दैट वुड एवर इन्स्पायर वर्कर्स इन बैटल फॉर फ्रीडम।

लाहौर कॉन्स्पीरेसी केस
अण्डर ट्रायल्स'

इसी प्रकार हंगरी में एक राजनीतिक कैदी के भूख-हड़ताल में मरने पर भी शोक-दिवस मनाया और इस प्रकार अपने राष्ट्रीय प्रश्न को अन्तर्राष्ट्रीय स्रोतों से जोड़ दिया। इन अवसरों पर भगतसिंह और उनके साथी सन्देश देते थे और दिन मनाने का ऐसा ढंग अपनाते थे कि अदालत की कार्यवाही में इन्हें रेकॉर्ड किया जाए। भगतसिंह अपनी चतुरता से सरकार को बेवकूफ बनाते जा रहे थे और सरकार अपनी चतुरता के नशे में बेवकूफ बनती जा रही थी। सरकार सोचती थी कि इन सन्देशों से इन लोगों का राजद्रोह सिद्ध होता है और फांसी देने की राह साफ हो रही है, पर भगतसिंह सोचते थे–इनसे हमारा रूप जनता के सामने आता है कि हम उसके हैं, उसके लिए ही जीवन दे रहे हैं। इन बयानों से सरकार मुकदमे को मज़बूत करने का जो काम ले रही थी, उसकी चिन्ता न भगतसिंह को थी, न अधिकांश दूसरे साथियों को, क्योंकि वे तो फांसी पर झूलने के लिए ही घर से निकले थे।

श्रीमती सुभद्रा जोशी के इन शब्दों में इन वीरों के मानस का भी रेखा-चित्र है और उस अदालत का भी–"अदालत में दोपहर के खाने के समय सम्बन्धियों को अभियुक्तों

के साथ मिलने की अनुमति होती थी। निकट के एक कमरे में मिलने वालों को बैठा दिया जाता था। हम लोग मिल-मिलाकर कुछ ऐसा ढंग निकाल लेते थे कि जिस दिन मुझे सरदार भगतसिंह ने मिलना होता था, उस दिन उनके किसी सम्बन्धी को साथ ले लिया जाता था। उस समय खाने-पीने का सामान देने पर भी कोई प्रतिबन्ध नहीं था, परन्तु नियम यह था कि वह सामान वहीं खाना होता था। मैं प्रतिदिन एक-दो ऐसी चीज़ें ले जाती थी, जो जेल में नहीं मिलती थीं और जिन्हें सरदार और उनके साथी बहुत पसन्द करते थे। अनेक बार तो वे स्वयं ही बता दिया करते थे कि कल यह चीज़ लाना। दही-बड़े तो सब बड़े चाव से खाते थे। सरदार भगतसिंह को केक बहुत पसन्द था। सरदार को अपने हाथ से दूसरों को खिलाने का बहुत चाव था। एक दिन उन्होंने मुझे केक का टुकड़ा खिलाने की बहुत कोशिश की, पर उसमें अण्डा था, इसलिए मैं न खा सकी। दोपहर के खाने के समय का यह डेढ़-दो घण्टा अच्छी-खासी दिल्लगी में बीत जाता था।

मृत्यु जिनके सिर पर अपने भयानक रूप में मंडरा रही थी, कालेपानी का दण्ड जिनके भाग्य में लिखा जा चुका था, उनकी यह हंसी और अट्टहास-भरी गूंज बस देखते ही बनती थी। भारतमाता के इन लाड़लों को अदालत के कटघरे में अपनी मृत्यु के साथ खिलवाड़ करते देखकर प्रत्येक दांतों-तले उंगली दबाने के लिए विवश हो जाता था। अदालत की ओर से उनकी उपेक्षा और मुकदमे की ओर से उनकी तटस्थता कुछ ऐसी थी मानो उनके लिए कुछ हो ही न रहा हो। केवल व्यंग्य के रूप में सरदार भगतसिंह कोई ऐसी फुलझड़ी छोड़ दिया करते थे या कोई ऐसा बढ़िया उलझन-भरा प्रश्न उठा देते थे कि मजिस्ट्रेट भी चकरा जाता था।''

पढ़कर आश्चर्य होता है कि यह मौत का फन्दा जकड़ने को बेचैन किसी अदालत के लंच का वर्णन है या किसी शानदार फिल्म के इण्टरवल का ? सच यह है कि विश्व के मुकदमों के इतिहास में भगतसिंह के कामों ने लाहौर षड्यन्त्र केस को ऐसी ऊंचाई पर बैठा दिया है कि जहां तक दूसरा मुकदमा नहीं पहुंचता, न अपनी सरसता की दृष्टि से, न सजीवता की दृष्टि से, न सफलता की दृष्टि से। 1924 से 1929 तक खूनी साम्प्रदायिक दंगों का जाल रचकर राष्ट्रीयता के वातावरण को धुंधला करने के लिए अंगरेज़ी हुकूमत ने योजना-पूर्वक जो कीचड़ उछाली थी, साण्डर्स-वध, असेम्बली बम-काण्ड के द्वारा भगतसिंह ने उसे समेटा और इस मुकदमे के द्वारा धो कर फेंक दिया। राजनीति के सूर्य को जो पूर्ण ग्रहण लग गया था, यह उससे उभर आया और पूर्ण प्रकाश से चमक उठा । भगतसिंह क्रान्तिवीर तो हैं ही, पर विश्व की अदालतों के इतिहास के भी हीरो हैं।

अदालत का कर्णधार न्यायाधीश होता है, पर इस अदालत के कर्णधार तो भगतसिंह थे। श्रीमती सुभद्रा जोशी के ही शब्दों में–''न्यायालय के कमरे में न्यायाधीश ज्यों ही कुरसी पर आकर बैठते, वह राष्ट्रीय गीतों और नारों से गूंज उठता। चारों ओर सन्नाटा छा जाता, न्यायाधीश सिर झुकाए कुरसी पर मौन बैठे रहते, वकील एकदम मौन हो, अपने स्थान से हिलते तक न थे। अर्दली, सिपाही और दूसरे सरकारी

कर्मचारी भी सिर झुकाए खड़े या बैठे रहते थे। अभियुक्तों के सम्बन्धियों पर एक विचित्र-सी गम्भीरता छा जाती थी। सरदार और उनके साथी अदालत पर पूरी तरह छा जाते थे। सारा कमरा ही बलिदान के रंग में रंगे होने का दृश्य उपस्थिता करता था।"

यह अदालत उन दिनों लाहौर की सबसे दिलचस्प जगह थी। अदालत का मुख्य द्वार बिलकुल सड़क पर था। कॉलेजों-स्कूलों के विद्यार्थी छुट्टी होते ही दौड़कर वहां आ जाते थे और इस तरह अदालत के बाहर भी अच्छी-खासी भीड़ जुड़ जाती थी। भगतसिंह खूब ज़ोर से बोलते थे कि आवाज़ बाहर तक पहुंचे। जब अभियुक्त भीतर कमरे में गाते थे, तो बाहर खड़े लोग भी गाने लगते थे। शहीदों के शहीद कवि श्री ओमप्रकाश की ये पंक्तियां उन दिनों घर-घर गाई जाती थीं–

कभी वो दिन भी आएगा कि जब आज़ाद हम होंगे,
ये अपनी ही ज़मीं होगी, यह अपना आसमां होगा !
शहीदों की चिताओं पर जुड़ेंगे हर बरस मेले,
वतन पर मरने वालों का यही बाकी निशां होगा ! !

यों ही मुकदमे का मज़ाक चल रहा था कि एक दिन अचानक सीन बदल गया। सरकारी गवाह कटघरे में आया, तो उसने अभियुक्तों की तरफ देखकर मूंछें ऐंठीं और व्यंग्य किया। अभियुक्त दहाड़ उठे– "शेम ! शेम् !!" प्रेमदत्त अभियुक्तों में सबसे छोटी उम्र के थे। उन्होंने अपना जूता जयगोपाल पर फेंक मारा। मजिस्ट्रेट ने अभियुक्तों के हाथों में हथकड़ी लगाने का हुक्म दिया। इस पर हंगामा मच गया और अदालत मुलतबी हो गई। दूसरे दिन अभियुक्तों ने अदालत में आने से इन्कार कर दिया। पुलिस पूरी ताकत से उन पर टूट पड़ी कि ज़बरदस्ती उन्हें लॉरी में लाद ले, पर ये लोग भी चून के बने न थे। पुलिस पूरी जद्दोजहद करने के बाद कुल पांच अभियुक्तों को लॉरी में लाद सकी। लॉरी बोर्स्टल जेल से सेण्ट्रल जेल के द्वार पर पहुंच गई, पर पुलिस सब-कुछ करके भी उन्हें लॉरी से नीचे न उतार सकी। वे आपस में इस तरह गुंथ गए कि पहाड़ की चट्टान हो गए। इतनी बड़ी चट्टान उस छोटे दरवाज़े से कैसे पार होती ? अदालत उस दिन भी मुलतबी हो गई।

दूसरे दिन पुलिस अफसरों ने वादा किया कि अदालत में पहुंचने पर हथकड़ियां खोल दी जाएंगी । सब अदालत में आ गए, पर वादा पूरा न हुआ। लंच के समय भगतसिंह ने हंसकर कहा–"यारो, खाना तो खा लेने दो।" हथकड़ियां खोल दी गईं, पर लंच के बाद अभियुक्तों ने हथकड़ी लगवाने से इन्कार कर दिया। मजिस्ट्रेट इसके लिए तैयार ही था। उसने पहले से तैयार पठानों को शिकारी कुत्तों की तरह अभियुक्तों पर छोड़ दिया। भयंकर और क्रूरतम पिटाई हुई। भगतसिंह से आठ पठान लिपट गए। अदालतों के इतिहास का यह घृणित दृश्य था। जो कुछ हुआ था, राक्षसी कार्य था, पर इसे काफी नहीं समझा गया। पुलिस और पठान जेल पहुंचे और वहां पर भी अभियुक्त पीटे गए। यहां भी मुख्य निशाना भगतसिंह पर ही था। पुलिस ने पूरी ज़ोर आज़मायश के बाद रिपोर्ट की–"इन्हें मार डाला जा सकता है, पर किसी तरह भी अदालत में नहीं लाया जा सकता ।"

अदालत में पिटाई के समय बहुत-से स्त्री-पुरुष दर्शक थे। बात-की-बात में बात शहर-भर में फैल गई और शाम को एक बहुत ज़ोरदार जलसा हुआ । दूसरे दिन देश-भर के अखबार इस खूनी खबर से भर गए और सम्पादकीय में इस काण्ड की घोर निन्दा की गई। विदेशी अखबारों में भी यह 'न्यूज' उछली। पोलैण्ड की एक महिला ने इस केस की पूरी कार्यवाही भेजने के लिए डिफेन्स कमेटी को लिखा। यह कमेटी इसी केस के लिए बनाई गई थी। देश-भर से डिफेन्स कमेटी के पास धन आने लगा। खास बात यह थी कि गरीब-से-गरीब आदमी ने अपनी हैसियत के अनुसार धन दिया। कोई तीस हज़ार आदमियों ने छोटी-छोटी रकमें दी थीं। सारे देश का मानस इस केस के साथ जुड़ गया और वह विश्व की चर्चा का विषय बन गया। जापान, कनाडा और साउथ अमेरिका से भी आर्थिक सहायता प्राप्त हुई।

सरकार झुकी और एक लम्बे अवरोध के बाद फिर मुकदमा चला। इसके बीच सर्वश्री सुभाषचन्द्र बोस, बाबा गुरदित्तासिंह, के. एफ नरीमन, राजा कालाकांकर, रफीअहमद किदवई, मोहनलाल सक्सेना अदालत में आए। पण्डित मोतीलाल नेहरू दो बार आए और एक बार तो वे अभियुक्तों के बीच बैठ बहुत ही महत्वपूर्ण बातचीत कर गए। अभियुक्तों को उलझाने के लिए मुकदमा चलाया गया था, पर उलझ गयी थी सरकार ही । देश के युवकों का मन क्रान्तिकारी दल से जुड़ता जा रहा था, जनता जाग उठी थी, वातावरण में राजनीतिक गर्मी आ चली थी और महात्मा गांधी कांग्रेस के मंच से उस गर्मी का उपयोग करने के लिए नए आन्दोलन का ताना-बाना बुनने लगे थे। सरकार की परेशानी का रहस्य यह था अभी तो मुकदमा मजिस्ट्रेट की अदालत में अपनी आरम्भिक कार्यवाही ही पूरी कर रहा है। इसके बाद उसे सेशन जज की अदालत में जाना था, वहां से हाईकोर्ट में और जब मजिस्ट्रेट की अदालत ने ही देश-भर में आग लगा दी है, तो हाईकोर्ट तक पहुंचते तो यहां ज्वालामुखियां फूट पड़ेंगी। इन ज्वालामुखियों की कल्पना से ही सरकार कांप उठी थी, हड़बड़ा उठी थी और नाक कटाकर भी जान बचाने की फिक्र में थी। यह भगतसिंह के बुद्धिकौशल और रणनीति का एक महान् ऐतिहासिक चमत्कार था कि असहाय अभियुक्त जीत रहे थे और सर्वशक्तिमान् सरकार हार रही थी।

उन्हीं दिनों भगतसिंह ने एक और धड़ाका कर दिया। जेल-सुधार-कमेटी ने जेलों में व्यवहार के सम्बन्ध में जो सिफारिशें की थीं, उन्हें लागू करने के लिए पहले सरकार ने नवम्बर, 1929 का समय घोषित किया, फिर इसे दिसम्बर के लिए स्थगित किया, पर जनवरी, 1930 बीत जाने पर भी कोई कार्यवाही नहीं हुई। इस पर भगतसिंह ने 4 फरवरी, 1930 को एक सप्ताह की नोटिस देने के बाद फिर भूख-हड़ताल कर दी। सरकार ने घबराकर एक पत्र प्रकाशित कर नया आश्वासन दिया। भगतसिंह सहृदय और सन्तुलित थे, उन्होंने भूख-हड़ताल तोड़ दी। इसके बाद भी उन्हें कुछ शिकायतें थीं। भगतसिंह ने फिर अदालत में जाना बन्द कर दिया। इस पर 'सिविल मिलिट्री गज़ट' नामक पत्र में एक वक्तव्य छपा कि अभियुक्तों ने अदालत का बहिष्कार कर दिया है। यह सफेद झूठ था। इस पर 11 फरवरी, 1930 को भगतसिंह ने एक पत्र में अपनी

और बी. के. दत्त की तरफ से स्पेशल मजिस्ट्रेट को लिखा–

"हमारे साथी अभियुक्त हिन्दुस्तान के भिन्न-भिन्न और दूर-दूर के प्रान्तों के रहने वाले हैं, इसलिए उनको अपने बन्धुओं से मुलाकात की सुविधाएं मिलनी चाहिए। श्री बी. के. दत्त और कमलनाथ तिवारी ने कुमारी लज्जावती से मुलाकात करने की इच्छा प्रकट की थी, लेकिन उनको इस आधार पर मुलाकात करने की स्वीकृति नहीं दी गई कि वे न तो इन दोनों की रिश्तेदार हैं और न वकील ही। बाद में इन लोगों का मुख्तारनामा (प्रतिनिधित्व करने का अधिकार-पत्र) प्राप्त कर लेने पर भी उन्हें मुलाकात की स्वीकृति नहीं दी गई। इससे साफ प्रकट है कि अभियुक्तों को अपनी सफाई पेश करने की पूरी सुविधाएं नहीं दी जा रही हैं। साथ ही क्रान्तिकुमार, जो हमारी डिफेन्स कमेटी के लिए बहुत उपयोगी काम कर रहे थे और हमारे लिए प्रतिदिन काम आने वाली चीज़ें भी लाकर दे रहे थे, उनको एक झूठा मुकदमा (चटनी में रखकर पिस्तौल की गोली लाने का) बनाकर जेल में डाल दिया गया है। यही नहीं जब वह झूठा मुकदमा उनके विरुद्ध सिद्ध नहीं हो सका, तो गुरदासपुर में उनके विरुद्ध धारा 124 ए में एक नया मुकदमा खड़ा कर दिया गया है।

मैं स्वयं पूरे समय के लिए वकील नहीं रख सकता, इसलिए मैं चाहता था कि मेरे आदमी अदालत में रहें, लेकिन बिना कोई कारण बताए उन्हें स्वीकृति न देकर लाला अमरदास एडवोकेट को जगह दे दी गई है। इन्साफ के नाम पर खेले जाने वाले इस नाटक को हम हरगिज़ पसन्द नहीं करते, क्योंकि इससे हमें अपनी सफाई पेश करने में कोई सुविधा या लाभ नहीं पहुंचता।

एक और बड़ी शिकायत हमें अखबार न मिलने की है। हवालाती (अण्डर-ट्रायल) कैदियों से दण्ड प्राप्त कैदियों-जैसा-व्यवहार नहीं किया जा सकता। इनको रोज़ाना कम-से-कम एक अखबार ज़रूर मिलना चाहिए। अंगरेज़ी न जानने वालों के लिए भी हम एक दैनिक अखबार चाहते हैं, इसलिए विरोध के तौर पर हम 'ट्रिब्यून' भी वापस कर रहे हैं। इन्हीं कारणों से हमने 29 जनवरी, 1930 को अदालत में न जाने की घोषणा कर दी थी। इन असुविधाओं के दूर होते ही हमें अदालत में आने में कोई आपत्ति न होगी।" उन्हीं दिनों का एक सजीव दृश्य, क्रान्तिकारी काशीराम के शब्दों में–

"ठण्ड के दिन थे, दिसम्बर का महीना। लाहौर षड्यन्त्र-केस की कार्यवाही सेन्ट्रल जेल के अन्दर चहारदीवारी के दक्षिण कोने की सीमा में, एक बैरक में हुआ करती थी। बैरक बहुत लम्बी-चौड़ी थी। दीवार में एक-बड़ा-सा फाटक था, उसी में एक छोटी खिड़की-द्वारा दर्शकों के अन्दर आने-जाने का रास्ता था।

यथासमय मैं अदालत में दर्शकों के बीच जाकर खड़ा हो गया। भगतसिंह के सन्देश भेजने पर मैं यहां आया था। मेरे पहुंचते ही अभियुक्तों के कटघरे में हलचल-सी मच गई। आंखों ने आंखों से ही नमस्ते की और कुशल-समाचार पूछा। सब साथी खिल उठे। भगतसिंह उस दिन मौज में थे, जामे-शहादत की मस्ती में, दूर से ही चोंच दिखानी शुरू की। कटघरे में ज़ोर का एक कहकहा लगा। मजिस्ट्रेट और पुलिस अधिकारी चौंके। पूछा–"क्या मामला है ?" सब अपनी धुन में, जवाब कौन देता ? पुलिस चौकन्नी होकर

इसका कारण खोजने लगी, इधर मेरा भी खुशी और हंसी से बुरा हाल था, पर मैं न तो हंस सकता था और न उन लोगों के मज़ाक में हिस्सा ले सकता था, बल्कि पुलिस की तेज़ निगाहों से बचने के लिए दर्शकों की भीड़ में छिपने की कोशिश कर रहा था।

कैदियों के द्वारा इस प्रकार लगातार गड़बड़ करने के कारण अदालत की कार्यवाही का चलना असम्भव हो गया। थोड़ी देर के लिए अदालत स्थगित करनी पड़ी। बैरक के पीछे कैम्प लगे थे। वहीं पर बन्दियों से मिलने का भी प्रबन्ध था। मैं उधर ही जा पहुंचा। अजब दृश्य था। सब साथी परेड की मुद्रा में खड़े थे, मानो फौजी जवान मैदान में किसी निरीक्षण की तैयारी में हों।

मैं सीधा भगतसिंह के पास पहुंचा। मेरे कुछ भी कहने से पहले ही भगतसिंह फौजी तरीके से एक कदम आगे बढ़े, फौजी सैल्यूट मारा और हम बगलगीर हुए। भगतसिंह के हाथ में एक रसगुल्ला था, वह उसने मेरे मुंह में दे दिया। मैं रसगुल्ला खाने को हुआ, तो वह बोला–"अबे, सब नहीं, आधा।" मैं बोल तो सकता नहीं था और रसगुल्ला छोड़ना भी नहीं चाहता था, पर वह बार-बार कह रहा था–'अबे आधा ही।' उसकी उंगलियां मेरे दांतों के बीच कटी जा रही थीं, पर हम दोनों ही अपनी-अपनी ज़िद पर अड़े रहे थे। आखिर हारकर मैंने उसकी उंगलियां छोड़ीं और आधे रसगुल्ले पर ही सन्तोष किया। आधा वह खुद खा गया। इसके बाद उसी फौजी तरीके से एक कदम पीछे हटकर लाइन में खड़ा हो गया।

इसी प्रकार एक के बाद एक सभी साथी आगे बढ़े। सभी के हाथ में खाने की कोई-न-कोई चीज़ थी। सैल्यूट, बगलगीर होना, फिर उसी तरह खाना। राजगुरु ने मुझे घेर लिया, लिपट गया। मुझे ऐसा लगा कि कुश्ती लड़ने पर उतारू है। बहुत खफा होकर बोला–'तुम जो कुछ लाते हो, जयदेव कपूर के वास्ते ही लाते हो। उसे शाल दिया, पेन दिया' और पता नहीं क्या-क्या बकता रहा। उस दिन वह बड़े धड़ल्ले से अंगरेज़ी बोल रहा था। हम लोग साल-डेढ़ साल बाद मिले थे, खुशी में सब-कुछ भूले हुए। रसगुल्ला (मिस्टर नियाज़ अहमद, पंजाब खुफिया पुलिस के मुख्य अधिकारी) कब से हमारे पास आकर हमारी बातें सुन रहे थे, इसका हमें पता ही न लगा। मुझे पता लगा तब, जब रसगुल्ला महाशय मुझसे कहने लगे–'मालूम होता है आप राजगुरु को बाहर से ही जानते हैं।' मैंने कहा–'हो सकता है, जयदेव मेरा भाई है, यह उससे मिलने आते होंगे । मैं तो पहचान न सका, इन्होंने ही पहचान लिया।'

नियाज़ अहमद ने जोश के साथ कहा–"आई विल पुट यू बिफोर द कोर्ट ऐज़ विटनेस एण्ड यू विल हैव टू टेल दैट राजगुरु नोज़ इंगलिश एण्ड हिन्दी–मैं तुम्हें कचहरी में गवाह के तौर पर पेश करूंगा, यह बतलाने के लिए कि राजगुरु अंगरेज़ी और हिन्दी दोनों जानता है।" क्रोध से मेरी आंखें लाल हो उठीं, यह देखकर नियाज़ अहमद सकपका गया। मैंने ज़रा तेजी में ही कहा–'तुम किससे बातें कर रहे हो, दिमाग खराब हो गया है क्या ? यू प्लीज़ गो अवे फ्रॉम हियर। तुम मेहरबानी करके यहां से चले जाओ।' वह बेचारा चुपचाप वहां से चला गया।

: 23 :

और अब ट्रिब्यूनल के सामने

मरता क्या न करता जैसी हालत हो गई थी पिछले छह महीनों में सरकार की। भूख-हड़ताल और यतीन्द्रनाथ के बलिदान ने उसके मुंह पर तारकोल पोत दिया था और मजिस्ट्रेट की अदालत में भगतसिंह की सूझ-बूझ ने उसे कहीं का न छोड़ा था। खाज वाला कुत्ता जैसे मक्खियों से बचता फिरता है, वैसी ही हालत सरकार की थी। वह किसी भी तरह अब इस मुकदमे से पीछा छुड़ाना चाहती थी।

12 सितम्बर, 1929 को अंगरेज़ी सरकार ने उसी केन्द्रीय असेम्बली में एक बिल पेश किया, जिसमें भगतसिंह ने 8 अप्रैल, 1929 को बम फेंके थे। बिल का भाव यह था कि यदि अभियुक्त अपने को अदालत में आने के अयोग्य बना लें, तो न्यायाधीशों को अधिकार होगा कि वे उनकी अनुपस्थिति में भी अदालत का काम जारी रखेंगे। सरकार की चाल यह थी कि अदालत में दुर्व्यवहार करने पर अभियुक्त अदालत में आना बन्द कर देंगे और इस प्रकार मुकदमा जल्दी समाप्त हो जाएगा।

इस बिल पर असेम्बली क्षेत्रों में जो चर्चा हुई वह बहुत गरम थी। इस समय असेम्बली में विरोधी दल के नेता पण्डित मोतीलाल नेहरू थे। उनके साथियों में भी अनेक तेजस्वी वक्ता थे। जो सदस्य मुलायम थे, वे भी इस बिल पर सरकार का साथ नहीं दे सकते थे, क्योंकि भगतसिंह ने इस मुकदमे को देशव्यापी ख्याति दे दी थी। जनता पूरी तरह क्रान्तिकारियों के पक्ष में थी। इसलिए सरकार के पक्ष में जाने वाला कोई भी सदस्य अलोकप्रिय हुए बिना न रह सकता था। असेम्बली का वातावरण इतना विरोधी था कि सरकार ने चार दिन बाद ही 16 सितम्बर, 1929 को अपना बिल लोकमत के लिए प्रसारित करना स्वीकार कर लिया। साथ ही सरकार ने यह भी कह दिया कि आवश्यकता हुई, तो वह अपने विशेषाधिकार का प्रयोग करेगी।

1 मई, 1930 को गवर्नर लॉर्ड इरविन ने 'लाहौर षड्यन्त्र केस आर्डीनेन्स' के नाम से एक विशेष आदेश जारी किया। इसके अनुसार तीन जजों का स्पेशल ट्रिब्यूनल नियुक्त किया गया। इस ट्रिब्यूनल को अधिकार दिया गया कि अभियुक्तों की अनुपस्थिति में, सफाई के वकीलों और सफाई के गवाहों के उपस्थित हुए बिना और सरकारी गवाहों पर ज़िरह के अभाव में भी वह मुकदमे का फैसला एक-तरफा कर सकता है। साफ-साफ बात यह कि मई, 1929 में श्री हैरीसन की अध्यक्षता में जलियांवाला काण्ड के अभियुक्तों का फैसला करने के लिए जो फौजी ट्रिब्यूनल बनाया गया था, इसे उससे भी अधिक नादिरशाही अधिकार प्राप्त थे। हां, दो बातों में दोनों ट्रिब्यूनल समान थे। पहली यह कि उसमें भी दो अंगरेज़ और एक मुसलमान जज थे और इसमें भी और वह भी मई महीने में घोषित हुआ था और यह भी।

नया ट्रिब्यूनल पंजाब हाईकोर्ट ने बनाया था और उसमें निम्नलिखित सदस्य

थे–जस्टिस जे. कोल्डस्ट्रीम, प्रेसीडेण्ट; जस्टिस आगा हैदर, सदस्य ; जस्टिस जी.सी. हिल्टन, सदस्य।

सर टेकचन्द बख्शी उन दिनों हाईकोर्ट के जस्टिस थे। उन्होंने ट्रिब्यूनल की नियुक्ति के दूसरे ही दिन भगतसिंह के पिता सरदार किशनसिंह से कहा था–"हमने सरकार की दाढ़ में आगा हैदर का जम्बूड़ अड़ा दिया है। निश्चिन्त रहो, अब बेटे को फांसी नहीं हो सकती।" 5 मई, 1930 को ट्रिब्यूनल की पहली बैठक हुई, मिस्टर एम.सी. एच. कार्डननोड सरकारी वकील थे।

भगतसिंह पर उस ट्रिब्यूनल की नियुक्ति का बहुत अच्छा असर पड़ा, जो उनकी मृत्यु को जल्दी पास लाने के लिए बनाया गया था। उन्होंने अपने साथियों से कहा कि हमने मुकदमे में जो रुख अख्त्यार किया और राजनीतिक दांव चला, आर्डीनेन्स इस बात का सबूत है कि सरकार उससे परेशान हुई। इस प्रकार यह हमारी नैतिक विजय है। उनकी खुशी का दूसरा आधार यह था कि इस आर्डीनेन्स से अंगरेज़ी सरकार के कानून का खोखलापन सिद्ध होता था। भगतसिंह की दृष्टि कितनी लक्ष्यभेदी थी, यह उनके इस दृष्टिकोण से स्पष्ट है, पर उनका क्रान्तिकारी नेतृत्व यहीं नहीं रुका, इससे भी आगे बढ़ गया। उन्होंने साफ-साफ कहा कि अब हमें शुद्ध और पूर्ण क्रान्तिकारी व्यवहार का परिचय देना चाहिए और अब अदालत से अपना सम्बन्ध विच्छेद कर लेना चाहिए। उनकी दृष्टि थी कि अदालत से असहयोग करके हम अंगरेज़ी हुकूमत के खिलाफ एक तरह से अविश्वास का प्रस्ताव पास करेंगे। उनकी दृष्टि की गहराई इस बात को समझने-परखने में थी। 1 जनवरी, 1930 को कांग्रेस अपने लाहौर अधिवेशन में पूर्ण स्वतन्त्रता का प्रस्ताव पास कर चुकी थी, 26 जनवरी, 1930 को भारत के नगर-नगर और गांव-गांव में आज़ादी की प्रतिज्ञा गम्भीरता और जोश के साथ दोहराई जा चुकी थी, 12 मार्च, 1930 को गांधीजी अपने 81 चुने हुए साथियों के साथ दाण्डी मार्च आरम्भ कर उसे पूरा कर चुके थे, देश के हर नगर, कस्बे और गांव में नमक कानून तोड़ा जा चुका था, तोड़ा जा रहा था या तोड़े जाने की तैयारी हो रही थी और इस प्रकार भारत अपने इतिहास के सबसे बड़े, व्यवस्थित और गहरे खुले आन्दोलन से उफन उठा था। इस समय ट्रिब्यूनल की अदालत का बहिष्कार करना उस विराट् जनान्दोलन को बल देना भी था और उससे बल ग्रहण करना भी था।

सच्चाई यह कि इस समय भगतसिंह कोई व्यक्ति न रहे थे। वे जनता के मानस को समझने, परखने और बल देने वाले सहस्र बुद्धि, सहस्र चक्षु और सहस्र बाहु महापुरुष हो उठे थे। वे अब अपनी ही बुद्धि के वाहन न थे। वे तो इस समय युग की आकांक्षा और प्रवृत्ति के दैवी वाहन थे। धर्म के सन्त अनेक हुए, पर वे तो इस समय अपने समय की क्रान्ति के युगसन्त हो गए थे।

कुछ साथी भगतसिंह से सहमत थे, पर कुछ उनके मत से असहमत थे। उनका दृष्टिकोण यह था कि हमें अदालत की कार्यवाही में हिस्सा लेना चाहिए और ठीक समय पर वैसा ही एक बयान इस अदालत में भी देना चाहिए, जैसा कि भगतसिंह

दिल्ली के सेशन जज की अदालत में तथा हाईकोर्ट में दे चुके हैं। भगतसिंह के ये साथी वही कह रहे थे, जो असेम्बली में बम फेंकने की योजना को पास करते समय केन्द्रीय समिति में भगतसिंह ने कहा था। क्या बात है यह ? बात यही है कि भगतसिंह ने जिन परिस्थितियों में वह बात कही थी, अपने प्रयत्नों से भगतसिंह उन परिस्थितियों को बहुत आगे खींच लाए थे और नई परिस्थितियों में नए दृष्टिकोण से देख रहे थे। इसके विरुद्ध ये साथी अभी उन पुरानी परिस्थितियों के ही वातावरण में सांस ले रहे थे और नई परिस्थितियों को समझ न पा रहे थे। भगतसिंह अपने में स्पष्ट थे, पर अधिनायकतावादी नहीं, पूर्ण प्रजातन्त्री मानव थे। इसी भावना के अधीन वे केन्द्रीय समिति में उस दिन चुप रह गए थे, जिस दिन उनकी जगह दूसरे साथियों का नाम असेम्बली में बम फेंकने के लिए चुना गया था और इसी भावना के अधीन उन्होंने अदालत की कार्यवाही में भाग लेने की बात मान ली।

एक बात और, भगतसिंह अपने से मतभेद रखने वाले साथियों की ईमानदारी में उतना ही विश्वास रखते थे, जितना उनके वे साथी इनकी ईमानदारी में। मतभेद की रेखा बहुत सूक्ष्म थी। भगतसिंह राजनीतिक प्रभाव से , नैतिक प्रभाव को अधिक महत्त्व दे रहे थे। उनके साथियों की राय थी कि क्रान्तिकारी पार्टी के पास कोई मंच नहीं है, जहां वह अपना दृष्टिकोण जनता के सामने रखे। इसके विरुद्ध भगतसिंह का दृष्टिकोण यह था कि फांसी और कालेपानी की भयंकर सज़ाओं के सामने क्रान्तिकारी युवकों की निर्लिप्तता एक व्यापक नैतिक प्रभाव डालेगी और नयी पीढ़ी को ऐसी निर्भीकता, देगी, जो बेहद महत्त्वपूर्ण होगी। नम्रता के साथ सोचती हूं, बाहर मैदान में गांधीजी देश की जनता में जेलों और लाठियों के प्रति निडरता का जो भाव पैदा कर रहे थे, जेल के सींखचों में बैठे भगतसिंह कालेपानी की यातनाओं और फांसियों के प्रति वही निडरता भावी पीढ़ियों के प्रति बो रहे थे, उगा रहे थे, पनपा रहे थे।

5 मई, 1930 को लाहौर षड्यन्त्र केस की कार्यवाही ट्रिब्यूनल के सामने आरम्भ हुई। अभी तक मुकदमा उस अदालत में होता था जो सेण्ट्रल जेल के साथ ही थी और जिसमें जाने को जेल के भीतर से ही एक छोटा-सा द्वार था। भगतसिंह एवं दत्त तो वहां थे ही, बोर्स्टल जेल के अभियुक्त (अण्डर-ट्रायल हवालाती) वहीं ले आए जाते थे। अब अदालत मजिस्ट्रेट की नहीं, माननीय जस्टिसों की थी और जेल में उन्हें बुलाना उनकी शान के विरुद्ध था। इसलिए पुंच हाउस में अदालत बनाई गई और वहीं अभियुक्तों को लॉरी से लाने की व्यवस्था हुई। मैं एक बार हरिद्वार गई थी। तब कोई धार्मिक पर्व था। उस बस में गांव की स्त्रियां थीं। वे सारे रास्ते गीत गाती और गंगा मैया की जय के नारे लगाती चली गईं। मुझे उस दिन ध्यान आया था—इसी तरह भगतसिंह और उनके साथी भी जेल से कचहरी तक गीत गाते और नारे लगाते चले जाते रहे होंगे। रास्ते में लोग समय पर खड़े हो जाते थे और गीत सुनकर रोमांचित होते थे, बलिदान का नशा अनुभव करते थे और उत्साहित होते थे। उस लॉरी के आगे-पीछे पुलिस की लॉरियां और मोटर साइकिलें होती थीं, जैसे वायसराय कहीं जा रहे हों। बाहर नमक-सत्याग्रह का वातावरण पूरे ज़ोर में था। गुलामी के विरुद्ध हिंसा

और अहिंसा एक साथ, पर अपने-अपने ढंग से लड़ रही थीं, जैसे अंगरेज़ों से कह रही थीं चाहे इसे चुनो, चाहे उसे, पर तुम्हें इस देश से जाना पड़ेगा और तुम न चुनो तो एक दिन हम दोनों मिलकर तुम्हें ऐसा धक्का देंगी कि तुम जाओगे नहीं, भरभरा कर गिर पड़ोगे।

भगतसिंह और उनके साथी देश के वीर और क्रान्ति के हीरो की शान से झूमते हुए अदालत में आते, जैसे विश्वविद्यालय के सर्वोत्तम छात्र किसी भाषण-प्रतियोगिता के मंच पर आ रहे हों। आते ही वे नारा लगाते–'इन्कलाब-ज़िन्दाबाद' और संगीत उभरता–'सुजलाम् सुफलाम्' या 'सरफरोशी की तमन्ना अब हमारे दिल में है।' दर्शक स्तब्ध रह जाते, मुग्ध हो जाते–क्या मस्ती है, क्या चुस्ती है, क्या खुशी है और सबसे बढ़कर मृत्यु के प्रति बेफिक्री है ! नीचे की अदालत में हिन्दुस्तानी मजिस्ट्रेट नारों और गानों के बीच शान्त बैठा रहता था। ट्रिब्यूनल में पहले ही दिन अंगरेज़ न्यायाधीशों ने नारों पर नाक-मुंह बनाया और सरकारी वकील से खुद अंगरेज़ी में अनुवाद कराया। इस वातावरण से वे काफी भड़के, पर संयत रहे।

सरकार नीचे की अदालत से ही पाठ पढ़ चुकी थी कि कार्यवाही पत्रों में छाप कर और जलसों में चर्चा का विषय बनाकर उन लोगों को, जिन्हें वह हत्यारों और डाकुओं की तरह मार डालना चाहती है, शहीदों और राष्ट्रवीरों का रूप मिल रहा है : इसलिए अदालत की कार्यवाही के प्रकाशन पर उसने पाबन्दी लगा दी थी, पर जनता के दिलों पर रावण, हिरण्यकशिपु और कंस पाबन्दी नहीं लगा सके, तो अंगरेज़ क्या लगाता ?

अदालत में वही अठारह अभियुक्त उपस्थित थे, जो मजिस्ट्रेट की अदालत में थे। ट्रिब्यूनल ने एक-एक अभियुक्त से पूछा–"आप वकीलों के द्वारा अपना मामला पेश करना चाहें, तो सरकार के खर्चे पर वह दिया जाएगा।' सुखदेव, आज्ञाराम, जयदेव, शिव वर्मा और कमलनाथ तिवारी ने इन्कार कर दिया। किशोरीलाल, अजय घोष, और प्रेमदत्त ने कहा–"सरदार किशनसिंह–डिफेन्स कमेटी से सलाह करके उत्तर देंगे:' गयाप्रसाद और जतीन्द्रनाथ सान्याल ने कोई जवाब नहीं दिया और बैठे रहे। बटुकेश्वरदत्त और कुन्दनलाल ने कहा–"मैं इस अदालत में किसी भी प्रश्न का जवाब देने से इन्कार करता हूं।' सुरेन्द्र पाण्डेय, विजयकुमार सिन्हा और राजगुरु ने कहा–"मुझे कोई सहायता नहीं चाहिए।" महावीर सिंह का उत्तर था–"मैं इस अदालत की किसी कार्यवाही में हिस्सा नहीं लूंगा।"

जब अदालत में असहयोग की यह भावुक हवा बह रही थी, भगतसिंह ने सन्तुलित भाव से कहा–"मुझे एक वकील की ज़रूरत है, कानूनी सलाहकार के रूप में । न वे सरकारी गवाहों पर ज़िरह करेंगे, न अदालत में बहस करेंगे, सिर्फ अदालत की कार्यवाही की चौकसी करते रहेंगे।" उन्होंने बैरिस्टर दुनीचन्द का नाम इसके लिए सुझाया। उनकी बात ट्रिब्यूनल ने मान ली। राजगुरु ने नया अड़ंगा लगाया कि वह अदालत की भाषा नहीं समझता, इसलिए उसे मराठी का दुभाषिया मिलना चाहिए। सरकारी वकील ने नाक-भौं सिकोड़ी, पर अदालत ने तुरन्त दुभाषिये की बात मान ली।

यह सब था, पर यह साफ दिख रहा था कि ट्रिब्यूनल के अंगरेज़ जस्टिस खास कर प्रेसीडेण्ट श्री कोल्डस्ट्रीम अभियुक्तों के नारों और गानों से परेशान हैं। शायद उनके जस्टिस होने का गर्व उन्हें भड़काता था, शायद उनकी अंगरेज़ियत भारतीय विद्रोह के प्रति क्रुद्ध होती थी। 'यह स्पेशल अदालत है या शालामार बाग ? कुछ इस तरह का भाव था उनके चेहरे पर। फिर भी वे संयत रहे और प्रमुख मुखबिर जयगोपाल का बयान चलता रहा। यह मुकदमा भारत के मुकदमों में ऐतिहासिक प्रभाव और महत्त्व की दृष्टि से सर्वश्रेष्ठ सिद्ध हुआ, पर वास्तव में यह सबसे गन्दा और लज्जाजनक केस था, क्योंकि पच्चीस अभियुक्तों में सात सरकारी गवाह बन गए थे–जयगोपाल, हंसराज वोहरा, ललित कुमार मुकर्जो, फणीन्द्रनाथ घोष, मनमोहन मुकर्जी, रामशरण दास और ब्रह्मदत्त। अन्त के दो बाद में बदल गए थे और उन्होंने रहस्य नहीं खोले, थोड़ा-बहुत इधर-उधर बताकर ही रह गए। इस केस की दूसरी घटिया बात यह थी कि यह (चार दिन को छोड़कर) अभियुक्तों और उनके वकीलों की गैरहाज़िरी में ही सुना गया था।

भगतसिंह की प्रतिभा का यह चिरस्मरणीय चमत्कार था कि इस गंदे केस में उन्होंने चमक और खुशबू पैदा कर दी थी। चालू भाषा में मैं कहना चाहती हूं–'वर्स्ट' को उन्होंने 'बेस्ट' बना दिया था। सच्चाई यह कि अपनी दिग्विजयिनी क्रान्ति-प्रतिभा के कारण 'वर्स्ट' (सबसे रद्दी) को 'बेस्ट' (सबसे श्रेष्ठ) बनाकर ही तो वे 'भगतसिंह' से 'भगतसिंह महान्' हो गए थे।

अदालत बैठी, तो भगतसिंह ने अपने मीठे और कूक-भरे स्वर में क्रान्ति-कवि ओमप्रकाश की पंक्ति गायीं–

"वतन की आबरू का पास देखें कौन करता है,
सुना है आज मकतल में हमारा इम्तहां होगा !
इलाही वह भी दिन होगा सब अपना राज देखेंगे,
जब अपनी ही ज़मीं होगी और अपना आस्मां होगा !"

जब पहले छन्द का भाव प्रेसीडेण्ट कोल्डस्ट्रीम को पता चला, तो वे गुस्से से 'हॉट-स्टीम' हो गए। उन्होंने ऊपर के स्तर पर सलाह की और अदालत आरम्भ होने के चार दिन बाद वे समय से पहले ही कुर्सी पर आ बैठे। ज्योंही अभियुक्त आए और उन्होंने नारे लगाए, उन्होंने उन्हें बन्द करने का आदेश दे दिया। भगतसिंह और उनके साथी ऐसे आदेश मानते तो क्रान्तिकारी क्यों होते ? वे और भी जोश और ज़ोर से नारे लगाने और गाने लगे। क्रान्ति-कवि ओमप्रकाश की ये पंक्तियां, जैसे जस्टिस कोल्डस्ट्रीम को जवाब देने के लिए लिखी गई थीं–

"अपनी किस्मत में अज़ल से ही सितम रखा था,
रंज रखा था, मुहिम रखी थी, ग़म रखा था,
किस को परवा थी और किस में ये दम रखा था,
हमने जब वादि-ए-गुरबत में क़दम रखा था,
दूर तक यादे वतन आयी थी समझाने को !"

जस्टिस कोल्डस्ट्रीम ने पुलिस को आदेश दिया कि वह इस गाने को बन्द करवाए।

पुलिस अभियुक्तों के बीच कूद पड़ी और 12 मई, 1930 को वही बात फिर दोहराई गई, जो स्पेशल मजिस्ट्रेट की अदालत में हुई थी। लातों, घूंसों और डण्डों से अभियुक्तों की पिटाई आरम्भ हो गई। इस घटना से अदालती इतिहास के संग्रहालयों में एक नया चेहरा स्थापित हो गया। यह जस्टिस आगा हैदर का चेहरा था। वे कुर्सी से उठकर बाहर जाने को तैयार हुए, जिससे न्यायालय में हो रहे इस अन्यायपूर्ण कार्य को न देख सकें। वे उठ जाते, तो ट्रिब्यूनल का मुंह काला हो जाता, इसलिए प्रेसीडेण्ट जस्टिस कोल्डस्ट्रीम ने उनसे व्यक्तिगत प्रार्थना (पर्सनल रिक्वेस्ट) की कि वे बैठे रहें। तब जस्टिस आगा हैदर बैठे तो रहे, पर उन्होंने अपना मुंह अखबार से ढंक लिया–"कम-से -कम खुदा से मैं यह तो कह सकूंगा कि हां, अन्याय तो हुआ था, पर मैंने उसे अपनी आंखों से नहीं देखा !"

जस्टिस कोल्डस्ट्रीम ने कार्यवाही में यह लिखा–"ओइंग टु डिस ऑर्डरली कण्डक्ट ऑफ द एक्यूज़्ड द केस इज़ एडज़ॅर्ण्ड टु टुमारो। दि कोर्ट वाज़ क्लियर्ड एण्ड दि एक्यूज़ वर रिमूव्ड–अभियुक्तों के दुर्व्यवहार के कारण केस कल के लिए स्थगित कर दिया गया। अदालत खाली हो गई और अभियुक्त हटा दिए गए।–जे. कोल्डस्ट्रीम, जी. सी. हिल्टन'

जस्टिस आगा हैदर ने इस आदेश पर हस्ताक्षर नहीं किए और अलग से अपना आदेश लिखा–"आई वाज़ नाट ए पार्टी टु द ऑर्डर ऑफ द रिमूवल ऑफ द एक्यूज़्ड फ्रॉम द कोर्ट टु द जेल एण्ड आई वाज़ नॉट रिस्पॉन्सिबिल फॉर इट इन एनी वे। आई डिस एसोशियेट माई सेल्फ फ्राम आल दैट टुक प्लेस टुडे इन कान्सीक्वेंस आव दैट ऑर्डर–मैं अभियुक्तों को अदालत से जेल भेजने के आदेश का भागीदार नहीं था और न उस सबके लिए किसी तरह भी ज़िम्मेदार, मैं उस सबसे, जो आज यहां हुआ, अपने को असम्बद्ध करता हूं।–आगा हैदर"

इस बात का लाभ भगतसिंह को पहुंचा। जो साथी अदालत का बहिष्कार करने के लिए उनसे सहमत नहीं थे, तुरन्त सहमत हो गए और 13 मई, 1930 को अदालत में जाने के बाद फिर नहीं गए। इस प्रकार लाहौर षड्यन्त्र केस चार-पांच दिन मुकदमा रहकर फिर न्याय का एक प्रहसन रह गया, जिसमें एक ही पक्ष था। क्या सचमुच एक ही पक्ष था ? हां, सच है कि अभियुक्त या उनका कोई वकील वहां नहीं था, पर जस्टिस आगा हैदर सरकारी गवाहों से ज़िरह करके उनका ही तो प्रतिनिधित्व करते थे। वे इस मुकदमे से पहले भी कई मुकदमों में झूठे क्रान्तिकारी मुकदमे बनाने के लिए अपने फैसलों में पुलिस को लताड़ चुके थे और अपने राष्ट्र-प्रेम एवं स्वतन्त्र स्वभाव के लिए देश-भक्तों में ख्याति प्राप्त कर चुके थे।

कहा जाता है कि ट्रिब्यूनल के प्रेसीडेण्ट जे. कोल्डस्ट्रीम ने पंजाब के गवर्नर के द्वारा वायसराय को सन्देश भेजा कि जस्टिस आगा हैदर के रहते भगतसिंह और उनके साथियों को फांसी नहीं दी जा सकती। एक दिन रात में सरकारी वकील मिस्टर कार्डननोड जस्टिस आगा हैदर की कोठी पर पहुंचे और उनसे निवेदन किया कि वे इस मुकदमे को पूरा हो जाने दें। बाद में वे चाहेंगे, तो वायसराय की कैबिनेट के मेम्बर

(अब की भाषा में केन्द्रीय मन्त्री) बना दिए जाएंगे और वे चाहेंगे, तो प्रिवि कौन्सिल के जज। मि. कार्डननोड ने यह भी साफ कर दिया कि वे अपनी या जस्टिस कोल्डस्ट्रीम की नहीं, ऊपर के स्तर की बात दोहरा रहे हैं। उनकी बात सुनकर जस्टिस आगा हैदर तमतमा उठे। उन्होंने इसे अपना अपमान माना और अपने नौकर से गरजकर कहा–"इसे कान पकड़कर बाहर निकाल दो, यह नहीं जानता कि जजों से किस तरह बात की जाती है।" और नौकर ने सचमुच आज्ञा का पालन किया। बात ऊपर तक पहुंची। जस्टिस आगा हैदर ने–चीफ जस्टिस सर शादीलाल से शिकायत की, तो श्री कार्डननोड ने गवर्नर के द्वारा वायसराय तक पहुंचाई। जाने कैसे बात अखबारों तक भी जा पहुंची। अंगरेज़ी सरकार अजगर की कुण्डली में फंस गई थी। वायसराय ने नए आर्डिनेन्स के द्वारा पुराने ट्रिब्यूनल को तोड़कर दूसरा ट्रिब्यूनल बनाया : जस्टिस जी. सी. हिल्टन, अध्यक्ष ; जस्टिस अब्दुलकादिर, सदस्य ; जस्टिस जे. के. टैप, सदस्य।

वायसराय ने एक साथ दो शिकार किए कि जस्टिस आगा हैदर से पीछा छुड़ाया और उनके साथ ही कोल्डस्ट्रीम को भी हटाकर अभियुक्तों से कहा कि उनकी बात मान ली गई है, अब वे अदालत में आना आरम्भ करें, पर भगतसिंह राजनैतिक चैतन्य में अंगरेज़ राजनीतिज्ञों से पीछे नहीं थे। उन्होंने कहा–"जो लोग हमारे अपमान के लिए ज़िम्मेदार हैं उनमें जस्टिस हिल्टन भी हैं। वे क्षमा-याचना करें, तो हम अदालत में आयें।" अंगरेज़ी हुकूमत की नाक पहले ही काफी कट चुकी थी, इसलिए वह और न झुकी और एक-तरफा मुकदमे की कार्यवाही आरम्भ हो गई।

जिन दिनों भगतसिंह और उनके साथी जेल से अदालत में ले जाए जाते थे। यह योजना बनी कि भगतसिंह को पुलिस के हाथों से बलपूर्वक छीन लिया जाए। यह विशेष अदालत पुंच हाउस में बैठती थी और क्रान्तिकारियों का मुख्य कार्यालय बहावलपुर रोड पर स्थित था, जो जेल और अदालत के बीच में पड़ता था। योजना बहुत विस्तृत थी, पर उसका मोटा रूप यह था कि बम फेंककर पुलिस को अस्त-व्यस्त कर दिया जाएगा और भगतसिंह अपने साथियों से आ मिलेंगे। यह योजना सफल न हो सकी । इस विषय में क्रान्तिकारी क्षेत्रों में कुछ बेहद कड़वी किंवदन्तियां हैं, पर उनमें जाना मेरी सीमा के बाहर है।

भगतसिंह को जब असेम्बली बम-काण्ड के बाद दिल्ली से पंजाब ले जाया जाना था, तब भी सहारनपुर के आस-पास श्री शिव वर्मा के नेतृत्व में उन्हें रेल से भगाने की योजना बनी थी, पर इस तरह की दूसरी योजनाओं की तरह वह भी असफल रही थी। सच्चाई शायद यह है कि ये योजनाएं असाधारण उत्साह का फल थीं और इन्हें सफल करने के लिए जितने मनुष्यों और साधनों की आवश्यकता होती है, वे क्रान्तिकारी दल के पास न थे। यह कार्यवाही लगभग तीन महीने चलती रही । पुलिस ने चार सौ से अधिक गवाह पेश किए। 26 अगस्त, 1930 को अदालत का काम पूरा हो गया, पर कागज़ी कार्यवाही तो उसे करनी ही थी। दूसरे दिन अभियुक्तों को सन्देश भेजा गया कि आप अपने बचाव के लिए स्वयं या वकील के द्वारा जो कहना चाहते हैं, कह सकते हैं, या अपने गवाह पेश कर सकते हैं। अभियुक्तों में से कोई भी इसके

लिए तैयार नहीं था।

ज्यों ही अभियुक्तों ने सफाई देने से इन्कार किया, वे समझ गए थे कि ट्रिब्यूनल अब अपना फैसला देने ही वाला है। भगतसिंह के इन दोनों पत्रों में उस समय की परिस्थितियां और मनःस्थितियां साफ झलकती हैं–

ब्रादर अजीज़ कुलबीर जी, सतश्री अकाल

आपको मालूम ही होगा कि बमूजिब अहकाम अफसराना वाला (ऊंचे अफसरों के आदेश से) मेरी मुलाकातें बन्द की दी गई हैं। अन्दरीन हालात फिलहाल मुलाकात न हो सकेगी और मेरा ख्याल है अनकरीब ही फैसला सुना दिया जाएगा। इसके चन्द रोज़ बाद किसी दूसरी जेल को चालान हो जाएगा। इसलिए किसी दिन जेल में आकर मेरी कुतूब (किताबें) व पारचात व दीगर अशिया ले जाना मैं बर्तन, कपड़े, कुतुब, दीगर कागज़ात जेल के डिप्टी सुपरिण्टेण्डेण्ट के दफ्तर में भेज दूंगा, आकर ले जाना । नामालूम मुझे बार-बार यह ख्याल क्यों आ रहा है कि इसी हफ्ता के अन्दर-अन्दर या ज़्यादा-से-ज़्यादा इसी माह में फैसला और चालान हो जाएगा। इन हालत में अब तो किसी दूसरी जेल में मुलाकात हो-तो-हो, यहां तो उम्मीद नहीं है।

वकील को भेज सको तो भेजना । मैं प्रिवी कौन्सिल के सिलसिले में एक ज़रूरी बात दरयाफ्त करना चाहता हूं। वालिदा साहिबा को तसल्ली देना, घबराएं नहीं।

आपका भाई

–भगतसिंह

सेण्ट्रल जेल, लाहौर,

25 सितम्बर, 1930

ब्रादर अजीज़ कुलबीर सिंहजी, सतश्री अकाल

मुझे यह मालूम करके कि एक दिन आप वाल्दा को साथ लेकर आए और मुलाकात की इजाज़त न मिलने पर मायूस लौट गए। बड़ा अफसोस हुआ। आखिर तुम्हें तो मालूम हो चुका था कि जेल वाले मुलाकात की इजाज़त नहीं देते। फिर वाल्दा को क्यों साथ लाए। मैं जानता हूं वो इस वक्त सख्त घबराई हुई हैं, मगर इस घबराहट और परेशानी का क्या फायदा। नुकसान ज़रूरी है ; क्यों कि जब से मुझे मालूम हुआ कि वे बहुत रो रही हैं, मुझे खुद भी बेचैनी हो रही है। घबराने की कोई बात नहीं और इससे कुछ हासिल भी नहीं। सब हौसला से हालात का मुकाबिला करें। आखिर दुनिया में दूसरे लोग भी तो हज़ारों मुसीबतों में फंसे हुए हैं और फिर अगर लगातार एक साल मुलाकातें कर तबीयत सैर (तृप्त) नहीं हुई, तो दो-चार मजीद-और मुलाकातों से भी तसल्ली न हो सकेगी। मेरा ख्याल है कि फैसला और चालान के बाद मुलाकातें खुल जायेंगी, लेकिन अगर फर्ज़ किया जाए कि फिर भी मुलाकात की इजाज़त न मिले, तो घबराने का क्या फायदा ?

तुम्हारा

–भगतसिंह

5 अक्तूबर, 1930 की रात में जेल में अन्तिम डिनर हुआ। अभियुक्तों के साथ इसमें जेल के कुछ अफसर भी शामिल हुए और सबने एक-दूसरे से विदाई ली। अफसर भौंचक थे कि ये कैसे मौत के परवाने हैं, जो अपनी ज़िन्दगी के बारे में कुछ सोचते ही नहीं। यह डिनर एक आनन्दपूर्ण समारोह था। इसमें हंसी थी, अट्टहास थे, छेड़-छाड़ थी, लतीफे-चुटकुले थे, दंगा-मस्ती थी, जैसे किसी कॉलेज का फेयरवेल हो। अभियुक्त जेल के अफसरों के प्रति आत्मीय थे, तो अफसर भी अभियुक्तों के प्रति आदर और आत्मीयता से अनुरंजित थे। सच्चाई यह है कि भारत की जेलों ने ऐसे कैदी अपने जीवन में न इससे पहले देखे थे, न इसके बाद ही देखे। भगतसिंह क्रान्ति और अदालत के ही हीरो नहीं थे जेलों के भी हीरो सिद्ध हुए। अफसरों के लिए वे सचमुच एक आश्चर्य थे।

दूसरे ही दिन पता चला कि जेल के चारों ओर सशस्त्र पुलिस का पहरा लगा दिया गया है और बहुत सावधानी बरती जा रही है। 7 अक्तूबर, 1930 को सुबह ट्रिब्यूनल का एक विशेष सन्देशवाहक जेल में आया और उसने अभियुक्तों को ट्रिब्यूनल का फैसला सुनाया। यह व्यवस्था इसलिए की गई, क्योंकि अभियुक्त जब मुकदमे के लिए अदालत में नहीं जा रहे थे, तो फैसला सुनने के लिए कैसे जाते ?

फैसला इस प्रकार था—भगतसिंह, सुखदेव और राजगुरु को फांसी, कमलनाथ तिवारी, विजयकुमार सिन्हा, जयदेव कपूर, शिव वर्मा, गया प्रसाद, किशोरी लाल और महावीरसिंह (बाद में कालेपानी में अनशन के नवें दिन शहीद) को आजन्म कालापानी। कुन्दनलाल को सात साल और प्रेमदत्त को तीन साल। मास्टर आज्ञाराम, अजयघोष, सुरेन्द्रनाथ पाण्डेय, देशराज और जितेन्द्रनाथ सान्याल को रिहा कर दिया गया। यह फैसला 68 पृष्ठों में लिखा गया था।

बहुत सावधानी रखी गई थी कि फैसले की खबर एकदम जनता में न फैले, पर वह हवा के झोंकों पर चढ़कर घर-घर पहुंच गई। भगतसिंह की कोटरी एक ट्रान्समीटर या तारघर की तरह थी, जो चारों ओर से खबरें ले सकती थी और चारों ओर खबरें भेज सकती थी। सरकार ने फैसला होते ही लाहौर में धारा 144 लगाकर जलसे-जुलूसों पर पाबन्दी लगा दी थी, पर बिना किसी डोंडी, पोस्टर या हैण्डबिल के म्युनिसिपल ग्राउण्ड में बड़ा भारी जलसा हुआ। उसमें कड़ी सज़ा की, एक तरफा मुकदमा होने की और वायसराय के आर्डिनेन्स की खूब आलोचना हुई। प्रभावशाली पत्रों के विशेष अंक बात-की-बात में प्रकाशित हो गए। उनमें भगतसिंह और उनके साथियों के फोटो भी छपे थे। सरकार के गुप्तचर परेशान हो गए कि ये फोटो कब, कहां, किसने, कैसे लिये और पत्रों को ये कैसे मिले। वे बेचारे भगतसिंह और उनके साथियों के जादू से अब भी अपरिचित थे।

8 अक्टूबर 1930 को लाहौर और देश की जनता जोश से उत्तेजित हो उठी और युवक-युवतियां उबल पड़े। लाहौर में स्टूडेण्ट्स यूनियन के आह्वान पर हड़ताल हुई। अधिकांश स्कूल-कॉलेज आप-ही-आप बन्द हो गए और जो स्वयं बन्द न हुए, उन्हें धरना देकर बन्द कराया गया। सत्रह महिलाएं गिरफ्तार हुईं और बहुत-से विद्यार्थी भी।

डी.ए.वी. कॉलेज के एक प्रोफेसर और 90 विद्यार्थियों ने पुलिस पर धावा बोल दिया। कई जगह लाठी चार्ज हुए, उस शाम को एक बड़ा जुलूस निकला, नारे गूंजे और ब्रेडला हॉल में युवकों का जलसा हुआ। कांग्रेस के निमन्त्रण पर मोरी गेट के बाहर एक बड़ा जलसा अलग हुआ। जिसमें 12 हज़ार से कम आदमी न थे। देश के दूसरे नगरों कलकत्ता, बम्बई, मद्रास, नागपुर, दिल्ली, पटना, लखनऊ आदि की प्रतिक्रिया भी हड़तालों और जुलूसों के रूप में काफी उग्र रही। सभी के मन पर भगतसिंह को फांसी की सज़ा दिये जाने का गहरा दुःख था और उनकी बलिदान भावना का सभी नें अभिनन्दन किया।

ट्रिब्यूनल के अध्याय को समाप्त करते हुए एक अत्यन्त महत्त्वपूर्ण उल्लेख बस और। सितम्बर, 1930 के आरम्भ में ही यह साफ दिखने लगा था कि ट्रिब्यूनल सरकार के इशारों पर नाच रहा है और वह और चाहे कुछ करे-न-करे, पर भगतसिंह को फांसी अवश्य देगा। सरदार किशनसिंह ने स्पेशल ट्रिब्यूनल के द्वारा वायसराय के नाम एक प्रार्थना-पत्र दिया जो कानूनी दृष्टि से एक अद्भुत दांव था। इसमें कहा गया था कि जिस दिन साण्डर्स का वध हुआ, उस दिन भगतसिंह कलकत्ता में थे। उन्होंने वहां से उसी दिन खद्दर भण्डार, परी महल लाहौर के मैनेजर श्री रामलाल को एक पत्र लिखा था, जो डाक विभाग द्वारा बाकायदा उन्हें पहुंचा। मैं उन्हें गवाह के रूप में पेश कर सकता हूं या अदालत गवाही कानून के अनुसार उन्हें बुला सकती है। सरकारी गवाहों से वे अधिक प्रतिष्ठित नागरिक हैं । इस स्थिति में यह उचित है कि भगतसिंह को सफाई का अवसर दिया जाए।

भगतसिंह को जेल में यह समाचार मिला, तो वे तिलमिला उठे। वे अपने पिता की भावना को समझते थे। जानते थे कि सरदार किशनसिंह एक क्रान्तिकारी हैं, जिसका उद्देश्य अपने को बचाकर दुश्मन पर चोट करना होता है। फिर वे एक प्रेमी पिता हैं और कोई भी पिता किसी भी कीमत पर अपने पुत्र को मृत्यु का ग्रास होने से बचाना चाहे यह स्वाभाविक है। बात ठीक है, पर भगतसिंह बचकर चोट करने की नीति पर नहीं, जलकर जलाने की नीति पर चल रहे थे। इसलिए उनके लिए यह प्रार्थना-पत्र उनकी पूरी नीति में पलीता लगाने वाला था। फिर उनके साथियों ने उन्हीं के आदेश और आदर्श पर मुकदमे में बचाव की नीति का त्याग किया था। उन्हें फंसाकर अपने बचाव का प्रयत्न क्या अर्थ रखता ?

उन्होंने तुरन्त अपने पिता को, जो पत्र लिख भेजा, उसके कुछ मार्मिक अंश इस प्रकार हैं–

"मुझे यह जानकर आश्चर्य हुआ कि आपने स्पेशल ट्रिब्यूनल को मेरे बचाव के लिए एक प्रार्थना-पत्र भेजा है। यह समाचार इतना दुःखदायी था कि मैं इसे शान्त होकर सहन नहीं कर सकता । ...

आपका बेटा होने के नाते मैं आपकी पैतृक भावनाओं एवं इच्छाओं का पूरा सम्मान करता हूं, परन्तु इसके साथ ही मैं समझता हूं कि आपको मेरे साथ परामर्श किए बिना मेरे विषय में कोई प्रार्थना-पत्र देने का अधिकार न था।....

मुझे विश्वास है कि आपको यह बात स्मरण होगी कि आप आरम्भ से ही मुझे यह बात मना लेने के लिए प्रयत्न करते रहे हैं कि मैं अपना मुकदमा समझदारी से लड़ूं एवं अपना बचाव ठीक रूप से उपस्थित करूं। यह बात भी आपकी जानकारी में है, कि मैं सदैव इसका विरोध करता रहा हूं।

मेरा यह दृष्टिकोण रहा है कि समस्त राजनीतिक कार्यकर्त्ताओं को ऐसी दशा में अदालत की अवहेलना एवं उपेक्षा दिखानी चाहिए और उनको जो कठोर-से-कठोर दंड दिया जाए, वह उन्हें हंसते-हंसते सहन करना चाहिए।

मेरा जीवन इतना मूल्यवान् नहीं है, जितना आप समझते हैं। कम-से-कम मेरे लिए जीवन का इतना महत्त्व नहीं है कि इसे सिद्धान्तों की अमूल्य निधि बलिदान करके बचाया जाए।

पिताजी, मैं बड़ी चिन्ता अनुभव कर रहा हूं। मुझे डर है कि आप पर दोष लगाते हुए या इससे भी अधिक आपके इस कार्य की निन्दा करते हुए मैं कहीं सभ्यता की परिधि को न लांघ जाऊं और मेरे शब्द अधिक कठोर न हो जाएं। फिर भी मैं स्पष्ट शब्दों में इतनी बात अवश्य कहूंगा कि यदि कोई दूसरा व्यक्ति मेरे प्रति इस प्रकार का बरताव करता, तो मैं उसे देशद्रोही से कुछ कम न समझता, परन्तु आपकी परिस्थिति में यह बात नहीं कह सकता।

बस इतना ही कहूंगा कि यह एक कमज़ोरी थी, निम्न कोटि की मानसिक दुर्बलता। यह एक ऐसा समय था, जब हम सबकी परीक्षा हो रही थी। पिताजी, मैं यह कहना चाहता हूं कि आप उस परीक्षा में असफल रहे हैं। मैं जानता हूं कि आप उतने ही सच्चे देशभक्त रहे हैं जितना कोई भी व्यक्ति हो सकता है। में जानता हूं कि आपने अपना समस्त जीवन भारत की स्वतन्त्रता के लिए न्योछावर कर दिया है, परन्तु इस महत्त्वपूर्ण घड़ी पर आपने ऐसी दुर्बलता क्यों दिखाई, मैं यह बात समझ नहीं पाया।''

भगतसिंह की इच्छा के अनुसार यह पत्र सरदार किशनसिंह ने हिन्दी, उर्दू, अंगरेज़ी के अनेक पत्रों में तुरन्त छपवा दिया और पत्र में उनकी ज़िन्दगी का हर क्षण भगतसिंह के ध्यान, गुणगान और काम में लगा रहा। उन्होंने जो पत्र ट्रिब्यूनल को भेजा था, उसमें पहले कहे हुए कारण तो थे ही, पर शायद एक गलतफहमी भी थी जिसका उल्लेख भगतसिंह ने स्वयं इस पत्र में किया है–''**भूख-हड़ताल के दिनों में मैंने जो इण्टरव्यू दी थी, उसका अर्थ गलत समझा गया और समाचारपत्रों में प्रकाशित कर दिया गया कि मुकदमे में मैं अपना स्पष्टीकरण देना चाहता हूं।**'' जो भी हो, इस घटना में पिता का वात्सल्य, सहिष्णुता और राजनीतिक चातुर्य सुरक्षित है, तो पुत्र का प्रचण्ड व्यक्तित्व भी । विश्व के साहित्य-भण्डार में कलेजे की आग से लिखे जो दस्तावेज़ सुरक्षित हैं, निश्चय ही उनमें भगतसिंह का यह पत्र बहुत चमकदार है।

: 24 :

काल-कोठरी या साधना-कक्ष ?

लाहौर षड्यन्त्र केस की डिफेन्स कमेटी सन्नद्धता और सुन्दरता के साथ अपना काम करती आ रही थी। यही नहीं कि उसने मुकदमे की कानूनी कार्यवाही पर ही ध्यान दिया, अभियुक्तों की सुख-सुविधा का और लाहौर आने वाले उनके अभिभावकों के ठहरने आदि का भी प्रबन्ध किया। इसके साथ ही उसने यह भी ध्यान रखा कि किसी अभियुक्त का परिवार यदि आर्थिक संकट में है, तो उस तक अपना हाथ पहुंचाया जाए।

डिफेन्स कमेटी अब ट्रिब्यूनल के फैसले के विरुद्ध प्रिवी कौन्सिल (लन्दन स्थित उस समय का सर्वोच्च भारतीय न्यायालय) में अपील करने की तैयारी कर रही थी, पर भगतसिंह अपील के विरुद्ध थे। इस केस में न तो अभियुक्त उपस्थित हुए थे, न उनके वकील, सरकारी गवाहों पर न ज़िरह हुई थी, न बहस में सरकारी आरोपों का उत्तर दिया गया था। इस दृष्टि से केस कमज़ोर था और संसार-भर में इससे ब्रिटिश न्याय का रंग फीका पड़ा था। भगतसिंह को डर था कि इस सबका यह असर हो सकता है कि प्रिवी कौन्सिल के न्यायाधीश यदि निष्पक्ष रहे, तो ट्रिब्यूनल का फैसला खत्म हो जाए। यह न हो तो कम-से-कम उनकी फांसी ही रुक जाए, तो उनके सब किए-कराए पर पानी फिर जाए। उनकी आत्मा की अन्तःकरण की मांग थी–मृत्यु, बलिदान, आहुति ; और वे इसके विरुद्ध कुछ भी करने-सुनने को तैयार न थे। अपनी काल-कोठरी में इसी विषय पर सलाह के लिए आए अपने साथी विजयकुमार सिन्हा से उन्होंने कहा था–"भाई ऐसा न हो कि फांसी रुक जाए। हम मरकर ही क्रान्ति की सेवा कर सकते हैं।"

अपनी शहादत के सम्बन्ध में उनका दृष्टिकोण उस पत्र से भी स्पष्ट है, जो उन्होंने फांसी का हुक्म सुनने के बाद नवम्बर, 1930 में अपने प्रिय साथी श्री बटुकेश्वर दत्त को लिखा था, जो उस समय मुलतान जेल में थे और वहां से सलेम (मद्रास) जेल में भेजे जा रहे थे। उस पत्र की एक विशेषता यह है कि वह मरण को महत्त्व देते हुए भी जीवन के महत्त्व को बहुत ऊंचा उठा देता है। पत्र इस प्रकार है–

"मुझे दंड सुना दिया गया है और फांसी का आदेश हुआ है। इन कोठरियों में मेरे अतिरिक्त फांसी की प्रतीक्षा करने वाले बहुत-से अपराधी हैं। ये लोग यही प्रार्थना कर रहे हैं कि किसी तरह फांसी से बच जाएं, परन्तु उनके बीच शायद मैं ही एक ऐसा आदमी हूं जो बड़ी बेताबी से उस दिन की प्रतीक्षा कर रहा हूं जब मुझे अपने आदर्श के लिए फांसी के फन्दे पर झूलने का सौभाग्य प्राप्त होगा। मैं इस खुशी के साथ फांसी के तख्ते पर चढ़कर दुनिया को दिखा दूंगा कि क्रान्तिकारी अपने आदर्शों के लिए कितनी वीरता से बलिदान दे सकते हैं।

मुझे फांसी का दंड मिला है, किन्तु तुम्हें आजीवन कारावास का दंड मिला है। तुम जीवित रहोगे और तुम्हें जीवित रहकर दुनिया को यह दिखाना है कि क्रान्तिकारी अपने आदर्शों के लिए केवल मर ही नहीं सकते बल्कि जीवित रहकर हर मुसीबत का मुकाबला भी कर सकते हैं । मृत्यु सांसारिक कठिनाइयों से मुक्ति प्राप्त करने का साधन नहीं बननी चाहिए, बल्कि जो क्रान्तिकारी संयोगवश फांसी के फन्दे से बच गए हैं उन्हें जीवित रहकर दुनिया को यह दिखा देना चाहिए कि वे न केवल अपने आदर्शों के लिए फांसी पर चढ़ सकते हैं, जेलों की अन्धकार-पूर्ण छोटी कोठरियों में घुल-घुलकर निकृष्टतम दर्जे के अत्याचारों को सहन भी कर सकते हैं।"

यह सब होते हुए भी कुछ ऐसी बातें थीं जो उन्हें अपील के लिए आकर्षित कर रही थीं। डिफेन्स कमेटी ने मुकदमे में शानदार काम किया था और वह अपील करने को आतुर थी, आवश्यक समझती थी। पंडित मोतीलाल नेहरू ने रोगशय्या पर पड़े-पड़े शिमला से अनुरोध किया था कि अपील अवश्य की जाए, जिससे सब क्रान्तिकारियों की रिहाई के लिए प्रयत्न करने का समय मिल सके। एडवोकेट श्री प्राणनाथ मेहता स्वयं जेल जाकर भगतसिंह को समझा-बुझा गए थे और अब भगतसिंह का मन तेज़ी से अपील करने के पक्ष में सोचने लगा था, पर यह सोच एक आत्मनिर्लिप्त महान् मानव की सोच थी।

वे सोचते थे—प्रिवी कौन्सिल में अपील करने में विश्व-भर में भारतीय क्रान्ति के उद्देश्यों को प्रचारित करने का अवसर मिलेगा, भारत में राजनीतिक कैदियों पर होने वाले अत्याचारों की गाथा सभ्य देशों में पहुंचकर मानवीय सहानुभूति प्राप्त करेंगी, यतीन्द्रनाथ दास का निःस्वार्थ और महान् बलिदान संसार के सामने आएगा और दुनिया के विचारक जान सकेंगे कि भारत अपनी गुलामी के विरुद्ध किस शान से जूझ रहा है। अपील का एक गहरा उद्देश्य यह भी सामने था कि इससे इंग्लैंड के दुश्मनों का ध्यान इस बात पर आकर्षित होगा कि भारत में समाजवादी क्रान्तिकारी पार्टी का क्या स्थान और क्या प्रभाव है।

भगतसिंह इससे भी गहरे उतर गए, इतने गहरे कि जितने गहरे तक सन्त या पैगम्बर ही उतर सकते हैं। उन्होंने अपने कानूनी सलाहकार (वकील) को समझाया—ब्रिटिश कानूनों की लचक का फायदा उठाकर हमारी सज़ाओं में कमी कराने की कोशिश न की जाए और न बचाव के लिए यही कहा जाए कि हम क्रान्तिकारी नहीं हैं।

महात्मा गांधी के नेतृत्व में उस समय कांग्रेस का अहिंसात्मक आन्दोलन पूरे वेग में चल रहा था। देश में वायसराय आर्डिनेन्सों के ज़रिये हुकूमत कर रहे थे और अपने कलकत्ता के भाषण में उन्होंने पूरी ताकत से आन्दोलन को कुचलने की बात कहीं थी। सर तेजबहादुर सप्रू और श्री जयकर के समझौता प्रयत्नों को एक बार उन्होंने उपेक्षा से ठुकरा दिया था। कांग्रेस का नेतृत्व भी आन्दोलन को और तेज़ करने की दिशा में अग्रसर था। इस पर भी दोनों में कहीं समझौते की बात न थी। इंग्लैंड में सर होर-जैसा भारत-विरोधी और रूखे स्वभाव का भारतमंत्री बैठा हुआ था, जिसके मन में सहानुभूति या नरमी का एक कण भी न था। पहली गोलमेज़ कान्फ्रेस बिना कांग्रेस के सम्मिलित

हुए ही धूमधाम से लन्दन में हो गयी थी। देश के लिए कुछ करने में वह असफल रही थी, पर उससे इतना लाभ अवश्य हुआ था कि भारत की गुलामी के सम्बन्ध में इंग्लैंड की जनता और विश्व का लोकमत पहले से अधिक जागरूक हो गया था। इन परिस्थितियों में भगतसिंह ने कहा था–"**अपील का उद्देश्य यह हो कि अभी हमारी फांसी रुकी रहे और वह तब हो, जब कांग्रेस का समझौता सरकार से हो और वह अपने परिणामों से शानदार सिद्ध न हो, युवक वर्ग में इससे असन्तोष फैल रहा हो, बस उन्हीं घड़ियों में हमें फांसी लगे और इस प्रकार कांग्रेस की बागडोर उग्रतावादियों के हाथ में चली जाए।**"

अपील के सम्बन्ध में साथियों के साथ बात करते समय एक अद्‌भुत वाक्य सामने आया था–"फांसी तब हो, जब देश की जनता का जोश अपने पूरे उफान पर हो और उसका ध्यान पूरी तरह इसकी (फांसी की) ओर केन्द्रित हो।"

अपील के लिए उन्होंने सूत्र दिया–अपील का आधार यह हो कि वायसराय का आर्डिनेन्स, जिसके द्वारा ट्रिब्यूनल की स्थापना हुई, गैर कानूनी है, इसलिए उसके द्वारा दी गई सज़ाएं भी गैर कानूनी हैं, इस सूत्र का साफ मतलब यह था कि इस रूप में अपील शर्तिया खारिज हो जायेगी और फांसी को भी उसके सर्वोत्तम समय के लिए टाला जा सकेगा। भगतसिंह की यह रण-नीति कितनी गहरी और सुदृढ़ थी, इसका प्रमाण आगे की घटनाओं ने दिया और वे इतिहास के महान् युगद्रष्टा सिद्ध हुए। ऐसा लगता है कि भूत, भविष्यत् और वर्तमान। तीनों एक साथ उसके इशारों पर नाच रहे थे जैसे सेना के सिपाही अपने सेनापति के संकेतों पर 'लेफ्ट-राइट' कर रहे हों। निरन्तर एक ही दिशा में चिन्तन और लक्ष्य के लिए पूर्ण समर्पण-भावना ने उनमें आध्यात्मिक आवेश पैदा कर दिया था और उन्हें युग की प्रगति का वाहन बना दिया था।

प्रिवी कौन्सिल में अपील कर दी गई थी, वह नवम्बर, 1930 था, पर भगतसिंह मई, 1930 से जेल में और अब फांसी की कोठरी में बैठे क्या कर रहे थे ? क्या वे जल्लाद की प्रतीक्षा कर रहे थे कि वह किसी दिन आयेगा और फांसी का फन्दा गले में डाल देगा ? यह कैसे सम्भव था ? रथ के भीतर बैठा मानव नींद में टूल सकता है और विचारों में भूल सकता है, पर जिसके हाथ में घोड़ों की रास है, वह पल भर को भी अपने चौकन्नेपन से कैसे मुक्त हो सकता है ? भगतसिंह तो अपने क्रान्ति-रथ के सारथी थे। वे एक स्थान तक उस रथ को पहुंचाकर और दूसरों के हाथों में घोड़ों की रास सौंपकर चले जायेंगे, यह वे जानते थे, पर वे चाहते थे कि उन नये आदमियों के लिए अपने अनुभव और निर्देश तैयार कर दें। इस चाह की पूर्ति के लिए अपनी फांसी की कोठरी को उन्होंने विचारों की प्रयोगशाला का रूप दे दिया था।

जब वे चौथी क्लास में पढ़ते थे, उन्होंने सरदार अजीतसिंह, लाला हरदयाल और सूफ़ी अम्बाप्रसाद की किताबें पढ़ डाली थीं। अध्ययन का यह चाव नेशनल कॉलेज आकर एक गहरे और व्यवस्थित भाव में बदल गया था, यह हम देख चुके हैं। यह भाव अब किस रूप में था, इसका पता श्री जयदेव गुप्ता के नाम लिखे उनके इस पत्र से लगता है।

सेण्ट्रल जेल, लाहौर
24-7-30

मेरे प्यारे जयदेव,

कृपया मेरे नाम द्वारकादास लाईब्रेरी से लेकर निम्नलिखिति पुस्तकें शनिवार को कुलबीर के साथ भेज देना–

मिलिटेरिज़्म : कार्ल लिवकेन्ट
ह्वाई मेन फाइट : बी. रसेल
सोवियत ऐट वर्क
कुलैप्स ऑफ सेकेण्ड इण्टरनेशनल
म्यूचुअल एंड : प्रिन्स क्रोपाटकिन
फील्ड्स, फैक्टरीज़ एण्ड वर्कशॉप्स
सिविल वार इन फ्रांस : मार्क्स
लैण्ड रिवॉल्यूशन इन रशिया
स्पाई : अप्टन सिंक्लेयर

कृपा कर एक और पुस्तक पंजाब पब्लिक लाईब्रेरी से लेकर भेजने का भी कष्ट करें–'हिस्टारिकल मैटरीलिज़्म : बखारिन'–लायब्रेरियन से यह भी पूछें कि बोर्स्टल जेल में कुछ पुस्तकें भेजी हैं या नहीं ? उनके पास पुस्तकों का भयानक अकाल है। उन्होंने सुखदेव के भाई जयदेव के द्वारा पुस्तकों की एक लिस्ट भेजी थी, लेकिन अभी तक कोई पुस्तक नहीं मिली। अगर उनके पास लिस्ट न हो, तो कृपा कर लाला फिरोज़चन्द से कहो कि वे अपनी पसन्द की कुछ दिलचस्प पुस्तकें भेज दें। इस रविवार को जब मैं वहां जाऊं, तो उनके पास किताबें पहुंच चुकी होनी चाहिए। कृपा कर यह ध्यान रखना कि यह काम हर हालत में हो जाये।

इसके साथ ही डार्लिंग्स की लिखित 'पीजेण्ट्स इन प्रोस्पैरिटि एण्ड डैब्ट' और इसी तरह की 2-3 किताबें 'डॉक्टर आलम' के लिए भी। आशा है तुम इस कष्ट के लिए क्षमा करोगे। मैं भविष्य में और कष्ट नहीं दूंगा, यह मेरा आश्वासन है। कृपा कर मेरे सब मित्रों को मेरी याद दिलाना। लज्जावती जी को मेरा आदर भाव दें। मुझे आशा है कि अगर दत्त की बहन आयी, तो वे मुझसे मिलने के लिए आने का कष्ट करेंगी।

आदर भाव के साथ–आपका
भगतसिंह

जेल विभाग द्वारा भेजे पत्रों के अतिरिक्त वे गुप्त रूप से भी पत्र भेजते रहते थे। उनमें भी पुस्तकों की मांग रहती थी। कौन पुस्तक किस पुस्तकालय में मिलेगी, या किस मित्र के पास से, यह तो वे लिखते ही थे, ज़्यादातर पुस्तकों के नाम के साथ वे यह भी लिख देते थे कि पुस्तकालय के रजिस्टर में किस पुस्तक का क्या नम्बर है। चार्ल्स डिकेन्स उनका प्रिय लेखक था। 'रीड्स' द्वारा लिखित 'टेन डेज़ दैट शुक द वर्ल्ड' रोपशिन लिखित 'रशियन डेमोक्रेसी' और मैक्सिविनी लिखित 'प्रिन्सिपल्स ऑव फ्रीडम'

उन्होंने इन्हीं दिनों पढ़ीं। गोर्की, मार्क्स, उमर खैयाम, एंजिल्स, ऑस्कर, वाइल्ड, जार्ज बर्नाड शॉ उनकी काल कोठरी के साथी थे। लेनिन को उनहोंने बहुत ध्यान से इन दिनों पढ़ा था और रूसी क्रान्ति, उसके तरीकों और परिणामों को समझने के लिए उन्होंने रात-दिन अध्ययन किया। सोचती हूं जब अंगरेज़ी सरकार उनको अन्तर्ध्यान करने के लिए बल लगा रही थी, वे राष्ट्र के लिए ज्ञान का अमरफल तैयार कर रहे थे।

अध्ययन की इस गम्भीरता और विशालता को देखते ही मेरा भौंचक ध्यान इस बात पर जाता है कि अंगरेज़ी में उन की शिक्षा पर्याप्त नहीं थी। ज़्यादा दिन पहले नहीं, 1924 में ही अंगरेज़ी का उनका ज्ञान बेहद अधूरा था। श्री यशपाल के शब्दों में– "अर्जुन में काम करते समय एक रोज़ अनुवाद करने के लिए उसे (भगतसिंह को) एक तार दिया गया। तार था–'चमनलाल एडीटर डिफंक्ट नेशन एराब्इड ऐट लाहौर'। भगतसिंह ने उसका अनुवाद किया–'डिफंक्ट नेशन के सम्पादक मिस्टर चमनलाल लाहौर आ गए।' अनुवाद अर्जुन में छप भी गया। इन्द्रजी ने अनुवाद की ओर भगतसिंह का ध्यान दिलाया, परन्तु भगतसिंह को इसमें कोई भूल दिखाई न दी। उसका ख्याल था कि चमनलाल 'डिफंक्ट नेशन' नामक पत्र के सम्पादक हैं। इन्द्रजी ने जन उसे डिक्शनरी देखने को कहा तब भगतसिंह को मालूम हुआ कि डिफंक्ट का अर्थ 'बन्द हो चुका पत्र' है।"

ये ही भगतसिंह अपनी एकान्त कोठरी में राजनीति, अर्थशास्त्र, विश्व क्रान्ति और समाज शास्त्र का गम्भीरतम साहित्य पचा रहे थे। श्री यशपाल के ही शब्दों में–"अपने ही स्वाध्याय से भगतसिंह ने अंगरेज़ी पर इतना अधिकार कर लिया था कि असेम्बली बम-काण्ड के समय उसने जो पर्चे फेंके थे और अदालत के सामने जो अंगरेज़ी में लिखित बयान दिये थे, उनकी भाषा की प्रशंसा प्रायः सभी लोगों ने की थी। कुछ लोगों ने कल्पना कर ली थी कि वे बयान भगतसिंह के नहीं, वकीलों के लिखे हुए हैं। इस कल्पना में कोई तथ्य नहीं है, अध्ययन भगतसिंह का स्वभाव बन गया था। जब भी देखो उसके लम्बे कोट की जेब में कोई-न-कोई पुस्तक रखी ही रहती थी। खाली सड़क पर चलता हो तो चलते-चलते भी वह पढ़ता रहता था।"

क्या यह पढ़ना कोई शौक था। क्या यह पढ़ना अपने को मृत्यु की चिन्ता से दूर रखने के लिए पुस्तकों में डुबाये रखने का बहाना था ? कौन कहेगा इस पर हां और कैसे कहेगा ? दिल और दिमाग की हालत तो यह थी कि पढ़ते-पढ़ते वे जाने किस मस्ती में झूम उठते और पुस्तक छोड़कर अपनी काल-कोठरी में इधर-से-उधर घूमते हुए शहीद रामप्रसाद 'बिस्मिल' की यह पंक्तियां गाने लगते–

"मेरा रंग दे बसन्ती चोला।
इसी रंग में रंग के शिवा ने मां का बन्धन खोला।।
मेरा रंग दे बसन्ती चोला
यही रंग हल्दी घाटी में खुलकर के था खेला।
नव बसन्त में भारत के हित वीरों का यह मेला
मेरा रंग दे बसन्ती चोला।"

जेल के वार्डर दूर से मिठास और ओज से भरा कण्ठ-स्वर सुनकर काल-कोठरी के आस-पास आ जाते, सुनते, दूर से झांककर देखते, स्तब्ध रह जाते, मुग्ध होते और सोचते– किस धातु का बना है यह भगतसिंह । लोग पल-पल जीने के लिए तरसते हैं, पर यह मौत के लिए तड़प रहा है। उन्होंने जीवन भर ऐसे आदमी देखे थे जिन पर मौत आक्रमण करती है, पर इस बार वे ऐसा आदमी देख रहे थे, जो उलटे मौत पर आक्रमण कर रहा है और सचमुच मौत उसके सामने मरी जा रही है। इस विचार ने भगतसिंह को उनके लिए एक फरिश्ता बना दिया था और उनकी बात मानना, उनका कोई काम कर सकना वे लोग अपने जीवन का सौभाग्य मानते थे।

विख्यात क्रान्तिचिन्तक और क्रान्तिकारी श्री शिव वर्मा के शब्दों में–"भगतसिंह और सुखदेव को छोड़कर और किसी ने न तो समाजवाद पर अधिक पढ़ा ही था और न मनन ही किया था। भगतसिंह और सुखदेव (मैं नम्रतापूर्वक इन दोनों के साथ श्री भगवतीचरण जी का नाम जोड़ना भी उचित समझती हूं) का ज्ञान भी हमारी तुलना में अधिक ही था। वैसे समाजवाद के हर पहलू को पूरे तौर पर वे भी नहीं समझ पाये थे। यह काम तो पकड़े जाने के बाद लाहौर जेल में सम्पन्न हुआ। भगतसिंह की महानता इसमें थी कि वे अपने समय के दूसरे लोगों के मुकाबले राजनीतिक तथा सैद्धान्तिक सूझ-बूझ में काफी आगे थे।"

गया में एक वृक्ष खड़ा है। कोई असाधारण वृक्ष नहीं मामूली वृक्ष है। वैसे वृक्ष हमारे देश में और भी अनेक हैं। पर वह वृक्ष संसार-भर के करोड़ों लोगों के लिए तीर्थ हो गया है। वह गया, बिहार का बोधि-वृक्ष है। वह वही वृक्ष है, जिसके नीचे बैठकर भगवान् बुद्ध ने तप किया था और मानव-जीवन के दुःखों को दूर करने का उपाय खोजा था। भगतसिंह भी अपनी काल-कोठरी में मानव के दुःखों को दूर करने का उपाय खोज रहे थे। फिर वह काल-कोठरी कहां थी, वह तो साधना-कक्ष था, उस साधक का जो मृत्यु की साधना के द्वारा राष्ट्र को जीवन की सिद्धि देने में जुटा था।

यह जीवन की सिद्धि दो भागों में बंटी हुई थी, पहला भारत को जकड़ने वाली गुलामी की ज़ंजीरें टूटें और दूसरा यह कि उसके बाद यहां ऐसी समाज-व्यवस्था स्थापित हो, जिसमें समाज के कुछ लोग नहीं, सब लोग सुखी हों। उन्होंने काल-कोठरी में इस गम्भीर अध्ययन के साथ जो पुस्तकें लिखीं, वे ये हैं–1. आत्मकथा, 2. दि डोर टू डेथ (मौत के दरवाज़े पर), 3. आइडियल ऑफ सोशलिज़्म (समाजवाद का आदर्श), 4. स्वाधीनता की लड़ाई में पंजाब का पहला उभार।

पहली पुस्तक में उनका अपना जीवन-चरित्र इस ढंग पर लिखा गया था कि भारत के क्रान्तिकारी दल का पूरा संघर्ष सामने आ जाए। उद्देश्य यह था कि देश के युवक मानसिक रूप से क्रान्तिकारी दल से सम्बद्ध हो जाएं। दूसरी पुस्तक में आयरलैण्ड, इटली, फ्रांस, रूस और इसी तरह अनेक देशों के उन शहीदों और वीरों के जीवन-परिचय दिए गए थे, जिन्होंने अपने-अपने देश की गुलामी के विरुद्ध संघर्ष किया। उद्देश्य यह था कि देश के युवकों को क्रान्तिकारी कार्यों के लिए प्रेरणा मिले और वे जानें कि राजनीतिक संघर्ष किस प्रकार किया जाता है। तीसरी पुस्तक में समाजवाद का

उद्देश्य और विधान मुख्य रूप से चित्रित किया गया था, जिससे देश के भावी नेता स्वतन्त्रता का संविधान बनाते समय कोहरे में भटक न जाएं। चौथी पुस्तक में पंजाब के सर्वप्रथम राजनीतिक आन्दोलन—भारतमाता सोसायटी का पूरा इतिहास देकर 1915-16 के गदर-पार्टी आन्दोलन का सांकेतिक स्पर्श दे दिया था। इसका उद्देश्य पंजाब के पिछड़े क्रान्तिकारी जीवन को उभारकर खड़ा करना था।

प्रिवी कौन्सिल में भगतसिंह के जीवन-मरण की चर्चा हो रही थी। प्रिवी कौन्सिल की अपील खारिज हो गई। भगतसिंह की मृत्यु-साधना अपनी सिद्धि के द्वार आ लगी।

उन्हीं दिनों का एक मार्मिक दृश्य और—दिसम्बर, 1930 की बात है। रात के सन्नाटे में श्री शिव वर्मा की काल-कोठरी खुली और उन्हें बाहर लाया गया। हर कैदी जानता है कि इसका अर्थ किसी दूसरी जेल में भेजा जाना है। जेलर इन लोगों के प्रति आदर रखते थे, उन्होंने शिव वर्मा को साथियों से मिलने की सुविधा दी।

अब शिव वर्मा भगतसिंह की काल-कोठरी के द्वार पर थे। बेड़ी की झनझनाहट सुन भगतसिंह जाग उठे और कूदकर जंगले से आ लगे। उन्होंने अपनी भुजाएं जंगले से बाहर निकालीं और शिव वर्मा ने अपनी भुजाएं जंगले के अन्दर डालीं। हृदयों के बीच में लोहे की सलाखें थीं, पर भुजाओं ने दोनों को एक जगह समेट दिया था। सोचती हूं राम समुद्र के इस पार थे, सीता समुद्र के उस पार थीं। कितनी बड़ी दूरी थी दोनों की देहों के बीच, पर कितना सामीप्य था दोनों के हृदयों के बीच और जब समुद्र दो हृदयों को दूर नहीं कर सकता तो लोहे के सींखचे क्या कर सकते।

यह गहरे सुख की घड़ी थी। जीवन-मरण के दो साथी अचानक आ मिले थे। यह दारुण दुःख की घड़ी थी। जीवन-मरण के दो साथी सदा के लिए बिछुड़ रहे थे। आंखें आंखों को आखिरी बार देख रही थीं। कान बातों को आखिरी बार सुन रहे थे। देह देह का स्पर्श आखिरी बार अनुभव कर रही थी। दोनों एक-दूसरे में समाए खड़े थे। शिव वर्मा की आंखें बरस पड़ीं, भगतसिंह हंसकर बोले—"क्रान्तिकारी पार्टी में आते समय मैंने सोचा था कि अगर मैं 'इन्कलाब ज़िन्दाबाद' का नारा देश के कोने-कोने तक पहुंचा सका तो समझूंगा मेरे जीवन का मूल्य मुझे मिल गया, पर आज तो मैं फांसी की इस कोठरी में भी अपने उस नारे की गूंज सुन रहा हूं।" उन्होंने आलिंगन को ढीला कर शिव वर्मा के दोनों कन्धें पकड़ लिये और पूरे आत्मविश्वास एवं पूरे आत्मगौरव की ज्योति में जगमगाकर कहा—"मैं समझता हूं इस छोटी-सी ज़िन्दगी का इससे अधिक मूल्य और हो भी क्या सकता है।"

शिव वर्मा के हाथ भी ढीले पड़ गए और उन्होंने भगतसिंह का हाथ अपने हाथ में ले लिया। भगतसिंह ने उनका हाथ लाड़ और उत्साह से दबाते हुए कहा—"मैं तो कुछ ही दिनों में सारे झंझटों से छुटकारा पा जाऊंगा, लेकिन तुम लोगों को लम्बा सफर पार करना पड़ेगा। मैं विश्वास करता हूं, तुम इस लम्बे अभियान में थककर रास्ते में नहीं बैठ जाओगे।" एक बार दोनों हाथ पूरी गरमी से मिले और अलग हो गए, फिर कभी न मिलने के लिए !

: 25 :

साधना–कक्ष या सचिवालय ?

जब भगतसिंह मरण की तूलिका से जीवन का चित्र बना रहे थे, देश की परिस्थितियां क्या थीं। साइमन कमीशन, जिसने साण्डर्स-वध की भूमिका तैयार की थी, 14 अप्रैल, 1929 को अपना दौरा पूरा कर इंग्लैंड लौट गया था। मई, 1929 के चुनाव में कंज़रवेटिव पार्टी हार गई थी और इंग्लैंड में मज़दूर सरकार कायम हो गई थी। लाहौर में पण्डित जवाहरलाल नेहरू के नेतृत्व में कांग्रेस का गरमागरम अधिवेशन हो चुका था। समझौते की फालतू बातों के बाद कांग्रेस ने गांधीजी को अपने आन्दोलन की बागडोर सौंप दी थी। अपना नमक सत्याग्रह उन्होंने आरम्भ कर दिया था। सारे देश में नमक कानून खुलेआम तोड़ा जा रहा था। धरासना और बड़ाला के नमक-गोदामों पर सत्याग्रहियों का आक्रमण अहिंसात्मक होते हुए भी काफी गरम था। जलसे-जुलूसों की बाढ़ आ गई थी। और गिरफ्तारी मामूली बात हो गई थी।

जगह-जगह गोलियां भी चली थीं, लोग मरे थे, पर उनसे लोग डरे नहीं, उनका उत्साह बढ़ा ही था। गांधीजी गिरफ्तार कर लिये गए थे और कांग्रेस के दूसरे बड़े नेता भी। पेशावर में गढ़वाली फौज ने अंगरेज़ अफसरों के आदेश के विरुद्ध सत्याग्रहियों पर गोली न चलाकर अहिंसा का एक चमत्कार ही कर दिया था। बंगाल के क्रान्तिकारी दल के महान् वीर श्री सूर्यसेन के नेतृत्व में चटगांव शस्त्रागार को लूट लेने के पश्चात् जो घटनाएं हुईं, उन्होंने हिंसा की शक्ति का शानदार प्रदर्शन कर दिया था। इस सबके आरम्भ में ही वायसराय की ट्रेन पर जिस वैज्ञानिक ढंग से श्री यशपाल ने बम मारा था, उसकी किरणें भी वातावरण में छिटक रही थीं और हरिकृष्ण द्वारा पंजाब गवर्नर पर चलाई गोली की सनसनी भी हवा में तैर रही थी। साण्डर्स-वध, असेम्बली बम-काण्ड और मुकदमे ने देश की नई पीढ़ी को राजनीतिक चेतना दी थी, वह और भी आगे बढ़ रही थी। पहली गोलमेज़ कॉन्फ्रेन्स नवम्बर, 1930 में जिस बुरी तरह असफल हुई थी, उसने देश की जनता के असन्तोष को भड़काया ही था। कांग्रेस ने उस कॉन्फ्रेन्स के निर्णय पर विचार करके अपने आन्दोलन में कोई परिवर्तन न करने की घोषणा कर दी थी।

इस प्रकार जब देश की जनता मानसिक रूप में पूरी तरह आन्दोलित थी। और वायसराय लॉर्ड इरविन धड़ाधड़ आर्डिनेन्स निकालकर अपनी झुंझलाहट का परिचय दे रहे थे, प्रिवी कौन्सिल ने भगतसिंह और उनके साथियों की अपील खारिज कर दी। भगतसिंह ने अपील का आधार ही ऐसा रखा था कि उसे खारिज करने के सिवा कोई चारा न हो। अपील खारिज होने का वही प्रभाव पड़ा जो भगतसिंह ने सोचा था, चाहा था। जनता भड़क उठी और पेशावर से मद्रास तक इसके विरोध में जुलूस निकले, जलसे हुए। जो जलसे कांग्रेस के द्वारा संगठित हुए, उनमें भी भाषणों का मुख्य विषय

भगतसिंह हो गये । लोग जोश के साथ उनकी वीरता का बखान करते, उनकी जय बोलते, और उनका नारा 'इन्कलाब ज़िन्दाबाद' गुंजाते।

जलसे-जुलूसों के साथ देशभर में हस्ताक्षर आन्दोलन शुरू हो गया और भगतसिंह की जीवन-रक्षा के लिए लाखों हस्ताक्षरों से भरे अनुरोध पत्र वायसराय को भेजे गये। इससे कौन असहमत होगा कि कलम से किये इन लाखों हस्ताक्षरों के साथ करोड़ों अलिखित हस्ताक्षर भी थे। हज़ारों तार वायसराय को भेजे गये और सैकड़ों इंग्लैंड में भारत-मन्त्री को। नगर में ऐसे पर्चे छपे, बंटे जिनमें भगतसिंह के बचाव का अनुरोध था तो खून का बदला खून का प्रतिशोध भी था। यही नहीं बीकानेर और दूसरे कई राज्यों के नरेशों ने वायसराय से प्रार्थना की और इंग्लैंड की पार्लियामेंट के अनेक सदस्यों ने भी वायसराय को तार दिये कि वे भगतसिंह के जीवन की रक्षा करें। भगतसिंह भारत की हर माता के लाड़ले बेटे और हर बहन्न के लाड़ले भाई बन चुके थे, इसलिए हर माता और बहन उनके जीवन को बचाना चाह रही थी। सोचती हूं यह इतिहास का कैसा मार्मिक क्षण था कि देश का हर नागरिक उस जीवन को बचाने के लिए उत्सुक और आकुल था जिसकी योजनापूर्वक आहुति देने के लिए भगतसिंह उत्सुक और आकुल थे।

बाहर यह सब हो रहा था और भीतर अपनी काल-कोठरी में बैठे भगतसिंह अपने अध्ययन, चिन्तन और लेखन की गहराइयों में उतर रहे थे। गीता में अनासक्ति योग का वर्णन है, पर भगतसिंह तो मृत्यु और कष्ट के प्रति अनासक्ति के जीवित उदाहरण ही बन गए थे। जब देश का बच्चा-बच्चा उनकी मृत्यु की सम्भावना से त्रस्त था, विह्वल था, वे कितने निर्लिप्त, कितने शान्त, और कितने सजीव थे, यह उनके उस पत्र से सिद्ध है, जो उन्होंने अपने साथी सुखदेव को काल-कोठरी से लिख भेजा था। सुखदेव भी अपनी काल-कोठरी में बैठे फांसी की प्रतीक्षा कर रहे थे, पर अपने विचारों की चंचलता से ग्रस्त थे। उस पत्र के कुछ उद्‌बोधक अंश इस प्रकार हैं–

"एक दिन मैंने आत्महत्या के विषय पर आपको बताया था कि कई परिस्थितियों में आत्महत्या उचित हो सकती है, परन्तु आपने विरोध किया था। अब आप उसे कुछ अवस्थाओं में न केवल उचित, वरन अनिवार्य एवं आवश्यक समझते हैं। मेरी इस विषय में अब वही राय है, जो आपकी थी अर्थात् आत्महत्या एक घृणित अपराध है और यह पूर्ण कायरता का कार्य है।..."

"आप कहते हैं कि आप यह नहीं समझ सके कि केवल कष्ट सहन करने से आप अपने देश की सेवा कैसे कर सकते हैं। मैं समझता हूं कि आपने अधिक-से-अधिक संभव सेवा की। अब वह समय है कि जो कुछ आपने किया, उसके लिए कष्ट सहन करें। दूसरी बात यह है कि यही वह अवसर है जहां आपको सम्पूर्ण जनता का नेतृत्व करना है। क्या आपका यह विचार है कि यदि हमने इस दया के लिए गिड़गिड़ाते हुए दण्ड से बचने का प्रयत्न किया होता, तो हमारा यह कार्य उचित होता। नहीं इसका प्रभाव लोगों पर उलटा होता। अब हम अपने लक्ष्य में पूर्णतया सफल हुए हैं।

हमें धैर्यपूर्वक फांसी की प्रतीक्षा करनी चाहिए । यह मृत्यु सुन्दर होगी परन्तु

आत्महत्या करना, केवल कुछ दुःखों से बचने के लिए अपने जीवन को समाप्त कर देना तो कायरता है। मैं आपको बताना चाहता हूं कि आपत्तियां व्यक्ति को पूर्ण बनाने वाली होती हैं।

यदि आप यह अनुभव करते हैं कि जेल का जीवन वास्तव में अपमानपूर्ण है, तो आप उसके विरुद्ध आन्दोलन करके उसे सुधारने का प्रयास क्यों नहीं करते। सम्भवतः आप यह कहेंगे कि यह संघर्ष सफल नहीं हो सकता, परन्तु यह तो वही तर्क है, जिसकी आड़ लेकर साधारणतया निर्बल लोग प्रत्येक आन्दोलन से बचना चाहते हैं।"

भगतसिंह की दृष्टि फांसीघर की काल-कोठरी में स्फटिक की तरह साफ है और एक्सरे की तरह अन्तर्दर्शी है। समय का जो प्रवाह बह रहा है, वह उसके नेता भी हैं और कमाल है कि तट पर बैठे एक निर्लिप्त दर्शक भी हैं। इसी पत्र में उनके शब्द हैं–

"यदि हम इस क्षेत्र में न उतरे होते, तो क्या कोई भी क्रान्तिकारी कार्य कदापि न हुआ होता ? यदि आप ऐसा सोचते हैं तो भूल है। यद्यपि यह ठीक है कि हम भी वातावरण को बदलने में बड़ी सीमा तक सहायक सिद्ध हुए हैं तथापि हम तो केवल अपने समय की आवश्यकता की उपज हैं। मैं तो यह भी कहूंगा कि साम्यवाद का जन्मदाता मार्क्स वास्तव में इस विचार को जन्म देने वाला नहीं था, वरन् युरोप की औद्योगिक क्रान्ति ने ही एक विशेष विचार वाले व्यक्ति उत्पन्न किए थे, जिनमें मार्क्स भी एक था। अपने स्थान पर मार्क्स भी निस्सन्देह कुछ सीमा तक समय के चक्र को एक विशेष प्रकार की गति देने में अवश्य सहायक सिद्ध हुआ था। मैंने और आपने इस देश में समाजवाद या साम्यवाद के विचारों को जन्म नहीं दिया है, वरन् यह तो हमारे ऊपर हमारे समय एवं परिस्थिति के प्रभाव का परिणाम है। निस्सन्देह हमने इन विचारों का प्रचार करने के लिए कुछ साधारण एवं तुच्छ कार्य अवश्य किए हैं।"

मैं जब-जब इस पत्र को पढ़ती हूं, मुग्ध भाव से सोचती हूं, यह पत्र है या भगतसिंह के महान् व्यक्तित्व का फोटो है ? और जब-जब उन परिस्थितियों को याद करती हूं, जिनमें यह लिखा गया है, तो स्तब्ध भाव से सोचती हूं, क्या वे मानसिक रूप से उसी स्थिति में पहुंचे हुए मनुष्य नहीं थे जिसे गीता में मनुष्यता की सर्वश्रेष्ठ परिणति ब्राह्मी स्थिति कहा गया है और वह स्थिति प्राप्त करने वाले को स्थितप्रज्ञ ?

जब यह सब हो रहा था, 25 जनवरी, 1931 को वायसराय ने गांधीजी, कांग्रेस वर्किंग कमेटी के सदस्य तथा कुछ अन्य प्रमुख कांग्रेसी नेताओं को जेल से छोड़ दिया। अपनी विज्ञप्ति में उन्होंने कहा कि–(प्रथम) गोलमेज़ कॉन्फ्रेन्स के निर्णयों पर नेता लोग आपस में खुला विचार-विनिमय कर सकें, इसलिए जेल के द्वार खोल दिए गए हैं। इस घटना ने वातावरण में एक नई चमक पैदा कर दी। इस चमक का एक रूप तो यह था कि जनता के मन में यह आशा जाग उठी कि कांग्रेस और सरकार में कोई फैसला होने वाला है और दूसरी बात यह कि उस फैसले के परिणामस्वरूप भगतसिंह और उनके साथियों का जीवन बच जाएगा।

17 फरवरी, 1931 को गांधीजी वायसराय से पहली बार मिले और बातें चार घण्टे तक चलीं। गांधीजी 'एक मनुष्य की हैसियत से' (उन्हीं के शब्द) मिले थे पर कांग्रेस

कार्यसमिति ने उन्हें समझौते के पूर्ण अधिकार दे दिए थे, इससे वातावरण में समझौते की हवा अपने शीतल रूप में बह चली। भगतसिंह तो समझौते की बात तब कह और लिख चुके थे, जब कहीं दूर पास भी समझौते की गन्ध न थी, फिर इस समय वे कैसे तटस्थ रह सकते थे। उन्होंने अपनी काल-कोठरी के सचिवालय से 2 फरवरी, 1931 को गांधीजी के छूटने के कुल आठवें दिन, देश में युवकों के नाम एक सन्देश लिख कर भेजा, उसके कुछ महत्त्वपूर्ण अंश इस प्रकार हैं–

"इस समय हमारा आन्दोलन अत्यन्त महत्त्वपूर्ण परिस्थितियों में से गुज़र रहा है। एक साल के कठोर संग्राम के बाद गोलमेज़ कॉन्फ्रेन्स ने हमारे सामने शासन-विधान में परिवर्तन के सम्बन्ध में कुछ निश्चित बातें पेश की हैं और कांग्रेस के नेताओं को निमन्त्रण दिया है कि वे आकर शासन-विधान तैयार करने के काम में मदद दें। कांग्रेस के नेता इस हालत में आन्दोलन को स्थगित कर देने के लिए उद्यत दिखाई देते हैं। वे लोग आन्दोलन स्थगित करने के हक में फैसला करेंगे या उसके खिलाफ यह बात हमारे लिए महत्त्व नहीं रखती । यह बात निश्चित है कि वर्तमान आन्दोलन का अन्त किसी-न-किसी प्रकार के समझौते के रूप में होना लाज़मी है। यह दूसरी बात है कि समझौता जल्दी हो जाए या देर में हो।

वस्तुतः समझौता कोई ऐसी हेय और निन्दनीय वस्तु नहीं है जैसा कि साधारणतया हम लोग समझते हैं, बल्कि राजनीतिक संग्रामों का समझौता एक आवश्यक अंग है।

"जिस बात को मैं बताना चाहता हूं वह यह है कि समझौता भी ऐसा हथियार है जिसे राजनीतिक ज़द्दो-ज़हद के बीच में कदम-कदम पर इस्तेमाल करना आवश्यक हो जाता है। यह इसलिए कि एक कठिन लड़ाई से थकी हुई कौम को थोड़ी देर के लिए आराम मिल सके और वह अगले युद्ध के लिए तैयार हो सके।

भारत की वर्तमान लड़ाई ज़्यादातर मध्य श्रेणी के लोगों के बलबूते पर लड़ी जा रही है जिसका लक्ष्य बहुत सीमित है। कांग्रेस दुकानदारों और पूंजीपतियों के ज़रिए इंग्लैंड पर अधिक दबाव डालकर अधिकार लेना चाहती है, परन्तु जहां तक देश के करोड़ों मज़दूरों और किसानों का सम्बन्ध है, उनका उद्धार इतने से नहीं हो सकता। यदि देश को लड़ाई लड़नी हो तो मज़दूरों, किसानों और सामान्य जनता को आगे लाना होगा, उन्हें लड़ाई के लिए संगठित करना होगा। नेता उन्हें आगे लाने के लिए अभी तक कुछ नहीं कर सके हैं। इन किसानों को विदेशी हुकूमत के जुए के साथ-साथ भूमिपतियों के जुए से भी उद्धार पाना है, परन्तु कांग्रेस का उद्देश्य यह नहीं है। इसलिए मैं कहता हूं कि कांग्रेस के लोग पूर्ण क्रान्ति नहीं चाहते। मैं यह भी कहता हूं कि कांग्रेस का आन्दोलन किसी-न-किसी समझौते या असफलता के रूप में खत्म हो जाएगा।"

इसी सन्देश में उन्होंने नए शासन-विधान को परखने के लिए तीन कसौटियां दीं–

1. शासन की जिम्मेदारियां कहां तक भारतवासियों को सौंपी जाती हैं।

2. शासन-विधान को चलाने के लिए किस प्रकार की सरकार बनायी जाती है और उसमें हिस्सा लेने का आम जनता को कहां तक मौका मिलता है।

3. भविष्य में उससे क्या-क्या आशाएं की जा सकती हैं और उस पर कहां तक प्रतिबन्ध लगाए जाते हैं ?

समझौते के सम्बन्ध में गहरा विश्लेषण करते हुए उन्होंने कहा–"इन सब अवस्थाओं पर विचार करके मैं इस परिणाम पर पहुंचा कि सबसे पहले हमें सारी अवस्थाओं का चित्र साफ तौर पर अपने सामने अंकित कर लेना चाहिए। मैं मानता हूं कि समझौते का अर्थ कभी आत्मसमर्पण या पराजय स्वीकार करना नहीं किन्तु एक कदम आगे बढ़ाना और फिर कुछ आराम करना है। साथ ही यह भी समझ लेना चाहिए कि समझौता इससे अधिक भी और कुछ नहीं है। वह अन्तिम लक्ष्य और हमारे लिए अन्तिम विश्राम का स्थान नहीं है।"

जनता को कैसे जाग्रत् किया जाए और कैसे संगठित, इसका निर्देशन देने के बाद भगतसिंह कहते हैं–"यह बात प्रसिद्ध ही है कि मैं आतंकवादी (टेरेरिस्ट) रहा हूं, परन्तु मैं आतंकवादी नहीं हूं। मैं एक क्रान्तिकारी (रेव्यूलेशनरी) हूं, जिसके कुछ निश्चित विचार, निश्चित आदर्श और एक लम्बा कार्यक्रम है। मुझे यह दोष दिया जाएगा (जैसा कि लोग रामप्रसाद बिस्मिल को भी देते थे) कि फांसी की काल-कोठरी में पड़े रहने से मेरे विचारों में भी कोई परिवर्तन आ गया है, परन्तु ऐसी बात नहीं है। मेरे विचार अब भी वही हैं और मेरा लक्ष्य अब भी वही है, जो जेल से बाहर था।

मेरा यह दृढ़ विश्वास है कि हम बम और पिस्तौल से कोई लाभ प्राप्त नहीं कर सकते। यह बात हिन्दुस्तान सोशलिस्ट रिपब्लिकन पार्टी के इतिहास से आसानी से मालूम हो जाती है। केवल बम फेंकना न सिर्फ व्यर्थ है, परन्तु बहुत बार हानिकारक भी है। उसकी आवश्यकता किन्हीं खास अवस्थाओं में ही पड़ा करती है। हमारा मुख्य लक्ष्य मज़दूरों और किसानों का संगठन होना चाहिए। सैनिक विभाग (दल का) युद्ध-सामग्री को किसी खास मौके के लिए केवल संग्रह करता रहे। यदि युवक इसी प्रकार प्रयत्न करते जाएंगे तब एक साल में स्वराज्य तो नहीं होगा, किन्तु भारी कुर्बानी और त्याग की कठिन परीक्षा में से गुज़रने के बाद वे अवश्य विजयी होंगे। इन्कलाब ज़िन्दाबाद।"

यह सन्देश असल में राष्ट्र की नई पीढ़ियों के नाम भगतसिंह की वसीयत है और यह प्रमाण-पत्र है उनके परिपुष्ट राजनीतिक व्यक्तित्व का। यह एक आश्चर्य ही है कि अपने क्रान्तिकारी जीवन के आरम्भ में ही (1923 में कानपुर रहते समय) उनकी दृष्टि आतंकवाद के छूमन्तर से दूर क्रान्ति के लिए एक लम्बी जन-संगठनात्मक साधना पर टिकी थी, जब कि दूसरे साथी अजय घोष के शब्दों में–"क्रान्ति को आज-कल-परसों की बात समझते थे, भगतसिंह के लिए वह दूर की योजना थी। अपनी सात वर्षों की मृत्यु-साधना से वे आतंकवाद को क्रान्तिकारी जनान्दोलन के जिस चौराहे पर ले आए थे, यह सन्देश उसका उद्घाटन-भाषण है। इसमें उनका व्यक्तित्व पूर्ण रूप से निखर कर सामने आ गया है।"

श्री शिव वर्मा के कहे हुए शब्द हैं–"अगर मैं ईश्वर को मानता होता, तो मैं भगतसिंह की पूजा करता। उनकी भविष्यवाणियां सच हो रही हैं।"

: 26 :

कोई दम का मेहमां हूं—

भगतसिंह ने होश संभालते-संभालते जो याद रखने योग्य बात सुनी, वह थी अपने चाचा सरदार अजीतसिंह के निर्वासन की, देश से फरार होकर विदेश जाने की और अंगरेज़ों के विरुद्ध उनकी बगावत की। भगतसिंह ने अक्षरों का बोध होने पर जो कुछ सबसे पहले पढ़ा, वह था सरदार अजीतसिंह का साहित्य। भगतसिंह ने अक्ल संवारते-संवारते जो कुछ देखा, वह थी चाची हरनाम कौर—श्रीमती अजीतसिंह की आंखों से बहती अश्रुधारा। भगतसिंह ने अपने बचपन में जो कुछ बार-बार सुना, वह था चाची हरनाम कौर का प्रश्न—"भागों वाले, तुम्हारे चाचाजी का कोई पत्र आया ?"

इन सब बातों ने उसके मन पर सरदार अजीतसिंह की ऐसी तस्वीर खींच दी जो कभी मैली नहीं हुई, पर जिस तस्वीर में रंग भरने का उनके जीवन में कभी अवसर नहीं आया, क्योंकि भगतसिंह के गिरफ्तार हो जाने तक यही पता न था कि सरदार अजीतसिंह ज़िन्दा भी हैं या नहीं। भगतसिंह ने दशहरा बम-काण्ड में अपनी गिरफ्तारी के बाद अपने सहपाठी श्री अमरचन्द को जो पत्र अमेरिका लिख भेजा था, उसकी कुछ पंक्तियां इस प्रकार हैं—"भाई, हमारे मुमालिक गैर (विदेशों) में जाकर तालीम (शिक्षा) हासिल करने की ख्वाहिश खूब पायमा (बरबाद) हुई। अच्छा, तुम्हीं लोगों को सब मुबारक । कभी मौके मिलें तो अच्छी किताबें भेजने की तकलीफ उठाना। आखिर अमेरिका में लिट्रेचर (साहित्य) तो बहुत है। सानफ्रान्सिस्को वगैरह की तरफ से सरदारजी (चाचाजी) का शायद कुछ पता मिल सके। कोशिश करना। कम अज, कम ज़िन्दगी का यकीन तो हो जाए।"

जब भगतसिंह लाहौर जेल में भूख-हड़ताल कर रहे थे, पण्डित जवाहरलाल नेहरू उनसे मिले थे। नेहरू जी के शब्दों में—"भगतसिंह की विशेष इच्छा अपने चाचा सरदार अजीतसिंह से, जो 1909 में लाला लाजपतराय के साथ निर्वासित कर दिए गए थे, मिलना या कम-से-कम उनकी खबर पाना मालूम हुई। वह कई बरसों तक देश-निकाले में रहे। कुछ-कुछ यह भी सुना गया था कि दक्षिण अमेरिका में बस गए हैं, मगर मुझे खयाल नहीं है कि उनके बारे में निश्चित खबर हो। मुझे यह भी पता नहीं वे मर गए हैं या जीते हैं।"

इसके कुछ दिन बाद सरदार अजीतसिंह का पत्र किसी दूसरे व्यक्ति की मार्फत मिल गया था। वे ब्राजील में थे और यद्यपि उन्हें भगतसिंह के बारे में कुछ पता न था, फिर भी यह एक अद्भुत बात है कि जैसे भगतसिंह की उनमें दिलचस्पी थी, उनकी भी भगतसिंह में दिलचस्पी थी। पत्र में लिखा था—"अगर भगतसिंह की शिक्षा पूरी हो चुकी हो, वे उससे निमट चुके हों, तो उन्हें ब्राजील भेज दिया जाए।" भगतसिंह ने प्रयत्न किया था कि उनके छोटे भाई कुलबीरसिंह ब्राजील जाएं, पर यह सम्भव न हो सका।

बहरहाल काल-कोठरी में रहते और फांसी की प्रतीक्षा करते समय भी उन्हें सरदार अजीतसिंह में बेहद दिलचस्पी थी। एक क्रान्तिकारी दूसरे क्रान्तिकारी के ध्यान में रसलीन था। ठीक भी है, क्रान्ति की जो वेदी भगतसिंह के द्वारा हवनकुण्ड का रूप ले रही थी, उसकी पहली समिधाएं तो सरदार अजीतसिंह ने ही रखी थीं।

लाला पिण्डीदासजी के शब्दों में–"मैं भगतसिंह से आखिरी बार मिला तो पूछा–"कहो भगत, कोई आखिरी ख्वाहिश, कोई आखिरी पयाम ?" भगत बोला–'चाचाजी, सिर्फ एक ख्वाहिश है। काश, कोई मुझे मरने से पहले मेरे महबूब चाचा (सरदार अजीत सिंह) से मिला दे, जिनको बे-देखे मैं उनका आशिक बना, जिनके नक्शे-कदम (पद-चिह्न) पर चलकर मैंने इस अश्क की वादी–(आंसुओं की भूमि) में कदम रखा और जिनके प्यार ने मुझे मंज़िल तक पहुंचा दिया।' आंखों पर रूमाल रखे मैं लौट आया। मुनासिब मुकाम तक इस ख्वाहिश को पहुंचाया गया, पर कामयाबी न हुई।"

3 मार्च, 1931 को भगतसिंह से परिवार वाले अन्तिम बार मिले। मुलाकात–अपनों-का-अपनों से मिलना–हमेशा ही बड़ी बात होती है, फिर जेल में मुलाकात तो ज़िन्दगी की एक बरकत है, क्योंकि वह अपनों को उन अपनों से मिलाती है जो बिछुड़ गए हैं और यह विश्वास दिलाती है कि बिछोह अस्थायी है, बाहरी है। वे अब भी भीतरी रूप में, मन से, एक हैं और देर-सवेर फिर एक होकर रहेंगे, पर अन्तिम मुलाकात ? इसका दर्द वही जान सकते हैं, जिन्होंने कभी किसी अपने से अन्तिम मुलाकात की हो। सोचकर ही कलेजा फटने लगता है। दिल चाहता है कि अपने लाड़ले को अपने में समा लें, ले भागे, किसी की नज़र न लगने दें, पर परिस्थितियां चाह का साथ नहीं देतीं। मन में हज़ारों बातें उमड़ती रहती हैं, पर बाहर एक नहीं आती। बाहर आते हैं आंसू। हाय, कम्बख्त आंसू, जो आंखों को देखने भी नहीं देते, आखिरी बार अपने लाड़ले को और उन्हें डुबा लेते हैं अपने में।

उस दिन की मुलाकात में माता-पिता थे, दादाजी थे, चाची थीं और भाई थे। सबसे अधिक अधीर थे दादा सरदार अर्जुनसिंह, जिन्होंने इस वंश में क्रान्ति का पौधा रोपा था और जिसका फल उनके सामने था। वह ऐसा फल था जिसे पाकर ऐसा गौरव मिले, जो देवताओं के लिए भी ईर्ष्या की वस्तु हो, पर जिसके साथ इतने तेज़ कांटे हों कि रोम-रोम में बिच्छू के डंक की तरह ज़हर भर दें।

वे भगतसिंह के पास एक बार आए और उन्होंने उनके सिर पर इस तरह हाथ फेरा, जैसे भगतसिंह एक छोटे-से बालक हों। उन्होंने बहुत-कुछ चाहा कि वे कुछ कहें, पर उच्छ्वास इतना प्रबल था कि बोल कण्ठ को पार कर जीभ तक आए ज़रूर, पर अधरों की कातर कंपकंपी ने उन्हें शब्दों का रूप न लेने दिया और न एक भीगी फुसफुसाहट बनकर रह गए। उद्वेग इतना प्रबल था कि पास खड़े रहना असम्भव हो गया और वे दूर जा खड़े हुए–उनके भाव आंसू बनकर बराबर बहते रहे।

जिस मां ने जन्म दिया, जिन चाचियों ने गोद खिलाया, वे भी कहने-भर को पास थीं, पर हज़ारों-लाखों मील दूर। सच भी तो है, जो अपने में खुद ही खोया हुआ हो, वह किसी के पास क्या होगा। जो अपने ही दुःख में डूबा हुआ है, वह किसी से क्या

कहेगा ? भाइयों के मनों में कितनी स्मृतियां थीं।

और जिसके छिनने के दुःख में सब विह्वल थे, उसकी क्या दशा थी। वे थे भगतसिंह और वे सदैव की भांति पूर्ण शान्त और पूर्ण प्रसन्न थे और परिवार वालों को अपना वज़न बढ़ जाने का समाचार खुशी-खुशी सुना रहे थे। उनके भीतर की ज्योति पूरी तरह जागृत थी। सबका विश्वास था—अभी और भी मुलाकातें होंगी, पर भगतसिंह का विश्वास था यह अन्तिम मुलाकात है। उन्होंने अपनी माताजी से कहा—"बेबेजी, दादाजी अब ज़्यादा दिन नहीं जिएंगे। आप बंगा जाकर इनके पास ही रहना।" सबसे उन्होंने अलग-अलग बात की, सबको धीरज दिया, सान्त्वना दी। अन्त में बेबेजी को पास बुलाकर हंसते-हंसते पूरी मस्ती से भरे स्वर में कहा—"लाश लेने आप मत आना। कुलवीर को भेज देना। कहीं आप रो पड़ीं तो लोग कहेंगे कि भगतसिंह की मां रो रही है, इतना कहकर वे इतने ज़ोर से हंसे कि जेल-अधिकारी उन्हें फटी आंखों से देखते रह गए। सोचती हूं, यह हंसी, उनके पारिवाहिक जीवन-यज्ञ का स्वस्ति-वाचन थी, अखण्ड पाठ की अरदास थी, जीवन-काव्य का उपसंहार थी। उन्होंने जीवन में क्षण-क्षण समाज पर हंसी बिखेरी और राष्ट्र के आंसुओं को हंसी में बदलने के लिए अपने खून की एक-एक बूंद लगा दी। अब समाज और राष्ट्र उनकी स्मृतियों पर अपने महकते फूल बरसा रहा है।

सब मिलकर लौट आए। भगतसिंह ने उसी दिन अपने छोटे भाई कुलबीरसिंह को पत्र लिखा और तब उनसे छोटे भाई (उस समय उम्र 12 वर्ष) कुलतार सिंह को यह अन्तिम पत्र लिखा—

सेण्ट्रल जेल, लाहौर
3 मार्च, 1931

अजीज़ कुलतार,

आज तुम्हारी आंखों में आंसू देखकर बहुत दुःख हुआ। आज तुम्हारी बातों में बहुत दर्द था, तुम्हारे आंसू मुझसे सहन नहीं होते। बर्खुरदार हिम्मत से शिक्षा प्राप्त करना और सेहत का ख्याल रखना । हौसला रखना और क्या कहूं—

उसे फिक्र है हरदम नया तर्ज़े ज़फा क्या है,
हमें यह शौक देखें सितम की इन्तहा क्या है।
दहर से क्यों खफा रहें, चर्ख का क्यों गिला करें,
सारा जहां अदू सहीं आओ मुकाबला करे ॥
कोई दम का मेहमा हूं, ए अहले महफिल
चरागे सहर हूं, बुझा चाहता हूं।
मेरी हया में रहेगी ख्याल की बिजली
यह मुश्ते खाक है फानी रहे, न रहे ॥

अच्छा रुखसत। खुश रहो अहले वतन, हम तो सफर करते हैं। हौसला से रहना। नमस्ते।

तुम्हारा भाई
—भगतसिंह

: 27 :

राणा प्रताप के बाद

समझौता और समझौता, गांधी-इरविन समझौता पत्रों की हेड लाइनों पर छा गया था और पत्रों के पहले पृष्ठों पर अब उसी के समाचार छाये रहते थे। कभी खबर आती थी कि गांधी जी और वायसराय समझौते के एकदम पास पहुंच गए हैं और कभी यह कि बात में गांठ पड़ गई है। आशा और निराशा की आंधियां चल रही थीं, पर सब समझौते के लिए उत्सुक थे। 3 मार्च, 1931 को, जब भगतसिंह अपने परिवार वालों से अन्तिम बार मिले, तो गांधीजी रात में ढाई बजे तक वायसराय लार्ड इरविन और गृह-सचिव श्री इमर्सन से बातें करते रहे। बातें उलझती रहीं, बातें सुलझती रहीं ; और 4 मार्च, 1931 को रात के अन्त में, यानी 5 मार्च, 1931 की ब्रह्मवेला में कांग्रेस और अंगरेज़ी सरकार में समझौता हो गया। इतिहास में इसे कहा गया गांधी-इरविन समझौता।

इस समझौते में 16 धाराएं थीं। 9वीं धारा इस प्रकार थी–"वे कैदी छोड़ दिए जाएंगे, जो सविनय अवज्ञा आन्दोलन के सिलसिले में ऐसे अपराधों के लिए कैद भोग रहे होंगे जिनमें नाम मात्र की हिंसा को छोड़कर और किसी प्रकार की हिंसा या हिंसा के लिए उत्तेजना का समावेश न हो।"

इसका साफ अर्थ था कि भगतसिंह और उनके साथियों की फांसी रोकने का इससे कोई दूर-पार का भी वास्ता न था। जनता में इससे गहरी निराशा छा गई, पर गांधीजी ने 5 मार्च, 1931 की शाम को ही पत्रकार सम्मेलन में, जिसमें अमेरिकी, बरतानवीय और भारतीय पत्रकार थे, अपने वक्तव्य में कहा–"व्यक्तिगत रूप से उन लोगों के, जो हिंसा करने के दोषी हैं, जेल में भेजे जाने की प्रणाली पर मेरा विश्वास नहीं है। मेरा विश्वास है कि वे लोग महसूस करेंगे कि न्यायपूर्वक उनकी रिहाई के लिए नहीं कह सकता था लेकिन इसका यह मतलब नहीं कि मुझे अथवा कार्यकारिणी के सदस्यों को उनका ख्याल नहीं है।"

जिस ट्रिब्यूनल ने भगतसिंह और उनके साथियों को फांसी की सज़ा दी थी, अपना काम पूराकर वह समाप्त हो गया था। साण्डर्स-वध और असेम्बली बम-काण्ड ने अंगरेज़ सरकार के मन पर क्रान्तिकारियों की धाक बैठा दी थी। इसलिए ट्रिब्यूनल के सदस्य भारत से बाहर चले गए थे, या फिर इधर-उधर हो गए थे। भगतसिंह के पिता सरदार किशनसिंह सूझ के बादशाह थे। उन्होंने इस अवसर का तुरन्त लाभ उठाया और ऐसा कानूनी निशाना लगाया कि एक बार तो सरकार भौंचक रह गई। उन्होंने हाईकोर्ट में यह प्रश्न उठाया कि जो अदालत फांसी का आदेश देती है, वही फांसी की तारीख निश्चित कर सकती है। अब चूंकि फांसी देने वाली अदालत बिना फांसी की तारीख निश्चित किए भंग हो गई है, इसलिए कोई दूसरी अदालत फांसी की तारीख निश्चित नहीं कर सकती। इसका अर्थ यह है कि फांसी अब लग ही नहीं सकती।

प्रश्न इतना उलझाने वाला था कि हाईकोर्ट के जस्टिस भी इस पर एकदम 'हां' या 'ना' न कर सके और उन्होंने उसे विचाराधीन विषयों में रख लिया। इससे जनता के मन में खिंचाव भी आया और आशा का भाव भी, पर कानून के ऊंचे स्तर पर यह सलाह हुई कि समझौते का अवसर है, हाईकोर्ट के सामने उलझनें हैं और देश-भर में फांसी रोकने की गरमा-गरम मांग है, इसलिए यदि इस समय वायसराय को फांसी रोकने का आदेश देने के लिए एक अच्छा बहाना दिया जाए तो सफलता निश्चित है। यह बहाना मर्सी पिटीशन–दया की प्रार्थना–ही हो सकता है, पर प्रश्न यह था–क्या भगतसिंह, जो अपील के लिए तैयार नहीं थे इसके लिए होंगे। सबका ध्यान फिर श्री प्राणनाथ मेहता की ओर गया। वे इस केस में वकील भी थे और भगतसिंह के मन में उनके लिए एक कोमल कोना भी सुरक्षित था। वे भगतसिंह से मिलने और मर्सी पिटीशन के सम्बन्ध में बातचीत करने गए उनके बीच वार्तालाप के कुछ अंश यूं हैं–प्राणनाथ ने कहा–"दोस्तो, तुम इस बात को तो मानते हो कि हिन्दुस्तान की आज़ादी बहुत दूर नहीं है।"

भगतसिंह ने कहा–"ज़रूर, यही विश्वास हमारी प्रेरक-शक्ति बना हुआ है।"

प्राणनाथ बोले–"तो फिर आज़ाद भारत को तुम लोगों की ज़रूरत सबसे अधिक होगी। नए भारत का निर्माण तुम लोगों से भी अधिक अच्छा और कौन कर सकेगा ?"

सुखदेव ने कहा–"क्या शेखचिल्ली वाली बातें कर रहे हो प्राणनाथ। हम लोग भारत की आज़ादी की नींव के पत्थर हैं, ऊपर की इमारत तो बाद के लोग बनायेंगे। उसकी चिन्ता करना हमारा काम नहीं है।"

प्राणनाथ ने कहा–"मेरे बहादुर दोस्तो, इस इमारत की नींव तुम्हीं ने रखी है। जो इंजीनियर नींव रखता है, वही इमारत की मज़बूती का ठीक अन्दाज़ा लगा सकता है। ऊपर की इमारत भी तुम्हें ही बनानी होगी।"

भगतसिंह कुछ कहने ही जा रहे थे, कि उन्हें रोककर प्राणनाथ ने कहा–"अच्छा भाइयो, पहले मेरी एक बात का जवाब दो। यह बहस बाद में होगी।"

"किस बात का ?"

"तुम तीनों का अपने जीवन पर व्यक्तिगत अधिकार है या अपने जीवन को तुम लोग देश की धरोहर मानते हो ?" प्राणनाथ ने पूरी गम्भीरता से प्रश्न किया।

भगतसिंह मुस्कराकर बोले–"यार वकीलों वाली बात छोड़, सीधे तौर से बता–तू कहना क्या चाहता है ?"

"यही कि तुम लोगों का जीवन देश की धरोहर है और देश की जनता चाहती है कि तुम गांधीजी के हाथ मज़बूत करने के लिए वायसराय के नाम एक दया-प्रार्थना-पत्र भेज दो।"

तीनों के मुंह एकाएक गम्भीर हो गए। सुखदेव और राजगुरु नाराज़गी के साथ कुछ कहना चाहते थे, पर भगतसिंह ने आंख के इशारे से उन्हें चुप कर दिया और शान्त स्वर में पूछा–"किस तरह की दया-प्रार्थना तुम चाहते हो ?"

उत्साहित होकर प्राणनाथ ने कहा–"मुझे गलत मत समझो मेरे दोस्त, हम लोग

ऐसी कोई बात नहीं चाहते, जिससे तुम्हारी बहादुरी को बट्टा लगे। आज रात हमारी कमेटी की बैठक में एक ड्राफ्ट बनाया जाएगा जो मैं कल सुबह तुम लोगों के पास लेकर आऊंगा।''

राजगुरु और सुखदेव गुस्से से तमतमा रहे थे, पर भगतसिंह ने उन्हें बोलने नहीं दिया और मुस्कराते हुए कहा–''दया की प्रार्थना तो हम भी तैयार कर सकते हैं, मगर हमारे मुकदमे ने तुम्हें एक कामयाब वकील ज़रूर बना दिया हैं। याद रखना, दोस्तों का यह एहसान भूलना नहीं ।''

यह 19 मार्च, 1931 की बात है। दूसरे दिन जब श्री प्राणनाथ अपना ड्राफ्ट लेकर पहुंचे–जिसे पांच आदमियों ने रात-भर जागकर तैयार किया था–तो उन्हें देखकर भगतसिंह ज़ोरों से हंस पड़े। बोले–''यार रहने भी दो ड्राफ्ट, हम लोगों ने तो दया की प्रार्थना भेज दी है। बात यह है कि देर करना ठीक नहीं था।'' कुछ देर यूं ही छेड़छाड़ रही और तब भगतसिंह ने अपना वह ड्राफ्ट उन्हें दिखाया जो सचमुच उन्होंने उनके आने से पहले ही पंजाब के गवर्नर को भेज दिया था।

उस महत्त्वपूर्ण दया-प्रार्थना के कुछ मार्मिक अंश इस प्रकार हैं-

''हमारे विरुद्ध सबसे बड़ा दोष यह लगाया गया है कि हमने सम्राट् जार्ज पंचम के विरुद्ध संघर्ष किया है। न्यायालय के इस निर्णय से दो बातें स्पष्ट हो जाती हैं–प्रथम यह कि अंगरेज़ जाति और भारतीय जनता के मध्य एक संघर्ष चल रहा है, दूसरी यह कि हमने निश्चित रूप से उस युद्ध में भाग लिया है। अतः हम युद्धबन्दी हैं।

हम यह कहना चाहते हैं कि युद्ध छिड़ा हुआ है और लड़ाई तब तक चलती रहेगी जब तक कि शक्तिशाली व्यक्तियों ने भारतीय जनता और श्रमिकों की आय के साधनों पर अपना एकाधिकार कर रखा है। चाहे ऐसे व्यक्ति अंगरेज़ पूंजीपति हों या अंगरेज़ी शासक या सर्वथा भारतीय ही हों, उन्होंने आपस में मिलकर एक लूट ज़ारी रखी हुई है। चाहे शुद्ध भारतीय पूंजीपतियों के द्वारा ही निर्धनों का खून चूसा जा रहा हो तो भी इस स्थिति में कोई अन्तर नहीं पड़ता।

बहुत सम्भव है कि युद्ध भयंकर रूप ग्रहण कर ले। यह उस समय तक समाप्त नहीं होगा जब तक कि समाज का वर्तमान ढांचा समाप्त नहीं हो जाता, प्रत्येक वस्तु में परिवर्तन या क्रान्ति नहीं हो जाती। मानवी सृष्टि में एक नवीन युग का सूत्रपात नहीं हो जाता।

जहां तक हमारे भाग्य का सम्बन्ध है, हम बड़े बलपूर्वक आपसे यह कहना चाहते हैं कि आपने हमें फांसी पर लटकाने का निर्णय कर लिया है, आप ऐसा करेंगे ही, आपके हाथों में शक्ति है और आपको अधिकार भी प्राप्त हैं। परन्तु इस प्रकार आप जिसकी लाठी उसकी भैंस वाला सिद्धान्त ही अपना रहे हैं और आप उस पर कटिबद्ध हैं। हमारे अभियोग की सुनवाई इस वक्तव्य को सिद्ध करने के लिए पर्याप्त है, कि हमने कभी कोई प्रार्थना नहीं की और अब भी हम आपसे किसी प्रकार की दया की प्रार्थना नहीं करते। हम केवल आपसे यह प्रार्थना करना चाहते हैं कि आपकी सरकार के ही एक न्यायालय के निर्णय के अनुसार हमारे विरुद्ध, युद्ध जारी रखने का अभियोग

है, इस स्थिति में हम युद्धबन्दी हैं, अतः इस आधार पर हम आपसे मांग करते हैं कि हमारे प्रति युद्धबन्दियों जैसा ही बरताव किया जाए और हमें फांसी देने के बदले गोली से उड़ा दिया जाए।''

यह दया-प्रार्थना क्या है। यह आकाश में टूटता हुआ मरण का धूमकेतु है। यह पृथ्वी में उगता हुआ जीवन का कल्पवृक्ष है। इतिहास में राणा प्रताप ने मरण की साधना की थी। एक तरफ थी दिल्ली सम्राट अकबर की महाशक्ति, जिसके साथ वे भी थे जिन्हें उनके साथ होना था और वे भी जिन्हें प्रताप के साथ होना था। बुद्धि कहती थी, टक्कर असम्भव है। गणित कहता था विजय असम्भव है। समझदार कहते थे–रुक जाओ। राणा प्रताप न बुद्धि की बात को गलत मानते थे, न गणित के विरोधी थे, न समझदारों का प्रतिवाद करते थे, पर कहते क्या थे राणा प्रताप। कहते थे–''जब मनुष्य की तरह सम्मान के साथ जीना असम्भव हो, तब हम मनुष्य की तरह सम्मान के साथ मर तो सकते हैं।'' बिना कहे ही शायद उनके मन में था कि मनुष्य की तरह सम्मान से मर कर हम आने वाली पीढ़ियों के लिए जीवन का द्वार खुला छोड़ें, कुत्तों की तरह दुम हिलाकर जीते हुए उसे बन्द न कर जायें। भगतसिंह यही तो कर रहे थे। फांसी के फन्दे की जगह गोली का धड़ाका मांगकर वे एक नागरिक की मृत्यु को 'राष्ट्रवीर' की मृत्यु का रूप दे रहे थे।

भगतसिंह की मनोवैज्ञानिक सूझ देखकर आश्चर्य होता है। उन्होंने असेम्बली में जो दो बम फेंके, उनकी तरफ हमारा ध्यान हमेशा जाता है, पर उसके बाद उन्होंने एक के बाद एक सूझ-बूझ के जो बम फेंके, उनके धड़ाके हम सही-सही कहां सुन पाए हैं। भगतसिंह ने कहा था–''हमें फांसी तब हो, जब देश की जनता पूरे उफान पर हो और उसका ध्यान पूरी तरह फांसी पर केन्द्रित हो।''

5 मार्च, 1931 को गांधी-इरविन समझौते के फलस्वरूप जेलों से सत्याग्रही छोड़े गए। जनता ने उन्हें युद्ध विजेताओं की तरह सिर-आंखों पर लिया। फूल बरसे, जुलूस निकले, जलसे हुए, दावतों की धूम मच गई और समाचारपत्रों के कॉलम उनके समाचारों से भर गए। पर 20 मार्च, 1931 को इस ऐतिहासिक पत्र ने उन सब समाचारों और विचारों को इस तरह दबा दिया, जैसे बरसात का पहला दौंगड़ा उड़ती हुई धूल को दबा देता है। जनता समझौते के कारण जो उत्सुकता और उमंग अनुभव कर रही थी, उसका लक्ष्य फिर अब भगतसिंह हो गए और जनता का उन्मुक्त उत्साह फिर भगतसिंह पर केन्द्रित हो गया।

भगतसिंह जब जनता की उत्तेजना के चरम शिखर पर आ खड़े हुए थे, तब व्यक्तिगत रूप में कहां थे। उनके चरित्र का यह एक बहुत ही कोमल पहलू है। लाहौर सेण्ट्रल जेल में गदर-पार्टी के 1915-16 के आन्दोलन में जेल काटने वाले वाले लोग (बुजुर्ग सिख) भी अपनी सजाएं भुगत रहे थे। उन्हें न पढ़ने को समाचारपत्र मिलते थे न राजनीतिक अध्ययन के दूसरे साधन ही। बरसों से जेल का जड़ जीवन बिताते हुए राजनीतिक और मानसिक दृष्टि से वे भी एक तरह जड़ता में ग्रस्त हो गए थे। ये बाबे लोग कभी-कभी जेल-अधिकारियों की उदारता का लाभ उठाकर भगतसिंह तक पहुंच

जाया करते थे। भगतसिंह खड़े होकर उनका स्वागत करते थे, उनके पैर छूते थे और बाबे जो कुछ कहते थे, उससे उनके लाख मतभेद हों किन्तु वे कभी प्रतिवाद न करते थे। हमेशा 'हां जी', 'हां जी' करते रहते थे और अपनी शालीनता से उन्हें पूरी तरह सन्तुष्ट-प्रसन्न करके ही विदा करते थे। एक बार मुलाकात के समय अपने भाई सरदार कुलतारसिंह को भगतसिंह ने सब बताकर कहा था–"बाबे बेचारे वहीं हैं, जहां बरसों पहले थे।" भगतसिंह कितने शिष्ट थे, कितने विशिष्ट थे कि उन्होंने कभी उनकी कमियों को महत्त्व नहीं दिया, बल्कि उनकी देशभक्ति और कुर्बानी का सदैव सम्मान करते थे।

मृत्यु उनके गले लगने को बेचैन थी, तेज़ी से उनकी ओर दौड़ी आ रही थी, हाईकोर्ट के सामने प्रस्तुत जिस अर्ज़ी से फांसी रुकी हुई थी, उस पर विचार होने की चर्चा आरम्भ हो गई थी, ऐसे मौके पर सरकार परिवार के लोगों को आखिरी मुलाकात के लिए बुला लेती है पर भगतसिंह से मिलने कोई न आया था। इससे दूसरे कैदियों के मन में एक हल्की-सी किरण जगती थी–क्या गांधीजी के प्रयत्न सफल हो रहे हैं ? इसी पृष्ठभूमि में भारतीय गदर आन्दोलन के नेता और अमेरिका में बनी गदर पार्टी के प्रथम अध्यक्ष बाबा सोहनसिंह भकना ने एक दिन भगतसिंह से पूछा–"भगतसिंह, तुम्हारे कोई रिश्तेदार मिलने नहीं आये ?"

हमारे देश में मनुष्य आमतौर पर परिवार में जीता है। इससे आगे वह नाते-रिश्तेदारों में जीता है। इससे भी आगे वह अपनी जाति-बिरादरी और व्यापार-रोज़गार में जीता है, पर भगतसिंह उनमें कहां थे, जो इनमें जीते हैं। उनका अपना जीवन था, अपने रिश्तेदार थे, अपनी जाति-बिरादरी थी, अपना व्यापार-रोज़गार था। बोले–'बाबा जी, मेरा खून का रिश्ता तो शहीदों के साथ है जैसे खुदीराम बोस और करतार सिंह सराबा। हम एक ही खून के हैं। हमारा खून एक ही जगह से आया है और एक ही जगह जा रहा है। दूसरा रिश्ता आप लोगों से है, जिन्होंने हमें प्रेरणा दी और जिनके साथ काल-कोठरियों में हमने पसीना बहाया है। तीसरे रिश्तेदार वे होंगे, जो इस खून-पसीने से तैयार की हुई ज़मीन में नई पीढ़ी के रूप में पैदा होंगे, और इस मिशन को आगे बढ़ायेंगे। इनके सिवा कौन रिश्तेदार है अपना बाबाजी !"

इस उत्तर को पढ़ती हूं तो सोचने लगती हूं, वे उस अंधेरी, एकान्त, सूनी कालकोठरी में भी अकेले कहां थे ? वे तो शहीदों की तीन-तीन पीढ़ियों की सजी बारात के दुल्हा राजा थे ! सचमुच, न जाने किन धातुओं से, उपकरणों से बना था भगतसिंह का मन !...

: 28 :

ईसा और सुकरात के साथ

"कावर्ड्स डाई मैनी टाइम्स बिफोर देयर डेथ,
दि वेलिएण्ट नैवर टेस्ट ऑफ डेथ बट वन्स,
ऑव ऑल द वण्डर्स दैट आइ यट हैव हर्ड,
इट सीम्स टू मी मोर स्ट्रेंज दैट मैन शुड फीयर
सीइंग दैट डेथ ए नेसेसरी एण्ड,
विल कम, इट विल कम।"

अर्थात्–

"कायर लोग अपनी स्वाभाविक मृत्यु से पहले ही
कई बार मर जाते हैं, पर वीर लोग जीवन में
केवल एक बार ही मृत्यु का रसास्वादन करते हैं,
मुझे सबसे अधिक इसी बात का आश्चर्य है
कि मनुष्य मृत्यु से डरते हैं
जबकि प्रत्येक को यह निश्चित पता है
कि वह आयेगी और निश्चित आयेगी।"

–शेक्सपियर

उस दिन 23 मार्च, 1931 का प्रभात था और भगतसिंह की ज़िन्दगी के 23 वर्ष, 5 महीने और 26 दिन बीत चुके थे, सत्ताईसवां दिन आरम्भ हो रहा था। भगतसिंह हमेशा की तरह सुबह-ही-सुबह दैनिक ट्रिब्यून पढ़ रहे थे। उनका ध्यान पुस्तक-परिचय स्तम्भ पर अटक गया। उसमें लेनिन के जीवन-चरित्र की आलोचना छपी थी। 'ट्रिब्यून' अब भी भगतसिंह के हाथ में था, उनकी आंखें खुली हुई थीं, वे अखबार देख रहे थे, पर उन्हें उसका एक भी अक्षर दिखाई न दे रहा था। क्यों ? इसलिए कि उनका ध्यान अखबार की खबरों में नहीं, लेनिन के जीवन-चरित्र में था। वह पढ़ने को कैसे मिले। वे उसे पढ़ने को बेचैन हो उठे। स्वाध्याय उनकी मानसिक खुराक थी। फिर लेनिन का जीवन-चरित्र। लेनिन ने रूस में समाजवादी समाज-व्यवस्था का शिलान्यास किया था। भगतसिंह ने भारत में समाजवादी समाज-व्यवस्था की कल्पना का पहला दिवा-स्वप्न देखा था, असेम्बली बम-काण्ड के बयान में उसकी पहली सार्वजनिक उद्घोषणा की थी और काल-कोठरी में बैठे-बैठे अपने देश की जनता के लिए उसकी रूप-रेखा तैयार की थी। लेनिन का जीवन-चरित्र पढ़ना तो उनके लिए लेनिन से मुलाकात करना था।

मृत्यु घुमड़ती आंधी की तरह उनकी ओर बढ़ती चली आ रही थी। उन्हें ठीक पता था कि वह उनकी काल-कोठरी के आस-पास आ पहुंची है। ऐसे में हर आदमी अपनों से मुलाकात करना चाहता है। लेनिन से बढ़कर भगतसिंह का अपना कौन था। वे

उनके जीवन-चरित्र के द्वारा उनसे मुलाकात करना चाहते थे। उन्होंने अपनी काल-कोठरी के सचिवालय का वायरलेस काम में लिया, यानी एक जेल के वार्डर द्वारा अपने मित्र और वकील श्री प्राणनाथ मेहता के पास गुप्त पत्र भेजा। "अन्तिम वसीयत के बहाने तुरन्त मुझसे मिलो, पर लेनिन का जीवन-चरित्र लाना न भूलना।"

जब श्री प्राणनाथ लेनिन का जीवन-चरित्र खोज रहे थे, हाईकोर्ट ने सरदार किशनसिंह का वह प्रार्थना-पत्र खारिज कर दिया और सरकारी वकील कार्डन नोड ने हाईकोर्ट से फांसी देने का परवाना भी हाथों-हाथ ले लिया। बात को पूरी तरह गुप्त रखा गया था, पर सरदार किशनसिंह की अपनी सी. आई. डी. हर जगह थी। बात खुल गयी और यह साफ दिखने लगा कि कल भगतसिंह और उनके साथियों को फांसी लग जायेगी। जनता जेल की ओर उमड़ पड़ी, पर आखिरी मुलाकात की जुस्तजू में सरदार किशनसिंह और परिवार के दूसरे लोग भी जेल के बाहर उपस्थित थे। सरदारजी ने जिस दूरदर्शिता का परिचय दिया, उसका वर्णन सरदार किशनसिंह के अध्याय में हो चुका है।

कैसी थी भगतसिंह की ज़िन्दगी ? कैसे थे भगतसिंह ? जब माता-पिता आखिरी मुलाकात के लिए जेल के बाहर सरकारी अधिकारियों से जूझ रहे थे, भगतसिंह लेनिन से आखिरी मुलाकात के लिए उत्सुक थे। श्री प्राणनाथ इन्हीं घड़ियों में भगतसिंह की काल-कोठरी में पहुंचे। दोनों की मुलाकात उन्हीं के शब्दों में–

"उस दिन मैं लगभग एक घण्टा भगतसिंह की कोठरी में उनके पास रहा। मैं बहुत बार उसी स्थान पर उनसे मिल चुका था। उनकी भूख-हड़तालों, पुलिस के साथ और अदालत के भीतर साहसिक संघर्ष को अपनी आंखों से देख चुका था, परन्तु मैंने यह कभी अनुभव नहीं किया था कि वे इतने बहादुर, साहसी और महान् हैं। मैं जानता था और वे भी जानते थे कि मृत्यु के क्षण निकट आ रहे हैं, घड़ी की सुइयां फांसी के समय की ओर तेज़ी से बढ़ रही हैं, पर इसके बावजूद मैंने उन्हें प्रसन्न मुद्रा में पाया। उनके चेहरे पर रौनक ज्यों-की-त्यों थी और जब मैं उनके पास पहुंचा, वे पिंजरे में बन्द शेर की तरह टहल रहे थे।

मेरे कोठरी में पैर रखते ही उन्होंने अपने खास लहज़े में कहा–"आप वह पुस्तक ले आये ?" मैंने क्रान्तिकारी लेनिन चुपके से उन्हें थमा दी, उसे देखकर वे बहुत प्रसन्न हुए।

मैंने कहा–"देश के लिए अपना सन्देश दीजिए।"

बिना सोचे तुरन्त बोले–"साम्राज्यवाद मुर्दाबाद, इन्कलाब ज़िन्दाबाद।"

मैंने भगतसिंह की मनोभावनाओं को जानने के लिए पूछा–"आज आप कैसा महसूस कर रहे हैं ?"

उनका संक्षिप्त उत्तर था–'मैं बिलकुल प्रसन्न हूं।' मैंने पूछा–'आपकी अन्तिम इच्छा क्या है ?' उनका उत्तर था–'बस यही कि फिर जन्म लूं और मातृभूमि की और अधिक सेवा करूं।' उन्होंने मुकदमे में दिलचस्पी लेने वाले नेताओं को अपनी कृतज्ञता और अपने मित्रों–खासकर फरार साथियों के लिए शुभकामनाएं दीं। अजीब बात यह

थी कि मृत्यु के वातावरण से मेरी आवाज़ में कंपकंपी थी, पर भगतसिंह तन-मन से पूर्ण स्वस्थ थे। वे इतने निश्चिन्त थे कि मृत्यु के प्रति उनकी निर्भीकता और निर्लिप्तता को देखकर उनके मनुष्य नहीं, देवता होने का सन्देह होता था।"

एक दूसरे एडवोकेट श्री बलजीतसिंह के शब्दों में–"जब मैं अन्तिम बार जेल में भगतसिंह से मिलने गया, तो मेरा मन परेशान था। जेल के असिस्टेण्ट सुपरिण्टेण्डेण्ट ने कहा–'फांसी भगतसिंह को लगने वाली है, पर घबराये हुए आप हैं।' मेरा गला भर्राया हुआ था। मैं खड़ा-खड़ा भगतसिंह को ताकता रहा, परन्तु भगतसिंह का आत्मसंयम तो देखिए कि उन्होंने मेरे कर्त्तव्य का मुझे स्मरण कराया। बोले–'फांसी तो हमारे कान का एक स्वाभाविक परिणाम है। मैं प्रसन्न हूं, शान्त हूं, मेरा कर्त्तव्य समाप्त हो गया है। अब सरदार बलजीतसिंह का कर्त्तव्य आरम्भ होता है।' मैं आश्चर्य से उनकी ओर देखता रह गया। भगतसिंह के कारण लाहौर की सेन्ट्रल जेल एक तीर्थ हो गयी थी, जहां झुण्ड-के-झुण्ड लोग उनके दर्शनों के लिए आते थे।"

भगतसिंह जब सब-कुछ जानते हुए भी इतने निश्चिन्त थे, लाहौर सेण्ट्रल जेल में एक आदमी बहुत बेचैन था। उसका दिल उमड़ा आ रहा था। उसके शब्द थे "आप नहीं जानते कि भगतसिंह मेरे लिए क्या हैं।" विह्वलता की चरम विभोरता में उसके मुंह से यह बात भी निकली–"कौन जान सकता है कि मुझ पर इस समय क्या बीत रही है।" ये लाहौर सेण्ट्रल जेल के बड़े जेलर खान बहादुर मोहम्मद अकबर थे। इनकी चर्चा रोककर हम एक घटना पा आयें :

"सरदार, आप एक बच्चे इन्कलाबी (क्रान्तिकारी) की हैसियत से बतायें कि क्या आप चाहते हैं कि आपको बचा लिया जाये। इस आखिरी वक्त में भी शायद कुछ हो सकता है।" चौदह नम्बर के साथियों ने यह पर्चा भगतसिंह को भेजा। भगतसिंह के रोम-रोम में एक चुलबुली उत्सुकता छा गयी, पर क्षण-भर में ही वे गम्भीर हो गये। उन्होंने अपने साथियों को एक पत्र लिख भेजा–

"ज़िन्दा रहने की ख़्वाइश कुदरती तौर पर मुझमें भी होनी चाहिए। मैं इसे छिपाना नहीं चाहता, लेकिन मेरा जिन्दा रहना मशरूत (एक शर्त पर) है। मैं कैद होकर या पाबन्द होकर ज़िन्दा रहना नहीं चाहता।

मेरा नाम हिन्दुस्तानी इन्कलाब पार्टी (भारतीय क्रान्ति) का निशान (मध्य-बिन्दु) बन चुका है और इन्कलाब पसन्द पार्टी (भारतीय क्रान्तिदल) के आदर्शों और बलिदानों ने मुझे बहुत ऊंचा कर दिया है। इतना ऊंचा कि ज़िन्दा रहने की सूरत में इससे ऊंचा मैं हरगिज़ नहीं हो सकता।

आज मेरी कमज़ोरियां लोगों के सामने नहीं हैं। अगर मैं फांसी से बच गया तो वह ज़ाहिर हो जायेंगी और इन्कलाब का निशान मद्धिम पड़ जायेगा या शायद मिट ही जाये, लेकिन मेरे दिलेराना ढंग से हंसते-हंसते फांसी पाने की सूरत में हिन्दुस्तानी माताएं अपने बच्चों के भगतसिंह बनने की आरजू किया करेंगी और देश की आज़ादी के लिए बलिदान होने वालों की तादाद इतनी बढ़ जायेगी कि इन्कलाब को रोकना इम्पीरियलिज़्म (साम्राज्यवाद) की तमामतर (सम्पूर्ण) शैतानी कूबतों (राक्षसी शक्तियों)

के बस की बात न रहेगी।

हां, एक ख़्याल आज भी चुटकी लेता है। देश और इन्सानियत के लिए जो कुछ करने की हसरतें मेरे दिल में थीं उनका हज़ारवां हिस्सा भी पूरा न कर पाया। अगर ज़िन्दा रह सकता, तो शायद इनको पूरा करने का मौका मिलता और मैं अपनी हसरतें पूरी कर सकता।

इसके सिवा कोई लालच मेरे दिल में फांसी से बच रहने के लिए कभी नहीं आया। मुझसे ज़्यादा खुश-किस्मत कौन होगा ? मुझे आजकल अपने-आप पर बहुत नाज़ है। मुझमें अब कोई ख्वाहिश बाकी नहीं है। अब तो बड़ी बेताबी से आखिरी इम्तहां का इन्तज़ार हूं। आरजू है कि यह और करीब हो जाये।

आपका साथी
–भगतसिंह

भगतसिंह ने बहुत-कुछ लिखा है, बहुत-कुछ कहा है और बहुत-कुछ किया है, पर यह पत्र इस दृष्टि से अनुपम है कि इसमें भगतसिंह के कारनामों, उनकी कामयाबियों और उनके इरादों का रेखाचित्र एक ही जगह हमें मिल जाता है और वे अपनी पूरी ऊंचाइयों में हमारे सामने आ जाते हैं।

ईसा को सलीब पर टांग दिया गया था और इस तरह सत्ताधारियों ने अपनी शक्ति की हुंकार की थी। तब सलीब पर टंगे-टंगे उन्होंने कहा था–"हे प्रभु, इन्हें क्षमा कर, क्योंकि ये नहीं जानते कि ये क्या कर रहे हैं।" इस एक वाक्य ने सत्ताधारियों को अपराधियों के कटघरे में खड़ा कर दयनीय बना दिया था और अपराधियों की सूची में लिखे ईसा को महान्।

सत्ताधारियों ने सुकरात को गिरफ्तार कर विषपान का दण्ड घोषित किया था। जब वह बन्दीगृह में जल्लाद की प्रतीक्षा कर रहे थे, उनके शिष्यों ने उन्हें भगा ले जाने की योजना बनायी थी, पर जब सुकरात से भाग चलने को कहा गया तो उन्होंने कहा–"क्या तुम चाहते हो कि मैं जीवन बचाने के लिए यहां से भाग कर यह सिद्ध करूं कि मेरे द्वारा प्रचारित सिद्धान्त झूठे हैं।" इसी एक वाक्य ने मौत को ही नहीं, उन्हें भी जिनके हाथ में सुकरात की मौत थी, एकदम हीन और सुकरात को महान् बना दिया था।

क्या भगतसिंह का यह अन्तिम पर्चा, लेखन और अन्तिम चिन्तन उन्हें भी ईसा और सुकरात की पंक्ति में खड़ा नहीं कर देता और ये जीवन-मरण के एक महान् खिलाड़ी के रूप में हमारे सामने नहीं आ जाते ?

जो आदमी साथियों का पर्चा लाया था, वही भगतसिंह का पर्चा लेकर चल पड़ा। उसे बुलाकर भगतसिंह ने कहा–"उनसे कहना, यारो, बातें तो बहुत हो लीं, अब रसगुल्ले तो खिला दो !' थोड़ी ही देर में रसगुल्ले आ गए। भगतसिंह मस्ती से उन्हें खाने लगे । यही उनका अन्तिम भोजन था। सूरज आकाश के बीचों-बीच अपनी पूरी ऊंचाई पर जा पहुंचा था और भगतसिंह भी अपने प्रताप की पूरी ऊंचाई पर जा पहुंचे थे।

सब कैदी इस समय बाहर थे। असिस्टेण्ट जेलर ने सबसे अपनी-अपनी जगह बन्द हो जाने को कहा, पर यह बन्द होने का तो समय नहीं था। अभी तो पूरी तरह दोपहरी भी न ढली थी ! वे चौंके—क्या बात है ? हमें बन्द होना चाहिए या नहीं ?

तभी बड़े जेलर मुहम्मद अकबर अकेले चौदह नम्बर की बैरक के पास आकर खड़े हो गए। बेहद तनाव था उनमें। उनके भीतर जाने कैसा अन्तर्द्वन्द्व मचा हुआ था। उनके मुंह से आप-ही-आप निकला—"हां, बन्द न हों, जो होगा मैं देख लूंगा।" इसी स्थिति में वे लौट गए। इतिहास मौन है कि साथियों के इस प्रश्न की कि 'सरदार क्या तुम बचना चाहते हो ?' पृष्ठभूमि क्या थी, पर एक प्रश्न ही और खड़ा हो जाता है—क्या इस पृष्ठभूमि में कहीं दूर-पार मुहम्मद अकबर का कोई संकेत था ?

सब कैदी अपनी-अपनी जगह बन्द हो गए। जो कभी नहीं हुआ था, यह वह हो रहा था कि सन्ध्या के समय बन्द होने वाली जेल दोपहर को ही बन्द हो गई। सूरज आकाश के मध्य में था, पर यह दोपहर कहां थी ? यह इतिहास की सन्ध्या थी, यह भगतसिंह के जीवन की सन्ध्या थी। इस सन्ध्या में एक सितारा दिखाई दिया। यह विश्वास का सितारा था—एक जेल वार्डर के विश्वास का सितारा, एक क्रान्तिकारी के विश्वास का सितारा।

श्री वीरेन्द्र, (सम्पादक 'प्रताप') के शब्दों में—"जिस दिन भगतसिंह, सुखदेव, राजगुरु को फांसी के तख्ते पर लटकाया गया, मैं भी लाहौर की सेन्ट्रल जेल में बन्द था। फांसी से पहले एक ऐसी घटना हुई, जो मेरे दिल और दिमाग पर हमेशा के लिए अपना प्रभाव छोड़ गई कि सरदार भगतसिंह किस मज़बूत इरादे के इन्सान थे ?

लाहौर सेन्ट्रल जेल में उन दिनों चीफ वार्डर एक रिटायर्ड फौजी हवलदार सरदार चतरसिंह था। तीन बजे के लगभग उसे यह सूचना दी गई कि आज शाम को इन तीनों को फांसी दे दी जाएगी, इसलिए वह अपने हिस्से की व्यवस्था पूरी कर ले। चतरसिंह एक मधुर स्वभाव और ईश्वर-भक्त मनुष्य था। सुबह-शाम वह गुरुवाणी का पाठ किया करता था। उसे जब मालूम हुआ कि भगतसिंह की ज़िन्दगी के कुछ घंटे ही बाकी हैं, तो वह सरदार भगतसिंह के पास गया और कहने लगा—"बेटा, अब तो आखिरी वक्त आ पहुंचा है, मैं तुम्हारे बाप के बराबर हूं। मेरी एक बात मान लो।' '

सरदार भगतसिंह ने हंसकर कहा, "कहिए, क्या हुक्म है ?" सरदार चतरसिंह ने जवाब दिया कि—"मेरी सिर्फ एक दरख्वास्त है कि अब आखिरी वक्त में तो वाहे गुरु का नाम ले लो और गुरुवाणी का पाठ कर लो। यह लो गुटका तुम्हारे लिए लाया हूं।"

सरदार भगतसिंह ज़ोर से हंस पड़े। तब कहा—"आपकी इच्छा पूरी करने में मुझे कोई आपत्ति नहीं हो सकती थी, अगर कुछ समय पहले आप कहते। अब जब कि आखिरी वक्त आ गया हैं, मैं परमात्मा को याद करूं, तो वे कहेंगे कि यह बुज़दिल है। तमाम उम्र तो इसने मुझे याद किया नहीं, अब मौत सामने नज़र आने लगी है, तो मुझे याद करने लगा है। इसलिए बेहतर यही होगा कि मैंने जिस तरह पहले अपनी ज़िन्दगी गुज़ारी है, उसी तरह मुझे इस दुनिया से जाने दीजिए। मुझ पर यह इल्ज़ाम तो कई लोग लगायेंगे कि मैं नास्तिक था और मैंने परमात्मा में विश्वास नहीं किया, लेकिन

यह तो कोई न कहेगा कि भगतसिंह बुज़दिल और बेईमान भी था और आखिरी वक्त मौत को सामने देखकर उसके पांव लड़खड़ाने लगे।"

नहीं, उनके पैर नहीं लड़खड़ाये और वे उनमें थे ही कहां, जिनके पैर लड़खड़ा जाया करते हैं ? फिर उन्हें इस समय लड़खड़ाने की फुर्सत ही कहां थी ? वे तो अपने सबसे बड़े दोस्त से मुलाकात कर रहे थे। श्री प्राणनाथ उन्हें लेनिन का जो जीवन-चरित्र दे गए थे, वे उसे पढ़ रहे थे। इसके उन्होंने अभी कुछ पन्ने ही पढ़े थे कि उनकी काल-कोठरी का ताला खुला। जेल के अधिकारी अपनी चमकदार युनिफार्म पहने खड़े थे–"सरदार जी, फांसी लगाने का हुक्म आ गया है, आप तैयार हो जाएं।"

भगतसिंह के दाहिने हाथ में पुस्तक थी। उन्होंने पुस्तक पर से बिना आंख उठाये बायां हाथ उन लोगों की ओर उठा दिया–"ठहरो, एक क्रान्तिकारी दूसरे क्रान्तिकारी से मिल रहा है।" आवाज़ में कड़क तो थी ही, क्रान्तिकारी दोस्त से मिलने की ललक भी थी। भय और उदासी के भाव तो कहीं दूर-पार भी न थे। जेल-अधिकारियों के लिए ऐसे स्वर अनजाने थे। कुछ पैराग्राफ पढ़कर भगतसिंह ने पुस्तक छत की ओर उछाल दी और उचक कर खड़े हो गए–"चलो !" काल-कोठरी में कई चेहरे थे। इनमें जेल-अधिकारियों के चेहरे थे, जिनमें किसी की जान लेने की शक्ति थी और एक कैदी का भी चेहरा था, जो मरने जा रहा था। सत्ताधारियों के चेहरे उदास थे, सत्ताहीन का चेहरा खुशी से दमक रहा था।

"हमारे हाथों में हथकड़ियां न लगाई जाएं और हमारे चेहरों पर कण्टोप न ढंके जाएं।" भगतसिंह की यह बात मान ली गई। भगतसिंह ने बहुत ही भाव-विभोर होकर अपनी कोठरी को एक बार बहुत प्यार से निहारा। शायद बुद्ध ने घर छोड़ते समय अपनी सोयी हुई यशोधरा को भी ऐसे ही लाड़ से निहारा होगा !–और वे कोठरी से बाहर आ गए। सुखदेव और राजगुरु भी अपनी कोठरियों से आ गए थे। तीनों ने एक-दूसरे को देखा और गले लगाया।

अब भगतसिंह बीच में थे, सुखदेव उनके बायें और राजगुरु दायें। भगतसिंह ने अपनी दायीं भुजा राजगुरु की बायीं भुजा में डाल ली और बायीं भुजा सुखदेव की दायीं भुजा में। क्षण भर तीनों रुके और तब भगतसिंह ने गाना आरम्भ किया–

"दिल से निकलेगी न मर कर भी वतन की उलफत
मेरी मिट्टी से भी खुशबू-ए-वतन आएगी !"

पलक झपकते तीनों स्वर एक हो गए। इस सम्मिलित स्वर में कंठों का माधुर्य था, हृदयों का सारस्य था, उल्लास की ऊंचाई थी, तीनों झूमकर गा रहे थे। वातावरण में चारों ओर अवसर की उदासी थी, पर इनके आसपास रोमांचित उल्लास था। ये तीनों इस तरह एकाकार और एकाग्र होकर खड़े थे, जैसे किसी सुनसान में एक बड़ा दीप प्रज्वलित हो।

आगे-आगे कुछ वार्डर चले, अगल-बगल जेल-अधिकारी, पीछे कुछ और वार्डर और बीच में क्रान्ति के अमर पुत्र अपने गीत की लहर में डूबे हुए–

"दिल से निकलेगी न मर कर भी वतन की उलफत,
मेरी मिट्टी से भी खुशबू-ए-वतन आएगी !"

वार्डर ने आगे बढ़कर फांसी का काला दरवाज़ा खोला। भीतर लाहौर का अंगरेज़ डिप्टी कमिश्नर नियमानुसार खड़ा था। वह इन तीनों को खुले देखकर ज़रा परेशान हुआ, पर मुहम्मद अकबर ने उन्हें आश्वस्त कर दिया। तभी भगतसिंह उनकी ओर मुखातिब हुए। उनकी आंखों में खुशी की शान्ति थी, होंठों पर मित्रता की मुस्कराहट और आवाज़ में एक राष्ट्रपुरुष-जैसी गम्भीरता । बोले–"वेल मिस्टर मजिस्ट्रेट, यू आर फार्चुनेट टु बी एवल टुडे टु सी हाऊ इण्डियन रेवोल्यूशनरीज़ कैन एम्ब्रेस डेथ विद प्लेज़र फॉर दि सेक ऑव देयर सुप्रीम आइडियल" अर्थात्–"मजिस्ट्रेट महोदय, आप भाग्यशाली हैं कि आज आप अपनी आंखों से यह देखने का अवसर पा रहे हैं कि भारत के क्रान्तिकारी किस प्रकार प्रसन्नतापूर्वक अपने सर्वोच्च आदर्श के लिए मृत्यु का आलिंगन कर सकते हैं ।"

डिप्टी कमिश्नर भगतसिंह के स्वर, शब्द और स्वरूप में व्याप्त सच्चाई से प्रभावित हो पानी-पानी हो गया। अब भगतसिंह और उनके साथी फांसी मंच की सीढ़ियों पर चढ़ रहे थे। सचमुच इस मंच ने ऐसे पैर कभी न देखे थे, जिनमें न कंपकंपी थी, न लड़खड़ाहट और जो तरुणाई की सम्पूर्ण मचमचाहट के साथ वहां आ गए थे। तीन फ़न्दे लटक रहे थे, तीनों वीर उसी क्रम से उनके नीचे खड़े हो गए–बीच में भगतसिंह, बायें सुखदेव, दायें राजगुरु। तीनों एक साथ गरजे–"इन्कलाब ज़िन्दाबाद, साम्राज्यवाद मुर्दाबाद।"

तीनों ने अपना-अपना फन्दा पकड़ा और उसे चूमकर अपने ही हाथ से गले में डाल लिया। भगतसिंह ने पास खड़े जल्लाद से कहा–"कृपा कर अब इन फन्दों को आप ठीक कर लें।" जल्लाद ने ऐसे लोग कब देखे थे, ऐसे स्वर कब सुने थे ! कांपते-हाथों और डबडबाती आंखों उसने फन्दे ठीक किए, नीचे आकर चरखी घुमाई, तख्ता गिरा और तीनों वीर भारतमाता को अर्पित हो गए। यह सन्ध्या के 7 बजकर 33 मिनिट का समय था ! ...

जेल का हर जंगला जेल में बन्द अन्य सब कैदियों के 'इन्कलाब ज़िन्दाबाद' और साम्राज्यवाद मुर्दाबाद' के नारों से टकरा रहा था, पर इन नारों की जेल के बड़े दरवाज़े पर फहराते युनियन जैक ने नहीं सुना, जिसे आज से कुल सोलह वर्ष चार महीने और तेईस दिन बाद इन्कलाब के थपेड़ों से टकरा कर टूट गिरना था।

: 29 :

हर हृदय अब हो गया मन्दिर तुम्हारा ! ...

अंगरेज़ी सरकार अपनी शैतानी ताकत के सहारे जहां तक जा सकती थी, जा चुकी थी और भगतसिंह का राष्ट्रीय अभिमान से उभरा सिर झुकाने के लिए जो कुछ कर सकती थी, कर चुकी थी, फिर भी वह सिर झुका न था, टूट कर इतना उभर गया था कि एक विशाल राष्ट्र का महान् सिर बन गया था। तब वह सरकार 'खिसियानी बिल्ली खम्भा नोचे' की कहावत के अनुसार अपने-आप से ही लड़ने लगी थी। उसने फांसी दिए हुए भगतसिंह को फिर एक बार फांसी देने का इरादा बांधा और उनकी तथा उनके साथियों की लाशों को काटकर टुकड़े-टुकड़े कर दिया। ये टुकड़े बोरियों में भरे गए, पर मरी हुई देहों के कटे हुए ये टुकड़े भी इतने ताकतवर थे कि उन्हें जेल के मुख्य द्वार से बाहर लाने की हिम्मत अंगरेज़ी फौजी अफसरों की न हुई वे इन बोरियों को पीछे के छोटे दरवाज़े से अपने ट्रक तक ले गए और उन्हें ट्रक में लाद कर इस तरह भागे, जैसे कोई चोर हड़बड़ाया हुआ भाग रहा हो। यह वही दरवाज़ा था, जिससे भगतसिंह और उनके साथी सरफरोशी की तमन्ना का गीत गाते हुए अदालत में आया करते थे।

लाहौर सेण्ट्रल जेल में जब यह सब हो रहा था, मोरी गेट के बाहर हज़ारों आदमी एक जलसे में बैठे भगतसिंह के पिता सरदार किशनसिंह का भाषण सुन रहे थे। वहीं फांसी हो जाने की खबर मिली, लोग भड़क उठे। सरदारजी ने उन्हें रोककर स्वयं जेल की ओर कदम बढ़ाए। रोकने पर भी काफी लोग उनके पीछे गए, पर वहां अब क्या रखा था। ट्रक तेज़ी से कसूर पहुंचा और पहले से की हुई व्यवस्था के अनुसार वहां से एक सिख ग्रन्थी और एक हिन्दू पण्डित को लेकर फिरोज़पुर के पास सतलुज के किनारे जा पहुंचा। ट्रक से लाशों के बोरे उतरे और मिट्टी के तेल के डिब्बे भी। लाशें जलने लगीं। वह ऊजड़ क्षेत्र रोशनी से चमक उठा। ग्रन्थी और पण्डित दूर खड़े स्तब्ध भाव से यह सब देख रहे थे।

तेज़ आंधी की तरह यह खबर लाहौर से फिरोज़पुर पहुंच गई। यह भी कि लाशों का ट्रक फिरोज़पुर की ओर गया है। खबर आते हो फिरोज़पुर के हजारों लोग मशालें लिये इधर-उधर चल पड़े। वे उस तेज़ रोशनी की ओर बढ़े। फौज़ी लोग रोशनी को अपनी ओर आते देख घबराए। उन्होंने बेलचों के सहारे के लाशों अधजले टुकड़े सतलुज में फेंक दिए और इधर-उधर के रेत से उस जगह को ढांप कर वे अपना ट्रक ले भागे। दूसरे दिन प्रातःकात लोगों ने ज़मीन की गर्मी से उस जगह को खोज लिया और खून से सने पत्थर और लाशों के बचे टुकड़े उठा लिये।

उसी दिन लोगों ने सुबह-ही-सुबह लाहौर में सरकारी पोस्टर चिपके हुए देखे कि "सिख ग्रन्थी और हिन्दू पण्डित के द्वारा भगतसिंह, सुखदेव और राजगुरु का अन्तिम

संस्कार कर दिया गया।'' इस तरह अंगरेज़ी सरकार ने अपने ही बनाए तमाम कानूनों का उल्लंघन करते हुए भगतसिंह का नामो-निशान मिटा दिया, पर हुआ यह कि देश के हर निवासी का हृदय एक मन्दिर बन गया और उनकी प्रतिमा हमेशा-हमेशा के लिए उसमें प्रतिष्ठित हो गई।

देश का कोई नगर नहीं बचा, जिसमें जुलूस नहीं निकले, जलसे नहीं हुए और देश का कोई गांव ऐसा नहीं बचा, जहां भगतसिंह का नारा–'इन्कलाब ज़िन्दाबाद' नहीं गूंजा। अपने बाप का बेटा भगतसिंह मर गया था, पर अपने राष्ट्र का वीरपुत्र भगतसिंह जी उठा था। भगतसिंह की मरण-साधना सफल हो गई थी, क्योंकि उनकी शहादत पर देश की जनता शोक से विह्वल हो क्रोध से उफन उठी थी।

सरकार भगतसिंह के इस चमत्कारों और जादू-भरे प्रभाव से परेशान हो गई थी। हर दिल में उनका नाम था, तो हर मकान और दुकान पर उनका चित्र विराजमान था। कैलेण्डरों पर उनकी तस्वीर थी, तो अखबारों के मुखपृष्ठ उनके चित्र से सुसज्जित थे। बिल्लों में उनका चेहरा था, तो पोस्टरों पर उनकी छाप थी। यहां वे थे, वहां वे ही वे थे ! वे कहां-कहां थे यह उलझाने वाला प्रश्न है ; सही प्रश्न है यह कि वे कहां न थे ? उनकी यह व्यापकता अंगरेज़ दिमाग को किसी तरह झनझना रही थी ? भगतसिंह के चित्र ज़ब्त कर लिए गए थे, चाहे वे कहीं भी छपे थे और वे पर्चे-पोस्टर और पुस्तकें भी जिनमें भगतसिंह की चर्चा थी। भगतसिंह को लाहौर के फांसीघर में फांसी लग चुकी थी, पर अंगरेज़ सरकार उन्हें देश की जमीन के हर टुकड़े पर फांसी देने में लगी हुई थी।

कितनी बेचैन थी वह ? वह कितनी बौखलाई हुई थी ! होशियारपुर का अंगरेज़ पुलिस सुपरिण्टेण्डेण्ट घोड़े पर जा रहा था। दूर से उसने एक पनवाड़ी की दुकान पर लगी भगतसिंह की तस्वीर देखी। वह घोड़े से कूद कर दौड़ते हुए दुकान पर पहुंचा और उसे खींचकर उसने नीचे पटक दिया। उछलकर वह उस पर खड़ा हो गया और बहुत देर तक तस्वीर को पैरों से मलता रहा । लोग भौंचक हो देखते रहे। क्या वह किसी पागल से कम था ?

उन्हीं दिनों कराची में कांग्रेस का अधिवेशन होने वाला था। भगतसिंह को फांसी दिए जाने से उत्पन्न जनरोष राष्ट्रव्यापी था। जहां इसका निशाना अत्याचारी अंगरेज़ी सरकार थी वहां अधिकांश लोगों को बहुत बड़ा गिला कांग्रेस से भी था कि गांधी-इरविन समझौते के समय भगतसिंह को बचाने का कोई गंभीर प्रयत्न नहीं किया गया था। समझौते के विरुद्ध प्रदर्शन तब भी हुए थे। फांसी समझौते के बाद हुई थी। उस समय प्रकाशित कुछ समाचारों-पत्रों के अनुसार कराची में जमा नौजवान भारत सभा ने घोषणा की ''गांधी की हर हरकत को देखा जा रहा है। कांग्रेस ने मुल्क से गद्दारी की है। गांधीजी चाहते तो भगतसिंह और उनके साथियों को बचा सकते थे।'' कांग्रेस के प्रति इस जन-आक्रोश का कराची कांग्रेस अधिवेशन पर प्रभाव पड़ना अस्वाभाविक नहीं था। नेहरूजी ने 'मेरी कहानी अपनी जीवन कथा' में समझौते की चर्चा करते हुए स्वयं लिखा है–''देश की नाराज़गी का एक और कारण पैदा हो गया था–भगतसिंह

का फांसी पर लटकाया जाना। उत्तर भारत में इस भावना की लहर तेज थी और कराची उत्तर में ही होने के कारण वहां पंजाब से बड़ी तादाद में लोग आए थे।"

जब गांधीजी कराची मेल से अधिवेशन के लिए जा रहे थे स्थान-स्थान पर प्रदर्शन किए गए। कहा जाता है कि उन्हें काले फूल भेंट किए गए। कांग्रेस के विरुद्ध जन-भावनाओं के इस उग्र स्वरूप का ही दबाव माना जा सकता है कि अधिवेशन में भगतसिंह के सम्बन्ध में एक प्रस्ताव पारित करने की तैयारी की गई।

उसमें 'प्रत्येक प्रकार की राजनीतिक हिंसा से अपने-आपनी अलिप्त रखते हुए उसका विरोध करते हुए भगतसिंह और उनके साथियों की वीरता और आत्मत्याग की प्रशंसा की गई थी।' उपर्युक्त शब्दों का वहां घोर विरोध हुआ था, भगतसिंह के महान् पिता सरदार किशनसिंह मंच पर उपस्थित थे और इस प्रस्ताव पर बोले भी थे। युवक कांग्रेस में यह प्रस्ताव जब आया, तो उसमें से वे शब्द निकाल दिए गए थे, पर भगतसिंह के बलिदान की सबसे बड़ी उपलब्धि तो थी कांग्रेस में मनुष्य के मौलिक अधिकारों का प्रस्ताव, जिसमें समाज की आर्थिक व्यवस्था पर प्रकाश डाला गया था। भगतसिंह ने अपने वक्तव्यों में, नारों में और दूसरे पोस्टरों आदि में मनुष्य के द्वारा मनुष्य का शोषण करने वाली समाज-व्यवस्था पर जो हथौड़े मारे थे, इस प्रस्ताव में उनकी निश्चित प्रतिध्वनि थी।

भगतसिंह की लोकप्रियता आगे-आगे—और—आगे बढ़ती चली गई थी, बढ़ती चली जा रही है। इतिहास का महत्त्वपूर्ण प्रश्न है कि उस प्रतिदिन पुष्ट होती हुई लोकप्रियता का रहस्य क्या है ?

क्या इसका कारण यह है कि भगतसिंह शहीद हुए, हंसते-हंसते फांसी चढ़े ? यह कारण उचित है, पर भगतसिंह से पहले, उनके साथ, उनके बाद भी बहुत-से देशभक्त हंसते-हंसते फांसी चढ़े हैं, इसलिए हमें भगतसिंह की लोकप्रियता का रहस्य खोजने के लिए गहराई में उतरना पड़ेगा।

हर देश का एक सामूहिक स्वभाव होता है, रुचि होती है, रुझान होता है। हमारे देश के स्वभाव, रुचि और रुझान के अनुसार हमारे मन में पूजित होता है सन्त, आदर पाता है वीर और लोकप्रिय होता है नेता। सन्त की शक्ति उसका आचरण है, वीर की शक्ति उसका आक्रमण है और नेता की शक्ति उसका निर्देशन है। भगतसिंह मृत्यु के प्रति निर्लिप्तता में—जिसका गहरा अर्थ है समष्टि के लिए व्यष्टि का स्वेच्छया समर्पण—सन्त सिद्ध हुए, शत्रु पर आक्रमण करने में वीर सिद्ध हुए और शब्दों एवं कार्यों के द्वारा आक्रमण-पर-आक्रमण करने की योजना बनाने और उससे जनता को प्रबुद्ध एवं प्रशिक्षित करने में नेता सिद्ध हुए।

उनकी असाधारण लोकप्रियता का यही रहस्य है। अपनी-अपनी मात्रा में, अपनी-अपनी जगह और अपने-अपने ढंग पर इस तरह की लोकप्रियता जागरण और संघर्ष की इस शताब्दी में लोकमान्य तिलक, महात्मा गांधी, चन्द्रशेखर आज़ाद, नेताजी सुभाषचन्द्र बोस और लालबहादुर शास्त्री को प्राप्त हुई।

भगतसिंह के व्यक्तित्व को हम एक और दृष्टि से भी देखें। बूढ़े आदमी शिष्ट को

पसन्द करते हैं, युवक वीर को और युवतियां सजीव हंसमुख को। भगतसिंह शिष्ट थे, वीर थे, हंसमुख थे। इसलिए उन्हें व्यापक रूप में उस श्रेणी की लोकप्रियता मिली, जिसमें एक प्रकार का देवत्व आ जाता है या जिसे हम चालू भाषा में 'हीरो' शब्द से प्रकट करते हैं।

श्री शिव वर्मा ने इस सम्बन्ध में महत्त्वपूर्ण प्रश्न उठाया है–"समस्त वीरों में भगतसिंह को बलिदान का प्रतीक क्यों माना जाता है ? महान् वीरों की पंक्ति में वे ही क्यों सबसे अधिक सम्मान, सबसे अधिक स्नेह और सबसे अधिक प्रेम के पात्र समझे जाते हैं ?"

भारत में समाजवादी आन्दोलन के नेता स्वर्गीय आचार्य नरेन्द्रदेव ने इसका उत्तर इन शब्दों में दिया है–

"भगतसिंह और दूसरे क्रान्तिकारियों में यह एक बड़ा अन्तर है कि उन्होंने असाधारण रीति से इस बात की घोषणा की कि भारत को गुलामी के विरुद्ध विद्रोह करने का अधिकार प्राप्त है। उनका शौर्य एक विशेष वस्तु है, जो हमारे लिए सदा एक प्रेरक उदाहरण रहेगा। जो यह राष्ट्र दीर्घकाल से पराधीन था, जिसमें राष्ट्रीय सत्त्व शेष नहीं रह गया था, जो यह सोचता था कि विदेशी सरकार का मुकाबला करने का साहस मुझमें नहीं है और जो राष्ट्र अंगरेज़ों का चेहरा देखकर भयभीत हो जाता था, उस राष्ट्र के लिए शूर-वीरता के ऐसे विरले उदाहरण प्रिय क्यों न हों ? भगतसिंह का नाम सुनते ही हृदय में बिजली-सी कौंध जाती है। थोड़ी देर के लिए मानवीय दुर्बलताएं दूर हो जाती हैं और प्रत्येक व्यक्ति अपने आपको भावुकता के एक नए संसार में पाता है।"

सचमुच देशवासियों का हर हृदय ऐसा मन्दिर हो गया है, जिसमें भगतसिंह की मूर्ति प्रतिष्ठित है, क्योंकि वे एक वीर पुरुष थे और नई समाज-व्यवस्था के स्वप्न-द्रष्टा थे ; दूसरे शब्दों में युगद्रष्टा थे।

2.
भगतसिंह विराट व्यक्तित्व : विश्लेषण

: 30 :

भगतसिंह : जन्मजात क्रान्तिकारी

क्या भगतसिंह जन्मजात क्रान्तिकारी थे ? क्या वे पैदायशी नेता थे ? यह जन्मजात क्या चीज़ है ? क्या सचमुच इसका कुछ अर्थ है ? या यह बोल-चाल का एक मुहावरा ही है ?

अमुक आदमी जन्मजात कवि है, अमुक आदमी जन्मजात लेखक है, अमुक आदमी जन्मजात वैज्ञानिक है, इस तरह के वाक्य बहुतों के साथ जोड़े गए हैं, पर इनका सार क्या है ?

यह प्रश्न महत्त्वपूर्ण है। इस महत्त्व को हम इस प्रश्न से साफ-साफ अनुभव कर सकते हैं कि क्या कोई व्यक्ति अपने जन्म से पहले भी कुछ सीख सकता है ? किसी प्रकार की मनोवृत्ति अपने नन्हे-से मानस में ग्रहण कर सकता है ?

भारत के दर्शन ने इसका एक उत्तर दिया है—पुनर्जन्म । जब हम जन्म लेते हैं तो नया शरीर धारण करते हैं, पर हमारी आत्मा, हमारे जीवन की चैतन्य-शक्ति नई नहीं होती। वह पहले भी अनेक बार शरीर धारण कर जीवन भोग चुकी होती है। उन जीवनों के कर्म-संस्कार उसके साथ होते हैं, जो इस जीवन में उसे प्रभावित-प्रेरित करते हैं।

यह दर्शन की बात है, विश्वास की बात है। जिनका विश्वास इस पर टिक जाए, उनके लिए सब-कुछ है, जिनका विश्वास न टिके उनके लिए कुछ नहीं है।

भारतीय साहित्य में इसका एक और भी समाधान है। वह है अभिमन्यु। अर्जुन का पुत्र अभिमन्यु जब अपनी माता के गर्भ में था, तो अर्जुन ने एक दिन द्रौपदी को चक्रव्यूह तोड़ने की विधि सुनाई-समझाई । चक्रव्यूह को तोड़कर उसमें घुसने की बात द्रौपदी ने ध्यान से सुनी, पर जब उससे बाहर निकलने की बात वे सुना रहे थे, तो द्रौपदी सो गई। इसी कारण महाभारत के युद्ध में अभिमन्यु कौरवों के बनाए चक्रव्यूह में घुस तो गया, पर निकल नहीं सका, वहीं मारा गया। महान् काव्य महाभारत की यह कथा कहती है कि जन्म से पहले भी मनुष्य वातावरण का प्रभाव ग्रहण करता है।

पाकिस्तान के संस्थापक और भारत के बंटवारे के विधाता श्री मुहम्मदअली जिन्ना की मनोवृत्तियों का एक चमत्कारी विश्लेषण हुआ था। जिन्ना काठियावाड़ की खोजा जाति में जन्मे थे। यह जाति हिन्दुओं की एक उपजाति थी। इसकी श्रद्धा एक मुसलमान सन्त में हो गई। हिन्दू इसे गैर मानने लगे, पर इस जाति के लोगों का मानसिक स्तर हिन्दू ही रहा। हिन्दुओं-जैसा नाम, आपस में मिलने पर हिन्दुओं-जैसा ही अभिवादन, सलूनों के त्यौहार पर घर के द्वारों पर 'राम-राम' लिखना, गोबर से घर लीपना और हिन्दू पण्डित को बुलाकर विवाह करना। गुरु मुसलमान, जीवन-आचार हिन्दू, यही रूप था—इन लोगों की सामाजिक ज़िन्दगी का।

उन्नीसवीं सदी में खोजा जाति में कुछ ऐसे बुजुर्ग थे, जिन्होंने अपने सामाजिक जीवन के इस द्वैत को समझा और प्रयत्न किया कि पूरी तरह हिन्दू बनकर रहा जाए। उन्होंने अपनी जाति में बात चलाई, तो उसे सभी तरफ से समर्थन मिला। तब हिन्दू समाज के कर्णधारों से कहा गया कि वे हमें ग्रहण करें, हम उनके ही हैं। बात शास्त्रों पर पहुंची। शास्त्रों के सर्वेसर्वा थे पण्डित लोग। पण्डितों की राजधानी थी काशी। काशी के पण्डितों से इस पर व्यवस्था मांगी गई। उन्होंने व्यवस्था दी—खोजा लोग हिन्दुओं में स्वीकार नहीं किए जा सकते।

खोजा जाति में इसकी बहुत उग्र प्रतिक्रिया हुई। हिन्दू-मत के जो चिह्न जाति में थे, उन्हें तेज़ी से हटाया गया। नाम बदले गए। दरवाज़ों से राम-नाम मिटाए गए, पण्डित की जगह मौलवी ने ली। जाति ने हिन्दुओं से पूर्ण विच्छेद की नीति अपना ली। जब यह प्रतिक्रिया अपने पूरे उग्र रूप में काम कर रही थी, तब जिन्ना का जन्म हुआ और इस प्रकार जिन्ना जन्मजात पृथक्तावादी, हिन्दू-विरोधी बने।

अभिमन्यु और जिन्ना के उदाहरण कहते हैं कि मनुष्य अपने जन्म से पहले भी मनोवृत्तियां और प्रवृत्तियां ग्रहण करता है। अनुभवों और लोककथाओं में इसके और भी अनेक उदाहरण मिलते हैं। यही पृष्ठभूमि है इन प्रश्नों की कि क्या भगतसिंह जन्मजात क्रान्तिकारी थे ? क्या भगतसिंह पैदायशी नेता थे ?

हां, भगतसिंह जन्मजात क्रान्तिकारी थे और पैदायशी नेता भी ; उन्हें किसी ने क्रान्तिकारी बनाया नहीं, वे पैदा ही हुए थे क्रान्ति का नेतृत्च करने के लिए।

राजभक्ति की नर्म राजनीति ने जब गर्म राजद्रोह की ओर लोकमान्य तिलक के नेतृत्व में पहली अंगड़ाई ली, तो सरदार किशनसिंह और सरदार अजीतसिंह उनके सीधे सम्पर्क में आए। महाराष्ट्र से लौटकर वे दोनों अपने छोटे भाई सरदार स्वर्णसिंह से मिले और अन्य बहुत-से मित्रों की एक गोष्ठी में तीनों ने देश-व्यापी क्रान्ति की योजना पर विचार-विमर्श किया। दो बातें सामने आईं—क्रान्तिकारी संस्था का संगठन और ऐसे पुत्रों का जन्म, जो आगे चलकर क्रान्ति का नेतृत्व करें। सरदार अजीतसिंह का यह वाक्य हमारे वंश की धरोहर है—"संस्था का काम हम सब करेंगे, पर दूसरा काम हमारे खानदान में तो भाई साहब (सरदार किशनसिंह) ही कर सकते हैं।"—क्या भगतसिंह के जन्म से बहुत पहले ही यह उनके क्रान्तिकारी व्यक्तित्व का शिलान्यास न था ?

सरदार किशनसिंह के पिता (भगतसिंह के दादा) सरदार अर्जुनसिंह राष्ट्रीय आर्यसमाजी क्रान्ति (उस युग के वातावरण में हम देखें, बाद के नहीं) के उग्र नेता थे। वे हवन के बाद वीरपुत्रों के लिए भगवान् से नित्य प्रार्थना किया करते थे। कौन नहीं मानेगा कि इससे घर में विशेष वातावरण बनता था।

भारतमाता सोसायटी की स्थापना हुई। उसके जलते-दहकते कार्यक्रम चालू हो गये। अंगरेज़ सरकार कांपी और तीनों भाइयों पर खड्गहस्त हुई। सरदार अजीतसिंह माण्डले में जलावतन किए गए। सरदार किशनसिंह और सरदार स्वर्णसिंह जेल भेजे गए। यह घर श्री सूफ़ी अम्बाप्रसाद, श्री लाला हरदयाल और श्री लालचन्द फलक-जैसे प्रतिभा-

पुत्रों और क्रान्तिवीरों के लिए चौपाल बन गया। जिन दिनों घर में हर समय क्रान्ति की चर्चा होती थी, बलिदान के ही गीत गाए जाते थे, उन्हीं दिनों भगतसिंह अपनी माता के गर्भ में थे। जो चिनगारियां चारों ओर बोई जा रही थीं, क्या उनके अंकुर भगतसिंह के मानस-क्षेत्र में अंकुरित नहीं हुए होंगे ?

भाग्य का कैसा संकेत है, इतिहास का कैसा चमत्कार है कि जिस दिन भगतसिंह का जन्म हुआ ठीक उसी दिन, सरदार अजीतसिंह का निर्वासन समाप्त हुआ। सरदार किशनसिंह और सरदार स्वर्णसिंह जेल से छूटे। क्या भाग्य की यह स्पष्ट घोषणा न थी कि आज विद्रोह प्रणेताओं के घर गुलामी का विजेता और क्रान्ति का महान् नेता जन्मा है ? इसी पृष्ठभूमि में हम कह सकते हैं कि भगतसिंह जन्मजात नेता थे।

: 31 :

भगतसिंह : स्वभाव के शीशे में

किसी के व्यक्तित्व को सही-सही परखने के लिए स्वभाव भी एक महत्त्वपूर्ण साधन है। एक आदमी परिस्थितियों के प्रभाव से या आवेश में आकर कोई अद्भुत काम कर सकता है, पर इस काम को हम उसका व्यक्तित्व नहीं कह सकते। मैं एक ऐसे आदमी को जानती हूं, जो बेहद कंजूस था। एक बार उसका इकलौता बेटा बीमार पड़ा, पर उसने डॉक्टर को नहीं बुलाया। धर्मार्थ औषधालयों से लाकर वह उसे दवा पिलाता रहा, पर एक बार उसने प्रतिक्रिया का शिकार होकर एक मन्दिर बनवाने में कई हज़ार रुपये खर्च कर दिए। बात साफ है कि यह मन्दिर उसके व्यक्तित्व को दानी नहीं बना सकता, क्योंकि उसका स्वभाव तो कंजूसी ही है।

भगतसिंह के साहसी क्रान्तिकारी व्यक्तित्व को एक तरफ रखकर हम उनके व्यक्तित्व को स्वभाव के शीशे में देखें तो वे एक सरस, सजीव, मसखरे, सहृदय, सन्तुलित और उदार मानव थे। स्वभाव को परखने के लिए प्रतिदिन के जीवन को परखना ही सबसे अच्छा तरीका है, क्योंकि वह बनावटीपन से बचा हुआ, अपने मूलरूप में हमारे सामने होता है।

पैत्रृक संस्कार, गम्भीर अध्ययन और निरन्तर चिन्तन ने उन्हें सुलझे हुए विचारों का राजकुमार बना दिया था। उनकी निर्णय-शक्ति बहुत शानदार थी। वे बात की तह तक पहली नज़र में ही पहुंच जाते थे। आने वाली परिस्थितियों को इतने विस्तार से आंक लेते थे कि उठने वाले प्रश्नों का समाधान पहले से ही उनके पास रहता था। इसके होते हुए भी वे ज़िद्दी या कट्टर नहीं थे। किसी भी बात पर वे किसी के साथ भी बातचीत करने को, अपना दृष्टिकोण समझाने को और दूसरे का समझने को सदा तैयार रहते थे। उनकी बात ही उनकी दृष्टि में सही हो, पर बहुमत से उसके विरुद्ध निर्णय हो जाए, तो बहुमत के उस निर्णय को वे अपने ही निर्णय की तरह अमल में लाते थे। उसकी सफलता के लिए भरपूर प्रयत्न करते थे। इसके बाद वह सफल हो जाए, तो अपनी भूल मान लेते थे। उनके इस स्वभाव ने उन्हें आतंकवादी गुप्तदल में भी प्रजातान्त्रिक वातावरण बनाने में असाधारण सफलता दी थी। सफलता का बाहरी रूप यह था कि दल का हर आदमी अपने को समान महत्त्वपूर्ण समझते हुए भी उनके प्रति आदरपूर्ण व्यवहार रखता था। वे दूसरों की भावना को दबाकर ऊपर उठने में विश्वास नहीं रखते थे, दूसरों में सद्भाव जगाकर प्रभाव जमा लेते थे। इसीलिए उनका प्रभाव कृत्रिम नहीं, सहज था, हार्दिक था।

निश्चयों के प्रति उनमें ऐंसी ही अटलता थी, जैसी धार्मिक दृष्टि के मनुष्यों में धर्म के प्रति होती थी। जो निश्चय हो गया, उसमें न वे ढील करते थे, न ढील सहते थे। कोई ढील करे, तो उन्हें गुस्सा आ जाता था। बहुत-कुछ कहते-सुनते थे। इस स्थिति

में भी यह ध्यान रखते थे कि किसी के आत्माभिमान को ठेस न लगे, किसी के हृदय को दुःख न पहुंचे। यदि उन्हें यह महसूस होता कि उनकी बात से किसी को चोट लगी है, तो वे हंसी-खुशी का वातावरण बनाकर उसे प्रसन्न करने की कोशिश करते थे। इससे काम न चले, तो गले में हाथ डालकर माफी मांग लेते थे और यह मानते हुए भी कि मेरी ही बात ठीक थी, उसे खुश करना अपनी ज़िम्मेदारी समझते थे। इसका परिणाम यह होता था कि गुस्से में जिसे वे डांटते थे, बाद में वह उनका पहले से अधिक आदर करने लगता था। उनके स्वभाव में सच्चाई और सद्भावना का बहुत सलोना संगम था। यह संगम इतना गहरा था कि जो भी उनसे मिलता था, उनका हो जाता था, उन्हें प्यार करने लगता था। मोटे तौर पर वे अंगरेज़ों के दुश्मन थे, पर साण्डर्स-वध और असेम्बली बम-काण्ड के सिलसिले में फांसी का हुक्म होने के बाद भी बहुत-से अंगरेज़ स्त्री-पुरुष उनकी काल-कोठरी में उनसे मिलने आते थे। भगतसिंह उनसे दिल खोलकर मिलते थे, प्यार से बातें करते थे, खूब हंसते थे और उन्हें हंसाते थे। आने वाले अंगरेज़ उनसे बातें करते समय भूल जाते थे कि वे अपनी जाति के शत्रु से मिल रहे हैं। उन्हें लगता था, वे अपने किसी मित्र से मिल रहे हैं। उनके द्वारा किए गए मज़ाक इतने शिष्ट और मन को भाने वाले होते थे कि उनसे मिलने वाले हर व्यक्ति की यह इच्छा होती थी कि भगतसिंह उससे मज़ाक करें।

जेल के जो अफसर उनकी देख-रेख करते थे, उन्हें जेलों का अंगरेज़ इन्स्पेक्टर जनरल हुक्म देता था कि वे भगतसिंह को ज़रा भी लिफ्ट न दें, महत्त्व न दें, रियायत न दें। आरम्भ में वे उनसे तने-तने से रहते थे, पर भगतसिंह के स्वभाव की गम्भीरता और सरलता उन्हें पहले सम्पर्क में ही ढीला, सहानुभूतिशील और सहायक बना देती थी। वे खतरा उठाकर भी उन्हें सुविधाएं देते थे, उनका आदर करते थे, उन्हें अपना आदरणीय मित्र मानने लगते थे। लाहौर जेल के बड़े जेलर खान बहादुर मुहम्मद अकबर कहा करते थे कि उन्होंने अपने पूरे जीवन में भगतसिंह जैसा श्रेष्ठ मनुष्य नहीं देखा। अंगरेज़ अफसरों की पत्नियां भी उन्हें देखने आती थीं। इसका साफ अर्थ यही है कि अंगरेज़ अफसर भी घर जाकर उनकी विशिष्टता स्वीकार करते थे। उनके स्वभाव में शालीनता इतने ऊंचे दर्जे की थी, उनका बात करने का ढंग इतना सन्तुलित था कि उनसे नाराज़ होकर या उनके बारे में बुरी छाप लेकर कोई जा ही नहीं सकता था।

उदासी के वे दुश्मन थे, उदासी उनके पास फटक ही न पाती थी। उनके सामने अच्छी या बुरी जैसी भी परिस्थितियां आईं, उन्हें अपने अनुकूल बना लिया। वे मज़ाक की बात पर तो मज़ाक करते ही थे, पर वैसी बात न हो, तो वैसा वातावरण तैयार कर देते थे और फिर उसी वातावरण में डूब जाते थे, दूसरों को डुबा देते थे। लाहौर की बात है। भगतसिंह, विजय कुमार सिन्हा और भगवानदास माहौर एक सभा से लौट रहे थे। एक सिनेमा हॉल में अमेरिका के हब्शी गुलामों पर होने वाले अत्याचार पर लिखी प्रसिद्ध पुस्तक 'अंकल टॉमस् केबिन' की फिल्म चल रही थी। अत्याचारों के संघर्ष पर यह बड़ी मार्मिक पुस्तक है। पोस्टर पर फिल्म के बारे में पढ़कर भगतसिंह बोले—"यह फिल्म ज़रूर देखनी चाहिए।"

जैसे चारों दिशाएं मुंह फाड़कर एक साथ बोल उठीं–फिल्म तो देखनी चाहिए पर पैसे कहां हैं ? देश के राजनीतिक इतिहास की रोमांचकारी घटना साण्डर्स-वध की तैयारी हो रही थी, पर उस घटना के विधाता एक-एक पैसे को चुटकी में दबाकर जी रहे थे। दल के नेता चन्द्रशेखर आज़ाद सबको खाने के लिए चार आने रोज़ देते थे। दो आने में एक समय का भोजन मिल जाता था उन दिनों। दो दिन के खाने के एक रुपया आठ आने भगवानदास माहौर के पास थे और सिनेमा के तीन टिकट बारह आने में मिल सकते थे, पर फिर तीनों के एक दिन के भोजन की क्या व्यवस्था होगी। फिर आज़ाद का यह आदेश कि ये पैसे खाने के सिवा और किसी काम में खर्च न हों, उन्हें क्या जवाब दिया जाएगा।

माहौरजी ने पैसे देने से साफ इनकार कर दिया, पर भगतसिंह को दुश्मन की हुंकार ही प्रभावित न करती थी, तो दोस्त की इनकार क्या करती ? भगतसिंह ने कला पर एक सुन्दर प्रवचन किया और बताया कि एक क्रान्तिकारी के लिए गुलामों के मुक्ति-संघर्ष की फिल्म देखना क्यों आवश्यक है ? भगतसिंह भगतसिंह थे, तो भगवानदास भी भगवानदास थे। उन्होंने अनुशासन की पताका को और ऊंचा किया और पैसे देने से साफ इनकार कर दिया। भगतसिंह हार मानने वाले कहां थे ? उन्होंने कला के प्रवचन को अन्धे अनुशासन के विरुद्ध धुआंधार भाषण में बदल दिया, पर भगवानदास माहौर के कान इतने मज़बूत निकले कि उन्होंने भगतसिंह का भाषण दिल तक पहुंचाने से साफ इनकार कर दिया। सचमुच बड़े मजबूत सन्दूक में बन्द थे पैसे ! अब मामला गरमा-गरम बातों पर पहुंच गया, पर हाय रे दिल ! बढ़ रहे थे तीनों उस सिनेमा की ही तरफ।

भगतसिंह अब हाथापाई और चैलेंज के अभिनय पर पहुंच गए थे, पर भगवानदास की एक ही मुद्रा में अभिनय का क्लाइमेक्स आ गया--सड़क पर हाथापाई करना ठीक नहीं है। लो, नहीं मानते, तो पैसे ले लो, पर बात साफ है कि मैं पैसे राज़ी से नहीं दे रहा हूं, तुम मुझसे ज़बर्दस्ती छीन रहे हो।

भगवानदास की इस अदा पर भगतसिंह निहाल हो गए और हंसकर बोले– "ज़बर्दस्ती पैसे ही नहीं छीन रहा हूं, यह भी समझ लो कि तुम्हें पीटकर चवन्नी वाली तीन टिकिट लाने भी भेज रहा हूं।" भगवानदास जी की भलमनसाहत के क्या कहने, यह भी मान लिया उन्होंने, पर सिनेमा की खिड़की पर जो लम्बे-चौड़े पंजाबी भाई जूझ रहे थे, उन पर इस भलमनसाहत का कोई असर नहीं पड़ा और वे बारह आने मुट्ठी में दबाए लौट आए। अब भगतसिंह का नम्बर था। उन्होंने कोट उतारा, कमीज़ की आस्तीनें चढ़ाईं, एक रुपये का नोट और अठन्नी मुट्ठी में दबाए धक्का-मुक्की की और उस भीड़ में घुस पड़े। लौटे, तो तीन टिकिट उनके हाथ में थे, पर पैसा एक नहीं। बात यह हुई कि चवन्नी के टिकिट खत्म हो जाने के कारण वे अठन्नी के टिकिट ले आए थे। अब तस्वीर भी उनके सामने थी और दो दिन का उपवास भी।

सिनेमा से बाहर निकले, तो पेट के भीतर भूख उभरी, पर उस पर ध्यान देने का अर्थ ही कुछ न था, क्योंकि यह पैना यथार्थ सामने था कि भूखे तो कल भी रहना

है, पर आज़ाद जी से अब क्या कहेंगे ?

भगतसिंह वार्तालाप की कला में पंडित थे। उनकी सजीवता और हंसमुखपन बातों को ऐसी रसमलाई बना देते थे कि अनायास ही गले उतर जाए। निवास पर पहुंचते ही बिना कोई और बात किए भगतसिंह ने फिल्म की कहानी आज़ाद को सुनानी आरम्भ की। गुलामों का संघर्ष और धनपतियों के अत्याचार दोनों ही मार्मिक थे, पर भगतसिंह की शैली ने तो उनमें रोमांच के सितारे ही जड़ दिए। तब संक्षेप में उपसंहार आया–"असल में इस कहानी की फिल्म हरेक क्रान्तिकारी को देखनी चाहिए। इसी लिए हम इसे देखकर आ रहे हैं।" आज़ाद मुस्कराए। नाराज़गी का खतरा भी टला और खाने के पैसे भी दुबारा मिल गए।

सोचती हूं, जब भगतसिंह अपने साथियों के साथ फिल्म देख रहे थे, तो उन्हें क्या मालूम था कि आगे चलकर उन पर भी कई फिल्में बनेंगी और भावी पीढ़ियां उनके कामों की चर्चा करते हुए इसी तरह उन्हें देखेंगी, जिस तरह वे आज टॉम काका की कुटिया देख रहे हैं ? और उन्हीं के कहे वाक्य को दोहराएंगी–"असल में हरेक नागरिक को यह फिल्म देखनी चाहिए" जो हो, इतना स्पष्ट है कि भगतसिंह में अद्‌भुत सजीवता थी, वे आनन्द-मूर्ति थे !

उनकी बातचीत के प्रभावशाली होने का एक और भी कारण था। वे स्वयं बहुत अच्छे अभिनेता थे। अनेक नाटकों में उन्होंने सफल भूमिकाएं निभाई थीं। उनका प्रसिद्ध पगड़ी वाला चित्र नेशनल कॉलेज लाहौर के ड्रामा क्लब के मेम्बरों के ग्रुपफोटो में से लिया गया है। 'भारत-दुर्दशा' नाटक में तो उन्होंने अभिनय से दर्शकों को मुग्ध ही कर लिया था। स्वर के उतार-चढ़ाव और साधारण अंग-विन्यास में भी उनकी नाटकीयता झलकती थी। इन सबसे बातचीत का प्रभाव बहुत बढ़ जाता था, पर उनके प्रभाव का सबसे गहरा रहस्य था उनकी हार्दिकता। वे जो महसूस करते थे, वही कहते थे। इसीलिए उनकी बात उनके दिल की गहराइयों से उठती थी और दूसरे के दिल की गहराइयों में उतर जाती थी।

साहस उनके स्वभाव का अभिन्न साथी था। जब वे गांव के स्कूल में पढ़ते थे, तब भी यदि लड़कों को आपस में लड़ता देखते, तो फौरन बीच-बचाव करके लड़ाई समाप्त करा देते। उनके बढ़ने के साथ-साथ उनका यह साहस भी बढ़ता गया। 1925 में वे दिल्ली के 'वीर अर्जुन' में सम्पादन-विभाग का काम करते थे और श्री दीनानाथ सिद्धान्तालंकार के साथ एक चौबारे में रहते थे। उन्हीं के शब्दों में–"वे मितभाषी और बड़े अध्ययनशील थे। खाली समय में और रात को प्रायः राजनीतिक, ऐतिहासिक, सामाजिक और आर्थिक पुस्तकें पढ़ते थे। सिनेमा, खेल-तमाशा देखने का शौक नहीं था। विवाद कभी नहीं करते थे। समाचार तैयार करने के काम में चुस्त थे। जीवन अत्यन्त सादा और संयमपूर्ण था। निजी आवश्यकताएं बहुत साधारण थीं। साम्प्रदायिक दंगे के दिनों उनमें मैंने अद्‌भुत स्फूर्ति देखी। वे चांदनी चौक की दोनों पटरियों पर आमने-सामने, मरने-मारने की उद्यत भीड़ को समझाने-बुझाने निर्भयतापूर्वक चले जाते थे। मैं उन्हें रोकता, तो कहते–देशवासियों की सेवा में अगर मेरी जान भी चली जाए,

तब भी चिन्ता की कोई बात नहीं। दंगे के दिनों में मैं कई बार कार्यालय जाने का साहस नहीं कर सका, पर वे पूरी निश्चिन्तता और निर्भयता के साथ चले जाते थे और अपने साथ मेरा काम भी कर आते थे।"

श्री दीनानाथ सिद्धान्तालंकार के ही शब्दों में–"रात में वे अक्सर चौबारे की छत पर अकेले बैठे रोते रहते थे। बहुत दिन मैं इसे इनकी घरेलू परिस्थिति का फल समझता रहा। एक दिन रात में कोई बारह बजे मेरी आंख खुली, तो वे सिसकियां भर-भरकर रो रहे थे। मैंने उन्हें धीरज बंधाया। तब रोने का कारण पूछा, तो बहुत देर तक चुप रहने के बाद बोले–मातृभूमि की इस दुर्दशा को देखकर मेरा दिल छलनी हो रहा है। एक ओर विदेशियों के अत्याचार हैं, दूसरी ओर भाई-भाई का गला काटने को तैयार है। इस हालत में मातृभूमि के ये बन्धन कैसे कटेंगे ?"

जो आदमी एकान्त में इस तरह घण्टों रोता था, वही दिन-भर हंसी के गुब्बारे उड़ाता था। सुना है, स्वाति नक्षत्र में आकाश से गिरी बूंद सांप में मारक विष और सीप में मूल्यवान् मोती को जन्म देती है। शायद राष्ट्र का दर्द ही था, जो आंखों में आंसू बन कर बह पड़ता था और होंठों पर हंसी बनकर बिखर जाता था। श्री भगवानदास माहौर की नाक और होंठ ज़रा भारी हैं। आगरा में पहली बार जब भगतसिंह ने उन्हें देखा तो बोले–"यस, डारविन सीम्स टु बी करेक्ट। हि मे बी द मिसिंग लिंक, हां, डारविन का कहना ठीक मालूम होता है बन्दर और आदमी के बीच की खोई हुई कड़ी की पूर्ति करने वाला यह हो सकता है।" सुनकर सब हंस पड़े, फिर उन्होंने माहौर जी को पास बुलाकर खूब प्यार से बातें कीं। माहौर जी के साथ इस तरह की छेड़-छाड़ वे अक्सर करते थे, पर इस हार्दिक छेड़-छाड़ का जो प्रभाव माहौर जी पर पड़ा, वह उन्हीं के शब्दों में इस प्रकार है–"मेरी अनुभूति तो यही है कि जैसे-तैसे भगतसिंह मुझे चिढ़ाते, वैसे-ही-वैसे उनके प्रेम के पोते-से अनजाने में उनके समाजवाद का रंग मेरे हृदय पर चढ़ता जाता था।"

साफ-सुथरे कपड़े पहनना और अच्छा खाना उनका स्वभाव था, पर जिन दिनों काकोरी केस के अभियुक्तों को जेल से छुड़ाने की योजना में दल के लोग आगरा में इकट्ठे हो रहे थे, पैसे की बेहद तंगी थी। बर्तन की जगह मिट्टी के ठीकरे ही काम देते थे, तो खाना कैसा होगा ? फिर खाने का स्वाद तो पकाने से आता है, पर वहां ऐसे पाकशास्त्री थे जिन्हें यह भी न पता था कि दाल में नमक के साथ हल्दी भी पड़ती है, दाल भी मिट्टी के एक बड़े ठीकरे में ही रहती थी, उसी में सब खाते थे।

भगतसिंह खाने बैठे, तो खाना उनके गले न उतरा। वे खाने को खराब बताएं, तो उन्हें बुरा लगे, जो उसे शौक से खा रहे हैं। फिर यह शान छौंकने-जैसी बात हो। समता और अभिन्नता का वातावरण बनाए रखना भगतसिंह का स्वभाव था, इसीलिए वे खाना छोड़कर उठ भी न सकते थे। खाना बन्द कर चुप बैठे रहें, तब भी सब कारण पूछें। सूझ भगतसिंह के स्वभाव की सदा संगिनी थी। उन्होंने पूर्ण प्रसन्नता की मुद्रा में पूछा–"आप लोग जानते हैं लखनऊ के नवाब किस तरह खाना खाते थे ?" आप ही बोले–"लीजिए, मैं आपको दिखाता हूं।" तीन उंगलियां खड़ी करके उन्होंने अंगूठे और

पास की उंगली से मोटी रोटी का एक छोटा-सा टुकड़ा इस तरह नज़ाकत से तोड़ा, जैसे रोटी से उंगली का छूना गुनाह हो। फिर उस टुकड़े को इस नफ़ासत से मुंह में रखा, जैसे हीरे की अंगूठी को मखमली डिबिया में रख रहे हों। तब धीमे-धीमे मुंह चलाते रहे, आंखों के इशारे करते रहे और इसी तरह की दूसरी बहुत-सी बातें भी। नवाबी का यह नाटक तब तक चला, जब तक दूसरे लोगों ने पूरा खाना खाया। बाद में अदा के साथ उन्होंने कुल्हड़ उठाया और पानी की घूंट से उस टुकड़े को पेट में पहुंचा दिया। तब भरे पेट की डकार-सी लेते हुए उठे और ठेठ लखनवी टोन में बोले–''वल्लाह, क्या लजीज़ खाना है।'' सब लोग खूब हंसे। दूसरे ही दिन भगतसिंह ने कहीं से रुपयों का प्रबन्ध करके भोजन की नयी व्यवस्था कर दी।

गरीबी का अनुभव भगतसिंह को पुराना था और गरीबों के साथ उनकी हमदर्दी जन्मजात थी। उनके खेतों में जो (मज़दूर) काम करते थे, वे उनमें इस तरह घुलमिल जाते थे, जैसे वे उनमें से ही एक हों। उनके लिए सबसे बोझिल घड़ी वह होती थी, जब वे मज़दूर खाना खाते थे। वे उठकर उनका खाना देखते थे, उसके रूखेपन से दुःखी होते थे और उसे अपने खाने से चिकना और स्वादिष्ट भोजन बनाने की कोशिश करते थे। रुपये-पैसे से भी इनकी मदद करते रहते थे। मंगलसिंह नामक एक मज़दूर पर धीरे-धीरे तीन हज़ार रुपये ऋण हो गया था। इसमें से ज़्यादा हिस्सा उसने शादियों में लिया था। भगतसिंह ने वह सब रुपया माफ कर दिया और उससे कहा–''आइन्दा कर्ज़ा लेकर शान दिखाने की कोशिश मत करना।'' यही आदमी सब-कुछ होते हुए भी अब स्वयं घोर अभावों का जीवन जी रहा था, फिर भी कितना प्रसन्न था !

भगतसिंह के जीवन को हम जिस पहलू से देखें, जिस कोने से भी परखें, वह परख की हर कसौटी पर कुन्दन की सिद्ध होते हैं। इसीलिए तो डॉक्टर सत्यपाल के शब्द हैं–''मुझे कांग्रेस और नौजवान भारत सभा में प्रण के पक्के और अटल विश्वासी भगतसिंह के साथ काम करने का मौका मिला है। अपने लम्बे सार्वजनिक जीवन में मुझे उन-जैसा उपयोगी, जोशीला, चतुर, साहसी और समझदार युवक शायद ही मिला हो। इश्तहार चिपकाने हों, तो वे तैयार ; दरियां बिछवानी हों, तो वे तैयार ; भाषण करवाना हो, तो आग बरसा दें। मतलब यह है कि प्रत्येक कार्य वे योग्यता और लगन से करते थे। जनता पर उनके असीम प्रभाव का कारण यह था कि वे स्वार्थ, ईर्ष्या या लोभ से सदा दूर रहते थे। उनके चरित्र में इतने गुण थे कि मैंने उनमें शालीन पुत्र, प्रिय साथी और आदरणीय नेता को एक साथ पाया।''

उनका काम करने का अपना ही तरीका था। एक बार वे दीवारों पर इश्तहार चिपकाते फिर रहे थे। दीवार से लगाकर साइकिल खड़ी करते, संभलकर उस पर चढ़ते और तब ऊंचाई पर इश्तहार चिपकाते। उनके छोटे भाई कुलतारसिंह भी साथ थे। उन्होंने पूछा–''नीचे काफी जगह है, फिर आप ऊपर क्यों चढ़ते हैं ?'' उत्तर मिला–''इसलिए कि एक भी इश्तहार ज़ाया न जाए और उसका पूरा फायदा मिले। नीचे लगे इश्तहारों को अक्सर बच्चे फाड़ देते हैं।''

उनकी सतर्कता बहुत गहरी थी। दूसरों का ध्यान वे पूरा-पूरा रखते थे। साथियों

के प्रति उनकी भावना इतनी गहरी थी कि छोटी-से-छोटी बात में भी साथी का पूरा ध्यान उन्हें रहता था। सेण्ट्रल जेल लाहौर से 3 जून, 1930 को उन्होंने अपने घर के पते पर श्री जयदेव गुप्ता को यह मार्मिक पत्र लिखा था–

सेण्ट्रल जेल, लाहौर
3-6-30

मेरे प्यारे श्री जयदेव,

कृपा कर मेरा हार्दिक धन्यवाद स्वीकार कीजिए, कपड़े के उन जूतों और सफेद पॉलिश की शीशी के लिए जो आपने भेजे हैं। आपके शब्दों में, (जैसा कि श्री कुलवीर ने कहा) मैं आपको कुछ और चीज़ें लाने को यह पत्र लिख रहा हूं। मुझे विश्वास है कि आप इसे महसूस नहीं करेंगे। कृपया देख लें कि क्या आप श्री बी. के. दत्त के लिए कपड़े का एक और जूता भेजने की व्यवस्था कर सकते हैं, (साइज़ नम्बर सात) लेकिन दुकानदार से वापसी की शर्त पर लेना, यदि उनके पैर में फिट न आए। यह बात मैंने अपने लिए लिखते समय ही लिखी होती पर श्री दत्त उस दिन सरल भाव (इज़ी मूड) में नहीं थे। लेकिन मेरे लिए इसे अकेले पहनना बहुत मुश्किल है। इसलिए मैं आशा करता हूं कि अगली मुलाकात के समय एक और जूता यहां होगा।

साथ ही कृपया एक ट्बैल शर्ट (कमीज़) जिसका साइज़ छाती 34 हो और कमर 29, भेज दें। उस पर शेक्सपीरियन कालर हो और आधी आस्तीन हो। यह भी श्री दत्त के लिए चाहिए। क्या आप यह सोचेंगे कि हम जेल में भी अपने रहन-सहन के खर्चीले ढंग पर रोक नहीं लगा सके ? अन्ततः यह आवश्यकताएं हैं, विलासिताएं नहीं। नहाने और व्यायाम करने के लिए किसी मुलायम कपड़े के बने दो लंगोट भी भेज दें और कपड़े धोने के साबुन कुछ की टिकियाएं भी। साथ ही कुछ बादाम और स्वान इंक की एक शीशी भी।

सरदारजी के बारे में क्या खबर है ? क्या वे लुधियाना से वापस आ गए हैं ? इन दिनों कचहरी बन्द रहेगी, और मुकदमा आगे नहीं बढ़ेगा। यदि वे नहीं आए, तो उन्हें लाने के लिए किसी को भेज दें। जो हो, उनके और मेरे मुकदमे का अन्त करीब ही है। कह नहीं सकता कि हमें एक-दूसरे को मिलने का अवसर मिलेगा या नहीं, इस लिए उन्हें तुरन्त बुला लें, ताकि वे इस सप्ताह में मुझसे दो बार मिल सकें। यदि वे जल्दी ही नहीं आ रहे हैं, तो कृपा कर कुलबीर और बहनजी को मुझसे मुलाकात के लिए कल या परसों भेज दें। मेरे मित्रों को मेरी याद दिलाना। क्या आप फारसी का एक 'कायदा' उर्दू अनुवाद सहित भेजने की व्यवस्था कर सकेंगे ! चार आने की सूजी भी भेज दें।

–तुम्हारा
–भगतसिंह

एक पोस्टकार्ड में कितने चित्र हैं, उनके व्यक्तित्व के ? मानवीयता तो है ही, जो साथियों के साथ उन्हें एकात्म करती है, पर स्वभाव की सरसता और व्यक्तित्व की

रंगीनी जिसे मैं सजीवता कहना पसन्द करूंगी, भी है, पर इन सबसे बढ़कर भी है कि वे हर बात की गहराई में बहुत दूर तक जाते थे। आश्चर्य होता है कि जो आदमी स्वयं दौड़कर मौत के द्वार पर जा बैठा है, वह फारसी का कायदा (पहली पुस्तक) भी मंगा रहा है और चार आने की सूजी भी। यह तो सच है कि अपने स्वभाव की विशेषताओं से वे व्यक्तित्व की विभिन्न और विविध धाराओं के जीवित संग्रहालय थे।

इसी की पूर्ति करता है एक दूसरा संस्मरण। भगतसिंह और उनके साथियों को फांसी का हुक्म होने पर बचाव कमेटी की अपील पर बहुत-सा धन एकत्र हुआ। भगतसिंह ने कमेटी की सेक्रेटरी कु. लज्जावतीजी को लिखा कि–"फांसी लगने वालों की चिन्ता को छोड़कर वह रुपया उन लोगों के नाम जमा कर दिया जाए, जिन्हें उमर-कैद की सज़ा हुई है।" दुनिया से जाने वाला एक इन्सान उनकी सुख-सुविधा की चिन्ता कर रहा था, जिन्हें दुनिया में जीना है, तभी तो वह मरकर भी अमर हो गया और जीवन की कला का हमेशा-हमेशा के लिए एक महान् पाठ बन गया।

उनके जीवन का चाव था, जीवन का चार्म था, शौक थे। वे चांदनी रातों में छूत के एकान्त में ऐसे तल्लीन हो जाते थे कि समय की सुध-बुध ही न रहती थी। चांद से जाने क्या बात करते थे, घण्टों उसे देखते रहते थे और जाने क्या सोचते रहते थे। गाने का तो उनमें बेपनाह शौक था। खुद भी खूब गाते थे और गाना सुनते भी दिल लगाकर थे। श्री भगवानदास माहौर लिखते हैं–"अपने गाने के शौक के कारण मेरी भगतसिंह से अच्छी पटने लगी थी। यह तो एक बात थी, जिसमें मैं अपने-आप को भगतसिंह से अधिक जानकार समझ सकता था और भगतसिंह बड़े आग्रह से मेरा गाना सुनकर मेरे इस अभिमान को काफी गुदगुदाया करते थे। इसी में वे मुझे और मेरी मार्फत पण्डितजी को भी छेड़ने का अवसर निकाल लेते थे। पण्डितजी के डर के मारे मैं गज़ल-जैसा गाना इच्छा होते हुए भी गा न पाता था। भगतसिंह चुपके से कहते–"हां भाई कैलाश (दल का नाम) वह गज़ल तो सुना, जब कफस से लाश निकली" और मैं भगतसिंह के अनुरोध का बल पाकर पहले धीरे-धीरे गुनगुनाकर, फिर मज़े में आकर पूरी उमंग से गाने लगता–

"जब कफस से लाश निकली बुलबुले नाशाद की
इस कदर रोया कि हिचकी बंध गई सैयाद की
कमसिनी में खेल खेले नाम ले-ले कर तेरे
हाथ से तुरबत बनायी पैर से बरबाद की।"

इस पर पण्डितजी माहौर को झिड़की देते, तो भगतसिंह व्यंग्य से कहते, "पण्डितजी, बेचारा भारतमाता पर बलिदान होने आया, तो क्या दिल घर रख आया है ? उसकी कोई हो तो उसे अपने साथ लाने की इज़ाजत तो आप उसे देंगे नहीं ? ऐसी हालत में बेचारा उसका नाम लेकर हाथ से अपनी तुरबत बनाए और फिर पांव से उसे मेट दे, ताकि आप उसे देख न सकें, यह न करे तो क्या करे ?" और पण्डितजी भगतसिंह से उलझ पड़ते–"देखो रणजीत, तुम इसकी कमज़ोरी नहीं समझते, मैं समझता हूं, इस से ऐसी-वैसी बात मत किया करो।" मौका देखकर अपनी निर्दोषिता

का भाव बनाकर कहता—"पण्डितजी, इन्होंने ही तो मुझसे इस गज़ल को गाने के लिए कहा था। पण्डितजी, खिन्न होकर कहते—यह अच्छी बात नहीं है। और भगतसिंह मुंह फेरकर मुस्कराने लगते।"

आश्चर्य यह है कि वे एक ही साथ दोनों बातों की पूर्ति करते थे, उनके शौक और विनोद साथ-ही-साथ चलते थे। यह शौक और यह छेड़-छाड़ एक दिन तो यहां तक बढ़ गया कि एक बार उन्होंने माहौरजी से साथियों के बीच गाने को कहा। कहने का ढंग मज़ाकिया था, माहौरजी बोले मूड नहीं है। इस पर भगतसिंह ने उन्हें बहुत चिढ़ाया तो उन्होंने भगतसिंह को एक घूंसा जड़ दिया। भगतसिंह उनके मुकाबले भीम थे। उन्होंने माहौरजी को धो दिया। सब साथियों के बीच-बचाव किया। भगतसिंह ने कहा—"आक्रमण इन्होंने किया है, मैं तो आत्मरक्षा में लड़ा हूं। मुझे सन्धि स्वीकार है, पर मेरी शर्त यह है कि ये महाशय गाना गायें। माहौरजी अपना प्रसिद्ध मराठी गीत 'कुठे गुन्तला' गाने बैठ गए और भगतसिंह लेटे-लेटे सुनने लगे।"

क्रान्तिकारी दल में अपने गाने के लिए भी भगतसिंह प्रसिद्ध थे। यह गाना उनका एक शौक ही न था, मैंने बहुत बार सोचा है और मुझे लगा है कि संगीत के द्वारा वे अपने से अपना साक्षात्कार करते थे। असेम्बली बम-काण्ड में भगतसिंह को आजीवन कारावास का दण्ड सुनाया जा चुका था। श्री आसफ़अली एक वकील के रूप में दिल्ली जेल की काल-कोठरी में उनसे मिलने जा रहे थे। श्रीमती अरुणा आसफ़अली भी उनके साथ थीं। जब वे काल-कोठरी के पास पहुंचे, तो उन्हें गाने की आवाज़ सुनाई पड़ी। अरुणाजी ने कहा—"कितना सुरीला कण्ठ और मधुर स्वर है। कोई बहुत प्रसन्नता में गा रहा है।" वे दोनों आगे बढ़े, तो वह गायक उन्हें दिखाई दिया। वह गायक और कोई नहीं, स्वयं भगतसिंह थे, जो अपने गाने पर, अपनी ही बेड़ियों से ताल दे रहे थे। कितना दिव्य था वह दृश्य !

सिनेमा देखने का खूब शौक था उन्हें, यदि हाथ में कोई ज़िम्मेदारी का काम न हो। और जब सिनेमा न जा सकते हों, तब जहां हों, जिनके साथ हों, वहीं महफिल जम जाती थी, और अट्टहासों, संवादों, सूक्तियों, शेरों और गज़लों से भरी बातचीत की फिल्म चल पड़ती थी। ऐसी ही एक फिल्म का रेखाचित्र प्रस्तुत करते हैं श्री भगवानदास माहौर—

"आगरे के एक मकान में आज़ाद, भगतसिंह, सुखदेव, राजगुरु, बटुकेश्वर दत्त, शिव वर्मा, विजय कुमार सिन्हा, जयदेव कपूर, डा. गया प्रसाद, वैशम्पायन सदाशिव आदि दल के सक्रिय सदस्य बैठे हैं। विनोद चल रहा है। विनोद का विषय है कि कौन कैसे पकड़ा जाएगा और पकड़े जाने पर कौन क्या करेगा ?

ये हज़रत (राजगुरु) तो सोते ही पकड़े जाएंगे। हद हो गई, जनाब चलते-चलते भी सोते जाते हैं। इनकी आंख पुलिस लाक-अप में खुलेगी और तब ये पहरे वालों से पूछेंगे मैं सचमुच पकड़ा गया हूं या स्वप्न देख रहा हूं।

मोहन (बटुकेश्वर दत्त) चांदनी रात में पार्क में चांद देखते हुए पकड़े जायेंगे। पकड़े जाने पर पुलिस वालों से आप कहेंगे—कोई बात नहीं, मगर चांद है कितना सुन्दर !

बच्चू (विजयकुमार सिन्हा) और रणजीत (भगतसिंह) किसी सिनेमा हॉल में पकड़े जायेंगे और तब पुलिस से कहेंगे–जी हां, पकड़ लिया, तो क्या ग़ज़ब हो गया। अब खेल तो पूरा देख लेने दो।

और पण्डितजी (चन्द्रशेखर आज़ाद) बुन्देलखण्ड की किसी पहाड़ी में शिकार खेलते हुए किसी मित्र बने सरकार-परस्त के विश्वासघात से घायल होकर बेहोशी की अवस्था में पकड़े जायेंगे। आज़ाद ने झिड़की की हंसी हंसी। भगतसिंह विनोद करते हुए कहा–पण्डितजी, आपके लिए दो रस्सों की ज़रूरत पड़ेगी। एक आपके गले के लिए और दूसरा इस भारी-भरकम पेट के लिए। आज़ाद तुरन्त हंसकर बोले–"देख, फांसी जाने का शौक मुझे नहीं है, वह तुझे मुबारक हो। रस्सा-फस्सा तुम्हारे गले के लिए है। जब तक यह बमतुल बुखारा (पिस्तौल) मेरे पास है, किसने मां का दूध पिया है, जो मुझे जीवित पकड़ ले जाए।"

सोचती हूं मृत्यु ज्वालामुखी के द्वार पर खेलने वाले भगतसिंह और उनके साथी कितने सजीव थे ! जीवन के प्रति ये किस सन्त से कम निर्लिप्त थे ?

रसगुल्ला उन्हें बेहद प्रिय था। लाहौर षड्यन्त्र मुकदमे के दिनों की बात है, 9 अप्रैल, 1930 को जतीन्द्र सान्याल ने अदालत से दरख्वास्त की कि रसगुल्लों का एक पार्सल बंगाल से आया है, पर जेल-अधिकारियों ने हमें यह कहकर उसे नहीं लेने दिया कि यह लेने लायक चीज़ नहीं है।

रसगुल्ले का नाम सुनते ही भगतसिंह का रोम-रोम खिल उठा। वे न्यायाधीश की ओर मुखातिब हुए और बोले–"द रसगुल्लाज आर लाइंग आउट साइड, विल यू टेक द ट्रबल ऑफ एक्ज़ामिनिंग दैम ? इट इज़ ए ब्यूटीफुल सीन। यू मे जस्ट लुक ऐट दैम। रसगुल्लाज़ आर मोर इम्पोर्टेन्ट फार अस दैन दीज़ विटनसेज़।–यानी रसगुल्ले बाहर पड़े हैं। क्या आप उनका निरीक्षण करने का कष्ट उठायेंगे ? यह एक सुन्दर दृश्य है। आप उन्हें ज़रा देखें तो। इन गवाहियों की अपेक्षा रसगुल्ले हमारे लिए अधिक महत्त्वपूर्ण हैं। रसगुल्लों की बात और भगतसिंह का बात कहने का अभिनयपूर्ण सरस ढंग ; सब इतने ज़ोर से हंसे कि फांसी और कैद का भय सकुचाकर अपने में सिमट गया।

मुकदमे के दिनों का ही एक और संस्मरण प्रस्तुत करते हैं श्री सत्यदेव विद्यालंकर–"अदालत की छुट्टी के समय मुलाकात के लिए सबको एक ही कमरे में बेंचों या ज़मीन पर बिठाया जाता था, जिससे एक दूसरे से मिलने का अवसर बिना कठिनाई के मिल जाता था। एक दिन एक पुलिस इन्स्पेक्टर ने मुझे भगतसिंह से बातचीत करने से रोका, तो वह बड़े ही लहज़े में बोल उठे कि अरे भाई, कल तो फांसी पर लटका दोगे और आज दो बात भी नहीं करने देते। वह इंस्पेक्टर शरमा कर रह गया। अपने मुकदमे के लम्बे दौर में कभी एक बार भी सरदार उदास नहीं देखे गए और वह इतने प्रसन्नचित्त रहते थे कि किसी दूसरे को भी उदास न होने देते थे। मुकदमे की कार्यवाही में जब-तब पुलिस, पुलिस के गवाहों, पुलिस के अधिकारियों और मजिस्ट्रेट पर भी चुटकियां भरते रहते थे। कभी-कभी तो उनके व्यंग्य-भरे विनोद पर सारी अदालत हंसी से गूंज उठती थी। अपनी ज़िन्दादली से अदालत के वातावरण को

वह ज़िन्दा बनाए रखते थे।"

उदासी नामक कोई चीज़ उनके जीवन में थी ही नहीं। कैसी भी परिस्थितियां क्यों न हों, वे सदा-सदा प्रसन्नचित्त ही रहते थे।

भगवानदास माहौर को 'फिलॉसफी' में सबसे अधिक अंक प्राप्त करने पर पुरस्कार के रूप में एक पुस्तक मिली। भगतसिंह ने यह बात सुनी तो पूछा–"जनाब को यह इनाम डण्ड-बैठक मारने में मिला है या फ़िलसफा में !" दल के एक नये सदस्य ने उनका मज़ाक न समझकर गम्भीरता के साथ कहा–"इन्होंने क्लास में इस विषय में सबसे अधिक अंक प्राप्त किए हैं, इसीलिए इन्हें पुरस्कार मिला है।" उसकी गम्भीरता पर भगतसिंह निराली अदा से मुस्कराये। तब कहा–"ये कक्षा में नीचे से सर्वप्रथम होते, तो मैं अधिक प्रसन्न होता।"

उन्हीं दिनों कॉलेज के एक नाटक में खलनायक का अभिनय करने पर भी माहौरजी को प्रथम पुरस्कार मिला। भगतसिंह ने सुना, उनसे बोले–'हनुमान् जी, धन्य हो, आप और अभिनय ! अब यही सुनना बाकी है कि ब्यूटी कंपिटीशन में भी आपको प्रथम पुरस्कार मिला है।' बस इसी तरह से हंसने-हंसाने के क्षणों का निर्माण करते रहते थे।

भगतसिंह पहली फरारी के बाद कानपुर से आये तो उनकी बहन (बीबी अमर कौर) महीनों के बाद उन्हें देखकर रोने लगीं। उन्होंने परिवार के सब लोगों को जल्दी आओ कहकर बुलाया और बोले–"देखो, अमरो मेरे आने की खुशी में रो रही है।" सुनकर सब हंस पड़े, तो रोती हुई अमरो भी खिलखिला कर हंस पड़ी।

उन दिनों डेरी का काम चल रहा था। एक दिन बेबेजी ने कहा–"भगत, तू जाने कहां फिरता रहता है, घर नहीं रहता। नौकर दूध पी जाते हैं।" चुटकी बजा-बजाकर वे नाचते हुए गाने लगे–"बण्ड दे गरीबां नूं, बेबे, बण्ड दे गरीबां नूं, इह घर कम नहीं औणा।" बेबेजी ने बड़ी चिन्ता-भरी गम्भीर मुद्रा में बात आरम्भ की थी। पर भगतसिंह के इस अभिनय को देखकर वे खिलखिला पड़ीं।

दादी श्रीमती जय कौर ने जन्म के समय उन्हें भागों वाला कहा था। वे भगतसिंह को इसी सम्बोधन से पुकारती रहीं। मुकदमे के दिनों उन्हें हथकड़ी पहने देखकर दादी ने दुःख से कहा–"हाय भागों वाले ये गहने पहने हुए हैं" वे ताल के साथ हथकड़ियां बजाते हुए हंसकर बोले–"ये सरकार के पहनाये हुए बहुत कीमती गहने हैं, हरेक को यह कहां मिलते हैं ?"

वे दुःख के अंधेरे को दूर करने के लिए हंसी की रोशनी तो फेंकते ही थे, दूसरों के हृदय को जीतने के लिए यह उनका जादुई अस्त्र भी था। श्री भगवानदास माहौर के शब्द हैं–"जब मैं उनकी सोशलिस्ट फिलासफी की तीखे ढंग से कही गयी बातों के विरोध में उनको भारतीय दर्शन या वेदान्त की दुहाई देकर संस्कृत के श्लोक सुनाने लगता था, तब वे मेरे सामने हाथ जोड़कर 'जय हनुमान ज्ञान गुणसागर' का पाठ करते हुए कुछ ऐसी मार्मिकता से हंसते थे कि उनके तर्क से नहीं, मैं उनकी उस सद्‌भावना और हार्दिक अपनेपन से सराबोर हंसी से अपने-आपको परास्त हुआ ही नहीं, वशीभूत

और मन्त्र-मुग्ध हुआ-सा अनुभव करने लगता था।"

भगतसिंह के स्वभाव की एक अनुकरणीय बात यह थी कि उनके निर्णय पूर्वाग्रहों से मुक्त और समग्रता की दृष्टि से युक्त होते थे। मुकदमे के दिनों में एक बार कुमारी लज्जावतीजी ने उनसे पूछा था–"लाला लाजपतराय की नीति से आप सहमत नहीं थे, उसे नरम कहकर आलोचना किया करते थे। फिर उनके ही अपमान का बदला लेने के लिए आप पार्टी के योग्यतम नेताओं के जीवन और एक तरह से पार्टी के अस्तित्व को ही खतरे में क्यों डाल दिया ?"

उनका उत्तर था–"उनसे मतभेद तो ज़रूर था, पर थे तो वे हमारे बापू ही।" इसके बाद उन्होंने अपने ओजस्वी स्वर में जो कुछ कहा था, उसका सार था–"जवान बेटों की मौजूदगी में बूढ़े बाप पर दुश्मन प्रहार करे, उसकी चोट से बाप मर जाये, तब भी बेटों का खून न उबले और वे बाप की मौत का बदला लेने का निश्चय न करें तो उन बेटों के लिए लानत के सिवा और कोई क्या कह सकता है ?" सोचती हूं उनके क्रान्तिकारी नेतृत्व का सर्वश्रेष्ठ प्रदर्शन यदि असेम्बली बम-काण्ड और उसके बाद की घटनाएं हैं, तो उनके मानवीय व्यक्तित्व का सर्वश्रेष्ठ प्रदर्शन साण्डर्स-वध की इस भूमिका में है।

भावुक होकर भी वे कितने यथार्थवादी थे, इसका पता वीर क्रान्तिकारिणी सुशीला दीदी की छोटी बहन श्रीमती शान्ता बलदेव के इस संस्मरण से चलता है–साण्डर्स-वध के बाद भगतसिंह कलकत्ता में सुशीला दीदी के पास ठहरे हुए थे, तभी की बात है–"एक दिन पार्क स्ट्रीट के अन्त में मुझे एक मकान दिखाया और पूछा–'अगर अकेली आओगी, तो यह मकान भूल तो न जाओगी ?' मैंने दृढ़ता से कहा, 'कभी नहीं।' दो दिन बाद डॉक्टरों-जैसा एक बैग मुझे दे दिया गया और समझाया कि सावधान, इसे खोलना नहीं। वहां जाओ, मधु दादा कहकर पूछना, इसे उन्हीं के हाथ में देना और किसी के नहीं। मैं सुबह सात बजे के लगभग सेण्ट्रल एवेन्यू से चली। मेडिकल कॉलेज का अहाता पार किया। कॉलेज स्ट्रीट से बस पकड़ी। बस पार्क स्ट्रीट की ओर भागने लगी, परन्तु जहां बस-स्टॉप होता, कण्डक्टर ऊंची आवाज़ देता–बांध के ! ड्राइवर पूरे धक्के के साथ ठहरा देता। मैं मनाती, अब और कोई बस-स्टॉप न आये तो अच्छा, परन्तु यह कैसे होता। वह अपना एक-एक स्टॉप पार करती पार्क स्ट्रीट पहुंची। मैं वहां उतरी और अपनी ड्यूटी पूरी कर लौट आयी। आती बार मुझे रह-रहकर सिहरन हो उठती। अपनी कल्पना से सोचती, अगर कोई बम बस के धक्के से बैग के अन्दर फट जाता, तो क्या होता ? फिर कल्पना करती मेरी बोटी-बोटी उड़ जाती, बस का बित्ता-बित्ता हो जाता । वे जाने कितने अभागे मुसाफिर बिना मौत मरते। चारों ओर खून-मांस के लोथड़े सड़क पर बिखरे होते और घिर जाते असंख्य दर्शक।"

घर आने के बाद भगतसिंह खाना खाने ही वाले थे बहनजी टमाटर और मूली का सलाद बनाकर रख रही थीं। मैंने गिला के तरीके से कहा–"भैया, आप लोगों ने क्या सोचकर मुझे यह काम सुपुर्द किया था ? कभी-कभी आप लोगों को खबर मिलती है कि अमुक साथी सरकारी गवाह बन गया। अगर कोई बम फट जाता, तो शायद मैं

भी सरकारी गवाह बन जाती।''

बहन जी, जो अभी पास ही खड़ी थीं, तमक पड़ीं पूरे ज़ोर से। मेरे सिर पर हाथ मारकर बोलीं, जानती हो शान्त, तब मेरा ही तमंचा तुम्हारा यह सिर उड़ाता। मैं भौंचक्की-सी रह गयी और वहां से हट बाहर टहलने लगी। भाई भगतसिंह ने खाना तो खाया, परन्तु कुछ सोचता रहा। कुछ देर बाद मुझे उनके ये शब्द सुनाई पड़े–''दीदी, शान्त आपसे छोटी है, क्या इसीलिए उसकी बात की कोई कीमत नहीं ? आपने उसकी बात सुनी-भर ज़रूर है, परन्तु समझीं नहीं। जो व्यक्ति हमारी पार्टी का नहीं, केवल सहानुभूति-भर रखता है, उससे समय पर जैसे-तैसे काम निकालने की हठधर्मी करना ही हमें जोखिम में डालने का कारण बन जाता है। पार्टी का आदमी ही ऐसा काम करे, तो इस पार्टी के लिए अधिक कल्याण है। इसे तो मैंने बहुत गम्भीरता से समझा है और जहां तक मेरा बस चलेगा, इसे दृढ़ता से पालन करूंगा। दीदी पर उनकी बात का असर पड़ा और रात में उन्होंने आंखों में आंसू भर कर मुझसे बात की।''

सोचती हूं भगतसिंह को जिन तत्त्वों ने लोकप्रिय बनाया, उनमें उनके स्वभाव की ये विशेषताएं प्रमुख थीं। उनके साथी श्री विजयकुमार सिन्हा के शब्दों में–''सरदार भगतसिंह का जीवन ऐसी घटनाओं से भरा पड़ा है, जिनसे उनकी नैतिक ऊंचाई प्रकट होती है। वह एक स्वाभाविक योग्यता थी, जो क्रान्ति के रूप में परिवर्तित हो गयी। स्वभाव की दृष्टि से वे एक कलाकार थे।''

उनकी इस कला का प्रदर्शन अपने चरमोत्कर्ष (क्लाईमेक्स) पर पहुंचा 4 अक्टूबर, 1930 को, जब सन्त रणधीरसिंह उनकी काल-कोठरी में उनसे मिले। सन्तजी अपनी सजा पूरी कर जेल से छूट रहे थे। उनके अनुरोध पर जेल सुपरिण्टेण्डेण्ट ने भगतसिंह से मिलने की उन्हें इजाज़त दे दी थी। सन्तजी बड़ी उम्र के आदमी थे। भगतसिंह बहुत आदर के साथ उनसे मिले। पहले इधर-उधर की बातें हुईं, तब सन्तजी अपनी बात पर आये। सन्तजी स्वयं एक धर्मात्मा आदमी थे। ईश्वर-भक्ति ही उनके जीवन का बल थी। उन्होंने सुना था कि भगतसिंह नास्तिक हो गये हैं। वे इस बात से दुःखी थे और चाहते थे कि भगतसिंह को इन घड़ियों में आस्तिक बनाने का श्रेय उन्हें प्राप्त हो। भगतसिंह की दृढ़ता के बारे में उन्होंने सुन रखा था, इसलिए सीधे ईश्वर की बात न कहकर उन्होंने आत्मा की अमरता पर बातचीत आरम्भ की–आत्मा अमर है भगतसिंह, शरीर मर जाता है, यह नहीं मरती। देह के मिट्टी में मिलने पर आत्मा फिर जन्म लेती है और इस तरह बार-बार दुनिया में आती है। तुम यह समझ लो कि मरने के बाद भी तुम खत्म नहीं होगे।

सन्तजी की बात सुनकर भगतसिंह ने ऐसा भाव प्रदर्शित किया कि जैसे वे उनके धार्मिक विचारों से एकदम प्रभावित हो गए हों। उन्होंने सन्तजी से कहा कि मेरे मन का एक बहुत बड़ा अंधेरा आज दूर हो गया। मैं अब तक यह सोचता था कि फांसी लगने के बाद मैं खत्म हो जाऊंगा। इस बात से मेरा मन बहुत दुःखी रहता था, पर अब आपकी बातों से मेरा मन खुशी से भर गया है कि मैं खत्म नहीं हूंगा।

इसके बाद तो वह नाटक आरम्भ हुआ कि आनन्द ही आ गया। सन्तजी एक के

बाद एक धर्म का उपदेश करते गए और भगतसिंह हाथ जोड़कर उसे मानते चले गये। नास्तिकता काफूर हो गयी और आस्तिकता जम गयी। ईश्वर को भगत्सिंह के हृदय में सर्वोच्च स्थान प्राप्त हुआ और भगतसिंह पूरे रैदास भगत बन गये। ऐसा मालूम होने लगा कि स्वामी विवेकानन्द पर महात्मा रामकृष्ण का जैसा प्रभाव पड़ा था, सन्त रणधीरसिंह का भगतसिंह पर उससे भी ज़्यादा प्रभाव पड़ा है और उनका एकदम कायाकल्प हो गया है। भगतसिंह के लिए यह सब एक मज़ाक था, जिसमें एक भोले बुजुर्ग का मन रखने की शिष्टता भी समायी हुई थी, पर सन्तजी के लिए तो यह एक 'बैंक बैलेन्स' हो गया। उसे उन्होंने जेल से बाहर जाकर बड़ी मौज़ के साथ खर्च किया। यही नहीं कि अपनी सामर्थ्य का खूब बखान किया, बल्कि उसे छपवा-छपवाकर भी खूब बांटा।

धर्मभीरु भोले, अशिक्षित और अबोध लोगों ने तो इसे सन्तजी का चमत्कार माना ही, पर यह देखकर मुझे बहुत दया आती है कि बहुत-से विद्वान् लोग भी भगतसिंह के मज़ाकिया स्वभाव को न पहचान कर इसे धर्म की पताका के रूप में फहराते फिरते हैं।

बातें और भी सौ हैं, पर लगता है कि उनके स्वभाव की सब विशेषताएं उनकी माता के इन शब्दों में समा गयी हैं–"उनका स्वभाव ऐसा था कि इन्सान तो इन्सान उन्हें तो जानवर भी बेहद प्यार करते थे। मैं भैंस का दूध निकालकर आ जाती, तो बहुत बार ऐसा होता कि अपने आनन्द के मूड में वे भैंस के पास जाकर कहते, मौसी, दूध दे दे और थन पकड़कर बैठ जाते । मैं देखकर भौंचक रह जाती कि दूध निकाल लेने पर भी भैंस और दूध उतार देती और वे बच्चों की तरह उसका थन मुंह में लेकर चूसने लगते।"

: 32 :

भगतसिंह : एक मानव

हम से बढ़कर ज़िन्दगी को कौन कर सकता है प्यार।
और अगर मरने पे आ जायें तो मर जाते हैं हम।
जाग उठते हैं तो सूली पर भी नींद आती नहीं।
वक्त पड़ जाये तो अंगारों पे सो जाते हैं हम।
मर के भी इस खाक में हम दफन रह सकते नहीं।
लाला-ओ-गुल बन के वीरानों पे छा जाते हैं हम।"

—सरदार जाफ़री

शहीद-शिरोमणि भगतसिंह जेल में थे। दिल्ली की अदालत से असेम्बली बम-काण्ड में उन्हें कालेपानी की सज़ा हो चुकी थी। अब उन पर लाहौर षड्यन्त्र केस का मुकदमा चल रहा था। सभी जानते थे कि उन्हें फांसी होगी। तभी की बात है–एक बार उनसे मुलाकात करने को परिवार के लोग गये तो चाची हरनाम कौर उन्हें देखते ही फफक पड़ीं। भगतसिंह को उन्होंने अपने हाथों नहलाया, सुलाया, खिलाया था। उन्हें बेड़ियां में कसा और मौत के जाल में फंसा देखा तो कलेजा ही बह पड़ा आंखों से आंसुओं के बहाने।

भगतसिंह ने उन्हें रोते देखा। वे पानी-पानी हो गये। स्मृतियां उनके रोम-रोम में उभर आयीं। फिर अपने को संभालते हुए कुछ हल्की कड़क के स्वर में बोले–"चाचीजी आप रोती हैं, रो सकती हैं, कोई बात नहीं। मैं भी एक इन्सान हूं और रो सकता हूं, पर मेरी आंख से एक बूंद आंसू भी गिर पड़ा, तो जानती हैं, क्या होगा ?"

यह क्या कह दिया उन्होंने ? सोचती हूं, तो सोचती रह जाती हूं। कुम्हार मिट्टी खोद कर लाता है। फिर उसे कूटता, छानता, भिगोता, सानता और तैयार करता है। तब बनती है मूर्ति, पर कच्ची होती है वह मूर्ति। पानी गिरे तो बह जाये, फिर ज्यों-की-त्यों मिट्टी बन जाये। कुम्हार आंवा तैयार करता है, मूर्ति उसमें रखता है, आग सुलगाता है। मूर्ति आग में तपकर पक्की हो जाती है, कुम्हार उसे समाज के सामने प्रस्तुत कर देता है। भगतसिंह ने भी साण्डर्स-वध और असेम्बली बम-काण्ड के रूप में एक मूर्ति बनाई थी। मुकदमे के आंवे में तपाकर वे उसे पक्की कर रहे थे। आंसुओं का पानी उसे गला सकता था।

यह मूर्ति किसकी थी ? यह मूर्ति किसके रूप में थी ? यह मूर्ति क्रान्ति की थी और बनाते-बनाते अपनी निष्ठा और तल्लीनता में भगतसिंह ही क्रान्ति की मूर्ति बन गये थे। संसार के इतिहास में यह एक चमत्कार था। तुलसीदास ने महाकवि वाल्मीकि के महापुरुष राम को भक्ति के तल्लीन चिन्तन में डूबकर साक्षात् ईश्वर राम की मूर्ति

में ढाल दिया था। कृष्ण आत्मा के अनश्वर चैतन्य को उद्बोधन देते-देते आत्मलीनता में स्वयं चैतन्य स्वरूप हो अपने विराट् का दर्शन दे व्यक्ति और समूह की एकता के ब्रह्म हो गये थे। दोनों ही महान् हैं, महान्-से-महान् है, पर इस बात का कोई दूसरा उदाहरण प्रस्तुत करने में इतिहास बेबसी के साथ खामोश है कि कोई भगतसिंह की तरह अपने लक्ष्य का चिन्तन करते, अपने लक्ष्य का चित्र प्रस्तुत करते स्वयं लक्ष्य हो गया हो।

भगतसिंह क्रान्तिकारी से क्रान्ति का प्रतीक हो गये—स्वयं साक्षात् क्रान्ति-मूर्ति। विख्यात अमेरिकी पत्रकार लुई फिशर ने रूस के विधाता स्टालिन की क्रूरताओं का एक यह महत्त्वपूर्ण विश्लेषण किया था कि वे साम्यवाद को मूर्तरूप देने में इतनी तल्लीनता से डूबे कि मनुष्य होते हुए भी मनुष्य नहीं रहे, साम्यवाद का एक जड़यन्त्र हो गये।

क्या भगतसिंह साम्यवाद के उस जड़यन्त्र की तरह क्रान्ति का जड़ प्रतीक हो गये थे, जिसमें मानवीय सहृदय अनुभूति के लिए स्थान नहीं होता ? नहीं, अदालत के बीच बहे उनके आंसू इसका प्रतिवाद करते हैं।

अदालत के मंच पर न्यायाधीश बैठे थे सामने सब अभियुक्त थे। सरकारी मुखाबिर हंसराज बोहरा कटघरे में खड़े बयान दे रहे थे। बयान क्या था, अभियुक्तों के लिए मौत का फन्दा था। क्रान्तिकारी दल के रहस्य खुलते जा रहे थे, षड्यन्त्रों की कहानी कही जा रही थी। भगतसिंह टकटकी बांधे हंसराज को देख रहे थे। यह देखना इतना तल्लीन था, इतना भावपूर्ण था कि लग रहा था, जैसे भगतसिंह देख तो रहे हैं पर सुन नहीं रहे हैं। उनका पूरा चेतनायन्त्र उनकी आंखों में समा गया था। उनकी खूबसूरत आंखें इस तल्लीनदर्शन से और खूबसूरत हो उठी थीं।

अचानक उनके चेहरे पर भावों का उतार-चढ़ाव एक तेज चक्कर की तरह घूम गया। पहले उसमें तनाव आया। फिर गुस्से की गर्मी से तमतमाहट आयी। तब व्यथा की हल्की रेखा खिंची। फिर क्षण-भर में यह रेखा गहरी, गहरी और भी गहरी होती गयी। आंखें पहले झपझपायीं, फिर नम हुईं, फिर टपकीं और बरसने लगीं।

भगतसिंह क्यों रो पड़े ? क्या इसलिए कि मुखबिर का बयान उन्हें फांसी के तख्ते की ओर बढ़ा रहा है ? इस पर कौन हां कहेगा, क्योंकि दुनिया जानती है कि मृत्यु को एक वरदान के रूप में प्राप्त करने के लिए भगतसिंह ने स्वयं एक लम्बी योजना बनायी थी। मृत्यु के प्रति उनमें भय कहां था, जो मुखबिर का बयान सुनकर वे रो पड़ते ? फिर वे रोये क्यों ?

मानवीयता के इतिहास में, एक अद्‌भुत घटना घटी कि इस प्रश्न को ठीक-ठीक समझा मुखबिर हंसराज ने और इसका ठीक-ठीक उत्तर भी दिया—"उसकी भी आंखें, बरस पड़ीं, वह भी रो पड़ा। चार आंखें एक साथ रो रही थीं। दो आंखें, करुण से आप्लावित होकर रो रही थीं, हाय, साथी हंसराज पर कितने अत्याचार हुए जो वह इस तरह टूट गया। मुखबिर बनने को मजबूर हुआ। भगतसिंह लाहौर के किले में यह सब अत्याचार स्वयं सह चुके थे और इस समय उन्हें अपनी देह में अनुभव कर रहे थे।

दो आंखें पश्चात्ताप से विह्वल होकर रो रही थीं। उनके लिए भगतसिंह के आंसुओं में क्रोध एवं घृणा नहीं, बन्धुता का कोमल विश्वास ही सत्य था। मेरा प्यारा और आदरणीय साथी मेरे कारण दुःखी है और मेरे पतन के बाद भी मेरे प्रति क्रुद्ध नहीं करुण ही है। यह अहसास तो पत्थर को भी पिघला सकता है फिर हंसराज तो एक मनुष्य ही था। ये आंसू भगतसिंह के मानव रूप का जो भावचित्र खींचते हैं, वैसा चित्र क्या कोई रंगों का चित्रहार खींच सकता है ?

भगतसिंह हिमालय की ऐसी चट्टान थे, जिस पर हथौड़े की चोट काम नहीं करती, व्यर्थ होती है, हां, पर जिससे निर्मल शीतल जल अवश्य बहता है। उनके जीवन का गहन विश्लेषण कर ऐसा लगता है कि वे ज्वाला, आंसू और मुस्कान के तीर्थराज प्रयाग थे। जो आदमी भरी अदालत में रो पड़ा, उसने ही दिल्ली जेल से 26 अप्रैल, 1929 को अपने पिता के नाम यह पत्र लिखा था कि "अगर आप मिलने के लिए आएं, तो अकेले ही आ जाएं। वालदा साहिबा (माताजी) को साथ न लाइएगा। ख्वामखह वो रो देंगी और मुझे भी कुछ तकलीफ ज़रूर होगी।" जो आदमी मृत्यु के प्रति निर्लिप्त है और निर्लिप्त भी क्या, उसके आगमन की योजनापूर्वक व्यवस्था कर रहा है, वह मां के आंसुओं के प्रति निर्लिप्त तो है ही नहीं, उनके प्रति आशंका से प्रभावित है। यह मृत्युंजय भगतसिंह का मानवीय रूप है। वे तरल प्रवाही भी हैं, गरलपायी भी हैं, अनल-दाही भी हैं। वे स्वयं आंसुओं की तरह कोमल हैं, गरल की तरह घातक हैं, अनल की तरह दाहक हैं। वे किसी श्रेष्ठ राष्ट्र के, श्रेष्ठ नागरिकों में श्रेष्ठ स्थान पर बैठने योग्य हैं, श्रेष्ठ मनुष्य हैं, तो विश्व के श्रेष्ठ क्रान्तिकारियों में श्रेष्ठ क्रान्तिकारी कहलाने योग्य भी हैं।

वे स्वयं हर क्षण हर कष्ट सहने को तैयार थे, पर दूसरे मनुष्य के मन को कोई हल्की-सी भी ठेस लगे, इसे वे सहन नहीं कर सकते थे। उस दिन कुछ क्रान्तिकारियों के बीच गम्भीर बात हो रही थी। सम्भवतः असेम्बली बम-काण्ड की योजना को अन्तिम रूप दिया जा रहा था। एक-एक बात की गहराई में उतर रहे थे नेता और सफलता के बीच में आने वाली बाधाओं का निराकरण सोच रहे थे। श्री भगवतीचरण बोहरा का नन्हा पुत्र शची इन बातों के बीच सन्तरा लेने की ज़िद कर रहा था। जीवन-मरण की ऐसी बातों के बीच कौन उसकी बात पर ध्यान देता। बच्चे का आग्रह आंसुओं तक पहुंचता ही है। भगतसिंह उससे दूर बैठे थे। शची रोया तो वे तुरन्त उठकर उसके पास आए। शची को उठाया, उससे बात पूछी-समझी और सन्तरा तोड़कर छीलकर उसके हाथ में दिया और उसे गोद में लिये ही खड़े-खड़े बातों में भाग लेते रहे। जो ऐसी नाजुक घड़ियों में एक बच्चे के मन का ध्यान रख सकता है, वह बड़ों का मन कैसे तोड़ सकता है ? घर में भी सभी के मन का वे ध्यान रखते थे, किसी को सान्त्वना देकर, किसी को बहलाकर और किसी को हंस-हंसाकर। वे मनुष्य थे, मनुष्य उनके लिए बड़ी चीज़ थी। मनुष्य में उनकी आस्था सर्वोपरि थी। उनकी मनुष्यता की खास बात यह थी कि वे मनुष्य को मनुष्य के ही रूप में उसकी खूबियों और कमज़ोरियों के साथ प्यार करते थे। बनावटी नैतिकता, जिससे हमारा सारा राष्ट्रीय चरित्र दूषित और

बनावटी हो गया है, उसे वे पसन्द नहीं करते थे। अपने साथी श्री सुखदेव के नाम लिखे पत्र का यह विस्तृत अंश मानवीय प्रश्नों पर उनके सन्तुलित दृष्टिकोण का कितना मार्गदर्शक चित्र प्रस्तुत करता है–

"किसी व्यक्ति के चरित्र के बारे में बातचीत करते हुए एक बात सोचनी चाहिए कि क्या प्यार कभी किसी मनुष्य के लिए सहायक सिद्ध हुआ है ? मैं आज इस प्रश्न का उत्तर देता हूं–हां, यह मेज़िनी था। तुमने अवश्य ही पढ़ा होगा कि अपनी पहली विद्रोही असफलता, मन को कुचल डालने वाली हार, मरे हुए साथियों की याद वह बर्दाश्त नहीं कर सकता था। वह पागल हो जाता या आत्महत्या कर लेता, लेकिन अपनी प्रेमिका के एक ही पत्र से वह यह नहीं कि किसी एक से मज़बूत हो गया, बल्कि सबसे अधिक मज़बूत हो गया।

जहां तक प्यार के नैतिक स्तर का सम्बन्ध है, यह कह सकता हूं कि यह अपने में कुछ नहीं है, सिवाय एक आवेग के, लेकिन पाशविक वृत्ति नहीं, एक मानवीय अत्यन्त सुन्दर भावना। प्यार अपने में कभी भी पाशविक वृत्ति नहीं है। प्यार तो हमेशा मनुष्य के चरित्र को ऊंचा उठाता है, यह कभी भी उसे नीचा नहीं करता। बशर्ते प्यार प्यार हो। तुम कभी भी इन लड़कियों को वैसी पागल नहीं कह सकते–जैसे कि फिल्मों में हम प्रेमियों को देखते हैं। वे सदा पाशविक वृत्तियों के हाथों में खेलती हैं। सच्चा प्यार कभी भी गढ़ा नहीं जा सकता । यह तो अपने ही मार्ग से आता है। कोई नहीं कह सकता कब ? लेकिन यह प्राकृतिक है। हां, मैं यह कह सकता हूं कि एक युवक एक युवती आपस में प्यार कर सकते हैं। और अपने प्यार के सहारे अपने आवेगों से ऊपर उठ सकते हैं। अपनी पवित्रता बनाए रख सकते हैं। मैं यहां एक बात साफ कर देना चाहता हूं कि जब मैंने कहा था कि प्यार इन्सानी कमजोरी है, तो साधारण आदमी के लिए नहीं कहा था। जिस स्तर पर कि आम आदमी होते हैं वह एक अत्यन्त आदर्श स्थिति है, जहां मनुष्य प्यार-घृणा आदि के आवेगों पर विजय पा लेगा। जब मनुष्य अपने कार्यों का आधार आत्मा के निर्देश को बना लेगा, लेकिन आधुनिक समय में यह कोई बुराई नहीं है। बल्कि मनुष्य के लिए अच्छा और लाभदायक है। मैंने एक आदमी के एक आदमी से प्यार की निन्दा की है, पर वह भी एक आदर्श स्तर पर। इसके होते हुए भी मनुष्य में प्यार की गहरी-से-गहरी भावना होनी चाहिए। जिसे कि वह एक ही आदमी में सीमित न कर दे बल्कि विश्वमय रखे।"

असेम्बली में बम फेंकने का पार्टी में फैसला हो चुका था। बम फेंक कर भगतसिंह भागेंगे नहीं, पकड़े जायेंगे, फांसी चढ़ेंगे या आजीवन कारावास का दण्ड भोगेंगे, यह भी तय था। पांच-छह दिन शेष थे उस महान् घटना के घटित होने में। भगतसिंह अपने साथी श्री विजयकुमार सिन्हा के साथ दिल्ली के एक पार्क में खड़े थे। पास के लॉन पर लड़के-लड़कियां खेल रहे थे। भगतसिंह बहुत देर तक उन्हें देखते रहे। तब एक गहरी सांस लेकर बोले–"यह कितने दुःख की बात है कि जिन्हें ज़िन्दगी की कीमतें मालूम हैं, वे मरने पर मजबूर हैं, और जिन्हें वे मालूम नहीं, वे जीते हैं। हम युवक जीवन की सुन्दरता से पूर्ण परिचित हैं, पर समाज की अन्यायपूर्ण प्रथाओं में रहने की अपेक्षा

मृत्यु को चुनना पड़ेगा।

एक जगह उन्होंने लिखा था–"ज़िन्दगी बहुत खूबसूरत है, पर उसे और भी खूबसूरत बनाया जाना चाहिए।" वे स्वयं बहुत खूबसूरत थे, और खूबसूरती के प्रशंसक भी थे। उनके बैठने-उठने-पहनने-खाने और बातचीत में एक करीना था। बाहरी सुन्दरता स्वच्छता ही नहीं, आन्तरिक सुन्दरता-स्वच्छता का भाव भी उनमें बहुत गहरा था। बाहरी गन्दगी से ही उन्हें चिढ़ न थी, भीतरी गन्दगी भी उनके लिए असह्य थी। डकैती को, भले ही उसका उद्देश्य देश-सेवा हो, वे पसन्द नहीं करते थे, उससे परेशान होते थे। वे जीवन के हर क्षेत्र में कलाकार थे। कलाकार का कल्पनाशील होना स्वाभाविक ही है, अतः जिनके घर डाका पड़ता है, उनके निर्दोष मन की विह्वलता को वे अनुभव कर सकते थे। जब पहली बार श्री योगेशचन्द्र चटर्जी उन्हें अपने साथ डकैती में ले गए तो मन के अन्तर्द्वन्द्व ने इतना उद्वेलित किया कि उन्हें कै हो गई।

उन्हें जब अदालत ने फांसी का हुक्म दिया, तो 'प्रताप' के सम्पादक राष्ट्रकर्मी और भावुक कवि पण्डित बालकृष्ण शर्मा 'नवीन' ने (जिनके साथ भगतसिंह ने कई महीने काम किया था) लिखा–"किसी भी देश का युवक जितना सच्चा, चरित्रवान्, वीर, सन्तोषी, आदर्शवादी, उत्सुक और निखरा हुआ तप्त स्वर्ण हो सकता है वह भगतसिंह है। यदि भगतसिंह लॉर्ड इरविन का पुत्र होता, तो हमें विश्वास है कि वे उसे प्यार करते। वह बड़ा सुसंस्कृत, भोला-भाला पगला-सा नौजवान है। वह हमारी वत्सलता, स्नेह आदर और प्यार का व्यक्त मूर्तरूप है।"

भगतसिंह और बटुकेश्वर दत्त ने भूख-हड़ताल की, तो दूसरे राजनीतिक कैदी भी भूख-हड़ताल करने को तैयार हो गए। गदर-पार्टी के अध्यक्ष बाबा सोहन सिंह भकन भी उन दिनों उसी जेल में थे। वे 1915-16 से जेल काट रहे थे। अब उनकी कैद पूरी होने को थी। वे भी भूख-हड़ताल करने को तैयार हो गए। बड़ी उम्र थी उनकी। फिर भूख-हड़ताल करने से जेल की मियाद का बढ़ जाना निश्चित था, क्योंकि महीने में जो चार दिन छूट के मिलते हैं, वे भूख-हडताल करने से काट लिए जाते हैं। भगतसिंह उनका निश्चय सुनकर विह्वल हो गए और स्वयं उनके पास आग्रह करने गए कि वे भूख-हड़ताल न करें। दोनों बहादुरों में खूब बातें हुईं। भगतसिंह बेहद गम्भीर थे और बाबाजी की खुशामद कर रहे कि वे मान जायें। यह क्रान्ति की दो पीढ़ियों का मिलन था। नई पीढ़ी, पुरानी पीढ़ी से विश्राम करने को कह रही थी, पर पुरानी पीढ़ी मोर्चे पर जूझने की घोषणा कर रही थी। बाबाजी न माने। भगतसिंह उनके पास से चले, तो उनकी आंखों से टप्-टप् आंसू गिर रहे थे ! ...

यह चित्र सबसे अधिक स्पष्ट होता है, भगतसिंह, उनके पिता सरदार किशनसिंह के मतभेद में। अपने समय में सरदार किशनसिंह उत्तर भारत में क्रान्ति के मुख्य संगठन थे। सरदार अजीतसिंह ने भारतमाता सोसायटी के रूप में जो ज्वाला भड़काई, उसके ईंधन का प्रबन्ध सदा सरदार किशनसिंह ने किया। भगतसिंह में जो संगठन शक्ति दिखाई दी, वह उनके पिता की ही शिक्षा का फल था। उनका घर सदा क्रान्तिकारियों की धर्मशाला बना रहा और उनके संरक्षण, पोषण और गोपन का काम वे प्रसन्नतापूर्वक

करते रहे। उनका सारा जीवन घोर संघर्ष में ही बीता। पूरी सच्चाई के साथ कहा जा सकता है कि वे जन्म से मृत्यु तक संघर्ष में ही रहे। हर आदमी जीवन के ढलाव में शान्ति और सेवा चाहता है। कुटुम्ब बड़ा था। मुकदमों ने घर की बखिया उधेड़ दी थी एक छोटे भाई की जेल के कष्टों से मृत्यु हो चुकी थी, दूसरे निर्वासित थे। बड़ा पुत्र मर गया था। भगतसिंह ही उनकी आशा के केन्द्र थे, जो गुप्त आन्दोलन की नहीं, मृत्यु की योजना बना रहे थे। इस स्थिति में सरदार किशनसिंह का क्रुद्ध होना सहज था। एक बार सिर में भयंकर चोट लगने के कारण वे बेहद कमज़ोर हो गए थे उन्हें बहुत गुस्सा आने लगा था। गुस्से में वे खूब गालियां देने और मारने भी लगते थे। भगतसिंह की इन्सानियत का यह पहलू कितना मार्मिक है कि वे पिता-श्री की गालियों पर, गुस्से पर ध्यान न देते थे, उसके कारणों पर, उनकी शारीरिक, मानशिक दशा पर ही आंख रखते थे। सोचते थे—इस समय जो निश्चिन्तता उन्हें मिलनी चाहिए, वह नहीं मिल रही है। वे स्वयं अपने आदर्श के प्रति समर्पित थे। अपने संकल्प से बेबस थे। उनके आदर्श और वे संकल्प महान् थे, वे उन पर गर्व कर सकते थे, करते थे पर पिता की बेबसी को भी समझते थे, महसूस करते थे, और इसलिए मतभेद में भी उनके प्रति मधुर रहते थे, आदर से सिर झुकाते थे। सचमुच अटल चट्टान थे, सचमुच वे सहृदय ओस-बिन्दु थे।

भगतसिंह ने अपने बालसखा श्री जयदेव गुप्ता से कहा था—"मैं एक बड़े मकसद के लिए जा रहा हूं, फिर भी कभी-कभी परिवार के लोगों का ध्यान आ जाता है।"

यह ध्यान क्या यों की ऊपरी था या इसमें हार्दिक गहराई थी ? इस मार्मिक प्रश्न का उत्तर 3 मार्च, 1931 को फांसी-कोठरी से अपने छोटे भाई कुलबीरसिंह के नाम लिखा पत्र देता है। परिवार के लोगों से उस दिन उनकी आखिरी मुलाकात हुई थी। मुलाकात के बाद ही यह पत्र उन्होंने लिखा था। इसमें उनके अन्तर का अत्यन्त कोमल चित्र है—

अज़ीज़म कुलबीर सिंह,

तुमने मेरे लिए बहुत कुछ किया। मुलाकात के वक्त अपने खत के जवाब में कुछ लिख देने के लिए कहा। कुछ अलफाज़ लिख दूं और बस—देखो मैंने किसी के लिए कुछ न किया—तुम्हारे लिए भी कुछ नहीं। आजकल बिलकुल मुसीबत में छोड़कर जा रहा हूं। तुम्हारी ज़िन्दगी में क्या होगा, गुज़ारा कैसे करोगे ? यही सब सोचकर कांप जाता हूं। मगर भाई, हौसला रखना, मुसीबत में भी कभी मत घबराना। इसके सिवा और क्या कह सकता हूं। अमेरिका जा सकते तो बहुत अच्छा होता, मगर अब तो वह भी नामुमकिन मालूम होता है। आहिस्ता-आहिस्ता मेहनत से पढ़ते जाना। अगर कोई काम सीख सको तो बेहतर होगा, मगर सब-कुछ पिताजी के मशवरे से करना। जहां तक हो सके मुहब्बत से सब लोग गुज़ारा करना। इसके सिवाय क्या कहूं ?

जानता हूं आज तुम्हारे दिल के अन्दर गम का समुद्र ठाठे मार रहा है। भाई, तुम्हारी बात सोचकर मेरी आंखों में आंसू आ रहे हैं, मगर क्या किया जाए, हौसला करना। मेरे अज़ीज़, मेरे बहुत प्यारे भाई, ज़िन्दगी बड़ी सख्त है और दुनिया बड़ी वे-मुरव्वत।

सब लोग बड़े बेरहम हैं। सिर्फ मुहब्बत और हौसले से ही गुज़ारा हो सकेगा। कुलतार की तालीम को फिकर भी तुम ही करना। बड़ी शर्म आती है और अफसोस के सिवा मैं कर ही क्या सकता हूं। साथ वाला खत हिन्दी में लिखा हुआ है। खत केकी बहन को दे देना। अच्छा प्यार। अज़ीज़ भाई अलविदा ... रुखसत।

तुम्हारा ख़ैर अन्देश
–भगतसिंह

उसी दिन दूसरे छोटे भाई कुलतारसिंह को उन्होंने दूसरा पत्र लिखा था। उसकी एक पंक्ति है–"आज तुम्हारी आंखों में आंसू देखकर बहुत दुःख हुआ। आज तुम्हारी बातों में बहुत दर्द था। तुम्हारे आंसू मुझसे सहन नहीं होते।"

क्या उनकी यह बहती करुणा परिवार के साथ सामान्य लगाव का ही एक रूप है ? नहीं, यह भगतसिंह की मानवीयता की व्यापक झांकी है। जुलाई, 1930 में जब उनके साथी श्री बटुकेश्वर दत्त को लाहौर से मुलतान जेल में बदल दिया गया तो उन्होंने बटुकेश्वर दत्त की बहन श्रीमती प्रमिला देवी को एक पत्र में लिखा था–"हिज़ सेपरेशन इज़ अनबियरेबल फॉर मी टू। इट् इज़ ओनली टुडे दैट आई फील क्वाइट परप्लैक्सड एण्ड एवरी मिनिट हैज़ बिकेम ए बर्डन। रियली इट इज़ वेरी हार्ड टु बि सेपरेटेड विद ए फ्रेण्ड मोर डियर दैन माई ओन ब्रदर्स। एनी हाऊ वी मस्ट बियर ऑल पेशेण्टली। आई वुड रिक्वेस्ट यू टु कीप करेज।"

अर्थात्–"उनकी जुदाई मेरे लिए भी असह्य है। आज यह पहला दिन है जब मैं अपने को पूरी तरह उद्विग्न पा रहा हूं और मेरे लिए हर मिनिट एक बोझ बन गया है। सचमुच एक मित्र से जुदा होना, जो मुझे सगे भाइयों से भी अधिक प्रिय है बहुत दुःखद है। खैर, हमें यह सब शान्ति से सहना है। मैं आपसे धीरज रखने को प्रार्थना करता हूं।"

करुण, अश्रुप्लावित, ओस-बिन्दु की तरह कम्पनयुक्त यह फीलिंग, यह अनुभूति यह एहसास, यह चेतना ही तो उनके व्यक्तित्व का पूर्ण चित्र है।

भगतसिंह सेण्ट्रल जेल लाहौर में 15 जून, 1929 से अनशन कर रहे थे। बोर्स्टल जेल, लाहौर में उनके दूसरे साथियों ने भी 9 जुलाई, 1929 से उनकी सहानुभूति में अनशन आरम्भ कर दिया था। यतीन्द्रनाथ दास 13 जुलाई, 1929 को इस अनशन में शामिल हो गए थे। कुछ कारणों से यतीन्द्रनाथ को फोर्सफुल फीडिंग (नाक-द्वारा बलपूर्वक दूध पिलाना) असम्भव हो गया था, इसलिए उनकी हालत गिरती जा रही थी। अड़तीसवें दिन उनकी हालत बहुत गिर गई, वे बेहोश हो गए, तो बोर्स्टल जेल के अधिकारियों ने सेण्ट्रल जेल से भगतसिंह को बुलाया। भगतसिंह आकर यतीन्द्रनाथ की चारपाई के पैतांने (पांव की तरफ) खड़े हो गए। अनशन दोनों ही कर रहे थे, पर यतीन्द्रनाथ तो कंकाल हो गए थे। भगतसिंह ने उन्हें इस रूप में देखा तो उनकी आंखें बरस पड़ीं। मानवता के हिमालय का एक शिखर चारपाई पर शान्त था, दूसरा चारपाई के पास खड़ा झर रहा था, जैसे प्राकृतिक हिमालय की एक चट्टान से निकलते निर्झर

के आनन्द की अनुभूति पास की दूसरी चट्टान कर रही हो।

49वें दिन तो चट्टान ही निर्झर हो गई। सरकार ने जेलों में सुधार का सुझाव देने के लिए एक कमेटी नियुक्त कर दी। यह अनशनकारियों की नैतिक विजय थी। कमेटी के भारतीय सदस्य बातचीत करने के लिए बोर्स्टल जेल आए तो भगतसिंह को भी सेण्ट्रल जेल से वहीं लाया गया। भगतसिंह व्यथित थे। क्यों ? क्योंकि अनशन उन्होंने आरम्भ किया था और उनके प्यारे साथी यतीन्द्रनाथ उस अनशन में आहुति दे रहे थे। वे इस बात पर सहमत हो गए कि यतीन्द्रनाथ को छोड़ दिया जाए तो वे अनशन छोड़ देंगे। यह तो स्पष्ट ही था कि उनके अनशन छोड़ने पर दूसरे सब अनशन छोड़ देंगे। बाद में सरकार अपने वचन से हट गई और अनशन आगे बढ़ा, पर भगतसिंह जहां तक और जिस कारण से बढ़ आए थे, वह तो उनकी मानवता का मील का पत्थर ही हो गया था।

मील के इस पत्थर की सबसे अधिक ऊंचाई यह है कि भगतसिंह की इन्द्रधनुषी कल्पनाओं और विराट् कामनाओं का आधार 'मनुष्य' इतने गहरे रूप में हो गया था कि उनके विश्वास-केन्द्र में ईश्वर की कोई आवश्यकता और कोई अनुभूति शेष ही न रही थी। वे ईश्वर से दूर और दूर होते चले गए थे और उसी मात्रा में मनुष्य के पास और पास आते चले गए थे।

मानवीय घटनाएं उन्हें साक्षात् अनुभव के द्वारा ही सुख या दुःख न देती थीं, किसी मानवीय स्पर्श का साहित्य में चित्रण पढ़कर भी वे भाव-विभोर हो जाते थे।

उनके कर्मसखा और प्रथम जीवनी लेखक श्री जतीन्द्रनाथ सान्याल के शब्दों में–"जब स्पेशल मजिस्ट्रेट की अदालत में मुकदमा चल रहा था, वे लीनियो आन्द्रियो के सुन्दर उपन्यास 'सात-जिन्हें फांसी दी गई' (सेविन, दैट वर हैंग्ड) को पढ़कर हम लोगों को सुनाया करते थे। उसमें एक पात्र है, जो फांसी के विचार से घबराया रहता है और कहता रहता है–'मुझे फांसी नहीं दी जाएगी।' वह इसी बात में विश्वास करने लगता है। उपन्यास के अन्तिम अध्याय में उसे फांसी देने के लिए जब फांसी-घर ले जाया जाता है, तब भी वह कहता है कि मुझे फांसी नहीं दी जाएगी। भगतसिंह जब यह प्रसंग सुना रहे थे, उन्हें हंसी आ गई और आंखें आंसुओं से भर गईं। हम सब श्रोता सहानुभूति के इन आंसुओं से प्रभावित हुए बिना न रह सके। ये उस वीर के आंसू थे, जो मृत्यु के विचार पा विजय पर चुका है और उसके लिए बह रहे थे, जो मृत्यु से भयभीत है।"

जाने कितने संस्मरण हैं, जिनमें उनकी मानवीयता के फूल महक रहे हैं। वे सदा महकते रहेंगे। क्योंकि वे इतिहास के फूल बन गए हैं।

: 33 :

भगतसिंह : क्रान्ति के दार्शनिक

भगतसिंह के जीवन का वास्तविक महत्त्व यह नहीं कि वे क्रान्तिकारी थे ; उन्होंने यहां यह किया था, वहां वह किया था, वे ऐसे थे, वे वैसे थे। यह सब-कुछ था, पर उनके जीवन का वास्तविक और ऐतिहासिक महत्त्व यह है कि वे भारत की सशस्त्र क्रान्ति के दार्शनिक थे। उसे उन्होंने परिपूर्ण जीवन-दर्शन दिया था।

साहित्य की भाषा में वे क्रान्तदर्शी थे, अंगरेज़ी के शब्दों में वे बिज़नरी थे, राजनीति की भाषा में वे युगद्रष्टा थे, धर्म की भाषा में वे ऋषि थे और चालू लोक-भाषा में वे भारत में समाजवाद के प्रथम उद्‌बोधक थे।

मैं उनके कार्य को संक्षेप में कहना चाहूं, तो कहूंगी–भावुकता में बंधी, ऊपर देखती आंखों को उन्होंने यथार्थ की डोर में बांध कर नीचे कर दिया था। दूसरे शब्दों में क्रान्तिकारियों की आकाश-उन्मुख दृष्टि को भूमि-अभिमुख कर दिया था। इससे भी आगे और इससे भी स्पष्ट यह कि उनके समय तक सशस्त्र क्रान्ति का जो लक्ष्य अंगरेज़ों को भगाकर भारत को स्वतन्त्र करने की बात तक सीमित था, उसे स्वतन्त्रता के बाद स्थापित होने वाली समाज-व्यवस्था तक फैला दिया था।

राजनीति की भाषा में, उन्होंने राजनीतिक क्रान्ति को ही सब-कुछ न मानकर उसके साथ आर्थिक और सामाजिक क्रान्ति को भी समन्वित कर दिया। विध्वंस और निर्माण की यह व्यापक दृष्टि 1857 से 1947 तक के नेताओं में अपनी दृष्टि और नीति के अनुसार केवल गांधीजी को ही प्राप्त थी। इसी पृष्ठभूमि में मैं भगतसिंह को क्रान्ति का दार्शनिक कहती हूं।

आश्चर्य है कि नई समाज व्यवस्था की इस प्रवृत्ति के अंकुर उनमें बचपन से ही थे, उन्होंने सम्मिलित परिवारों में स्त्रियों को पुराने गुलामों की तरह दबी-घुटी ज़िन्दगी जीते देखा था और पुरानी समाज-व्यवस्था की सड़ांध को अनुभव किया था। उनकी उम्र तब मुश्किल से 8-9 वर्ष की होगी। वे गांव के प्राइमरी स्कूल में पढ़ते थे। एक दिन उनकी छोटी बहन अमरकौर कहीं से एक कागज़ ले आई। यह किसी प्राचीन धर्म-पुस्तक का पन्ना था। बड़े चाव से उन्होंने वह भगतसिंह को दिया। उन्होंने उसे देखा, पढ़ा। बोले–"अमरो, अंगरेज़ों के साथ ही धर्म ने भी हमारे देश में बहुत गड़बड़ कर रखी है। मैं अंगरेज़ों के साथ ही इसे भी खत्म करूंगा।" बीबी अमर कौर के शब्दों में–"उन्होंने उस कागज़ को ज़मीन पर पटक दिया और दोनों पैर उसके ऊपर रखकर खड़े हो गए। उस समय उनका चेहरा ऐसा तमतमा गया, जैसे सचमुच वे अपने किसी दुश्मन को खत्म कर रहे हों।"

कुछ वर्षों के बाद वे लाहौर के डी. ए. वी. स्कूल में पढ़ने लगे थे। वहां प्रतिदिन हवन होता था, आंखें मूंद कर प्रार्थना होती थी और उसमें मोक्ष की बात भी कही जाती

थी। उनके बालसखा श्री जयदेव गुप्ता के शब्दों में–"भगतसिंह इस हवन-प्रार्थना से कभी प्रभावित नहीं हुए। उनमें बहुत तीव्र जिज्ञासा थी। लगता था, वे कुछ खोज रहे हैं और उसे पाने को बेचैन हैं। उनकी बुद्धि कहती थी, जो तुम चाहते हो, वह यह नहीं है। इससे उनकी जिज्ञासा और भी छटपटाने लगती थी, एक दिन यह छटपटाहट मुझे साफ-साफ दिखाई दी।

स्कूल के रास्ते में एक बूढ़ा लाहौरी गेट के पास मामूली मिठाई बेचा करता था, दुकान तो उसके पास क्या होती, एक बड़े-से थाल में मिठाई रखे वह बैठा रहता था। उसके हाथ कांपते रहते थे, फिर भी जैसे-तैसे वह काम करता था। एक दिन भगतसिंह और मैं उधर से आ रहे थे। ठण्ड इतनी ज़्यादा थी कि कंपकंपी छूट रही थी। बूढ़े को देखकर वे ठहर गए। बुरा हाल था उसका। तराजू उससे संभल न रही थी। भगतसिंह बहुत देर तक तरस-भरी निगाह से उसे देखते रहे।

तुम्हारा कोई नहीं है बाबा ? भगतसिंह ने उस बूढ़े से पूछा। उसका उत्तर था–'नहीं।' बेहद गम्भीर हो गए। मैंने कहा–'यह सब इसके कर्मों का फल है।' उन्होंने पूरे बल से कहा–'यह सब बहकावा है। इस बूढ़े को रोटी और सहारा समाज से मिलना चाहिए, पर यह काम आंख मूंद कर मोक्ष की प्रार्थना करने से नहीं हो सकता।'

इस घटना के कुछ ही साल बाद जब वे नेशनल कॉलेज में पढ़ते थे और क्रान्तिकारी जीवन में प्रवेश कर चुके थे, मैंने ऐसे ही प्रश्नों पर बातें करते-करते उनसे पूछा था–'तुम क्या करोगे ? कैसी व्यवस्था करोगे ? इन मामलों को कैसे निपटाओगे ?' अपने गम्भीर राजनीतिक अध्ययन से अब उनकी दृष्टि स्पष्ट हो चुकी थी। उन्होंने पूरी दृढ़ता से उत्तर दिया था–'यदि हमें सरकार बनाने का अवसर मिला, तो किसी के पास कोई प्राइवेट प्रापर्टी (व्यक्तिगत सम्पत्ति) नहीं होगी। सब पब्लिक प्रॉपर्टी (सामाजिक सम्पत्ति) होगी। हरेक को काम मिलेगा।'

मैंने पूछा–'धर्म का क्या करोगे ? क्या उसे गैर-कानूनी करार दोगे ?' उनका उत्तर था–'धर्म पर्सनल (व्यक्तिगत) विश्वास की चीज़ होगी, सामूहिक नहीं।' बाद में तो उनकी वह राय बन गई थी कि ईश्वर मनगढ़न्त चीज़ है। दुनिया के दिमाग को गुलाम बनाने के लिए यह गढ़ा गया है। ईश्वर मनुष्य का सबसे बड़ा दुश्मन है। बाद में साम्प्रदायिक दंगों ने धर्म और ईश्वर के प्रति उनके रुख को और भी कड़ा कर दिया था। वे कहा करते थे, यदि हम मनुष्य और मनुष्य के बीच से ईश्वर को निकाल दें, तो आदमी-आदमी के बीच की दीवार ही हट जाए।"

एक दिन उन्होंने बहुत भावुक होकर कहा था–"मैं जिस संसार का स्वप्न देखता हूं, उसमें देशों के बीच की दीवारें हट जाएंगी, सारा संसार एक हो जाएगा और हर व्यक्ति यह सोचकर काम करेगा कि दूसरों के लिए क्या अच्छा है।" कहते-कहते उनकी मुट्ठी बंध गई थी और खुशी से झूम उठे थे वे–ऐसा समय ज़रूर आएगा, ऐसा समय ज़रूर आएगा।"

नेशनल कॉलेज में गहरे अध्ययन की प्यास उनमें जागी। कॉलेज का पाठ्यक्रम ही राजनीतिक पुस्तकों से भरा हुआ था। फ्रांस के प्रसिद्ध लेखक विक्टर ह्यूगो का

उपन्यास 'ला मिज़रेबल' पढ़कर भगतसिंह उत्साहित हो उठे। इसमें फ्रांस की राज्य-क्रान्ति का वर्णन है कि कैसे क्रान्तिकारियों ने सम्राट् सोलहवें लुई और उनकी घमण्डी महारानी एन्तोनेत के साथ हज़ारों जागीरदारों, अमीरों और पादरियों का सिर भुट्टे की तरह काटकर रख दिया।

इस उपन्यास के बाद भगतसिंह ने फ्रांस की राज्य-क्रान्ति को पूरी तरह पढ़ा। उस क्रान्ति की पृष्ठभूमि में रूसो और वाल्तेयर के रूढ़ि-विरोधी विचार काम कर रहे थे। उनसे भगतसिंह बहुत प्रभावित हुए। अपटन सिनक्लेयर की पुस्तक 'क्राई फार जस्टिस' ने तो उन्हें पागल ही बना दिया। लेखक ने इस पुस्तक को संसार-भर के सर्वहारा, शोषित और अत्याचार-पीड़ित वर्ग के हृदयों में नई चेतना और नया जीवन संचार करने वाली नयी बाइबिल कहा था। भगतसिंह ने उसे इसी रूप में ग्रहण किया।

आयरलैण्ड का स्वतन्त्रता-आन्दोलन भारतीय स्वतन्त्रता के साधकों के लिए प्रेरणास्रोत रहा है। डानब्रीन की पुस्तक 'माई फाईट फार आयरिश फ्रीडम' (आयरलैण्ड की स्वतन्त्रता के लिए मेरा संघर्ष) पढ़कर भगतसिंह को नये संघर्ष की नयी प्रेरणा मिली। 'हीरोज़ एण्ड हीरोइन्स ऑफ रशिया' नाम की पुस्तक ने भगतसिंह के मानस को रूसी क्रान्ति से जोड़ा और उन्होंने गहराई से रूसी क्रान्ति का अध्ययन किया। इस प्रकार उन्होंने फ्रांस, आयरलैण्ड, रूस की क्रान्तियों का गहरा अध्ययन किया और साथ ही दूसरे राजनीतिक साहित्य का भी ।

इस अध्ययन ने भगतसिंह की भावुकता को यथार्थ में बदल दिया। उन्हें आतंकवादी से क्रान्तिकारी और क्रान्तिकारी से क्रान्ति का दार्शनिक बना दिया। अब उनके लिए भारत की स्वतन्त्रता साधन थी, नई समाज-व्यवस्था की स्थापना के लिए। इस नई समाज-व्यवस्था का आधार धर्म नहीं, जो धन-साधन की विषमता को भाग्य और ईश्वर का चमत्कार कह देता है, मनुष्य-मनुष्य की समानता ही आधारशिला थी। इस परिवर्तन को ठीक और पूर्ण रूप से समझने के लिए हमें इतिहास की लम्बी झांकी लेनी पड़ेगी। 1857 का स्वतंत्रता-संग्राम धर्म के सहारे संगठित किया गया था। उसकी असफलता के बाद देश-व्यापी भयंकर दमन हुआ, पर दमन से कोई जीवित जाति हमेशा तो दबी नहीं रह सकती । 1872 में गुरु रामसिंह के नेतृत्व में कूका विद्रोह हुआ। उसकी पृष्ठभूमि भी धार्मिक थी। उन्नीसवीं सदी के अन्त में आर्य-समाज ब्रह्म-समाज, प्रार्थना-समाज आदि के जो जागरण-आन्दोलन हुए, वे सबके सब धर्म की ही पृष्ठभूमि में उगे-पनपे। स्वामी विवेकानन्द का कार्य क्रान्तिकारी होते भी धर्ममय था। श्री बंकिमचन्द्र चटर्जी ने अपने 'आनन्दमठ' उपन्यास में 'वन्दे मातरम्' का जो नारा दिया, उसका वातावरण भी धार्मिक था–'तोमार प्रतिमा गड़ी मन्दिरे-मन्दिरे।'

कांग्रेस का आन्दोलन उस समय मांग और प्रार्थना तक ही सीमित था। लोकमान्य तिलक ने उसमें राजनीतिक गर्मी की चिन्गारियां बोयीं और इस तरह गर्म राजनीति का युग आरम्भ हुआ। महाराष्ट्र में श्री सावरकर और बंगाल में अरविन्द और रासबिहारी बोस के नेतृत्व में गर्मी ने जो सशस्त्र विद्रोह का रूप लिया, उसमें भी धर्म का गहरा पुट था। क्रान्तिकारी दल में सदस्य की दीक्षा के समय एक हाथ में गीता और दूसरे

में पिस्तौल देने की बात बड़ों से सुनी है और आम है। मृत्यु के प्रति क्रान्तिकारी को भयमुक्त होना चाहिए, इसका आधार यह दिया जाता था कि शरीर नश्वर है, क्षणभंगुर है, आत्मा अमर है। राजपूत काल की वीरगति पाने वाली परलोकवादी भावुकता का भाव भी उसमें था ही। सशस्त्र क्रान्ति और धर्म के इस संगम की भावना का सर्वोत्तम रूप हमें काकोरी केस में मिलता है अशफाकुल्ला खां जब 17 दिसम्बर, 1927 को फैज़ाबाद जेल में फांसी पर चढ़े, तो उनकी बगल में 'कुरान शरीफ' की पुस्तक थी और 19 दिसम्बर, 1927 को श्री रामप्रसाद 'बिस्मिल' गोरखपुर में जब फांसी पर चढ़े, तो फन्दा गले में डालने से पहले उन्होंने वेद-मन्त्रों का ज़ोर-ज़ोर से पाठ किया।

धर्म की इस भावुक कन्दरा में सबसे पहला और सबसे तेज़ दीपक जलाया भगतसिंह ने। इतिहास का यह भी एक चमत्कार ही है कि यह दीपक भारत की राजधानी दिल्ली में जला, पर जला खण्डहरों में और इस तरह भगतसिंह उस दीपक के और वे खण्डहर परम्परावादी विचारों के प्रतीक हो गये। यह बात सितम्बर, 1928 की है। दिल्ली के फिरोज़शाह किले के खण्डहरों में कुछ प्रगतिशील क्रान्तिकारियों की एक बैठक बुलायी गयी थी। इसमें पंजाब, उत्तर प्रदेश, राजस्थान और बिहार के प्रतिनिधि आये थे। उत्तर भारत के सशस्त्र क्रान्ति-आन्दोलन के इतिहास में बैठक का बहुत महत्त्वपूर्ण और ऐतिहासिक स्थान है। उत्तर प्रदेश और पंजाब में संगठन निष्क्रिय हो गया था। बंगाल का संगठन अपना सर्वाधिकार तो चाहता था, पर कोई चमत्कारी कार्यक्रम उसके पास नहीं था। ऐसी स्थिति में यह भगतसिंह और उनके कुछ साथियों के नेतृत्व का चमत्कार ही है कि उन्होंने बड़े नेताओं की नाग-कुण्डली से बाहर नया संगठन खड़ा कर नया मार्ग खोज निकाला। 8-9 सितम्बर, 1928 को इस बैठक में चन्द्रशेखर आज़ाद भी नहीं आये थे और उन्होंने कहला दिया था कि जो निर्णय साथी करेंगे, मुझे मान्य होगा। इस प्रकार इस बैठक का नेतृत्व भगतसिंह के ही हाथ में था।

उन्होंने प्रस्ताव किया कि संगठन का नाम 'हिन्दुस्तान रिपब्लिकन एसोसिएशन' की बजाय 'हिन्दुस्तान सोशलिस्ट रिपब्लिकन एसोसिएशन' (हिन्दुस्तान समाजवादी जन तन्त्र) कर दिया जाये। इसका अर्थ है भारतीय स्वतन्त्रता का स्पष्ट लक्ष्य-बोध, आन्दोलन का सब प्रकार के वहमों और काल्पनिक विचारों से बाहर अपने शुद्ध राजनीतिक रूप में प्रतिष्ठित होना। इसी पृष्ठभूमि में मैं कहती हूं, धर्म की भावुक कन्दरा में सबसे पहला और सबसे तेज़ दीपक जलाया भगतसिंह ने।

भगतसिंह समाजवाद का प्रस्ताव पास करके ही नहीं रुके, वे दल के सदस्यों को समाजवाद का प्रशिक्षण देने में भी जुटे रहे। 1928 के अक्टूबर में जब दल के सदस्य काकोरी के कैदियों को जेल से छुड़ाने की जुस्तजू में लगे हुए थे, तब का एक संस्मरण श्री भगवान दास माहौर के शब्दों में–"हम सभी उस समय तक गीता पाठ करके स्फूर्ति प्राप्त करते थे। अपने अन्य साथियों की क्रान्ति-भावना के सदृश मेरी भी क्रान्ति-भावना में धार्मिक सूत्र अनुस्यूत चला आता था। इस सूत्र को सर्वप्रथम सबसे प्रबल झटका भगतसिंह के द्वारा ही उनके सर्वप्रथम साक्षात्कार में लगा जब उन्होंने आगरे में एकत्र हुए दल के सभी साथियों से बातचीत की। मैं उस समय बी. ए. का विद्यार्थी था, परन्तु

सैद्धान्तिक दृष्टि से भगतसिंह ने मुझे एकदम कोरा ही पाया और हैरानी प्रकट की। मेरे मन को झकझोर डालने के लिए भगतसिंह ने मुझे अराजकतावादी बाकूनिन की पुस्तक 'दि गॉड एण्ड दि स्टेट' (ईश्वर और राज्य) बड़े आग्रह से पढ़ने को दी। इसके मुखपृष्ठ पर ही लिखा था–"इफ गॉड रियली एग्ज़िस्टेड इट वुड बि नसेसरी टु अबॉलिश हिम (यदि ईश्वर का अस्तित्व वास्तव में होता, तो उसे मिटा देना आवश्यक होता)।" भगतसिंह की इन नास्तिकतावादी बातों से उस समय मेरे मन पर बहुत ठेस लगी। अपने मन में गांठ-सी बांध ली कि क्रान्तिकारी भले ही हूं, परन्तु नास्तिक मैं कभी नहीं बनूंगा। इसके चार-पांच साल बाद साबरमती सैण्ट्रल जेल की अंधेरी कोठरी में बहुत दिनों गीता-पाठ, प्राणायाम आदि करने के बाद राजनीति और अर्थशास्त्र की भी बहुत-सी पुस्तकें पढ़ने के बाद जब मार्क्स की 'कैपिटल' और ऐंगिल्स की भी कुछ पुस्तकें पढ़ीं, तभी वह बीज अंकुरित हुआ, जो उस समय भगतसिंह ने बोया था। अतएव व्यक्तिगत रूप में भगतसिंह की स्मृति में जो बात मेरे मन में सर्वोपरि है, वह यही है कि समाजवाद की ओर मुझे उन्मुख करने वाले वे मेरे सबसे पहले गुरु थे।"

भगतसिंह को यह गुरुत्व प्राप्त करने के लिए घनघोर संघर्ष करना पड़ा था। ईश्वर के अस्तित्व से इन्कार, इस संघर्ष का एक मोर्चा था और क्रान्तिकारी दल में एक साथी की तरह स्त्रियों को काम करने की स्वीकृति, दूसरा। इन मोर्चों के लिए भगतसिंह स्वयं भी रात-दिन अध्ययन करते रहते थे। वे जागरण, उद्बोधन और क्रान्ति के लिए अध्ययन को, साहित्य को, विचार को, कितना महत्त्व देते थे, इसका पता उस युग के क्रान्तिकारी युवकों के तीर्थ द्वारकादास पुस्तकालय के अध्यक्ष श्री राजाराम शास्त्री के इन शब्दों से लगता है–

"भगतसिंह को मेरे पास बहुत ज़्यादा आना-जाना होता था। पुलिस को कहीं सन्देह न हो जाए, इसीलिए भगतसिंह को मैंने पुस्तकालय का सदस्य बना लिया था, ताकि इनके माध्यम से क्रान्तिकारी साहित्य आसानी से बाहर भेजा जा सके। कितनी ही पुस्तकों के नाम मुझे आज भी याद हैं, जिन्हें बहुधा युवकों को पढ़ने के लिए दिया जाता था। एक बार बैरिस्टर सावरकर की लिखी हुई प्रसिद्ध पुस्तक 'भारत का प्रथम स्वातन्त्र्य युद्ध' मुझे भगतसिंह ने लाकर दी। मुझ पर इस पुस्तक का बहुत गहरा प्रभाव पड़ा। अन्त में भगतसिंह की सलाह से यह निश्चित हुआ कि इसे गुप्त रूप से प्रकाशित किया जाये। भगतसिंह ने किसी प्रेस में इसे छापने का प्रबन्ध कर लिया था। वह इसके प्रूफ देखने के लिए मुझे दे जाते थे और मैं उन्हें रात्रि में देखकर दूसरे दिन लौटा दिया करता था। यह पुस्तक दो भागों में प्रकाशित की गई थी।"

वे विचारों को पढ़ ही तेज़ी से नहीं रहे थे, जीवन में उससे भी तेज़ी से उतार रहे थे। विचित्र बात है कि वे अपने क्रान्तिकारी जीवन के आरम्भ से ही इस बात पर तुले हुए थे कि मुझे मरना है, पर इस तरह मरना है कि समाज हमारे मरने का उद्देश्य जान ले और अंगरेज़ों के विरुद्ध दल की बगावत एक ऐसी क्रान्ति का रूप ले ले, जिसके साथ जनता खड़ी हो। 17 दिसम्बर, 1928 को लाहौर में साण्डर्स का उन्होंने वध किया और उसी रात में उन्होंने लाल पोस्टर शहर की दीवारों पर चिपकाये। इनमें कहा गया

था–"हम सब विरोध और दमन के बावजूद क्रान्ति की पुकार को बुलन्द रखेंगे और फांसी के तख़्तों से भी पुकारते रहेंगे–इन्कलाब ज़िन्दाबाद। हमारा उद्देश्य ऐसी क्रान्ति है, जो मनुष्य द्वारा मनुष्य के शोषण का अन्त कर देगी।"

8 अप्रैल, 1929 को भगतसिंह ने असेम्बली में बम फेंका और अपने साथी बटुकेश्वर दत्त के साथ नारे लगाये–'इन्कलाब ज़िन्दाबाद, साम्राज्यवाद का नाश हो।' साथ ही कुछ छोटे-छोटे पोस्टर भी फेंके। इनके अन्त में कहा गया था–"हम ऐसे उज्ज्वल भविष्य में विश्वास रखते हैं, जिसमें प्रत्येक व्यक्ति को पूर्ण शान्त और स्वतन्त्रता का अवसर मिल सके। हम मानव रक्त बहाने के लिए अपनी विवशता पर दुःखी हैं, पर क्रान्ति द्वारा सबको समान स्वतन्त्रता देने और मनुष्य द्वारा मनुष्य के शोषण को समाप्त करने के लिए क्रान्ति में कुछ-न-कुछ रक्तपात अनिवार्य है।"

भारत की स्वतन्त्रता के इतिहास में मैं इन नारों और दोनों पोस्टरों को बहुत महत्त्वपूर्ण मानती हूं, क्योंकि ये नारे और ये पोस्टर भारत में आतंकवाद के समाप्त होने और उसके क्रान्तिकारी आन्दोलन में बदल जाने की प्राथमिक सूचना देते हैं। इस दूसरे पोस्टर में एक वाक्य बहुत ही महत्त्वपूर्ण है–"हम देश की जनता की ओर से यह कदम उठा रहे हैं।" इस घटना से पहले तक जनता सशस्त्र विद्रोह की दर्शक-मात्र थी। इस घटना ने उसे विद्रोह का नेतृत्व ही सौंप दिया। विद्रोह अब कुछ जोशीले युवकों की टोली का काम नहीं रहा। वे युवक चुनाव न होने पर भी, जनता के प्रतिनिधि हो गए। इतिहास भगतसिंह की इस दूरदर्शिता के लिए सदा वन्दना करेगा कि उन्होंने चोरों की तरह छिपकर काम करने वालों को पहली बार आन्दोलन के मंच पर बैठा दिया और क्रान्तिकारी दल को, जिसके पास डकैती के सिवा साधन जुटाने का और कोई मार्ग न था, जनता के साधनों से सम्पन्न कर दिया। ये नारे भारत की जनता को भगतसिंह का दिया उपहार भी हैं और एक वैचारिक आविष्कार भी हैं; क्योंकि ये बताते हैं कि उनके मन में 1928 में ही भविष्य का स्वप्न साकार हो उठा था और वे उसे साफ-साफ देख रहे थे।

भगतसिंह के मन में स्वतन्त्रता के बाद की समाज-व्यवस्था का रूप कितना स्पष्ट था, इसका पता असेम्बली बम-काण्ड के मुकदमे में दिए बयान से चलता है, जो भगतसिंह ने 6 जून, 1929 को दिल्ली सेशन जज की अदालत में दिया। उस लम्बे बयान में उन्होंने क्रान्ति के उद्देश्य के सम्बन्ध में कहा–"क्रान्ति में हिंसात्मक संघर्षों का अनिवार्य स्थान नहीं है, न उसमें व्यक्तिगत रूप से प्रतिशोध लेने की ही गुंजाइश है। क्रान्ति बम और पिस्तौल की संस्कृति नहीं है। क्रान्ति से हमारा प्रयोजन यह है कि अन्याय पर आधारित वर्तमान समाज-व्यवस्था में परिवर्तन होना चाहिए। उत्पादक अथवा श्रमिक समाज के अत्यन्त आवश्यक तत्त्व हैं, तथापि शोषक लोग उन्हें उनके श्रम के फलों और मौलिक अधिकारों से वंचित कर देते हैं। एक ओर सबके लिए अन्न उगाने वाले कृषक सपरिवार भूखों मर रहे हैं, सारी दुनिया के बाज़ारों में कपड़े की पूर्ति करने वाले बुनकर अपने और अपने बच्चों के शरीर को ढांपने के लिए पूरे वस्त्र प्राप्त नहीं कर पाते, भवन-निर्माण, लोहारी और बढ़ईगीरी के कामों में लगे लोग शानदार

महलों का निर्माण करके गन्दी बस्तियों में रहते और मर जाते हैं। दूसरी ओर पूंजीपति, लोक और समाज पर घुन की तरह जीने वाले लोग अपनी सनक पूरी करने के लिए करोड़ों रुपये पानी की तरह बहा रहे हैं। ये भयंकर विषमताएं और विकास के अवसरों की कृत्रिम-समानताएं समाज को अराजकता की ओर ले जा रही हैं। यह परिस्थिति सदा-सदा नहीं रह सकती। यह स्पष्ट है कि वर्तमान समाज-व्यवस्था एक ज्वालामुखी के मुख पर बैठी हुई आनन्द मना रही है और शोषकों के अबोध बच्चे भी करोड़ों शोषितों के बच्चों की भांति एक खतरनाक दरार के कगार पर खड़े हैं। यदि सभ्यता के ढांचे को समय रहते नहीं बचाया गया, तो वह नष्ट-भ्रष्ट हो जायेगा। इसलिए क्रान्तिकारी परिवर्तन की आवश्यकता है और जो लोग इस आवश्यकता को अनुभव करते हैं, उनका यह कर्त्तव्य है कि वे समाज को समाजवादी आधारों पर पुनर्गठित करें।

जब तक यह नहीं होगा और एक मनुष्य के द्वारा दूसरे मनुष्य का, तथा एक राष्ट्र के द्वारा दूसरे राष्ट्र का शोषण होता रहेगा, जिसे साम्राज्यवाद कहा जा सकता है, तब तक उससे उत्पन्न होने वाली पीड़ाओं और अपमानों से मानव-जाति को नहीं बचाया जा सकता एवं युद्ध को मिटाने तथा शान्ति के युग का सूत्रपात करने के बारे में की जाने वाली समस्त चर्चाएं कोरा पाखण्ड हैं।

क्रान्ति से हमारा प्रयोजन अन्ततः एक ऐसी सामाजिक व्यवस्था की स्थापना करना है, जिसको इस प्रकार के घातक खतरों का सामना न करना पड़े और जिसमें सर्वहारा वर्ग की प्रभुता को मान्यता दी जाए।"

यह वक्तव्य भारत में समाजवाद का ऐतिहासिक घोषणा-पत्र है और मुझे लगता है कि जब कभी भारत में राजनीतिक विचारों के विकास का सही-सही इतिहास लिखा जाएगा, तो 6 जून, 1929 को भी 8 अगस्त, सन् 1942 (भारत छोड़ो की घोषणा का दिन) की तरह ही सामूहिक महत्त्व दिया जाएगा ; क्योंकि भारत में यह नयी समाज व्यवस्था की घोषणा का दिन है।

इस घोषणा के बाद भी भगतसिंह अपने विचारों के विकास में निरन्तर लगे रहे। यह उनके व्यक्तित्व का और अपने आदर्श के प्रति उनके समर्पण का एक अद्‌भुत चित्र हमारे सामने प्रस्तुत करता है। इस मुकदमे में उन्हें आजन्म कारावास का दण्ड मिला और इसके तुरन्त बाद लाहौर षड्‌यन्त्र-केस का वह मुकदमा चल पड़ा, जिसमें उन्हें फांसी की सज़ा हुई, पर न उन्हें आजन्म कारावास से कोई मतलब था, न फांसी से। वे अपनी शक्ति इस काम में लगा रहे थे कि फांसी पर झूलने से पहले समाज को नई समाज-व्यवस्था का पूरा चित्र दे जायें। इसका पता एक संस्मरण से लगता है–वे अपनी काल-कोठरी में बैठे-बैठे किताबों की लम्बी लिस्ट तैयार करते और बाहर भेज देते। बाहर वे किताबें लायब्रेरियों से इकट्‌ठी की जातीं और जेल भेजी जातीं। कहने को ही किताबें कह रही हूं, पर असल में यह किताबों की ढेरी होती। वे जल्दी ही उन्हें लौटा देते और साथ ही किताबों की एक नई और लम्बी लिस्ट भेज देते। एक दिन जेल वालों ने उनसे कहा–"आप इतनी किताबें मंगाते हैं हम उन्हें सेन्सर करते-करते थक जाते हैं, आप उन्हें पढ़ते भी हैं या देखकर ही लौटा देते हैं ?"

भगतसिंह ने उत्तर दिया–"मेरी मंगाई हुई पुस्तकों में से किसी का भी कोई चैप्टर खोल लीजिए, मैं बताऊंगा कि उसके अन्दर क्या है ?" सुनकर जेल-अधिकारी आश्चर्य-मुग्ध रह गए थे।

भगतसिंह जीवन के दूसरे क्षेत्रों की तरह ही अध्ययन में भी अत्यन्त गतिवान् थे। इस गति से ही उन्होंने फांसी-कोठरी में बैठे-बैठे वक्तव्य तो जाने कितने लिखे थे, पर कई पुस्तकें भी लिखी थीं। इनमें महत्त्वपूर्ण पुस्तकें थीं, 'आइडियल ऑफ सोशलिज़्म' (समाजवाद का आदर्श), दूसरी थी 'द डोर टु डेथ' (मृत्यु के द्वार पर), तीसरी थी उनकी 'आटोबॉयग्राफ्री' (आत्मकथा), और चौथी थी 'द रिवोल्यूशनरी मूवमेण्ट ऑफ इण्डिया विद शार्ट बायग्राफ्रिक स्केचेज़ ऑफ द रिवोल्यूशनरीज़' (भारत में क्रान्ति का आन्दोलन और क्रान्तिकारियों का संक्षिप्त परिचय)। पहली पुस्तक में उन्होंने देश की समस्याओं का विवेचन और विश्लेषण किया था। समाधान के रूप में समाजवाद प्रस्तुत किया गया था और बहुत महत्त्वपूर्ण बात यह थी कि समाजवाद को भारत में किस स्वरूप में ग्रहण किया जाए, इस पर भी लम्बी आलोचना की गई थी। इसी तरह की एक-दो पुस्तकें और भी थीं, जिनका सम्बन्ध नई समाज-व्यवस्था से ही था। वे इन पुस्तकों को और खास कर 'आइडियल ऑफ सोशलिज़्म' को तुरन्त छाप कर समाज के सामने रखना चाहते थे। उनका कहना था कि इस पुस्तक की 'पोलिटिकल वैल्यू' बहुत अधिक है, पर ये पुस्तकें उनके सामने ही नहीं, उनके बाद भी समाज के सामने न आ सकीं।

क्या हुआ इन पुस्तकों का ? ये पुस्तकें थोड़े-थोड़े कागज़ों के रूप में उनके छोटे भाई कुलबीरसिंह के हाथों जेल के बाहर आईं। भगतसिंह का आदेश था कि यह सब सामग्री कुमारी लज्जावतीजी को दे दी जाए। कुलबीरसिंह के ही शब्दों में–"मुझे कुछ मोह हुआ और मैंने कुछ सामग्री अपने पास भी रख ली। 'कुलबीर, सब सामान लज्जावतीजी के पास पहुंच गया ?"–अपनी अन्तर्दर्शी आंखों से घूरते हुए भगतसिंह ने पूछा। 'सब तो नहीं', मैंने सकुचाते हुए उत्तर दिया। 'क्यों ?' गुर्रा कर भगतसिंह ने पूछा और आदेश के स्वर में कहा, 'तुरन्त पहुंचाओ सब सामान।' सामान उनके पास पहुंच गया और सुरक्षित रहा।"

इसके बाद की कहानी भी कुलबीरसिंह के ही शब्दों में–"1933-34 में मैंने इस साहित्य की बात चाचाजी (सरदार अजीतसिंह) को लिखी, जो उस समय जर्मनी में थे। उन्होंने उत्तर दिया कि उस सब साहित्य की नकल कराकर मुझे भेज दो । मैं उन्हें यहां अंगरेज़ी और जर्मन भाषाओं में छपा दूंगा। मैं लज्जावती जी के पास गया। उन्होंने कहा, वह देश की सम्पत्ति है, इसलिए मैंने पण्डित जवाहरलाल नेहरू को दे दी थी। कुछ दिन बाद पण्डित नेहरू लाहौर आए, तो मैंने उनसे उस साहित्य की नकल दे देने को कहा। वे बोले, तुमसे किसने कहा कि मेरे पास वह साहित्य है ? मैंने लज्जावतीजी का नाम लिया। वे चुप हो गए और फिर बोले। इसके बाद मैंने फिर लज्जावतीजी से पूछा, तो वे बोलीं–"मैंने वे पुस्तकें श्री विजयकुमार सिन्हा को दे दी हैं। मिलने पर श्री विजयकुमार सिन्हा ने स्वीकार किया और 1946 तक कहते रहे कि उन्हें देखभाल

कर ज़ल्दी ही छपाएंगे, पर बाद में उन्होंने कहा कि वे पुस्तकें सुरक्षा के खयाल से किसी मित्र के पास रखी थीं, वहीं नष्ट हो गईं।"

बहुत दर्दनाक है यह संस्मरण, क्योंकि यह कुछ पुस्तकों की कहानी नहीं है, न किसी व्यक्ति के हानि-लाभ की कहानी है, यह इतिहास की धरोहर के छिन जाने की कहानी है। इतिहास इसके लिए किसे दोष देगा, मैं नहीं जानती।

भगतसिंह का साहित्य, जो उनके बाद समाज का मार्ग-दर्शन करता, नष्ट हो गया, पर वे कैसी समाज-व्यवस्था चाहते थे, मानव-मानव के बीच कैसा सम्बन्ध चाहते थे, यह एक संस्मरण में सुरक्षित है। उनकी काल-कोठरी में जो भंगी सफाई करने आता था, वे उसे बेबे कहा करते थे, जैसे कि अपनी मां को बेबेजी कहते थे। जब वह कोठरी में आता, तो भगतसिंह कुछ भी कर रहे हों उससे ज़रूर बातचीत करते और लाड़ से बेबे-बेबे पुकारते रहते। उनके इस व्यवहार से ज़मादार का प्रभावित होना तो स्वाभाविक ही था।

"आप इसे बेबे क्यों कहते हैं ?" एक दिन किसी जेल-अधिकारी ने पूछा, तो बोले—"जीवन में दो को मेरी गन्दगी उठाने का काम मिला है। एक मेरी बचपन की मां और एक यह जवानी की ज़मादार मां। इसलिए दोनों बेबेजी ही हैं मेरे लिए।"

फांसी से पहले जेलर खान बहादुर मुहम्मद अकबर अली ने उनसे पूछा—"आपकी कोई खास इच्छा हो, तो बताइए। मैं उसे पूरी करने की कोशिश करूंगा।" भगतसिंह का उत्तर था—"हां, मेरी एक खास इच्छा है और आप उसे पूरा कर सकते हैं।"

"बताइए।"

"मैं बेबे के हाथ की रोटी खाना चाहता हूं।" जेलर ने इसे उनका मातृ-प्रेम समझा, पर उनकी मन्शा भंगी भाई से थी। जेलर ने उसे बुलाकर भगतसिंह की बात कही, तो वह स्तब्ध रह गया—"सरदारजी, मेरे हाथ ऐसे नहीं हैं कि उनसे बनी रोटी आप खाएं।"

भगतसिंह ने प्यार से उसके दोनों कन्धे थपथपाते हुए कहा—"मां जिन हाथों से बच्चों का मल साफ करती है, उन्हीं से तो खाना बनाती है। बेबे, तुम चिन्ता मत करो और मेरे लिए रोटी बनाओ।" भंगी भाई ने रोटी बनाई और भगतसिंह ने आनन्द से, अपने स्वभाव के अनुसार उछलते-मटकते हुए खाई। सोचती हूं कैसा लगा होगा उस समय दर्शकों को ? क्या उन्होंने सोचा होगा कि नई समाज-व्यवस्था का स्वप्न-द्रष्टा, युग की क्रान्ति का दार्शनिक, अपने स्वप्नों में इठलाते समाज का एक नमूना प्रस्तुत कर रहा है।

भगतसिंह के लिखे एक निबन्ध के शब्द हैं—"मेरा उद्देश्य तो यह है कि जनता शहीदों की कुर्बानियों और जीवन-भर देश के ही काम में लगे रहने के उनके उदाहरणों से प्रेरणा हासिल करे और समय आने पर उस समय की परिस्थितियों को देखते हुए अपने कामों का स्वयं निर्णय करे।"

: 34 :

भगतसिंह : एक महान् नेता

लाखों-करोड़ों की संख्या में फैले हुए मनुष्य जन-साधारण कहलाते हैं, यानी साधारण आदमी। इन्हीं लाखों-करोड़ों में जन्मा, पला, वैसे ही हाथ-पैर रखने वाला कोई-कोई आदमी नेता कहलाता है। जन के साथ साधारण की तरह उसके साथ असाधारण नहीं लगा रहता, पर यह निश्चित है कि वह असाधारण होता है, असाधारण माना जाता है।

उसकी असाधारणता क्या है शिक्षा में, सम्पदा में, रूप-रंग में, बहुत-से लोग जन-साधारण में उससे श्रेष्ठ होते हैं। फिर नेता असाधारण क्यों है ? एक विचारक ने इस प्रश्न का उत्तर दिया है कि जन-साधारण के मन में भावना होती है, पर उसे प्रकट करने के लिए भाषा नहीं होती। जन-साधारण के मन में आकांक्षा होती है, पर किस राह जाने से यह आकांक्षा पूर्ण हो सकती है, इसका दिशा-बोध नहीं होता । इन्हीं दोनों मनःस्थितियों के कारण जन-साधारण को मूक जनता कहा जाता है। इस मूक जनता की भावना को जो भाषा देता है, वह साहित्यकार है और जो उनकी आकांक्षा को पूर्ति की राह दिखाता है, उस पर उसे चलाता है, वह नेता है।

इसके लिए नेता में पहला गुण यह चाहिए कि वह जनता की आकांक्षा को ठीक-ठीक समझता हो । दूसरा यह कि उसकी पूर्ति की सही राह जानता हो। तीसरा यह कि उस राह चलने के लिए जनता को उत्साहित कर सकता हो। चौथा यह कि चलते समय उसे बिखरने से बचा सकता हो। पांचवां यह कि उसके रास्ते में आने वाली बाधाओं को दूर कर सकता हो। छठा यह कि समय के प्रभाव से जो परिस्थितियां पैदा होने वाली हों, उन्हें पहले ही भांप सकता हो, सातवां यह कि उन परिस्थितियों का समाधान अपने पास रख सकता हो, उनका उपयोग कर सकता हो।

क्या नेतृत्व की इन कसौटियों पर कसकर हम कह सकते हैं कि भगतसिंह एक सफल नेता थे।

क्या यह प्रश्न भगतसिंह के जीवन में औरों से अधिक महत्त्वपूर्ण है ? यह इसलिए कि भगतसिंह को एक महान् राष्ट्रीय शहीद के रूप में स्मरण किया जाता है। उनके युग में बहुत-से शहीद हुए हैं, हर शहादत वन्दनीय है, पवित्र है, पर अपनी शहादत से भगतसिंह को जो चमक, जो ऊंचाई, जो महत्त्व, जो व्यापकता, जो सर्वोच्चता मिली, वह दूसरे शहीदों के लिए दुर्लभ रही। शहादत की इस चमक से जहां भगतसिंह को अनुपम ऐतिहासिक महत्त्व प्राप्त हुआ, वहां एक नुकसान भी हुआ कि उनके व्यक्तित्व के दूसरे गुणों का अध्ययन नहीं हो पाया। शहादत, मृत्यु से प्राप्त होती है। उस मृत्यु का अर्थ है अपने सर्वोत्तम का बलिदान। मनुष्य के लिए उसका जीवन ही सर्वोत्तम है, सबसे अधिक प्रिय है, इसलिए स्वेच्छा से किसी ऊंचे उद्देश्य के लिए जीवन का

समर्पण ही शहादत है। भगतसिंह ने यह समर्पण इस शान से किया और मृत्यु के साथ इस तरह नाता जोड़ा कि उनकी मृत्यु देशवासियों के मन पर ऐसी छा गई कि उनके जीवन के दूसरे गुणों का अध्ययन तो क्या होता, उनकी मृत्यु के चमत्कार का भी गहरा अध्ययन नहीं हुआ। उसकी चकाचौंध में आंखें मुंद कर रह गईं। सच्चाई यह है कि उनमें एक ऐसा मानवीय परिपूर्ण व्यक्तित्व प्रस्फुटित हुआ था, जो किसी को दूसरों से ऊपर उठाता है, भीड़ से अलग कर भीड़ को उसे देखने, अपने से श्रेष्ठ मानने के लिए विवश करता है। मैं यहां कहनां चाहती हूं कि वे एक सफल नेता थे और उनके नेता के सब गुणों का ठीक-ठीक विकास हुआ था। मृत्यु की साधना तो उनके नेतृत्व-मन्दिर का कलश ही था।

कुतुबमीनार बरसों में बनी होगी। किसी दल में नेता का पद प्राप्त करने के लिए भी बरसों की ज़रूरत होती है। दल की परिस्थितियों और अपने विशिष्ट गुणों के कारण भगतसिंह थोड़े ही दिनों में दल के नेता पद पर पहुंच गए थे।

नेतृत्व दल में भेद उत्पन्न करता है और कुछ को आदेश देने वाले तथा कुछ को आदेश का पालन करने वालों की श्रेणी में बांट देता है। यह स्थिति एक मानसिक अन्तर्द्वन्द्व को जन्म देती है। भगतसिंह की नेतृत्व-कला यह थी कि वे व्यवहार में नेता-अनेता का वातावरण नहीं बनने देते थे और समता की गहरी मधुरता बनाए रखते थे।

श्री भगवानदास माहौर के शब्दों में–"गुप्त दल में गोपनीयता का नियम बहुत ही आवश्यक था। सदस्य लोग यथासम्भव एक-दूसरे का नाम भी न जान पाते थे। जिसका जिस काम से जितना सम्बन्ध होता था, उतना ही उसे बताया जाता था। ऐसी हालत में अविश्वास की भावना और उससे चिढ़, ईर्ष्या उत्पन्न होने के अवसरों का आना स्वाभाविक ही था। दल में दादागिरी चलने का सन्देह कभी भी हो सकता था। नेता और सिपाही का भेद भी अनिवार्य रूप में था ही। भगतसिंह नेताओं में से तो एक थे ही, वास्तव में क्रियात्मक रूप में वे दल के सबसे बड़े नेता थे, परन्तु अपने व्यवहार में वे सदा इस बात का ध्यान रखते थे कि उनके किसी काम में नेतागिरी की गन्ध न आए। नेता और सिपाही के बीच की खाई वे अपने हास-परिहास से सदा पाटते रहते थे।

साधारण रहन-सहन में वे सदैव इस बात का ध्यान रखते ही थे। नेता तकिया लगाए बैठा रहे और सिपाही झाड़ू लगाए, ऐसी स्थिति वे कभी आने ही न देते थे। आवश्यकता के अनुसार उनके कपड़ों को यदि कभी मैंने धो डाला, तो कभी आवश्यकता न होने पर भी वे ही साबुन लगाने बैठ जाते थे। यह भी इस प्रकार नहीं कि उनका यह बड़प्पन प्रकट हो कि वे नेता होकर भी एक सिपाही के कपड़ों में साबुन लगा रहे हैं, बल्कि आपस में बराबरी तू-तड़ाक करके और ऐसा कुछ कहकर–अबे, सब साबुन घोल डालेगा, तो फिर मैं क्या लगाऊंगा ? ला, इधर ला।

संकट के काम में तो वे आगे रहने की ज़िद हो कर जाया करते थे। किसी सिपाही को संकट का काम करने भेज दिया जाए और नेता सुरक्षित बैठा हुक्म करता रहे यह

उन्हें कभी पसन्द नहीं था। + + + + आज़ाद भी हर काम में आगे रहते थे। उसका कारण यह था कि उन्हें लगता था वे काम को जितनी अच्छी तरह कर सकते हैं, उतनी अच्छी तरह और कोई न कर सकेगा और यह ठीक भी था, पर भगतसिंह हर बड़े काम में आगे रहते थे, उसका कारण यह था कि नेता के रूप में उन्हें अपने-आपको सबसे अधिक खतरे में डालना चाहिए, नहीं तो एक गुप्त दल में दादागीरी अपने बुरे अर्थ में आने से न रुकेगी और सिपाहियों का नेताओं में विश्वास न रहेगा !'

छोटों के साथ भगतसिंह का जब यह व्यवहार था तो बड़ों के साथ उससे भी निराला था। आज़ाद उन्हें बेहद प्यार करते थे। दल के लोगों में यह बात प्रसिद्ध थी कि आज़ाद भगतसिंह की बात नहीं टालते, फिर भी यह बात स्पष्ट थी कि भगतसिंह को आज़ाद से जो काम कराना होता था, जो बात मनवानी होती थी, उसे वे अधिकार के स्वर में कभी नहीं कहते थे। उनके कहने में अपनी बात को ठीक मानने का ज़ोर या जोश भी नहीं होता था। पहले वे ऐसी बातें करते थे, जिनसे आज़ाद हंस पड़ें, खुश हो जाएं। तब धीरे से अपनी बात बेहद भोलेपन से कहते थे और आज़ाद के 'हां' कहते ही उछल पड़ते थे, साथियों की तरफ आंख मटकाते थे और चुटकी बजाते थे। भगतसिंह के नेतृत्व का आधार यह ज्ञान था कि जो अपने से बड़ों के अनुशासन में रह नहीं सकता, वह अपने से छोटों को अनुशासन में रख भी नहीं सकता।

उनमें खतरों से खेलने की जो वृत्ति थी, वह उनके रोम-रोम में बसी उनकी बेपनाह और उन्मद क्रान्ति की ज्वाला थी। उनकी सर्वोत्तम आकांक्षा थी, जल उठना, जल जाना, नहीं जल उठना और इस तरह जल उठना कि उनके जलने से भारत का भाग्य-पथ रोशन हो उठे, वह सबको दीखने लगे। उनके निकट के साथी श्री भगवानदास माहौर के शब्द इस सम्बन्ध में इतना कह देते हैं कि फिर किसी को कुछ कहना शेष न रहे। वे शब्द हैं–"असेम्बली में बम फेंकने या साण्डर्स को मारने में तो कुछ यश भी था, परन्तु ऐसे कामों में भी, जिनमें खतरा पूरा-पूरा हो और यश का तनिक भी अवसर न हो, भगतसिंह आगे रहते थे। उदाहरण के लिए बम के नए खोल और मसाला तैयार हो जाने पर उसे कहीं चलाकर देखने की बात थी। आज़ाद ने इसके लिए झांसी के पास का जंगल चुना, जहां ठाकुरों के शिकार खेलने के धड़ाके अक्सर होते रहते थे। आज़ाद भगतसिंह और भाई सदाशिव राव इस कार्य के लिए गए। जब बम पर टोपी चढ़ाकर उसे फेंकने का समय आया, तो भगतसिंह ने स्वयं बम को हाथ में लिया और आज़ाद एवं सदाशिव को बहुत पीछे सुरक्षित खड़ा कर दिया, तब बम फेंका। यहां (इस बात का महत्त्व समझने के लिए) यह स्मरण कर लेना चाहिए कि भाई भगवतीचरण की मृत्यु इसी प्रकार बम आजमाते समय हाथ में ही बम फट जाने से हुई थी।

28 मई, 1930 को श्री भगवतीचरण बोहरा एक बम का परीक्षण करने के लिए रावी के किनारे गए। बम हाथ में ही फट गया और वे बुरी तरह घायल हो गए। मरने से पहले उन्होंने अपने साथियों से कहा–"जे तुसीं सारे बी मर जाओ तां कुछ नहीं बिगड़दा। जट नूं बचा लवो तां पार्टी ते आन्दोलन दोनों बच जाणगे। मतलब यह कि तुम सारे भी मर जाओ, तो कुछ बिगड़ेगा नहीं, जट (भगतसिंह) बचा रहा, तो पार्टी और

आन्दोलन दोनों बच जाएंगे।"

सोचती हूं, भगतसिंह के नेतृत्व का यह सर्वोत्तम परिचय है। वे सिपाही भी थे, संस्था भी थे, नेता भी थे। संसार के दूसरे देशों की तरह भारत में भी क्रान्तिकारी आन्दोलन आतंकवाद के रूप में जन्मा था। ज़ोरदार धड़ाका कर देना ही बड़ी सफलता मानी जाती थी और उन परिस्थितियों में थी भी। वीरवर राणा प्रताप का अन्तिम सन्देश था कि हम इज़्ज़तदार आदमी की तरह जी नहीं सकते, तो इज़्ज़तदार आदमी की तरह मर तो सकते हैं। यह क्रान्ति का नहीं विद्रोह का चरित्र है। विद्रोह है अत्याचार को बर्दाश्त न करना और बिना दोनों पक्षों की शक्ति का सन्तुलन बनाए, अत्याचार की शिला से टकरा जाना। इसके विरुद्ध क्रान्ति है उस शिला को हटाना और यह निर्णय करना कि शिला के हटने से जो स्थान खाली होगा, वहां फुलवारी लगाई जाएगी या कोई मकान बनेगा। विद्रोह व्यक्तिगत है। उसे एक आदमी या कुछ आदमियों की टोली सफलतापूर्वक कर सकती है, पर क्रान्ति समष्टिगत है। उसमें समूह को, समूहों को हिस्सा लेना पड़ता है। विद्रोह और क्रान्ति के बीच है आन्दोलन। यह विद्रोह को क्रान्ति में बदलने की प्रक्रिया है। यह व्यक्ति के विरोध को समाज का विरोध और व्यक्ति की बलिदान-भावना को समाज की बलिदान-भावना बनाने का मानसिक यन्त्र है।

भगतसिंह के नेतृत्व की विशिष्टता यह है कि उन्होंने आतंकवादी विद्रोह को पहले आन्दोलन का रूप दिया और फिर उस आन्दोलन को क्रान्ति का दिशाबोध। अपनी 16 वर्ष की आयु से 23 वर्ष की उम्र तक के सात वर्षों में वे क्रान्ति की तीनों धाराओं में तैर गए, यह उनके नेतृत्व का एक जादू-भरा चमत्कार ही है। नेतृत्व के इस जादू-भरे चमत्कार के इतने चित्र मेरे सामने फैले हुए हैं कि उन्हें सन्-संवत् के सिलसिले से किसी एलबम में लगाना सम्भव नहीं है। वे चित्र एक विराट् व्यक्तित्व के खण्ड हैं, पर निश्चय ही ऐसे खण्ड कि हर खण्ड अपने में परिपूर्ण है, यानी हर खण्ड में एक पूर्ण चित्र है।

आतंकवादी विद्रोह बलिदानी व्यक्तियों का कर्म था। इस कर्म का उद्देश्य शत-प्रतिशत राष्ट्रीय था, पर राष्ट्र की जनता से उसका कोई सीधा या तिरछा सम्पर्क न था। जब कोई धड़ाका होता, कोई अंगरेज़ गोली का निशाना बन जाता, तो जन-साधारण को वह अच्छा लगता, उसे खुशी होती, पर गुलामी की दीनता और अंगरेज़ी नौकरशाही की जकड़न इतनी गहरी थी कि वह खुशी वाणी तो वाणी चेहरे पर भी न आ पाती थी। फिर अबोध और असहाय जन-साधारण खुश होकर भी यह न समझ सकता था कि चमत्कार-पूर्ण और बलिदानी कर्म होते हुए भी इनसे संसार की सबसे बड़ी ताकत अंगरेज़ी साम्राज्य कैसे खण्डित हो जाएगी ? जनता से इस सम्पर्क-हीनता का फल यह था कि पार्टी को धन का भयंकर अभाव सहना पड़ता था। व्यक्तिगत स्तर पर तो इसे किसी तरह भावुकता में डुबाया भी जा सकता था। पर उन चमत्कारी कामों के लिए भी तो धन की आवश्यकता थी।

सार्वजनिक कामों के लिए खुले आन्दोलन को चन्दे से धन मिल जाता है। जनता से सम्पर्क का अभाव इस बड़े द्वार को बन्द कर देता था। गुप्त आन्दोलन की बात

हरेक से कही नहीं जा सकती। फिर किसी को पात्र समझकर कहें और सुनने वाले के मन में देने का भाव भी हो, तो वह इस सम्पर्क में खतरा अनुभव करता था कि हवन करते हाथ न जल जाए, समझदारी उससे कहती थी। ऐसे सोने से क्या प्यार, जिससे कान टूटे। इस स्थिति में धन-प्राप्ति का एकमात्र उपाय था, गांव के किसी धनपति के घर डकैती या किसी सरकारी खज़ाने की लूट। दूसरे में बेहद खतरे थे। बहुत आदमी और बहुत साधन चाहिए, पर वे कहां थे सरफरोशी की तमन्ना वाली इस टोली के पास। गांव की डकैती सुगम थी, पर उसमें अपने ऊपर अपने-आप लगाई पाबन्दियों की जकड़न थी–किसी आदमी की जान न ली जाए, किसी नारी को छुआ न जाए, परिवार के किसी आदमी को त्रस्त न किया जाए। उन्हें डाकू मानकर, उनके आतंक से घबराकर, घर वाले जो स्वयं परस दें, बस वही ले लिया जाए। ये पाबन्दियां इसलिए अनिवार्य थीं कि लोकप्रियता में बट्टा न लगे।

भगतसिंह 1923-24 में कानपुर रहते समय एक डकैती में सम्मिलित हुए और 1928 की पंजाब नेशनल बैंक लाहौर की असफल डकैती में भी साथ रहे। काकोरी स्टेशन पर रेल रोककर सरकारी खज़ाने को लूटने की सफल डकैती के संगठित होते समय भी वे आसपास ही थे। इन अनुभवों में उनकी दूरदर्शी और सूक्ष्मदर्शी आंखों ने भांप लिया कि यह रास्ता मंज़िल तक नहीं पहुंचा सकता और जनता के लिए चलाए जाने वाले विद्रोह को जनता का आन्दोलन बनाना पड़ेगा। नम्रता के साथ कहना चाहती हूं कि रूसी आतंकवाद को क्रान्ति के पथ पर लाने के लिए जो काम महान् लेनिन ने किया था, वह भारत की सशस्त्र क्रान्ति के इतिहास में भगतसिंह ने किया। नेतृत्व की इसी पृष्ठभूमि में मैं उन्हें युग-स्रष्टा भगतसिंह और भगतसिंह महान् कहती हूं।

1925 में उनके मन में एक सार्वजनिक संगठन की बात उथल-पुथल मचा रही थी और वे बहुत तेज़ी से उसके विधान पर विचार कर रहे थे। स्टूडेण्ट्स यूनियन की स्थापना उन्होंने की थी, पर यह संगठन उससे भिन्न था, जिसकी वह बात सोच रहे थे। उसका छायापट (कैनवास) भी इससे विशाल था, विस्तृत था। उनके छोटे भाई कुलबीरसिंह के शब्दों में–"उस संगठन के नाम के लिए कई साथियों का सुझाव था, तरुण भारत संघ। पहले तो यही नाम स्वीकार कर लिया गया, पर बाद में भगतसिंह की राय हुई कि यह ठेठ हिन्दी है और इधर उर्दू अधिक है। तब उन्होंने नौजवान भारत सभा नाम रखा।" कुछ ही दिनों में यह नाम जनता के मुंह चढ़ गया और इस तरह पार्टी को एक मंच भी मिल गया। इस काम के महत्त्व को समझने के लिए यह आवश्यक है कि 1925 की सार्वजनिक परिस्थितियां साथ-साथ हमारे सामने हों।

1920 में उठा देशव्यापी अहिंसात्मक आन्दोलन सफल हो चुका था। नागपुर में झण्डा-सत्याग्रह से जो चमक पैदा हुई थी, वह भी सत्याग्रह के साथ समाप्त हो चुकी थी। उसके बाद सिखों के गुरुद्वारा आन्दोलन ने देश के वातावरण को धार्मिक आवरण में नयी राजनीतिक चेतना दे दी थी। वह आन्दोलन भी सफलता के साथ पूर्ण हो गया था और पंजाब कौन्सिल में गुरुद्वारा बिल क़ानून बन चुका था। चारों ओर राजनीतिक उदासी छा चली थी। अंगरेज़ सरकार की पूरी मशीनरी देश में साम्प्रदायिक दंगों का

ज्वालामुखी जाल बिछाकर बदला लेने में जुट पड़ी थी।

सहारनपुर, दिल्ली, गुलबर्ग, नागपुर, लखनऊ, शाहजहांपुर, इलाहाबाद, जबलपुर, कलकत्ता और हुस्नाबाद में खूनी दंगे तो हो ही चुके थे, पर कोहाट के दंगे ने तो दंगों के सारे रेकार्ड ही तोड़ दिये थे। हेडमास्टर लाला नन्दलाल की रिपोर्ट के अनुसार–9-10 सितम्बर 1924 को वहां हिन्दुओं का कत्ले-आम हुआ था और एक स्पेशल ट्रेन से 4000 पीड़ित हिन्दू कोहाट से बाहर ले जाये गए थे। ये लोग दो महीने तक रावलपिण्डी और दूसरे नगरों में वहां के हिन्दुओं की सहायता से चलने वाले कैम्पों में पड़े रहे थे। परिस्थितियां कितनी दर्दनाक थीं, इसका पता 1 मई, 1925 को कलकत्ता के मिर्जापुर पार्क में कहे महात्मा गांधी के इन शब्दों से चलता है–

"मैंने अपनी अयोग्यता स्वीकार कर ली है। मैंने स्वीकार कर लिया है कि इस रोग की औषधि बताने वाले वैद्य की विशेषता मुझमें नहीं है। मैं तो नहीं देखता कि हिन्दू अथवा मुसलमान मेरी औषधि को स्वीकार करने के लिए तैयार हैं। इसलिए मैंने आजकल इस समस्या की यों ही उड़ती-सी चर्चा करके सन्तोष करना आरम्भ कर दिया है। मैं यह कहकर सन्तोष कर लेता हूं कि यदि हम अपने देश का उद्धार करना चाहते हैं, तो एक-न-एक दिन हम हिन्दू और मुसलमानों को एक होना पड़ेगा और यदि हमारे भाग्य में यही बदा है कि एक होने से पहले हमें एक-दूसरे का खून बहाना चाहिए, तो मेरा कहना यह है कि जितनी जल्दी हम यह कर डालें, हमारे लिए उतना ही अच्छा है।"

साम्प्रदायिक आग के काले धुएं में जब गांधीजी जैसे व्यक्ति को राह नहीं सूझ रही थी, तब भगतसिंह विद्रोह को सशस्त्र क्रान्ति तक ले जाने के लिए खुले आन्दोलन का मंच तैयार कर रहे थे। भगतसिंह की बलिदानी तेजस्विता ने देश के मानस को अभिभूत कर लिया है, इसलिए मैं उनके नेतृत्व की पूरी तस्वीर सामने रखने के लिए यह कहना आवश्यक समझती हूं कि नौजवान भारत सभा की स्थापना और संचालन करते समय भगतसिंह स्वयं अठारह वर्ष के नौजवान थे : केवल अठारह वर्ष के।

सचमुच अठारह वर्ष विचारों की परिपक्वता के लिए, जो नेतृत्व की शक्ति का आधार है, बहुत कम होते हैं, पर (स्वर्गीय) श्री अजय घोष (महामन्त्री भारतीय कम्युनिस्ट पार्टी) के ये शब्द उन्हें और भी कम कर देते हैं–"मैं सरदार भगतसिंह से लगभग 1923 में कानपुर में मिला था। वे मेरी ही भांति पन्द्रह वर्ष के थे। वे दुबले-पतले लम्बे थे। उनके वस्त्र पुराने-मैले थे। वे कम बोलने वाले लगते थे, जैसे कि प्रायः देहाती लड़के होते हैं, जिनमें न चुस्ती होती है, न आत्मविश्वास ही। इस भेंट का मुझ पर बहुत बुरा प्रभाव पड़ा। कुछ दिन बाद हममें बहुत विस्तार से बातें हुईं। यह वह ज़माना था, जब लड़कपन की तरंग में हम क्रान्ति के हवाई किले बांधा करते थे कि क्रान्ति आना ही चाहती है। बस दो-चार वर्ष की ही बात है। भगतसिंह को क्रान्ति के इतनी शीघ्र आने पर विश्वास नहीं था। उन्होंने कहा था कि देश की जनता में अकर्मण्यता और विवशता छायी हुई है। जन-साधारण को जाग्रत् और आन्दोलित करना बड़ा कठिन है और यह बात हमारे लिए बड़ी बाधा है।"

श्री अजयघोष ने यह सुनकर भगतसिंह को पूरा भोंदू मान लिया था, पर 1928 में जब उन दोनों में पूरी रात बात हुई और सुबह-ही-सुबह वे कमरे से बाहर आये, तो श्री अजयघोष के ही शब्दों में–"आकाश पर लाल-लाल सूर्य की लकीर बन रही थी। उसे देखते ही मेरे मन में यह विचार उत्पन्न हुआ कि हमारे दल के आकाश पर भी एक नया सूर्य उग रहा है।" यह नया सूर्य भगतसिंह ही तो थे, जिन्होंने 15 वर्ष की उम्र में ही यह समझ लिया था कि जनता क्या चाहती है और यह भी कि उसे क्या चाहना चाहिए। घटनाओं और परिस्थितियों के विकास-क्रम को पढ़ने की भगतसिंह में सचमुच अद्‌भुत प्रतिभा थी। उनकी लक्ष्यभेदी दृष्टि हमेशा लक्ष्य पर, उद्देश्य पर दृष्टि जमाये रखने, किसी भी प्रभाव से इधर-उधर न होने की वृत्ति ने भी उनके नेतृत्व को पुष्ट किया था।

एक घटना से उनकी यह दृष्टि हमारे सामने साफ-साफ चमक उठती है। कांग्रेस के असहयोग आन्दोलन में जब वे नवीं क्लास छोड़कर लाला लाजपतराय द्वारा स्थापित नेशनल कॉलेज में आये, तो एक घटना ने उन्हें लालाजी से टकरा दिया। टक्कर तो वैसे पुरानी थी। पंजाब कांग्रेस में दो ग्रुप थे–नरम और गरम। नरम ग्रुप का नेतृत्व लालाजी और डॉक्टर गोपीचन्द भार्गव के हाथ में था। लाला टेकचन्द ने नेशनल कॉलेज के लिए छह लाख रुपये दिये। दो साल के भीतर-भीतर जाने क्या दबाव पड़ा, लालाजी ने वे रुपये वापस कर दिये। पंजाब प्रान्तीय कांग्रेस और लालाजी में इस बात पर झगड़ा हुआ और भगतसिंह ने इस झगड़े में जमकर हिस्सा लिया।

यह झगड़ा 1924 में खुलकर सामने आया। लाला लाजपतराय ने महामना मालवीयजी के साथ मिलकर इण्डिपेण्डेण्ट कांग्रेस पार्टी के नाम से कांग्रेस के विरुद्ध चुनाव लड़ने के लिए अलग पार्टी बना ली।

कांग्रेस को चुनाव के लिए अपने उम्मीदवार चुनने थे। इसके लिए ब्रैडला हाल (लाहौर) में एक बैठक बुलायी गयी। निश्चय था कि लालाजी का ग्रुप इसमें गड़बड़ करेगा। इसलिए सरदार किशनसिंह दरवाज़े पर खड़े हो गये और मंच संभाल लिया भगतसिंह ने। नोटिस बांट दिया गया था कि जो खद्दर पहने होंगे और कांग्रेस की सदस्यता प्रमाणित करने वाली चवन्नी की रसीद लिये होंगे, उन्हें ही प्रवेश करने दिया जाएगा। डॉ. गोपीचन्द भार्गव आए, तो उनके पास रसीद नहीं थी। खूब हाथापाई हुई। बाद में बन्द दरवाज़ों के भीतर बैठक आरम्भ हुई। घोषित सभापति मेहता नन्दकिशोर अपने आसन पर बैठे, पर तभी लालाजी ग्रुप के लाला बिशनदास भी कुर्सी रखकर मंच पर बैठ गए। सभा एक, बुलाने वाला एक, पर अध्यक्ष दो। सबने कहा, पर लाला बिशनदास उठे ही नहीं। तब सरदार किशनसिंह को बुलाया गया और उनके कहने से वे उठे।

उम्मीदवारों के जो नाम चुने गए, उनमें सरदार भगतसिंह का भी नाम था। बाद में सर्वसम्मति से लाला दुनीचन्द बैरिस्टर कांग्रेस के उम्मीदवार रहे। मुकाबला लालाजी की पार्टी के उम्मीदवार बख्शी टेकचन्द से था। सरदार किशनसिंह के साथ भगतसिंह ने रात-दिन काम किया। एक दिन कांग्रेस-विरोधी जलसे में लाला लाजपतराय, महामना

मालवीयजी और भाई परमानन्द के भाषण होने थे। बहुत बड़ी भीड़ जमा थी। भगतसिंह ने इस जलसे में एक पैम्फलेट बांटा, जो इस तरह के अवसरों पर रोज़-रोज़ बंटने वाले पैम्फलेटों में अपनी जगह निराला था। वह अवसर के बिलकुल उपयुक्त था, पर अपनी शैली के कारण भगतसिंह की लेखन-कला का एक उत्तम उदाहरण था। उसका शीर्षक था–**'द लॉस्ट** लीडर' (खोया हुआ नेता)। उसमें अंगरेज़ी के श्रेष्ठ कवि ब्राऊनिंग की इसी शीर्षक की एक कविता छापी गयी थी। उसका भाव कुछ इस तरह था कि चांदी के चन्द टुकड़ों के बदले, तूने अपना मान खो दिया और इस तरह अपने प्रशंसकों की दृष्टि में तू स्वयं ही खोया गया। इस पैम्फलेट की एक खास बात यह थी कि मोटे अक्षरों में छपे–'द लॉस्ट लीडर'–के ठीक बीच लाला लाजपतराय का चित्र छपा हुआ था।

भगतसिंह ने एक पैम्फलेट स्वयं भाई परमानन्द के हाथ में दिया। उन्होंने गुस्से से उसे फाड़ दिया। भगतसिंह ने दूसरा उंनके हाथ पर रख दिया और मुस्कराए। भाईजी ने उसे भी फाड़ दिया। बहुत देर तक पैम्फलेट दिये गए और फाड़े गए। लालाजी तमतमा उठे। उन्होंने अपने भाषण में भगतसिंह को रूसी एजेण्ट कहा और गरजे–"ये मुझे लेनिन बनाना चाहते हैं, पर मैं उस तरह का आदमी नहीं हूं।" साप्ताहिक 'वन्दे मातरम्' में भी लालाजी ने अपनी बात दोहरायी और इस तरह लालाजी और भगतसिंह में राजनीतिक दुश्मनी हो गयी।

साइमन कमीशन के लाहौर आने पर जो विरोधी प्रदर्शन हुआ, उसमें नौजवान भारत सभा प्रमुख संगठन शक्ति थी, पर उसने प्रदर्शन के आगे स्थापित किया लाला लाजपतराय को और वहां साण्डर्स के डण्डों की चोट खाकर जब कुछ दिन बाद लालाजी की मृत्यु हो गयी, तो उसका बदला साण्डर्स-वध के रूप में लिया भगतसिंह ने। उनकी दुश्मनी थी लालाजी से एक सिद्धान्त के कारण, पर लालाजी का अपमान देश का अपमान था। वे दुश्मनी को भूल गए और जान की बाज़ी लगा कर लड़ गए। इसे मैं उनके नेतृत्व की लक्ष्यबेधी दृष्टि कहती हूं–न इधर देखना, न उधर, हमेशा लक्ष्य पर दृष्टि रखना।

इस लक्ष्य-भेदी दृष्टि से भगतसिंह को नेतृत्व के दो सबसे बड़े गुण प्राप्त हुए थे। पहला आने वाली परिस्थितियों को दूर से भांप लेना, किस काम के क्या परिणाम होंगे, इसको सही-सही आंक लेना और अपने काम के लिए उपयुक्त परिस्थितियों का निर्माण करना। एक राजनतिक विचारक ने महात्मा गांधी और पण्डित जवाहरलाल नेहरू के नेतृत्व की तुलना करते हुए लिखा था कि गांधीजी के नेतृत्व की यह सबसे बड़ी कमजोरी थी कि वे अपने सिद्धान्तों की पाबन्दी के कारण अपने काम के लिए उपयुक्त परिस्थितियों का निर्माण नहीं कर सकते थे, पर उनके नेतृत्व की यह सबसे बड़ी विशेषता थी कि वे समय के प्रभाव से स्वाभाविक रूप में उभरती परिस्थितियों को बहुत दूर से भांप लेते थे और उनके आगे होकर उन्हें अपने हाथ में ले लेते थे। इसके विरुद्ध पण्डित जवाहरलाल नेहरू में न परिस्थितियों के निर्माण की शक्ति थी, न उभरती परिस्थितियों को भांपने को योग्यता। मैं गहरे चिन्तन और विश्लेषण के बाद कहना

चाहती हूं कि भगतसिंह में उभरती परिस्थितियों को भांपने और नई परिस्थितियों को जन्म देने की समान क्षमता थी। वे उनके थे, जिनके सम्बन्ध में कवि की सूक्ति है–

लोग कहते हैं बदलता है ज़माना हरदम,
मर्द वो हैं जो ज़माने को बदल देते हैं

साण्डर्स-वध और असेम्बली बम-काण्ड भगतसिंह के नेतृत्व बेल के सर्वोत्तम पुरुष हैं, क्योंकि इनमें उनके नेतृत्व के दोनों गुण--परिस्थितियों को भांपना और परिस्थितियों को पैदा करना पूर्ण रूप में सामने आते हैं। 1921-22 में असहयोग की असफलता के बाद साम्प्रदायिक दंगों से वातावरण एकदम अन्धकारमय हो गया था और ऐसा लगता था कि अब राष्ट्रीय आन्दोलन कभी नहीं उठेगा। काकोरी काण्ड ने एक आवाज़ अवश्य लगायी, पर कुएं की आवाज़ थी, जो कुएं में गूंजकर रह गयी। नफीरी की नहीं, देश को शंखनाद की ज़रूरत थी, पर यह ज़रूरत कैसे पूरी हो।

अंगरेज़ ने मज़ाक उड़ाया, अट्टहास किया। साइमन कॅमीशन को भारत भेजना भारत की गुलामी का मज़ाक ही तो था। कांग्रेस ने उसके बहिष्कार की घोषणा की। जिस शहर में वह जाता, उसे काले झण्डे दिखाए जाते। ये झण्डे थोड़े-से हाथों में होते, पर उनके पीछे हज़ारों हाथ होते। अपमान के धक्के से जनता जाग उठी थी। वह जाग्रति लालाजी की हत्या-जैसी मृत्यु से आग हो उठी थी। अंगार को लकड़ियों से जोड़ दें तो लपट बन जाता है, नहीं तो राख उसे धीरे-धीरे ढंकने लगती है, भगतसिंह ने इन सहज परिस्थितियों को भांप लिया और पार्टी की केन्द्रीय समिति के सामने साण्डर्स की हत्या करने का प्रस्ताव रखा। हत्या दिन-दहाड़े हो गई और सब क्रान्तिकारी सुरक्षित लौट आये। लालाजी की मृत्यु का बदला ले लिया गया पर भगतसिंह का नेतृत्व परिस्थितियों को भांपकर उनका उपयोग कर रुका नहीं, वह अनुकूल परिस्थितियों का निर्माण करने में जुट गया। बिना एक क्षण आराम किये भगतसिंह रात-भर वे पोस्टर तैयार करते रहे जिनमें हत्या का उद्देश्य बताया गया था और सुबह होने से पहले उन्हें जगह-जगह चिपका भी आए। यह ऐतिहासिक सच्चाई है कि गुप्त काण्डों को पहली बार इसी पोस्टर ने आन्दोलन का रूप देने की शुरुआत की थी। अब छुटपुट काण्ड इस देशव्यापी क्रान्तिमाला के मनके बन गए थे। उनके पीछे धड़कते-जोशीले दिल अब एक उफान नहीं रहे थे, तूफान हो गए थे।

असेम्बली बम-काण्ड के रूप में भगतसिंह ने इस तूफान का एक संविधान दे दिया। साइमन कमीशन यह जांच करने के लिए इंग्लैंड सरकार के द्वारा नियुक्त हुआ था कि भारत को जो शासन-सुधार दिए गए थे, उनका ठीक उपयोग हुआ या नहीं और भविष्य में उसे और क्या सुधार दिए जाएें ? जो सुधार अभी तक भारत को मिले थे उनमें सर्वोत्तम और सर्वोच्च थी केन्द्रीय असेम्बली। उसमें जनता द्वारा निर्वाचित सदस्य सरकार के किसी भी काम की आलोचना कर सकते थे, सरकार के प्रस्ताव

को पास-फेल कर सकते थे, पर जब साइमन भारत में थे, तो एक ऐसा संयोग था कि इस असेम्बली का खोखलापन दूर किया जा सकता था। असेम्बली में सरकार ने दो बिल पास किए थे। पहला पब्लिक सेफ्टी बिल और दूसरे ट्रेड्स डिस्प्यूट्स बिल। पहले का उद्देश्य था सार्वजनिक उग्र नेतृत्व का दमन और दूसरे का मज़दूरों को हड़ताल के एकमात्र अधिकार से वंचित करना।

भगतसिंह ने अपनी दूरदर्शी दृष्टि से यह भांप लिया कि असेम्बली में कांग्रेस और दूसरे राष्ट्रीय दलों के सदस्य मिलकर इन बिलों को फेल कर देंगे और कानून के रूप में पास नहीं होने देंगे। तब यह निश्चित है कि वायसराय अपने विशेषाधिकार से उन्हें पास कर देंगे। इस स्थिति में सरकार का सर्वोत्तम सुधार अपने ही कामों से जनता के सामने निकम्मा होकर आएगा। भगतसिंह ने असेम्बली में उसी समय बम फेंकने का निश्चय किया और पार्टी के सामने असेम्बली में बम फेंकने का अपना प्रस्ताव रखा।

भगतसिंह के नेतृत्व को पूरी तरह जानने के लिए यह जानना आवश्यक है कि पार्टी ने पहले साइमन कमीशन पर बम फेंकने का निश्चय किया था, पर धन की कमी के कारण सम्भव नहीं हुआ। इस तरह 'ऐक्शन' का जो मार्ग अवरुद्ध हो गया था, उसे भगतसिंह के नए प्रस्ताव ने खोल दिया और पहले से अधिक प्रभावशाली रूप में। कभी निराश न होना, नये-नये प्रयोग करना और नए रास्ते खोजना भगतसिंह के व्यक्तित्व का पैतृक गुण था, जिसने उनके नेतृत्व को नयी चमक दी।

जहां दूसरे थक जाते हैं, वहां वे ताज़े रहते थे और जहां दूसरे अंधेरे में डूब जाते हैं, वहां वे रोशनी ले आते थे। थकान और अन्धकार उनके पास आते घबराते थे। वे सदा जागरूक थे, सदा सन्नद्ध थे, सदा अग्रगामी थे। अजय घोष के शब्दों में–"भूख-हड़ताल के दिनों में वे अनेक बार परामर्श के बहाने हमारी जेल में हमसे मिलने आए। इस प्रकार आने में उनका ध्येय होता था कि वे हम लोगों से मिलकर हमारी स्थिति का पता लगायें। भूख-हड़ताल के कारण वे स्वयं भी बहुत निर्बल हो गए थे, फिर भी वे दूसरे साथियों के पास काफी देर तक बैठे रहते और उनका साहस बढ़ाते। उनकी उपस्थिति-मात्र से ही हमारे भीतर जीवन की एक नई लहर दौड़ जाती थे, और बड़ी बेचैनी के साथ उनके दोबारा आने की हम प्रतीक्षा करते रहते थे।"

इस प्रकार असेम्बली बम-काण्ड, दिल्ली की अदालत में सिद्धान्तों को स्पष्ट करने वाला बयान और लम्बी भूख-हड़ताल, 'जिसमें यतीन्द्रनाथ दास का महान् बलिदान हुआ, और मुकदमे के द्वारा उन्होंने गुप्त धड़ाकों को एक महान् जनान्दोलन का रूप दे दिया, क्योंकि अजय घोष के शब्दों में–"अपने अध्ययन, विवाद और विशेष तौर से बाहरी परिस्थितियों, जैसे शोलापुर में मार्शल-लॉ की घटना, पेशावर की घटना गढ़वाली सिपाहियों तथा उनके नेता श्रीचन्द्रसिंह की वीरता और देश-भक्ति की घटनाओं से वे इस परिणाम पर पहुंचे थे कि सशस्त्र आन्दोलन इस समय केवल तभी सफल हो सकता है जबकि वह जन-साधारण के आन्दोलन का अनिवार्य अंग बन जाए और जन-साधारण के आंन्दोलन की आवश्यकता पूरी करे।" इस विवेचन से स्पष्ट नहीं है कि भगतसिंह में नेतृत्व के गुण परिपूर्ण मात्रा में थे। सहज भाव से उठी–उठती

परिस्थितियों को भांप लेना, अपने लिए उपयुक्त परिस्थितियों का निर्माण कर लेना, जनता की आकांक्षा को ठीक-ठीक समझना, उसकी पूर्ति की सही राह खोजना, उस राह पर चलने के लिए जनता को उत्साहित करना, चलते समय बिखरने से बचाना, रास्ते में आने वाली बाधाओं को पहले से ही भांप लेना और उनका समाधान खोज लेना। यह ऐतिहासिक सत्य है कि भगतसिंह किसी आवेश में साहस का कोई चमत्कार कर जाने वाले नौजवान न थे, वे योजनापूर्वक बाधाओं से लड़ते हुए लक्ष्य तक पहुंचने वाले गम्भीर नेता थे।

विख्यात क्रान्तिकारी जोगेशचन्द्र चटर्जी के शब्दों में–"क्रान्तिकारी आन्दोलन में भगतसिंह का स्थान सबसे ऊंचा था इसीलिए उनका नाम शहीदे-आज़म हो गया।" यह सबसे ऊंचा स्थान उन्हें उनके नेतृत्व की चहुंमुखी प्रतिभा का उपहार था।

भगतसिंह उस नेतृत्व में विश्वास नहीं रखते थे, जो सामयिक परिस्थितियों से मिल जाता है और जिसे बनाए रखने के लिए बराबर नये-नये जोड़-तोड़ मिलाने पड़ते हैं। वे उस नेतृत्व में भी विश्वास नहीं रखते थे, जिसमें साथी लोग किसी विशेष क्षण की भावुकता में उचककर किसी के सिर पर मुकुट रख देते हैं, और दूसरे ही क्षण से उस मुकुट को गिराने में जुट जाते हैं।

भगतसिंह उस नेतृत्व में विश्वास रखते थे, जो उन कामों को, उस तरह करने से अनायास मिलता था, जिन कामों को उस तरह दूसरे लोग नहीं कर पाते।

भगतसिंह उस नेतृत्व में विश्वास रखते थे, जो मिल जाता है, संभालना नहीं पड़ता, जिसकी घोषणा नहीं होती, जो महसूस नहीं होता, और मानसिक होता है, सामाजिक नहीं होता।

भगतसिंह उस नेतृत्व में विश्वास रखते थे, जिसमें अधिकार नहीं बढ़ते, उत्तरदायित्व ही बढ़ते हैं और जिसमें ऊंचे आसन पर बैठने की होड़ नहीं होती, होड़ होती है इस बात की कि कौन दौड़कर सबसे पहले मौत का हाथ चूमेगा और किसकी दौड़ इतनी शानदार होगी कि मौत ज़िन्दगी की एक अमर कहानी बन जाए।

नश्वर जीवन को मृत्यु के हाथों उमंग के साथ सौंप, मृत्यु को अनश्वर जीवन बना देना ही भगतसिंह का सफल नेतृत्व था–वे जवानी को मौत से खेलना सिखा गए और खतरों से दोस्ती करना। अपने इसी अनुपम नेतृत्व के कारण भगतसिंह राष्ट्र के एक व्यक्ति से राष्ट्रपुरुष हो गए हैं। सोचती हूं, उनके नेतृत्व और व्यक्तित्व का संक्षिप्त रेखाचित्र है–किरण का सूर्य बन जाना, फूल का उपवन बन जाना और घटना का इतिहास बन जाना।

जालिम फलक ने लाख मिटाने की फिक्र की,
हर दिल में अक्स रह गया, तस्वीर रह गयी।

: 35 :

भगतसिंह : एक लेखक

मैं पूरे जोर से कहता हूं कि मैं आकांक्षाओं और आशाओं से भरपूर हूं और जीवन की आनन्दमय रंगीनियों से ओत-प्रोत हूं, पर आवश्यकता के समय सब-कुछ कुर्बान कर सकता हूं, और यही वास्तविक बलिदान है।"

असेम्बली में बम फेंकने से कुछ ही पहले भगतसिंह ने अपने साथी सुखदेव को जो लम्बा पत्र लिखा, उसी की ये पंक्तियां हैं। भगतसिंह पर जो कुछ लिखा गया है, वह इतना है कि उसके कागज़ कई एकड़ भूमि पर फैल सकते हैं, पर इन इकत्तीस शब्दों में उन्होंने अपने व्यक्तित्व का जो चित्र दिया है, क्या वह उन सब कागज़ों से अधिक परिपूर्ण नहीं है ? और जो इतने बड़े व्यक्तित्व को, इतने थोड़े शब्दों में इतनी सुन्दरता के साथ चित्रित कर सकता है, उसे एक श्रेष्ठ लेखक मानने में किसको झिझक होगी ? सचमुच अद्‌भुत, व्यक्तित्व है उनका। वे श्रेष्ठ पुत्र थे, श्रेष्ठ नागरिक थे, श्रेष्ठ क्रान्तिकारी थे, श्रेष्ठ दार्शनिक थे, श्रेष्ठ सिपाही थे, श्रेष्ठ नेता थे, श्रेष्ठ वार्ताकार और श्रेष्ठ लेखक थे।

इसी पत्र में किसी साथी के बारे में उन्होंने लिखा है–"श्री शास्त्री मुझे पहले से ज़्यादा अच्छे लग रहे हैं। मैं उन्हें मैदान में लाने की कोशिश करूंगा, बशर्ते कि वे स्वेच्छा से निश्चित रूप में एक अंधेरे भविष्य के प्रति समीपवर्ती होने को तैयार हों। उन्हें दूसरे लोगों के साथ मिलने दो और उनके हाव-भाव का अध्ययन करने दो। यदि वे ठीक भावना से काम करेंगे तो उपयोगी और बहुत मूल्यवान् सिद्ध होंगे, लेकिन जल्दी न करना।' एक चतुर पुलिस अफसर, एक निपुण अध्यापक और एक प्रवीण व्यवसायी क्या किसी की सर्वेक्षण रिपोर्ट इससे कम शब्दों और इससे अधिक परिपूर्ण रूप में लिख सकते हैं ? विस्तार में देखना और संक्षेप में कहना भगतसिंह के लेखक का पहला गुण था।

भगतसिंह उद्देश्यवादी लेखक थे। साफ-साफ बात यह है कि उनका हर कदम, हर काम एक उद्देश्य के लिए समर्पित था। वह उद्देश्य था जनता को क्रान्ति के लिए तैयार करना। उनके लेखन का उद्देश्य भी यही था। अपने उद्देश्य की पूर्ति के लिए अपने कार्य को वे तीन भागों में बांटते थे, यह उनके लेखों को पढ़ने से मालूम होता है। पहला भाग था, जनता के सोए दिमागों पर हल्की चोट देकर उन्हें जगाना, दूसरा भाग था, जनता को जानकारी देना और तीसरा भाग था, जनता को प्रेरणा देना कि जो कुछ दूसरों ने किया, वह तुम भी कर सकते हो।

कूका-विद्रोह 1857 के महान् विप्लव के बाद सशस्त्र विद्रोह की पहली प्रमुख घटना है। उस पर लिखे लेख का आरम्भ उन्होंने इस प्रकार किया–"देखते-देखते पंजाब-केसरी रणजीतसिंह अपने प्यारे पंजाब को छोड़कर महायात्रा कर गए। उनके

आंख मुंदते ही अंग्रेजों की बन आई। दस ही वर्ष के भीतर पंजाब का नक्शा भी लाल रंग में रंग दिया गया। अलीपुर और सुबराओ तथा गुजरात और चेलियांवाला में वीर सिक्ख सैनिकों ने जिस वीरता का परिचय दिया था, उसकी याद आज भी रोमांचित किए बिना नहीं रहती ; परन्तु देश का दुर्भाग्य ! नेताओं ने सदा धोखा दिया और आखिर पंजाब भी पराधीनता की बेड़ियों में जकड़ दिया गया।

1857 के दिन आए। समस्त भारत को संगठित किया गया। पंजाब की ओर किसी ने विशेष ध्यान नहीं दिया। अभी कल तो अपनी स्वतन्त्रता कायम रखने में वीर-योद्धाओं ने बढ़-बढ़कर आत्म बलिदान किए थे, अभी कल ही तो उन्होंने वह बहादुरी दिखाई थी कि जिसे देखकर शत्रु भी दंग रह गए थे। अपने प्यारे महाराजा की प्रेयसी की दुर्दशा और छोटे महाराजा दिलीपसिंह के साथ घोर अन्याय देखकर वे तड़प उठे थे। कौन आशा कर सकता था कि उसी पंजाब में दस वर्ष के भीतर ही इतना परिवर्तन हो जाएगा कि वह स्वतन्त्रता संग्राम के विभीषण का काम करेगा, परन्तु वही हुआ जो नहीं सोचा था। पंजाबी वीरों (!) ने अपने ही भाइयों के उस विराट् आन्दोलन को बुरी तहस-नहस कर डाला और सदा-सर्वदा के लिए पंजाब के उज्ज्वल ललाट पर कलंक-कालिमा पोत दी।"

"परन्तु उस कालिमा को धोने के लिए पंजाब ने अपना रक्त भी खूब भेंट किया। अनेक वीरों ने रणांगन में फांसी के तख्तों पर या जेल में तिल-तिलकर आत्म-बलि दे दी और आज तक वह बलि-शृंखला चल रही है। पंजाब में सबसे पहले जो बलिदान हुआ, वह कूका-विद्रोह के नाम से प्रसिद्ध है।

महाराजा रणजीतसिंह के समय की वीरता, बाद की उदासी-उपेक्षा, उसके बाद की गद्दारी और तब पुनर्जागरण, पंजाबी जन-जीवन के इन चार परिवर्तनों को भगतसिंह ने अपने लेख की भूमिका में चांद के फांसी अंक की 31 पंक्तियों में जिस खूबसूरती और करीने से पिरो दिया है, वह मनोमुग्धकारी है। ये पंक्तियां पाठक को झंझोड़ती भी हैं, थपथपाती भी हैं। कौन सहमत न होगा कि एक सफल लेखक ही ऐसा कर सकता है। वे जीते तो अपनी कलम को और भी मांजते, क्योंकि किसी काम में पूरी तरह डूबना उनका स्वभाव था। तब एक शैलीकार लेखक के रूप में अमरता प्राप्त करते, पर नियति ने उन्हें लेखक होकर जीने के लिए नहीं, मरकर लेखों और लेखकों का चिन्तन विषय बनने के लिए बनाया था।

कोई अभिनेता सफल नहीं हो सकता, यदि उसमें क्रोध के शब्दों को आवेश के भावों में और प्यार के शब्दों को आवेग के भावों में प्रकट करने की भरपूर क्षमता न हो। उसे यह बड़ी सुविधा प्राप्त है कि वह अपने कार्य में चेहरे की भाव-मुद्राओं की मदद ले सकता है। लेखक भी सफल नहीं हो सकता, यदि उसमें भावों के अनुसार शब्दों के चयन की सामर्थ्य न हो। उसका काम अभिनेता से कठिन है, क्योंकि न तो उसे मुद्राओं की सहायता प्राप्त होती है, न मंच के वातावरण की ; दोनों का काम भी उसे शब्दों से ही लेना पड़ता है। शब्दों के चयन की यह शक्ति भगतसिंह में पूरी मात्रा में थी। इसका एक चुटकुले-जैसा मज़ेदार नमूना यह है कि सरकारी अधिकारियों को

जो पत्र लिखे जाते थे, उनके अन्त में हस्ताक्षरों के ऊपर लिखा जाता था–योर मोस्ट ओबीडिएंट सरवेंट, आपका अत्यन्त आज्ञापालक सेवक। भगतसिंह यह लिख नहीं सकते थे, इसलिए वे लिखते थे–"योर्स एट्रस्ट्रा–आपका इत्यादि।" सांप भी मर जाए और लाठी भी न टूटे। मतलब यह कि भिड़ने की जगह भिड़ना, पर जहां भिड़ना न हो, कन्नी काट जाना।

शहीद करतारसिंह सराबा पर लिखे लेख का आरम्भ उन्होंने इस प्रकार किया– "रणचंडी के उस परम भक्त बागी करतारसिंह की आयु उस समय बीस वर्ष की भी न होने पाई थी, जब उन्होंने स्वतन्त्रता देवी की बलिवेदी पर निज रक्तांजलि भेंट कर दी। आंधी की तरह वे एकाएक कहीं से आए, आग भड़काई, सुषुप्त रणचंडी को जगाने की चेष्टा की, विप्लव यज्ञ रचा और अन्त में उसी में स्वाहा हो गए। वे क्या थे, किस लोक से एकाएक आ गए थे और फिर किधर झट से चले गए, हम कुछ भी समझ न सके।"

कैसा प्रवाह है भाषा का, कैसी थिरक रही है शब्दों में। पढ़ते-पढ़ते लगता है, जैसे अल्मोड़ा के किसी ऊंचे पर्वत के छोटे-छोटे मोड़ों में बंटी ढलुआ पगडंडी पर हम बिना प्रयत्न किए ढलके जा रहे हों–"आंधी की तरह वे एकाएक कहीं से आए, आग भड़काई, सुषुप्त रणचंडी को जगाने की चेष्टा की, विप्लव यज्ञ रचा और अन्त में उसी में स्वाहा हो गए।"

इसी लेख का एक और टुकड़ा है–"(अमरीका में) उन्हें पद-पद पर देश का अपमान अखरने लगा। घर याद आने पर पराधीन ज़ंजीरों से जकड़ा हुआ, अपमानित, लुटा हुआ, निःशक्त भारत आंखों के सामने आ जाता।" शब्द का मोती एक के बाद एक उनकी हृदय-मंजूषा से निकलता चला आता है, पर वह बिखरता नहीं, जड़ा जाता है, यही उनकी कारीगरी है। कारीगरी और भी चमक उठती है। जब वे किसी परिस्थिति का चित्रण कर उसे किसी शेर या सूक्ति से जड़ देते हैं।

भारत में गदर का आन्दोलन असफल हो गया। तभी का चित्र है–सब प्रयत्न, सब परिश्रम एकदम व्यर्थ हो गया। पंजाब में गिरफ्तारियों का बाज़ार गरम हो गया। विपत्ति में पड़ते ही अनेक विप्लवी अक्लमन्द बनने लगे। उन्हें अपने पुराने आदर्श में भ्रम दीखने लगा। आज वह पकड़ा गया, कल वह फूट पड़ा। ऐसी ही दशा में रासू बाबू हताश होकर मुर्दे की नाईं लाहौर के एक मकान में पड़े थे। करतारसिंह भी आकर एक ओर चारपाई पर दूसरी ओर मुंह करके लेट गए। वे एक-दूसरे से कुछ बोले नहीं परन्तु चुप-ही-चुप में एक-दूसरे के हृदय में घुसकर वे सब समझ गए थे। उनकी उस समय की वेदना का अनुमान हम लोग क्या लगा सकेंगे ?

"दरे तदबीर परसर फोड़ना शेवा रहा अपना
वसीले हाथ ही आये न क़िस्मत आज़माई के ।"

पढ़कर फिर पढ़ने को मन चाहता है और पढ़कर लगा है, जैसे किसी बहुत कीमती चित्र को एक बहुत सुन्दर चौखटे में जड़ दिया गया है। भगतसिंह के दिल में देशभक्ति की, देश के लिए सर्वस्व न्योछावर करने की जो छलक थी, वही तो झलक आती थी

उनकी कलम में।

'स्वाधीनता की लड़ाई में पंजाब का पहला उभार' का एक टुकड़ा है–गरम दल के नेता जानते थे कि जब जनता में जागृति होती है, तो उसके अन्दर जोश और बेचैनी होना भी अवश्यंभावी है। वे यह भी जानते थे कि फूंक-फूंककर कदम रखने वाले महानुभाव स्वतन्त्रता के संघर्ष में अधिक समय तक नहीं टिक सकते। राष्ट्र के निर्माता तो नवयुवक ही हुआ करते हैं। किसी ने सच कहा है–"सुधार बूढ़े आदमी नहीं कर सकते। वे तो बहुत ही बुद्धिमान् और समझदार होते हैं। सुधार तो होते हैं–युवकों के परिश्रम, साहस, बलिदान और निष्ठा से। जिनकों भयभीत होना आता ही नहीं है और जो विचार कम और अनुभव अधिक करते हैं।"

भगतसिंह सूक्तियों के भण्डार थे। उन्हें आदत थी कि पढ़ते समय जो विचार उन्हें पसन्द आते थे, वे उन्हें कण्ठ कर लेते थे और स्मृति के सहारे ही जगह-जगह उन्हें जड़ते रहते थे। ये सूक्तियां उनके लेखों को भी सौन्दर्य देती थीं और बातचीत को भी। ये सूक्तियां गद्य की भी होती थीं और पद्य की भी। उनकी स्मृति एक और रूप में भी उनके लेखक को बल देती थी। वे अपने विषय की दूर-दूर फैली सामग्री को ध्यान में रखते थे और समय पर उसे परखकर प्रयोग कर लेते थे। इस दृष्टि से उनका हाईकोर्ट में दिया हुआ बयान सर्वोत्तम उदाहरण है।

डॉक्टर मथरासिंह पर लिखा लेख उन्होंने इस तरह समाप्त किया है–"फिर 27 मार्च, 1917 का दिन आ पहुंचा। उस दिन फिर वही नाटक प्रारम्भ हुआ । उस दिन के नाटक में एक ही दृश्य हुआ करता है, और वह भी कुछेक मिनट का। ये पगले लोग न जाने कहां से आ गए, जिन्हें न मृत्यु का भय था, न जीने की चाह, कार्यक्षेत्र में हंसे, युद्ध क्षेत्र में हंसे, फांसी के तख्ते पर भी मुस्करा दिए। उनकी महिमा अपरम्यार है।

हों फ़रिश्ते भी फ़िदा जिन पर ये वो इंसान हैं।

डॉक्टर अरुणसिंह का परिचय उन्होंने आरम्भ ही इस तरह किया था–"देशप्रेम में मतवाले होकर जलती हुई शमा की पहली ही लपट पर एक मस्त परवाने की भांति वे अपना सब कुछ स्वाहा कर गए।

उनके लिए तो–

"ज़िन्दगी नाकिस थी आखिर,
कर लिया मदफन पसन्द,
सुना था यह राहते कामिल,
इसी मंज़िल में है।"

जनता की जड़ता उन्हें बेहद नापसन्द थी, जनता में जागरण उनका मिशन था। इसके लिए वे जन-मन को किस तेज़ी से और किस गहराई तक झंझोड़ते थे, इसका उदाहरण हैं ये पंक्तियां–"बावजूद सबसे अधिक विपत्तियां सहन करने के सबसे अधिक गणना में अपने नर-रत्नों के स्वतन्त्रता बलिवेदी पर बलिदान देने के, आज पंजाब राजनीतिक क्षेत्र में फिसड्डी (पोलिटिकली बैकवर्ड) प्रान्त कहलाता है। बंगाल

में श्री खुदीराम बसु फांसी पर लटके। उन्हें इतना उठाया गया कि आज उनका नाम प्रान्त के कोने-कोने में सुनाई देता है। भारतवर्ष के प्रत्येक प्रान्त में उनका नाम सुविख्यात है, परन्तु पंजाब में कितने-कितने रत्न देश के लिए जीवन-दान दे गए, कितने ही हंसते-हंसते फांसी पर चढ़ गए, कितने ही लड़ते-लड़ते छाती में गोली खाकर शहीद हो गए, परन्तु उन्हें कौन जानता है ? और कहीं की तो बात ही क्या कहें, पंजाब प्रान्त में ही उन्हें कितने लोग जानते हैं ? कोई साधारण वैप्लविक यों ही फांसी पर लटक गया हो और उसे लोग यों ही भूल गए हों, सो भी तो नहीं, जिन लोगों ने अथक उत्साह से तथा अतुल साहस से भारतोत्थान के वे यत्न कर दिए थे कि आज उन्हें सुन-सुनकर अवाक् रह जाने के अतिरिक्त और कोई चारा नहीं।

यदि ऐसे रत्न किसी और देश में जन्म धारण किए होते तो आज उनकी वाशिंगटन, गैरीबाल्डी तथा विलियम वालीस की भांति पूजा होती, परन्तु उन्होंने एक अक्षम्य अपराध यह किया था कि वे भारत में पैदा हुए थे। इसी का दण्ड यह है कि आज उनको विस्मृति के अन्धकार में फेंक दिया गया है। न उनके कार्य की चर्चा है, न उनके त्याग की, न उनके बलिदान की ख्याति है, न उनके साहस की, परन्तु ऐसी कृतघ्नता दिखाने वाले देश की उन्नति कैसे होगी ?'

सरसता और सबलता उनके व्यक्तित्व के महत्त्वपूर्ण गुण थे। उनके व्यक्तित्व का तीसरा गुण था गहराई। खूब पढ़कर, उस पर मनन कर, सोच-विचार कर वे राय बनाते थे। उनका चौथा गुण था स्पष्टता। न वे उलझते थे, न गोलमाल या अधूरी बात कहकर उलझाते थे। उनकी लेखन शैली उनके इन गुणों सरसता, सबलता, गहराई और स्पष्टता से पूरी तरह सिंचित है। असेम्बली बम-काण्ड के बाद अदालत में उन्होंने जो बयान दिया और गवर्नर जनरल के नाम लिखा उनका पत्र (हमें फांसी न देकर गोली से उड़ा दिया जाए) उनकी लेखन-शैली के सर्वोत्तम प्रतिनिधि हैं।

2 फरवरी, 1931 को उन्होंने नई पीढ़ी के नाम जो सन्देश दिया, वह विचारों की दृष्टि से इतना प्रौढ़ है कि भगतसिंह एक आचार्य के रूप में हमारे सामने आ खड़े होते हैं। इसमें उनकी अभिव्यक्ति इतनी सुन्दर है कि पढ़ते ही मन उनके लेखक रूप की प्रशंसा से भर उठता है। क्रान्तिकारी साहित्य के निष्ठावान् लेखक श्री रतनलाल बंसल के शब्दों में–"यह सन्देश उनकी राजनीतिक दूरदर्शिता और बुद्धि की प्रखरता का ऐसा अमर प्रतीक है, जो बलिदान बेला में लिखे जाने के कारण अत्यन्त ऐतिहासिक महत्त्व रखता है। × × × भारत की राजनीति जब भी किसी चौराहे पर पहुंच कर दिशा-भ्रम से शंकित होगी और आगे का मार्ग खोजने के लिए चिन्तातुर होगी, तभी अमर शहीद का यह सन्देश उसे उचित पथ-निर्देशन करेगा और भावी इतिहासकारों को उनके भ्रमों से बचायेगा । × × × भगतसिंह केवल युद्धक्षेत्र के एक वीर सैनिक ही नहीं थे, बल्कि उसके साथ ही एक गम्भीर राजनीतिज्ञ और अपनी भावनाओं को सफलतापूर्वक अभिव्यक्त कर देने वाले कलाकार भी थे।" बंसलजी ने जो कुछ कहा, उसे पारिभाषिक शब्दों में इस तरह भी तो कह सकते हैं कि भगतसिंह एक क्लासिकल लेखक थे।

घोर खतरों से भरी भाग-दौड़ में भी लेखन-कला का अभ्यास उन्होंने कब किया था ? इस कला का विकास उनमें कब-कैसे हुआ ? ये प्रश्न स्वाभाविक है, पर इनका उत्तर उस भाषा में नहीं दिया जा सकता, जिस भाषा में साधारण लेखकों के सम्बन्ध में दिया जाता है। बात यह है कि एक क्रान्तिकारी रूप में ही नहीं एक लेखक के रूप में भी भगतसिंह प्रकृति का, युग का एक विशिष्ट निर्माण थे। हां, यह बात निश्चित रूप से कही जा सकती है कि नेशनल कॉलेज में पढ़ते समय भगतसिंह का लेखक रूप सम्भावनाओं से भरपूर रूप में सामने आ गया था। 'पंजाब हिन्दी साहित्य सम्मेलन' ने पंजाब की भाषा तथा लिपि-समस्या पर लेख निमन्त्रित किये और सर्वश्रेष्ठ लेख पर पचास रुपये पुरस्कार देने की भी घोषणा की। यह निमन्त्रण खुला था और इसमें कोई भी भाग ले सकता था। भगतसिंह ने भी इस स्पर्धा में भाग लिया और एक लम्बा लेख लिखा। यह लेख (स्व.) श्री भीमसेन विद्यालंकार प्रधानमन्त्री पंजाब हिन्दी साहित्य-सम्मेलन की कृपा से सुरक्षित रह गया। बाद में 28 फरवरी, 1933 के हिन्दी-सन्देश में (पृ. 85) पर इसे इन्होंने प्रकाशित भी कर दिया।

भगतसिंह के लेखक रूप को समझने के लिए यह लेख बहुत अधिक महत्त्वपूर्ण है। इतना अधिक महत्त्वपूर्ण कि यदि उनकी लिखी और कोई भी पंक्ति सुलभ न होती और यही लेख बच रहता, तब भी भविष्य के समीक्षक उनके सम्बन्ध में यह लिखने को विवश होते–एक ऐसा लेखक हमारे बीच में पैदा हुआ था, जो जीवित रह पाता, तो समाज के पुनर्जागरण और पुनरुत्थान में तो महत्त्वपूर्ण भाग लेता ही, ऐसी कृतियां भी अपने पीछे छोड़ जाता, जिन्हें भावी पीढ़ियां सम्मान और प्यार के साथ पढ़तीं और प्रेरणा पातीं।

इस लेख से पता चलता है कि उनका अध्ययन कितना विस्तृत था, कितना गहरा था। वह अध्ययन एक बोझ की तरह उन पर लदा न था। इस अध्ययन के प्रकाश में वे अपने राष्ट्र को देखते थे। उससे उसे अनुप्राणित करते थे। बहुत-बहुत देखना, उसमें से काम की चीज़ चुनना और फिर अपने आदर्श के कार्य में उसका उपयोग करना उनका स्वभाव था। यह स्वभाव उनके लेखन में भी झलकता है।

उन्हें लेख लिखना था। पंजाब की भाषा और लिपि की समस्या पर, भूमिका में उन्होंने साहित्य के महत्त्व की स्थापना की और वह भी गहरी ऐतिहासिक पृष्ठभूमि में–''देश-भक्त चाहे वे निरे समाज सुधारक हों, अथवा राजनीतिक नेता, सबसे अधिक ध्यान देश के साहित्य की ओर दिया करते हैं। यदि वे सामयिक समस्याओं तथा परिस्थितियों के अनुसार नवीन साहित्य की सृष्टि न करें तो उनके सब प्रयत्न निष्फल हो जायें और उनके कार्य स्थायी न हो पायें। शायद गैरीबाल्डी को इतनी जल्दी सेनाएं न मिल पातीं, यदि मैज़िनी ने तीस वर्ष देश में साहित्यिक जागृति पैदा करने में ही न लगा दिये होते। आयरलैण्ड के पुनरुत्थान के साथ गैलिक भाषा के पुनरुत्थान का प्रयत्न भी उसी वेग से किया गया, शासक लोग उन्हें दबाये रखने के लिए उनकी भाषा का दमन इतना आवश्यक समझते थे कि गैलिक भाषा की एक-आध कविता रखने के कारण छोटे-छोटे बच्चों तक को दण्डित किया जाता था। रूसो, वालटेयर

के साहित्य के बिना फ्रांस की राज्य-क्रान्ति घटित न हो पाती। यदि टालस्टाय, कार्ल मार्क्स तथा मैक्सिम गोर्की इत्यादि ने नवीन साहित्य पैदा करने में वर्षों व्यतीत न कर दिए होते, तो रूस की क्रान्ति न हो पाती, साम्यवाद का प्रचार तथा व्यवहार तो दूर रहा। पंजाब में उस समय तीन भाषाएं प्रमुखता के लिए टकरा रही थीं–हिन्दी, पंजाबी और उर्दू। बाद में इन भाषाओं के नाम पर जो दुर्घटनाएं हुईं, उन्हें भगतसिंह ने दशाब्दियों पहले ही भांप लिया था। यह देखकर उनकी दूरदर्शिता के लिए सिर झुकता है कि उन्होंने उसी समय तीनों भाषाओं के लिए हिन्दी-लिपि मान लेने की बात साफ-साफ कही थी। भारत की राष्ट्रीय जड़ से उर्दू की पृथक्ता पर उन्होंने इस लेख में गहरी चोटें कीं और फारसी लिपि की अपूर्णता के सम्बन्ध में उन्होंने लिखा–"जब साधारण आर्य और स्वराज्य आदि शब्दों को 'आर्या' और 'स्वराजियों' लिखा और पढ़ा जाता है, तो गूढ़ तत्त्वज्ञान-सम्बन्धी विषयों की चर्चा ही क्या ? अभी उस दिन श्री लाला हरदयाल जी एम. ए. की एक उर्दू-पुस्तक 'कौमें किस तरह ज़िन्दा रह सकती है' का अनुवाद करते हुए सरकारी अनुवादक ने 'ऋषि नचिकेता' को उर्दू में लिखा होने के कारण 'नीची कुतिया' समझ कर 'ए बिच आफ लो ओरीजिन' अनुवाद किया था।"

स्वतन्त्र भारत में पंजाबी भाषा के नाम पर पंजाब का, पंजाब और हरियाणा इन दो भागों में बंटवारा हुआ, पर इस बंटवारे से 41 साल पहले भगतसिंह ने पंजाब के लिए पंजाबी भाषा का युक्ति-युक्त समर्थन किया था। यह जानने के बाद कौन है, जो भगतसिंह के लेखक रूप को सिर न झुकाए ? यह झुका हुआ सिर श्रद्धा से और भी अभिभूत हो जाता है, जब हम यह सोचते हैं कि इस लेख को लिखते समय भगतसिंह कुल 16-17 वर्ष के नवयुवक ही थे।

लेखक के साथ उनमें पत्रकारिता के भी शानदार गुण थे। वीर-अर्जुन के सम्पादन में उनके साथी श्री दीनानाथ सिद्धान्तालंकार ने लिखा है कि उनमें समाचार उत्पादन की अपूर्व क्षमता थी। वे समाचार की आत्मा को पहचानते थे और उसे इस तरह प्रस्तुत करते थे कि वह आत्मा सामने आ जाए। यदि उस समाचार के पीछे कोई इतिहास होता, तो वे उसे लेख का रूप दे देते। 'होली के दिन रक्त के छींटे' इसका श्रेष्ठतम उदाहरण है।

संक्षेप में कहूं , भगतसिंह सफल लेखक थे, समृद्ध लेखक थे, पर अपने बलिदान से वे स्वयं एक ऐसा लेख हो गए , जो सदा पठनीय है, सदा स्मरणीय है।

: 36 :

भगतसिंह : एक मृत्यु–साधक

हमारी भौतिक विभूतियों को कोई भी शक्ति-द्वारा हमसे छीन सकता है। यहां तक कि एक डाकू भी उनका उपभोग कर सकता है, लेकिन हमारी आध्यात्मिक विभूतियां कोई भी इस तरह नहीं छीन सकता।

तुम एक कलाकार या विचारक को मार सकते हो, लेकिन तुम उसकी कला या विचार को नहीं मार सकते।

तुम किसी व्यक्ति को मौत के घाट उतार सकते हो, क्योंकि वह अपने साथियों को प्यार करता है, लेकिन ऐसा करके तुम वह प्यार नहीं पा सकते जो उसकी प्रसन्नता का आधार है।"

–बर्ट्रेण्ड रसेल

युद्ध का आदर्श वाक्य है–"कल्पना अच्छी-से-अच्छी परिस्थिति की करो, पर तैयार रहो बुरी-से-बुरी परिस्थिति के लिए।" विजय की आशा, विजय का विश्वास, सेनापति की सबसे बड़ी शक्ति है। विजय अपने में इतनी बड़ी चीज़ है कि हमारी कल्पना को रंगीन कर देती है, पर विजय के साथ तो और भी इतनी चीजें होती हैं, जो उन रंगों को गहरे से गहरा करती चली जाती हैं। भगतसिंह का लक्ष्य था भारत की स्वतंत्रता और स्वतंत्र भारत में शोषण-विहीन समाजवादी समाज की स्थापना । क्या भगतसिंह इस आशा और विश्वास से जूझ रहे थे कि उन्हें उनके जीवन में यह लक्ष्य प्राप्त हो जाएगा और वे उसके सुखों का उपयोग कर सकेंगे ?

भगतसिंह कल्पना के अभिनेता नहीं थे, यथार्थ के नेता थे। वे उस विशिष्टतम श्रेणी के मनुष्य थे, जिन्हें अंगरेज़ी में विज़नरी कहा जाता है और हिन्दी में युगद्रष्टा। वे जानते थे कि न उन्हें भारत की स्वतन्त्रता देखनी है, न समाजवादी समाज में जीना है। फिर उनकी मस्ती, उनकी धुन, उनकी लगन क्या एक अन्धे जोश का ही शिकार थी, जिसका होश से दूर-पार भी नाता नहीं होता ? दूसरे शब्दों में क्या वे स्वप्नदर्शी थे ? हां, वे स्वप्नदर्शी थे, पर वैसे स्वप्नदर्शी नहीं कि पलंग पर पड़े-पड़े स्वप्न देखा करें, ऐसे स्वप्नदर्शी जिनके बारे में एक पाश्चात्य विचारक ने कहा है कि जिस जाति में स्वप्नदर्शी पैदा नहीं होते, वह मिट जाती है।

प्रश्न है–उनका स्वप्न क्या था ? उनका स्वप्न था मृत्यु। बात को पूरी करने के लिए कहूं–मृत्यु की साधना। इतिहास के पन्ने जीवन की साधना से भरे पड़े हैं, पर उन वन्दनीय साधकों में ध्रुव की तरह अकेले हैं मृत्यु-साधक भगतसिंह ! क्या भगतसिंह जौहर वीर थे ? राजपूती जौहर के आधुनिक प्रतीक थे ? नहीं, जौहर का अर्थ है, लक्ष्य है–अपमानपूर्वक जीने से इन्कार करना। भगतसिंह से पहले क्रान्तिकारियों का जीवन-

कर्म एक स्वप्नदर्शी जौहर ही था, जिसका लक्ष्य था राह दिखाना। भगतसिंह की मृत्यु-साधना ने उस जौहर का अनुकरण नहीं किया, उसे जीवन की नई दिशा दी, नया पथ दिया, नया लक्ष्य दिया–मर कर जीवन की राह बनाना।

एक बार उनके साथी श्री जयदेव कपूर ने उनसे पूछा था–"जीवन की सफलता नापने का तुम्हारा मापदण्ड क्या है ?" प्रश्न सादा-सा दीखता है, पर दर्शन-शास्त्र के गहन सिद्धान्तों की तरह व्याख्या चाहता है। व्याख्या न हो, तो हम उसके आसपास घूम सकते हैं, उसके भीतर प्रवेश नहीं कर सकते। उस समय कहने को क्रान्तिकारी दल था, पर असल में जयदेव कपूर के ही शब्दों में–"थोड़े-से समान विचारों वाले क्रान्तिकारी नवयुवकों की एक टोली थी, जो बिना किसी साधन और सहायता के इतने विराट् ब्रिटिश साम्राज्य की शक्ति से टक्कर लेने चली थी। ब्रिटिश साम्राज्य के पास सब साधन थे, पर इस टोली के पास तो सिर्फ साहसी संकल्प ही था।" क्या यह संकल्प उस महान् शक्ति को हरा सकता है ? इसके उत्तर में देश के बुद्धिमान् तो हंसते ही थे, कोई साफ उत्तर स्वयं क्रान्तिकारियों के पास भी न था, वे एक भावुक सपने में सब कुछ भूले हुए आगे बढ़ रहे थे। मृत्यु का चाव ही उनके सपने की साधना थी। भारतीय क्रान्ति के इतिहास में शहीद खुदीराम बोस इस चाव के पहले प्रतीक हैं (उम्र सत्रह वर्ष) शहीदों की प्रेरणा के स्रोत क्रान्तिकारी कवि श्री ओमप्रकाश ने इसी सपने का तो यह शब्द चित्र खींचा था–

"सर-फ़रोशी की तमन्ना अब हमारे दिल में है
एक मिट जाने की हसरत अब दिले-बिस्मिल में है।"

इस तमन्ना और हसरत का लक्ष्य क्या था ? कवि ओम प्रकाश का उत्तर है–

"कभी वो दिन भी आयेगा कि जब आज़ाद हम होंगे
ये अपनी ही ज़मी होगी ये अपना आसमां होगा।"

इस लक्ष्य को सुन्दर बनाने वाली क्या चीज़ थी ? कवि श्री ओमप्रकाश का ही उत्तर है–

"शहीदों की चिताओं पर जुड़ेंगे हर बरस मेले
वतन पर मरने वालों का यही बाकी निशां होगा।"

यह लक्ष्य बहुत दूर है, कहीं उसका छोर दिखाई नहीं देता, कवि ने अपनी भावुकता से इस दूरी को, इस झिलमिलाहट को नया सम्बल दिया था–

"रहबरे राहे-मुहब्बत रह न जाना राह में
लज़्ज़ते सहरान वर्दी दूरि-ए मंजिल में है।"

भगतसिंह का नेतृत्व यह है कि उन्होंने क्रान्तिकारियों के इस सपने के भीतर पहली बार सत्य की खोज की थी। अपनी इस खोज की धुन को वे अपनी मीठी गुनगुनाहट में भर कर अक्सर गाया करते थे–

"तुझे उनसे ख्वाहिश दुश्मनी, तेरी आरज़ू भी अजीब है ?
वे हैं अर्श पर, तू है खाक पर, वे अमीर हैं तू गरीब है।"

जिज्ञासा उभरती है–क्या ऐसे दुश्मन को जीतना सम्भव है ? बुद्धि कहती है नहीं,

यह असम्भव है। तब फिर हमारे सपने की साधना में सिद्धि कहां है ? क्या सिर्फ यही कि हम दुश्मन को कभी उसकी और कभी अपनी आहुति से चौंकाते रहें ? दिखता तो ऐसा ही है, पर यह तो कोई सफलता नहीं है। इसी पृष्ठभूमि में प्रश्न है—जीवन की सफलता नापने का तुम्हारा मापदण्ड क्या है ? भगतसिंह अपने में स्पष्ट हो गए हैं। उनका उत्तर है—"अपना जीवन देकर यदि मैं देश के कोने-कोने में क्रान्ति की आवाज़ उठा सका, तो मैं समझूंगा कि मुझे अपने जीवन का पूरा-पूरा मूल्य प्राप्त हो गया।" क्या अर्थ है इस उत्तर का ? इस उत्तर का साफ अर्थ है मृत्यु की अनुपम साधना—जिसने सशस्त्र क्रान्तिकारी कार्यक्रम में पहली बार मृत्यु के भावुक चाव को एक यथार्थवादी योजना का रूप दिया।

असेम्बली में बम फेंकने के बाद जो लाल परचे फेंके गए थे, उनमें उन्होंने कहा था—"वी वाण्ट टू एम्फेसाइज़ द लेसन ऑन रिपीटेड बाई द हिस्ट्री दैट इट इज़ इज़ि टू किल इण्डिविजुअलस बट यू कैन नॉट किल आइडियाज़। ग्रेट एम्पायर्स क्रम्बल्ड वाइल आइडियाज़ सर्वाइव।" हम उस पाठ पर ज़ोर देना चाहते हैं, जिसे इतिहास ने बार-बार दोहराया है कि व्यक्तियों को मार डालना आसान है, लेकिन तुम विचारों को नहीं मार सकते। बड़े-बड़े साम्राज्य लड़खड़ाकर गिर गए जबकि विचार अमर रहे। क्रान्ति के अक्षर बीज को विचार-वृक्ष का विकासशील रूप देना ही उनकी मृत्यु-साधना थी।

जावन का यह एक अध्ययन योग्य चमत्कार है कि अपनी मृत्यु का पूरा उपयोग करने की निश्चित धारणा भगतसिंह के मन में थोड़ी उम्र में ही स्पष्ट हो गई थी। एक बार उनके पिताजी बहुत बीमार हुए तो उन्होंने बेहद तल्लीनता से दवादारू की। एक दिन अपनी छोटी बहन अमर कौर से कहा—अगर पिताजी को कुछ हो गया तो मैं घर नहीं संभालूंगा, यह काम मेरे लिए नहीं है।

इसके आसपास ही एक बार उनकी माताजी बहुत बीमार हुईं तो उन्होंने बहन से कहा—"अगर बेबेजी की मृत्यु हो गई, तो मैं शादी नहीं करूंगा पिताजी की ही दुबारा शादी कर देंगे।"

दशहरा बम केस में गिरफ्तारी के बाद हवालात में रहकर भगतसिंह लौटे तो बहन अमरकौर उनके बालों में तेल लगाने लगीं। बहुत भारी बाल थे। अमर कौर ने कहा—"वीरजी, आपके बाल बहुत भारी हैं, बीच-बीच में से कुछ बाल कटवा दीजिए। किसी को दिखेंगे भी नहीं और सिर का बोझ भी हल्का हो जाएगा।' अपनी सहज हास्य मुद्रा में बोले—"चुप-चुप अभी ऐसा मत कह। मैं थोड़े नहीं, सारे बाल काट दूंगा, पर ऐसे समय जब सारी सिख कौम इस पर फख्र करेगी।"

1926 के आसपास की बात है। उनके सहपाठी और मित्र श्री जयदेव गुप्ता डैन ब्रीन की लिखी 'माई फाइट फॉर आयरिश फ्रीडम' (आयरलैण्ड की स्वतन्त्रता के लिए मेरा संघर्ष) नामक पुस्तक पढ़ रहे थे। उसमें लिखा था—"अगर हमने गवर्नर-जनरल की गाड़ी पर बम फेंका और हम पास के गांव में जा छिपे तो वहां का बच्चा-बच्चा कट जाएगा, पर हमारा पता नहीं देगा। तभी भगतसिंह आ गए। जयदेवजी ने उनसे

कहा–"वहां की जनता ऐसी है, पर यहां तो गैरों की बात छोड़ो, तुम्हारा कोई साथी ही पुलिस को सारा भेद बता देगा और तुम गाजर-मूली की तरह कट जाओगे।"

सुनकर बहुत गम्भीर हो गए भगतसिंह। कुछ देर बाद बोले–"जैसे पुराना कपड़ा उतार कर नया बदला जाता है, वैसे ही मृत्यु है। मैं उससे डरूंगा नहीं, भागूंगा भी नहीं। कोशिश करूंगा कि पकड़ा जाऊं, पर यों ही नहीं कि पुलिस आई और पकड़ ले गई। मेरे पास एक तरीका है कि कैसे पकड़ा जाऊं ? मौत आएगी, आएगी ही, पर मैं अपनी मौत को इतनी महंगी और भारी बना दूंगा कि ब्रिटिश सरकार रेत के ढेर की तरह उसके बोझ से ढंक जाए।"

निडर भाव से ही नहीं, शौक और योजना के साथ मृत्यु की ओर बढ़ते हुए क्षण-क्षण मृत्यु को महंगी और भारी बनाने की योजना का ही दूसरा नाम भगतसिंह है। दल के नेता चन्द्रशेखर आज़ाद और अन्य प्रमुख सदस्य चाहते थे कि भगतसिंह असेम्बली में बम फेंकने न जाएं। केन्द्रीय समिति की एक बैठक में वे चुप भी रह गए थे अनुशासन के भाव से, पर सुखदेव के पास की बातचीत के बाद स्वयं आग्रह कर बुलवाई गई केन्द्रीय समिति की दूसरी बैठक में ज़िद करके भगतसिंह ने अपना ही नाम रखाया। तब सबने चाहा कि बम फेंककर वे सुरक्षित लौट आएं, गिरफ्तार न हों। सब सहमत थे कि ऐसा संभव है। स्वयं चन्द्रशेखर आज़ाद असेम्बली में जाकर देख आए थे और गिरफ्तारी को बेकार समझते थे, पर भगतसिंह की राय थी कि बम फेंक कर वहीं गिरफ्तार होना। मुकदमे को माध्यम बनाकर दल के सिद्धान्तों का प्रचार करना और इस प्रकार देश-भर में क्रान्ति का वातावरण तैयार करना ही सही नीति है।

चन्द्रशेखर आज़ाद के शब्द थे–"मैंने बहुत मना किया, मगर भगतसिंह किसी प्रकार भी नहीं माना। सच तो यह है कि वहां खड़े रहकर पकड़े जाने की बात मेरी समझ में कभी नहीं आई और न मैं आज भी उसे समझ पा रहा हूं। अपनी पार्टी की सैद्धान्तिक स्थिति को स्पष्ट करने के लिए खुद-ब-खुद पकड़े जाने की क्या आवश्यकता है ? जब कभी पकड़ लिए जाओ तो अपनी सैद्धान्तिक स्थिति स्पष्ट करो और शान से फांसी पर चढ़ जाओ, मगर जान-बूझकर अपने हाथ से फांसी का फन्दा अपने गले में डालने का तर्क मेरी समझ में नहीं आया। फिर भी भगतसिंह की ज़िद मानकर केन्द्र समिति ने स्वीकार कर लिया, उसे मैंने भी मंजूर कर लिया। भाई, सिद्धान्त-विद्धान्त ये लोग ज्यादा समझते हैं, हमें तो कुछ करना ही आता है।"

कुछ करना और उसके परिणामों को दूर तक समझ कर करना दो अलग-अलग काम हैं। पहला काम योद्धा का है, दूसरा नेता का । भगतसिंह में सैनिक योद्धा और दूरदर्शी नेता दोनों के समान गुण थे। बम की उस घटना के वे ही परिणाम निकले, जो भगतसिंह ने सोचे थे और जिनके सम्बन्ध में अपने अखण्ड विश्वास के कारण केन्द्रीय समिति में ज़िद की थी। ये परिणाम भी अपने-आप नहीं निकले। भगतसिंह ने उन्हें निमन्त्रण दिया था। पग-पग पर उनका नियन्त्रण किया था। हर क्षण पर उनकी निगाह थी और उसका उन्होंने बहुत कौशल से उपयोग किया था। यह कौशल विश्व

इतिहास के राजनीतिक कौशलों में इतना गहरा, इतना अद्‌भुत है कि उस पर कोई भी मेहनती विद्वान् अपना शोध-प्रबन्ध लिख सकता है।

उन्होंने मृत्यु को सहा—यह झूठ है, उन्होंने मृत्यु से भय नहीं माना, यह सत्य का एक धुंधला चित्र है, उन्होंने मृत्यु को निमन्त्रण दिया, यह सत्य का कुछ साफ चित्र है, किन्तु पूर्ण सत्य यह है कि उन्होंने मृत्यु का सौदा किया। उसकी पूरी कीमत वसूल की और वे उससे इस तरह खेले जैसे खिलाड़ी फील्ड में गेंद से खेलता है। यह खेल इतना शानदार, जानदार और रसीला है कि इसमें नौका-विहार की रसमयता और शिकार की उत्तेजना एक साथ आ मिली है। इसके द्वारा जैसे वे कवि आर. एल. स्टीवेन्सन के शब्दों में संसार से कह रहे हों—

"इस विस्तृत और तारों-भरे नभ के नीचे,
खोदकर मेरी कब्र मुझे दफना देना।
मैंने हंसते-हंसते अपना सारा जीवन बिता दिया
और स्वेच्छा से ढूंढ़ लिया मृत्यु का सहारा।
मेरी मृत्यु के बाद, मेरी समाधि पर लिख देना यह
यहीं पड़ा सोता है वह, जैसा कि उसने स्वयं चाहा,
जैसे जीवन-नौका खे कर मांझी समुद्र से लौट आया हो,
जैसे सिंह का कर शिकार, शिकारी घर लौटा हो।"

ट्रिब्यूनल फांसी का हुक्म सुना चुका था। भगतसिंह अपील के लिए तैयार नहीं थे। उनका अखण्ड विश्वास था कि पत्रों में हम लोगों को छोड़ देने के लिए जो शोर मचाया जा रहा है, उसे सरकार नहीं सुनेगी। भगतसिंह जानते थे कि केन्द्रीय सरकार झुक भी जाए, परिस्थितियों के कारण थोड़ा-बहुत मुलायम पड़ भी जाए तो भी पंजाब सरकार नहीं मान सकती, क्योंकि उसके अफसरों ने हम लोगों की फांसी को प्रतिष्ठा का प्रश्न बना लिया है, पर उनकी झिझक यह थी कि मुकदमे में सारा काम एक-तरफा हुआ है, अर्थात् न अभियुक्त अदालत में उपस्थित हुए न उनके गवाह पेश हुए, न उनके वकीलों ने बहस या सरकारी गवाहों पर जिरह ही की। यह बात संसार-भर के न्यायशास्त्रियों की दृष्टि में हल्की थी। अंगरेज़ों का कानून से शासन करने का दावा भी इससे छोटा होता था। इसके साथ ही सरकारी गवाहियां बेहद कमज़ोर थीं और न्याय की तराजू पर टिक न सकती थीं। यह एक ऐसा कोना था, जहां सरकार का पक्ष बेहद कमज़ोर था और अपील में यदि प्रिवि-कौन्सिल के जज ज़रा भी स्वतन्त्र विचार रखते हों, तो सरकार हार सकती थी—सज़ा खत्म हो सकती थी।

भगतसिंह यह नहीं चाहते थे, पर पण्डित मोतीलाल नेहरू ने शिमला में अपनी रोग-शय्या पर पड़े-पड़े अनुरोध किया कि अपील ज़रूर की जाए, जिससे सभी राजनीतिक कैदियों की मुक्ति के लिए प्रयत्न किया जा सके।

भगतसिंह की दिलचस्पी मुक्ति में नहीं थी ; पर कुछ समय मिले, तो उसका उपयोग

क्रान्ति के विचारों का जनता में प्रचार करने के लिए किया जाए, इसमें उनकी पूरी दिलचस्पी थी। बाहर से भी अपील करने का पूरा ज़ोर पड़ रहा था। तभी एक दिन श्री विजयकुमार सिन्हा को, जो इसी मुकदमे में कालेपानी की सज़ा भोग रहे थे, भगतसिंह की काल-कोठरी में ले जाया गया, जिससे वे दोनों अपील के सम्बन्ध में सलाह कर सकें। विजय बाबू को जीना था, भगतसिंह को मरना था। यह दोनों की आखिरी मुलाकात है, इस विचार से ही विजय बाबू विभोर हो रहे थे। उन्हीं के शब्दों में–"एक प्यारी आवाज़ ने मेरी इस अचेतन अवस्था को तोड़ा। 'विजय तुम आ गए।' भगतसिंह मेरे सामने खड़े थे। उनके चेहरे पर एक स्वाभाविक मुस्कराहट अब भी विराजमान थी। मुझे समझ नहीं आता था कि क्या कहूं ? एक अनोखा वातावरण छा गया था। मुझे ऐसा अनुभव हो रहा था कि मेरा वह मित्र, जिसके साथ मैंने कई वर्ष मिलकर काम किया और दुःख झेले थे, आशा-निराशा का इकट्ठे आनन्द लूटा था और जो मेरे इतना समीप खड़ा था अनजाना-सा, मुझसे सदा के लिए दूर हो रहा है। वे अर्थ-भरी दृष्टि से मेरी ओर देखते रहे। ऐसी आंखों से देखते रहे, जिनसे प्रकट था कि वे उस तूफान को समझते हैं जो मेरे दिल में उमड़ रहा था।"

अपील के सम्बन्ध में खूब बातें हुईं। भगतसिंह के शब्द थे–"भाई, ऐसा न हो कि फांसी रुक जाए और क्रान्ति के कार्य को आगे बढ़ाने के लिए मुझे बलिदान होने का सौभाग्य प्राप्त न हो सके।" श्री विजयकुमार सिन्हा के शब्दों में–"भगतसिंह का विश्वास था कि क्रान्ति की सच्ची सेवा हम मर कर ही कर सकते हैं।"

भगतसिंह ने अपने छोटे भाई कुलतारसिंह के नाम एक पत्र में बहुत ही भावपूर्ण शेर लिखे थे, जिनका अर्थ इस प्रकार है–"प्रातःकाल के प्रकाश में भाग्य की किरण को कौन रोक सकता है ? यदि समस्त संसार भी हमारा दुश्मन हो जाए, तो वह हमें क्या हानि पहुंचा सकता है ? मेरे जीवन के दिन समाप्त हो गए हैं। मैं एक शमा की तरह सवेरे के प्रकाश की गोद में समाप्त हो रहा हूं। हमारा विश्वास और हमारे विचार बिजली की कड़क की भांति संसार को प्रकाशित करेंगे। इस हालत में यह मुट्ठी-भर धूल बर्बाद भी हो जाए, तो इसमें डर की क्या बात है ?"

भगतसिंह ने ऐसे घोर अंधेरे में अपनी मृत्यु-साधना आरम्भ की थी, जब उस अंधेरे के हटने की कोई सम्भावना सामने न थी। उनकी साधना सफल हुई थी। अंधेरा फट चला था, प्रभात की किरणें फूटने लगी थीं। वे अपने जीवन का पूरा मूल्य पा चुके थे, चुपचुप आतंकवादी हत्याकाण्ड समझा जाने वाला कार्य जनता का क्रान्ति-आन्दोलन बन चुका था और इस प्रकार उनकी कृतार्थता उनकी मुट्ठी में थी।

ठीक फांसी के दिन भगतसिंह को जेल से भगाने की बात भीतर-भीतर उठी थी और उनसे इस बारे में पूछा गया था। उत्तर में उन्होंने लिखा था–"जीने की इच्छा तो प्राकृतिक है और वह मुझमें भी होनी चाहिए। मैं इसे छिपाना नहीं चाहता। मगर मैं कैद होकर या किसी पाबन्दी के अधीन होकर ज़िन्दा नहीं रहना चाहता। मेरा नाम भारतीय क्रान्ति का बिन्दु बन चुका है। इन्कलाब पार्टी के आदर्शों और बलिदानों ने मुझे बहुत ऊंचा कर दिया है। जीवित रहने की दशा में मैं इससे अधिक ऊंचा नहीं

जा सकता। × × × मेरे हंसते-हंसते फांसी पर चढ़ जाने से भारतीय माताएं अपने बच्चों को भगतसिंह बनने की प्रेरणा दिया करेंगी। देश पर बलिदान होने वालों की संख्या इतनी बढ़ जाएगी कि शायद क्रान्ति की इस बाढ़ को रोकना साम्राज्यवादियों के लिए असम्भव हो जाए और उनकी शैतानी तोपों के वश की बात न रहे। ××× फांसी से बचने की मेरे दिल में कोई लालसा नहीं है। मुझसे अधिक सौभाग्यशाली कौन होगा ? मुझे आजकल अपने पर बहुत गर्व है। अब तो बड़ी उत्सुकता से अन्तिम परीक्षा की प्रतीक्षा है। इच्छा है कि यह और करीब हो जाए।"

फांसी से कुछ पहले उन्होंने जो पत्र श्री बटुकेश्वर दत्त को और प्रोफेसर मोती सिंह को लिखा, उसकी ये पंक्तियां मृत्यु के उस महान् साधक के आह्लाद की कितनी स्पष्टता अपने में समाए हुए हैं ?

"नाऊ आई सी माई गॉड
इन हिज़ विजिएबल फार्म
आन दि गैलौज़–

अर्थात्–

अब मैं देख रहा हूं अपने ईश्वर को
उसके दर्शनीय रूप में, फांसी के तख्ते पर।"

बहुतों ने, बहुत रूपों में, बहुत प्रकार से, ईश्वर को पाया है, पर मृत्यु की साधना से अपने महान् जीवन आदर्श के रूप में ईश्वर को पाने वाले भगतसिंह तो अपनी जगह अपने रूप में अकेले ही खड़े हैं।

कविवर श्री कल्याण कुमार 'शशि' के छन्दों में इस मृत्यु-साधना का नई पीढ़ियों को सन्देश है–

"साहसी को बल दिया है, मृत्यु ने मारा नहीं है।
राह ही हारी सदा राही कभी हारा नहीं है।
बिजलियां काली घटाओं से कहां रोके रुकी हैं।
डूबते देखे भंवर ही डूबती धारा नहीं है।
जो व्यथाएं प्रेरणा दें उन व्यथाओं को दुलारो,
जूझकर कठिनाइयों से रंग जीवन का निखारो,
दीप बुझ-बुझ कर जला है, वृक्ष कट-कटकर बढ़ा है.
मृत्यु से जीवन मिले, तो आरती उसकी उतारो।"

: 37 :

शहादत के सैंतीस साल बाद

23 मार्च, 1968 का सवेरा !

सन् कुछ भी हो, पर मार्च की 23 तारीख सवेरे को आंखें खुलती हैं तो मन इतनी गहरी भावनाओं में डूब जाता है कि बिस्तर से उठते-उठते तन भी रोमांच के कई अनुभव कर लेता है; पर इस बार तो यह अनुभव और भी गहरा था, और भी करुण था, और भी मर्मस्पर्शी था–बिजली-सी कौंध गई थी मेरे रोम-रोम में। मैं उस दिन फिरोज़पुर में जागी थी और वहां उसी दिन शहीद भगतसिंह, शहीद राजगुरु और शहीद सुखदेव के समाधि-तीर्थ का उनके बलिदान के 37 वर्ष बाद उद्घाटन होना था। मुझे उस दिन वहां जाना था–जहां मैं कभी नहीं गई, मुझे वह देखना था जो मैंने कभी नहीं देखा ; लेकिन जिसके बारे मैं तब से सुनती रही हूं, जब से स्मृति का आंचल मेरे हाथ में है। मैं उछल कर बिस्तर से बाहर निकली और जल्दी-जल्दी सब कामों से निवृत्त हो, बस में जा बैठी।

फिरोज़पुर से सात मील दूर सतलुज नदी के किनारे हुसैनीवाला में शहीदों की नई बनी समाधि के उद्घाटन में ही सबको जाना था। बस तेज़ी से दौड़ी जा रही थी और विचार उससे भी तेज़ी से दौड़े जा रहे थे। यह तेज़ी इतनी तेज़ थी कि विचार झिलमिल हो गए थे। एक से दूसरा विचार इस तरह घुल-मिल गया था कि उसे अलग करके साफ-साफ देखना सम्भव न था। जैसे कभी मन की एकाग्रता में कण्ठ में गीत न रह कर एक गुनगुनाहट, एक रसीला तरन्नुम ही रह जाता है, कुछ वैसी ही स्थिति थी विचारों की। विचार-स्मृतियों के अम्बार में एक भीनी-भीनी अनुभूति बन गए थे। न कोई साफ विचार था न कोई साफ स्मृति थी, विचार-ही-विचार थे, स्मृतियां-ही-स्मृतियां थीं ; जैसे, मेले में चेहरे-ही-चेहरे आंखों के सामने होते हैं, पर किसी एक चेहरे पर निगाह जमती नहीं।

सुन्दर बागों, हरी-भरी फसलों को पीछे छोड़ हमारी बस अब झाड़-झंखड़ के बीच सड़क पर तेज़ी से बढ़ी चली जा रही थी। विचारों की भीड़ में से एक विचार उछल कर सामने आया–झांड़-झंखाड़ को हरे-भरे खेतों और बागों में बदलने के लिए जैसे जल-सिंचन आवश्यक है, वैसे ही मातृभूमि के झाड़-झंखाड़ को राष्ट्रीय जीवन की नई फसलों में बदलने के लिए रक्त-सिंचन की आवश्यकता है। यह रक्त-सिंचन क्या सुगम है ? हमारी उंगली में सुई चुभ जाती है और एक बूंद खून निकल आता है तो हम झट उस पर पानी की पट्टी बांधते हैं कि वह रुक जाए। इस हालत में खून से सींचने की बात, रक्त से मातृभूमि के तर्पण की बात कितनी कठिन है ! हां, बहुत

कठिन है और शहीद यही कठिन कार्य करते हैं, इसलिए वे वन्दनीय हैं। हम सब शहीदों की वन्दना के लिए ही तो जा रहे थे !

एक हल्के झटके के साथ बस रुक गई। सामने ही सतलुज नदी बह रही थी। सतलुज, जो भगतसिंह की मृत्यु-साधना की साक्षी है, जिसने अपनी आंखों उनका रक्त-तर्पण देखा है। सभी यात्री बस से उतरकर चल पड़े। दस-बीस कदम ही चली थी कि सतलुज का विशाल पुल आ गया। मैंने देखा–प्रवाह में तेजी भी है, गर्जना भी है। पानी न सफेद न नीला, मटमैला-सा था। पानी से उठकर मेरी निगाह पुल की दीवार पर गई। जगह-जगह पोस्टर लगे थे और उन पर शहीद भगतसिंह का फैल्ट हैट वाला चित्र छपा था। जनता के मानस में वे बलिदान के प्रतीक हो गए, क्रान्ति के प्रतीक हो गए हैं। मेरे आगे-पीछे, दायें-बायें, यह सब भीड़ उनकी वन्दना के लिए ही तो उमड़ी आ रही थी। मन में एक विचार से सुइयां-सी चुभने लगीं। हम 'भगतसिंह ज़िन्दाबाद' गुंजाते हैं, उनके चित्र को फूलों से सजाते हैं, पर उनके उद्देश्य–नयी समाज-व्यवस्था की स्थापना को जीवन में नहीं उतारते। मैं सोचते-सोचते दुःख में डूब गई–जो कौम, जो राष्ट्र, अपने शहीदों को तमाशा बनाकर खुशी मनाए, क्या वह कौम या राष्ट्र कभी महान् बन सकता है ? मेरा ध्यान फिर सतलुज के प्रवाह की ओर गया। अपने मन का दुःख मुझे उसके मटमैलेपन में सिसकता दिखाई दिया। क्या सचमुच सतलुज हमारे आचरण के दुःख से दुःखी थी ? एक विचार ने मन की धारा को कहीं से मोड़ दिया–सतलुज की गोद में खून के छींटे पड़े थे। आज भी वह अपने मटमैले आंचल में उन्हें संजाए चल रही है। मेरी आंखें भर आईं, हृदय पिघल पड़ा। कुछ ऐसा अनुभव हुआ कि सतलुज से मेरा घनिष्ठ सम्बन्ध है, क्योंकि वह मेरे तायाजी और मेरे देश के महान् शहीद भगतसिंह और उनके साथियों का सच्चा स्मारक है–उसका जीवन जड़ता से ग्रस्त नहीं, निरन्तर प्रगतिशील है, निरन्तर नई फसलों को सींच रहा है।

फैल्ट हैट वाला भगतसिंह का चित्र पोस्टरों पर चमक रहा था। मैं बढ़ी जा रही थी। हर तरफ आदमी-ही-आदमी थे। कुछ दूरी पर पुराना पुल दिख रहा था। पुल तो क्या था वह, पुल का खण्डहर था–कुछ खम्भे खड़े थे, बाकी सब टूट चुका है। पुराना पुल अंगरेज़ी साम्राज्य का प्रतीक है, जो खील-खील हो गया और नया पुल नये भारत का प्रतीक है, जिसके नीचे जीवन का प्रवाह बह रहा है। भगतसिंह गुलामी और आज़ादी के बीच एक पुल ही थे, जिनके स्मारक का आज उद्घाटन हो रहा है !

दिन की खुली धूप चारों ओर फैल रही थी, पर मेरे भीतर वह काली (23 मार्च, 1931 की) अंधेरी रात भरी हुई थी, जिस रात इस जंगल में एक फौजी ट्रक आया था, जो सड़क से नीचे एक ओर उस पुराने पुल की आड़ में दरिया के करीब जाकर रुका था। उस समय चारों ओर सन्नाटा था, सिर्फ सतलुज के प्रवाह की आवाज़ ही सुनाई देती थी। उस ट्रक में से कुछ बोरियां उतारी गई थीं। उन बोरियों में भगतसिंह, सुखदेव और राजगुरु की कटी हुई लाशें थीं, जिन्हें उसी दिन शाम को लाहौर सेण्ट्रल जेल में फांसी दी गई थी। बोरियों के साथ ही टीन के कुछ डिब्बे भी उतारे गए थे, जिनमें मिट्टी का तेल था। लाशों के उन टुकडों पर तेल छिड़का गया और आग लगा दी। आग के

फैलने की तरह ही यह खबर लाहौर और फिरोज़पुर में फैल गई थी कि भगतसिंह और उनके साथियों को फांसी दे दी गई है और उनकी लाशें ट्रक में रखकर दाह-संस्कार के लिए इधर ही कहीं लाई गई हैं। यह खबर पाकर फिरोज़पुर का भारी जन समूह जलती हुई मशालें लेकर इस रोशनी को देख इधर बढ़ा आ रहा था। तब भयभीत फौजियों ने उन अधजली लाशों को पानी में फेंक दिया था और उस स्थान पर इधर-उधर से रेत डाल वे ट्रक भगा ले गए थे। लाशों को काटते समय उन्होंने कहां सोचा था कि वे अपने शासन के ही अंग काट रहे हैं और इस झाड़-झंखाड़-भरे स्थान पर छिपकर और उस स्थान को रेत से छिपाकर उन्होंने कहां सोचा था कि जिस जगह को वे छिपा रहे हैं, वह एक दिन भारत की राष्ट्रीय निधि हो जाएगी और वे अभागे यही कहां जानते थे कि उनके हाथों एक तीर्थ का निर्माण हो रहा है।

मैं उस स्थान की ओर बढ़ी जा रही थी, जहां उत्सव के लिए शामियाने लगे हुए थे। समाधि शामियाने की आड़ में होने के कारण मुझे दिखाई न दे रही थी, इसी से मेरी मानसिक व्यग्रता भी बढ़ रही थी। अब मैं उस दीवार के सामने थी, जिस पर कांसे की तीन मूर्तियां लगाई गई हैं–शहीद भगतसिंह, शहीद राजगुरु और शहीद सुखदेव। उन पर परदा पड़ा हुआ था। पंजाब के मुख्यमंत्री सरदार लछमनसिंह गिल ने वह पर्दा हटाया, तो हज़ारों आदमियों ने हज़ारों-हज़ार तालियां बजाकर अपना हर्ष प्रकट किया। इन मूर्तियों के बायीं तरफ तालाब है जिसके बीचोंबीच एक चबूतरा बनाया गया है, जो कि तीनों शहीदों की समाधि है (यह वह स्थान है जहां तीनों शहीदों का अन्तिम संस्कार किया गया था।) मुख्यमंत्री ने जब समाधि पर पुष्प अर्पित किए, तब पुलिस की टुकड़ी ने अपने शस्त्र झुकाकर श्रद्धांजलि अर्पित की, और सब लोग दो मिनट मौन रहे। यह मौन वाणी का था; सिर्फ वाणी का, मन तो उस समय पूर्णतया मुखर था। यह मुखरता उन आंसुओं में स्पष्ट थी, जो बहुतों की आंखों में उस समय झलक रहे थे।

अब भाषण आरम्भ हो गए और गीत-कविताएं भी। भाषणों में जोश था, गीत-कविताओं में दर्द। जोश की ऊंचाई का भी केन्द्र भगतसिंह थे और दर्द की गहराई का भी। लोग जोश से उभर उठते थे, दर्द से भीग-भीग जाते थे। वातावरण बहुत भावपूर्ण हो रहा था जब (तत्कालीन मुख्यमंत्री) सरदार लछमनसिंह गिल ने अपने भाषण में कहा, "एक दिन ऐसा भी आएगा जब (भारत-पाकिस्तान सीमा के पास ही स्थित) यह स्थान 'इंडिया गेट' बन जाएगा और इधर से आने वाला हर विदेशी इन शहीदों को सिर झुकाकर ही हमारे देश में प्रवेश किया करेगा।" जोश-भरी तालियों की गूंज से सारा पण्डाल दनदना उठा और लोगों का उत्साह आसमान को छू गया, पर तभी एक कवि ने अपने कलेजे का रक्त उछालकर उस उत्साह को दर्द-तड़पन में डुबा दिया।

गीत का भाव यह था–भगतसिंह की मां विलाप करती हुई कहती है, "भगतसिंह तूने तो सतलुज के किनारे डेरा डाल लिया है और मैं यहां घर में बैठी तेरा इन्तज़ार कर रही हूं। मैं तेरे विवाह का सब साजो-सामान यहां तैयार किए बैठी हूं और तूने यह कौन-सा सेहरा बांध लिया है ?" गीत के शब्द दर्दीले, सन्दर्भ दर्दीला, गायक का स्वर दर्दीला और अवसर दर्दीला। सचमुच वातावरण नम हो गया। मैं सोच रही थी, संसार

के साहित्य में अनन्त विलाप-कथाएं सुरक्षित हैं, पर इस जन-कवि का विलाप साहित्य में चर्चित किस विलाप से कम है ?

कभी-कभी जीवन में कमाल हो जाता है। बिना किसी प्रयत्न के, बिना किसी चाह के, बिना किसी योजना के, घटना-से-घटना इस तरह मिल जाती है कि बड़े-से-बड़ा जासूसी उपन्यास भी दांतों तले उंगली दबाए देखता रह जाता है। माता के विलाप की दर्द-भरी करुणा में जब सब डूब रहे थे, अपने लम्बे खूले के सहारे धीरे-धीरे चलते हुए एक वृद्ध स्त्री ने पण्डाल में कदम रखा। उनके प्रवेश पाते ही सबकी निगाहें उधर जा टिकीं। मंच से उठकर दो-तीन गण्य-मान्य सज्जन उनके स्वागत में बढ़े, तो पण्डाल में बैठी सारी जनता उठ खड़ी हुई। उनके आने का बिजली जैसा प्रभाव पड़ा। यह शहीद भगतसिंह की 86 वर्षीया माता विद्यावतीजी थीं। यह किसका सम्मान था, किसके प्रति आदर था, किसके प्रति श्रद्धा थी ? माता विद्यावती न राष्ट्रपति हैं, न प्रधानमंत्री, न मंत्री हैं, न वैज्ञानिक, न लेखक या उद्योगपति हैं, फिर उन्हें देखकर लोग भाव-विह्वल क्यों हो गए ? इसलिए कि वे मृत्युंजय भगतसिंह की मां हैं, वे उस क्रान्ति-मूर्ति की जननी हैं, उनकी स्मृतियों का वे जीवित प्रतीक हैं और उनके अभाव की प्रतिमूर्ति हैं। उन्हें देखकर सब लोग भगतसिंह के अभाव का भाव अनुभव करते हैं। मैं देख रही थी कि वे अपना खूला संभाले खड़ी हैं और सब एक-टक उनकी ओर देख रहे हैं और मैं सोच रही थी कि क्या इस दृश्य का अर्थ यह नहीं है कि भारत की जनता को नये भगतसिंह की प्रतीक्षा है, जो उसे भटकी हुई राह से हटाकर सीधी राह पर चला दे।

सबने आग्रह किया कि वे मंच पर पधारें, पर वे मंच पर नहीं आयीं। आतीं भी कैसे ? वे मंच पर बैठने के लिए तो खटकड़कलां (भगतसिंह का वंश-ग्राम) से चलकर यहां नहीं आयीं, वे तो अपने लाड़ले भगत से मिलने वहां आयी थीं। हांफते हुए स्वर में उन्होंने कहा, "पहले समाधि पर फूल चढ़ाऊंगी, तब बैठूंगी।" और वे समाधि की ओर मुड़ चलीं। उनके पीछे ही चल दी वह भारी भीड़ जो उनके दर्शनों के लिए आतुर हो उठी थी। वे आयी थीं तो कविता की वही पंक्ति गूंज रही थी--'भगतसिंह तूने तो सतलुज के किनारे डेरा डाल लिया है और मैं यहां घर में बैठी तेरा इन्तज़ार कर रही हूं', पर इस समय मां भगतसिंह से मिलने उसके डेरे पर ही आ गई थी। अब शहीद बेटे और जीवित मां का मिलन हो रहा था। भावना के समुद्र में लहरें उठ पड़ीं, ज्वार आ गया, उसमें मौन जनसमूह भी इस मिलन को देखने के लिए मां के पीछे-पीछे चल पड़ा। मैं देख रही थी और सोच रही थी कि मेरे देश की जनता में पीछे चलने की कितनी गहरी प्रवृत्ति है ! कोई मज़बूत पैरों से आगे चलने वाला हो तो वह क्या नहीं कर सकती ?

सामने राह में ही पड़ती है श्री बटुकेश्वर दत्त की समाधि (जिनकी मृत्यु 1966 में हुई थी और उनकी इच्छानुसार उनका अन्तिम संस्कार उनके साथियों के पास किया गया था)। मां ने फूलों का एक हार समाधि पर चढ़ा दिया, सिर झुकाया और परिक्रमा की। अब वे भगतसिंह, सुखदेव और राजगुरु की समाधियों के सामने थीं, फिर हार

चढ़ाए, फिर सिर झुकाया और तब परिक्रमा की। यह हमारे राष्ट्रीय जीवन का कितना मार्मिक दृश्य है कि वह मां बेटे को सिर झुका रही है, जिसके चरणों में बेटे का सिर झुकना चाहिए ? क्या यह उचित हो रहा है ? हां, यह उचित हो रहा है ; क्योंकि जो यहां सो रहा है, वह किसी का बेटा नहीं है, वह तो क्रान्ति का सूर्य है और जो उसे श्रद्धांजलि अर्पित कर रही है, वह उसकी मां न होकर इस समय राष्ट्र की जनता की प्रतीक है। यह मां के द्वारा बेटे का नहीं, यह तो जनता के द्वारा शहीदों का ही अभिनन्दन है। सचमुच यह अभिनन्दन सब अभिनन्दनों का सिरमौर है, जहां बेटा बेटा नहीं है और मां मां नहीं है–सब प्रतीक है, पावन प्रतीक !

यह है वह दीवार, जिस पर भगतसिंह, राजगुरु और सुखदेव की कांसे की प्रतिमाएं स्थापित की गई हैं। मां भगतसिंह की प्रतिमा के सामने खड़ी हैं। उनके चेहरे पर विह्वलता की झलक स्पष्ट दिख पड़ रही है। यहां प्रतीक नहीं, भगतसिंह ही उनके सामने हैं। उन्होंने माला प्रतिमा के गले में डाली और वे भूल गयीं शहीद भगतसिंह को, उनके सामने आ गया उनका बेटा भगत–चुलबुला, मसखरा, सेवाशील, नम्र भगत। और अनायास उन्होंने भगतसिंह के चेहरे पर अपना हाथ रख दिया, जैसे बहुत दिनों बाद बाहर से आने पर पुचकारकर वे पूछ रही हों–बेटा, कितने दिनों में आया है, कहां-कहां रहा तू ? तूने कुछ खाया-पिया भी है या नहीं ? इस स्पर्श ने उनके मातृत्व को जगा दिया और उनका दिल भर आया, सब्र का प्याला छलक पड़ा और कई मोती उनकी आंखों से गिर पड़े–37 साल पहले का भगतसिंह आज साकार हो गया था, और राष्ट्र-पुरुष भगतसिंह का चेहरा उनकी मां इस तरह थपथपा रही थीं, जैसे वह बालक भगतसिंह का चेहरा हो। जाने कितनी आंखें बरस पड़ीं इस मर्मान्तक दृश्य को देखकर।

मां जब पण्डाल में आईं और मंच पर बैठीं, तो (पंजाब प्रदेश कांग्रेस के अध्यक्ष) सरदार ज्ञानी जैलसिंह माइक पर कह रहे थे, "इस संसार में करोड़ों आदमी आए और करोड़ों चले गए, पर ऐ मां, तू धन्य है, तेरा बेटा भगतसिंह न मरा है, न मरेगा, वह सदा इस दुनिया में रहेगा।" इस सत्य की स्वीकृति में मां का सिर आप-ही-आप हिल गया, तो जनता के समुद्र में भावना की हिलोर उठ गई और सारा वातावरण 'भगतसिंह ज़िन्दाबाद' के नारे से गूंज उठा।

शहीद यतीन्द्रनाथ दास के भाई दादा किरणचन्द्र दास कलकत्ता से चलकर इस समारोह में भाग लेने के लिए पहुंचे थे। उनके चेहरे के बदलते भावों को मैं साफ-साफ पढ़ रही थी। वे वहां कहां थे ? उनका शरीर मेरे पास ही मंच पर था, पर उनकी आत्मा बोर्स्टल जेल लाहौर में घूम रही थी। उनकी आंखों के सामने उनके भाई यतीन्द्रनाथ दास भूख-हड़ताल में तिल-तिल घुल रहे थे। भगतसिंह अपने साथियों से मिलने, यतीन्द्रनाथ को देखने, सेण्ट्रल जेल, लाहौर से आते थे। किरणचन्द्र को 'बंगाल का फूल' कहकर प्यार करते थे। यही सब दृश्य दादा की नज़रों में घूम रहे थे कि तभी माइक पर उनका नाम घोषित किया गया और वे जनता से कुछ कहने के लिए उठे। बोले–

"यह महान् तीर्थ जिसका उद्घाटन करने के लिए हम सब यहां एकत्र हुए हैं,

रामायण और महाभारत का संगम हो गया है। आप लोग पूछ सकते हैं कि रामायण और महाभारत का संगम कैसे ? तो मेरा उत्तर है, लाहौर की जेलों में अंगरेज़ों के साथ हमारा संघर्ष चला, जिसमें यतीन्द्रनाथ दास, भगतसिंह, राजगुरु और सुखदेव का बलिदान हुआ, अनेक साथियों को उम्र-कैद की सज़ा हुई। उस संघर्ष का अन्त यहां हुसैनीवाला में हुआ। यह महाभारत था। हमारे भूतपूर्व मुख्यमंत्री श्री रामकिशनजी ने इस यादगार को बनाने का निश्चय किया और लछमन सिंह गिल ने उस निश्चय को क्रियान्वित किया—"इसलिए राम और लक्ष्मण प्रतीक हो गए रामायण के, इसी से कहता हूं कि यह आधुनिक रामायण और महाभारत का संगम है।"

यह उत्सव सम्भवतः किसी औपन्यासिक मुहूर्त में आरम्भ हुआ था। दादा का भाषण खत्म हुआ, तो फिर शहीदों की जयकार होने लगी। नारों की इस गूंज के बीच ही पण्डाल में आ पहुंचीं शहीद राजगुरु की बहन श्रीमती गोदावरी, अपनी महाराष्ट्रीय वेश-भूषा में। वे मंच पर पहुंचीं और मां से लिपट गयीं। दोनों की आंखों से गंगा-यमुना बह पड़ी और दोनों एक-दूसरे के चेहरे को ध्यान से देखने लगीं। समय की रेखाओं ने दोनों के चेहरों को प्रभावित किया था, पर मेरे मन में आया कि दोनों की आंखों में दोनों के चेहरे नहीं, 23 मार्च, 1931 की दोपहरी छायी हुई है। वह दिन भगतसिंह, राजगुरु और सुखदेव से अन्तिम मुलाकात का दिन था। राजगुरु की मां और बहन महाराष्ट्र से चलकर लाहौर आई थीं और कुछ दिन हमारे ही परिवार में रही थीं। उस दिन तीनों परिवारों के सदस्य अन्तिम मुलाकात के लिए जेल के द्वार पर पहुंचे थे। वहां पहुंचकर पता चला था कि अंगरेज़ सरकार ने सिर्फ माता-पिता को ही भगतसिंह से मिलने की स्वीकृति दी है, दादा-दादी और चाचियों को नहीं। इसके विरोध में भगतसिंह के माता-पिता ने मुलाकात करने से इनकार कर दिया था। राजगुरु की मां, बहन और सुखदेव की मां को मिलने की स्वीकृति प्राप्त थी, पर उस हालत में इन्होंने भी अपने को भगतसिंह के माता-पिता के साथ जोड़ दिया था और अपने बेटों से अन्तिम मुलाकात करने से इनकार कर दिया था, जिसका अर्थ था अपने लाड़ले बेटों के अन्तिम दर्शनों से वंचित होना।

सोचती हूं, संसार का इतिहास विजयों और पराजयों की इंकारों से भरा पड़ा है, पर क्या इसके भण्डार में ऐसा कोई और भी इनकार सुरक्षित है कि कोई मां अपने बेटे का मृत्यु से पहले अन्तिम बार मुंह देखने का अधिकार पाकर देखने से इनकार कर दे ? कलेजा मुंह को आने लगता है यह सोचकर कि क्या बीती होगी उस घड़ी उन माताओं के दिल पर, जब उन्होंने अपने बेटों से मिलने के लिए इनकार किया होगा ? हमारा इतिहास वीरों के बांकपन से भरा पड़ा है, पर राजगुरु, सुखदेव और भगतसिंह की माताओं का यह बांकपन क्या निराला नहीं है ?

इस जलसे के पास ही पुराने पुल के किलानुमे ऊंचे द्वार के दूसरी तरफ एक और जलसा इसी समय हो रहा था। यह भगतसिंह, राजगुरु, सुखदेव को श्रद्धांजलि अर्पित करने के लिए ही किया गया था। जिस जलसे में हम बैठे थे वह देश के एक राजनीतिक दल द्वारा आयोजित था, तो दूसरा जलसा इसी देश के एक दूसरे राजनीतिक दल द्वारा

आयोजित था। दूसरे जलसे के कुछ लोग माताजी को लेने के लिए आए तो मैं सोचने लगी कि यह कैसा तमाशा है कि हम अपने शहीदों को एक साथ एक स्थान पर श्रद्धांजलि नहीं दे सकते ? हमने देश को बांटा है, प्रान्तों को बांटा है, जाति और धर्मों को बांटा है, पर क्या अब हम अपने शहीदों को भी बांटने पर उतारू हो गए हैं !

दुःख में डूबी मेरी निगाहें एक ओर को उठीं, तो देखा भारत का तिरंगा झण्डा कुछ दूरी पर फहरा रहा है और उसके पास ही पाकिस्तान का हरा झण्डा भी लहरा रहा है। सामने ही है लाहौर जाने वाली सड़क। यह सोचकर मेरे कलेजे में सुइयां-सी चुभने लगीं कि इन शहीदों ने जिस लाहौर में हथकड़ियां-बेड़ियां पहनीं, भूख-हड़तालें कीं, मुकदमे लड़े, सोये देश को जगाया और धरती को अपनी शहादत के खून से सींचा वह लाहौर हमारे लिए गैर है और वे शहीद उस लाहौर के लिए गैर हो गए हैं।

जलसा समाप्त हुआ, तो मैं अपने तिरंगे झण्डे की ओर तेज़ी से बढ़ी और पहुंच गई उस सीमा पर जिसने हमारे देश को दो हिस्सों में बांट दिया है। अब मेरे दायीं तरफ शहीदों की समाधि थी जो कह रही कि देश ही सब-कुछ है और उसके हितों के लिए कोई भी बलिदान बड़ा नहीं है। दूसरी तरफ लहरा रहे थे दोनों राष्ट्रीय झण्डे, जो कह रहे थे कि देश के टुकड़े कर दिए गए हैं, उसे काटकर बांट दिया गया है। मेरा मन अथाह दुःख से भर गया और कई मिनिट तक मैं कुछ भी न सोच सकी।

तब इस विचार ने मुझे सान्त्वना दी : हमारे शहीद सीमा पर आ बैठे हैं। एक दिन आएगा जब यह बंटवारा टूटेगा, कटे देश के दोनों टुकड़े आपस में मिलेंगे और उस दिन इस समाधि पर जो कुछ चढ़ाये जाएंगे, उनमें दिल्ली के फूल भी होंगे और रावलपिण्डी के फूल भी। 1965 में हमारी फौजें लाहौर की ओर बढ़ी थीं, पर उस दिन तो ये शहीद ही लाहौर में प्रवेश करेंगे। जब नेपोलियन स्टैच्यू पेरिस में लगाया गया तो उसकी मां ने कहा था, "मेरा नेपोलियन पेरिस में फिर आ गया है।" जिस दिन ये शहीद लाहौर में प्रवेश करेंगे, तो वहां की माताएं भी कह उठेंगी, "हमारा भगतसिंह फिर लाहौर में आ गया है।" मैं इस भावना से अभिभूत हो कल्पना की आंखों से लाहौर की सेण्ट्रल जेल के सामने खड़े इन शहीदों के सुन्दर स्टैच्यू देखने लगी।

शहीदों का पुण्य, वह दिन हमें दिखाये।

❑